금·융·권·시·험·대·비

고범석의 금융 상식

기출·예상문제 및 단답형 문제집

고범석 편저

도서 출판 오스틴북스

머리말

이 책은 금융권 금융상식을 대비하기 위하여 구성된 교재로 2009년 1판을 출간한 이후 새로운 구성으로 2판을 출간하게 되었다.

금융권에는 금융권 공기업과 시중은행 등이 있는데 기본적으로 알아야 하는 내용이 '금융상식'이다.

따라서 해당 교재는 꼭 필요한 내용을 수록하였으며 단기간에 일정수준으로 끌어올리는 데 충분한 역할을 할 수 있도록 구성되었다.

첫째, 경제 및 금융, 경영 및 행정 관련 이론을 정리해 놓았다.

실제 시험에 출제된 기출문제를 분석한 결과 수험생들이 숙지해야 할 내용을 교재에 넣어 놓았다.

둘째, 기출문제 및 예상문제를 통해 시험에 실전 적용할 수 있도록 구성하였다.

셋째, 시사이슈를 통해 논술시험에도 대비할 수 있도록 내용정리 및 공부요령을 수록해 놓았다.

강의에 입문할 때와 지금을 비교하면 전형단계가 많이 복잡해졌다. 한 시도 안심을 할 수 없을 만큼 수험생들을 몰아치는 형태로 발전되었지만 끝까지 최선을 다한다면 목표에 도달할 수 있으리라 생각된다.

'금융권 대비 금융상식'이 수험생들의 합격에 초석이 될 것임을 확신한다.

2015년 9월 봉제산 연구실에서

고범석

차례 contents

제3편 금융이론 정리

차례 │ contents

제4편 경제이론

고범석의 금융상식 기출·예상문제 및 단답형 문제집

01
PART

경제 및 금융 기출문제

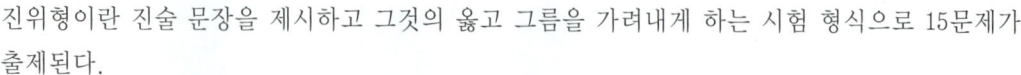

chapter 01

예금보험공사 - 진위형

진위형이란 진술 문장을 제시하고 그것의 옳고 그름을 가려내게 하는 시험 형식으로 15문제가 출제된다.

1 2013년

01 예금보호 한도는 원금과 이자를 포함해서 5,000만원까지 이다.

02 예금자 보호가 되는 기관에는 은행, 보험사, 농협, 신협 등이 해당된다.

03 정부, 한국은행 등의 국책기관 예금도 예금자보호 대상이다.

04 분리형 BW는 2014년도부터 판매금지 된다.

05 예금보험공사는 차등보험료제도를 2014년도부터 도입한다.

06 디폴트를 선언하면 디폴트를 선언한 국가에게 만기 전 원리금 상환을 요구할 수 있다.

07 BIS비율이란 위험가중자산 중에서 자기자본이 차지하는 비율로 은행의 건전성을 판단하는 기준이며 8% 이상이 되어야 한다.

08 직접 금융 시장은 자금의 수요자와 공급자 사이에 금융 중개 기관이 개입하는 시장이고 간접 금융 시장은 자금의 수요자와 공급자가 금융 기관의 중개를 통하지 않고 직접 자금을 거래하는 시장을 말한다.

09 계약이전을 하면 인수한 회사에게 책임준비금도 함께 이전된다.

10 서킷브레이커란 주식시장에서 주가의 급등락으로 인해 불안정성이 커질 때 주식매매를 일시적으로 정지시키는 제도로 종합주가지수, 즉 코스피 지수나 코스닥 지수가 전일 대비 10% 이상 하락하는 상황이 1분간 지속되는 경우에 발동된다. 사이드카는 증시 충격을 완화하기 위한 요소로, 선물시장의 급등락에 따른 현물시장의 혼란을 막을 때에 발동된다. 가장 많이 거래되는 선물상품 가격이 (코스피)전일 종가에 대비해 10% 이상 등락가가 1분 이상 계속될 때 발동된다.

11 공적자금관리특별법에 따라 예금보험공사 및 그 임직원이 파산관재인으로 지정된다.

12 IBRD는 1944년의 브레튼우즈 협정에 기초해 1946년 6월에 발족한 국제금융기관으로IMF 산하에 있다. 각국의 경제부흥과 개발촉진을 목적으로 설립되었고 주로 개발도상국의 공업화를 위해 융자를 행하고 있다.

정답 및 해설

01 예금보험은 금융회사가 파산 등의 이유로 예금자에게 예금을 되돌려줄 수 없을 때 예금보험기관이 대신해서 지급하는 제도다. 1995년 예금자보호법이 제정되면서 이 제도가 도입됐으며, 예금보험공사가 담당하고 있다. 일부 금융사의 부실이 전체 금융시스템의 건전성에 영향을 미치지 않도록 하기 위한 것이다. 금융상품 중에서 예금·적금·부금 및 원금보전형 신탁 등이 예금보호 대상이 된다. 하지만 후순위채권·펀드와 같이 원금이 보장되지 않는 투자형 상품은 보호대상이 아니다. 보험기금은 금융회사들로부터 갹출하는 보험료로 충당한다. 금융사들이 낸 보험료를 다 소진했을 경우엔 예보가 채권을 발행해 필요 자금을 조달하게 된다. 예금 대지급 한도는 금융회사당 원금과 이자를 합쳐 1인당 5,000만원이다. **정답 | ○**

02 **정답 | ✕**

03 예금보험에 가입한 금융사(부보 금융사)는 은행 보험사 증권사 종합금융회사 저축은행 등이다. 새마을금고나 신용협동조합 등은 예금보험에 가입해 있지 않고, 자체적으로 조성한 자금으로 예금지급을 보장한다.**정답 | ✕**

04 분리형 BW란 신주인수권(워런트)과 채권을 분리해 매매할 수 있는 상품이다. 신용도가 낮은 중소기업들은 저리로 자금을 조달할 수 있고 투자자들은 이자에 더해 주가가 오를 경우 시세차익까지 기대할 수 있다.
그러나 일부 대기업의 대주주들이 분리형 BW의 워런트를 자녀에게 경영권을 승계하는 편법으로 악용하자 2013년 8월 분리형 BW를 전면 폐지하였다.
그러나 당국의 시장 건전화 조치가 오히려 중소기업들의 자금조달을 어렵게 하고 있다는 지적에 여당인 새누리당은 분리형 BW 발행을 허용하기로 당론을 정하고 이를 지난 6·4 지방선거 공약에 포함시킨 바 있으며 1년 만에 부활한다. **정답 | ✕**

05 예금보험공사는 각 금융회사들을 개별 평가해서 리스크가 높은 곳, 즉 부실의 가능성이 상대적으로 높은 곳에 보험료율을 높게 받는다. 차등보험료율 제도는 2014년도 이후 최초로 납부의무가 발생하는 보험료분부터 적용하게 되는데 은행의 경우에는 2014년도 1분기 보험료분부터 적용된다. 부보 금융회사의 건전한 경영을 유도하고 도덕적 해이를 방지할 수 있다. 금융회사가 위험선호행위를 하면 이에 따라 납부해야 하는 보험료율이 높아지므로 제도 시행을 통해 이를 억제하고 건전 경영 유인을 제공할 수 있다. **정답 | ○**

06 디폴트가 발생할 경우 채무자는 채무에 대해 모든 의무가 없어지지만 자신의 재산통제력도 상실되는데 채권자의 경우 담보가 있으면 담보를 압류해서 채무를 상쇄하고 담보가 없으면 채권액에 상응하는 채무자의 재산을 시간, 장소, 물품 구분 없이 아무렇게나 압류해서 채무를 상쇄할 수 있다. **정답 | ○**

07 일반적으로 기업 재무구조의 건전성 여부를 평가하는 잣대는 자기자본비율이다. 총자산 중에 자기자본을 통해 조달하고 있는 비중이 얼마인지를 보는 것이다.
이런 자산의 위험도에 따라 가중치를 부여, 자기자본비율 계산방식을 수정한 것이 BIS자기자본비율이다. 위험도를 감안한 은행의 자산을 자기자본이 얼마나 감당할 수 있는지 보는 것이다. 은행의 기본 BIS비율은 8%이다. **정답 | ○**

08 직접 금융 시장은 자금의 수요자와 공급자가 금융 기관의 중개를 통하지 않고 직접 자금을 거래하는 시장을 말한다. 즉, 직접 금융은 자금의 수요자인 기업이 주식이나 채권, 기업 어음 등을 직접 자금의 공급자인 투자자에게 팔아서 자금을 조달하는 방법이라고 할 수 있다.
간접 금융 시장은 자금의 수요자와 공급자 사이에 금융 중개 기관이 개입하는 시장이다. 즉, 간접 금융은 자금의 수요자인 기업이 은행이나 보험 회사 등 금융기관으로부터의 '대출'을 통해서 자금을 조달하는 방법이다. **정답 | ✕**

09 보험계약을 한 회사에서 다른 회사로 넘기는 것으로 계약을 이전하면 각 계약건별로 적립해 놓은 책임준비금이 함께 넘어간다. 대신 각 계약의 책임도 모두 계약을 인수한 보험사에서 진다. **정답 | O**

10 사이드카(영어 : sidecar)란 증시 충격을 완화하기 위한 요소로, 선물시장의 급등락에 따른 현물시장의 혼란을 막을 때에 발동된다. 사이드카가 발동되면 주식시장의 매매호가 효력이 5분간 정지된다. 발동 요건은 가장 많이 거래되는 선물상품 가격이 (코스피)전일 종가에 대비해 5% 이상 등락가가 1분 이상 계속될 때와 (코스닥)전일 종가 대비 6% 이상 등락가가 1분 이상 지속될 때다.
발동 5분 후, "사이드카"는 자동 해제된다. 현물시장의 안정을 위한 중요한 요소인만큼 "사이드카"는 1일 1회에 한해서만 발동이 가능하며, 주식시장 매매 종료 40분 전(14:20) 이후에는 발동할 수 없다. **정답 | X**

11 예금보험공사는 출자금 회수, 파산배당, 자산매각 등을 통하여 지원자금을 회수하고 있으며, 예금자 보호법 및 공적자금관리특별법에 의하여 예금보험공사(또는 직원)가 파산관재인으로 당연 선임될 수 있게 됨으로써 공적자금의 회수를 극대화할 수 있는 발판을 마련하였습니다. **정답 | O**

12 IBRD는 국제연합(UN) 산하의 국제 금융기관으로 경제 및 사회발전에 기여, 국제무역, 국제수지 균형, 기술원조 제공 등을 하고 있다. 미국 워싱턴에 본부를 두고 있다. **정답 | X**

2 2012년도

01 가격과 물량을 미리 정해놓고 특정주체에게 일정 지분을 묶어 매각하는 방식을 일괄매각방식이라고 하며, 예금보험공사는 우리금융지주회사와 신한금융지주회사에서 이 방식을 적용하였다.

02 적기시정조치란 금융회사의 부실 확대를 예방하기위해 필요한 제도로, 경영개선요청, 경영개선권고, 경영개선명령의 세 단계로 이루어진다.

03 증권사 CMA는 예금자보호가 적용되고, 종금사 CMA는 예금자보호가 되지 않는다.

04 상호저축은행의 예금자는 최대 5,000만원까지 보호받을 수 있으며, 5,000만원 초과되는 금액에 대해서는 보호받지 못한다.

05 『예금보험기금채권상환기금』에서의 지원은 예금보험위원회의 의결을 거쳐 결정되며, 공적자금관리특별법의 적용을 받는다.

06 부실 금융기관의 결정은 예금보험공사의 예금보험위원회에서 예금자보호법에 의거하여 담당한다.

정답 및 해설

01 예금보험공사는 우리금융지주회사와 신한금융지주회사를 일괄매각방식을 적용하려 했으나 실패하였다. 왜냐하면 매각속도보다 매각 금액을 중시했기 때문이다. **정답 | O**

02 적기시정조치란 금융기관의 건전성을 경영상태를 기준으로 일정등급 이하로 경영상태가 악화된 금융기관에 대하여 감독당국이 단계적으로 시정조치를 시행해 나가는 제도를 말한다.

BIS가 8% 이내인 경우는 경영개선권고, 6% 이내인 경우는 경영개선요구, 2% 이내인 경우는 경영개선명령 조치가 취해진다.　　　　　　　　　　　　　　　　　　　　　　　　　　　　　　　　정답 | O

03　CMA란 Cash Management Account의 줄임말로써 자산관리통장을 뜻하는 것으로 증권사와 종금사에서 판매하는 금융상품이다. 여기서 종금사란 보험업이나 증권중계업을 제외한 모든 금융업무를 보는 종합금융회사라고 보면 된다.
　　　종금사 CMA만 예금자 보호가 된다.　　　　　　　　　　　　　　　　　　　　　　　　　정답 | ×

04　상호저축은행의 보통예금, 저축예금, 정기예금 등도 보호대상이 되는 상품들이다.　　　　정답 | O

05　예금보험기금채권상환기금』에서의 지원은 예금보험위원회의 의결을 거쳐 공적자금관리위원회에 상정하게 되며, 공적자금관리위원회의 의결을 거쳐, 예금보험공사에서 자금지원을 하게 된다.　　　　정답 | ×

06　부실 금융기관은 금융산업 구조개선에 관한 법률 및 동 시행령에 의하여 금융위원회가 지정한다. 정답 | ×

③ 2011년 상반기

01　환율이 1$ = 1,000원에서 1,100원이 된 것은 원화의 평가절상이다.

02　리보금리는 런던에서 우량 은행끼리 자금을 차입할 때 쓰는 금리이다.

03　재할인율 인상, 지급준비율 인상은 인플레이션 억제 정책이다.

04　유동성함정이란 금리를 아무리 낮추어도 투자나 소비 등의 실물경제에 아무런 영향을 미치지 못하는 상태를 말한다.

05　유동성선호란 자산 소유자들이 안전을 위하여 정부 공채와 같은 비유동성 자산을 현금이나 은행예금으로 바꾸려고 하는 성향을 말한다.

06　Money laundering이란 불법적인 돈을 몇 단계 걸쳐서 출처를 알 수 없게 만드는 것을 말한다.

07　Hedging이란 환율 변동에 따른 위험을 회피하기 위한 수단을 말한다.

08　국가와 대기업이 발행한 채권은 유동성이 높아서 수익률이 낮다. 반면에 중소기업 채권은 유동성이 낮아서 수익률이 높다.

09　통화량은 지급준비금과 현금통화를 더해서 측정한다.

10　예금자보호법에 따르면 농, 수, 축 중앙회와 외국은행 해외지점은 부보금융기관이다.

11　CD(양도성 예금증서)는 양도는 가능해도 중도해지는 안 된다.

12　예금금리가 대출금리보다 싼 것을 역 마진이라고 한다.

13　중기채는 1년~5년 미만인 채권을 말한다.

01 환율이 상승하면 원화의 가치는 하락하고 달러의 가치는 상승한다.
따라서 원화의 평가절하가 발생한다. **정답 | ✕**

02 리보금리란 런던의 금융시장에 있는 은행 중에서도 신뢰도가 높은 일류 은행들이 자기들끼리의 단기적인 자금 거래에 적용하는 대표적인 단기금리를 말한다.
신용도가 낮을 경우 리보 금리에 몇 퍼센트의 가산금리가 붙는데 이것을 스프레드(가산금리)라고 한다.
우리나라에도 코리보(KORIBOR)라는 이름의 기준금리가 있다. 코리보는 국내 시중은행 7곳과 기업은행 등 특수은행 3곳, 대구·부산은행 등 지방은행 2곳, 홍콩상하이은행, 칼리온은행, JP모건체이스 등 외국계 은행 3곳의 기간별 금리를 통합 산출한 단기 기준금리다. 2004년 7월 26일 국내 자금시장의 기준금리 역할을 하겠다는 목표로 출범했다. **정답 | ○**

03 금융통화정책 수단에는 공개시장조작정책, 지급준비율 정책 및 재할인율 정책이 있다.
지급준비율이나 재할인율을 인상하면 시중통화량이 감소하므로 인플레이션 억제정책에 해당한다. 국공채를 매각하는 공개시장조작정책을 실시하면 역시 통화량이 감소한다. **정답 | ○**

04 유동성 함정 이란 경제주체들이 돈을 움켜쥐고 시장에 내놓지 않는 상황. 즉 시장에 현금이 흘러 넘쳐 구하기 쉬운데도 기업의 생산, 투자와 가계의 소비가 늘지 않아 경기가 나아지지 않고 마치 경제가 함정(trap)에 빠진 것처럼 보이는 상태를 말한다. **정답 | ○**

05 유동성 선호란 존 메이너드 케인스가 처음으로 사용한 개념으로 사람들이 보유하고자 하는 화폐량과 이자율 사이의 관계를 나타낸다.
케인스에 따르면 사람들이 화폐를 보유하려고 하는 데는 3가지 동기가 있는데, 거래적 동기, 예비적 동기, 투기적 동기가 그것이다.
그는 투기적 동기에 의한 화폐 보유량은 이자율과 반비례한다고 가정했다.
이자율이 매우 낮으면 화폐공급을 증가시켜도 투자가 늘어나는 것이 아니라 투기적 동기에 의한 화폐 보유가 증가할 뿐이다.
왜냐하면 이자율이 너무 낮기 때문에 자산 소유자들이 화폐를 비유동적인 형태의 자산으로 바꾸려고 하지 않을 것이고, 또 장래에 이자율이 상승하리라고 기대하기 때문이다.
케인스는 1930년대의 장기적인 불황을 설명하는 데 유동성 선호 개념을 사용했다. **정답 | ○**

06 경제협력개발기구(OECD)에서는 불법적 무기 판매 및 밀수, 조직범죄, 횡령 및 내부거래, 뇌물수수 및 컴퓨터 사기 등 범죄행위를 통해 얻은 수입을 불법적으로 운용해 자금의 원천을 은폐하도록 조작하는 행위를 총칭하는 개념으로 쓰인다. 그러나 한국에서는 기업의 비자금이나 탈세 등을 통해 얻은 이른바 검은돈을 다른 계좌에 넣었다 뺐다 하는 등의 수법으로 자금 추적을 어렵게 하는 행위로 정의하고 있다. **정답 | ○**

07 헤징이란 현물가격 변동에 따라 발생할 수 있는 손해를 최대한 줄이기 위해, 선물시장에서 현물과 반대되는 선물포지션을 설정하는 것이다. 헤징을 하면 상품(주가·환율·금리·금) 가격이 오르거나 내리더라도 현물·선물 동시 거래를 통해 정반대의 손익이 나타나므로 어느 한 쪽의 손익이 다른 쪽의 이익으로 서로 상쇄된다. 따라서 가격 변동에 대한 위험을 최소화할 수 있다. **정답 | ○**

08 국공채는 국가나 공공기관에서 발행하기 때문에 부도위험성이 낮기 때문에 수익률이 낮다.
하지만 회사채는 부도위험성 등 채무불이행에 대한 위험성이 국공채 보다 높기 때문에 국공채 보다 회사채 수익률이 더 높다. **정답 | ✕**

09 본원통화는 현금통화와 지급준비금을 합하여 측정한다.
통화량은 현금통화와 예금통화를 합하여 측정한다. **정답 | ✕**

10 "부보금융기관"이라 함은 이 법에 의한 예금보험의 적용대상 기관으로서 다음 각목의 1에 해당하는 금융기관을 말한다.
① 은행법 제8조제1항에 의하여 인가를 받은 금융기관
② 한국산업은행법에 의하여 설립된 한국산업은행
③ 중소기업은행법에 의하여 설립된 중소기업은행

④ 농업협동조합법에 의한 농업협동조합중앙회
⑤ 수산업협동조합법에 의한 수산업협동조합중앙회
⑥ 장기신용은행법에 의한 장기신용은행
⑦ 은행법 제58조제1항에 의하여 인가를 받은 외국금융기관의 국내지점 및 대리점(대통령령이 정하는 외국금융기관의 국내지점 및 대리점을 제외한다)
⑧ 「자본시장과 금융투자업에 관한 법률」 제12조에 따라 증권을 대상으로 투자매매업·투자중개업의 인가를 받은 투자매매업자·투자중개업자(같은 법 제78조에 따른 전자증권중개업무를 영위하는 투자중개업자를 제외한다)
⑨ 「보험업법」 제4조제1항의 규정에 의하여 허가를 받은 보험회사(재보험 또는 보증보험사업을 주로 하는 보험회사로서 대통령령이 정하는 보험회사를 제외한다)
⑩ 「자본시장과 금융투자업에 관한 법률」에 따른 종합금융회사
⑪ 「상호저축은행법」에 따른 상호저축은행 및 상호저축은행중앙회   정답 | ×

11 양도성 정기예금증서는 은행의 정기예금에 양도성을 부여한 것으로, 은행이 발행하고 증권회사와 종합금융회사의 중개를 통해 매매된다.
예금통장과는 달리 통장에 이름을 쓰지않은 무기명이며, 중도해지는 불가능하나 양도가 자유로워 현금화가 용이한 유동성이 높은 상품이다. 때문에 예금자는 이를 만기일 이전이라도 금융시장에서 자유로이 매매할 수 있다.
정답 | ○

12 역마진(reverse margin)이란 금융기관의 조달금리(수신금리)가 대출금리(여신금리)를 상회하는 경우에 그 차이를 말한다.   정답 | ×

13 일반적으로 발행기간이 2년에서 5년의 채권을 이렇게 부른다. 또한 채권의 유통시장에서는 잔존기간이 2~5년의 채권을 중기채라고 한다.   정답 | ×

4 2010년 하반기

01 한국은 EU와 FTA를 체결한 최초의 아시아 국가이다.

02 〈실낙원〉의 저자 존 밀턴이 저술한 〈아레오파지티카〉는 여론의 자유에 관한 내용을 담고 있다.

03 경제대통령이라고도 하는 미국연방준비이사회(FRB)의 현재 의장은 앨런 그린스펀이다.

04 고령인구가 20%가 넘으면 초고령사회이다.

05 경제학자인 케인즈는 주식시장을 〈미인대회〉에 비유를 했다.
케인즈가 말하는 미인고르기는 100명의 미인을 놓고 독자들로 하여금 선택하게 한 다음 가장 높은 득표를 한 6명의 미인을 맞추는 사람에게 상금을 주는 대회였다.
이 대회에서 우승하려면 자기가 예쁘다고 생각하는 후보를 골라서는 안되고 사람들이 가장 많이 미인이라고 여길 후보를 찾아야 한다.
케인즈는 이와 같은 논리로 주식투자를 했으나 실패했고 말년을 불우하게 보냈다.

06 미국과 중국의 환율전쟁은 한국의 해외수출에 영향을 준다.
즉, 이러한 환율전쟁은 한국의 대외 순수출을 증가시킨다.

07 매일 버스를 타고 출근하다가 그 날따라 택시가 타고 싶어 택시를 탔더니 교통사고가 발생한다든가, 열심히 시험공부를 했지만 운이 나쁘게도 자신이 놓치고 보지 않은 곳에서 시험문제가 출제된다든가 하는 것이 모두 머피의 법칙에 속한다.

08 금융기관(은행 등)이 서로 돈을 빌리거나 빌려주는 것을 회계장부에 잡아두는 것을 분식회계라고 한다.

09 GDP란 일정기간동안 한 국가내에서 생산된 최종재의 시장가치를 모두 더한 것을 말한다. 2011년도에 이 나라의 밀 생산 농부들은 밀을 생산하여 그 중 반을 소비자에게 800억 원에 팔고, 나머지 반을 800억원에 제분회사에 팔았다. 제분회사는 밀가루를 만들어 그 중 절반을 900억원에 소비자에게 팔고 나머지를 제과회사에 900억원에 팔았다. 제과회사는빵을 만들어 소비자에게 2,400억원에 팔았다.
이 나라의 2011년도 GDP는 2,400억원이다.

10 아이들은 닌자거북을 좋아하고 지하동굴을 무작정 좋아한다.
이러한 사고방식을 집중적 사고방식(convergent thinking)이라고 한다.

11 사회갈등을 해결하는 방법으로 국가개입, 여론을 이용하는 방법이 있는데 가장 최선의 방법은 경제적 보상을 하는 것이다.

12 CFO는 미국 · 유럽 등에서는 보편적인 제도로 정착했고 국내에서는 LG그룹이 최초로 도입하여 대기업을 중심으로 확산되고 있다.
CFO란 기업의 경리 · 자금 · 원가 · 심사 등의 조직을 하나로 통합하여 이를 총괄하는 재무담당최고책임자를 말한다.

13 〈홀로 볼링하기〉라는 책에서 사회적 자본에 '법의 지배'가 들어간다.

14 전두환 대통령 집권 시에 한국은 인플레이션율이 20%에 육박하였다.
이 때 전두환 대통령은 MV = PY의 식에 입각하여 긴축통화정책을 실시하였고
이에 인플레이션율을 낮출 수 있었다. 이 때 V는 화폐유통속도를 말한다.

15 플라스틱 머니에는 OTP카드도 포함된다.

01 한국은 아시아 국가로는 2010년 최초로 EU와 자유무역협정을 체결하였고 2011년 7월 1일에 발효되었다.

정답 | O

02 표현의 자유를 찬양함으로써 자유언론사상의 고전이 된 존 밀턴의 소책자
1644년 11월 24일 발간된 이 책의 부제는 '허가받지 않고 인쇄할 자유를 위해 영국 의회에 보내는 존 밀턴 씨의 글'이다

정답 | O

03

폴 볼커(1979~1987년)
살인적 물가상승 진압
'인플레 파이터'로 불려
오바마 정부서 '볼커룰' 만들어

앨런 그린스펀(1987~2006년)
아시아 외환위기 등
때마다 금리 낮춰 돌파
'미국의 경제대통령'

벤 버냉키(2006년~)
1,2차 양적완화 정책
'헬리콥터 벤' 여실히 보여줘
스태그플레이션 돌파 '촉각'

Fed가 1913년 출범한 이래 가장 돋보이는 의장을 꼽으라면 폴 볼커와 앨런 그린스펀 전 의장,그리고 벤 버냉키 현 의장이다.

볼커는 '인플레 파이터'였다. 1979년부터 1987년까지 Fed 의장을 지내면서 단행한 금리정책으로 붙은 별명이다. 그는 1981년 13.5%에 이르던 살인적인 물가상승률을 1983년 3.2%로 진압했다. Fed 의장으로 취임할 당시 11.2%였던 기준금리를 1981년 20%로 과감하게 끌어올린 덕분이다. 실업률 상승과 고금리라는 부작용이 없지 않았다. 하지만 그가 인플레를 잡아 로널드 레이건 정부가 경제호황을 누리도록 토대를 놓은 공적은 Fed의 전설로 통한다.

그는 버락 오바마 행정부 들어서도 빛을 발했다. 2008년 금융위기를 계기로 80년 만에 월가를 대수술하는 개혁을 주도했다. '볼커룰'을 디자인한 게 대표적이다. 이 룰은 은행들이 자기자본으로 몸집을 불리고 투기에 나서지 못하도록 막는 규제다.

볼커의 바통을 이어받아 1987년부터 2006년까지 의장을 지낸 앨런 그린스펀.그는 미국의 '경제 대통령'으로 불렸다. 1987년 10월19일 미 증시가 과도하게 달아오르자 "비이성적 과열"이라는 단 한마디로 주가를 진정시켰다. 세계 증시의 주가도 고꾸라졌다.

그는 아시아 외환위기, 러시아 디폴트 위기, 헤지펀드인 롱텀캐피털매니지먼트(LTCM) 파산 위기, 닷컴버블 붕괴 때마다 기준금리를 낮추는 정책을 절묘하게 사용했다. 월가에서는 이를 두고 '그린스펀 풋(put)'이라고 불렀다. 파생상품시장의 풋옵션처럼 주가가 빠질 때면 어김없이 그린스펀이 살려냈기 때문이다.

그린스펀에 이어 의장직에 오른 버냉키는 대공황에 버금가는 2008년의 월가발 금융위기 불을 껐다. 시중에 총 2조3,000억달러를 푼 1,2차 양적완화 전략이었다. 경기 침체시 헬리콥터를 타고서라도 달러를 살포하겠다고 장담한 그의 지론을 이행했다. 자신의 말대로 '헬리콥터 벤' 정신이었다. 오바마 대통령은 이를 영웅적이고 창의적 해법이라고 치켜세웠다.

문제는 그의 양적완화 정책에도 미국 경제가 제대로 회복하지 않는 데 있다. 시장에선 3차 양적완화를 포함한 그의 묘수를 기다리고 있다. 물가는 오르고 경기가 침체하는 스태그플레이션 상황이다. 달러를 더 풀자니 물가 앙등이 우려된다. 그냥 두고 볼 수도 없다. 버냉키가 맞닥뜨린 딜레마다.

정답 | X

04 전체 인구 중에서 만 65세 이상 인구가 차지하는 비중이 7%가 넘으면 고령화 사회
14%가 넘으면 고령사회, 20%가 넘으면 초고령사회라고 한다.

정답 | O

05 케인즈는 주식 투자는 미인대회와 비슷하다는 생각이 들었다.
미인이 불특정 다수의 인기투표에 의해 결정되는 것처럼 주식의 가격도 대중의 심리에 의해 좌우된다는 사실을 깨달은 것이다.

'케인즈의 미인대회'(Keynesian Beauty Contest) 이론은 이렇게 나온 것이다. 쉽게 말해 '내가 시장 정보를 분석한 결과 이 주식은 왠지 감이 좋아'하고 투자해 봤자 손만 본다는 얘기다.

미인대회처럼 내가 아닌 남들이 모두 좋아하는 '미인주'. 케인즈는 이 이론을 실제에 적용한 결과 대공황의 와중에도 10배가 넘는 수익을 챙겼다. 케임브리지 교수 시절 그는 일주일의 절반은 대학에서 강의로, 나머지 절반은 런던에서 주식 투자로 보낼 정도였다.

1940년대 중반 케인즈가 유산으로 남긴 재산은 지금 가치로 무려 2,000만달러. 이른바 '쩐의 세계'에서도 케인즈는 뛰어난 수완을 발휘했다.

케인즈는 1927년과 그가 죽기 일년 전인 1945년까지의 투자성과가 연평균 9.1%였다.

정답 | X

06 환율전쟁은 각국이 의도적으로 환율을 조작하여 자국의 수출재 가격을 하락시키는 것을 의미한다. 따라서 한국의 입장에서는 상대적으로 원화의 가치가 상승하여 수출이 감소할 수 있다. **정답 | ×**

07 머피의 법칙이란 일이 좀처럼 풀리지 않고 갈수록 꼬이기만 하는 경우에 쓰는 용어 일종의 경험법칙으로, 미국 에드워드 공군기지에 근무하던 머피(Edward A. Murphy) 대위가 1949년 처음으로 사용하였다. **정답 | ○**

08 분식회계란 기업이 재정 상태나 경영 실적을 실제보다 좋게 보이게 할 목적으로 부당한 방법으로 자산이나 이익을 부풀려 계산하는 회계를 말한다. **정답 | ×**

09 국내총생산이란 일정기간 동안 한 나라안에서 생산된 최종재의 시장가치를 말하므로 밀이 소비자에게 팔린 800억원, 밀가루가 소비자에게 팔린 900억원, 제과회사가 소비자에게 판 2,400억원을 모두 합하여 4,100억원이 된다. **정답 | ×**

10 집중적 사고방식이란 주어진 문제를 해결하기 위하여 다양한 대안들을 분석하고 평가하여 최종적으로 가장 적합한 문제를 선택해 가는 사고방식이다.
길포드(J. Guilford)가 지적 요인 가운데 생산적 능력을 수렴적 사고와 확산적 사고(divergent thinking)로 분류하면서 사용되었다. 수렴적 사고가 하나의 주어진 정보를 통하여 가장 안전하고 확실한 대안을 산출하는 것이라면 확산적 사고는 기존에 알려지지 않은 새로운 대안을 창출해 내는 능력을 의미한다. 대부분의 문제 해결력은 수렴적 사고와 확산적 사고가 함께 사용된다. **정답 | ×**

11 사회갈등을 해결하기 위한 여러 방법이 있는데 그중 가장 좋은 방법은 경제적 보상 즉 시장의 가격기구를 이용하여 해결하는 것이다. **정답 | ○**

12 CFO란 재무담당최고책임자(CFO, Chief Finance Officer)로서 기업의 경리·자금·원가·심사 등의 조직을 하나로 통합하여 이를 총괄하는 책임자를 말한다. 종전에는 단순히 결산과 재무제표를 작성하는 것으로만 충분했으나, 기업활동에서 직·간접 금융의 필요성이 커지고 원활한 자금흐름의 중요성이 증대하고 있어 의사결정 지원체로 전환한 것이다. CFO는 정기적으로 경영층의 전략을 검토하고, 투자자들에게 회사현황 및 향후발전 방향을 충분히 설명할 수 있어야 한다. CFO는 최고경영자(CEO), 최고업무책임자(COO)와 함께 3대 최고경영인으로 분류된다. **정답 | ○**

13 'Bowling alone'은 로버트 푸트넘이 쓴 책으로 각박한 세상을 사회적 자본(개인들 사이의 연계, 이로부터 발생하는 사회적 네트워크, 호혜성과 신뢰의 규범)이라는 개념으로 설명하고 있다.
사회적 신뢰가 무너질 수 있는데, 그 때 법의 지배가 포괄적 호혜성과 사회적으로 뿌리내린 정직성을 대신한다. **정답 | ○**

14 MV = PY에서 M은 통화량, V는 유통속도, P는 물가, Y는 실질 GDP이다.
고전학파에 따르면 V와 Y가 안정적이므로 물가는 화폐적 현상이라고 주장한다. **정답 | ○**

15 플라스틱 머니란 재화 및 서비스 구입에 대한 지불을 하는 데, 은행권·주화·수표 대신에 사용하는 플라스틱으로 만들어진 카드를 말한다.
OTP(one-time password)카드란 로그인할 때마다 그 세션에서만 사용할 수 있는 1회성 패스워드를 생성하는 보안 시스템을 말한다. **정답 | ×**

chapter 02

주택금융공사 - 객관식

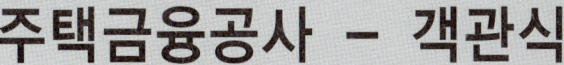

 1 2013년

 01

유동성함정은 금융정책 특히 금리 인하 정책이 경기 부양에 효과가 없을 때 사용되는 개념이다. 다음 중 유동성함정과 관계가 가장 먼 것은?

① 디플레 예상   ② 투자심리의 위축
③ 어두운 경제 전망   ④ 고조된 현금 기피 현상
⑤ 제로 수준에 가까운 저금리

> **해설**　'유동성함정(liquidity trap)'은 정부나 중앙은행이 금리를 낮추거나 시중에 통화를 풀어도 투자・소비 등이 살아나지 않아 통화정책이 효과를 나타내지 못하는 상황을 뜻한다.
> 유동성함정에서는 경제주체들이 가능한 한 현금을 보유하려는 현금 선호 현상이 나타난다. 　**정답 ④**

 02

등기부등본의 갑구에 해당하지 않는 것은?

① 소유권   ② 압류
③ 경매신청등기   ④ 저당권

> **해설**　부동산 등기부등본은 크게 표제부, 갑구, 을구로 구성되어 있다. 먼저 표제부에는 해당 부동산의 표시가 구체적으로 기재되어 있다.
> 갑구에는 소유권에 관한 일체의 사항이 기재되어 있어 소유권, 가압류, 압류, 경매개시결정, 가처분등기, 가등기 등이 명시되어 있다.
> 을구에는 소유권 이외의 사항이 기재되어 있으므로 저당권, 근저당권 등 담보내역이 명시되어 있다.
> 　**정답 ④**

03

선물시장 급락에 따른 증시 혼란을 막기 위한 장치로 프로그램 매매호가의 효력을 일정 시간 정지시키는 제도는?

① 콘탱고   ② 로스컷
③ 사이드카   ④ 백워데이션
⑤ 서킷브레이커

 사이드카는 선물시장이 급변할 경우 선물이 현물시장에 미치는 영향을 최소화함으로써 현물시장을 안정적으로 운용하기 위한 제도다. 선물가격이 전일 종가 대비 5% 이상(코스닥 6% 이상) 상승 또는 하락해 1분간 지속될 때 발동된다. 주식시장에서 주가가 급등락할 때 주식매매를 일시 정지하는 제도는 서킷브레이커라고 한다. 로스컷은 주식·외환·파생상품 등에 투자했을 때 시장가격이 매입단가보다 일정 비율 아래로 떨어지면 무조건 매도해 현금화하는 것이다. **정답 ③**

04

한국은행은 2008년 3월 통화정책 운용체계를 '콜금리 목표제'에서 '한국은행 기준금리 목표제'로 변경했다. 한국은행 기준금리의 대상이 되는 금리는?

① 양도성예금증서(CD) 91일물   ② 환매조건부채권(RP) 7일물
③ 3년만기 국고채   ④ 5년만기 국고채
⑤ 3년만기 회사채

 한국은행이 통화량 조절 기준으로 사용하는 금리는 2007년 3월 콜금리에서 환매조건부채권(RP) 7일물금리로 바뀌었다. 콜금리는 은행들 간에 매일매일 거래되는 자금의 이자율이고 환매조건부채권 7일물금리는 한국은행이 다시 매입하는 조건으로 발행하는 만기 7일의 채권 금리다. 통화조절 기준을 콜에서 환매조건부 7일물로 변경한 것은 콜금리가 한국은행의 최종 목표인 물가 안정에까지 파급되는 경로가 복잡하고 멀 뿐 아니라 단기 금융시장 발전에도 도움이 되지 않는 문제점이 제기되었기 때문이다. **정답 ②**

05

은행에 집을 담보로 맡기고 매달 일정액을 받는 연금 상품을 무엇이라 하는가?

① 주택 연금   ② 담보 연금
③ 은행 연금   ④ 정액 연금
⑤ 노령 연금

 장기주택저당대출이며 흔히 주택연금이라고 한다. 주택은 있으나 특별한 소득원이 없는 경우 고령자가 주택을 담보로 사망할 때까지 자택에 거주하면서 노후 생활자금을 연금 형태로 지급받고 사망하면 금융기관이 주택을 처분해 그동안의 대출금과 이자를 상환받는 방식이다. 금융사가 부동산을 담보로 주택저당증권(MBS)을 발행해 장기주택자금을 대출해주는 제도인 모기지론과 자금 흐름이 반대이기 때문에 역모기지론이라고 한다. **정답 ①**

06

원화의 가치가 상승할 때 현상 중 틀린 것은?

① 수출이 감소한다.

② 국내 물가가 하락한다.

③ 차관기업의 채무부담이 감소한다.

④ 해외 유학생의 부담이 커진다.

> **해설** 환율의 하락은 원화가치의 상승을 의미한다.
> 환율이 하락하면 원화를 1달러로 환전하기 위하여 원화 부담이 증가한다.　　　**정답** ④

2 2012년

01

BIS 자기자본 비율에 대한 설명으로 맞지 않는 것은?

① 국제결제은행이 은행의 건전성을 확보하기 위해 정한 기준이다.

② 이 비율이 8% 이상이 되도록 권고하고 있다.

③ 통상 10% 이상이면 우량은행으로 평가된다.

④ 총자산 대비 자기자본의 비율을 말한다.

⑤ 해외차입이 가능하려면 최소한 8%는 넘어야 한다.

> **해설** 국제결제은행(BIS)이 정한 은행의 위험자산 대비 자기자본비율을 흔히 BIS 비율이라고 한다.　　　**정답** ④

02

다음 중 악화가 양화를 구축한다는 말이 나오게 된 역사적 상황을 정확하게 설명한 것은?

① 영화산업의 초창기부터 싸구려 애로물이 좋은 예술 영화를 구축해 왔다는 뜻

② 싸구려 저질 상품이 고품질 상품을 시장에서 축출하고 만다는 뜻

③ 두 나라의 통화 중 약세통화가 강세통화보다 더 선호된다는 뜻

④ 귀금속 함량이 적은 화폐가 더 많이 유통된다는 뜻

⑤ 새로운 화폐가 나오면 구 화폐는 축출된다는 뜻

> **해설** "악화(惡貨)가 양화(良貨)를 구축한다"(Bad money drives out good money)는 말은 영국의 경제학자 그레샴이 주장한 것으로 이를 그레샴의 법칙(Gresham's Law)이라 한다. 이 말을 뜻 그대로 풀이하면 실질 가치가 다른(금 함유량) 두 가지 화폐가 같은 액면가치로 유통될 때 실질 가치가 높은 쪽(양화)은 별로 유통되지 않고 실질 가치가 낮은 쪽(악화)이 널리 유통된다는 의미다.　　　**정답** ④

03

다음은 한국은행이 기준금리를 인하했을 때 국민소득이 변화하는 경로를 표시한 것이다. 괄호 안에 들어갈 수 있는 경제현상은?

기준금리 인하 → 통화량 증가 → 시중 이자율 하락 → (   ) → 총수요 증가 → 국민소득 증가

① 환율 상승　　　　　　　　　　　② 투자 증가
③ 저축 증가　　　　　　　　　　　④ 소비 감소
⑤ 자산가격 하락

해설　한은이 기준금리를 변경하면 먼저 단기 금융상품의 이자율이 영향을 받고 이어 장기 금융상품 금리가 움직이는 형태로 금융시장에 파급된다. 기준금리를 낮추면 통화량이 증가하고 이자율이 낮아져 소비와 투자가 늘어나고, 국내 금융상품 등에 투자하려는 외국 돈의 유입이 줄어 원화 가치가 떨어져(환율 상승) 수출이 늘게 된다.

정답 ②

04

다음 중 경제에서 고려하지 않는 재화는 무엇인가?

① 경제재　　　　　　　　　　　　② 자유재
③ 소비재　　　　　　　　　　　　④ 판매재

해설　자유재는 부존량이 무한하여 희소성이 성립되지 않는 재화로 경제문제가 발생하지 않는다. 따라서 자유재는 경제학에서 다루지 않는 재화이다.

정답 ②

05

다음 중 지방세에 포함되지 않는 것은?

① 교육세　　　　　　　　　　　　② 취득세
③ 담배소비세　　　　　　　　　　④ 주민세

해설　국세 – 교육세, 주세, 법인세, 소득세, 부가가치세 등
지방세 – 취득세, 담배소비세, 주민세, 재산세 등

정답 ①

06

본래는 매각자에게 되판다는 의미를 가지는 용어로, 미리 약정한 날이나 가격에 실물이나 금융자산을 판매할 수 있는 권리를 풋옵션이라 한다. 이 풋옵션을 기업의 인수·합병(M&A)에 적용한 것으로 인수시점에서 자산의 가치를 정확하게 산출하기 어렵거나 추후 자산가치의 하락이 예상될 경우 주로 사용되는 기업인수 합병방식인 이것은 무엇인가?

① 풋다운옵션　　　　　　　　　② 풋로우옵션
③ 풋백옵션　　　　　　　　　　④ 풋업옵션

해설 풋백옵션이란 기업의 인수·합병에서 인수자가 재무적 투자자 의 보유 지분을 약정한 날짜나 가격에 되사줄 약속하는 거래를 말한다.　　　　　　　　　　　　　　　　　　　　　정답 ③

07

파산한 기업이나 자금난에 처한 기업을 싼값에 인수하여 경영을 정상화시킨 후 비싼 값으로 되팔아 단기간에 고수익을 올리는 자금을 무엇이라 하나?

① 사모펀드　　　　　　　　　　② 볼커룰
③ CDS　　　　　　　　　　　　④ 벌처펀드

해설 ① 사모펀드 : 소수의 투자자로부터 모은 자금을 주식·채권 등에 운용하는 펀드. 고수익인만큼 위험도 큼.
② 볼커룰(volker rule) : 미국 금융기관의 위험투자를 제한하고, 대형화를 억제하기 위하여 만든 금융기관 규제 방안. 은행이 고수익을 올리기 위하여 자사의 자산이나 차입금으로 채권과 주식, 파생상품 등에 투자하는 것을 제한함.
③ CDS : 채무자의 채무 불이행을 대비해 채권자가 금융사와 맺어두는 일종의 보험 거래로 채권자는 보험료(프리미엄)를 금융사에 내고 채무 불이행이 되면 원리금(보험금)을 받게 되는 상품　　　　정답 ④

 08

COFIX(자금조달비용지수)에 대한 다음 설명 중 맞지 않은 것은?

① 은행연합회가 2010년 초 내놓은 새로운 은행 대출 기준 금리이다.
② 9개 은행의 정기예금 등 각종 예금 이자율을 취합해 산출한다.
③ 이 지수가 나오기 전에는 기업어음(CP) 금리가 은행들의 대출 기준 금리로 사용되었다.
④ 은행들은 COFIX에 일정금리를 가산해 고객에 대한 대출금리로 사용한다.
⑤ COFIX는 매월 말 조달자금잔액에 적용된 가중평균금리(잔액기준)와 매월 한 달간 신규 조달 자금에 적용된 가중평균금리(신규 취급액기준) 두 종류가 있다.

해설 COFIX는 은행들이 자금을 조달할 때 부담하는 이자율을 가중 평균한 것이다. 올해 초 COFIX가 나오기 전까지 은행들은 91일 만기의 양도성예금증서(CD) 금리를 대출 기준금리로 사용했다. CD 금리를 기준으로 개인

또는 기업별로 일정한 이자율을 더해 대출금의 금리로 사용한 것이다.

CD 금리를 COFIX로 바꾼 것은 CD 금리가 시장금리를 제대로 반영하지 못한다는 지적이 제기됐기 때문이다. 거기다가 은행들이 조달하는 자금 총액에서 CD 발행액이 차지하는 비중도 낮다. 이에 은행연합회는 2010년 초 9개 은행의 정기예금 등 각종 예금 이자율을 취합해 가중평균한 COFIX를 새로운 기준금리로 제시했고 이후 모든 은행은 COFIX를 대출 기준금리로 사용하고 있다. 은행들은 COFIX에 대출자의 신용도에 따라 일정률의 가산금리(스프레드·spread)를 더해 대출금리로 결정한다. COFIX는 계산 방법에 따라 잔액 기준과 신규 취급액 기준 두 가지가 있다. 잔액 기준은 매월 말 현재 조달자금 잔액을 기준으로 계산한 가중평균금리이고, 신규 취급액 기준은 매월 신규로 조달한 자금에 적용된 가중 평균금리를 말한다.　　　　　정답 ③

09

다음은 국제회계기준(IFRS)에 대한 설명이다. 잘못된 것은?

① 미국 일본은 이미 시행하고 있다.
② 유럽 국가들이 이 제도에 가장 적극적이다.
③ 자산을 공정 가치(fair value)로 평가하도록 하고 있다.
④ 연결재무제표를 주 재무제표로 한다.
⑤ 우리나라는 2011년부터 본격 시행할 예정이다.

 국제회계기준(IFRS)은 기업 실적을 담은 손익계산서와 자산·부채·자본 현황이 들어있는 대차대조표의 작성 기준으로 유럽이 주도하고 있다. 미국은 미국식 회계기준(US-GAPP)을 사용하고 있으며 IFRS에 적극적이지 않다.

IFRS를 도입하면 기업이 보유한 자산가치를 현행 국내 회계기준(K-GAPP)에서 적용하는 기준시가 대신 공정가치(시가)로 평가한다. 토지 건물 등을 공정가치로 평가할 경우 기업의 자산가치가 크게 늘어나는 효과가 있다. IFRS에선 연결재무제표가 기업의 '주 재무제표'로 사용된다. 연결재무제표로 실적을 작성할 때 '실질적으로 지배하는 모든 회사'에 대한 실적을 모두 합치기 때문에 관계사가 많은 대기업이나 글로벌 기업들의 실적이 크게 증가할 전망이다.

IFRS로 부담이 생기는 경우도 있다. 조선사와 건설사들은 대규모 선박과 공사를 수주한 경우 기존에는 작업 진행률에 따라 매출을 매년 적용했다. 하지만 IFRS가 도입되면 완공한 해에 매출을 한꺼번에 잡도록 돼 있어 공사 기간 중엔 부채비율이 크게 높아질 수 있다.

국내 기업들은 상장사를 중심으로 2011년부터 IFRS를 본격 도입할 예정이다. 새로운 회계기준 도입으로 기업들은 적지않은 비용을 부담해야 한다. 금융감독원 조사 결과 IFRS 준비를 위해 기업들이 들여야 하는 비용은 평균 2억8,000만원인 것으로 나타났다. 특히 은행 증권사 선물회사 보험사 등 금융회사들은 평균보다 많은 비용을 부담해야 하는 상황이다.　　　　　정답 ①

10

한국의 반도체 회사가 중국에 공장을 세우고 양국의 노동자를 고용했다. 다음 중 옳은 것은?

① 한국의 GDP와 중국의 GDP 증가
② 한국의 GNP와 중국의 GNP 증가
③ 중국의 GDP는 증가, 한국의 GDP는 감소
④ 중국의 GNP는 증가, 한국의 GNP는 감소
⑤ 중국의 GDP는 증가, 한국의 GNP는 감소

해설 국내총생산(GDP)은 '한 나라에서' 일정 기간 생산한 모든 최종 재화와 서비스의 시장 가치이고 국민총생산 (GNP)은 '한 나라의 국민이' 생산한 모든 최종 재화·서비스의 시장 가치다. 지문의 반도체는 중국 내에서 생산되므로 중국의 GDP가 증가하고, 한국의 GDP는 변하지 않는다. 중국인과 한국인을 고용하므로 양국의 GNP는 모두 늘어난다.   **정답 ②**

11

다음 중 수요의 법칙이란?

① 가격이 상승할 때 수요량이 감소하는 것을 말한다.
② 가격이 상승할 때 수요량이 증가하는 것을 말한다.
③ 가격이 하락할 때 수요량이 감소하는 것을 말한다.
④ 소득이 증가할 때 수요곡선이 이동하는 것을 말한다.

해설 수요의 법칙이란 가격이 상승(하락)할 때 수요량이 감소(증가)하는 것을 말한다.   **정답 ①**

12

다음을 읽고 물음에 답하시오.
"대중들이 구매하는 제품은 거부한다. 남들이 구입하기 어려운 값비싼 상품을 보면 오히려 사고 싶어 한다. 가격이 오를수록 구매 욕구가 높아진다. 명품 과시욕도 여기에 해당한다."
위와 같은 소비 행태를 다음 중 무엇이라고 부르는가?

① 스놉효과   ② 밴드왜건 효과
③ 스톡홀름 증후군   ④ 스필오버 효과
⑤ 트리클 다운

해설 밴드왜건 효과(Bandwagon effect)는 퍼레이드나 행렬의 선두에 서는 악대(band)를 실은 차(wagon)를 무턱대고 따라가는 현상을 말한다. '덩달이'처럼 남들이 많이 소비하는 제품일수록 더 사고 싶어하고 철마다 유행을 추종하는 소비 심리를 일컫는다. 미국의 소비심리학자 하비 라이벤스타인이 제시한 이론이다.
스놉 효과(snob effect)는 밴드웨건 효과와는 반대로 여러 사람이 소비하는 물건을 기피하는 현상을 말한다. 스놉(snob)은 속물, 사이비 신사, 아첨꾼을 의미한다.
와인을 즐기는 사람을 와인 마니아라고 부르지만 실제론 와인의 차이도 잘 못 느끼면서 값비싼 와인만 찾는 사람을 와인 스놉(wine snob)이라고 부른다.
스톡홀름 증후군(Stockholm Syndrome)은 1973년 스웨덴의 수도 스톡홀름에서 테러리스트가 주도한 은행 강도의 인질로 잡혔던 여자가 인질범과 사랑에 빠져 나중에는 인질범을 옹호하고 경찰을 적대시하는 이상 심리를 보인 데서 유래한 심리학 용어다.
스필오버 효과(Spillover effect)는 어떤 요소의 생산활동이 그 요소의 생산성 외에 다른 요소의 생산성을 증가시켜 경제 전체의 생산성을 올리는 효과를 말한다.
트리클 다운(Trickle Down)은 대기업의 성장을 촉진하면 중소기업과 소비자에게도 혜택이 돌아가 총체적으로 경기가 활성화된다는 경제 이론이다.   **정답 ①**

13

주식을 빌려 시장에 매각한 다음 주가가 떨어지기를 기다렸다가 시장에서 되사서 갚는 것을 공매도라고 한다. 공매도에 대한 다음의 설명 중 사실과 다른 것은?

① 주가 하락을 예상한 투자전략이다.
② 선물을 매입하는 전략과 함께 구사할 수 있다.
③ 주가 하락을 장기간 지속시키는 결과를 초래한다.
④ 결제 불이행이 발생하면 시장 체계에 혼란이 온다.
⑤ 결제 불이행을 막기 위해 일정한 담보를 제공해야 한다.

해설 공매도는 주가 하락을 예상하고 증권회사로부터 주식을 빌려서 시장에 판 다음 주가가 떨어지면 싼값에 주식을 되사서 증권회사에 빌린 주식을 갚는 투자기법이다.
일반적인 주식 투자와 달리 주가가 내려야 시세 차익을 얻는 셈이다. 만일 예상과 달리 주가가 오를 경우 빌린 주식을 높은 가격에 사서 증권사에 되갚아야 하므로 주가가 오른 만큼 손해를 보게 된다.
대부분의 투자자들이 경기가 하락할 것으로 예측하거나 향후 경기를 예측하기 힘든 상황이 발생할 경우 거래 없이 주가가 급락해 시장이 불안해 질 가능성도 높다. 이에 따라 금융위기가 발생한 이후 미국은 물론 영국 네덜란드 호주 등 대부분의 나라들이 공매도를 일시적으로 금지하고 있다.
공매도는 현물주식을 파는 것이므로 선물을 헤지(hedge)수단으로 사용할 수 있다. 예를 들어 거래량이 적어 주식을 살 수 없는 상황이면 선물을 매입해 손실을 줄일 수 있을 것이다. 공매도는 주식을 빌려서 파는 것이므로 빌린 주식을 갚지 못하면 금융시스템 전체를 붕괴시키기도 한다. 주식을 빌릴 때 담보를 제공해야 하는 것은 물론이다. **정답 ③**

14

채권시장에 대한 다음의 설명 중 맞는 것은?

① 같은 채권이라면 단기채가 장기채에 비해 금리가 낮다.
② 우리나라 채권시장은 회사채가 차지하는 비중이 가장 크다.
③ 채권도 주식처럼 한국거래소에서 주로 거래된다.
④ 채권 투자자들은 대부분 개인들이다.
⑤ 채무불이행 위험이 높을수록 채권수익률은 내려간다.

해설 채권은 정부나 공공기관이 발행한 국공채와 민간기업이 발행한 회사채로 크게 나뉜다. 우리나라 채권시장은 회사채보다는 국공채가 차지하는 비중이 더 크다. 국고채 통화안정증권(통안채), 각종 공사나 기금에서 발행하는 공사채 등 국공채가 상당수를 차지하고 있다. 회사채는 우량기업들의 경우 발행하기 쉽지만 신용등급 BB-이하의 투기등급 기업과 중소기업들은 신뢰도가 낮아 발행하기 어렵다.
국공채는 회사채보다 리스크가 작아 수익률이 낮다. 같은 채권이라면 단기채가 장기채에 비해 금리가 낮다. 단기채는 1년 이내에 만기가 돌아오는 채권으로 자금을 빨리 회수할 수 있기 때문에 장기채에 비해 리스크가 낮다. 리스크가 낮은 만큼 금리도 낮다. 채무불이행 위험이 높다는 것은 리스크가 높다는 것이고 리스크가 높아질수록 채권수익률(금리)은 높아진다. 채권수익률과 채권가격은 반비례한다.
채권은 주식처럼 한국거래소보다는 장외시장에서, 즉 기관투자가들끼리 주로 거래한다. 일반 투자자들은 금융회사를 통해 채권을 매입할 수 있으나 규모가 작은 소액채권은 증권사 홈트레이딩시스템(HTS)을 통해서도 매매가 가능하다. **정답 ①**

15

한계효용이 0일 때 의미하는 것은 무엇인가?

① 총효용이 증가한다.
② 총효용이 감소한다.
③ 총효용이 증가하다가 감소한다.
④ 총효용이 극대인 상태이다.

> **해설** 한계효용이 0보다 크다면 총효용이 증가하고 한계효용이 0보다 작다면 총효용이 감소한다.
> 한계효용이 0이라면 더 이상 총효용이 증가하지 않는 상태로 총효용 극대인 상태를 나타낸다. **정답 ④**

16

아담스미스의 '보이지 않는 손'이 나타내는 것은 무엇인가?

① 각 개인의 책임감
② 정부의 경제 정책
③ 가격신호
④ 절제된 이기심

> **해설** 가격은 사람들이 무슨 일을 해야 하고 무슨 일을 하지 말아야 하는지 알려주는 신호등 역할을 한다. 시장은
> 바로 이러한 가격신호에 의해 사회적 분업을 주도한다는 것이다. 이처럼 시장에는 공장장이 없어도 분업의 조
> 정이 이뤄지는데 애덤 스미스(Adam Smith)는 이것을 '보이지 않는 손'이라고 불렀다. **정답 ③**

17

수요의 가격탄력성이 '1'보다 작을 때 가격이 오르면 소비자의 총지출액은?

① 증가
② 감소
③ 불변
④ 증가할 수도 있고 감소할 수도 있다.

> **해설** 수요의 가격탄력성이 1보다 작다는 것은 비탄력적이라는 말이다.
> 비탄력적일 때 가격이 오른다 하더라도 소비자의 수요량은 적게 감소한다.
> 따라서 소비자의 총지출액은 증가한다. **정답 ①**

18

다음 보기 중 도덕적 해이의 예로서 옳지 않은 것은?

① 사고가능성이 높은 운전자가 조건이 좋은 자동차종합보험에 자진 가입한다.
② 화재보험에 가입한 피보험자가 화재방지노력을 게을리 한다.
③ 정액월급을 받는 고용사장이 골프를 많이 친다.
④ 공동생산 시 동료들의 눈을 피해 땡땡이를 친다.

> **해설** ①은 역선택을 설명하고 있는데 역선택이란 정보수준이 낮은 자가 바람직하지 못한 상대방과 거래하는 것을
> 말한다. **정답 ①**

19

유로화가 사용되지 않은 국가는?

① 벨기에 　　　　　　　　　　② 독일
③ 이탈리아 　　　　　　　　　　④ 네덜란드
⑤ 스웨덴

> 해설　2015년 유로존에 해당되는 국가는 19개국이며 영국·덴마크·스웨덴 등은 불참하고 있다. 　　정답 ⑤

20

화폐주조차익을 무엇이라 하는가?

① 세뇨리지 효과 　　　　　　　② forfaiting 효과
③ 리디노미네이션 　　　　　　　④ 디노미네이션

> 해설　세뇨리지 효과란 화폐 주조시 교환가치와 발행가치의 차액을 주조차익이라고 한다.
> 디노미네이션은 화폐액면을 말하고 리디노미네이션은 화폐액면의 변경을 말한다. 　　정답 ①

22

단기 이동평균선이 중장기 이동평균선을 위에서 아래로 뚫고 내려가는 현상으로 약세장으로 전환되는 신호로 해석되는 것은?

① 골든크로스 　　　　　　　　② 데드크로스
③ 서킷브레이커 　　　　　　　④ 웩더독

> 해설　골든크로스는 단기이동평균선이 중장기 이동평균선을 아래에서 위로 뚫고 가는 현상을 말하고 데드크로스는
> 반대로 단기이동평균선이 중장기 이동평균선을 위에서 아래로 뚫고 가는 현상을 말한다. 　　정답 ②

3 2011년

01

미국과 한국에서 주로 쓰는 간접통화정책은?

① 공개시장조작 정책　　　　　　② 지급준비율 정책
③ 재할인율 정책　　　　　　　　④ 대출한도제

해설 미국과 한국에서 주로 쓰는 통화정책은 공개시장조작 정책으로 중앙은행이 국공채 매매를 통하여 통화량을 조절한다.　　　　　　**정답 ①**

02

현 금융통화위원회 위원장은 누가 겸임하는가?

① 기획재정부 장관　　　　　　　② 지식경제부 장관
③ 한국은행 총재　　　　　　　　④ 금융감독원 위원장

해설 한국은행 총재가 금융통화위원회 위원장을 겸임하고 있다.　　　　　　**정답 ③**

03

50 ~ 60년 주기로 발생하는 경기변동은 무엇인가?

① 키친파동　　　　　　　　　　② 쥬글러 파동
③ 쿠츠네츠 파동　　　　　　　　④ 콘트라티에프 파동

해설 약 50~60년을 주기로 하는 경기변동으로 기술혁신과 연관되어 있으며 장기파동으로 구성된다.　　**정답 ④**

04

화폐의 기능으로 옳지 않은 것은?

① 화폐는 회계장부상의 단위로 기능한다.
② 교환의 매개수단에 의하면 재화를 구입하기 위하여 화폐가 필요하다.
③ 자산보유의 목적으로 화폐를 보유하기도 한다.
④ 물가 상승하면 화폐보유를 늘린다.

해설 물가 상승하면 화폐의 실질가치는 감소하므로 화폐보유를 줄여야 한다.　　　　　　**정답 ④**

05
환율과 관련된 개념을 고르면?

① 빅맥지수   ② 소비자물가지수
③ BSI 지수   ④ CSI 지수

 빅맥지수란 맥도널드에서 판매하는 가장 대표적인 햄버거인 빅맥의 가격을 기준으로 각국 화폐의 가치를 평가한 것으로 일종의 구매력 평가환율이다.   **정답** ①

06
국제적으로 일물일가의 법칙이 성립한다면 미국에서 $20인 제품이 한국에서는 46,000원에 판매되고 있다. 이때 환율은?

① 1$ = 1,000원   ② 1$ = 1,500원
③ 1$ = 1,700원   ④ 1$ = 2,300원

해설 구매력 평가설에 따르면 $20 = 46,000원이 되어야 하므로 1$ = 2,300원이 된다.   **정답** ④

07
인플레이션율과 명목이자율이 1 : 1의 관계를 나타내는 개념은?

① 피셔효과   ② 먼델 – 토빈 효과
③ 다비효과   ④ 메뉴비용 효과

해설 피셔방정식이란 명목이자율 = 실질이자율 + (예상)물가상승률로 물가가 오를 때 명목이자율보다 물가상승률만큼 오르는 것을 피셔효과라고 한다.   **정답** ①

08
물가상승률과 실업률과의 관계를 나타내는 곡선은?

① 필립스 곡선   ② J – 커브 곡선
③ 오퍼 곡선   ④ BP 곡선

해설 필립스 곡선이란 물가상승률과 실업률의 역관계를 나타내는 곡선으로 물가안정과 완전고용을 동시에 달성할 수 없음을 의미한다.   **정답** ①

09

경제구조의 변화에 따라 발생하는 실업을 무엇이라 하는가?

① 마찰적 실업　　　　　　　　　　② 경기적 실업
③ 구조적 실업　　　　　　　　　　④ 잠재적 실업

해설　구조적 실업이란 산업구조의 변화로 장기간 발생하는 실업을 말한다.　　　　　　**정답 ③**

10

다음 중 도덕적 해이로 볼 수 없는 것은?

① 저축은행 비리　　　　　　　　　② 비건강자의 보험가입
③ 자동차보험 가입자의 과속　　　　④ 국회의원 당선자의 자신의 이득 추구

해설　역선택이란 정보수준이 낮은 자가 바람직 하지 못한 상대방과 거래할 가능성이 높은 것을 말한다.
　　　보험회사 입장에서는 보험가입자가 건강한지 건강하지 못한지 구분하기가 어려우며 기대보험료 부과에 따른
　　　비건강자의 보험가입이 높아질 수 있다.　　　　　　**정답 ②**

11

명목이자율이 5%이고, 예상물가상승률이 3%라고 한다면 실질이자율의 값은?

① 2%　　　　　　　　　　　　　　② 3%
③ 4%　　　　　　　　　　　　　　④ 5%

해설　실질이자율은 명목이자율에서 예상물가상승률을 차감해서 구할 수 있다.
　　　실질이자율 = 5% − 3% = 2%　　　　　　**정답 ①**

12

지니계수에 대한 설명 중 옳지 않은 것은?

① 지니계수는 기수적인 소득불평등도 지수이다.
② 지니계수의 값이 클수록 소득분배는 평등하다.
③ 지니계수의 값은 0과 1사이의 값을 갖는다.
④ 로렌츠곡선으로부터 지니계수의 값을 도출할 수 있다.

해설　지니계수는 0과 1사이의 값을 갖고 값이 작을수록 소득분배가 평등해진다.　　　　　　**정답 ②**

13

생산가능곡선의 기울기를 무엇이라 하는가?

① MRS
② MRT
③ MRTS
④ MR

 MRS (한계대체율) – 무차별곡선의 기울기
MRTS (한계기술대체율) – 등량곡선의 기울기
MR (한계수입) – 총수입의 변화분을 생산량의 변화분으로 나눈 것

정답 ②

14

무차별곡선의 기울기를 무엇이라 하는가?

① MRS
② MRT
③ MRTS
④ MR

정답 ①

15

M1과 M2 대한 설명 중 옳지 않은 것은?

① 은행의 저축예금을 M2로 편입시키면 M2의 크기가 증가한다.
② M2에는 만기 2년 이상의 장기금융상품이 포함되지 않는다.
③ MMDA, MMF, CD는 M2에 포함된다.
④ 어떤 개인이 요구불예금을 현금으로 인출하면 M1은 불변이다.

 M2에 은행의 저축성예금이 포함되어 있기 때문에 M2의 크기는 변하지 않는다.

신M1	현금통화 + 요구불예금 + 수시입출식 저축성예금(은행저축예금, MMF 등)
신M2	신M1 + 정기예ㆍ적금 + 시장형 금융상품(CD, RP, CMA, 표지어음 등) 실적배당형상품 (수익증권, 금전신탁 등) + 금융채 + 기타 ※ 만기 2년 이상 금융상품 제외
금융기관 유동성(Lf)	신M2 + 만기 2년 이상 정기예ㆍ적금 및 금융채 + 만기 2년 이상 장기금전신탁 + 생명보험회사 보험 계약준비금 + 증권금융회사의 고객예탁금
광의유동성 (L)	Lf + 정부 및 기업 등이 발행한 유동성 금융상품

정답 ①

16

비교우위론을 주장한 학자는?

① 아담 스미스(A. Smith) ② 리카도(D. Ricardo)
③ 케인즈(M. Keynes) ④ 마르크스(K. Marx)

해설 비교우위론이란 기회비용이 낮은 재화를 특화하여 교역을 하면 이득을 보게 된다는 것이다. 정답 ②

17

LM곡선의 형태는?

① 우상향 ② 우하향
③ 수평 ④ 수직

해설 LM곡선이란 화폐시장의 균형을 이루는 곡선으로 우상향의 형태를 가진다. 정답 ①

18

발에 의한 투표를 강조한 학자는?

① 케인즈 ② 티부
③ 토빈 ④ 피셔

해설 티부가설은 '발에 의한 투표(voting with feet)'라는 의미로, '주민들은 각각의 선호에 따라 지역 간의 자유로운 이동을 통해 지방정부를 선택할 수 있으며, 이는 지방공공재에 대한 주민의 선호가 표시되어 지방공공재 공급의 적정 규모가 결정될 수 있다'는 티부의 가설이다.
티부가설은 기존의 전통적인 Samuelson의 '중앙 정부 차원의 공공재 이론'에 대한 반박으로 제기되었으며, 지방공공재의 경우 지방정부가 독자적으로 결정을 내리는 분권화된 체제가 효율적 배분을 가져온다는 지방자치의 당위성을 강조한 모형이다. 정답 ②

19

수요이론에 어긋나는 재화는?

① 기펜재 ② 사치재
③ 정상재 ④ 열등재

해설 기펜재란 가격이 하락할 때 수요량이 감소하는 재화로 수요의 법칙이 성립되지 않는다. 정답 ①

20

조세부과시 효과에 대한 설명 중 옳은 것은?

① 조세를 소비자에게 부과하면 수요곡선은 우측이동한다.
② 조세를 공급자에게 부과하면 공급곡선은 우측이동한다.
③ 탄력성과 비효율성은 반비례한다.
④ 탄력성과 조세부담은 반비례한다.

해설 　탄력적일수록 해당 주체의 조세부담은 감소한다. 　　　　　　　　　　　　　　　　　정답 ④

21

A국가의 물가는 3% 상승하고, B국가의 물가는 5% 하락한다. 그리고 명목환율이 12% 상승하였다면 A국가의 실질환율을 구하면?

① 4% 상승　　　　　　　　　　　　　　② 4% 하락
③ 5% 상승　　　　　　　　　　　　　　④ 5% 하락

해설 　A국가의 실질환율은 $\dfrac{eP_B}{P_A}$ 이므로 변화율을 구하면 e의 변화율 + P_B의 변화율 − P_A의 변화율이 되어 4%
상승한다. 　　　　　　　　　　　　　　　　　　　　　　　　　　　　　　　　　　　정답 ①

22

물가지수에 대한 설명 중 옳지 않은 것은?

① 소비자물가지수에는 원자재와 자본재등은 제외된다.
② 소비자물가지수에는 수입품가격이 포함되지 않는다.
③ GDP 디플레이터에는 신규주택가격이 포함된다.
④ 생산자물가지수에는 원자재와 자본재등이 포함된다.

해설 　소비자물가지수에는 수입품가격이 포함된다. 　　　　　　　　　　　　　　　　　정답 ②

4 2011년 이전

01

가계의 총지출 중에서 교육비가 차지하는 비중을 나타내는 것은?

① 엥겔지수   ② 슈바베지수
③ 엔젤지수   ④ 텔레콤 지수

해설 엔젤지수란 가계의 총지출 중에서 교육비가 차지하는 비중을 나타내며 불황 시 엔젤지수의 값은 커진다.
엥겔지수란 가계의 총지출 중에서 식료품비가 차지하는 비중을 나타낸다.
슈바베지수란 가계의 총지출 중에서 주거비가 차지하는 비중을 나타낸다.
텔레콤지수란 가계의 총지출 중에서 정보통신비용이 차지하는 비중을 나타낸다.   **정답 ③**

02

다음 중 GDP에 들어가지 않는 것은?

① 아파트의 가격 상승   ② 회사채 이자
③ 기업의 자동차 구입   ④ 동사무소에서 복사용지 구입

해설 국내총생산은 당해연도의 생산 활동과 관련 있어야 하므로 아파트의 가격 상승이나 부동산 구입, 주식구입은
들어가지 않는다.   **정답 ①**

03

다음 중 파생상품에 들어가지 않는 것은?

① 선도   ② 옵션
③ 스왑   ④ 주식

해설 파생상품이란 주식과 채권 같은 전통적인 금융 상품을 기초 자산으로 하여 새로운 현금 흐름을 만드는 증권을
말한다.   **정답 ④**

04

양도성 예금증서(CD)는 통화지표 중 어디에 속하는가?

① M1   ② M2
③ M3   ④ MCT

해설 M2 = M1 + 정기예·적금 + 시장형 금융상품(CD, RP, CMA, 표지어음 등) + 실적배당형상품(수익증권, 금전신탁
등) + 금융채 + 기타   **정답 ②**

 05

한국은행이 하는 역할이 아닌 것은?

① 신용창조
② 발권은행
③ 금융정책의 집행
④ 정부의 은행

해설 신용창조란 시중은행이 대출과 예금을 통해 예금이 창조되는 것을 말한다.
발권은행이란 한국은행이 지폐와 주화를 발행한다는 것을 말한다.
한국은행은 금융정책을 집행하거나 정부에 대하여 신용을 공여한다.   **정답 ①**

06

지니계수에 대한 설명 중 틀린 것은?

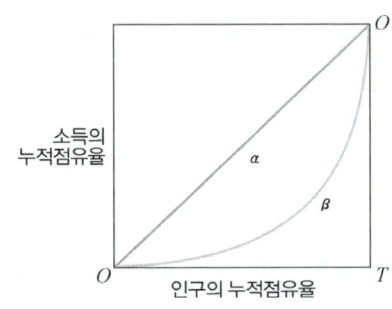

① 지니계수는 $\dfrac{\alpha}{\alpha+\beta}$ 이다.
② 지니계수는 기수적이다.
③ 지니계수의 로렌츠곡선의 단점을 보완하기 위하여 만들어졌다.
④ 지니계수는 0~1의 값을 가지며 값이 클수록 평등하다.

해설 지니계수는 로렌츠곡선의 서수성을 보완하기 위하여 만들어졌으며 0과 1사이의 값을 가진다. 지니계수는 값
이 작아질수록 평등하다.   **정답 ④**

 07

유동성 함정 시 유효한 정책은 다음 중 어느 것인가?

① 확대 재정정책
② 긴축 재정정책
③ 확대 통화정책
④ 긴축 통화정책

해설 '유동성함정(liquidity trap)'은 정부나 중앙은행이 금리를 낮추거나 시중에 통화를 풀어도 투자·소비 등이
살아나지 않아 통화정책이 효과를 나타내지 못하는 상황을 뜻한다.
따라서 경기회복을 위하여 확대 재정정책을 실시해야 한다.   **정답 ①**

08

자연실업률과 관련이 있는 실업은?

① 구조적 실업
② 경기적 실업
③ 계절적 실업
④ 잠재적 실업

해설　자연실업률은 자발적 실업자만 존재하는 실업률로 구조적 실업과 마찰적 실업이 포함된다.　　　정답 ①

09

다음 중 경기동행지수의 구성요인과 관련이 먼 것은?

① 산업생산지수
② 제조업 근로자수
③ 제조업 가동률
④ 종합주가지수

해설　종합주가지수는 경기선행지수에 들어간다.　　　정답 ④

10

물가가 상승하고 있을 경우에 바람직한 금융정책방법은?

① 재할인율의 인상과 지급준비율 인하
② 재할인율의 인하와 지급준비율 인하
③ 재할인율의 인상과 지급준비율 인상
④ 재할인율의 인하와 지급준비율 인상

해설　물가가 상승하고 있을 때는 통화량을 감소시켜야 한다.
통화량을 감소시키기 위하여 재할인율과 지급준비율을 인상시켜야 한다.　　　정답 ③

11

자기에게 주어진 일정 소득을 가장 합리적으로 사용할 수 있게 하는 것은?

① 한계효용체감의 법칙
② 한계효용균등의 법칙
③ 한계생산체감의 법칙
④ 한계생산균등의 법칙

해설　한계효용균등의 법칙은 효용을 극대화하기 위해 각 재화의 한계효용이 균등하도록 재화의 소비를 분배하는 것을 말한다.　　　정답 ②

12

금융기관이 상환 만기에 다다른 채무의 상환을 연장하여 주는 조치를 무엇이라 하는가?

① 롤오버　　　　　　　　　　　② 백워데이션
③ 콘탱고　　　　　　　　　　　④ 골든크로스

 해설　백워데이션 - 현물가격이 선물가격보다 큰 경우
　　　　　콘탱고 - 선물가격이 현물가격보다 큰 경우
　　　　　골든크로스 - 중장기평균선을 단기평균선이 아래에서 위로 통과하는 경우　　　　**정답 ①**

13

발행주체에 따른 채권분류가 아닌 것은?

① 보증채　　　　　　　　　　　② 국채(國債)
③ 금융채(金融債)　　　　　　　④ 회사채(會社債)
⑤ 지방채(地方債)

해설　이자지급방법에 따라 이표채(利票債)·할인채(割引債)·복리채(複利債),
　　　　상환기간에 따라 단기채(短期債)·중기채(中期債)·장기채(長期債),
　　　　모집방법에 따라 사모채(私募債)·공모채(公募債),
　　　　보증유무에 따라 보증사채(保證社債)·무보증사채(無保證社債) 등으로 분류된다　　　**정답 ①**

14

경상수지가 아닌 것은?

① 상품수지　　　　　　　　　　② 서비스수지
③ 소득수지　　　　　　　　　　④ 경상이전수지
⑤ 투자수지

해설　경상수지 - 상품수지, 서비스수지, 소득수지, 경상이전수지
　　　　자본수지 - 투자수지, 기타자본수지　　　　　　　　　　　　　　　　　　　　**정답 ⑤**

15

단기금융상품이 아닌 것?

① CP   ② RP
③ 은행신탁   ④ CMA
⑤ CD

 단기금융상품 : 신종기업어음, 어음관리구좌(CMA), 양도성예금증서(CD), 환매채(RP), 기업금전신탁, 표지어음 단기금융상품이라 하면 만기가 결산일로부터 1년 이내에 도래하는 예금 등이 해당된다.   **정답 ③**

16

발생확률 혹은 발생량이 상대적으로 적은 부분이 무시되는 경향이 있다. 하지만 인터넷과 새로운 물류기술의 발달로 인해 이 부분도 경제적으로 의미가 있을 수 있게 되었는데 이는 무엇인가?

① 파레토 법칙   ② 롱테일 현상
③ 메트칼프의 법칙   ④ 무어의 법칙

 롱테일 현상(The Long Tail)은 인터넷과 새로운 물류기술의 발달로 인해 이 부분도 경제적으로 의미가 있을 수 있게 되었는데 이를 롱테일이라고 한다. 이는 기하급수적으로 줄어들며 양의 x축으로 길게 뻗어나가는 그래프의 모습에서 나온 말이다. 2004년 와이어드지 2월호에 크리스 앤더슨에 의해 처음으로 소개되었으며 이후 책으로 나와 베스트 셀러가 되었다.   **정답 ②**

17

나라의 화폐를 가치의 변동없이 모든 은행권 및 지폐의 액면을 동일한 비율의 낮은 숫자로 표현하는 것은?

① 리디노미네이션   ② 평가절하
③ 화폐개혁   ④ 평가절상

 리디노미네이션이란 한 나라의 화폐를 가치변동없이 모든 은행권과 지폐의 액면을 동일한 비율의 낮은 숫자로 표현하거나 이와 더불어 새로운 통화단위로 화폐의 호칭을 변경하는 것을 말한다.   **정답 ①**

18

DTI와 LTV에 대한 설명 중 옳지 않은 것은?

① DTI는 총부채상환비율로 투기지역은 일반적으로 40%가 적용된다.
② LTV는 주택담보인정비율로 투기지역은 일반적으로 40%가 적용된다.
③ DTI와 LTV는 부동산가격 과열을 해결하기 위하여 도입된 제도이다.
④ DTI와 LTV 중 높은 것을 적용한다.

해설   DTI와 LTV중 낮은 것을 적용한다.   정답 ④

19

서킷브레이커에 대한 설명 중 틀린 것은?

① 종합주가지수가 전일에 비해 10%를 넘는 상태가 1분이상 지속되는 경우 발동된다.
② 선물시장에서 영향이 주식시장에 미치지 않게 저지하는 것을 말한다.
③ 장 종료 40분 전에는 발동되지 않는다.
④ 하루에 한번만 발동할 수 있다.

해설   ②는 사이드카에 대한 설명으로 선물가격이 전일 종가 대비 5%이상 등락해 1분이상 계속될 때 발동된다.
                                                                정답 ②

03

일반 금융권 공기업

1 대한주택보증 2012

01

기획재정부가 매월마다 국내외 경기흐름을 분석하여 내는 경제동향보고서는?

① 블랙북　　　　　　　　　　　② 레드북
③ 핑크북　　　　　　　　　　　④ 그린북
⑤ 엘로우북

해설 그린북은 매월 한국은행 금융통화위원회를 앞두고 기획재정부가 발간하는 '최근 경제동향'을 말한다. 이 '최근 경제동향'은 책자 표지가 녹색이어서 미국 연방 준비제도이사회의 경제동향보고서인 베이지 북에 빗대어 용어를 만듦 　　**정답 ④**

02

공급과 소비의 일시적인 불균형으로 나타나는 실업은?

① 마찰적 실업　　　　　　　　　② 경기적 실업
③ 구조적 실업　　　　　　　　　④ 기술적 실업
⑤ 잠재적 실업

해설 마찰적 실업 – 일시적으로 직장을 옮기는 과정에서 실업상태에 있는 것
경기적 실업 – 경기침체로 인해 발생하는 대량실업
구조적 실업 – 산업의 급속한 사양으로 발생하는 실업으로 실업이 장기간 발생한다는 특징
기술적 실업 – 기술진보로 노동의 수요가 감소하는 실업
잠재적 실업 – 취업을 하고 있으나 노동의 한계생산성이 0인 경우 　　**정답 ①**

03

경기변동에 상관없이 물가가 서서히 오르는 것을 무엇이라 하는가?

① 갤로핑 인플레이션 　　　　　　　② 하이퍼 인플레이션
③ 크리핑 인플레이션 　　　　　　　④ 디스인플레이션
⑤ 코어인플레이션

 해설　크리핑 인플레이션 – 연간 물가상승률이 2 ~ 3%
갤로핑 인플레이션 – 연간 물가상승률이 10 ~ 20%
하이퍼 인플레이션 – 연간 물가상승률이 100% 이상
디스인플레이션 – 인플레이션을 극복하기 위해 통화증발을 억제하기 위한 정책
코어인플레이션 – 변동이 심한 유가상승이나 농산물 가격을 제외한 물가상승률로 중앙은행의 통화정책결정에
직접적인 영향을 끼치는 요인만을 추려냄　　　　　　　　　　　　　　　정답 ③

2　한국장학재단 2012

01

다음 중 동행지수가 아닌 것은?

① 수입액 　　　　　　　　　　　　② 산업생산지수
③ 제조업 가동률 지수 　　　　　　　④ 장단기 금리차

 해설

선행종합지수	동행종합지수	후행종합지수
구인구직비율	비농가 취업자수	이직자수
재고순환지표	산업생산지수	상용근로자수
기계수주액	건설기성액	가계소비지출
자본재수입액	서비스업활동 지수	소비재수입액
건설수주액	도소매판매액 지수	생산자제품 재고지수
소비자기대지수	제조업가동률 지수	회사채유통 수익률
종합주가지수	내수출하지수	
금융기관유동성	수입액	
장단기 금리차		
순상품교역조건		

정답 ④

02

은행이 거액의 자산가들을 대상으로 자산을 특별 관리해주는 서비스를 무엇이라 하는가?

① 뮤추얼펀드   ② 리츠
③ 프라이빗 뱅킹   ④ 랩어카운트

해설   뮤추얼펀드 – 일반 투자자들이 돈을 모아 하나의 페이퍼 컴퍼니를 만들고 펀드매니저를 선정, 투자를 맡기는
       것으로 철저하게 운용실적대로 배당이 이뤄지며 투자손익에 대한 책임도 투자자들이 진다.
       리츠 – 여러 명의 투자자들에게서 자금을 모아 부동산이나 부동산 관련 상품에 투자한 뒤 생긴 이익을 되돌려
       주는 제도
       프라이빗 뱅킹 – 은행이 거액 자산가를 대상으로 자산을 종합 관리해주는 고객서비스를 자칭
       랩어카운트 – 증권사가 일정한 비율의 수수료를 받고 고객에게 가장 적합한 투자전략, 유가증권 포트폴리오
       구축에 대한 상담서비스와 부수적인 업무를 일괄처리하는 금융상품을 말한다. 일임형과 자문형 두가지가 있다.
                                                                                        정답 ③

3 한국장학재단 2011

01

GDP에 포함되지 않는 항목은?

① 상속&증여   ② 가사도우미의 월급
③ 회사채 이자   ④ 재고의 변화
⑤ 중고차 매매 수수료

해설   GDP란 일정기간 동안 한 국가내에서 생산된 최종재의 시장가치를 말한다.   정답 ①

02

환율하락 시 국내경제에 미치는 영향 중 올바른 것을 고르면?

① 대외채무부담 증가   ② 물가상승
③ 국제수지 개선   ④ 수입증가
⑤ 서비스 수지 개선

해설   환율이 하락하면 수입재 가격이 하락하고 수출재 가격이 상승하므로 수출이 감소하고 수입이 증가한다.
       원화의 대외가치가 증가하므로 해외여행이 증가한다.   정답 ④

03 예상치 못한 인플레이션 발생 시 손해보는 사람으로 바르게 짝지은 것은?

① 채무자, 채권자   ② 채권자, 고정 월급자
③ 부동산 소유자, 고정 월급자   ④ 부동산 소유자, 채무자
⑤ 고정 월급자, 채무자

> **해설** 예상치 못한 인플레이션이 발생하면 채권자와 고정 월급자의 실질소득이 감소하므로 손해가 발생한다.
>
> **정답 ②**

04 물가가 지속적으로 하락하는 것을 일컫는 용어는?

① 인플레이션   ② 디플레이션
③ 스태그플레이션   ④ 리플레이션
⑤ 하이퍼인플레이션

> **해설** 인플레이션 - 물가가 지속적으로 상승하는 현상
> 스태그플레이션 - 경기가 침체하는 가운데 물가가 상승하는 현상
> 리플레이션 - 물가가 상승하지 않을 정도로 통화량을 증가시켜 경기를 부양하는 것을 말함
> 하이퍼인플레이션 - 초인플레이션으로 물가상승률이 100%가 넘는 현상
>
> **정답 ②**

PART 02

PART

chapter
01
주제별 금융상식

주제 **1** **주가지수**

1 세계 각국의 주가지수

국가	주가지수
홍콩	HANGSENG
일본	니케이
미국	다우존스
중국	상하이
영국	FTSE100
독일	XETRA DAX
프랑스	CAC40

(1) 종합주가지수(KOSPI)

한국증권거래소에 상장되어 거래되는 모든 주식을 대상으로 산출해 전체 장세의 흐름을 나타내는 지수를 말한다. 한국종합주가지수의 기준시점은 1980년 1월 4일로서 당일의 주가지수를 100으로 하고 있으며 상장된 보통주 전 종목을 대상으로 산출하고 있다.

(2) 니케이 지수

1975년부터 일본경제신문사가 산출, 발표하는 가격가중평균 주가지수로 기준시점은 1949년 5월 16일, 기준주가 평균은 50엔이다. 도쿄증권거래소에 상장된 주식 가운데 유동성이 높은 225개 종목을 대상으로 산정한다.

2 글로벌 주가지수

(1) MCSI 지수

미국 투자은행인 모건스탠리의 자회사 MCSI가 작성해 발표하는 세계주가지수이다.
전 세계를 대상으로 투자하는 대형 펀드 특히 미국계 펀드 운용에 주요 기준으로 사용되고 있다.

전 세계 49개국을 대상으로 한 ACWI(All Country World Index)Free 지수, 미국, 유럽등 23개국 선진국 시장을 대상으로 한 World지수, 그리고 아시아, 중남미 등 28개국 신흥시장을 대상으로 한 EMF(Emerging Market Free) 등이 대표적이며 극동아시아, 라틴아메리카, 유럽 등의 지역별 지수도 있다.

(2) FTSE 지수

영국유력경제지인 파이낸셜 타임스와 런던증권거래소가 공동소유하고 있는 FTSE그룹이 작성해 발표하는 주가지수다. 모건스탠리 MCSI지수와 함께 세계 2대 지수로 투자자들에게 영향력을 행사하고 있다. FTSE는 48개 국가주식을 커버하며 글로벌지수를 발표하고 있는데 시장지위에 따라 선진시장, 선진 신흥시장, 신흥시장, 프런티어 시장 등으로 구분하고 있다. 선진시장에 편입된 국가는 미국 영국 독일 등 24개 국가다. 올해 9월부터 이스라엘이 추가됐고 한국은 현재 선진 신흥시장에 포함돼 있다. 이번에 한국증시는 그동안 선진시장에 있던 홍콩 H증시와 위치를 맞바꾸게 됐다.

주로 유럽계 투자자금이 벤치마크대상으로 삼는 FTSE의 선진국 지수 편입에 따라 한국증시에 대한 재평가가 이루어지면서 약 3조달러로 추정되는 글로벌 자금의 일부를 유치할 수 있고 증시안정성도 높아질 수 있을 것으로 기대된다.

(3) 글로벌 다우지수(Global Dow Index)

다우존스사가 2008년 11월에 선보인 지수로 미래 선도기업이나 세계 경제를 주도하는 기업을 포함하고 있다.

지수 구성 종목은 25개국, 150개 업체로 미국 기업의 비중이 약 40%를 차지하고 있으며 일본이 그 다음으로 10%의 비중을 차지하고 있다.

한국 기업으로는 삼성전자와 LG전자가 구성종목에 편입되었다.

• 다우존스 지속가능경영 지수(Dow Jones Sustainbility Indexes, DJSI)

DJSI는 미국 다우존스와 스위스의 지속가능경영 평가기관인 SAM(Sustainable Asset Management)이 공동 개발한 지수로, 다우존스 글로벌지수 2500(DJGI2500)에 포함된 2500개 대형 기업들의 재무정보와 사회·윤리·환경적 가치들을 종합 평가한다.

특히 DJSI 평가정보는 객관성과 신뢰도가 높아 세계적인 투자기관과 투자자들에게도 제공되기 때문에 DJSI 선정 여부는 투자 판단의 중요한 기준이 되고 있다

국부펀드(Sovereign Wealth Fund)

1 개념

국부펀드란 정부가 통화당국의 외환보유액과는 별도로 재정 흑자 등의 외화잉여 자금을 재원으로 조성해 수익성 위주로 운용하는 투자기구를 말한다.

공적 외환보유액은 급작스런 환율 변동시 시장의 안정을 위한 시장개입과 대외결재자금 지급을 그 목적으로 보유하게 되는데 그러한 보유방식은 보통 선진국에서 발행한 채권등을 보유하여 현금으로 바꾸기 쉽고 안전한 형태로 가지고 있게 된다.

하지만 국부펀드는 장기간 자금이 묶이더라도 보다 높은 수익률을 거둘 수 있는 고수익채권, 주식, 부동산 등의 형태로 전세계의 투자자산에 투자하게 된다.

2 종류(단위 10억달러)

(1) 아부다비 투자청 (ADIA)- 627

(2) 노르웨이 정부연금 펀드(GPF) - 471.2

(3) 사우디 통화청 - 415

(4) 중국국가 안정화 기금 - 347.1

(5) 중국투자공사(CIC) - 332.4

(6) 싱가포르 투자청(GIC) - 247.5

(7) 홍콩투자청 투자펀드 - 227.6

(8) 쿠웨이트 투자청 - 202.8

(9) 싱가포르의 테마섹 - 119

(10) 한국투자공사(KIC) - 25

(11) 카자흐스탄 내셔널 펀드 - 26

(12) 호주 퓨처펀드 - 54

(13) 알라스카의 퍼머넌트 펀드 - 35

(14) 사우디아라비아 SAMA - 541

주제 3 국가조합어

1 브릭스(BRICs)

브라질, 러시아, 인도, 중국의 4개국을 지칭하며 각국의 영문 머릿글자를 따서 만든 약어로 2003년 미국 증권회사인 골드만 삭스 그룹 보고서에서 처음 사용되었다.

2 넥스트 11

골드만 삭스가 만들어낸 신조어로 차세대 성장국가 11개국을 뜻한다.
방글라데시, 이집트, 인도네시아, 이란, 한국, 멕시코, 나이지리아, 파키스탄, 필리핀, 터키, 베트남 등을 넥스트 11으로 명명

3 치미아(CHIMEA)

중국(China)의 ch와 인도(India)의 I, 중동(Middle East)의 me, 아프리카(Africa)의 a를 합성한 신조어
중국과 인도의 기술력, 자본, 자원욕구와 중동의 석유, 자본, 아프리카의 원자재 투자기회 등이 결합한 개발도상국 간의 협력을 상징
세계의 절반에 이르는 인구와 가파른 경제성장세로 이 지역은 2030년 세계 GDP(국민총생산)의 50%를 차지할 것으로 전망된다.

4 IBSA(이브사)

남아시아 대륙의 인도(I)와 남미 대륙의 브라질(B), 그리고 아프리카 대륙의 남아프리카공화국(SA)이 결성한 공동체
이브사는 인도, 브라질, 남아공의 이니셜을 조합한 명칭으로 2003년 3개국 시장의 공동발전을 도모하기 위한 각료급 회의로 출발
BRICI란 브라질 러시아 인도 중국 인도네시아의 영문 머리글자를 딴 용어
지난해 미국 투자회사인 모건스탠리가 신흥경제국인 브라질 러시아 인도 중국을 지칭하는 브릭스(BRICs)에 최근 경제가 급성장해온 인도네시아를 처음으로 추가했다.

5 브리시(BRICI)

신흥경제국인 브라질 러시아 인도 중국 인도네시아를 의미

6 마빈스(MAVINS)

2010년 초 미국 경제전문사이트 비즈니스 인사이더 는 앞으로 10년간 가장 주목해야 할 6개국
으로 마빈스(MAVINS)를 지목하였다.
말레이시아, 호주, 베트남, 인도네시아, 나이지리아, 남아공

7 MITs

동남아시아국가연합(ASEAN · 아세안) 핵심으로서 말레이시아, 인도네시아, 태국지역
월스트리트저널(WSJ)은 이들 세 국가 머리글자를 따 MITs(말레이시아 인도네시아 태국)라 칭
하면서 새롭게 기억해야 할 용어가 등장했다고 소개했다.
왜냐하면 미국과 유럽 등 선진국이 1~2% 성장에 목을 매는 것과는 달리 10% 전후에 이르는
국내총생산(GDP) 성장률을 기록하고 있기 때문이다.

8 E7

Emerging 7의 약자로, 선진 7개국 모임인 G7(Group 7-미국, 일본, 영국, 프랑스, 독일, 이탈
리아, 캐나다)에 견주어 신흥국가 7개국을 의미하는 용어. E7은 브릭스(BRICs) 4개국(브라질,
러시아, 인도, 중국)과 인도네시아, 멕시코, 터키를 가리킨다.

9 PIIGS

유로존(유로화 사용 16개국)에 속한 남유럽 5개국 즉 포르투갈(Portugal) · 이탈리아(Italy) ·
아일랜드(Ireland) · 그리스(Greece) · 스페인(Spain)을 가리키는 말로, 각 국가의 머리글자를
따서 만들었다.
이들 국가의 공통점은 2007년부터 2010년에 이르기까지 과도한 국가 부채와 재정 적자, 높은
실업률 등으로 인하여 심각한 경제적 위기 상황에 처하였다는 점이다

10 BASIC(브라질 · 남아공 · 인도 · 중국)

2009년 코펜하겐 기후변화회의를 전후해 4개국이 자발적으로 쓰기 시작한 약어
부유국에 탄소배출삭감 의무를 더 부과해야 한다고 주장하면서다.
멕시코와 남아프리카 공화국에서 열린 후속회의에서도 4개국은 단합을 과시했다.

11 NORCs(캐나다 · 러시아 · 스칸디나비아반도국 · 미국)

북극해 주변국(Northern rim countries)을 의미하는 단어이다.
미 UCLA 대 지리학자인 로런스 스미스 교수가 만들었다. 그는 북극 빙하가 녹아 뚫린 항로와

풍부한 석유·천연가스 등의 자원이 결합하면 이들 나라가 21세기 말 국제 역학 관계의 축이 될 것으로 내다봤다.

12 TIMBI(터키·인도·멕시코·브라질·인도네시아)

잭 골드스톤 조지메이슨 대학 교수가 지난해 포린폴리시 인터넷 사이트에 기고한 글에서 처음 선보였다.

앞으로 잘 나갈 신흥국을 뜻한다. 러시아와 중국이 빠졌다.

두 나라의 노동가능인구가 줄어들어 경제성장에 제동이 걸릴 것이란 이유에서다.

주제 4 BIS 비율

1 의의

BIS 비율은 은행의 자본규제를 위한 것으로 어떤 자본을 최소 얼마 이상 보유해야 하는지를 규정하는 것이다.

은행이 금융시장에서 차지하는 비중이 크기 때문에 금융시스템 안정성을 위한 중요한 규제다.

2 바젤은행감독위원회(BCBS)

① 1974년 독일 헤르슈타트 은행의 청산과정에서 미국 은행들이 빌려준 돈을 지급받지 못하는 사건이 발생함으로 G10 국가의 중앙은행 총재들은 은행감독의 국제적 공조를 위해 스위스의 바젤시에 위치한 국제결제은행(BIS) 산하에 지금의 BCBS를 설립했다.

② BCBS는 은행 자본규제의 국제적 통일기준과 은행감독에 관한 각종 모범규준 등을 제공하고 있다.

3 바젤 I : 최초의 은행 자본규제

(1) 개념

바젤 I 은 신용리스크(대출이 부실화되는 위험)에 초점을 맞춘 규제로서 자기자본을 위험가중자산의 8% 이상 적립해야 한다고 규정했다.

(2) 자기자본의 구성항목

자기자본은 보통주자본과 이익잉여금 등으로 구성된 기본자본(Tier I Capital)과 우선주와 하이브리드채권 등으로 구성된 보완자본(Tier Ⅱ Capital)으로 구성된다.

보완자본은 어떠한 경우에도 기본자본을 초과할 수 없기 때문에 기본자본비율(기본자본/위험가중자산)도 4% 이상 적립해야 한다.

(3) 도입

G10 국가들은 1992년부터 바젤 I 규제를 시행했으며 우리나라는 1997년부터 BIS비율 8% 준수를 의무화했다.

4 바젤Ⅱ : 비율산정 방식의 다양화

(1) 내용

① 바젤 Ⅱ 규제에서도 BIS비율 8%와 기본자본비율 4%가 유지됐으나 추가적인 규제들이 도입됐다.

② 운영리스크(부적절한 내부절차, 직원, 시스템 또는 외부의 사건으로부터 초래되는 위험)를 산출해 위험가중자산에 포함시키도록 함으로써 비율규제가 강화됐다. 위험가중자산 대비 보통주자본의 비율인 TCE(Tangible Common Equity) 비율도 2% 이상 유지하도록 했다.

③ 신용리스크의 산정방식을 개선하기 위해 각 은행이 표준방법(신용등급에 따라 위험가중치를 0~250%까지 부과)과 내부등급법(은행이 자체 내부신용평가모형을 활용) 중에서 하나를 선택할 수 있도록 했다.

④ 내부등급법의 도입으로 은행의 자의성이 커지는 문제점을 보완하기 위해 감독당국이 은행의 내부등급 산출절차를 점검(Pillar 2)하도록 하는 한편 은행의 자기자본 세부내역과 리스크별 측정방법을 공시하도록 해 시장에 의한 감시기능도 강화(Pillar 3)했다.

(2) 도입

우리나라, EU, 호주 등은 2008년부터 바젤 Ⅱ 규제를 전면적으로 도입했다.

5 바젤Ⅲ : 자기자본비율 강화

(1) 개념

바젤Ⅲ는 국제결제은행(BIS)이 합의한 것으로, 2013년부터 2019년까지 금융기관이 단계적으로 충족해야 할 자기자본비율의 기준에 관한 국제금융협정을 말한다.

(2) 내용

① 보통주 자본비율은 4.5% 이상, 기본자본(Tier I) 비율은 6% 이상이어야 하며, 위기 발생

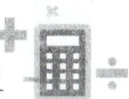

가능성에 대비해 BIS 기준 자본과는 별도로 보통주 자본을 추가로 쌓도록 한 '완충자본', 위기시 감독당국이 임의로 추가 자본 확보를 지시할 수 있는 '경기대응 완충자본', 자본을 총자산으로 나눈 레버리지 비율을 기본자본 기준 3% 이상 유지하도록 하는 '레버리지 규제' 등으로 이루어져 있다.

② 바젤 Ⅲ에서는 단기유동성비율(LCR)과 순안정자금조달비율(NSFR) 등 유동성비율의 규제도 도입됐다.

LCR 규제는 유동성 위기 발생 시 30일간의 순현금유출액 대비 고유동성자산의 비율이 100%를 초과해야 한다는 것으로서 어떤 상황에서도 최소 30일은 버틸 수 있어야 한다는 것이다. LCR는 2015년까지 유예되어 있다.

NSFR는 1년 이상 현금화되지 않는 자산규모 대비 안정자금의 비율이 100%를 초과해야 한다는 것으로서 은행의 만기불일치 문제와 관련이 있다. NSFR는 2018년까지 유예되어 있다.

주제 5 파생금융상품

1 KIKO(Knock-In, Knock-Out)

(1) 개념

환율이 일정 범위 안에서 변동할 경우, 미리 약정한 환율에 약정금액을 팔 수 있도록 한 파생금융상품을 말한다.

환율이 일정한 구간 안에서 변동하면 약정환율을 적용받지만, 하한(Knock-Out) 이하로 떨어지면 계약을 무효로 하고, 상한(Knock-In) 이상으로 올라가면 약정액의 1~2배를 약정환율에 매도하는 방식을 말한다.

(2) 사례

A은행과 맺은 B중소기업의 키코 계약이 금액은 1달러에 '계약환율 940원, 풋옵션 매일 1계약, 콜옵션 매도 2계약'이라고 가정하자

'녹인환율'인 990원을 넘어 현재 환율이 1,040원이라고 하면 B업체는 계약금액의 두 배인 2달러를 A은행에 지불해야 한다. 은행은 2달러를 받고 1,880원(940*2)의 원화를 준다. 이 과정에서 B업체는 1,040원짜리 달러를 940원에 팔았으니 달러당 100원, 모두 200원의 손해를 보게 된다.

2 스노볼(snow ball)

(1) 개념

옵션계약을 통해 이익이나 손실을 무한대로 만들 수 있는 금융기법을 말한다.
환율이 오를 때 손실 폭이 눈덩이처럼 불어나기 때문에 스노볼이라고 부른다.

(2) 키코와의 차이점

키코는 환율이 특정범위를 벗어나야 손실이 나지만 스노볼은 일정 환율을 정해 계약하여
환율이 계약한 것보다 낮게 움직이면 이득을, 높게 올라가면 손실을 보게 된다.
대개 키코보다 손익 규모가 5~10배 크다.

(3) 사례

키코와 달리 한 달 단위로 행사가격이 바뀌는 상품으로 환율이 떨어지면 행사가격이 오르지
만 환율이 오르면 행사가격이 내려간다.
약정환율을 900원으로 설정한 뒤 다음달 환율이 1,000원으로 올랐다면 약정환율과의 차이
인 100원 내려간 800원이 그달의 행사가격이 된다.
결과적으로 기업이 1,000원에 달러를 구해 은행에는 200원이나 싸게 달러를 팔아야 하기
때문에 달러당 200원의 손해를 보게 된다.

3 피봇(pivot)

(1) 개념

'중심점'이라는 의미로 환율이 약정 범위를 벗어나면 손실을 입게 되는 상품이다.

(2) 키코와의 차이점

키코가 환율이 행사가격 이상으로 오를 때 손실이 발생하는 것과 달리 피봇은 환율이 상한
선은 물론 하한선을 넘어가도 손실이 발생하는 구조다. 물론 그만큼 약정범위에서 움직였을
때의 이익도 크다.

4 부채담보부 증권(CDO : Collateralized Debt Obiligation)

회사채, 금융회사 대출채권, 자산담보부증권(ABS)등을 한데 묶어 만든 신용파생상품을 말한
다. 모기지 채권뿐만 아니라 부도 위험이 있는 여러 종류 채권을 한군데 풀(pool)로 구성하고
이를 기초자산으로 해 위험도가 다른 채권을 발행하는 기법
CDO에 담보로 활용된 대출채권이나 회사채가 제때 상환되지 못하면 투자자들이 손실을 입게
된다.

5 신용부도스와프(CDS)

빌려준 돈을 받지 못할 경우에 대비해 정기적으로 보험료를 내고 대출 부실이 발생하면 보험금으로 메우는 손실방지 장치. 부도가 발생해 채권이나 대출 원리금을 돌려받지 못할 것에 대비한 신용파생상품의 한 형태다.

돈을 빌리는 채무자 처지에선 부도 위험만 따로 떼어낼 수 있기 때문에 자금조달이 쉬워지고 돈을 빌려주는 채권자는 '프리미엄'이라고 불리는 일종의 보험료를 지급하면 채무불이행 위험을 줄이거나 제거할 수 있다. 그러나 금융위기 상황을 맞아 CDS 물량이 한꺼번에 쏟아져 나올 때는 자금조달시장 전체를 꽁꽁 얼어붙게 만들 수도 있다.

6 CDS 프리미엄

국가나 금융회사 등 채권 발행기관의 신용위험을 반영한 금리 수준

숫자가 높을수록 채권 발행자의 부도 위험이 커졌다는 의미로 해석되며 채권 발행 때 붙는 가산금리가 그만큼 오르게 된다.

주제 6 공매도

1 공매도

① 투자자가 주식이 없는 상태에서 해당 주식을 매도하는 행위를 뜻한다.
주가가 앞으로 더 떨어질 것으로 예상되면 주식이 없는 상태에서 팔아두고 나중에 싼 주식을 사서 채우면 그만큼 차익을 얻게 된다.
② 우리나라에는 공매도를 할 때 주가를 떨어뜨리게 하지 못하는 룰(업틱룰)이 있는데, 일부 외국인들은 이 룰을 지키지 않고 공매도를 하고 있다는 것이 금융당국의 판단이다.
공매도 충격은 외환시장에 영향을 준다.

2 숏 커버링(Short covering)

공매도 후 빌린 주식을 되갚기 위해 해당 종목을 다시 사들이는 것을 말한다.

3 업틱룰

공매도를 할 때 현재 시장거래가격 밑으로 호가를 제시할 수 없도록 규제하는 것
반대로 자유롭게 호가를 제시할 수 있는 룰을 '제로틱 룰'이라고 부른다.

4 네이키드 쇼트 셀링

주식을 빌리지 않고 매도부터 하는 공매도 기법
미국 영국 등에서 쓰이다가 최근 규제를 받았다.
한국에서는 주식을 타인에게 빌려서 매도한 뒤 주가가 떨어지면 시장에서 주식을 사서 되갚는
방법인 커버드 쇼트 셀링(Covered Short Selling)이 쓰인다.

주제 7 미국 금융법

1 스무트-할리 관세법(Smoot-Hawley Tariff Act)

(1) 개념

미국이 자국의 불황을 타개하기 위해 1930년에 제정한 관세법

(2) 내용

1929년 10월24일 뉴욕증시의 대폭락에서 발단된 불황으로 세계 각국의 생산은 급감하고 실
업은 급증했다. 이처럼 내수기반이 붕괴되자 미국이나 유럽의 기업들은 수입품 규제에 눈을
돌렸고, 각국 업계와 의회는 수입제한을 위해 높은 관세를 매기도록 정부에 압력을 가했다.
그 첫 조치로 미국에서는 스무트와 홀리 의원이 주도해 '스무트-할리 관세법'을 제정, 관세
율을 대폭 인상했다. 미국의 이 같은 조치에 자극 받은 영국과 프랑스 등의 유럽국가들도
잇달아 경쟁적으로 수입관세를 높였다. 1930년 통과된 스무트-할리 관세법은 관세율을
100년 내 최고치인 59%로 인상해 전 세계에 보호무역주의 연쇄효과를 일으켰고, 1929~
1932년간 국제무역이 63% 감소했다.

2 글래스-스티걸법(Glass-Steagall Act)

(1) 개념

미국에서 1933년에 제정된 상업은행에 관한 법률로서 공식명칭은 1933년 은행법(Banking
Act of 1933)이지만 제안의원의 명칭을 따서 글래스 스티걸법이라고 불리고 있다.

(2) 내용

1929년의 주가 대폭락과 그에 이은 경제대공황의 배경 가운데 하나로 상업은행의 방만한
경영과 이에 대한 규제 장치가 없었다는 점이 지적됨으로써 이에 대한 근본적인 개혁을 위
해 제정되었다. 동 법의 주요 내용은 지점망의 재조정, 연방예금 보험제도의 창설, 예금금

리의 상한설정, 연방 준비제도의 강화, 투자은행업무로부터의 완전분리 등 이었는데 동 법의 시행으로 기업이 발행하는 유가증권의 인수업무는 투자은행에만 한정되고 상업은행에 대해서는 일체 금지되었다. 따라서 상업은행과 투자은행간의 자본관계와 인적 관계는 완전히 분리되어 있다. 그러나 국내외 경제 환경이 변화함에 따라 1980년대 이후 Glass-Steagall법 개정 논의가 지속되고 오고 있다.

3 엑슨 – 플로리오법

(1) 개념

88년 상원의원 엑슨(Exon)과 하원의원 플로리오(Florio)가 발의한 이 법은 안보에 위해가 된다고 판단되는 외국인 투자를 정부가 직접 조사하고 철회를 요구할 수 있도록 돼 있다. 실제 이 법은 외국자본의 적대적 인수합병(M&A) 시도를 대통령이 금지할 수 있는 강력한 내용을 담고 있다.

(2) 내용

미국은 엑슨 플로리오법을 도입한 이후 25건의 자국 기간산업 M&A를 조사하고 이 가운데 14건을 자진 무산시키거나 강제 철회시키는 성과를 거뒀다.

4 사베인스 – 옥슬리(Sarbanes-Oxley)법

(1) 개념

미국의 에너지업체인 엔론의 분식회계 사태를 계기로 2002년 제정된 회계개혁법이다.

(2) 내용

상장기업의 지배구조 개선과 회계의 투명성 제고를 위한 여러 장치들을 담았다. 그중에서 재무제표의 진실성을 담보하도록 하는 장치로서 기업의 최고경영자(CEO)와 CFO(최고재무 경영자)가 사업보고서를 확인, 검토한 뒤 인증서명을 하도록 해 기업의 투명성을 경영진이 책임지도록 명문화한 것이 핵심이다.

5 도드 – 프랭크 법안

최근 통과된 미국 금융개혁법안에는 기업 내부고발자에게 최고 수백만달러의 보상금 지급이 가능. 내부고발자가 늘고 증권거래위원회(SEC)의 상장기업과 금융기업에 대한 조사가 증가할 것으로 예상. 특히 고위급 인사들에 의한 내부고발이 예상

개혁안은 내부고발자의 고발에 의해 SEC가 제재할 경우 100만달러 이상의 벌금 중 10~30%가량을 고발자에게 보상금으로 지급할 수 있도록 했다.

6 그램 – 리치 – 블라일리 법(1999년)

금융업종간 장벽 철폐(글래스-스티걸 법 폐기)

이 법은 지난 99년 미국에서 금융기관의 경쟁력을 촉진하고 강화시키기 위해 은행, 투자은행, 보험업 영역간의 장벽을 허문 법이다.

이 법은 미국이 대공황 이후 부실화된 금융산업을 재정비하는 과정에서 은행업과 투자은행업의 분리를 규정한 글래스-스티걸법과 지주회사 형태로 수개의 은행 또는 다른 은행지주회사소유를 가능케한 은행지주회사법의 일부 조항을 폐지, 사실상 은행, 증권, 보험간의 겸업을 허용했다.

7 볼커 룰

레이건 행정부 시절 중앙은행(Fed) 의장을 지냈으며 오바마 정부에선 백악관 경제회복자문위원회(ERAB) 위원장을 역임한 폴 볼커의 제안에 따라 법으로 만들어져 볼커 룰이라고 부른다.

미국 오바마 행정부가 금융회사의 위험투자를 제한하고, 대형화를 억제하기 위해 만든 금융감독규정의 하나다.

금융사의 무분별한 위험투자로 금융위기가 재발하는 걸 막자는 뜻에서 만들어졌다. 볼커 룰의 골자는 은행의 자기매매, 즉 고수익을 올리기 위해 자기자본이나 차입금으로 채권과 주식, 파생상품 등에 투자하는 행위를 규제하는 데 있다.

은행이 헤지펀드나 사모펀드를 소유·투자하는 것도 제한된다.

주제 8 캐리트레이드와 와타나베 부인

1 캐리트레이드(carry trade)란?

저금리로 차입해 상품이나 주식 등 자산에 투자하는 기법을 지칭하는 용어다.

높은 이자율을 지급하는 상품을 매입하기 위하여 이보다 낮은 이자율로 자금을 차입하는 거래를 말한다.

예를 들어 저금리의 달러를 빌려 고금리의 비달러 자산을 매입하는 거래방식이다.

2 엔캐리트레이드

저금리의 엔화를 차입하여 고금리 자산에 투자하는 것을 말한다.

3 달러캐리 트레이드

저금리의 달러를 차입하여 고금리 자산에 투자하는 것을 말한다.

4 와타나베부인(Mrs. Watanabe)

일본에서 흔하게 볼 수 있는 성(姓)을 따서 만든 금융어. 샐러리맨으로 일하는 남편의 수입으로 가정의 재정을 담당하는 일본의 가정주부를 포괄적으로 의미함

이들은 일본 10년 장기 불황과 낮은 은행금리를 배경으로 등장하게 되었는데, 이들 와타나베 부인은 저금리의 엔화로 뉴질랜드 등 고금리 국가의 금융상품에 투자하여 고수익의 투자기회를 노리는 소액투자자의 특징을 갖는다. 일례로, 와타나베부인들의 덕으로 2007년 뉴질랜드 달러는 달러 대비 22년 만에 최고치인 79센트 까지 올랐고, 이는 2000년대 이후 최저 가격의 거의 두 배에 해당한다. 이들의 거래 비중은 도쿄 외환시장의 30%를 차지하며, 세계 유동성을 공급하는 원동력의 하나가 되었다.

5 스미스 부인

미국이 금융위기로 초저금리 정책을 실시하면서 외국에 투자하는 자금을 와타나베 부인처럼 만든 조어이다.

6 소피아 부인

유럽경기 침체로 유럽중앙은행이 저금리 정책을 실시함으로 유로 캐리 트레이드가 발생하고 있다. 이에 따라 저금리의 유로화를 차입하여 외국에 투자하는 유럽투자자들을 '소피아 부인'이라 부른다.

7 왕씨 부인

고수익 해외상품에 투자하는 중국의 개인 투자자들을 일컫는 용어

한국 증시를 사랑한 '외국 부인들'

소피아 부인
유로 캐리 트레이드 자금을 기반으로 한 유럽계 자금을 지칭한다. 유로존이 저금리 정책을 펼치고, 유로화 약세가 가속화되면서 나타나기 시작했다. 올 해 국내 증시에 들어온 외국인 자금의 절반 이상이 소피아 부인이다.

스미스 부인
2008년 금융위기 뒤 미국이 초저금리 정책을 실시하면서 나타난 달러 캐리 트레이드 자금. 엔화 강세로 와타나베 부인이 주춤하자 스미스 부인이 그 자리를 메웠다. 미국 금리가 낮던 2001~2003년에도 투자가 활발했다.

왕씨 부인
차이나 머니(중국계 자금)을 통칭한 다. 캐리 트레이드와는 무관하지만 2010년 이후 중화권 국부펀드를 중심으로 한 중국계 자금이 국내 주식을 적극적으로 사들이면서 국내 증시에서 이런 이름이 붙었다.

와타나베 부인
2000년대 중반 고수익 외화자산 투자에 나선 일본의 주부 투자자를 묘사한 말이다. 주요 외신이 일본의 흔한 성(姓)을 빌려 'Mrs.Watanabe'라고 표현했다. 이후 엔 캐리를 상징하는 대명사처럼 사용되고 있다.

자료: 대한상공회의소·대우증권

일러스트=이정권 기자 gaga@joongang.co.kr

주제 9 펀드

1 주가연계펀드

(1) ELD(주가지수 연동예금)

투자액 대부분을 채권에 묻어둬 원금은 지키면서 일부 자산을 주가지수와 관련된 파생상품에 투자해 플러스 알파를 노린다.

원금을 지키면서 주가지수 변동에 따라 정기예금보다 꽤 높은 수익을 기대할 수 있다.

(2) 주가연계증권(ELS : Equity Linked Security)

이 상품은 주가지수 또는 주식을 기초자산으로 만든 상품으로 증권사에서 판매한다.

원금보존형과 원금 비보존형이 있다.

원금보존형 상품은 만기 때 기초자산의 하락 여부와 상관없이 적어도 원금은 돌려받을 수 있다. 다만 ELS를 발행한 증권사가 파산했다면 원금을 보장하지 않는다.

(3) 주가연계펀드(ELF)

ELS를 기초자산으로 하는 펀드

상품구조는 ELS와 동일하다.

2 PEF(사모투자펀드)

Private Equity Fund. 소수의 기관투자가나 '큰손' 투자자들로부터 적게는 수백억원, 많게는 수조원의 자금을 모아 기업 인수·합병(M&A) 등을 통해 고수익을 내는 일종의 '바이아웃(buyout) 펀드'다.

2004년 12월 허용됐으며, 등록된 PEF는 지난 7월 말 기준 129개다.

경영권을 인수해서 기업가치를 높인 뒤 되팔아 수익을 올리는 사모투자펀드(PEF)의 투자회수(exit)가 잇따르고 있다. PEF가 도입된 지 6년째 되면서 만기가 도래한 초창기 PEF들이 투자회수에 속속 나서는 모습이다. 이에 따라 굵직굵직한 기업 매물들이 인수·합병(M&A) 시장에 줄줄이 나올 것으로 예상된다.

3 리버스 인덱스펀드(일명 청개구리 펀드)

지수에 거꾸로 투자하는 펀드

지수흐름을 따라가며 수익을 내는 정통 인덱스펀드와는 정반대로 선물 매도 등 지수와 반대로 움직이는 파생상품에 투자해 주가가 내리면 수익률이 올라가는 구조

4 **ETF(Exchange Traded Fund 지수연동펀드)**

특정한 주가지수의 움직임을 따라가도록 운용되는 투자신탁으로, 증권거래소에 상장된 주식과 동일하게 실시간으로 매매가 가능한 상품

예를 들어, KOSPI 지수를 대상으로 한 ETF라면 KOSPI 지수의 구성종목에 연동하도록 종목을 보유하고 운용이 된다. 따라서 KOSPI200 지수를 대상으로 하는 ETF를 매입한다는 것은 KOSPI 200지수라는 주식을 매입하는 것과 동일하다고 할 수 있다.

5 **성장형(growth) 스타일 펀드**

이익성장 가능성이 높은 종목을 편입해 경기 회복 수혜를 받음

6 **메자닌 펀드**

신주인수권부사채(BW) 전환사채(CB) 후순위채권 등에 투자하는 간접펀드로, 원금과 금리가 보장되는 채권의 특성을 가지면서도 향후 주가가 오를 때 신주인수권이나 주식전환권을 행사해 주식투자의 장점을 누릴 수 있다.

7 **하이일드펀드**

정크본드에 투자하는 펀드를 말하며 그레이펀드 또는 투기채펀드로도 불린다. 만기까지 중도 환매가 불가능한 폐쇄형이어서 겉으로는 뮤추얼펀드와 비슷하고 증권거래소에 상장되는 것도 마찬가지다.

8 **헤지펀드**

(1) 개념

소수의 투자자들로부터 사모방식으로 모집한 자금을 주식이나 채권 통화 파생금융상품 등에 투자해 수익을 배분하는 회사

100명 미만의 투자가들로부터 개별적으로 자금을 모아 파트너십을 결성한 후에 카리브해의 버뮤다제도와 같은 조세회피지역에 위장거점을 설치하고 자금을 운영하는 투자신탁

(2) 종류

1) 타이거 펀드

단기투자를 겨냥하는 대표적 헤지펀드 중 하나다. 1986년 주당 10달러에 설립된 개방형 펀드다. 단기투자펀드이기 때문에 시장상황에 따라 일시적으로 투자자금을 빼내가 각국 금융시장을 교란하기도 한다.

2) 퀀텀펀드

퀀텀펀드는 전세계 헷지펀드의 절반 이상을 차지하고 있는 조지 소로스가 주도한 펀드 현재 국제 금융시장에서 활동 중인 헤지펀드는 3,000여개로 추산되며 자산규모 200억달러가 넘는 것은 퀀텀펀드나 타이거펀드가 있으며 특히 이 중 퀀텀펀드는 수익률의 전설로 남아 있다. 그러나 헤지펀드는 투기적인 성격이 강해 1990년대 후반 아시아 경제위기를 비롯, 온갖 국제 금융위기의 주범으로 지목당하기도 한다.

9 클린펀드

부실채권이 없는 펀드를 의미

10 카멜레온 펀드

주가 변화에 따라 가장 유리한 형태의 상품으로 이리저리 전환할 수 있도록 한 상품이다. 공사채형과 주식형을 드나들며 안정성과 수익성을 동시에 겨냥하는 상품이다.

11 역외펀드

국내에서 자금이 조성되는 역내펀드와 비교되는 개념으로 주식투자대상국이 아닌 제 3국에서 조성되는 주식투자용기금을 말한다.

12 스팟펀드

주식시장에서 인기주로 부상할 가능성이 있는 특정테마군의 주식들을 소규모로 묶어 단기간에 고수익을 올릴 수 있도록 고안된 주식형 수익증권

13 스타트업펀드

벤처기업의 창업자나 창업 초기단계의 벤처기업에 대해 지분소유 형태로 투자 및 자금을 운용하는 전문투자펀드로 창업투자조합 또는 창업투자펀드라고도 한다. 주로 벤처기업의 창업을 돕기 위해 조성된 기금으로 중소기업창업 및 진흥기금 등을 주요 재원으로 한다.

14 상장지수펀드

코스피 200지수와 코스피 150지수와 같은 특정 주가지수의 수익률을 따라가는 지수 연동형 펀드를 구성한 뒤 이를 거래소에 상장하여 주식처럼 실시간으로 매매할 수 있도록 발행, 유통, 환매구조를 변형한 상품

거래는 주식처럼 하지만 성과는 펀드와 같은 효과를 얻는다. 상장지수펀드는 소액으로 지수 상

승률을 따라 잡고 시가총액 상위 주요 종목에 분산 투자하는 효과를 거둘 수 있어 개인투자자들에게 유용

15 엄브렐러 펀드

모(母)펀드와 그 밑에 여러 개의 자(子)펀드로 구성된 상품을 말한다. 모펀드에 가입하면서 특정 자펀드를 선택한다. 그 후 장세변동에 따라 다른 자펀드로 자유롭게 전환할 수 있다.

16 벌처 펀드

부실한 자산을 저가에 인수해 상황이 호전된 후 고가로 되팔아 차익을 내는 기금이나 회사를 의미한다. 회생이 힘든 업체의 구조조정 지연 문제를 해결하기 위해 1999년에 도입되었으며 '기업구조조정 전문회사(CRC)'라고도 한다. 금융회사. 보험회사를 제외한 일반기업을 대상으로 한 구조조정기구

17 뮤추얼펀드

일반 투자자들이 돈을 모아 하나의 페이퍼 컴퍼니를 만들고 펀드매니저를 선정, 투자를 맡기는 것으로 철저하게 운용실적대로 배당이 이뤄지며 투자손익에 대한 책임도 투자자들이 진다. 수익증권이 아닌 회사에 투자하는 것이어서 투자자는 곧 주주가 된다. 가입한 투자자도 주식을 나눠받아 그 주식의 가치가 올라가면 수익이 높아지는 것이다. 주식소유자의 요청이 있으면 언제든지 회사가 순 자산가격으로 주식을 매입함으로써 투자자의 가입, 탈퇴가 자유롭고 주식수도 수시로 변하게 된다.

18 리츠(REITs)

여러 명의 투자자들에게서 자금을 모아 부동산이나 부동산 관련 상품에 투자한 뒤 생긴 이익을 되돌려 주는 제도이다. 리츠사는 상법에 따라 설립되는 회사이기 때문에 주식을 증권거래소에 상장할 수 있다는게 특징이다. 주식을 팔면 언제든지 투자자금을 회수할 수 있다.

19 시장중립형 펀드

시장 흐름과 상관없이 수익을 추구하는 펀드로 운용방식은 차익거래(만기가 다른 선물가격 간 스프레드나 현물과 선물가격 차)나 안전한 채권매매를 주로 이용한다. 상대적으로 고평가된 자산을 매도하고 저평가된 자산을 매수해 위험을 덜어낸다.

1 미국

(1) 로고프 독트린

재정위기를 겪고 있는 유럽 국가들은 재정정책 추진 시 적자 축소에 우선순위를 둬야 한다는 개념

(2) 그린스펀 독트린

통화정책 대상은 원칙적으로 증시나 부동산 같은 자산시장 여건을 포함시키지 말아야 한다는 신념

(3) 버냉키 독트린

통화정책 대상에 자산시장을 함께 고려해야 한다는 신념

특히 고수익을 겨냥한 각종 파생상품과 레버리지 투자로 인해 실물경기와 자산 가격이 따로 노는 정도가 심한 여건에서는 반드시 자산시장을 고려해 통화정책을 추진해야 한다는 것

(4) 버냉키 풋

원래 앨런 그린스펀 전 연방준비제도이사회 의장의 이름을 딴 '그린스펀 풋'에서 유래한 말이다. 그린스펀이 재임기간 중 세계금융시장에 중요한 사건이 발생할 때마다 시장에 개입해 증시를 인위적으로 부양한 것을 비꼰 말이다.

벤 버냉키 FRB 의장도 금융위기 이후 비슷한 부양책을 쓴다는 뜻에서 '버냉키 풋'이라 부른다.

(5) 페이-고(pay-go) 원칙

재정지출 총량은 동결하되 지출 내역에 있어 부양효과가 적은 쪽은 삭감(pay)하고, 그 삭감분으로 부양효과가 큰 쪽으로 밀어(go)주면 경기가 회복되고 재정적자도 축소될 수 있다는 원칙

실제로 1990년대 후반 클린턴 행정부가 이 원칙을 추진해 재정과 물가안정 속에 높은 성장률을 기록한 '신경제'신화를 낳았고 현재 오바마 행정부가 강한 신념을 갖고 추진 중에 있다.

(6) 트리클 다운 효과(적하정책)

트리클다운이란 말은 '넘쳐흐르는 물이 바닥을 적신다'는 의미이다.

레이거노믹스에서 등장했으며 미국의 제 41대 대통령인 부시가 재임중이던 1989년부터 1992년까지 채택한 경제정책

정부가 투자 증대를 통해 대기업과 부유층의 부를 먼저 늘려주면 중소기업과 소비자에게 혜택이 돌아감은 물론 이것이 결국 총체적인 국가의 경기를 자극해 경제발전과 국민복지가 향상된다는 이론

2 일본

(1) 간지언 정책

일본 총리의 성 '간'과 '케인지언'을 합성한 용어로 세금과 재정지출을 동일한 규모로 늘리면 균형재정 승수효과로 부양효과가 더 크게 나타나고 재정수입도 늘어 재정적자까지 줄일 수 있다는 내용

(2) 아베노믹스

일본 총리인 아베 신조가 추진하는 경제정책으로서 일본의 무제한 양적 완화를 뜻한다. 디플레이션과 엔고탈출을 위해 윤전기를 돌려 화폐를 무제한 찍어내는 등 모든 정책 수단을 동원하겠다는 것이 주 내용이다.

3 한국

(1) 747 공약

이명박 대통령 당선인의 대표적인 공약

연평균 7% 성장을 통해 10년 내 1인당 소득 4만달러를 이루고 세계 7대 경제강국에 진입한다는 구상

(2) 474 공약

박근혜 대통령 당선인의 대표적인 공약

잠재성장률 4%, 고용률 70%, 1인당 국민소득 4만달러 기반마련

4 중국 – 리커노믹스

리커창 중국 총리의 경제정책을 일컫는 신조어로 중국 경제 구조 개혁을 통해 단기적 성장보다는 지속적이고 안정적 성장을 추구하는 기조를 의미

주제 11 은행권 주택담보대출

1 코픽스(Cost of Funds Index · 자금조달비용지수)

시중은행이 고객에게 대출해줄 돈을 모을 때 들어간 자금조달 비용을 평균해 산출한 금리로 올해 2월 도입됐다. 두 종류가 있는데, '신규취급액 기준 코픽스 금리'는 매월 은행이 신규로 자금을 조달할 때 든 비용을 기준으로 구한 값이고, '잔액 기준 코픽스 금리'는 자금조달 총 잔액에

든 비용을 모두 반영해서 산출한 값이다. 따라서 금리가 상승세를 보일 때는 신규취급액 기준 코픽스 금리가 더 높을 수 있다. 코픽스 연동 주택담보대출은 2월 말 출시 이후 8월 말까지 30 조원(잔액)을 돌파하며 올해 전체 신규 주택담보대출 상품에서 80%를 차지했다.

2 CD(양도성 예금증서)금리연동대출

양도성 예금증서란 제3자에게 양도가 가능한 정기예금증서로 은행이 정기예금에 대하여 발행 하는 무기명의 예금증서를 말한다.
예금자는 이를 금융시장에서 자유로이 매매할 수 있다.
CD금리 연동대출은 CD금리가 변할 때 이에 연동하여 주택담보대출금리가 변하는 변동금리를 말한다.

3 고정금리 대출

주택금융공사 등에서 제공하는 고정금리 대출이 있다.

4 거치식 주택담보대출과 분할상환 대출

거치식 주택담보대출이란 이자만 내다가 나중에 원금을 갚아나가는 방법이고 분할상환 대출이 란 대출 후 1년 이내에 원금 상환을 시작하는 방법을 말한다.

주제 12 금융안전망 구축

1 부실금융회사 판단 기준(현행)

금융회사	기준
은행	BIS비율 8%미만
저축은행	BIS비율 5%미만
보험	지급여력비율100%미만
증권(금융투자업)	영업용 순자본비율 150%미만
카드	조정자기자본비율8%미만
기타여신전문회사	조정자기자본비율7%미만

자료 : 금융감독원

2 시스템적으로 중요한 금융회사(SIFI · systemically important financial institution)

금융시장에서 대마불사 문제를 불러일으킬 수 있을 만큼 비중이 큰 기관을 말한다. FSB와 바젤위원회는 현재 자산과 거래규모, 위기 시 시장에 미치는 연관효과 등을 고려해 글로벌 SIFI와 국가별 SIFI 기준을 만들고 있다. SIFI에 대해서는 일반 금융사보다 높은 감독과 자본건전성 등이 부과될 예정이다.

시스템적으로 중요한 금융회사(SIFI)가 가져올 수 있는 소위 대마불사(too big to fail) 문제에 대한 해결방안이 G20(주요 20개국) 서울정상회의에 보고된다.

진동수 금융위원장을 포함한 24개국 금융당국 최고책임자가 참석하는 금융안정위원회(FSB)는 27일 프랑스 파리에서 총회를 열고 "SIFI 규제 강화 차원에서 이 같은 방향을 확정했다"고 발표했다. FSB 발표의 골자는 SIFI를 글로벌 SIFI와 로컬(국가별) SIFI로 분류해 상이한 강도로 규제를 적용한다는 것이다.

전 세계적인 네트워크와 천문학적인 규모를 갖춘 글로벌 금융사에 대해서는 보다 수준 높은 손실흡수능력, 즉 강화된 자본건전성을 갖추도록 요구한다는 게 FSB 결론이다.

현재 FSB 내부에서 논의 중인 방안은 크게 3가지로 요약된다.

△금융사 자산에 비례해 추가로 자본을 쌓을 것(sur charge)을 요구하거나 △전환자본(contingent capital)을 의무적으로 확보하도록 하거나 △일반채권자들이 SIFI가 부실화되면 손실을 분담하는 것(bail in) 등이다.

금융당국 관계자는 "이 3가지 방안을 국가별로 금융당국이 선택적으로 적용할 것"이라고 설명했다.

3 이자평형세

투기적 자본유출입에 대한 국내외 금리차를 세금으로 부과하는 제도
이자평형세 제도는 자본유입이나 자본유출 둘 다 조정이 가능한 제도이다.
이자평형세는 정책 당국자들로 하여금 국내금리나 외환시장의 개입없이 자본흐름을 조정할 수 있다는 장점을 지니고 있다.

4 토빈세

모든 국가간 자본 유출입 거래에 대하여 단일세율을 적용하는 외환거래세의 일종
토빈세를 보다 넓게 해석할 경우 투기적 자본 유출입에 대한 국내외 금리차를 세금으로 부과하는 제도인 이자평형세로 파악할 수도 있다.

5 BIS 비율

BIS비율이란, (자기자본/위험가중자산) × 100으로 부실금융회사 판단기준은 8%이지만, 금융 감독원 권장 기준 비율은 12% 이다.

주제 13 인플레이션과 디플레이션

1 인플레이션과 디플레이션

인플레이션은 화폐가치가 하락하여 일반 물가수준이 지속적으로 상승하는 현상이며 디플레이션은 경기가 하강하면서 물가도 하락하는 경제현상을 말한다.

2 바이플레이션

바이플레이션(Bi-flation) 현상이란 글로벌 경제에서 신흥국의 인플레이션과 선진국의 디플레이션이 동시에 나타나는 것을 말한다.
신흥국들은 금융위기 이후 빠르게 성장세를 회복하면서 수요 초과에 따른 인플레이션 압력이 높아지고 반대로 선진국에서는 최근 경기 회복세 둔화로 디플레이션 압력이 다시 강해지고 있다.

3 디스인플레이션

인플레이션을 종식시키기 위해 점차적으로 통화를 수축시켜 가격의 상승률을 낮추는 것을 말한다.

4 리플레이션

경제가 디플레이션 상태에 들어가서 유휴자본과 유휴설비가 있고 실업이 급증한 경우
신용팽창과 통화증발로 물가를 상승시켜 사업 활동을 활발히 하고 고용을 증대시키는 일련의 대책을 세우는 기간을 말한다.
즉 정책적으로 상품의 생산과 유통을 확대시켜 경기를 진작하고 불황에서 탈출하려 할 때, 통화증발을 적당히 조절해 인플레이션이 되지 않을 정도로 경기대책을 세우는 것을 말한다.

5 스태그네이션

실질 경제성장률이 0이거나 낮은 성장을 하는 기간. 매년 1미만의 경제성장은 스태그네이션으로 간주된다. 경기가 침체하면서 물가가 급락하는 현상을 말한다.

6 스태그플레이션

경기침체 하의 인플레이션, 즉 저성장 고물가상태를 말한다.

7 자산 디플레이션

부동산과 같은 실물자산의 가치와 주식과 같은 금융자산의 가치가 동반 하락하는 현상을 말한다. 주식, 토지와 같은 자산가격이 상승하는 것을 말하며 비자산적 일반상품이나 서비스의 물가상승은 플로 인플레이션이라 한다.

8 애그플레이션(agflation)

농업을 뜻하는 '애그리컬처'(agriculture)와 물가상승을 뜻하는 '인플레이션'(inflation)을 합성한 단어
농산물가격 급등으로 물가가 상승한다는 의미이다. 최근 화석연료 대신 대체에너지 개발에 따른 '바이오 연료' 산업으로 야기
바이오 연료 산업이란 옥수수, 고구마 등 농작물에서 짜낸 기름으로 자동차를 움직이는 연료를 만드는 산업

9 베지플레이션(Vegeflation)

베지플레이션이란 채소가격의 상승이 물가상승을 유발하는 것을 말한다.
최근 베지플레이션이 발생하고 있는 이유로는 지구 온난화와 채소수출국의 공급 감축, 그리고 계절에 의한 김장수요 때문이다.

10 아이언 플레이션(ironflation)

아이언플레이션이란 철(iron)과 인플레이션(inflation)의 합성어로 철의 가격이 지속적으로 상승한다는 의미를 갖는다. 철강재는 '산업의 쌀'이라 불릴 정도로 거의 모든 산업에 사용되기 때문에 철강가격의 인상은 전 산업의 가격인상을 야기시킨다.

주제 14 주택경기 침체에 따른 규제

1 밀리어네어 푸어와 하우스 푸어

밀리어네어 푸어란 100만달러(약11억8,000만원) 이상 고가의 집을 소유하고도 빚에 허덕이는

사람을 가리키는 신조어이다. 2008년 미국 서브프라임 모기지 사태 이후 집값 하락으로 은행 대출이자를 갚느라 생계가 곤란한 '하우스 푸어' 가운데서도 정도가 심각한 경우다.

하우스 푸어란 무리하게 대출받은 돈으로 아파트를 샀지만 집값이 떨어지면서 빚을 제때 못 갚아 생활고에 시달리는 중산층을 일컫는다. 수도권 9만세대 등 전국적으로 198만세대에 이르는 것으로 분석됐다.

2 주택담보인정비율(LTV)

금융기관들이 주택을 담보로 대출을 해줄 때 적용하는 담보가치, 즉 주택가격 대비 대출이 가능한 최대비율

3 총부채상환비율(DTI)

주택담보대출의 연간원리금 상환액과 기타부채의 연간이자 상환액의 합을 연소득으로 나눈 비율이다. 봉급생활자의 총 급여소득을 감안해서 대출한도를 정하는 제도로 기존의 주택담보대출에 비해 대출자의 상환능력을 엄격히 하는 제도

4 연소득대비 원리금 상환비율(DSR : Debt Service Ratio)

DTI가 기존 대출은 이자만 따지는 반면 DSR은 모든 대출 원리금을 셈한다는 차이가 있다. DTI 보다 대출 상환 능력을 엄격하게 보는 선진국형 제도다.

주제 15 지역균형발전

1 경제자유구역

외국인투자를 촉진하고 국가경쟁력 강화를 도모하기 위하여 지정된 지역

지정지역에서는 외국기업에 대한 세제지원 확대, 노동 관련 규제 완화, 관공서의 외국어 서비스 제공 등 국제기준에 부합하는 제도를 운영

(1) 김대중 정부

2001년 IBC 포럼, 정부에 동북아 물류중심지 개발 건의 → 경제자유구역 설치 구상

(2) 노무현 정부

2003년 7월 – '경제자유구역의 지정 및 운영에 관한 법률' 시행 → 경제자유구역위원회 및 경제자유구역 기획단 설치

2003년 인천, 부산·진해, 광양만권 지정

2007년 말 정부, 경제자유구역 추가 신청 접수

(3) 이명박 정부

2008년 4월 – 황해, 새만금·군산, 대구·경북 추가 지정

2009년 충북·강원·전남·경기도 신규 지정 요청

2 기업도시

민간기업이 토지 수용권 등을 갖고 주도적으로 개발한 특정산업 중심의 자급자족적 복합 기능 도시를 말한다. 기업도시는 지방자치단체과 기업들이 협의해 기업도시 특구를 지정하고 자체 개발계획수립을 통해 산업단지. 연구개발. 문화. 교육. 주거타운 등을 건설하는 자족형도시 시범사업지는 2007년 1월 현재 전남무안(산업교역형), 충북충주, 강원원주(지식기반형), 전북무주, 충남태안, 전남해남, 영암(관광레저형) 등 6개 지역 3,200만평 부지에 5~10년간 14조원을 기반공사비에 투입하여 각 지역특색에 맞는 자족복합기능도시를 개발할 예정이다.

3 혁신도시

(1) 개념

혁신도시는 공공기관 이전을 계기로 지방의 거점지역에 조성되는 '작지만 강한' 새로운 차원의 미래형 도시를 말한다. 기업과 대학, 연구소 등 우수한 인력들이 한 곳에 모여 서로 협력하면서 지식기반사회를 이끌어 가는 첨단도시로 구성된다. 동시에 수준 높은 주거와 교육, 문화를 갖춘 쾌적한 친환경도시의 개념이 포함되어 있다.

(2) 단계

1) 1단계(2007 ~ 2012, 이전 공공기관 정착단계)

이전공공기관과 연관기업 종사자수 약 2,500~4,000명, 유발인구는 약 15,000~25,000명

2) 2단계(2013 ~ 2020, 산·학·연 정착단계)

혁신도시에 유치된 민간기업, 대학, 연구소 종사자수 약 4,000~8,000명, 유발인구 25천 ~ 5만명

3) 3단계(2021 ~ 2030, 혁신확산 단계)

혁신클러스트 확산에 따른 일자리수와 유발인구는 지역과 규모에 따라 상이

혁신도시 계획인구는 약 2~5만으로 단계별 개발

4 제주특별자치도

고도의 자치권을 바탕으로 제주도를 경쟁력 있는 명실상부한 국제자유도시로 육성한다는 계획 아래 2005년 10월 제주특별자치도 기본계획을 발표했다.

21세기 제주의미래 발전전략인 '제주특별자치도' 정부계획에는 350여 건에 달하는 파격적인 권한 이양과 핵심산업 육성을 위한 대폭적인 규제완화를 포함하고 있다.

교육자치제와 자치경찰제가 실시되며 교육감과 교육위원은 직선제로 선출하고 교육위원회는 도의회상임위원회로 일원화, 자치경찰은 특별자치도지사 소속으로 주민생활 밀착 치안서비스 등을 맡게 된다.

주제 16 한국형 중소기업의 모델

1 스몰 자이언츠(Small Giants)

중소기업중앙회와 중소기업 연구원 등이 2010년 6월달 제주도에서 열린 '중기 리더스 포럼'에서 앞으로 10년을 주도할 한국형 중소기업의 성공 모델로 제안한 개념으로 글로벌 지향적이고 지속 가능한 스피드 경영을 접목한 성공 모델을 말한다.

2 가젤형 기업(Gazelles Company)

상시 근로자 10인 이상이면서 매출이나 순고용이 3년 연속 평균 20% 이상인 기업을 가리킨다.

1981년 미국 경제학자 데이비드 버치가 발표한 논문에서 처음 사용됐다.

자생적 성장이기 때문에 인수합병은 제외된다.

히든챔피언은 매출 성장에, 가젤형 기업은 일자리 창출에 역점을 둔다는 점에서 구별된다.

매출 1,000억원이 넘으면 '수퍼 가젤형 기업'으로 분류된다.

3 고릴라

벤처기업에서 출발했지만 성장 속도가 매우 빨라 짧은 기간에 초대형 다국적 기업으로 성장한 경우는 '고릴라'라고 부른다.

고릴라가 먹다 남은 바나나를 챙기는 2등 이하 기업은 '침팬지', 후발 군소 기업은 '원숭이'로 묘사됐다.

4 히든챔피언(hidden champion)

독일의 경제학자 헤르만 지몬(Hermann Simon)이 주장한 개념으로 세계시장 시장점유율 3위 이내이거나, 소속대륙 시장점유율 1위 기업, 또는 매출액 규모 40억 달러 이하인 기업, 일반에 잘 알려지지 않은 기업을 모두 충족하는 회사를 뜻한다. 즉 세계적인 경쟁력을 갖고 있지만 아직 일반인들에게는 잘 알려지지 않은 기업을 말한다.

주제 17 국가신인도

1 개념

국가신인도는 한 나라의 신뢰성, 장래성 등을 나타내는 지표이다.
해외차입, 외국인 투자 등 경제 활동뿐 아니라 국가신용등급에도 직, 간접적으로 영향을 미친다.
국제신용평가기관 들이 국가위험도, 국가신용도, 국가경쟁력, 국가부패지수, 경제 자유도, 정치권리자유도 등 다양한 분야의 평가를 통해 특정 국가의 신인도를 주기적으로 측정, 발표

2 국가신인도 관련 평가지표

평가분야	평가기관	평 가 요 소
국가위험도	PERC, EIU	시장규모, 정치.사회적 위험, 성장잠재력 등
국가신용도	무디스, 피치, S&P	기업. 금융기관 및 채권. 환율 등에 대한 신뢰성 등
국가경쟁력	WEF, IMD	외국인투자, 정부부채등의 통계자료 및 설문조사
국가부패지수	TI, PERC	뇌물수수 등 부패도에 대한 해당 국내거주외국인 조사
경제자유도	헤리티지재단	통상정책, 정부규제, 통화정책 등 10개요소 50개변수
인간개발지수	UNDP	평균수명, 교육수준, GDP 등
정치권리자유도	Freedom House	정치적 권리, 시민자유도 등

3 한국 국가신용등급 현황

S&P : A+
Moody's : Aa3 긍정
Fitch : AA-

4 **한국 부패지수 43위(2014년 기준)**

부패지수는 국제투명성 기구가 매년 조사를 하며 국내외 기업인을 중심으로 패널을 구성하여 설문조사하는 방식으로 이루어진다. 그 대상은 공공부문에 대한 것이며 민간부문의 부패는 고려되지 않는다.

점수는 0점~10점으로 매겨지며 0점으로 갈수록 부패의 정도가 심한 것이고 10점으로 갈수록 공공부문이 투명하다고 보면 된다.

반부패 국제 비정부기구인 국제투명성 기구 한국본부는 한국은 10점 만점에 5.5점을 얻어 43위를 기록했다고 발표했다.

5 **경제자유지수**

헤리티지 재단이 세계 각국의 경제활동의 자유도를 수치화한 지수로, 1995년을 시작으로 매년 초에 발표되고 있다. 이 지수가 높은 나라가 낮은 나라보다 장기적으로 고도의 경제 성장을 이룩하고 보다 번창할 가능성이 높다고 한다.

이 지수는 각국의 재정상태, 정부의 금융정책, 무역정책 등 10개 분야를 최고1.0점, 최하 5.0점으로 평가하여 산정한다.

> **주제 18** **신용평가회사**

1 **신용평가회사의 역사**

신용평가회사는 1800년대 미국에서 상인들의 채무반환능력을 포함한 신용을 평가하는 과정에서 출발

2 **신용평가의 기준**

국가의 외환보유액을 중요한 요건으로 평가하고 국가가 발행한 채권에 대한 상환능력을 측정하여 국가의 신용등급을 매기고 있다.

그러나 구체적으로 어떠한 평가항목과 방법을 사용하는지는 비밀이기 때문에 이로 인한 시비가 끊이지 않고 있다.

3 **세계 3대 신용평가회사 현황**

(1) 무디스(Moody's)

1900년 존 무디가 설립한 신용평가회사로 본사 소재지는 미국 뉴욕에 있다.

직원은 약 1,500명 정도이다.

미국 최초로 1909년 200여개 철도채권에 대한 등급을 발표하였다.

100개 이상의 국가와 9만개 이상 기업의 회사채권, 7만개 이상의 국공채 등급을 평가한다.

(2) 스탠더드 앤드 푸어스(Standard & Poors)

회사채권 신용평가를 하던 푸어스사와 스탠더드 스터티스틱스가 1941년에 합병

현재 미출판. 미디어업체 맥그로힐사 소속

본사 소재지는 미국 뉴욕, 직원은 약 1,300여명

다우존스, 나스닥 지수와 함께 미국의 3대 증시지수인 S&P500지수 발표

세계 60여 나라의 정치상황, 경제구조, 경제성장 전망 등 8개 부문, 31개 항목에 걸친 투자환경을 조사해 등급 발표

(3) 피치(Fitch)

무디스와 스탠더드 앤드 푸어스에 이어 세계 3대 신용평가회사에 속하며 1913년 존 피치가 설립

1997년 영국 IBCA 그룹과의 합병으로 성장

본사는 뉴욕과 런던 2곳에 있다.

주제 **19** **환율**

1 **환율의 종류**

(1) 명목환율(nominal exchange rate)

자국화폐와 외국화폐의 교환비율을 말함

(2) 실질환율(real exchange rate)

① 한 나라의 재화와 서비스가 다른 나라의 재화와 서비스와 교환되는 비율로 두 나라의 물가를 고려한 환율을 말한다.

$$\epsilon = \frac{e \times P_f}{P} \quad (e : 명목환율, \ P_f : 외국물가, \ P : 국내물가)$$

② e가 1\$ = 1,000원이고 쌀의 국내물가 10,000원, 외국물가 20\$라면 실질환율은 2가 된다.

③ 즉 쌀의 외국가격이 국내가격보다 2배 비싸다는 의미를 갖고 있다.

④ 따라서 국내 쌀의 수출이 증가할 수 있음을 알 수 있다.

⑤ 명목환율이나 국내물가 또는 외국물가가 변화하면 실질환율이 변한다.

(3) 재정환율(arbitrated rate)

① 재정환율이란 주어진 2개의 환율에서 간접적으로 산출된 환율로 패리티환율(parity quotation) 이라고도 한다.

② 재정환율은 국제통화시장에서 중심이 되는 통화, 예를 들면 미달러에 대한 시세가 결정 되면 그 후에는 각 통화와 미달러와의 시세를 이용해서 자동적으로 산출한다.

2 환율제도

(1) 복수통화바스켓제도

자국과 교역 비중이 큰 나라의 통화, 예를 들면 달러. 유로. 엔화 등을 바스켓으로 한데 묶 고 이들 통화의 가치가 변할 경우 각각 교역가중치에 따라 자국통화의 환율에 반영하는 환 율제도

특정통화가치의 급격한 상승이나 하락에 따른 충격을 완화할 수 있고 물가상승률 등 국내 경제변수를 반영할 수 있어 고정환율제를 변동환율제로 바꾸려는 나라들이 중간단계로 채 택하는 제한적인 변동환율제도

(2) 미달러화 페그제도

자국통화의 미달러화에 대한 환율은 고정시켜둔 채 기타통화에 대한 환율은 미달러화대 기 타통화의 환율변동에 따라 자동적으로 결정되게 하는 방식을 말한다.

(3) 크롤링 페그

환율을 어느 한점을 기준으로 일정한 범위 안에서 유지하되 환율의 변동상황을 보아서 기준 점을 수시로 변경하는 것을 말한다.

3 환율변동의 효과

(1) 환율의 상승(원화의 평가절하)

$1 = 500원 → $1 = 1,000원

효 과
수출재의 달러표시 가격 하락 → 수출증가
수입재의 원화표시 가격 상승 → 수입감소
수입원자재 가격 상승으로 인한 국내물가 상승
외화부채의 부담증가
교역조건의 악화
해외여행 감소로 서비스 수지 개선

(2) 환율의 하락(원화의 평가절상)

$1 =1,000원 → $1 =500원

효 과
수출재의 달러표시 가격 상승 → 수입감소
수입재의 원화표시 가격 하락 → 수입증가
수입원자재 가격하락으로 인한 국내물가 하락
외화부채의 부담감소
교역조건의 개선
해외여행 증가로 인한 서비스 수지 악화

주제 20 각국의 화폐단위

1 유로존

1998년에 열한 개의 EU 회원국이 모여 통화단일화에 대한 규범을 마련했다. 1999년 1월 1일 유로화가 도입되고 유럽중앙은행이 참가국의 통화주권을 인수해 단일통화정책을 수립, 집행하면서 유로존이 형성됐다.

2015년 7월 기준 유로존에 속한 국가는 현재 EU 28개 회원국 가운데 19개국이다. 벨기에, 독일, 에스토니아, 라트비아, 그리스, 스페인, 프랑스, 이탈리아, 키프로스, 룩셈부르크, 몰타, 네덜란드, 오스트리아, 포르투갈, 슬로베니아, 슬로바키아, 핀란드와 2015년 1월 공식 가입한 리투아니아가 있다.

2 이외 국가

루피아 – 인도네시아

디르함 – UAE

크로나 – 스웨덴

크로네 – 덴마크, 노르웨이

리라 – 터키

루피 – 인도

링깃 – 말레이시아

바트 – 태국

3 아쿠(ACU : Asian Currency Unit)

EU국가들이 사용하고 있는 공동통화와 비슷하게 아시아 지역에서도 아시아 국가 화폐들 간의 환율에 따라 그 가치가 정해지는 일종의 공동통화이다.

4 수크레(Sucre)

베네수엘라, 볼리비아, 에콰도르, 니카라과 등 중·남미 좌파국가 정상들이 2010년부터 지역 공동통화인 '수크레'(Sucre)를 사용하는 데 합의
올해부터 회원국 간 무역거래에서 수크레를 도입, 동맹국들의 미국 달러나 유로 의존도를 줄이고 경제·통화 주권을 확보하겠다는 것이다. 또 장기적으로는 동맹국뿐 아니라 미국이나 유럽연합(EU)과 무역거래에서도 수크레를 결제 수단으로 사용하겠다는 계획이다.
남미와 카리브해 지역 일부 국가들로 구성된 '아메리카 볼리바르 동맹'(ALBA)은 볼리비아 코차밤바에서 이틀 일정으로 정상 회의를 열어 이같이 결정했다.
ALBA 동맹은 차베스 베네수엘라 대통령, 피델 카스트로 전 쿠바 국가평의회 의장 등이 주도해 지난 2004년 결성됐다.
ALBA에는 베네수엘라, 쿠바, 볼리비아, 니카라과, 온두라스, 도미니카공화국, 에콰도르 외에 카리브해 지역 소국들이 회원국으로 참여하고 있다. 파라과이도 가입을 시사했다.

주제 21 G 시리즈

1 G7

서방7개국정상회담, 선진국수뇌회의
서밋(Summit)이라고도 한다. 세계의 부와 무역을 지배하고 있는 서방 7개 선진국의 연례 경제 정상회담
참가국은 미국 영국 독일 프랑스 일본 캐나다 이탈리아
1975년 프랑스에서 처음 개최된 이후 각 나라를 돌아가며 회의를 개최한다.

2 G8

세계 경제주요 7개국(일본, 미국, 독일, 영국, 프랑스, 이탈리아, 캐나다)과 러시아 정상의 회담
석유위기에 따른 세계 경제 침체에 공동 대처하기 위해 1975년 프랑스 랑부예에서 처음 창설됐다. 통상과 경제문제를 주로 다뤄오다 최근엔 의제를 환경. 국제정치. 안보로 넓히고 있다. 6개국으로 출범했으나 76년 캐나다, 98년 러시아가 참여했다.

3 **G13**

G8 + 브라질, 인도, 중국, 멕시코, 남아공

4 **G20**

G20 또는 주요 20개국은 세계 경제를 이끌던 G7과 유럽 연합(EU) 의장국에 12개의 신흥국, 주요경제국들을 더한 20개 국가의 모임을 나타내는 말이다.

G13 + 한국, 호주, 인도네시아, 아르헨티나, 사우디아라비아, 터키, 유럽중앙은행(ECB)

주제 22 FTA

1 **FTA의 개념**

자유무역협정으로 EU나 NAFTA 등과 같이 인접국가나 일정한 지역을 중심으로 이루어져 지역무역협정으로 불려진다.

2 **현재 발효 49개국 + 타결 5개국**

① 현재 우리나라와 이미 FTA를 체결해 발효 중인 국가는 49개국(11건)에 이른다. 2004년 칠레를 시작으로 2006년 싱가포르, EFTA(스위스 노르웨이 아이슬란드 리히텐슈타인)와 각각 발효돼 아세안시장과 유럽시장 진출의 교두보를 마련했다.

② 이어 2007년 우리나라의 제2 교역대상 지역인 아세안(브루나이 캄보디아 인도네시아 라오스 말레이시아 미얀마 필리핀 싱가포르 베트남 태국), 2011년 인도, 2011년 EU(28개국)·페루와 각각 발효됐다.

③ 세계 최대 경제권인 미국과는 2012년, 터키와는 FTA 협정내용이 적용되기 시작한 게 2013년부터다.

④ 캐나다와는 2014년에 타결하여 2015년 1월 1일 발효하였고 호주는 2013년에 타결하여 2014년 12월에 발효하였다.

⑤ 콜롬비아, 터키, 중국, 뉴질랜드, 베트남 등은 이미 협상이 타결돼 발효를 앞두고 있다.

3 **경제무역협력 강화협정(CEPA)**

① 국가가 아닌 독립된 관세구역간에 상품. 서비스 교역 자유화를 확대하는 자유무역협정(FTA)의 일종

② 중국과 홍콩을 하나의 경제권으로 만들기 위해 2003년 체결
③ 중국은 CEPA의 효력을 높이기 위해 홍콩 기업이 중국 기업과 수입 거래를 할 때 위안화로 결제할 수 있고 중국 금융기관들은 홍콩에서 위안화 표시 채권을 발행할 수 있도록 허용

4 범대서양 자유무역지대(TFTA · Transatlantic Free Trade Area)

① 대서양을 사이에 둔 미국과 유럽이 관세를 없애고 서로 자유롭게 무역을 하는 지역으로 변화하는 것을 뜻한다.
② 자유무역지대가 만들어지면 교역국가간 관세나 기타 무 역 제한이 없어지기 때문에 교역량이 늘어나며 이에 따른 경제협력도 확대된다.

5 ECFA

① CEPA는 Arrangement이나 ECFA는 국가 간 협정에 사용하는 Agreement라는 용어를 사용하고 있음
② ECFA는 양국 의회에서 비준절차를 염두에 둔 국가 간 협정형식을 갖추고 있으나 CEPA는 이에 상응하는 규정이 없음

6 역내포괄적 경제동반자협정(Regional Comprehensive Economic Partnership : RCEP)

① 한국, 중국, 일본, 아세안, 인도 등 아태지역 16개국이 추진하는 다자간 FTA로 2013년 6월 협상을 시작해서 2015년 말까지 타결을 목표로 삼고 있다. 타결 시에는 RCEP의 경제 규모가 유럽연합(EU)을 앞지를 전망이다.
② 개방수준이 상대적으로 낮은 FTA로 상품/서비스 시장개방에서 국가별 예외를 인정하고 있다.
③ 무역 및 투자 규제 완화, 공정경쟁 확립에 동의하나 국가별 특수성을 감안하여 시간을 두고 점진적으로 개선할 예정이다.
④ RCEP는 현재 모델리티, 비관세 조치, 위생검역(SPS), 기술표준(TBT), 원산지, 통관 및 무역 원활화 등에서 진전을 이룬 만큼 2015년 말까지 무난히 타결될 것으로 보인다.

7 FTAAP(Free Trade Area of the Asia - Pacific)

① FTAAP는 미국이 주도하고 있는 환태평양경제동반자협정(TPP)에 맞서 중국이 추진중인 아태 경제협력 구상이다.
② 아시아 · 태평양경제협력체(APEC) 회원국을 중심으로 논의 중인 FTAAP는 APEC 21개 회원국의 무역장벽 제거를 목적으로 삼고 있다.
③ TPP가 높은 수준의 개방과 실질적인 자유무역시장을 추구하고 있는 반면 FTAAP는 낮은 단계의 자유무역지대를 만들자는 게 골자다.

④ 중국이 2006년 처음 제기했고 2010년 APEC 장관급 회담에서 공식화됐지만 그 동안 진전은 없었다.

⑤ 이에 따라 중국은 자신이 의장국인 2014년 APEC 회의에서 이를 다시 본격 추진하겠다는 계획이다.

8 환태평양경제동반자협정(Trans-Pacific Partner ship : TPP)

① 미국 주도로 일본·캐나다·베트남·호주 등 12개국이 상품·서비스·투자·노동 및 환경 등 29개 분야에서 협상을 하고 있는 거대 자유무역협정(FTA)이다.

② 현재 12개 참가국의 경제 규모를 합칠 경우 국내총생산(GDP) 기준으로 세계경제의 38%(27조달러)를 차지해 유럽연합(17조달러)보다 더 큰 시장으로 평가된다.
APEC 국가의 55.2%를 차지하며, 일본을 포함하면 70.8%로 확대된다.(2010년 기준)

③ 한국은 참여 전 단계인 관심표명을 2013년 11월 공식화했다.

④ 농산물 개방을 둘러싸고 미국과 일본 간 갈등이 표면화하지 않고 큰 틀에서 양허 수준이나 개방 정도만 확정하더라도 한국은 참여 시기를 결정해야 한다.

⑤ 국책연구원에 따르면 한국이 TPP에 참여하면 발효된 지 10년 뒤 국내총생산(GDP)이 1.7~1.8% 상승할 수 있다.

주제 23 경기판단지수

1 기업경기실사지수

경기 동향에 대한 기업가들의 판단·예측·계획의 변화추이를 관찰하여 지수화한 지표. 약칭으로 BSI라고 한다. 주요 업종의 경기 동향과 전망, 그리고 기업 경영의 문제점을 파악하여 기업의 경영계획 및 경기대응책 수립에 필요한 기초 자료로 이용하기 위한 지표이다. 다른 경기 관련 자료와 달리 기업가의 주관적이고 심리적인 요소까지 조사가 가능하므로 경제정책을 입안 하는 데도 중요한 자료로 활용된다.

지수계산은 설문지를 통하여 집계된 전체응답자 중, 전기에 비하여 호전되었다고 답한 업체수 의 비율과 악화되었다고 답한 업체수의 비율을 차감한 다음 100을 더해 계산한다. 예를 들면 긍정과 부정의 응답이 각각 80%와 60%라면 80에서 60을 차감한 다음 100을 더해 120이 된다.

따라서 향후 경기가 좋아질 것이라는 대답이 나빠질 것이라는 대답보다 20%가 많다는 것을 의미하는데, 일반적으로 지수가 100 이상이면 경기가 좋고 100 미만이면 경기가 안 좋다고 판 단하게 된다. 미국·일본 등 50여 개국에서 실시하고 있으며, 한국은 한국은행을 비롯하여 산

업은행·상공회의소·전국경제인연합회 등에서 분기별 또는 월별로 이를 조사하여 발표하고 있다.

2 단칸(短觀)지수

일본기업 경영자들의 경기 체감 지수로, 우리말로 하면 '단기경기신뢰지수' 혹은 '단기경기관측 조사지수'라 한다.

일본은행(BOJ)이 3개월마다 일본 전역의 약 1만 여개의 기업들을 대상으로 앞으로의 매출, 실적, 투자, 고용 등에 대한 전망을 분기별로 조사해 수치화하여 하는데, 기업경기가 양호하다고 대답한 기업과 그렇지 않다고 대답한 기업의 비율을 통해 산출된다.

단칸지수는 0을 기준으로 플러스면 기업들의 경기전망이 낙관적이고 투자증가를 예상한다는 뜻이고, 마이너스면 앞으로의 경기를 비관하여 투자를 감소하는 업체가 많다는 의미이다.

3 경기종합지수

경기변동의 국면. 전환점과 속도. 진폭을 측정할 수 있도록 고안된 경기지표의 일종
경제부문별 (생산, 투자, 고용, 소비 등)로 경기에 민감하게 반응하는 주요 경제지표 들을 선정한 후 이 지표들의 전원대비 증감율을 합성해 작성

선행종합지수	동행종합지수	후행종합지수
구인구직비율	비농가 취업자수	이직자수
재고순환지표	산업생산지수	상용근로자수
기계수주액	건설기성액	가계소비지출
자본재수입액	서비스업활동 지수	소비재수입액
건설수주액	도소매판매액 지수	생산자제품 재고지수
소비자기대지수	제조업가동률 지수	회사채유통 수익률
종합주가지수	내수출하지수	
금융기관유동성	수입액	
장단기 금리차		
순상품교역조건		

4 경기확산지수(경기동향지수)

경기변동이 경제의 특정부문으로부터 시작되어 점차 전체 경제부문으로 확산, 파급되는 과정을 경제부문을 대표하는 각 지표들을 통하여 파악하고자 하는 지표

즉, 계절변동과 불규칙변동이 제거된 각 구성지표들 중 증가의 방향으로 움직인 지표수가 전체 지표수에서 차지하는 비율을 백분비로 나타낸 것

경기확산지수가 기준선인 50을 넘으면 확장국면, 50보다 낮으면 수축국면, 50이면 경기전환점이 되는 시점으로 판단

5 소비자 기대지수

현재와 비교하여 6개월 후의 경기, 생활형편, 소비지출 등에 대한 소비자들의 기대심리를 나타내는 지수이며 조사문항은 경기, 생활형편, 소비지출, 자산평가 등과 관련된 14개문항으로 구성 주요 기대지수는 경기, 가계생활, 소비지출, 내구소비재, 외식, 오락, 문화 등이며 이는 다시 소득계층 및 연령대별로 분석해 작성되고 지수는 100을 기준으로 한다.

6 소비자신뢰지수

소비자의 현재 및 장래의 재정상태, 소비자가 보는 경제전반의 물가. 구매조건 등에 대해 설문조사를 하고 이를 지수화한 것
소비자태도지수(CSI : Consumer Sentiment Index)라고 하기도 한다.

주제 24 투자은행

1 개념

주식이나 채권 발행을 돕거나 거래를 중개하고 기업 인수합병(M&A)에 관여하면서 수수료 수입을 얻음. 투자업무를 통해 수입을 얻기 때문에 투자은행이란 이름이 붙음

2 세계 5대 투자은행

(1) 골드먼삭스(1869년 설립) → 은행지주회사로 전환

(2) 모건스탠리(1935년) → 은행지주회사로 전환, 일본미쓰비시 UFG가 지분 투자

(3) 메릴린치(1914년) → 뱅크오브아메리카(BOA)가 인수

(4) 리먼브러더스(1850년) → 파산보호신청, 미국법인과 아시아 법인 분할 매각

(5) 베어스턴스(1923년) → JP모건체이스가 인수

은행지주회사란 예금을 받는 상업은행을 휘하에 둘 수 있는 곳으로 지주회사 전환으로 두 회사는 FRB로부터 긴급자금도 대출받을 수 있게 됨
그러나 이제부터 FRB로부터 다양한 규제를 받게 됨(이전에는 감독기관이 SEC)
또한 은행을 새로 설립하거나 기존 은행을 인수할 수 있음

상업은행과 투자은행의 비교

	상업은행	투자은행
주업무	예금과 대출을 매개로 자금을 중개 예대마진을 통해 이익을 올림	증권의 인수, 거래위주 가격변동 위험에 노출된 금융 상품 취급하면서 투자 수익 올림
업무영역(1933년 글래스 – 스티걸법에 따라 분리)	예금 및 대출업무	증권인수, 투자신탁, 파생상품 국제금융, 인수합병업무 등
자금운영 스타일	원금을 예금자에게 돌려줘야 하기 때문에 보수적 운영	높은 수익성 추구하며 공격적 운영
대표주자	외국 : 시티은행, BOA, HSBC, JP모건 등 한국 : 국민, 신한, 우리, 하나은행 등	외국 : 골드만삭스, 모건스탠리, 메릴린치, 리먼브러더스, 베어스턴스 등 한국 : 삼성, 대우, 한국투자증권 같은 증권사와 은행이 일부 투자은행 업무를 하나 미미

주제 25 금리의 종류

1 개념

금리란 자금이 거래되는 금융시장에서 자금 수요자가 자금 공급자에게 자금을 빌린 데 대한 대가로서 지급하는 이자금액 또는 이자율

2 종류

(1) 공정금리(official rate)

한국은행이 다른 금융기관에 돈을 빌려줄 때 적용하는 금리로 여러 가지 금리수준을 정하는 데 기준이 되는 금리

(2) 대출금리

은행이 기업에 돈을 빌려줄 때 적용하는 금리로 기업 투자나 영업활동에 큰 영향을 준다.

(3) 우대금리(prime rate)

은행이 신용도가 높은 기업에게 가장 낮은 금리로 장기대출(원금 상환기간이 보통 1년이 넘는 대출)을 해줄 때 적용하는 금리로 기업에만 해당되는 금리 중앙은행의 공정금리와 함께 한 나라의 금리수준을 보여주는 기준금리이기도 하다.

(4) 명목금리(normal interest rate)

물가상승률을 감안하지 않은 금리

은행에 돈을 맡기면 이자가 붙는데, 돈을 맡겨 두는 기간 동안 물가도 오르게 마련이므로 은행에서 제시한 연이자율 보다 물가상승폭이 큰 경우는 마이너스 금리가 되기도 함

결국 이자에서 물가상승분을 감안하려면 명목금리에서 물가상승률을 빼면 된다.

(5) 실질금리

명목금리에서 물가상승률을 뺀 금리

명목금리와 대비되는 개념으로 금리의 실제 가치를 나타내며, '체감'금리의 지표가 된다. 이와 구분방법 외에 공금리와 실세금리로 나눌 수도 있다.

(6) 공금리

금융당국이 금리 급등을 막기 위해 정해 놓은 금리

공금리를 다른 말로 명목금리, 표면금리, 또는 규제금리라고 하는데, 한국은행의 공정금리 가 바로 대표적인 예

(7) 실세금리

중앙은행이나 정부 금융기관이 아닌 민간 금융기관이 적용하는 금리

흔히 일반 가정이나 기업이 시중은행에 예금하거나 대출받을 대 적용받는 이자율을 뜻함

(8) 콜금리(call rate)

은행도 예금을 받고 대출을 하다 보면 일시적으로 돈이 부족한 경우가 생긴다. 그럼 자금이 부족한 은행이 자금 여유가 있는 은행으로부터 돈을 빌릴 수 밖에 없는데, 이러한 금융기관 사이의 자금융통을 중개하는 역할은 대개 단자회사들이 수수료를 받고 한다. 이때 거래되는 자금에 붙는 금리를 '콜금리'라고 한다.

(9) 리보금리(LIBOR)

'리보'는 런던의 은행 간 금리를 말한다. 한마디로 국제금융시장에서 거래되는 자금에 부가 하는 금리이다.

(10) 코리보(KORIBOR)

국제 금융시장에서 대표적 기준금리로 통하는 영국 런던은행간 대출금리인 리보(LIBOR)를 벤치마킹하여 한국은행에서 개발한 국내은행간 단기기준 금리로 2004년 7월부터 사용하고 있다. 국내 금융기관 간 단기자금 거래와 파생금융상품 거래 시 기준금리로 쓰이던 91일물 양도성예금증서(CD)의 수익률을 대신하기 위해 개발했다.

(11) 리비드(LIBID)

런던금융시장에서 은행 간의 예금에 적용되는 예금금리를 가리킨다.

주제 26 제1금융권, 제2금융권, 제3금융권

1 제1금융권

'은행'을 말하며, 제2금융권은 증권회사, 보험회사, 투자신탁회사, 종합금융회사, 상호저축은행 등을 총칭하는 말이다.

제1금융권(banking sector)은 은행이다. 은행에는 시중, 지방, 특수은행과 농업협동조합중앙회의 신용사업부문, 수산업협동조합중앙회의 신용사업부문까지 포함된다. 반면에 은행에서 취급하는 금전신탁저축은 제2금융권으로 분류된다.

2 제2금융권

제2금융권(non-banking sector)은 은행을 제외한 나머지 전부를 통칭하는 것으로 보면된다. 즉 증권회사, 보험회사, 투자신탁회사, 종합금융회사, 상호저축은행(옛 상호신용금고) 등을 총칭하는 말이다.

3 제3금융권

최근 제3금융권이란 용어도 등장했다. 파이낸스사등 신규 금융기관을 일컫는다.

한국은 1960년대 이래 고도성장 경제정책으로 인하여 높은 인플레이션과 기업의 만성적인 자금의 초과수요로 인해 은행을 중심으로 한 제도금융 시장과는 달리 광범위한 사금융시장이 발달하여 금융의 이중구조가 심화되어왔다.

이러한 사금융을 제도금융권 안으로 흡수하고 경제발전에 필요한 자금수요의 다양화를 꾀하기 위해 70년대부터 본격적으로 제2금융권이 설립되어 발전해왔다.

주제 27 사회책임투자(SRI · Socially Responsible Investment) 펀드

1 개념

사회적인 책임을 다하는 기업에 투자하는 펀드

SRI펀드는 주로 수익성이 좋은, 동시에 사회공헌도가 높거나 윤리경영실천이 뛰어난, 지배구조가 투명한, 친환경적인 기업들을 대상으로 투자가 이루어 짐

이에 따라 주류업체나 담배회사, 도박, 군수업체 등은 투자대상에서 제외

국내의 SRI펀드는 다른 주식형 펀드에 비해 아직 운용규모가 작은 편이지만 우량한 블루칩 중심으로 지배구조가 투명한 기업에 투자하고 있기 때문에 비교적 안정적인 수익률이 보장되는 편이며, 중장기적 관점에서 보면 매우 매력적인 펀드

2 장하성 펀드

고려대 경영대의 학장인 '장하성'이 만든 펀드. 한국기업지배구조개선펀드(The Korea Coporate Government Fund)

기존의 사적인 이익만을 추구하던 펀드와는 다르게 소액주주의 권리를 보호하기 위해 만들어진 것. '기업지배구조개선펀드(CGF)'란 기업이 지배구조 상 문제를 가지고 있어서 그 기업의 주식 '소액주주'들의 권리가 보장받지 못 할 경우 출동하는 시민운동가의 성격을 지닌 펀드

장하성 펀드의 실질 관리자는 외국 자산관리기업인 '라자드 에셋'. 이 라자드 에셋은 전에 주식회사SK의 경영권을 공격하는 과정에서 8,000억원이 넘는 수익을 남긴 사례가 있음) 그런데 요번에 장하성 펀드에서 몇몇 국내기업 지분의 5.15%를 사들여(참고로 5.15%면 기업 사냥꾼들이 보통 초기에 매입하는 정도)문제가 됨. 기업구조개선펀드(CGF)'라는 것은 전에도 '칼 아이칸', '커크 코넬리언' 같은 악명 높은 기업사냥꾼들이 사냥을 할 때 즐겨 이용했던 전례가 있어 사람들 사이에 명성황후가 외세세력을 끌어 들인 격이라는 등 논란이 많음

주제 28 종교관련 펀드

1 아베마리아 펀드

아마나펀드는 북미이슬람신탁(NAIT)이 고안하고 사투르나캐피탈이 운용하는 대표적인 이슬람펀드로,1986년 선보인 최초의 신앙펀드다.

이 펀드는 이슬람 율법 샤리아에 따라 죄악주는 물론 이자를 받는 은행, 돼지고기 도축업체도 투자를 금한다.

기독교 펀드들의 선전도 두드러진다. 가톨릭 교리에 따라 2001년 출시된 '아베마리아 가톨릭밸류 펀드'는 낙태와 관련된 의료기기나 약품을 생산하는 기업을 투자금지 대상 1호로 삼고 있다. 동성애 커플을 인정하는 기업들 역시 투자하지 않는다.

20여개 펀드에 10억달러의 자금을 굴리는 '티모시플랜 펀드'는 기독교 펀드 중에서도 가장 투자기준이 엄격하다. 음란 영상물의 유통 채널이란 이유로 인터넷주까지 투자대상에서 제외해 사실상 투자가 가능한 종목은 S&P500 기업의 절반에도 못 미친다.

국내에서는 2008년 한국투신운용이 기독교단체 오이코크레딧 한국위원회의 요청에 따라 사모 신앙펀드 개발을 추진했지만 불발에 그쳤다.

구분	펀드명	투자 제외 대상
기독교	아베마리아 펀드(카톨릭) 뉴커버넌트 펀드(장로교) 가이드스톤 펀드(침례교) 티모시플랜 펀드(일반)	주류 담배 포르노 도박 등 '죄악기업' 피임기구 낙태관련 업체 동성연애 지지 기업
이슬람	아마나 트러스트 펀드	주류 담배 포르노 도박 등 '죄악기업' 이자 받는 은행, 채권 및 채권관련 증권 돼지고기 도축기업

2 수쿠크(Sukuk) – 이슬람 채권

수쿠크(Sukuk)는 이자 받는 것을 금기시한 이슬람 경전 코란의 정신에 따라 정해진 이자가 아닌 수익금을 배당금 형태로 받는 채권으로 최근 3~4년 전부터 발행이 급격히 늘기 시작했다.

일반채권과 기능은 동일하나 금리 대신 실물자산의 매매를 포함하는 무라바하(Murabaha) 등을 통해 얻은 이익의 일부를 동 채권의 보유자에게 지급한다는 점에서 차이가 있다.

이슬람교에서는 채권에 대한 이자 지급을 금지하고 있어 '수쿠크'는 채권 발행자가 부동산 등의 자산을 특수목적회사 등에 임대한 뒤 여기서 나오는 수익을 배당금 형식으로 준다.

이슬람교에서 교도들에게 채권을 판매하는 것은 금하고 있지만 부동산이나 자산 리스 등 실체가 있는 거래에서 창출되는 이익을 지급하는 것은 금지하지 않는다는 점을 이용한 것이다.

하지만 수쿠크가 모든 경우에 적합한 것은 아니다. 예를 들어 은행들은 여전히 유형의 자산이 많지 않은 서비스 업체의 수쿠크를 발행하는데 어려움을 겪고 있다.

또한 일반적인 채권에 비해 수쿠크의 부수적인 거래가 많지 않다는 점도 문제점이다. 중동지역 투자자들은 대체로 채권을 만기 때까지 보유하려는 경향이 있다.

주제 29 채권

1 게이샤 본드(geisha bond)

일본에서 미 달러화로 발행된 채권을 말한다. 쇼군본드(shogun bond)라고도 부른다. 일본에서 비거주자가 엔화로 발행하는 채권인 사무라이 본드와는 구별된다.

2 하이브리드채권

채권형 신종 자본증권으로 상환만기가 없고 증시에서 거래가 가능하다는 점에서 주식의 성격을 가지면서 일정 기간마다 이자를 받을 수 있다는 면에서 채권의 성격도 동시에 보유하고 있는 투자상품이다.

3 지수채권

투자자의 입장에서 채권은 주식에 비해 안전한 상품이기는 하나 인플레이션에 따라 가격변동의 문제가 발생하게 된다. 이를 해소하기 위한 방안으로 나온 상품이 바로 지수채권이다.
이것은 채권금리를 각종 물가지수나 실물의 가격에 연동시킴으로써 실질금리를 보장해주기 위한 상품이다.

4 정크본드

수익률이 매우 높은 반면에 신용도가 취약한 채권을 말한다. 고수익채권 또는 쓰레기 채권으로도 불린다.
신용도가 높은 우량기업이 발행한 채권 중 발행기업의 경영이 악화되어 가치가 떨어진 채권을 가리켰으나 최근에는 성장성은 있으나 신용등급이 낮은 중소기업이 발행한 채권이나 M&A에 필요한 자금을 조달하기 위해 발행한 채권 등을 포함하는 넓은 개념으로 사용

5 영구채(consol bond)

원금을 상환하지 않고 일정한 쿠폰이자만을 영구히 지급하는 채권으로 영국의 브리티시 콘솔과 미국의 TVA공채 등이 대표적인 예다.

6 오페라본드

일종의 교환사채로 일반적인 교환사채는 교환대상 주식이 한 종류이지만 오페라본드는 교환대상 주식이 두 종류 이상일 때 오페라본드라고 부른다.
두 종류의 기초자산을 근거로 발행하는 채권으로 두 가지의 주식을 기초자산으로 발행하는 경우 두 개의 콜옵션이 존재하게 된다. 이때 두 가지의 기초자산중 수익률이 높은 자산을 기준으로 상환을 요구할 수 있는 주식연계 채권이다. 오페라본드의 발행자는 기초자산이 되는 주식 중 어느 주식으로든 상환할 수 있으며 현금상환 또한 가능하다. 발행자입장에서는 일반 교환사채보다는 유리한 금리로 자금을 조달할 수 있다.

7 사무라이 본드

일본 자본시장에서 비거주자가 일본 내 투자가들을 대상으로 일본법에 근거해 발행하는 엔화표시 채권을 말한다.

8 불독본드

영국의 런던 증권시장에서 비거주자에 의해 발행되는 파운드화 표시 외채를 지칭하는 것으로 미국의 양키본드, 일본의 사무라이본드와 함께 국제금융시장에서 거래되는 대표적인 국제채권이다.

9 김치본드

외국인이 자금조달을 목적으로 한국 채권시장에서 발행하는 외화 표시 채권
5외국인이 발행하는 원화 표시 채권은 '아리랑 본드'라고 함
정부가 채권시장의 세계화를 위해 의욕적으로 발행을 추진
몰락한 미국 투자은행 베어스턴스가 2006년에 처음으로 국내에서 김치 본드를 발행
당시 발행된 3억 달러 중 1억 달러는 조기상환됐고 1억7,000만달러는 해외 금융사에 분산 매각
국내에 유통된 3천만달러는 보험사들이 보유
김치 본드는 지금까지 2건이 발행됐고, 아리랑본드는 1995년부터 2005년까지 총 44건이 발행
하지만 2006년부터는 발행이 거의 멈춘 상태

10 자산담보부 증권

(1) 자산담보부 증권이란?

매출채권이나 담보물건을 근거로 해서 채권을 발행해 자금을 조달하는 증권이다. 금융기관이 대출할 때 확보한 물건을 근거로 하는 담보부 증권의 주종을 이룬다. 유동화자산으로부터 발생하는 현금흐름으로 발행증권의 원리금을 상환하는 증권을 의미

(2) 종류

1) 채권담보부 증권(CBO : Collateralized Bond Obligation)

회사채를 담보로 발행된 채권담보부 증권

금융기관이 가지고 있는 채권의 투기성 등급들을 모아 이를 담보로 발행하는 유동화 증권으로 투기등급의 고수입 – 고위험채권을 담보로 발행하는 채권

현 시점에서는 현금이 아니지만 장래에 현금으로 전환할 수 있는 자산, 즉 대출채권·부동산·할부대출 등을 담보로 발행하는 증권을 말한다.

2) P-CBO

CBO는 채권을 기초자산으로 해 발행되는 자산담보부 증권의 일종이다.

신규발행채권을 기초자산으로 발행하는 CBO를 P-CBO라고 한다.

기업이 새로 발행하는 회사채를 모아, 이를 담보로 발행하는 자산유동화증권(ABS)의 일종 즉 신용이 취약한 중소기업이 발행하는 회사채를 페이퍼 컴퍼니인 특수목적회사에 모아서 이 회사채들을 기초자산으로 하여 신용보증기금이 신용을 보강한 후에 다시 새로운 채권을 발행하여 자금을 조달하는 방식

자금 사정이 나쁜 기업을 돕기 위해 2000년 도입됐다.

3) 주택담보부증권(MBS : Mortgage Backed security)

대출채권 등을 조기에 현금화하기 위해 발행되는 자산담보부증권(ABS)의 일종으로 주택 저당채권을 담보자산으로 한다. 은행은 대출원금이 회수되기 이전에라도 채권 매각대금을 이용한 신규대출이 가능해진다. 이론상으로 1억원의 초기대출에서 몇번의 MBS발행을 통한 조기원금회수와 신규대출 사이클을 반복하면 시장에서 거래되는 금융자산 규모를 4억~5억으로 늘릴 수 있기 때문

주제 30 금융위기(외환위기)

1 서든스톱(sudden stop)

신흥국으로의 자본 유입이 갑자기 중단되고 뒤이어 대규모 자본이 빠져나가는 것을 말한다. 1997년 아시아 외환위기, 1999년 러시아 모라토리엄, 2008년 글로벌 금융위기 등 주로 신흥국에서 이같은 일이 발생

2 스트레스 테스트

(1) 개념

예외적이지만 발생할 수 있는 사건이 일어났을 때 금융시스템이 받게 되는 잠재적 손실을 측정하는 방법을 의미한다.

경제성장률이 마이너스로 돌아서면 은행 수익성이 어떻게 변하는지, 연체율이 오를 때 은행 자기자본비율은 어떻게 움직이는지 등에 대한 분석이 스트레스 테스트의 예다.

(2) 도입시기

1990년대 이후에 대형 투자은행들이 경제상황이 극도로 나빠질 경우 직면하게 될 영업중단 위험을 측정·관리하기 위해 스트레스 테스트를 활용한 것이 시초가 됨

(3) 실시방법

1) 상향식 접근법

중앙은행이 제시한 시나리오에 따라 개별 금융회사가 자체적으로 스트레스 테스트를 수행하고 중앙은행이 그 결과를 취합하는 방법

2) 하향식 접근법

중앙은행이 스트레스 테스트 모형을 개발해 시나리오별로 영향을 직접 파악하는 방법

(4) 분석기법

1) 시나리오 분석법

역사적 또는 가상의 위기 시나리오를 설정하고 여러 리스크 요인들이 동시에 변할 때 포트폴리오 가치가 어떻게 변하는지를 분석하는 방법

2) 민감도 분석법

특정 리스크 요인을 다양한 수준으로 변화시키면서 이에 따른 포트폴리오의 가치변화를 분석한다. 예를 들어 환율을 리스크 요인으로 보는 경우 환율 변화 수준을 +/−2% 등으로 변화시키면서 이에 따른 포트폴리오의 가치변화를 분석하는 방법

3) 최대손실접근법

포트폴리오에 가장 큰 손실을 가져올 수 있는 리스크 요인들의 조합을 찾아내 손실규모를 측정하는 방법

4) 극단치이론법

확률분포의 꼬리부분, 즉 일어날 가능성이 낮은 극단적 상황에 대한 통계이론을 이용해 위기상황 하에서 포트폴리오의 가치변화를 분석하는 방법

(5) 실시방법

① 금융시스템에 극심한 손실을 입힐 수 있는 발생 가능한 외부충격을 설정하고 이에 따른 구체적인 거시경제 시나리오를 생성한다.

② 외부충격 요인이 금융시스템에 미치는 영향을 평가하기 위한 경제모형을 개발하고 이 모형의 시나리오에 따른 충격이 금융시스템에 미치는 영향을 측정한다.

③ 측정 결과 얻어진 금융회사의 리스크 등을 보유 자본량 등과 비교해 금융시스템의 취약성 및 복원력을 평가한다.

(6) 스트레스 테스트의 장단점

① 최악의 시나리오에 대비할 수 있다는 측면에서 긍정적으로 평가할 수 있다.

아직 일어나지 않은 상황에 대해 추정할 수 있는 모형을 구축하고 그 영향을 평가하기 때문에 실제 그런 상황이 발생했을 때 충분히 대처할 수 있기 때문

② 최악으로 상정한 상황이 실제 상황보다 덜 위험할 경우 대비가 불충분할 수 있다.

③ 평상시와 호황기처럼 최악으로 가정한 상황이 절대 일어나지 않을 때에는 과도한 대비로 인해 불필요한 비용만 발생시킬 수 있다.

3 블랙스완(Black swan)

원래의 뜻은 실제로 일어날 수 없는 것을 의미하는 말이었지만, 18세기 호주에서 검은 백조가 실제 발견된 이후로 관찰과 경험에 의존한 예측을 벗어나 예기치 못한 극단적 상황이 일어나는 일을 뜻하는 용어로 의미가 변경되어 사용되고 있다. 특히 2008년 금융위기를 예언한 나심 탈레브가 쓴 베스트셀러 책 블랙스완은 검은 백조를 통해 관찰과 경험에 근거한 학습과 지식이 얼마나 제한적이며 허약한 것인지를 지적한다.

4 그레이스완(Gray Swan)

예상이 가능하지만 마땅한 해결책이 없어 위험요인이 계속 존재하는 상태를 뜻한다. 경제에 지속적으로 악영향을 주어서 주가 등 경제지표들의 움직임을 제한하는 요인으로 작용한다. 전혀 예측하지 못한 상태에서 발생해 시장을 커다란 충격에 빠뜨리는 '블랙 스완'에서 파생된 말이다.

주제 31 경제 4단체와 5단체 그리고 6단체

1 경제 4단체란?

재계의 이익을 대변하고 대정부 압력단체 역할을 수행하는 단체들로 전국경제인연합회, 대한상공회의소, 한국무역협회, 중소기업협동조합 중앙회를 지칭한다.
그중 전경련만이 순수 민간단체이고 나머지 3단체는 법정단체내지 반관반민(半官半民) 단체이다.

2 전국경제인연합회

(1) 의의
약칭은 전경련(全經聯)이다.
4대 경제단체(본 연합회와 대한상공회의소, 한국무역협회, 중소기업협동조합중앙회) 중의 하나이다.
재정·금융·산업·통상 등의 제반 문제에 관한 재계의 의사를 통일하고, 이를 정부시책에 반영하기 위한 활동을 계속함으로써 주요 산업의 개발과 국제경제 교류를 촉진하여 건전한 국민경제의 향상·발전에 이바지하는 것을 목적으로 1961년 7월 임의단체인 '한국경제인협회'로 발족하였다. 1968년 3월 현재의 이름으로 개칭한 사단법인체로서 국내 최대의 경제단

체이며, 2001년 3월 사회에 공헌할 목적으로 1%클럽을 발족하였다.

(2) 주요 사업내용

① 산업·경제 각 부문의 연합으로 경제인의 자주 역량을 굳건히 하며, 경제정책·행정 및 제 법규의 개선에 관하여 공정한 의견을 관계기관에 제의하고 그 실현에 노력한다.

② 국제 경제기구 및 외국 경제단체와 긴밀한 연계(連繫)를 기함과 동시에 해외진출과 경제 협력의 강화를 위하여 적극적인 민간 경제외교를 전개한다.

③ 경제인들의 지식·경험·자본을 동원하여 산업의 개발, 기업경영의 합리화, 과학 기술의 진흥을 촉진한다.

④ 국내외 경제에 관한 제 문제의 조사, 연구문헌·자료·통계의 수집·편찬 및 이와 관련 된 조사기관과의 제휴와 정보교환을 도모하며, 아울러 산학협동(産學協同)의 구현에 기 여한다.

⑤ 사회 각계와 유대를 강화하고 기업의 사회성을 창달하여 사회·문화의 개발 및 건전한 경제사회 풍토의 실현에 노력한다.

⑥ 회관 및 부대시설, 국제경영원 및 산업전시관을 설치·운영한다.

⑦ 산업경제에 관한 각종 연구·교육·훈련 및 연수사업의 수행과 이에 필요한 기구의 설 치·운영 등을 추진한다.

(3) 조직

조직은 총회·이사회·회장·부회장 아래 30개 위원회와 사무국(1실 3본부 1사업단 1팀)·부 설기관(한국경제연구원·국제사업협력재단·전경련국제경영원·FKI미디어)으로 구성되어있 다. 회원은 보통회원(생산업 및 이와 관련된 법인 또는 개인)·단체회원(업종별 단체 및 이에 준하는 경제단체)·준회원(보통회원 해당자로 해외거주자)·특별회원(임원으로서 회의 육 성·발전에 현저한 공헌을 한 자 또는 외국의 경제기관 및 저명한 경제인)으로 구성된다.

3 대한상공회의소

전경련, 무역협회, 중소기업 중앙회의 회원들을 모두망라 120만 명의 상공인들로 이루어진 국 내 최대규모의 경제단체. 1884년 종로통 상인들이 상권보호를 위해 조직한 한성상업회의소가 효시이며 1896년 한성상무회의소, 1905년 경성상업회의소, 1915년 조선상업회의소, 1946년 조 선상공회 의소 등으로 이어졌다. 상의는 1952년 10월 상공회의소법의 제정과 함께 임시단체에 서 법정단체로 성격 전환, 일정수준 이상인 상공인 들의 가입이 의무화되었다. 그 후 튼튼한 법적 지원을 바탕으로 지방경제 활성화, 국제 상업회의소와의 교류 등 나름대로의 사업을 벌이 고 있으나 내부사정 이 쉽지 않다.

즉 정부 관여와 관료적 경향, 강제성을 띤 준조세적 회비 징수 등 고질을 안고 있는 것이다. 그래서 규모가 크고 통제가 어려워진 상의의 체질개선이 요구되고 있다.

4 한국무역협회

우리나라 수출입업체의 무역진흥을 도모하고자 1946년 7월 31일 창립되었다.

주요 업무로는 무역에 관한 행정관청과 회원간의 연락·알선·지도, 제외국과의 연락 및 선전, 조사·연구, 건의 및 자문에 대한 답신, 수출품 생산 장려, 기타 무역진흥에 필요한 사업 등이다.

5 중소기업협동조합 중앙회

1962년 1월에 조직된 중소업자들의 이익단체. 중소기업협동조합법에 근거하고 있으며 주요업무는 조합·소 조합·연합회의 조직과 사업지도 및 연락, 정회원의 권익보호와 대 정부건의 및 연락, 정회원에 대한 경영·기술·품질관리 지도 및 교육, 각종 정보제공, 조사연구 등이며 이 밖에 중소기업 공제사업기금의 운영과 관리, 중소기업의 수출입업무, 정회원을 위한 공동사업과 공동이용시설의 조성 및 운영업무도 수행하고 있다.

전국의 중소업자 중 50%만이 가입해 재정적 어려움을 겪고 있으며 연 예산 32억원의 70% 이상을 정부에서 보조받고 있기 때문에 일관된 대정부 압력단체로서 기능하기가 곤란하다. 현안이 되고 있는 문제 중 중요한 것이 대기업의 업종침해이다. 이의 자체 해결을 위해 '중소기협'은 하도급분쟁위원회를 설치, 대기업과 대화채널을 마련하고 있으며 이 때문에 전경련과는 불편한 관계에 놓여있다.

6 경제 5단체란?

경제 5단체는 경제 4단체에 한국경영자총연합회를 더한 것

7 한국경영자총연합회

경총은 1970년 7월 주로 노사문제를 담당하기 위해 설립된 전국적 조직의 사용자 대표 기구이다. 인사관리, 노사관계, 복리후생, 산업안전 등 기업운영에 있어 근로자와 관계된 광범위한 업무를 수행함으로써 기업의 발전과 국가 경제의 발전을 도모하는 것을 목적으로 한다.

주로 노동관계법의 제정 및 개정, 임금안정화와 임금교섭, 노사관계 기반 구축, 산업인력 개발과 수급안정을 위한 인력정책 구축 등을 한다.

경총은 2002년 현재 13개 시·도 의 지방경영자협회를 산하에 두고 있으며 중소기업과 대기업 등 4,000여개 회원사로 구성되어 있다.

1982년 6월 제86차 ILO(국제노동기구) 총회에 한국 옵서버 대표단을 최초로 파견하고, 같은 해 8월에는 민간단체 최초의 고용서비스센터(인재은행)를 설치하였다.

1991년 12월에는 ILO에 정회원으로 가입하고, 1998년 1월 노사정위원회에 사용자 측 입장으로 참여 하였다.

8 경제 6단체

경제 6단체는 경제 5단체에 은행협회를 더한 것이다.

9 은행협회

(1) 의의

한국의 모든 시중은행·특수은행·지방은행을 정사원은행으로, 외국은행 국내지점을 준 사원은행으로 하는 비영리 법인

1928년 11월 1일 (사)경성은행집회소로 발족하였다.

1948년 9월 (사)서울은행집회소, 1975년 4월 (사)서울은행협회를 거쳐 같은 해 11월 (사)전국은행협회로 이름을 바꾸었다.

1981년 6월 전국지방은행협회를 흡수한 뒤, 1984년 5월 9일 전국은행연합회로 개편한 이래 오늘에 이른다.

(2) 설립목적

① 금융기관 상호 간의 업무 협조와 금융문제의 조사·연구 및 은행업무 개선을 통한 금융 산업의 발전

② 금융기관 거래처에 대한 신용정보의 집중 관리 및 평가 등을 통한 건전한 신용거래 질서 확립

③ 금융인의 자질 향상과 복리 후생 증진을 통한 사회적 지위 향상에 있다.

(3) 조직

조직은 크게 의결기구와 집행기구로 나뉜다.

의결기구는 총회를 중심으로 이사회, 정 사원은행인 시중은행협의회(8개)·특수은행협의회(7개)·지방은행협의회(6개), 준 사원은행 인 외국은행협의회(37개)와 20개 위원회로 이루어져 있다.

집행기구는 14팀 1실(민원상담실)이다.

(4) 주요기능

① 사원은행 경영개선 및 현안과제 해결을 위한 대정부 건의

② 공동 연구 및 업무 개발

③ 각종 회의·세미나·설명회 개최

④ 금융경제에 관한 조사·연구 자료 및 각종 간행물 발간

⑤ 친목 도모 사업 및 시설의 설치·운영

⑥ 국내외 각종 경제단체와의 연락 및 협조

⑦ 금융기관 대외 홍보 및 공동이익을 위한 조치의 수립·실시

⑧ 은행회관의 관리·운영

⑨ 거래처에 대한 신용정보의 관리 및 제도 개선

⑩ 신용정보 온라인망 및 PC통신망 유지 관리 등이다.

1995년 신용정보 집중기관, 1997년 종합 신용정보 집중기관으로 지정되었다. 1999년에 전직 금융인재취업센터, 2000년에 은행이용 상담실을 각각 설립하고, 2001년 12월에는 금융신상품위원회 사무국을 설치하였다.

주제 32 자본시장 통합법

1 의의

입법 예고 후 유예기간 1년 6개월을 거쳐 2009년부터 본격 시행될 자본시장통합법(가칭 '금융투자업과 자본시장에 관한 법률')은 자본시장 규제를 합리적으로 바꿔 증권사 등 금융회사의 대형화, 전문화를 촉진하고 투자자 보호를 강화하는데 초점

2009년 2월 자본시장 통합법 시행을 앞두고 미국식 투자은행을 모델로 규제완화와 선진금융제도 도입을 추구

2 자본시장 통합법 이전

(1) 열거주의 방식

우리나라는 투자할 수 있는 자산만을 정부가 규정

→ 기업이 자금을 조달할 수 있는 창구가 은행밖에 없었고 금리가 올라가면 기업이 어려워지는 단순한 구조가 고착화

이런 구조를 실시하는 나라는 일본 등 아시아권 국가밖에 없음

금융 선진국인 유럽 미국 호주 등은 모두 투자해서는 안 되는 상품만을 규정

(2) 겸업의 제한

증권사가 자산운용사나 선물회사 등을 겸업할 수 없도록 만들어 놓음

자본시장 통합법은 은행과 보험을 제외한 증권사, 자산운용사, 선물회사, 종금회사, 신탁회사등 자본시장 관련업을 하나의 업종으로 통합해 미국의 골드만삭스, 모건스탠리와 같은 대형투자업무를 할 수 있도록 하는 법적제도

③ 자본시장 통합법의 주요 내용

(1) 투자자 보호

'설명 의무'가 도입돼 금융투자회사는 상품투자를 권유할 때 상품 내용과 위험 등을 투자자가 이해하도록 설명하고, 설명 내용을 투자자가 이해했음을 확인하는 서명을 받아야 한다. 이런 설명 의무를 이행하지 않거나 중요 사항을 빠뜨려 손해가 발생했을 경우 금융투자회사가 배상 책임을 져야 한다.

회사가 투자를 권유하기 전 고객의 투자 목적, 재산 상태, 투자 경험을 면담을 통해 파악, 서면으로 확인받도록 하는 '적합성의 원칙'도 도입된다. 또 투자자의 사생활 침해 방지를 위해 투자자가 원할 경우에만 투자 권유를 하도록 했다.

TV, 홈쇼핑 등을 통해 금융투자회사 광고가 무분별하게 이뤄지는 것을 막기 위해 적법하게 인가받은 금융투자회사만 투자 광고를 할 수 있고, 투자 광고에는 금융 투자 상품 위험 등이 반드시 포함돼야 한다.

(2) 다양한 금융상품 등장

그동안 법에 열거된 금융상품만 판매 하던데서 포괄주의로 바뀜에 따라 다양한 금융상품이 개발되고 다른 금융권 업무도 병행할 수 있게 된다. 날씨, 재난, 실업률, 범죄율, 거시경제 변수, 이산화탄소 배출권 등을 기초자산으로 다양한 위험에 대비한 파생상품이 등장할 것으로 예상된다. 아울러 투자 대상과 기간을 무제한 변경할 수 있는 혼합자산펀드도 출현하게 된다. 예컨대 주식에 100%투자했다가 시장상황이 좋지 않을 경우 부동산으로 투자 대상을 돌리 수 있는 상품도 나오게 된다는 것이다.

(3) 겸업의 허용

투자자들은 금융투자회사 한 곳에서 결제, 송금, 수시 입출금 등 은행업무를 비롯해 증권, 보험 등 다양한 금융 업무를 처리할 수 있게 된다. 지금은 증권사가 은행 등에 연계돼 계좌를 개설, 운용해야 하지만 앞으론 독자적으로 은행 및 증권계좌 기능이 통합된 종합계좌를 설계, 운용할 수 있기 때문이다. 외국환 업무도 취급할 수 있어 환전 업무 등도 가능하다. 금융투자회사는 매매, 중개, 자산운용, 투자자문, 투자일임, 자산보관관리 등 6가지의 모든 금융 투자업을 겸업할 수 있다. 지금은 증권, 선물, 자산운용, 신탁회사간에 칸막이를 쳐놓고 상호간 겸업을 제한하고 있다. 아울러 간접투자 대상 자산도 포괄적으로 바뀌면서 지적 재산권 등에 투자할 수 있게 된다.

(4) 금융감독

자본시장 통합법의 금융감독 철학은 기존 회사별 감독체계가 아니라 업무별 감독체계다. 예를 들어 기존 금융감독원 증권감독국에 '삼성증권담당'이 있었지만 앞으로는 2~3개 증권사별로 '주식중개 감독담당자'를 두겠다는 얘기다.

4 한국의 자본시장 통합법과 미국 증권거래법의 비교

구 분	한국 자본시장 통합법	미국 증권거래법
편 제	진입-건전성-영업행위 등 호주 금융서비스 개혁법의 편제 수용	구체적인 편제없음
금융상품	종전 열거주의에서 포괄주의로 전환	금융상품 개념 구분 없고 투자 계약증권으로 명명
규제	금융투자업에 한해 라이선스 단일화	브로커와 딜러 업무만 규정
투자자보호	이해상충규제, 손해배상책임 등 미국증권업협회(NSAD)규정 받아들여 법제화	별도 규정없음

5 자본시장 통합법 시행 성공 관건 – 리스크의 효율적인 제어가 중요

① 골드만 삭스는 2006년 내부에서 CDO 자산 위험성에 대한 경고를 받아들여 헤징전략에 주력, 메릴린치는 CDO 자산의 리스크를 경고한 임원들을 해고

② 금융기업들이 자체적으로 리스크를 관리할 수 있도록 역량을 강화해야 함
→ 자통법에는 리스크 관리를 잘한 기업에 대한 인센티브가 주어짐
→ 영업용 순자본비율(NCR) 규제는 리스크 관리를 잘한 기업에 더 많은 자금을 활용할 수 있도록 해주고 있음

③ 감독당국이 정교하게 위험예방을 할 수 있도록 시스템을 갖춰야 함
→ 미국에선 감독이 분권적으로 이루어져 비효율적이지만 한국은 금융감독원이 은행, 증권, 보험 등 전체 영역을 감독

④ 시장위기를 예방할 수 있도록 금융회사들의 독립성과 신뢰성이 갖춰줘야 함

> **• 영업용 순자본비율 (NCR) 주요 내용**
> NCR(%) = 영업용 순자본 / 총위험액(보유자산가치가 달라져 입을 수 있는 위험계량화)
> 은행의 BIS 비율과 같은 증권사 재무 건전성 지표로 1997년 도입
> 2008년 4월 자통법 시행령을 통해 종전 300%에서 200%로 낮춤
> 150% 미달될 경우 경영개선명령, 100% 미달이면 영업인가 취소

6 미국 투자은행(IB) 문제점과 자본시장 통합법을 통한 규제

취 지	내 용	보완의견
금융상품 포괄주의	'팔 수 있는 상품'만 열거하던 방식에서 '팔 수 없는 상품'만 지정하는 방식으로 변경	미국 신용위험의 진원지인 구조화 채권(CDO) 등 상품이 통제 불가능하게 만연할 가능성
기능별 규율체계	회사단위 규제가 아니라 투자중개업, 신탁업 등 업무별로 다른 규제 적용	금융회사의 건전성 잣대가 완화될 수 있으니 보완책 필요
금융회사 업무확대	은행, 증권사 등이 다양한 금융투자업을 복합 영위할 수 있도록 함	하나의 금융사고로 금융회사 전체가 연쇄적으로 위험해질 수 있어 보완책 필요
투자자 보호 선진화	판매자는 투자자 특성을 파악한 뒤 금융상품 판매하도록 의무화함	현재 수준의 투자자 보호책으로는 불완전해 금융회사의 파산 및 위기 상황 시 대비책에 대한 안내 필요

주제 33 예금자 보호

1 예금보험제도란?

예금업무를 취급하는 금융기관이 경영부실이나 도산 등으로 예금을 지급할 수 없을 때 제 3의 기관(예금보험공사)이 대신 지급하여 예금자의 손실을 보전해주는 제도

보호대상이 되는 기관으로는 은행, 농협, 수협, 증권회사, 보험회사, 종합금융회사, 상호저축은행 등이며 이들 금융기관의 모든 상품이 보호되는 것은 아니다. 보호되는 금액은 원금과 이자를 합해 1인당 5,000만원까지이므로 금융기관별로 가족명의로 분산해 예치하는 것이 좋다.

모든 나라에서 예금자보호제도가 1차적으로 보호하고자 하는 금융상품은 은행, 저축은행 같은 예금수취 금융회사에 맡겨진 예금이다. 예금을 수취하는 금융회사는 고객들의 예금을 받으면 이를 함께 모아 대출 등으로 운용한다. 금융회사가 파산할 경우 고객 각자의 예금이 어디에 어떻게 사용되고 있는지 알 수 없기 때문에 예금을 받은 금융회사는 '뱅크 런'이 발생할 가능성이 가장 큰 회사이다.

우리나라에서 은행, 저축은행에 예치한 예금은 정부기관인 예금보험공사가 관리하고 있는 예금보험기금에 의해 보호를 받고 있다. 반면에 신용협동조합, 농협상호금융, 새마을금고 등 여타 예금수취회사의 예금은 이들 회사들이 자체적으로 적립한 기금에 의해 보호를 받고 있어 기금이 부족하면 보호받지 못할 수도 있다.

우리나라의 예금보험기금은 다른 나라와 달리 유가증권 등을 사기 위해 증권회사에 맡겨둔 투

자자예탁금도 보호하고 있다. 다만 투자자들이 매입하는 유가증권은 증권회사가 아닌 다른 곳에서 투자자의 이름으로 보관되고 있어 증권회사가 파산하더라도 안전하기 때문에 보호대상에 포함되지 않는다.

다른 나라와 달리 우리나라의 예금보험기금이 보호하는 또 다른 상품은 보험계약이다. 특히 만기가 장기인 생명보험의 경우 오랫동안 보험료를 납부하고 노년이 되어 보험금을 받게 되는 경우가 많은데, 정작 보험금을 받는 시점에 보험회사가 문을 닫아 보험금을 받을 수 없게 된다면 아무도 보험에 가입하지 않으려 할 것이다.

예금자보호제도는 금융회사가 문을 닫을 경우 우리의 금융재산을 보호해 주지만 그렇다고 무한정 보호해 주지는 않는다. 무한정 보호해줄 경우, 고객들이 금융회사를 선택할 때 해당 금융회사의 경영상 건전성을 고려하지 않고 높은 금리 같은 금전적 이익만 보고 금융회사를 선택하는 도덕적 해이(moral hazard)가 발생할 수 있기 때문이다. 현재 우리나라의 예금자보호제도는 고객의 재산을 금융회사별로 5,000만원까지만 보호하고 있으며, 금리도 금융회사가 약속한 높은 금리 대신 예금보호기금이 정한 금리만을 지급하고 있다.

예금자 보호제도의 보호를 받고 있다 하더라도 만일 금융회사가 파산해 문을 닫게 되면, 금융재산을 돌려받기까지는 몇 개월의 기간이 소요돼 자금이용에 상당한 제약을 받을 수 있다. 따라서 금융회사를 선택할 때 예금자보호제도를 믿고 높은 수익률만을 기준으로 선택하기보다는 경영상태가 건전한 금융회사를 선택할 필요가 있다.

2 예금보험공사

예금보험공사는 금융기관이 파산등으로 예금을 지급할 수 없는 경우 예금의 지급을 보장함으로써 예금자를 보호하고 금융제도의 안정성을 유지하는데 이바지 하고자 [예금자보호법]에 의거하여 설립되었다.

예금보험공사의 주요기능인 예금보험제도는 금융기관으로부터 보험료를 납부받아 예금보험기금을 조성해두었다가 금융기관이 파산등의 사유로 고객들의 예금을 돌려줄 수 없게 되면 예금을 대신 지급하는 제도이다.

주제 34 저출산 고령화

1 인구 고령화의 개념

UN은 전체 인구 중 65세이상 인구가 차지하는 비중에 따라 고령화사회(Aging Society, 7%-14%), 고령사회(Aged Society, 14%-20%), 초고령사회(Super-aged Society, 20% 이상)로 분류하였다.

2 세계 국가 들의 현 상황

① 파이낸셜타임스에 따르면 무디스는 '인구 고령화가 향후 20년간 경제성장을 둔화시킬 것'이라는 보고서에서 2020년에 초고령 사회에 진입하는 국가로 네덜란드 프랑스 스웨덴 포르투갈 슬로베니아 크로아티아 등 13개국을 꼽았다.

② 2030년에는 여기에 한국과 미국 영국 뉴질랜드 등이 더해져 모두 34개국으로 늘어날 것으로 전망했다. 현재 초고령 국가는 일본 독일 이탈리아 3개국이다.

③ 무디스는 또 2015년에는 자사의 신용평가 대상 국가의 60% 이상이 인구의 7% 이상이 65세 이상인 고령 사회에 진입할 것이라고 덧붙였다.

3 합계출산율

여자 1명이 가임기간(15~49세) 동안 낳을 것으로 예상되는 평균 출생아 수를 말한다.
2005년 1.08명 → 2014년 1.21명

4 한국의 고령인구

2015년 전체 인구의 13.1%(세계 51위)
2050년 고령인구 비중이 34.9%로 높아져 세계 3위 수준이 될 전망

주제 35 뉴노멀과 중국의 신창타이(新常態)

1 개념

(1) '뉴노멀'의 탄생

미국발 금융위기 이후 세계질서 편제의 개편에 따라 '새롭게 부상하는 표준'을 의미한다. 또는 시대변화에 따라 새롭게 부상하는 표준으로 위기 이후 5~10년간의 세계경제를 특징짓는 현상으로 정의하기도 한다.

원래 이 말은 2003년 세계적 투자 전문가인 로저 맥나미가 처음 사용했다. 2008년에는 세계 최대의 채권 투자기관인 핌코의 모하메드 엘 에리언 부회장이 이 용어를 글로벌 금융위기 와중의 세계 금융시장에 적용시켰다. 자신의 저서 〈새로운 부의 탄생〉(When market collides)에서였다. 올해 초 다보스포럼에서 이 용어를 주제로 한 세션이 별도로 열리면서 이 말은 세계적인 유행어가 됐다. 금융과 경제 환경의 새로운 기준이나 표준을 의미하는 말이 된 것이다.

(2) 중국의 신창타이

① 중국경제의 '새로운 상태'를 나타내는 말로 시진핑 국가주석이 2014년 5월 중국 경제가 개혁개방 이후 30여년간 고도성장기를 끝내고 새로운 상태로 이행하고 있다고 말하면서 처음 사용했다.

② 중국의 신창타이는 개혁개방 이후 줄곧 두자리수의 고속 성장을 계속해온 중국경제가 2012년부터 7%대로 성장세가 둔화되자 이를 새로운 정상의 상태로 인정하고 이를 안정적으로 유지해 나가는데 경제정책의 초점을 맞추겠다는 것이다.

2 미국의 뉴노멀과 중국의 신창타이 공통점

미국식 뉴노멀의 경우 장기적인 저성장을 뜻하는데 중국의 신창타이 역시 동일한 개념을 갖지만 저성장의 수준과 대응전략은 확연히 다르다.

3 차이점

(1) 미국의 경우

① 미국의 뉴노멀은 글로벌 금융위기 이후 정부와 기업, 가계가 다투어 부채축소에 나서면서 저성장, 저소득, 저수익률 등 3저 현상이 새로운 표준이 됐다는 것이다.

② 경기침체가 구조적으로 고착화된 상황을 뉴노멀로 규정했다.

(2) 중국의 경우

① 중국의 신창타이는 성장의 포기가 아니라 새로운 성장방식으로의 전환을 의미한다.

② 신창타이는 성장률 목표는 낮추되 지속적인 성장을 담보할 수 있도록 성장의 패러다임을 바꾸겠다는 것이다.

③ 저임금에 기반한 밀어내기 식 수출의 성장방식을 접고 아시아 지역을 대규모 개발사업과 육/해상을 아우르는 새로운 물류 네트워크 건설에서 새로운 성장동력을 찾겠다는 것이다.

④ 중국의 신창타이는 성장의 속도는 늦추되 성장의 질과 지속가능성에 중점을 두겠다는 새로운 포석인 것이다.

뉴노멀과 신창타이 비교

	미국과 유럽의 뉴노멀	중국의 신창타이
주창자	무하마드 엘 애리언 PMCP CEO가 2008년에 제기	시진핑 중국 국가주석이 2014년에 제기
주요특징	저성장, 고실업, 고위험, 규제강화, 미국의 경제적 역할 축소 등이 동시에 출현	성장둔화 현상이 먼저 나타나고 구조 변화가 느리게 진행하는 가운데 리스크와 불확실성이 지속
지속기간	상대적으로 짧은 기간 지속 2009~2010년대 중반 (선진국 경제 회복기)	상대적으로 긴 기간 지속 2012~2010년대 말 '전면개혁' 추진기
성격	금융위기 이후 선진국 경제상황에 대한 묘사	금융위기 이후 중국 경제상황 + 중국 경제의 구조적 문제점 해결을 위한 개혁의 이미지

4 신창타이의 4대 특징

(1) 중고속성장으로의 전환

과거 연 10% 내외에 달하던 중국의 경제성장률이 앞으로는 연 7~8%에 그친다는 것이다.

(2) 경제구조의 변화

산업구조는 제조업 중시에서 서비스업 중심으로, 수요구조는 투자 중심에서 소비 중심으로 바뀔 것이다.

또한 도농간 격차 및 소득차이가 축소될 것으로 예상된다.

(3) 성장동력 전환

중국 경제의 성장동력이 노동력이나 자본과 같은 생산요소에서 과학기술혁신 등으로 바뀐다는 것이다.

(4) 불확실성 증대

중국경제의 불안 요인으로 꼽히는 부동산 버블, 지방정부 부채, 그림자 금융 등을 고려할 때 불확실성이 증대되는 것도 중국경제의 새로운 특징이 될 것이다.

주제 36 글로벌 불균형

1 세계 경제 불균형이란?

미국 등 선진국들은 지속적인 경상수지 적자가 발생하고 중국 및 산유국등 개발도상국들은 지속적인 경상수지 흑자가 발생하는 경우를 말함

2 세계 경제 불균형이 발생하는 이유 – 환율조작

① 중국의 경우 자국의 화폐인 위안화를 의도적으로 평가절하 하고 있다고 각국이 판단하고 있음
② 평가절하를 하는 이유는 중국제품의 가격경쟁력을 향상시키기 위함
③ 그러나 중국 정부가 개입을 하지 않는다면 중국의 경상수지 흑자는 위안화가 평가절상 되어야 함

3 세계경제 불균형의 영향

(1) 개발도상국으로부터 선진국으로 자금의 유출

① 개발도상의 경상수지 흑자는 저축이 투자보다 초과하게 되며 선진국의 경상수지 적자는 투자가 저축보다 초과하게 되어 투자자금을 위하여 해외로부터 자금을 차입하여야 한다.

② 미국의 경우 달러의 유입으로 과소비가 가능하게 되었으며 이는 다시금 경상수지 적자를 계속적으로 가져오게 된 이유이기도 하다.

(2) 미국 달러화의 절상

개발도상국은 넘쳐나는 자금으로 안정 자산인 미국 국채를 매입하게 되었고 이는 달러화의 절상을 가져와 다시금 미국 경상수지 적자를 가져오게 됨

(3) 미국 이자율 하락

① 미국 국채수요의 증가는 국채 가격 상승을 가져오고 국채 가격 상승은 다시금 이자율 하락을 가져오게 됨

② 이는 저금리로 신용 불량자의 주택수요를 가져오게 된 계기가 되었음

(4) 서브프라임(sub-prime) 모기지론(mortgage loan) 사태 발생

미국 금융기관의 경우 해외에서 유입되는 자금으로 신용불량자에게 주택담보대출을 하였으며 미국 주택가격의 하락으로 서브프라임 모기지론 사태를 가져오게 된 계기가 되었음

주제 37 외환보유액

1 개념

외환보유액이란 한 나라의 중앙은행과 정부가 일정 시점에 보유하고 있는 외화자산으로 언제든지 현금으로 전환해 사용할 수 있는 자산

2 구성내역

① 정부와 한국은행이 보유하고 있는 보유 외환(외국 통화, 국외 예치금, 외화증권 등)
② 국외 및 국내 보유 금
③ SDR(Special Drawing Rights · 국제통화기금(IMF)의 특별인출권으로 국제수지가 악화됐을 때 IMF로부터 무담보로 외화를 인출할 수 있는 권리)
④ IMF 포지션(IMF 가맹국이 출자금을 납입해 보유하게 되는 수시 인출 가능 자산) 등으로 구성

3 가용외환보유액

외환보유액에서 유동외채를 뺀 나머지

4 적정외환보유액의 기준

(1) 국제통화기금(IMF)의 경상거래기준

① 국제통화기금(IMF)에선 3개월 동안 수입한 금액을 적정 외환보유액의 기준으로 제시

② 그러나 이런 기준은 국가 간 자본 거래와 이동이 자유롭지 못하던 시대에 적당

(2) 기도티 룰(Guidot rule) – 유동외채기준

기도티 룰은 단기외채에 1년 안에 만기가 도래하는 장기외채의 합인 유동외채의 총합으로 산정

(3) 종합수지 측면

① 3개월 수입 금액 + 유동 외채로 파악하는 경우와 3개월 수입 금액 + 유동 외채 + 오차 및 누락 + 외국인 포트폴리오 투자의 3분의 1로 파악하는 두 종류가 있다.

② 여기서 오차 및 누락은 국제수지 계정에 나타나는 것으로 흔히들 불법 도피성 자금으로 파악한다. 포트폴리오 투자는 외국인투자 중 증권투자의 총 누적 금액을 말한다.

(4) 한국은행의 견해

① 한국은행에 따르면 외채와 자본투자 쪽도 고려해야 한다고 강조했다.

② 일시적으로 돈이 빠져나갈 경우에 대비해 앞으로 1년 안에 갚아야 할 외채와 외국인 주식투자 자금(잔액 기준)의 3분의 1을 포함시켜야 한다는 것이다.

5 외환보유액 현황

① 외환보유액 증가를 이끌고 있는 것은 대부분 신흥국이다.

② 중국의 외환보유액은 2015년 2분기 말 기준 3조 6900억달러이며 일본(1조 2천억달러), 한국(3750억달러), 대만(4190억달러) 등으로 한국은 세계 6위자리를 차지하고 있다.

PART 03

PART

금융이론 정리

01 금융이론 정리

1 금융의 개념

금융은 돈의 조달과 운용을 의미한다. 다시 말해 자금을 조달하거나 운용함에 따라 일어나는 돈의 흐름을 말하는 것이다. 금융(金融)을 한자로 풀어보면 금전(金錢)과 융통(融通)의 줄임말이다. 여기에서 금전은 '돈'을, 융통은 무엇을 빌려주고 빌리는 것을 말한다. 따라서 금융이란 남는 돈을 빌려주고 필요한 돈을 빌리는 것으로 자금의 공급자로부터 수요자에게 융통되는 자금의 흐름을 의미하는 것이다.

> **• 금융이 발생한 이유**
>
> 일반적으로 돈의 가치는 시간에 따라 하락하므로 생활에 꼭 필요한 만큼만 돈을 가지고 있는 것이 유리하다. 대신에 사람들은 남은 돈을 보다 더 수익이 많은 곳에 투자하려는 욕구를 가지게 된다. 반대로 돈이 부족해 빌려야 하는 사람들도 있다. 여기에서 금융이 발생하게 됐다.

2 금융시장

(1) 금융시장의 개념

금융 시장이란 경제 주체들이 금융 상품을 거래하여 필요한 자금을 조달하고 운용하는 조직화된 시장을 의미한다. 여기서 시장이란 재화 시장처럼 특정한 지역이나 건물 등의 구체적 공간뿐만 아니라 자금의 수요와 공급이 유기적으로 이뤄지는 추상적인 공간을 포함한다. 따라서 금융 시장은 자금의 수요자와 공급자 사이에 금융 거래가 이뤄지는 유무형적인 시장을 총칭한다.

(2) 금융시장의 기능

금융 시장은 효율적인 자금 중개, 거래 비용 절감, 가격 결정, 자산 현금화 기능, 금융 거래 위험 관리, 자금 운용 및 차입 기회 제공 등 다양한 기능을 한다.

1) 효율적인 자금 중개

금융 시장은 자금의 수요자와 공급자를 연결시켜 주는 자금 중개 기능을 수행하여 자금

의 효율적인 배분이 가능하게 한다. 자금의 공급자들에게는 여유 자금을 운용할 수 있는 수단(금융 자산)을 제공하고 자금의 수요자들에게는 자본 조달을 통해 경제 활동이 더욱 촉진될 수 있도록 한다.

2) 거래 비용 절감

금융 시장은 경제 주체들이 금융 거래를 하는 데 있어서 탐색 비용 및 정보 비용 등의 비용과 시간을 크게 절감시켜준다. 일반적으로 금융 시장이 발달할수록 금융 자산 가격에 반영되는 정보의 범위가 확대되고 정보의 전파 속도도 빨라진다.

3) 가격 결정

금융 시장에서는 자금의 수요와 공급에 의해 금융 상품의 가격이 결정된다. 이는 금리와 주가와 같은 금융 상품의 가격이 된다. 금융 시장이 발달할수록 새로운 정보에 금융 시장 환경이 민감하게 변화되어 나타난다.

4) 자산 현금화 기능

금융 시장은 금융 자산을 보유한 투자자들에게 높은 유동성을 제공한다. 유동성은 보유하고 있는 자산을 현금으로 쉽게 바꿀 수 있는 정도로 환금성이라고 한다. 금융 시장이 발달하면 금융 자산의 환금성이 높아진다.

5) 금융 거래 위험 관리

금융 시장은 다양한 금융 상품과 금융 거래 기회를 제공하고 금융 상품에 대한 유동성을 높여 자금 투자자가 원리금을 받지 못할 위험을 줄여주거나 관리할 수 있도록 한다. 또한 금융 시장 참여자들은 금융 시장에 제공된느 다양한 금융 상품에 분산 투자함으로써 위험 부담을 줄일 수 있다.

6) 자금 운용 및 차입 기회 제공

금융 시장의 경제 주체들에게 적절한 자금을 운용, 차입할 수 있는 기회를 제공한다. 즉, 자신의 시간 선호(Time Preference)에 맞게끔 자금의 소비시기를 선택할 수 있게 해 소비자 효용을 증진시키는 기능을 한다.

> **• 시간 선호(Time Preference)**
> 시간선호는 미래 소비에 대한 현재 소비의 상대적 선호도를 뜻한다. 시간 선호가 상승한다는 것은 사람들이 현재 소비를 줄이고 미래 소비를 늘리려고 하는 경향을 의미한다.

(3) 금융시장의 유형

금융시장은 금융 거래 형태, 금융 상품 특성, 금융 거래 단계 등 분류 기준에 따라 다양하게 구분된다.

1) 금융 거래 형태에 의한 구분

금융 시장은 자금의 조달 및 운용 방식에 따라 직접 금융 시장과 간접 금융 시장으로 구분될 수 있다.

① 직접 금융 시장

직접 금융 시장은 자금의 수요자와 공급자가 금융 기관의 중개를 통하지 않고 직접 자금을 거래하는 시장을 말한다. 즉, 직접 금융은 자금의 수요자인 기업이 주식이나 채권, 기업 어음 등을 직접 자금의 공급자인 투자자에게 팔아서 자금을 조달하는 방법이라고 할 수 있다. 따라서 직접 금융 시장에서는 투자자가 투자 결과를 포함하여 투자의 처음부터 끝까지 모든 책임을 져야 하므로 빌려준(투자한) 돈에 대한 모든 위험을 직접 부담해야 한다. 이런 위험 부담 때문에 수익률은 간접 금융(은행 이자)보다 상대적으로 높은 편이다.

② 간접 금융 시장

간접 금융 시장은 자금의 수요자와 공급자 사이에 금융 중개 기관이 개입하는 시장이다. 즉, 간접 금융은 자금의 수요자인 기업이 은행이나 보험 회사 등 금융기관으로부터의 '대출'을 통해서 자금을 조달하는 방법이다. 이때 금융 기관에서 빌려주는 돈은 고객들이 예금한 돈이므로 기업 입장에서는 금융 기관을 통해 고객들에게 간접적으로 돈을 빌리는 것과 다름없기 때문에 간접 금융이라고 하는 것이다. 따라서 간접 금융 시장에서는 투자자가 투자 결과에 대한 책임을 지지 않고 금융 기관이 지므로 원금 손실을 거의 걱정할 필요가 없다. 이처럼 투자자 입장에서는 안정적인 수입을 얻을 수 있어서 유리하므로 간접 금융 수익률은 직접 금융에 비해 상대적으로 낮은 편이다.

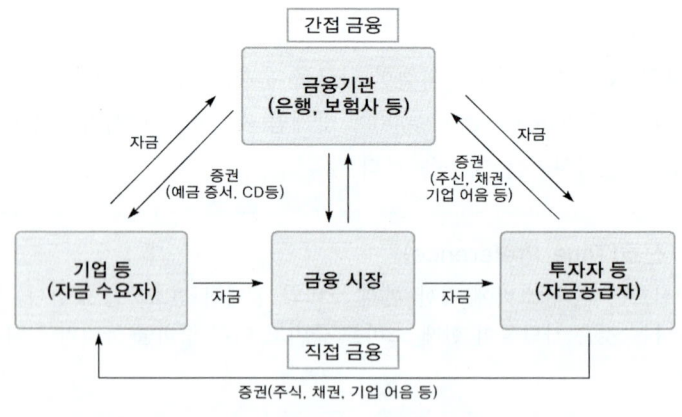

직접 금융과 간접 금융

2) 금융 상품 특성에 의한 구분

금융 시장은 거래되는 증권의 만기를 기준으로 단기 금융 시장인 화폐 시장과 장기 금융 시장인 자본 시장으로 구분할 수 있다.

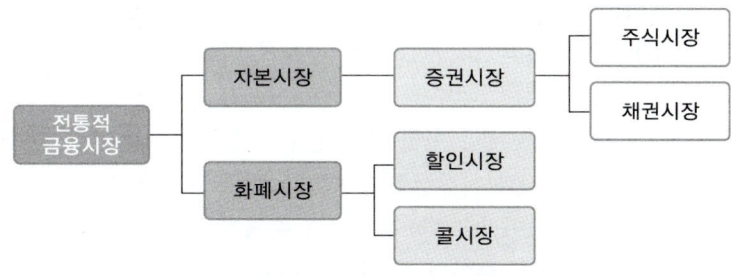

자본 시장과 화폐 시장

① 단기 금융 시장(화폐 시장)

단기 자금의 수요자와 공급자 간의 자금 수급 불균형을 조절하기 위해 통상 1년 미만 의 단기 금융 자산이 거래되는 시장이다. 이러한 단기 금융 시장은 화폐 시장이라고 도 하며 금융 기관, 기업, 개인 등이 일시적인 자금 수급의 불균형을 조정하는 데 활용된다.

② 장기 금융 시장(자본 시장)

기업의 설비 자금, 정부 및 지방 자치 단체의 사업 자금 등 장기 자금 조달을 목적으 로 발행되는 채권 및 주식이 거래되는 시장이다. 이러한 장기 금융 시장은 자본 시장 이라고도 하며 보통 증권 시장을 의미한다.

③ 파생 금융 상품 시장

기초 자산에 근거하여 파생된 금융 상품이 거래되는 시장이다. 즉, 가격 변동 위험을 제거하기 위해 옵션, 선물 등과 같은 거래 조건을 바꾸어 만들어진 파생 금융 상품이 거래되는 시장을 말한다.

④ 외환 시장

외환의 수요자와 공급자 간에 외환 거래가 정기적 또는 지속적으로 이뤄지는 모든 장소 및 거래를 총칭하는 추상적인 시장이다. 환율은 외환 거래가 이뤄지는 외환 시 장에서 결정되며 외환 시장에는 은행, 기업, 개인, 중앙은행 등이 참가한다.

3) 금융 거래 단계에 의한 구분

증권 시장은 주식과 채권 등의 유가 증권이 매매되는 시장으로 자본 시장의 역할을 대부 분 담당하고 있어서 협의의 자본시장이라고 한다. 이러한 증권 시장은 금융 거래의 단계 에 따라 발행 시장과 유통 시장으로 구분할 수 있다. 발행 시장과 유통시장은 상호 보완 적인 밀접한 관계를 유지하는데, 발행 시장은 금융 상품이 유통 시장에서 유동성이 확보 될 때 활성화될 수 있다.

① 발행 시장

발행 시장(Primary Market)은 자금의 수요자가 주식, 채권 등의 유가 증권을 새로 발행하여 자금을 조달하는 시장이다. 발행 시장은 발행자와 발행 주선 기관, 투자자로 구성되며 직접 발행 방법과 간접 발행 방법이 있다. 유가 증권 등이 새로 발행되는 시장으로 1차 시장이라고 할 수 있으며 수직적 이동이 있는 시장이다.

② 유통 시장

유통 시장(Secondary Market)은 이미 발행된 유가 증권이 투자자 간에 매매되는 시장으로 유가 증권에 유동성과 시장성을 부여한다. 유통 시장은 이미 발행된 유가 증권이 매매되므로 2차 시장이라고 할 수 있으며 수평적 이동이 있는 시장이다. 따라서 투자 원금의 회수와 투자 수익의 실현을 가능하게 하며 유가 증권의 공정 가격을 형성하고 담보 가치를 증대시킨다. 유통 시장은 유가 증권이 거래되는 장소에 따라 거래소 시장과 장외 시장(OTC : Over The Counter)으로 구분된다.

> • **거래소 시장과 장외 시장**
>
> 거래소 시장에서의 유가 증권 거래는 증권 거래소라는 구체적으로 지정된 장소에서 집단적으로 행해지며 매매 대상인 유가 증권도 거래소에 상장되어 있는 종목으로 한정된다. 하지만 장외 시장에서의 유가 증권 거래는 특정한 형태의 시장이 존재하지 않고 브로커 등에 의해 투자자 간의 계약에 따라 이뤄진다.

3 금융기관

(1) 금융 기관의 개념

금융 기관은 금융 시장에서 자금의 수요자와 공급자 간에 자금을 중개하는 기관을 말한다. 즉, 돈의 공급자와 수요자 사이에서 중개 역할을 담당하여 돈의 흐름이 원활하게 이뤄지도록 한다. 또한 채무 불이행 및 가격 변동 위험을 축소시켜줌으로써 금융 이용자의 시간과 비용 측면에서 효율성을 높인다.

(2) 금융 기관의 분류

1) 통화 금융 기관과 비통화 금융 기관

국제 통화 기금(IMF)은 국제적인 비교를 용이하게 하기 위하여 금융 기관을 통화 창출 기능의 유무에 따라 통화 금융 기관과 비통화 금융 기관으로 분류할 것을 권고하고 있다. 종래에는 은행법 등의 금융 관련 법체계상 금융 산업의 자금 중개 기능을 공익 목적으로 해석하여 모든 금융 회사를 금융 기관으로 지칭하였으나 최근 들어서는 금융 산업의 영리성이 강조되면서 한국은행 등 공공 기관을 제외한 민간의 금융 회사들을 금융 회사라고 부르는 추세이다.

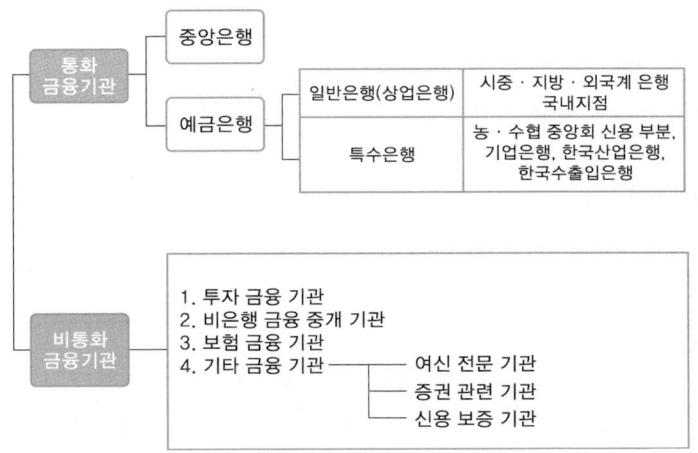

① 통화 금융 기관

통화 금융 기관(Monetary Institutions)은 통화를 창출하는 금융 기관으로서 본원 통화를 공급하는 한국은행과 예금 통화를 창출하는 예금 은행으로 구성된다. 예금 은행은 예금을 수취하여 대출하는 업무를 반복적으로 수행하는 과정에서 예금 통화를 창출한다. 예금 은행에는 일반 은행(시중 은행, 지방 은행 및 외국 은행 국내 지점)과 일부 특수 은행(기업은행, 농·수·축협 중앙회의 신용 사업 부문, 한국산업은행, 한국수출입은행)이 포함된다.

② 비통화 금융 기관

비통화 금융 기관(Non-Monetary Institutions)은 신용 창출 기능이 없거나 거의 없는 금융 중개 기관으로 자금의 이전적 공급 기능을 담당한다. 이러한 비통화 금융 기관은 개발 금융 기관, 투자 금융 기관, 비은행 금융 중개 기관, 보험 금융 기관 및 기타 금융 기관으로 분류된다.

• 투자 금융 기관 : 종합 금융 회사, 투자 신탁 회사, 증권 금융 회사
• 비은행 금융 중개 기관 : 은행 신탁 계정, 신용 협동 기구(신용 협동조합, 지역 농·축협과 수협 및 지역 산림 조합 등의 상호 금융, 새마을 금고), 우체국 예금
• 보험 금융 기관 : 생명 보험 회사, 손해 보험 회사 및 우체국 보험
• 기타 금융 기관 : 증권 관련 기관, 신용 보증 기관, 여신 전문 기관

2) 제1금융권, 제2금융권, 제3금융권

법적인 용어는 아니고 흔히 언론 등에서 금융 기관을 분류하는 용어이다.

① 제1금융권(Banking Sector)

은행법의 적용을 받아 예금, 신탁, 채권 등으로 조달한 자금을 자금 수요자에게 공급하는 일반 상업 은행(시중 은행, 지방 은행 및 외국 은행 국내 지점)과 특별법으로 설립되어 공공의 이익을 위해 특정 분야에 자금을 공급하는 특수 은행(한국산업은행,

한국수출입은행, 기업은행, 농·수·축협 중앙회의 신용 사업 부문)으로 구성된다.

② 제2금융권(Non-Banking Sector)

은행을 제외한 금융 기관을 통칭한다. 우리나라의 경우 투자 금융 기관, 비은행 금융 중개 기관, 보험 금융 기관, 기타 금융 기관 중 여신 전문 기관 등이 이에 속한다.

③ 제3금융권

대출을 전문으로 하는 대부업체 및 사채업체가 여기에 해당된다.

> **• 대부업**
>
> 대부업이란 금전의 대부 또는 그 중개를 업으로 행하는 것을 말한다. 여기에는 사채 업자뿐 아니라 직접적으로 대출은 해주지 않고, 대출 중개를 업으로 하는 사람도 포함된다.

3) 공금융과 사금융

① 공금융

공금융은 법률이 허용하는 범위에서 공적 금융 기관에 의해 이뤄지는 것을 말한다.

② 사금융

개인 또는 조직이나 중개인, 친척, 지인 등이 개인이나 기업에게 자금을 제공해 주는 것을 말한다.

(3) 금융 기관의 특성

금융 기관은 업무 특성에 따라 다음과 같이 분류될 수 있다.

금융 기관의 특성에 따른 분류1(주요 금융 기관)

대분류	세분류	특성	종류
중앙은행	한국은행	우리나라의 통화인 한국 은행권(원화)을 발행한다. 경제 안정을 위해 시중의 통화량과 금리를 수시로 조정한다.	
은행	일반 은행	가계나 기업에서 예금·신탁을 받거나 채권을 발행하여 모은 자금을 돈이 필요한 사람에게 빌려주는 업무를 한다. 다양한 서비스와 편리성을 갖추고 있으며 예금 금리가 비교적 낮다	시중 은행
			지방 은행
			외국 은행 국내 지점
	특수 은행	일반 은행이 전문성 등의 제약으로 인하여 필요한 자금을 충분히 공급하지 못하는 특정 부문에 대하여 자금을 원활히 공급함으로써, 일반 상업 금융의 취약점을 보완하고 이를 통하여 국민 경제의 균형적 발전을 도모하기 위하여 설립됐다.	한국산업은행
			한국수출입은행
			기업은행
			농업협동조합 중앙회 신용 사업 부문
			수산업협동조합 중앙회 신용 사업 부문
비은행 예금	종합	일반 예금과 보험 업무를 제외한 단기 금융, 외화	

대분류	세분류	특성	종류
취급 기관	금융 회사	조달 및 주선, 리스, 투자 신탁, 유가 증권 등 거의 모든 금융 업무를 한다. 단기 고수익을 추구하고 다양한 서비스를 제공하지만 개인에 대한 대출이 불가능하다는 단점이 있다.	
	상호 저축 은행	지역밀착형 서민 금융 기관으로 저축 상품의 수익률이 은행에 비해 높고 대출 절차가 간편하다. 은행 예금과 거의 동일한 상품을 취급한다.	
	신용 협동 기구	조합원에 대한 예금·대출을 하며 금리와 세금을 우대해준다. 조합원 간의 상부상조를 도모하는 금융 기관이다.	신용협동조합 새마을금고 상호 금융(지역 농·축협과 지구별 수협 및 지역 산림 조합)
	우체국 예금	전국의 우체국에서 취급하고 있는 공영 예금 기관이다. 우체국 예금, 우체국 보험, 우편환 등을 취급한다. 원금을 100% 보장해주지만 대출은 불가능하다.	
증권회사 및 자산운용회사	증권회사	주식, 채권 등 유가 증권의 발행을 대행하고 발행된 유가 증권의 매매를 중개한다.	
	자산운용 회사	증권 투자 대행 기관의 역할을 하며, 전문 지식이 부족하거나 직접 투자가 어려운 투자자들이 이용하기에 적합한 투자 신탁 펀드 또는 뮤추얼 펀드를 운용한다.	
보험회사	생명보험 회사	다수의 보험계약자를 상대로 보험료를 받아 대출, 유가 증권, 부동산 등에 투자하여 보험 계약자의 노후, 사망, 질병, 사고 시 보험금을 지급하는 업무를 한다. 만기 전에 해약할 경우 환급받는 액수가 납입한 보험료보다 적을 수 있으며 일반 저축 상품에 비해 수익률이 낮다.	손해보험회사 재보험회사 보증보험회사
	손해보험 회사		
	우체국 보험		

금융 기관의 특성에 따른 분류2(기타 금융 기관)

대분류	세분류	특성	종류
기타 금융 기관	한국은행	대출만 취급할 수 있는 금융 기관	신용카드사 할부금융사 캐피털회사 벤처금융사
	선물회사	가격은 지금 정하고, 물건은 나중에 주고받는 선물 거래 중개	
	증권금융회사	증권(주식, 채권 등)거래가 활발하게 이루어지도록 증권 자금을 융통	
	자금중개회사	개인과 기업 간 자금 거래 중개 전문	
금융 보조 기관	금융지주회사	주식 보유를 통해 금융 기관을 자회사로 소유하고 경영하는 회사	
	투자자문회사	금융 및 투자 관련 정보의 생산과 판매를 담당하는 회사	

은행 종류별 주요 서비스

• **중앙은행**

중앙은행인 한국은행은 화폐 발행과 통화 신용 정책의 수립 및 집행, 금융 시스템의 안정, 은행의 은행, 정부의 은행, 외화 자산의 보유 및 운용, 은행 경영 분석 및 검사, 경제 조사 및 통계 작성 등의 기능을 수행한다.

• **상업은행(일반 은행)**

상업은행(CB : Commercial Bank)은 자금의 운용을 원하는 그룹과 자금의 대여를 원하는 그룹 사이에서 공급과 수요를 중개하는 역할을 담당한다. 즉, 돈을 가진 사람의 돈을 수취해 돈이 필요한 사람에게 그 돈을 빌려주면서 대출 이자를 받고 대출 이자로 생긴 돈을 예금자에게 되돌려 주는 역할을 한다.

• **특수은행**

특수 은행은 은행법 이외의 특별한 법령에 따라 설립된 은행을 말한다. 일반 은행이 재원, 채산성 또는 전문성 등의 제약으로 필요자금을 충분히 공급하지 못하기 때문에 소외되기 쉬운 특정 부문에 대하여, 특수 은행이 자금을 배분·공급하여 국민 경제의 균형적 발전을 도모할 것을 목적으로 하고 있다. 이러한 특수 은행은 영리성만을 추구하고자 단기 금융 및 상업 금융을 주된 업무로 취급하는 일반 은행과 구별된다.

(4) 소비자 보호 금융 기관

소비자 보호 업무는 금융감독원, 한국소비자원, 예금보험공사, 공정거래위원회 등에서 담당하고 있다. 그중에서 금융 소비자 보호는 금융감독원이 종합적으로 담당한다.

1) 금융감독원

금융감독원은 금융 기관에 대한 검사·감독 업무 등의 수행을 통하여 건전한 신용 질서와 공정한 금융 거래 관행을 확립하고 예금자 및 투자자 등 금융 수요자를 보호하는 것을 목적으로 하는 기관이다. 금융 감독원은 금융 회사에 대한 감독 업무, 금융 회사의 업무 및 재산 상황에 대한 검사와 검사 결과에 따른 제재 업무, 증권 불공정 거래 조사 및 회계 감리, 금융 분쟁의 조정 등 금융 소비자 보호 업무, 금융 위원회 및 소속 기관에 대한 업무 지원 등의 기능을 수행하고 있다.

2) 한국소비자원

1987년 소비자 보호법에 의거해 설립된 기관으로 초기 명칭은 한국소비자보호원이었으나 2007년 소비자 기본법에 따라 한국소비자원으로 변경됐다. 소비자의 권익을 증진하고 소비 생활의 향상을 추구한다. 한국소비자원은 주로 일반 상거래와 관련한 소비자 보호 업무를 하고 있으며, 소비자의 교육 및 정보 제공 등 폭넓은 업무를 맡고 있다.

이외에 공정거래위원회, 기획재정부, 감사원 등의 정부 기관, 예금보험공사, 은행연합회 등을 비롯한 금융 업종별 협회 등도 예금자 보호, 민원 처리, 홍보 차원의 금융 정보 제공 및 소비자 교육 등의 소비자 보호 업무를 수행한다. 그 외 다수의 민간 소비자 및 시민 단체에서도 소비자 보호 업무를 수행하고 있다.

4 저축과 금리

(1) 저축의 의미

저축(貯蓄)은 한자로 풀어보면 '쌓아서 모으다'이다. 즉, 소득 중 소비하지 않고 남은 부분이며 미래 소비를 위해 현재 소비를 억제한 결과이다. 이렇게 현재 시점에서 느낄 수 있는 소비의 만족을 나중으로 미루는 대신에 미래를 대비하는 것이 저축이다. 가처분 소득에서 현재의 소비를 뺀 부분에 해당되며 정해진 이자 수익은 얻을 수 있지만 그 이상의 수익은 얻을 수 없다. 그리고 원금과 이자 손실이 거의 없다고 볼 수 있다. 이러한 저축을 가처분 소득으로 나눈 값을 백분율로 표시해 저축률이라고 한다. 우리나라 가계 저축률은 1990년 대를 지나면서 크게 하락하고 있다.

(2) 저축의 중요성

1) 개인 차원

저축은 장래 우리의 삶을 더욱 안락하고 풍요롭게 하는 수단인 동시에 경제의 투자 재원이 되는 역할을 한다. 저축을 하게 되면 장래의 예기치 않은 질병이나 재난에 대비할 수 있게 되며 자녀 교육이나 주택 구입 및 노후 생활 등을 대비하기 위한 목돈 마련의 수단이 된다. 또한 불필요한 소비를 줄일 수 있다. 이처럼 저축은 안정적인 가계 운영을 가능하게 한다.

2) 기업 및 국가 차원

국가 경제에 있어서도 저축은 경제 성장의 중요한 역할을 한다. 국민들이 저축한 돈은 금융 기관을 통해 기업에 공급되어 투자와 생산을 증가시킴으로써 일자리가 늘어나고 소득 수준이 향상되며 이는 다시 저축의 증대로 이어진다. 또한 저축은 불필요한 소비를 제한함으로써 물가 안정과 자원 절약에 기여한다. 저축이 늘어나면 투자에 필요한 재원을 외국에 의존하지 않고 자체적으로 조달할 수 있으며 외국 빚을 상환하거나 해외 투자도 가능하게 한다.

(3) 이자

1) 이자의 의미

이자는 자금을 빌려주거나 빌리는 대가로 받거나 지불하는 일정한 비율의 돈을 말한다. 즉, 이자는 현재 쓰고 싶은 욕구를 억제하는 대신에 받는 대가이다. 은행에 예금을 하면 예금에 대한 대가로 이자를 받게 되고 은행에서 돈을 빌릴 경우에는 원금을 빌려 쓴 대가

인 이자를 지불하게 된다. 예를 들어 은행에 10만원을 예금하고 1년 뒤에 12만원을 받는다고 할 때, 돈을 예금한 대가로 받는 2만원이 이자이다. 이자 2만원이 원금 10만원에서 차지하는 비율, 즉 '$\frac{2}{10} \times 100 = 20\%$'가 이자율 또는 금리가 된다.

2) 이자 계산법

① 단리식

원금에 대해서만 이자를 계산하는 것을 단리식 이자 계산이라고 한다. 예를 들어 100만원을 예금할 때 매년 이자율이 10%라고 한다면 1년 후 이자는 '100만원×0.1=10만원'이 된다. 이때 이자 10만원을 찾아가면 다음 해에 원금 100만원에 대해서 이자 10만원이 생긴다.

> • 단리식의 이자 = 원금 × 이자율 × 기간
> • 단리식의 원리금 = 원금 × (1 + 이자율 × 기간)

② 복리식

복리법에 의한 이자 계산 방법은 첫해에는 단리법과 동일하나 그 다음해에는 첫해에 받은 이자를 원금에 포함시켜 이자를 계산하는 방식이다. 100만원을 예금할 때 매년 이자율이 10%라고 한다면, 첫해에는 10만원의 이자를 받게 되지만 다음 해에는 첫해의 원금 100만원과 이자 10만원을 합한 금액 110만원에 대한 10%의 이자인 11만원을 받게 된다.

> • 복리식의 이자 = 원금 × (1 + 이자율)^{기간} − 원금
> • 복리식의 원리금 = 원금 × (1 + 이자율)^{기간}

③ 72의 법칙

72의 법칙은 복리식으로 원금이 두 배가 되는 기간이 대략 얼마나 걸릴지 알려주는 법칙으로 '72÷이자율'로 계산한다. 예를 들어 이자율이 연 3%라면 '$\frac{72}{3} = 24$'로 원금이 2배로 늘어나려면 24년이 걸린다. 72의 법칙을 이용하면 정확한 기간은 아니지만 대략적인 기간을 알 수 있다.

> • $\frac{72}{연이율}$ = 원금이 두 배가 되는 기간

(4) 금리

1) 금리의 개념

금리는 자금 시장에서 구체적으로 거래되고 있는 자금의 사용료 또는 임대료를 말하며, 이자 금액을 원금으로 나눈 비율로 '이자율(Interest Rate)'이라고도 한다. 금리는 은행에서 사용하는 이자율인 공공 금리, 시장에서 적용되는 금리인 시장 금리로 구분한다. 이러한 이자율은 현재의 가치와 미래의 가치를 연결해주는 고리 역할을 한다.

100만원에 대해 이자율이 연 10%라면 1년이 지난 후 100만원은 110만원으로 그 가치가 늘어나게 된다. 이와 같이 시간의 흐름에 따라 증대되는 돈의 가치는 현재 자신이 가지고 있는 돈을 현재 써버리는 것(소비)의 기회비용이 된다. 즉, 현재 그 돈을 소비한다면 그 돈의 가치 증대를 얻을 수 없지만 소비하지 않고 금융 기관에 저축을 한다면 현재의 소비를 포기하는 대신 이자를 포함한 돈을 가질 수 있게 된다.

2) 금리의 종류

금리에는 다양한 종류가 있다. 이러한 금리 중에서 가장 대표적인 금리가 예금 금리와 대출 금리이다. 예금 금리와 대출 금리를 먼저 살펴보고 다른 종류의 금리들도 알아보자.

① 예금금리와 대출금리

예금금리는 우리가 은행에 돈을 예금하고 받는 금리이고 대출 금리는 반대로 돈을 빌릴 때 내야 하는 금리이다. 즉, 돈을 빌려 준 사람(예금자)의 입장에서는 당장 돈을 쓰지 않고 일정 기간을 참고 기다린 것에 대한 보상이다. 은행 입장에서는 고객이 예금한 돈에 대한 일종의 사용 대가이다. 은행에 예금한 돈은 다시 기업이나 개인에게 빌려주는 데 사용된다. 이렇게 고객의 예금을 이용해 돈을 번 은행이 대가를 치르는 것이 예금 금리이다. 따라서 예금 금리의 높고 낮음은 돈의 수요와 관련이 있다. 즉 예금의 종류, 가입 기간, 돈을 쉽게 찾을 수 있느냐 없느냐 등에 따라 달라지는 것이다. 일반적으로 보통 예금보다 정기 예금의 예금 금리가 높다. 정기 예금은 일정 기간 동안 돈을 쉽게 찾을 수 없도록 은행에 맡겨두기 때문에 이 돈의 수요가 많아서 이자율이 높다. 그러나 보통 예금은 돈을 언제든지 쉽게 찾아갈 수 있기 때문에 이 돈의 수요가 적어 이자율이 낮아지는 것이다. 반면, 대출 금리는 위험 부담이 클수록 높아진다. 즉, 대출기간, 돈을 빌리는 사람의 신용도 등에 따라 차이가 난다. 대출 기간이 길고 돈을 빌리는 사람의 신용도가 낮을수록 위험 부담이 커지므로 금리는 올라간다. 은행 입장에서는 그만큼 돈을 못 받을 가능성이 높아지기 때문이다. 일반적으로는 대출 금리가 예금금리보다 높다. 은행 입장에서 예금은 돈을 사오는 것이고 대출은 돈을 파는 것이다. 물건을 마들어 파는 제조업체가 원가에 일정액의 순이익을 붙여서 가격을 정하는 것과 마찬가지로 은행도 원가인 예금 금리에 이익을 더해 가격에 해당하는 대출 금리를 결정하기 때문이다.

> • **예금** : 일정한 계약에 의하여 은행이나 우체국 따위에 돈을 맡기는 일 또는 그 돈
> • **예대 마진** : 은행이 예금 이자보다는 대출 이자를 높게 매겨서 그 차액만큼 이익을 남긴다. 이를 예금 금리와 대출 금리의 차이로 인해 발생하는 마진이라 하여 '예대 마진'이라고 한다.

② 할인율과 수익률

이자율은 예금이나 대출 등 은행 거래에만 사용되는 것이 아니라 증권이나 채권 등 유가 증권에 투자할 때도 활용되고 있다. 이자율을 먼저 적용하면 할인율이라고 하고 은행의 예금 이자율처럼 나중에 적용하면 수익률이라고 한다. 할인율의 경우 현재 투자하는 금액은 미래에 받을 금액을 현재 가치로 환산한 금액이 된다. 따라서 이러한 현재 가치 금액에 대한 선이자(현재 시점에 미리 받는 이자)의 비율이 바로 할인율이다. 하지만 수익률은 현재 투자하는 금액에 대한 이자(미래 시점에 받게 되는 이자)의 비율이다. 예를 들어 1만원을 투자했다가 1년 후에 이자를 1,000원 받는다면 그때 이자율은 '(1,000/10,000) × 100 = 10%'가 된다. 이때 10%가 바로 수익률이다. 그런데 이자를 미리 지급받고 돈을 빌려주는 경우도 이다. 즉, 1만원을 투자할 때 1,000원을 1년 후가 아니라 현재 받는다면 1,000원의 이자를 뗀 나머지 9,000원에 대한 이자율을 계산해야 한다. 따라서 '(1,000/9,000) × 100 = 11.11%'가 된다. 이때 적용되는 11.11%의 이자율을 할인율이라고 하는 것이다.

③ 고정금리와 변동금리

고정금리는 처음 정한 금리가 만기까지 가는 금리이고 변동금리는 시중금리의 움직임에 따라 변하는 금리이다. 최근의 금융 상품들은 대부분 변동금리가 많다. 변동금리는 매달 또는 3개월, 6개월, 1년마다 시장 상황에 따라 금리가 달라진다.

돈을 빌리는 입장에서는 금리가 하락하는 시기에는 변동 금리가, 금리가 상승하는 시기에는 고정 금리가 유리하다. 그만큼 이자 부담이 줄어들기 때문이다. 반대로 예금할 때는 금리가 오를 것 같으면 변동 금리를, 내릴 것 같으면 고정 금리를 선택하는 것이 유리하다.

④ 명목금리와 실질금리

물가 상승률의 고려 여부에 따라 명목 금리와 실질 금리로 구분한다. 명목 금리는 돈의 가치, 즉 물가상승률을 고려하지 않은 금리이다. 그러나 실질 금리는 물가 상승률을 감안한 금리이다. 즉, 명목 금리에서 물가 상승률을 빼면 실질 금리가 된다. 따라서 실제 받은 이자가 얼마인지를 알아보려면 실질 금리를 고려해야 한다.

⑤ 세전금리와 세후금리

금리는 세금의 포함 여부에 따라 세전 금리와 세후 금리로 구분한다. 세전 금리는 세금을 떼기 전의 금리이고 세후 금리는 세전 금리에서 세금을 제외한 금리이다.

이외에도 금리는 앞에서 언급한 이자 계산법에 따라 단리와 복리로 구분될 수 있다.

3) 금리의 결정 요인

금리를 결정하는 요인은 여러 가지가 있다. 재화나 서비스의 가격이 수요와 공급에 의해서 결정되듯이 금리도 돈의 가격이므로 돈의 수요와 공급에 의해서 결정된다. 즉, 돈을 빌리려는 수요가 공급보다 많으면 금리는 올라가게 되고 반대로 돈을 빌려 주려는 공급보다 수요가 적으면 금리는 떨어지게 된다. 그렇다면 이러한 돈에 대한 수요와 공급에 영향을 미쳐서 금리를 결정하는 요인들이 무엇인지 살펴보자.

① 경기동향

돈의 수요는 크게 경기 동향과 그에 따른 기업의 투자에 의해 좌우된다. 경기가 호황일 때는 기업들이 물건을 만들면 잘 팔릴 것으로 예상하고 투자를 증가시키기 때문에 돈에 대한 수요가 증가하여 금리는 올라간다. 반대로 경기가 하강 국면에 진입하면 기업의 투자 의욕이 감소하게 되고 돈에 대한 수요 또한 감소한다. 이렇게 돈의 수요가 감소하게 되면 금리도 하락한다.

② 물가상승

미래의 물가 상승에 대한 기대가 높을수록 현재 소비에 대한 수요가 증가한다. 물가가 상승한다는 말은 미래에 소비할 수 있는 재화나 서비스가 감소한다는 의미이다. 따라서 현재 돈의 수요가 늘어나고 금리는 올라가게 된다. 반대로 물가가 안정될 것이라는 기대가 커지면 금리는 하락한다.

③ 다른 나라의 금리 수준

국가 간의 자금 이동이 자유로운 상황에서 금리는 다른 나라의 금리 수준에도 영향을 받는다. 우리나라가 금리를 많이 올려 다른 나라보다 금리 수준이 훨씬 높다고 가정해 보자. 그러면 외국인들이 우리나라 은행에 예금을 하려고 할 것이다. 동일한 액수의 돈을 맡겨도 훨씬 더 많은 이자를 받을 수 있기 때문이다. 즉, 외국인들 입장에서는 자기 나라와의 금리 차이만큼 이득을 볼 수 있다. 이렇게 우리나라 은행에 예금을 하려는 외국인들이 늘어나게 되면 돈의 공급이 늘어나 금리는 하락하게 된다.

④ 금리와 경제

금리는 경기가 호황일 때 상승한다. 경기가 좋으면 사람들은 은행 돈을 빌려서 투자를 하게 되므로 돈의 수요가 증가하게 된다. 돈의 수요가 증가하면 돈의 가격인 금리 또한 당연히 오르게 된다. 하지만 금리가 상승하면 대출 이자가 높아지므로 기업들은 투자를 줄이게 되고 소비자들은 높은 이자에 유인되어 소비를 줄이고 저축을 증가시킨다. 기업 투자의 감소로 인해 돈의 수요 또한 줄어들고 소비자들의 저축 증가로 인해 돈의 공급은 늘어나게 되어 그리는 하락하게 된다. 이러한 금리 하락이 어느 정도 진행되면 기업의 대출이자가 적어지므로 은행에서 대출을 받아 투자를 증가시키게 되고 국민들은 은행으로부터 낮은 이자를 받느니 차라리 돈을 쓰게 되므로 소비가 증가한다. 즉, 기업에 의한 자금 수요가 늘어나고 소비자들로 인해 돈의 공급이 줄어들어

금리가 다시 상승하게 되며 경기도 좋아지고 물가도 상승하게 된다. 금리와 경제는 상호작용에 의해 적절한 수준을 유지하게 되는 것이다. 그러나 현실은 이와 달리 여러 가지 요인으로 인하여 자동 조절이 잘 이뤄지지 않는다. 따라서 금융 시장에서의 정부 정책은 불가피하므로 정부는 항상 시장의 움직임을 예의 주시하면서 적절한 정책을 실시해야 한다.

- 금리와 경제

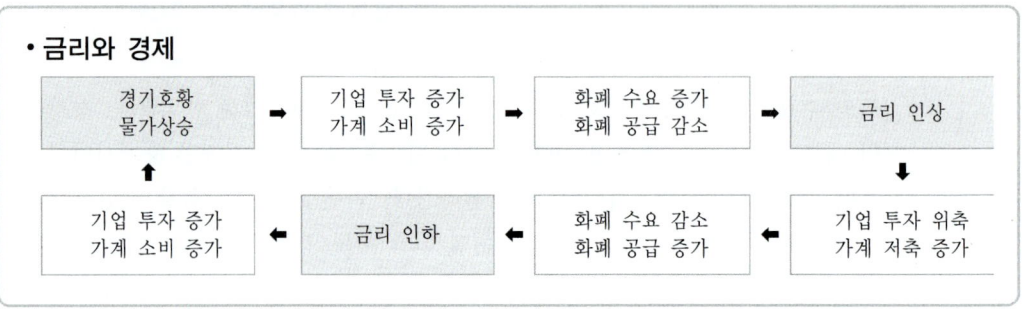

- **콜 금리** : 금융 기관들 간에 단기적인 여유 자금과 부족 자금을 상호 거래하는 시장이 콜시장이고 이 콜시장에서 거래되는 초단기 금리를 콜 금리라고 한다.
- **리보(LIBOR) 금리** : 국제 금융 시장의 중심지인 영국 런던에서 은행 간 자금 거래에 적용되는 금리를 말한다. 리보 금리는 자금의 대여 금리로 현지 은행 간 거래, 현지 은행과 외국 은행 간의 거래 및 은행과 일반 고객 간의 거래 등에 적용된다.
- **코리보(KORIBOR) 금리** : 금융시장이 발달하고 금융상품이 다양해지면서 국내에서도 LIBOR와 같은 은행 간 단기 자금 거래의 기준 금리를 도입할 필요성이 대두됐다. 이런 필요성으로 한국은행, 시중 은행 및 전국 은행 연합회 등 관련 기관의 협의를 통해 2004년 7월 도입됐다. KORIBOR(코리보)는 각 은행들이 제시한 만기별 금리 중 상위와 하위 각 3개 금리를 제외한 나머지 제시 금리를 단순 평균해 그 값을 기준 금리로 결정하며 매 영업일 오전 11시에 발표된다. KORIBOR는 은행 간 단기 자금 거래 시 기준 금리로 활용되며 주택 담보 대출·신용 대출 등 변동 금리 대출 상품의 이자율 산정의 기준으로 사용된다. 기준 지표로서의 활용성이 높아짐에 따라 최근 CD 금리를 대체하기 위한 논의에서 KORIBOR가 대체 지표로 거론되고 있다.

(5) 화폐의 시간 가치와 이자율

1) 의의

화폐는 시간의 흐름에 따라 그 가치가 변화한다. 시간이 흐르면 화폐로 구매할 수 있는 상품이 변하기 때문이다. 한 예를 들어보면 현재 1만원으로 구매할 수 있는 상품과 1년 뒤에 1만원으로 구매할 수 있는 상품의 양은 조금씩 달라질 수 있다. 이를 화폐의 시간적 가치라고 한다. 일반적으로 사람들은 미래의 현금보다는 현재의 현금을 더 선호하는데

이를 유동성 선호라고 한다. 사람들이 이와 같이 미래의 현금흐름보다는 현재의 현금흐름을 더 선호하게 되는 이유는 크게 4가지로 설명될 수 있다. 첫째로, 사람들은 미래의 소비보다는 현재의 소비를 선호하는 시차선호의 성향이 있다. 즉, 인간의 생명은 유한하기 때문에 현재 소비가 가능한 현재의 현금흐름을 선호하게 된다. 둘째로 미래의 현금은 인플레이션에 따르는 구매력 감소의 가능성이 항상 존재하고 있다. 셋째로, 현재의 현금은 새로운 투자기회가 주어질 경우 생산 활동을 통해 높은 수익을 얻을 수 있다.

2) 화폐의 현재 가치와 미래 가치

① 화폐의 현재 가치

미래의 현금흐름을 현재시점의 화폐 가치로 환산한 금액을 말한다. 즉, 미래의 현금흐름을 일정 수익률로 할인한 가치를 의미한다.

② 화폐의 미래 가치

현재의 일정한 현금흐름을 미래의 일정시점에 있어서의 화폐 가치로 환산한 가치를 의미한다.

(6) 저축상품

예금의 종류

구분	요구불 예금	적립식 예금	거치식 예금
만기 여부	만기가 정해져 있지 않으며 고객의 지급 요청 시 언제라도 지급이 가능한 예금	만기가 있는 기한부 예금	
이자	거의 이자를 지급하지 않는 저원가성 예금	요구불 예금에 비해 고금리 예금	
은행의 조달비용	매우 낮음	높은 편임	
예금 방법	자유롭게 예치	매월 일정 금액을 적립	최초 예금 시 일정한 금액을 예치

1) 요구불 예금

요구불 예금은 예금의 만기나 예치 기간 등을 정하지 않고 아무 때나 자유롭게 입금과 출금을 할 수 있는 예금이다. 유동성 면에서는 현금과 유사하지만 분실할 우려가 없다는 장점이 있다. 하지만 은행 입장에서는 맡긴 돈을 언제 찾아갈지 모르므로 이자율이 거의 없거나 매우 낮은 편이다. 요구불 예금은 재산을 늘리는 목적보다는 필요에 따라 자금을 모으거나 결제하는 계좌로 이용 혹은 수시로 필요한 자금을 은행에 보관하는 예금이다.

① 보통 예금

가입 대상, 예치 금액, 예치 기간 등에 아무런 제한을 두지 않는 가장 전통적인 요구불 예금이다. 거래에 대한 제한이 없는 대신 예금주에 대한 이자율이 매우 낮다. 필요에 따라 자금을 모으거나 결제하는 계좌로 이용된다.

② 당좌 예금

수표나 어음을 통하여 거래되는 수시입출금이 가능한 요구불 예금으로서 가입자격은 금융기관이 정한 일정한 자격을 갖춘 법인 또는 사업자등록증을 소지한 개인이다. 다른 요구불 예금과는 달리 당좌 예금 개설에 따른 일정액의 거래보증금을 납부하여야 하고 해당 예금에 대해 이자를 지급하지 않는다는 특징을 가지고 있다.

③ 가계 당좌 예금

가계 수표를 통해서 거래되는 수시입출금이 가능한 요구불 예금으로서 가입자격은 금융 기관에서 정한 일정한 자격을 갖춘 개인 또는 개인 사업자이다. 일반인들의 은행 이용도를 높여 신용 사회의 기반을 조성하고 가계 저축을 증대시키기 위해 실시된 가계 우대성 요구불 예금이다. 당좌 예금과는 달리 가계 당좌 예금 개설에는 따로 개설 보증금이 없고 해당 예금에 대하여 통상 보통 예금 정도의 이자를 지급한다.

④ 별단 예금

요구불 예금에 속하나 다른 예금 상품과 달리 통장 또는 증서를 발행하는 일반예금의 형태가 아니라 은행과 고객과의 거래에 있어서 다른 예금 과목으로 처리하기 곤란한 자금 등을 처리하기 위하여 일시적으로 보유하는 과도기적 성격의 예금 계정이다. 즉, 미결제 · 미정리 자금, 기타 다른 예금 계정을 일컫는 것으로서 후일 다른 계정으로 지급 혹은 대체될 예금이다. 한 가지 종류의 예금이 아니므로 거래 약관이 없고 예금 기간도 일정하지 않다.

2) 저축성 예금

예금자가 일정 기간 동안 돈을 찾지 않을 것을 약속하고 저축하거나 또는 이자 수입을 얻기 위해 일정 금액을 은행에 예치하는 예금이다. 은행은 자금을 자유로이 운영할 수 있으므로 다른 예금보다 안정성이 보장되며 예금주는 많은 이자를 받을 수 있어 재산을 늘릴 수 있는 저축 수단이 된다. 대표적인 저축성 예금에는 적립식 예금에 해당되는 정기 적금과 거치식 예금에 해당되는 정기 예금이 있다.

① 적립식 예금

매월 일정 금액을 적립한 후 만기 시 목돈을 마련할 목적으로 이용되는 금융 상품으로 '적금' 또는 '부금'으로 통칭되고 있으며 만기가 있는 상품이기 때문에 요구불 예금에 비하여 상대적으로 유동성은 낮으나 수익성은 높은 금융 상품이다. 예금 신규 시 예금주가 매월 적립할 금액과 납입일, 기간 등을 정한 후 사전에 정해진 바에 따라 월불 입금을 납입하면 은행은 만기 시 사전에 정한 이자를 계산하여 원리금을 지급하는 형태의 금융 상품이다.

- **만기와 월불입금** : 정기 적금이란 일정한 기간을 정하고 매달 정해진 날짜에 일정한 금액을 통장에 넣는 것이다. 이때 일정한 기간을 '만기'라고 하고, 매달 넣는 일정한 금액을 '월불입금'이라고 한다.

- 정기 적금

  금융 기관에서 취급하는 목돈 마련을 위한 적립식 예금의 대표적인 상품으로 계약 금액과 계약 기간을 정하고 일정액을 정기적으로 납입한 후 만기에 이자를 지급받는 상품이다. 하지만 만기 이전에 중도 해지할 경우 받기로 한 이자에 훨씬 못 미치는 이자를 받게 된다. 따라서 정기 적금을 가입할 때에는 자신의 수입을 고려하여 액수와 기간을 정해야 한다.

- 장기 주택 마련 저축

  서민 및 무주택자의 주택 마련을 돕기 위하여 정부에서 조세 특례 제한법에 따라 비과세 혜택 및 소득공제 등 다양한 세제 지원을 하는 7년 이상 장기 적립식 예금이다. 분기당 300만원 이내에서 자유롭게 납입할 수 있다.

- 상호 부금

  예금주가 일정한 기간을 정하여 부금을 납입하면 신용 협동 기구 등이 예금주에게 사전에 약정한 금액을 급부하여 줄 것을 약정하는 목적부 적립식 예금이다.

② 거치식 예금

  예금주는 최초 예금 신규 시 일정한 금액을 약정 기한까지 예치하기로 약정한 후 자금을 예치하고 은행은 약정 기간이 만료되면 원금과 약정 이자를 지급해 주는 목돈 운용을 위한 저축성 예금이다. 만기까지 예금을 유지할 경우에는 당초 약정한 이자를 지급받을 수 있으나 중도 해지 시에는 약정 이자보다 낮은 중도 해지 이율로 지급받게 된다.

- 정기 예금

  계좌를 개설하여 목돈을 한꺼번에 맡기고 약정 기간 동안 해지하지 않으면 은행에서 높은 금리를 주기 때문에 목돈을 굴리기에 적절한 거치식 예금이다. 이 예금은 은행에서 일정 기간 동안 다른 사람에게 안심하고 돈을 빌려줄 수 있으므로 예금자에게 지급하는 이자율이 높다. 거래에 제한은 없지만 금융 기관에 따라 최저가 입금액 이상이 되어야 신규 개설이 가능하며 매월 또는 만기에 이자를 받을 수 있다. 일반적으로 기간이 길수록 이자는 더 높지만 적금과 마찬가지로 중도 해지하면 이미 정했던 이자율보다 낮은 이자율이 적용된다.

- 양도성 예금 증서(CD)

  정기 예금에 양도성을 부여한 거치식 예금으로서 은행이 무기명 할인식으로 발행한 정기 예금 증거를 말한다. 중도 해지가 허용되지 않으나 금융 시장에서 자유롭게 매매되므로 유동성이 높은 편이다.

> • **적금** : 계약 금액을 계약 기간 동안 매달 납입하며 이자를 받는 것
>
> 중도 해지 수수료: 정기 적금이나 정기 예금을 만기가 되기 전에 중도 해지를 하면, 즉 중간에 돈을 찾겠다고 할 경우에는 처음에 받기로 한 이자보다 훨씬 적은 이자를 받게 된다. 결국 일정의 벌금이라고 할 수 있는데, 이러한 벌금을 중도 해지 수수료라고 한다.

3) 입출금식 예금

① 저축 예금

가계 저축 증대를 위한 가계 우대성 예금으로서 수시 입출금식 저축성 예금이다. 보통 예금과 마찬가지로 가입 대상이나 예치 한도에 제한을 두고 있지는 않으나 보통 예금과 비교하여 상대적으로 고금리를 지급한다.

② 시장 금리부 수시 입출금식 예금(MMDA)

시장 실제 금리를 적용하는 고금리 수시 입출금식 저축성 예금으로서 입출금이 자유롭고 각종 이체와 결제도 가능하다. 종합 금융 회사 등의 어음 관리 계좌(CMA), 증권 회사 등의 단기 금융 펀드(MMF)에 대응하기 위해 도입됐다.

③ 기업 자유 예금

1988년 12월 금리 자유화 조치 당시 법인 등에게 일시적인 여유 자금을 운용할 수단을 제공하기 위해 도입한 예금으로서 비교적 높은 이자가 지급되는 수시 입출금식 저축성 예금이다.

4) 절체형 저축 상품

일반적으로 저축 상품에서 발생하는 이자 소득에 대해서는 14%의 이자 소득세와 이자소득세의 10%에 해당하는 1.4%의 농특세가 부과된다. 그러나 다음 표에서와 같은 저축 상품에 대해서는 과세하지 않거나 9.5% 과세 또는 1.4% 과세로 세금 감면 혜택이 주어진다.

비과세 및 세금우대형 저축 상품

구분	대상	가입한도	세율
생계형 저축	만 60세 이상의 남녀 노인, 기초 생활 보장 수급자, 장애인 및 유공자	3,000만원	비과세
조합 출자금(새마을금고, 신협, 단위 농·수협 등)	조합원	1,000만원	
장기 저축성 보험	가입 후 10년 이상 경과 시	없음	
장기 주택 마련 저축 (펀드, 보험)	가입 후 7년 이상 경과 시	금융 회사 합쳐서 분기당 300만원	
3년 이상 적립식 장기 주식형 펀드	가입 후 3년 이상 경과 시	분기당 300만원	
3년 이상 거치식 장기 회사 채형 펀드	가입 후 3년 이상 경과 시	5,000만원	
세금 우대 종합 저축	20세 이상 성인으로 1년 이상 예치 또는 납입한 자	1,000만원	9.5% 세금 우대
	60세 이상의 노인 및 장애자로 1년 이상 예치 또는 납입한 자	3,000만원	
조합 예탁금(새마을금고, 신협, 단위 농·수협 등)	20세 이상 조합원 및 준조합원	3,000만원	1.4% 농특세

> **• 이자 소득세와 농특세**
> 통상 이자 소득에 매겨지는 세금을 이자 소득세라 하며, 이자 소득세의 10%만큼 덧붙는 농업 특별세를 농특세라 한다. 일반적으로 이자 소득세는 이자에 대해 14%로 부과되므로 농특세는 1.4%가 된다.

5) 기타 예금 상품

　　ELD(Equity Linked Deposit : 주가 지수 연계 예금)

　　ELD는 은행에서 발행, 판매하는 주가 지수 연동 예금으로 투자 금액 대부분을 안전 자산에 투자함과 동시에 나머지 금액을 선물이나 파생 상품 같은 고수익 상품에 투자하는 상품이다. 자산의 대부분을 채권 같은 안전 자선에 투자하므로 원금을 보존하면서도 일반 예금보다는 높은 수익률을 추구할 수 있다.

5 투자

(1) 투자의 개념 및 필요성

　　대부분의 사람들은 일생 동안 직업 등을 통하여 소득을 얻고 번 돈을 소비하면서 살아간다. 그러나 모든 돈을 전부 소비하는 것은 아니다. 어떤 경우에는 소득이 지출보다 많을 때가 있고 혹은 지출이 소득보다 많은 경우도 있다. 즉, 소득과 지출의 불일치로 인해서 대학 입학이나 결혼과 같은 인생의 중요한 순간에는 돈이 많이 필요할 수 있다. 이렇게 자금이 많이 필요한 경우에 대비하여 많은 사람들이 평소에 저축을 하거나 투자를 하게 된다. 따라서 현재의 소득이 원하는 지출보다 크다면 일반적으로 사람들은 남는 소득으로 저축을 하는 경향이 있다. 많은 자금이 필요할 경우에 사용하기 위해서 돈을 절약하며 모아 두는 것이 저축이기 때문이다. 저축은 위험이 낮은 반면 기대 수익도 낮은 편이다. 즉, 원금과 이자 손실은 거의 없지만 정해진 이자 수익을 얻을 뿐 그 이상의 수익은 얻기가 힘들다는 의미이다. 이 때문에 남는 소득으로 저축을 하는 대신에 투자를 하기도 한다.

투자란 사전적 의미로는 미래의 가치를 얻기 위해 현재의 가치를 희생하는 행위를 총칭하므로 저축과 비슷한 개념으로 볼 수 있다. 하지만 '위험(원금의 손실 가능성)'과 '기대 수익'의 측면에서 저축과 구분된다고 할 수 있다. 즉, 일반적으로 위험과 기대 수익은 상충관계를 가지므로 높은 위험을 부담할수록 기대 수익은 크지만 낮은 위험을 부담하는 경우에는 그만큼 기대 수익이 작아진다. 이러한 원리에 따라 저축은 위험이 낮은 만큼 기대 수익이 낮지만 투자는 위험이 높은 만큼 기대 수익 또한 높다. 따라서 위험 부담이 높을지라도 높은 수익을 원하는 사람들은 저축보다는 투자를 하게 되는 경향이 있다. 즉, 은행의 예금은 가입 시점에서 만기일에 받게 될 원리금이 확정되므로 원금 소실 가능성은 거의 없지만 약정한 이자 이상의 수익을 기대할 수는 없다. 반대로 주식이나 채권은 큰 수익을 낼 수도 있지만 경우에 따라 원금까지도 손실을 볼 수 있다. 그러므로 다음의 그래프에서 알 수 있듯이 예금은 저축 상품(상품1), 주식이나 채권은 투자 상품(상품2)이라고 하는 것이다.

(2) 투자와 투기

투자는 상품이나 물품의 정상적인 가격 변동에서 발생하는 차익의 획득을 목적으로 하는 거래 행위를 말하며, 투기는 금융 상품이나 물품 그 자체의 정상적 매매 차익보다는 의도적인 가격 조작이나 허위의 가격 형성을 유도하여 비정상적인 시세차익을 유도하는 거래 행위를 말한다. 투자와 투기는 결국 모두 이익을 얻기 위한 거래이다. 하지만 투자는 중장기적 관점에서 앞으로 가치가 상승할 것이라는 확실한 판단에 따라 돈을 내는 것이라면 투기는 확실하지 않은 우연에 의해 이익과 손실이 좌우되는 모험 행위인 경우가 많다. 그리고 투자와 투기를 구분하는 가장 큰 기준은 그 결과가 사회 전체에 어떤 영향을 미치는 가이다. 투자는 '플러스섬 게임(Plus-Sum Game)', 투기는 '제로섬 게임(Zero-Sum Game)'이다. 투자는 개인이 돈을 불리기 위한 행위이지만 사회전체적으로 가치를 창출하는 결과를 가져온다. 예를 들어 사람들이 주식이나 채권에 투자하면 기업이 필요로 하는 자금을 원활하게 조달할 수 있으며 결과적으로 우리 경제가 발전할 수 있는 원동력이 된다. 반면, 투기는 어떤 사람이 이익을 얻으면 다른 사람은 반드시 손해를 보게 된다. 즉, 투기하는 사람만이 큰 이득을 얻으면 다른 사람은 반드시 손해를 보게 된다. 즉, 투기하는 사람만이 큰 이득을 누리게 되고 나머지 사회 구성원들은 오히려 피해를 입게 되는 경우가 많다. 투기의 목적은

'시세 차익'에 따른 이익을 얻는 것이기 때문이다. 선의의 투자자가 공장을 세우기 위해 땅을 구입하는 것이라면 투기하는 사람들은 나중에 비싼 값에 되팔아 이익을 얻기 위한 목적으로 땅을 사게 되는 것이다. 이러한 투기는 국가적으로 자원의 낭비를 초래하게 되어 경제에 악영향을 미칠 수 있으므로 투기를 근절하는 것은 국가 경제 발전을 위해서 필수적인 과제라고 할 수 있다.

(3) 투자 의사결정

1) 투자 정보 및 고려 요인

투자 계획을 위해서 기본적으로 투자 대안에 대한 특성을 잘 알고 있어야 한다. 그리고 투자 의사결정을 할 때 가장 기본적으로 고려해야할 요소들이 있다. 투자 상품을 선택할 때 목적과 기간 외에도 다음과 같은 수익성, 안전성, 유동성 등을 고려해야 한다.

① 수익성

수익성은 투자로 인해 높은 이자 수익이나 가격 상승 이익을 기대할 수 있는 정도를 말한다. 투자의 최대 목표는 적은 투자 금액으로 최대의 수익을 올릴 수 있는 대안을 선택하는 것이다. 그러나 투자 수익이 크면 투자 위험도 큰 것이 일반적이므로 다른 조건이 동일하다면 수익률이 높은 금융 상품을 선택해야 한다.

② 안전성

안전성은 원금이 보존될 수 있는 정도를 의미한다. 즉, 원금이 안전하게 돌아올 가능성이 크다면 안전성이 높은 것이고 원금을 손해 볼 가능성이 크다면 안정성이 낮은 것이다. 투자 위험 요소가 많을수록 그 투자 수단의 안전성이 낮다고 할 수 있으며 예상되는 투자 위험 요소에는 시장 위험, 시장 금리 위험, 인플레이션 위험 등이 있다.

③ 유동성

투자한 돈을 빠르고 쉽게 현금으로 바꿀 수 있는 정도를 의미한다. 따라서 유동성을 '환금성'이라고도 한다. 토지나 주택 등과 같이 현금으로 전환하기 위해서 구매할 사람이 나타날 때까지 시간이 많이 걸리거나 거래 가격이 높아서 팔기 쉽지 않은 경우는 유동성이 낮다고 볼 수 있다.

이러한 수익성·안전성·유동성(환금성)은 서로 상충되는 경우가 많으므로 금융 상품의 성격에 따라 수익성·안전선·유동성의 중요도를 달리하는 방식으로 금융 상품을 선택해야 한다. 예를 들면 은행의 예금이나 적금은 '안전성'이 매우 높지만 정해진 이자 수익만 얻을 수 있으므로 '수익성'은 낮은 편이다. 하지만 이와는 반대로 주식은 '고위험·고수익'의 특성을 가지고 있는 대표적인 금융 상품이다. 그리고 채권은 이러한 주식과 예금의 중간 정도 성격이라고 볼 수 있다.

2) 투자에 따른 위험

투자 의사결정 시에는 고려할 위험에 어떤 것들이 있는지 살펴볼 필요가 있다. 투자에 따르는 위험은 크게 '체계적 위험'과 '비체계적 위험'으로 구분할 수 있다.

① 체계적 위험

체계적 위험은 전체적인 시장 상황과 관련된 위험이다. 즉, 정부 정책의 변화, 환율의 변화, 시장 금리의 변동 등과 같이 전체적인 주식 시장 상황에 영향을 주는 요인에 의하여 발생하는 위험이라고 할 수 있다. 예를 들어 최근의 유럽 경제 위기는 전 세계의 경제에 영향을 미치고 주식 시장의 주가에도 영향을 끼쳤다. 이러한 체계적 위험은 개별 투자자가 회피할 수 없는 위험이다.

② 비체계적 위험

비체계적인 위험은 회사의 부정부패, 내부 비리, 노조 활동, 소송 등과 같이 일부 특정 기업에만 개별적으로 영향을 미치는 위험이다. 이런 경우는 주식 시장의 전체 투자가 아니라 해당 기업의 주식에 투자한 사람들만 주가 하락으로 인한 손실을 보게 된다. 즉, 이러한 비체계적 위험은 일부 투자 대상에만 영향을 미치는 요인이므로 투자 대상 기업을 잘 고르기만 하면 개별 투자자가 회피할 수 있는 위험이다.

이렇게 투자에는 많은 위험이 따르므로 투자 의사결정 시 위험 관리는 매우 중요하다고 할 수 있다.

(4) 투자의 방법

투자의 방법에는 크게 '직접 투자'와 '간접 투자'가 있다.

1) 직접 투자

직접 투자란 투자자 자신의 책임 하에 투자자 자신의 분석과 투자 결정에 의해 선정한 투자 대상에 직접 투자하는 것을 말한다. 직접 투자는 투자자가 자금이 필요한 기업이나 공공기관이 발행하는 주식이나 채권을 직접 구입하는 것이다. 직접 투자에서는 증권 구입으로 발생하는 주식의 배당금 및 채권의 이자 수익 등을 투자자가 직접 획득하게 된다. 하지만 이런 직접 투자를 하기 위해서는 상당한 수준의 투자 지식과 경험 및 시간적 여유 등이 필요하다.

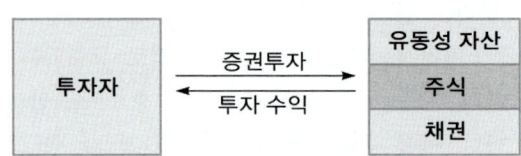

직접 투자의 과정

2) 간접 투자

① 간접 투자의 개념

간접 투자는 투자자와 자금이 필요한 기업 및 공공 기관 사이에 금융 기관이 개입하는 것이다. 자산 운용 회사, 증권 회사, 은행, 보험과 같은 전문적인 투자 회사들이 운용하는 투자 상품에 가입하여 간접적으로 투자하는 것을 의미한다. 즉, 간접 투자

는 자신이 직접 주식이나 채권을 사는 직접 투자와는 달리 금융 기관에 돈을 맡겨서 투자하도록 하는 방법이다. 간접 투자 상품은 수많은 투자자로부터 자금을 모아 펀드를 형성어하고 이를 여러 가지 유가 증권이나 자산에 투자하여 최종적으로 획득하게 되는 손익을 투자자에게 배분하는 상품이다. 여기서 펀드란 '어떤 목적을 위해서 여러 사람으로부터 모은 돈'으로서 일종의 '기금'과 같은 것이다. 따라서 펀드는 주식이나 채권 등에 투자하여 돈을 벌기 위한 목적으로 모으는 기금인 것이다.

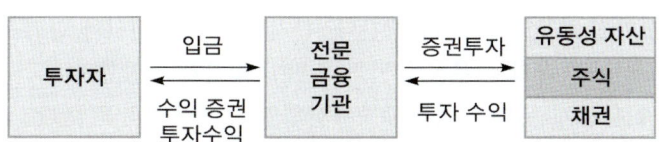

간접 투자외 과정

② 간접 투자의 장점

많은 사람들이 간접 투자를 하는 이유는 직접 투자에 비해서 간접 투자가 많은 장점을 가지고 있기 때문이다. 무엇보다도 간접 투자는 적은 돈으로 쉽게 투자할 수 있다. 주식이나 채권 등에 직접적으로 투자를 하기 위해서는 거애그이 자금이 필요한 경우가 많지만 펀드는 적은 돈으로도 투자할 수 있기 때문이다.

또한 펀드 투자는 전문 지식이 부족하고 시간적 여유가 없는 사람들에게 유리한 투자 방식이다. '펀드매니저'와 같은 경험 많은 전문가가 투자를 대신해 주기 때문에 직접 투자에 비해 투자에 대한 위험을 줄이고 수익을 올릴 가능성이 높기 때문이다.

그리고 펀드 투자는 주식 및 채권 등의 여러 가지 종목으로 포트폴리오를 구성하기 때문에 직접 투자에 비해서 훨씬 안전하며 위험도 크게 줄일 수 있다는 장점이 있다. 포트폴리오란 여러 종목에 분산 투자한 투자 자산의 집합체를 의미하는데 가진 돈을 한 군데만 집중하는 것이 아니라 여러 대상에 골고루 투자함으로써 위험을 줄일 수 있다. 주식에 투자할 경우 하나의 주식만을 사는 것이 아니라 여러 회사의 주식을 고르게 나누어 사는 것이 분산 투자이다. 즉, 이렇게 골고루 나누어 투자하는 것을 '포트폴리오를 구성한다'라고 표현하며, 이는 투자 위험을 줄이기 위해 다양한 자산에 분산 투자한다는 의미를 지닌다. 하나의 주식만 살 경우에는 주가가 하락할 때 큰 손해를 입을 수 있지만 여러 회사의 주식을 사면 어떤 회사의 주가는 하락할지라도 다른 회사의 주가는 상승할 수 있기 때문에 전체적으로 손해를 보지 않을 수 있다. 오히려 하나의 주식만 사는 경우보다 손실이 더 적을 수도 있는 것이다.

이렇게 포트폴리오, 즉 분산투자를 통해 위험을 줄일 수 있다는 점이 펀드 투자의 큰 장점이다. 투자자 개인이 직접 투자를 하는 경우에는 투자 자금이 많지 않기 때문에 여러 종류의 투자 자산에 나누어 투자하고 싶어도 한계가 있다.

(5) 직접 투자 상품

대표적인 직접 투자 상품으로는 주식, 채권이 있다.

1) 주식

① 주식의 개념

주식은 주식회사 경영 자본을 마련하기 위하여 투자자로부터 돈을 받고 회사 소유자라는 증표로 발행한 것이므로 주식에 투자한 사람(주주)은 돈을 빌려주는 것이 아니라 회사를 소유하는 것이다. 즉, 회사의 주인이 되어 소유한 주식에 비례해서 수익을 나누어 가질 수 있는 권리가 생긴다. 하지만 이러한 권리와 함께 의무도 생기므로 소유한 주식만큼 출자 의무를 부담하며 만일 회사가 파산할지라도 자신이 가진 주식만큼 손해를 보게 된다. 이를 '주주유한책임의 원칙'이라고 한다.

회사의 주인이 됐다는 권리를 표시한 '증서'에 해당되는 주식은 주식회사의 자본을 이루는 단위로서 출자 지분을 나타내는 유가 증권이다. 주식을 명확히 이해하기 위해서는 먼저 '주식회사'에 대해서 이해할 필요가 있다.

회사를 설립하기 위해서는 많은 사업 자금이 필요한데, 이를 회사의 '자본금'이라고 한다. 일반적으로 회사를 세울 때 많은 사람들이 돈을 모아 자본금을 형성하는 경우가 많다. 왜냐하면 회사 설립을 위한 초기 자금을 모두 은행에서 빌리게 되면 나중에 지불해야 할 이자 원금이 너무 큰 부담이 되는 빚이기 때문이다. 따라서 여러 사람들이 자본금을 모아 설립하는 회사가 바로 주식회사가 되는 것이다. 이렇게 회사를 만들기 위해 돈을 투자한 사람들은 회사의 주인에 해당되는 '주주'가 돼 회사의 소유권이 표시된 종이, 즉 '주식'을 소유하게 된다.

주식회사의 주식 발행은 회사만 유리한 것이 아니라 회사의 주식을 갖게 되는 주주들에게도 충분한 이점을 제공한다. 회사가 사업을 하여 매년 벌어들이는 수익에 대해서 주주가 가지고 있는 주식 수만큼의 수익을 나눠주기 때문이다. 이것을 '배당'이라고 하는데 주주가 돈을 투자한 것에 대한 대가로 지급되는 것이다. 하지만 회사의 실적이 좋지 않아서 손해가 나는 경우에는 배당을 받을 수 없다. 그리고 주주는 배당 수익뿐만 아니라 '시세 차익' 또한 기대할 수 있다. 주식을 싸게 사서 주식 가격이 올랐을 때 비싸게 팔면 그 차이만큼 얻을 수 있는 이익이 시세 차익이다. 많은 사람들이 주식에 투자하는 목적은 대부분 시세 차익을 얻기 위함이다.

② 주식의 종류

일반적으로 주식의 종류는 주주들에게 제공되는 권리의 종류와 관련이 있다. 의결권 존재 여부와 재산권 행사 순위에 따라 상법상 다음과 같이 주식의 종류가 구분된다.

• 보통주

표준이 되는 주식으로서 일반적으로 주식이라고 하면 보통주를 의미한다. 보통주는 기업에 투자한 투자자들에게 출자의 증거로 제공되는 증권으로서 각 주식은 평등한 권리내용을 가진다. 보통주를 취득한 투자자들은 투자 대상 기업에 대해 주주로서 주식 1주당 1개의 의결권을 행사함으로써 경영에 참여할 권리를 갖게 된다. 그리고 이익 배당을 받을 권리 등 경제적 이익과 관련된 권리를 행사할 수 있다.

- 우선주

우선주는 보통주에 비해 이익 배당, 잔여 재산 분배 등 재산적 이익을 받는 데 있어서 우선적인 권한을 부여받는 주식의 한 종류이다. 그리고 보통주를 소유하는 주주들보다 다소 높은 배당을 받는다는 장점이 있으나 회사 경영에 참여할 수 있는 권리인 의결권이 없다는 단점이 있다.

- 후배주

후배주는 주로 대주주들이나 회사 설립자들의 소유분에 대해 발행하는 경우가 많은 주식으로서 의결권이 있지만 보통주보다 이익 배당과 같은 재산권 행사 순위가 뒤에 있다.

- 혼합주

이익 배당은 보통주보다 우선하여 받고 회사 파산 시 잔여 재산 분배 순위는 보통주보다 뒤에 있다.

주식의 종류에 따른 주주 권리

주주의 권리		우선주	혼합주	보통주	후배주
재산권	이익 배당	1순위	2순위	3순위	4순위
	잔여 재산 분배권	1순위	3순위	2순위	4순위
경영참여권	주주 총회에서의 의결권	X	O	O	O

③ 주가와 경제 변수의 관계

주가는 다양한 경제 변수에 영향을 받는다.

- 금리와 주가의 관계

금리란 자금이 거래되는 자금 시장에서 수요자가 공급자에게 빌린 자금에 대한 대가로 지급하는 이자율을 말한다. 금리가 인상되면 기업들은 그만큼의 이자부담이 커져 자금 조달을 축소시키기 때문에, 금리 인상 기업 실적을 악화시키는 요인으로 작용하고 이는 주가를 떨어뜨리는 중요한 원인이 된다.

즉, 금리와 주가는 반비례 관계에 있다고 할 수 있다.

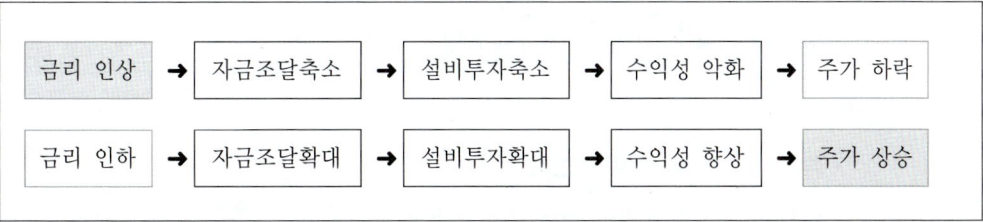

• 물가와 주가의 관계

지속적인 물가 상승은 실물 경기의 상승을 가져오면서 주가를 상승시킨다. 하지만 급격한 물가 상승은 금융 저축의 위축, 실물 자산을 선호하게 해 주기를 하락시키는 요인으로 작용한다.

경기가 침체하면서 물가가 상승하는 스태그플레이션이 계속되는 경제 하에서는, 소비자의 구매력이 약화되고 기업 실적은 악화돼 주가가 하락하는 것이 일반적이다. 반대로 물가 상승률이 낮아지는 디스인플레이션 시기에는 저물가와 저금리 현상이 나타나 투자자들이 금융 자산을 선호하게 된다. 따라서 주가도 상승하게 된다.

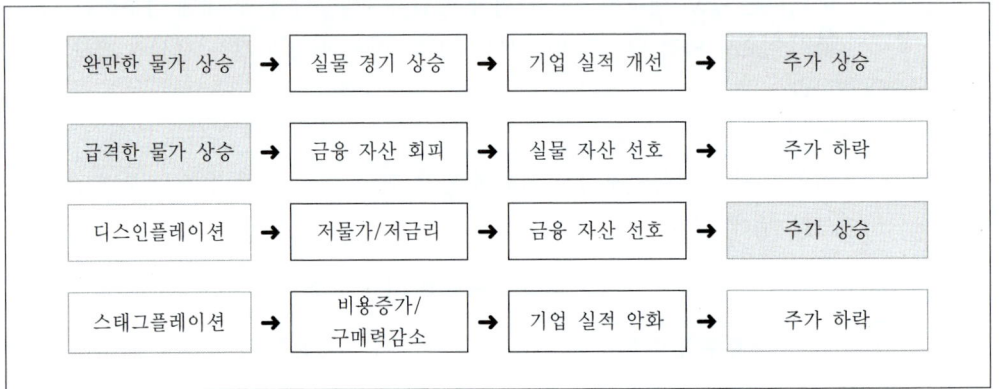

• 통화량과 주가의 관계

통화란 재화나 서비스에 대한 대가로 지급하는 수단으로, 가장 기본이 되는 것이 현금(화폐)이다. 통화량의 증감은 주식 수요, 공급에 직접적인 영향을 미치는 변수로서, 통화량이 증가하면 기업의 경우 설비 투자 및 개발이 활성화되고 그로 인해 기업의 수익성이 높아져 주식 가격이 상승하게 된다. 또한, 통화량이 일반 투자자들에게 흡수된다면 이는 주식 매입을 원활히 할 수 있게 되므로, 주식 가격을 상승시키는 요인이 될 수 있다. 즉, 통화량이 증가하면 금리는 내려가고 주가는 오르게 되며, 통화량이 감소하면 금리는 올라가고 주가는 하락하게 된다.

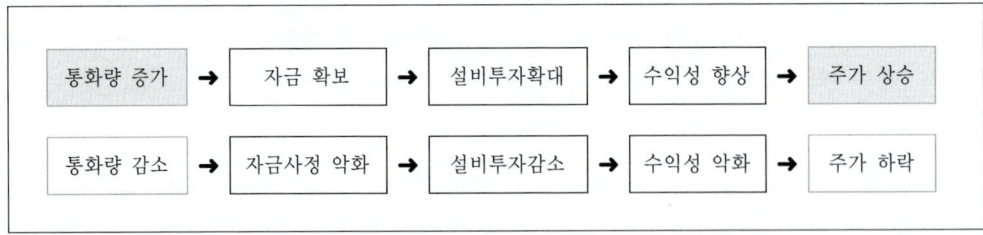

• 환율이 주가에 미치는 영향

환율이란 자국 통화와 외국 통화와의 교환비율이다. 예를 들어 원화와 미화의 비율이 1:1,000이라면 미화 1달러로 우리나라 돈 1,000원을 바꿀 수 있음을 의미한다. 1달러당 1,000원에서 1,100원으로 올라가게 되면 이를 환율 인상(원화절하)이라고 하는데 이는 우리나라의 화폐가치가 떨어졌음을 의미하고, 반대로 1,100원에서 1,000원으로 내려가게 되면 이를 환율 인하(원화절상)라 하며 우리나라의 화폐 가치가 올라갔음을 의미한다. 환율이 인하하게 되면, 즉 우리나라의 화폐 가치가 올라가게 되면 수출 비중이 높은 산업 또는 기업의 경우 수출이 줄어들어, 그로 인해 수익성이 낮아지고 주가가 하락하게 된다. 반대로 환율이 인상되면 수출이 증가하고, 수익성이 높아져 주가 상승을 촉진시키게 된다.

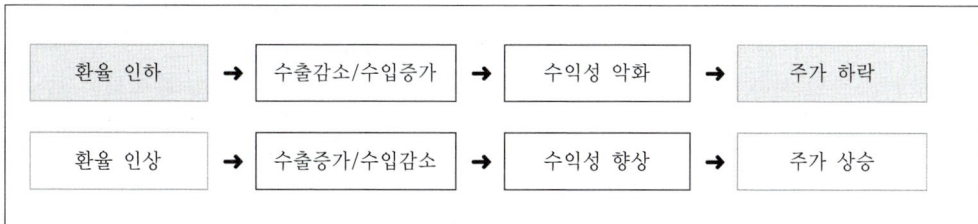

• 원자재 가격이 주가에 미치는 영향

원자재의 경우, 구리, 원유뿐만 아니라 사료 등을 모두 포함하는 포괄적인 의미로 해석할 수 있다. 원자재 가격이 오르게 되며, 무엇보다 생산 제품에 대한 가격에 영향을 주게 되므로 적정이윤을 확보하기 위해서는 제품 가격의 상승이 유발될 것이며, 이로 인해 가격 경쟁력이 약화되고, 판매실적이 낮아질 가능성이 높아지게 된다. 그렇게 될 경우 해당 기업의 채산성이 악화될 것이 우려되기 때문에 주가는 하락하게 된다.

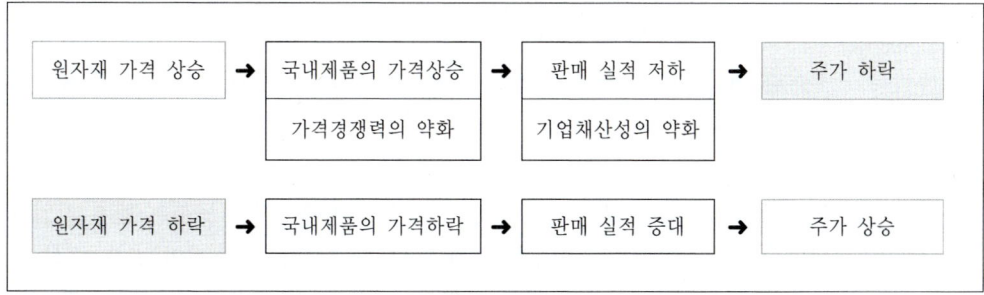

④ 주식 관련 시장 및 지수

신문이나 방송에서 증권 관련 기사가 나올 때 자주 등장하는 말이 코스피, 코스닥, 코넥스, 다우존스, 나스닥 등이다. 이들 모두 주가 지수와 연관된 용어이다. 각각의 용어가 무엇을 의미하는지 살펴보자.

- 코스피

코스피(KOSPI)는 Korean Composite Stock Price Index의 약자로서 주식을 거래하는 시장으로 흔히 '제1시장'이라고도 한다. 보통 주식 시장의 흐름을 알려면 몇 가지 지표를 점검해야 한다. 이러한 지표들에는 주가 지수는 물론, 주식 거래량, 상승·하락 중목 수 등이 있다. 이 중 가장 중요한 지표가 바로 '주가 지수'이다. 주가 지수는 주식 가격의 변동을 나타내는 종합적인 지표이다.

코스피는 유가 증권 시장(증권 거래소)에 상장되어 있는 종목을 대상으로 산출되는 국내 종합 주가 지수로 유가 증권 시장의 대표 지수이다.

코스피 지수는 1980년 1월 4일을 기준 시점으로 하여 이 날의 주가 지수를 100으로 하고 개별 종목의 주가에 상장 주식 수를 가중한 기준 시점의 시가 총액과 비교 시점의 시가 총액을 대비하여 산출되는 시가 총액 방식 주가 지수이다. 코스피 지수는 증권 거래소에 상장된 모든 주식을 대상으로 산출되며 코스닥 주식은 제외되므로 유가증권 시장 전체의 주가 움직임을 특정하는 지표 등으로 이용된다.

- 코스피 지수 : $\dfrac{비교기점의\ 상장종목\ 시가총액}{기준기점의\ 상장종목\ 시가총액} \times 100$

- 코스닥

코스닥(KOSDAQ)은 우리나라 벤처 기업을 육성하고 중소기업의 원활한 자금 조달을 위해 만든 시장이다. 일반 투자자들에게는 새로운 타자수단을 제공하는 역할을 한다. 코스닥은 미국의 '나스닥(NASDAQ)시장'을 본떠 만든 것으로 증권 거래소와는 다른 별도의 시장으로서 특정한 거래 장소가 없는 전자상거래 시장이다. 따라서 기존 증권 거래소에 비해 규제가 덜 하고 시장의 진입과 퇴출이 비교적 자유롭기 때문에 '고위험·고수익'시장이라고 한다. 코스닥 지수는 코스닥 시장에 상장되어 있는 종목을 대상으로 산출되는 종합 지수로서 코스피 지수와 동일한 시가 총액 방식으로 산출된다.

- 코넥스

코넥스(KONEX)는 코스닥 시장 상장 요건을 충족시키지 못하는 벤처 기업과 중소기업이 상장할 수 있도록 2013년 7월 1일부터 개장한 중소기업 전용 주식 시장이다. 코스닥(KOSDAQ)에 비해 진입 문턱과 공시부담을 크게 낮춘 시장으로 중소기업이 코넥스 시장 상장 후 공신력과 성장성을 확보해 코스닥(KOSDAQ)시장으로 이전 상장하는 것을 목표로 하고 있다.

제3시장 코넥스 설립 요건

	코넥스	코스닥	코스피
최소 자기 자본	재무 요건 항목으로 포함	30억원	300억원
재무 요건	아래 요건 중 하나를 충족 1. 자기 자본 5억원 2. 매출 10억원 3. 순이익 3억원	아래 요건 중 하나를 충족 1. 당기순이익 20억원 2. 매출액 100억원 시총 300억원 3. 순이익 3억원	최근 회계연도 매출 1,000억원 (3년 평균 700억원)
상장사 수	700~1,000개(목표) 연내 50개	약 1,007개	약 779개

- 다우 지수

뉴욕의 다우존스사가 매일 발표하고 있는 뉴욕 주식 시장의 평균 주가를 말한다. 대표적인 30개 회사의 주가를 단순 평균해서 발표하고 있다. 미국 기업 경제를 대변하는 대표적인 지수 중 하나로 우리나라뿐 아니라 세계 경제와 주식 시장에 큰 영향을 미치는 지수이다.

- 나스닥 지수

벤처·중소기업들의 주식을 장외에서 거래하는 나스닥 시장의 종합 주가 지수이다. 나스닥은 뉴욕 증권 거래소와 같이 특정한 장소에서 거래가 이뤄지는 증권 시장이 아니라 컴퓨터 통신망을 통해 거래 통신망을 통해 거래 당사자에게 장외 시장의 호가를 자동적으로 제공, 거래가 이뤄지도록 하는 일종의 자동시세통보시스템이다.

주식시세표 예시

종목명	코드번호	종가	등락	거래량	고가	저가
유가 증권						
금속						
튼튼 제강	000001d	33400	250 ▼	6854	33500	33300
말랑 철강	000002b	1240	160 ↑	54531	1240	1230
섬유 의복						
A패션	000003d	59300	0	19113	19450	19220
B패션	000004c	10500	450 ▲	76600	10100	10300

- 코드번호

유가 증권 시장(코스피 시장)과 코스닥 시장에서 거래되는 종목들은 0으로 시작하는 여섯 자리의 고유번호를 가진다. 코드번호 옆에는 알파벳이 표시돼있다. 이는 주식이 처음 발행될 때 증권의 앞면 금액란에 표시하는 액수인 액면가를 의미한다.

- 종가

  종가는 당일 폐장시간에 최종적으로 결정된 해당 주식의 1주당 가격을 의미한다.

- 등락

  등락은 당일 종가와 전일 종가의 차를 의미하며 전일(대)비로 표기되기도 한다. 숫
  자부분은 가격이 얼마만큼 변동했는지를 보여주며, ▲▼↑↓0 등의 기호는 가격이
  올랐는지, 떨어졌는지, 변동이 없는지를 나타낸다. ▲는 주가(종가)가 전날보다 올
  랐음을, ▼는 주가(종가)가 전날보다 내렸음을, 0은 전전날 종가와 비교하여 전날
  종가에 변화가 없음을 의미한다. ↑는 주가가 상한가에 도달했음을, ↓는 주가가 하
  한가에 도달했음을 의미한다.

- 거래량

  거래량은 거래가 이뤄진 날 매매가 성사된 주식의 수량을 의미한다. 주식 시장에서
  는 주식을 사겠다는 매수 주문과 주식을 팔겠다는 ㄴ매도 주문이 존재한다. 주식을
  사려는 사람이 요청하는 매수 가격인 매수 호가와 주식을 팔려는 사람이 요청하는
  매도 가격인 매도 호가가 일치하면 거래가 체결된다. 거래량은 이런 방식으로 거래
  된 주식의 수량이다.

- 고가

  고가는 장중에 거래된 주식의 최고 가격을 의미한다.

- 저가

  저가는 장중에 거래된 주식의 최저 가격을 의미한다.

- 시가

  시가는 장중 처음으로 거래가 체결됐을 때의 가격을 의미한다.

- 상한가/하한가

  상한가와 하한가는 전일종가를 기준으로 다음 거래일에 오를 수 있는 최댓값과 내릴
  수 있는 최솟값을 의미한다. 우리나라는 단기의 폭등과 폭락으로부터 개인 투자자들
  을 보호하기 위해 가격의 하루 변동 폭을 미리 정해두고 있다. 그 기준 가격은 전일
  종가로 하며, 변동 폭은 거래소의 경우 상·하 12%이다. 이 범위를 초과한 경우 주
  문을 넣을 수 없고 매매가 이뤄지지 않는다.

2) 채권

① 채권의 개념

채권은 정부, 지방 자치 단체, 기업 등이 불특정 다수의 투자자에게 자금을 조달하기
위해 정해진 조건에 따라 미래에 이자와 원금을 지급할 것을 약속하고 발행하는 증권
을 말한다. 즉, 채권은 채권 발행자가 이자 지급을 약속하고 투자자들로부터 자금을
빌린 후 그 반대급부로 제공하는 일종의 차용 증서이다. 채권 투자자들은 증서에 표
시된 만기까지 보유함으로써 안정적으로 이자 수익만 얻을 수도 있지만 주식처럼 유
통 시장에서 자유롭게 매매하여 거래 차익을 얻을 수도 있다. 채권은 정부나 공공 기
관, 금융 기관, 그리고 신용도가 높은 주식회사 등에서 주로 발행하므로 원금과 이자

에 대한 안전성이 높은 편이다. 또한 채권은 만기일 전이라도 증권 회사 등을 통해 언제든지 팔아서 현금화할 수 있기 때문에 채권 보유 기간이 길다는 특성에도 불구하고 유동성도 높은 편이다. 또한 채권은 만기일 전이라도 증권 회사 등을 통해 언제든지 팔아서 현금화할 수 있기 때문에 채권 보유 기간이 길다는 특성에도 불구하고 유동성도 높은 편이다.

② 채권 관련 용어

채권이라는 투자 금융 상품을 이해하기 위해서는 관련 개념을 정확히 알 필요가 있다. 다음과 같은 용어에 대해서 살펴보자.

• 만기일(Maturity Date)

원금을 상환하기로 약속한 날을 말한다. 만기일은 채권에 기재된다.

• 액면가(Face Value)

만기일에 상환하기로 약속한 원금으로서 채권 한 장마다 권면 위에 표시되어 있는 금액을 말한다.

• 표면 이자율(Coupon Rate)

만기일까지 매기 지급하기로 약속한 이자율이다. 액면 금액에 대해 1년 동안 지급하는 이자 금액의 비율을 나타내며 채권을 발행할 때 결정된다. 따라서 액면 이자율이라고도 하며 매기 지급하는 이자액은 액면가에 표면 이자율을 곱한 값이다.

• 잔존 기간

채권의 발행일부터 원금 상환일까지 기간을 원금 상환 기간이라고 하며 이미 발행된 채권을 중도에 매입(매도)한 경우 매입(매도)일부터 원금 상환일까지 기간을 잔존기간이라고 한다.

③ 채권의 종류

채권의 종류는 일반적으로 채권 발행 주체, 이자 지급 방법, 상환 기간, 발행 금액 등에 따라서 다음과 같이 분류할 수 있다.

채권의 종류

구분	종류	내용
발행 주체	국채	정부가 막대한 자금이 필요할 경우 발행하는 채권, 국회의 동의를 얻어 발행하며 국민 주택 채권 1종 및 2종, 양곡 증권, 외국환 평형 기금 채권 등이 포함된다. 정부가 원리금 지급을 보증하기 때문에 신용도가 가장 높은 채권이다.
	지방채	시, 도, 군 등의 지방 자치 단체가 필요한 자금을 조달하기 위해 발행하는 채권으로 지하철 공채, 도로 공채, 상수도 공채 등이 있다.
	특수채	한국통신공사, 담배인삼공사, 지하철공사, 수자원공사 등 정부가 설립한 특별한 법인(회사)이 발행하는 채권이다.
	회사채	상법상의 주식회사가 발행하는 채권으로 제3의 보증 기관이 원리금 지급을 보장하는지 여부에 따라 보증 사채, 무보증 사채 등으로 구분한다.
상환 기간	단기채	원리금 상환 만기가 1년 이하인 채권이다.
	중기채	원리금 상환 만기가 1년 초과, 5년 이하인 채권(대부분의 회사채)이다.
	장기채	원리금 상환 만기가 5년을 초과하는 채권[미국 국채인 본드(Bond) 등]이다.
보증 여부	보증채	원리금 상환을 발행자 이외에 공신력 높은 금융 기관 등 제3자가 채권 원리금 지급을 보증하는 채권이다.
	무보증채	원리금 상환에 대하여 제3자가 보증 없이 발행자 스스로의 신용에 의하여 발행하는 채권으로 채권 투자자가 원금 회수에 대한 위험을 부담하므로 일반적으로 보증채보다 수익률이 높다.
이자 지급 방식	이표채	채권 앞면에 이표(다른표)가 붙어 있어 이자 지급일마다 이것을 하나씩 떼어 이자와 교환하는 채권이다.
	할인채	원금에서 원금 상환일까지의 이자를 미리 떼어내고 남은 금액으로 발행되는 채권이다.
	복리채	이자 지급 기간 동안 이자가 복리로 재투자되어 만기 상환 시 원금과 이자를 동시에 지급하는 채권이다.
기타	신주 인수권부 사채	신주 인수권부 사채는 은행 등에서 채권을 발행할 때 채권을 구입하는 투자자에게 일정 기간 후(예를 들어, 채권을 구입한 지 1~2년 후) 그 은행에서 앞으로 발행할 주식, 즉 신주를 특정 가격에 배정받을 수 있는 권리를 조건으로 하여 판매하는 채권이다.
	전환 사채	전환 사채는 채권을 발행할 때에는 사채로 발행되지만 일정 기간이 경과한 후(일반적으로 3개월 후)에는 전환 사채를 구입한 사람의 청구에 의하여 주식으로 전환할 수 있는 채권이다.

④ 채권의 가치평가

채권 가격은 다음 표와 같은 방식으로 계산할 수 있다.

> **• 채권 가격 계산**
>
> $$P = \frac{C}{(1+r)} + \frac{C}{(1+r)} + \cdots\cdots + \frac{(C+F)}{(1+r)^n}$$
>
> C : 표면(액면)이자, F : 액면가액, r : 할인율(채권의 시장수익률), n : 만기

채권의 가치 평가는 채권 보유로부터 발생하는 미래 현금흐름을 적절한 할인율로 할인하여 합계하는 과정을 통해서 얻을 수 있다. 이러한 과정은 채권을 현재 가치로 평가하는 방법에 해당한다. 미래에는 인플레이션 등의 영향으로 인한 물가 상승 요인이나 미래의 불확실성에 대한 위험 요인으로 인해 현재의 현금 가치가 미래에도 동일하게 유지된다고 볼 수는 없으므로 채권의 가치는 현재 시점의 가치로 평가해야 한다. 즉, 어떤 증권의 가치를 평가할 경우에는 해당 증권으로부터 발생하는 미래의 현금흐름을 현재 가치로 평가해줘야 한다. 이때 필요한 것이 할인율인데 채권에서 미래 현금흐름을 현재 가치화하는 데 사용되는 할인율은 해당 채권의 시장수익률이 된다.

⑤ 채권 관련 위험

• 채무 불이행 위험

투자 수단으로서 채권이 가지고 있는 위험은 채권의 특성과 관련이 있다. 채권은 일반적으로 만기가 길기 때문에 원금을 갚게 되는 기간도 길어서 채권을 구매했을 때는 정상적이었던 기업이 점차 잘못되어 파산할 수도 있다. 이런 경우에는 이자 수익은 물론 원금도 받지 못할 위험이 있는 것이다. 하지만 채권의 대부분이 정부나 공공기관, 신용도가 높은 주식회사 등에서 발행되기 때문에 투자자가 돈을 못 받게 되는 위험 수준은 상대적으로 낮은 편이다.

• 인플레이션 위험

채권의 상환 기간이 길기 때문에 생기는 위험은 채무 불이행 위험뿐만 아니라 인플레이션 위험도 존재한다. 채권 상환 기간이 돌아오기 전에 인플레이션이 나타난다면 채권에 투자한 돈의 가치가 감소하여 실질 수익률 또한 감소하는 위험이 발생할 수도 있다. 물가는 상승하지만 받게 되는 이자 수익은 고정되어 있으므로 실제 수익률은 마이너스가 될 수도 있기 때문이다.

• 시장 금리 위험

채권의 표면(액면) 이자율은 고정되어 있어서 만기 시점까지 이자 금액은 변동하지 않는다. 이러한 특성으로 인해 시장 금리(이자율)가 상승하면 손해를 보게 되는 위험이 존재한다. 채권 발행 이후 시장 금리가 높아지면 이미 발행된 채권의 금리는 상대적으로 낮아지게 되는 결과가 나타나기 때문이다.

⑥ 채권과 시장 금리

채권과 관련된 위험에서 살펴봤듯이 시장 금리는 채권과 밀접한 관련이 있다. 그렇다면 시장 금리는 채권 가격에 어떠한 영향을 미치는지 알아보자.

채권가격은 시장에서 채권을 사고파는 가격을 의미한다. 처음에 채권이 발행될 때는 채권에 표시되어 있는 금액(액면가)이 그대로 채권 가격이 된다. 그러나 시장 금리가 변동됨에 따라 채권 가격도 변하게 된다. 예를 들어, 시장 금리가 하락하면 새로 발행되는 채권의 이자율은 낮은 반면 이미 기존에 발행되어 있는 채권의 이자율은 상대적

으로 높아서 기존에 발행된 채권을 매입하려는 사람들이 늘어난다. 즉, 기존 채권에 대한 수요가 높아져서 기존에 발행된 채권의 가격이 상승하게 된다. 채권을 사려는 사람 입장에서는 처음 발행된 금액보다 조금 더 높은 가격을 주고 새로운 채권을 사게 될지라도 앞으로 계속 받게 될 표면(액면)이자가 높기 때문에 매우 매력적인 투자 수단이 될 수 있기 때문이다. 하지만 시장 금리가 상승하는 경우에는 새로 발행되는 채권의 금리가 높은 반면 기존에 발행된 채권의 이자율은 낮기 때문에 기존에 발행된 채권을 팔고 새로 발행되는 채권을 사려고 하는 경향이 나타나게 된다. 따라서 기존 채권에 대한 공급이 높아지므로 기존에 발행된 채권의 가격은 하락하게 된다.

(3) 주식과 채권의 비교

대표적인 직접 투자 상품인 주식과 채권에 대해서 살펴봤다. 이러한 주식과 채권의 차이점은 무엇인지 비교해보자

무엇보다도 주식 소유자는 회사의 '주인'이 되는 것이고 채권 소유자는 회사에게 돈을 빌려준 '채권자'가 되는 것이다. 따라서 채권자는 회사의 수익과 무관하게 일정한 이자수익을 안정적으로 받을 수 있는 반면 주주는 회사의 수익에 따라 얻게 되는 이익이 변동된다. 즉, 회사의 이익이 많으면 회사 정책에 따라 받을 수 있는 배당금 등의 수익도 높아질 수 있지만 회사가 손실이 생기면 이익을 전혀 못 받을 수도 있는 것이다. 그리고 주식 소유자는 주주로서 회사의 의사결정에 참여할 수 있지만 채권 소유자는 의결권이 없으므로 의사결정 과정에 참여할 수 없다. 또한 주식 발행은 자기 자본의 증가를 수반하지만 채권 발행은 타인 자본(부채)의 증가를 수반한다. 그 밖의 다른 차이점들도 다음의 표에 나타나 있다.

주식과 채권이 비교

구분	주식	채권
발행자	주식회사	정부, 지방자치단체, 특수법인, 주식회사
증권소유자의 지위	주주	채권자
조달자금의 성격	회사의 자본이 됨(자기자본)	회사의 부채가 됨(타인자본)
자본의 조달 형태	추자(투자)	대부(돈을 빌려줌)
증권의 존속 기간	영구 증권	기한부 증권(영구 채권 제외)
이익 분배	회사의 이익 및 배당 정책에 따라 주주 총회의 승안 하에 임의로 지급	영업 실적과 관계없이 약정된 이자 지급
원금 상환	원금 상환 안 됨	원금 상환됨
경영 참여 여부	의결관이 있는 주식의 경우 그에 비례하여 경영에 참여 가능	경영권과 무관
안정성	주가와 직접적인 관계를 맺고 있어 상황에 따라 이익뿐만 아니라 손실까지도 가능	원리금이 확정되어 있으므로 회사가 파산만 하지 않으면 일정 수익이 안정적으로 보장

(4) 간접 투자 상품

1) 펀드의 의미와 종류

펀드는 전문적인 기관이 여러 사람들로부터 모은 돈으로 주식이나 채권 등에 투자하고 수익이 생기면 투자자들에게 투자액의 비율에 따라 배분해 주는 대표적인 간접 투자 상품이다. 즉, 펀드는 다수의 투자자로부터 자금을 모아 증권 등의 자산에 투자하여 운용한 후 그 결과를 투자자에게 돌려주는 상품이다. 이러한 펀드의 장점은 다수의 투자 자금을 모아서 거액의 금액을 전체적으로 운용하기 때문에 개인의 소액 자금으로 하기 힘든 분산 투자를 통하여 위험 분산 효과를 얻을 수 있다는 것이다. 예전에는 펀드의 종류별로 운용 (투자)할 수 있는 자산의 종류에 제한이 있었지만 현재는 '단기 금융 상품 펀드(MMF)'를 제외한 모든 펀드가 다양한 자산에 운용이 가능하다. 따라서 펀드는 주요 투자 대상이 되는 자산(50% 초과하여 투자되는 자산)을 기준으로 다음과 같이 증권 펀드, 부동산 펀드, 특별 자산 펀드, 단기 금융 상품 펀드(MMF), 혼합 자산 펀드로 구분하고 있다.

이와 같은 펀드들은 주요 투자 대상 자산에 해당 기초 자산과 관련된 파생 상품을 포함시킴으로써 파생 상품 펀드를 별도로 구분하지 않고 있다. 그리고 혼합 자산 펀드는 주요 투자 대상을 특정하지 않고 어떤 자산에는 자유롭게 운용할 수 있는 펀드이다.

이렇게 주요 투자 대상 자산을 기준으로 펀드를 구분할 수도 있지만 증권 투자 비율에 따라 펀드를 다음과 같이 분류할 수도 있다. 즉, 펀드는 주요 투자 증권의 종류와 투자 비율에 따라 구분될 수도 있다.

투자 운용 대상에 따른 펀드의 종류

분류	상품 내용
증권 펀드	투자 자산의 50% 이상을 증권 (증권을 기초 자산으로 하는 파생 상품 포함)에 투자하는 상품
부동산 펀드	투자 자산의 50% 이상을 부동산 (부동산을 기초 자산으로 하는 파생 상품, 부동산 관련 유가 증권 등 포함)에 투자하는 상품
특별 자산 펀드	투자 자산의 50% 이상을 특별 자산 (증권 및 부동산을 제외한 상품)에 투자하는 상품
단기 금융 상품 펀드	투자 자산의 전부를 단기 금융 상품 (CD, 단기 대출 등)에 투자하는 상품
혼합 자산 펀드	투자 대상 자산(증권, 부동산, 특별 자산)과 투자 비율의 제한을 받지 않고 운용할 수 있는 상품

증권 투자 비율에 따른 펀드의 종류

분류	상품 내용
채권형	운용 대상에 주식이 편입되지 않고 자산 총액의 60% 이상을 채권(금리, 선물 포함)으로 운용하는 상품
주식형	자산 총액의 60% 이상을 주식(주가 지수 선물, 옵션 포함)에 운용하는 상품
주식 혼합형	자산 총액의 50% 이상, 60% 미만을 주식(주가 지수 선물, 옵션 포함)에 운용하는 상품
채권 혼합형	자산 총액의 50% 미만을 주식(주가 지수 선물, 옵션 포함)에 운용하는 상품

2) 수익 증권과 뮤추얼 펀드

간접 투자에는 수익 증권과 뮤추얼 펀드가 있다. 이들은 서로 매우 유사한 특성을 가지고 있다.

① 수익 증권

수익 증권이란 개인이 재산의 운용을 타인에게 신탁한 경우 그로부터 생겨나는 운용 수익을 받을 권리가 표시된 증권을 말한다. 즉, 수익 증권은 투자 전문 대행 기관이 투자자로부터 자금을 모아 펀드를 조성하고 이를 유가 증권 등에 투자하여 얻은 수익을 돌려주는 형태의 간접 투자 금융 상품이다. 수익 증권은 단순히 '펀드'라는 용어로도 사용되는데, 수익 증권이라는 용어보다 펀드라는 용어가 더 일반적으로 사용되고 있다.

> • **신탁**
>
> 투자자가 주식·채권에 직접 투자하기보다는 투자 전문 회사에게 자신의 자금을 대신 운용해 줄 것을 위탁하는 것

② 뮤추얼 펀드(투자 회사)

뮤추얼 펀드는 투자자로부터 돈을 모아 펀드를 만들어 운용한 뒤 투자 실적에 따라 투자자들에게 투자 수익을 배당해주는 투자 전담 주식회사 형태의 간접 투자 상품이다. 따라서 뮤추얼 펀드는 펀드 상품 자체가 주식회사의 형태를 갖기 때문에 투자자는 주식을 구입함으로써 펀드의 주주가 되는 것이다. 즉, 뮤추얼 펀드의 투자자들은 수익 증권 대신 펀드의 주식을 받게 되며 거래소 등에 상장 또는 등록되어 거래가 가능하다.

3) 기타 펀드

① 인덱스 펀드

지수에 투자하는 펀드로서 지수의 움직임에 맞춰 수익률을 제공한다. 인덱스펀드(Index Fund)는 임의로 자산 운용에 편리한 지수를 개발하고 동 지수에 사용된 종목별 비중

에 따라 분산 투자를 함으로써 주식 투자 수익률을 시장 평균 수익률에 접근시키려는 투자기법이다. 예를 들어 지수가 A와 B기업에 주가를 50%씩 반영해 만들었다고 한다면, 이 지수에 연계도니 인덱스 펀드에 10만원을 투자한 투자자는 2개 종목에 각각 5만원씩 주식을 산 것이 된다. 다양한 종목에 분산 투자하기 때문에 위험은 낮고 보수는 적어 장기 투자에 적합하다.

② ETF(Exchange Traded Funds : 상장 지수 펀드)

FTF는 지수를 추종하는 인덱스 펀드를 거래소에 상장시켜 주식 종목처럼 거래하는 것을 말한다. 인덱스 펀드와 주식의 성격을 동시에 갖춘 상품으로 일반 펀드보다 수수료가 저렴한 게 장점이다. 인덱스를 추종한다는 점에서 인덱스 펀드와 동일하지만 장 중 실시간 거래가 불가능한 불편함 등을 상당 부분 해소함으로써 인덱스 펀드에서 진화·발전된 상품으로 평가 받는다.

③ 사모 펀드

사모 펀드(Private Equity Fund)는 사모방식으로 조성된 자금을 사적으로 투자하는 펀드를 총칭하는 것이다. 즉, 소수의 투자자들로부터 자금을 모아 주식이나 채권 등에 운용하는 펀드로서 크게 '일반 사모 펀드'와 '사모 투자 전문 회사'로 불리는 PEF로 나뉜다. 일반 사모 펀드는 소수 투자자들로부터 단순 투자 목적으로 자금을 모아 운용하는 펀드로 주식형 사모 펀드가 대표적이다. 이에 비해 PEF는 특정 기업의 주식을 대량 인수해 경영에 참여하는 방식으로 기업 가치를 높여 되팔아 수익을 남기는 펀드이다.

④ 헤지 펀드

헤지 펀드(Hedge Fund)는 투자 위험 대비 높은 수익을 추구하는 적극적 투자 자본을 말한다. 금융 당국의 규제를 상대적으로 적게 받는 투자 자금을 의미하는 단어로 주로 사용된다. 따라서 헤지 펀드는 투자 지역이나 투자 대상 등 당국의 규제를 받지 않고 고수익을 노리지만 투자 위험도 높은 투기성 자본이다. '헤지'란 본래 위험을 회피·분산시킨다는 의미이지만 헤지 펀드는 위험회피보다는 투기적인 성격이 더 강하다.

4) 주가 지수 연동 상품

① ELS(Equity Linked Securities : 주가 연계 증권)

ELS는 증권사에서 발행, 판매하는 상품으로 개별 주식이나 주가 지수의 변동에 따라 수익률이 결정되는 파생 상품이다. 목표 수익률에 따라 ELS의 구조가 다양하기 때문에 투자자의 관점과 위험 선호도에 따라 상품을 선택할 수 있다. ELS는 예금 대비 높은 수익률을 추구하면서도 주식이나 선물옵션에 비해서는 안전한 투자를 원하는 투자자에게 적합한 상품이다. 하지만 원금보장형 ELS라 할지라도 손실구간에서 중도 해지할 경우, 원금 손실 가능성이 있다는 단점이 있다.

② ELF(Equity Linked Fund : 주가 지수 연계 펀드)

ELF는 증권사나 은행에서 판매하는 금융 상품으로, 개별 주식의 가격이나 주가지수

와 연계하여 수익률이 결정되는 파생 상품이다. ELS를 펀드형태로 만들어 판매하는 상품으로, 상품구조는 ELS와 거의 유사한 편이다. 하지만 ELF는 펀드 형태로 판매되기 때문에 주식매매 차익이 비과세된다는 장점이 있다. ELF 가입 시 주의할 점은 원금 보존 추구형 상품일지라도 원금 보존을 추구하여 운영할 뿐 실제 운용과정에서 손실이 발생할 경우 원금이 보장되지 않을 수 있다는 점이다.

(5) 기타 투자 상품

자산을 합리적으로 관리하기 위해서는 투자의 대상이 되는 다양한 금융 상품들의 특징을 이해해야 한다. 주식과 채권 이외에도 투자 수단으로 활용되는 여러 가지 금융 상품들이 존재한다.

1) 어음 관리 계좌(CMA : Cash Management Account)

증권 회사 및 종합 금융 회사의 대표적인 수시 입출금식 실적 배당형 단기 금융 상품으로서 결제 기능이 결합된 금융 상품이다. 종합 자산 관리 계좌라고도 한다. 고객이 예치한 자금을 어음이나 양도성 예금 증서(CD), 국공채 등의 채권에 투자하여 그 수익을 고객에게 돌려주는 상품이다. CMA는 투자 대상에 따라 MMF형 CMA, MMW형 CMA, 종금형 CMA, RP형 CMA 등이 있다.

- **MMF형 CMA** : 펀드처럼 실적을 배당하는 CMA
- **MMW형 CMA** : 실적 배당형 상품으로 채권 및 CD 등에 투자하여 운용하는 CMA
- **종금형 CMA** : 5,000만원 까지 예금자 보호를 받을 수 있는 CMA
- **RP형 CMA** : 국공채나 회사채에 투자하는 확정금리형 CMA

---

2) 환매 조건부 채권(RP : Repurchase Agreements)

금융 기관이 보유하고 있는 국채, 지방채, 공사채, 상장법인 등이 발행한 채권 등의 유가 증권을 일정 기간 경과 후 일정가액으로 다시 환매수할 것을 조건으로 고객에게 매도하는 금융 상품이다. 즉, 파는 쪽에서 사는 쪽에게 정해진 기간이 되면 반드시 일정한 가격으로 다시 사겠다는 약속을 하고 거래하는 채권이다. 이러한 조건으로 채권을 사고파는 이유는 장기로 발행되는 채권의 유동성을 높여주기 위해서이다. 장기 채권을 한 번 사면 만기가 될 때까지는 돈이 묶이게 되므로 사기 전에 여러 가지를 고려할 필요가 있기 때문이다. 결국 RP는 1~3개월 물이 일반적이며 중도환매도 가능하기 때문에 장기 채권의 유동성을 높여주는 기능을 함으로써 채권 유통 시장의 발전에 기여하고 있다.

3) 기업 어음(CP : Commercial Paper)

기업이 단기 자금조달 목적을 위해 발행하는 어음 형식의 단기 채권을 말한다. 기업과 투자자 사이의 자금 수급, 신용도 등을 고려하여 이율이 결정된다. 보통 신용도가 높은 기업이 무담보-단기 어음으로 발행하며, 기업은 금융 기관을 통해 기업 어음을 발행하게

되며 금융 기관은 다시 일반고객들을 상대로 판매하게 된다. 어음의 기간은 보통 1년 이내로 규정되어 있으며 이자율은 연 40% 이내로 변동 금리가 적용된다. 2013년 9월 19일을 기준으로 우리나라 기업들은 62조 5,432억원의 CP를 발행했다.

6 **채무 조정 제도**

채무 조정 제도는 채무자를 대상으로 상환 기간의 연장, 분할 상환, 이자율 조정, 변제기한 유예, 채무 감면 등의 채무 조정 수단을 통해 경제적으로 재기할 수 있도록 지원하는 제도이다. 카드나 은행 빚 등 피치 못할 사정으로 부채가 너무 많아서 본인이 감당하기 어려울 경우 민간이나 정부에서 운영하는 채무 조정 제도의 도움을 받을 수 있다.

(1) 개별 금융 회사의 채무 조정 지원

각 금융 회사는 고객 중 연체자를 위한 채무 조정 지원 프로그램을 운영하고 있다. 이 프로그램은 1개 금융 회사에 소액의 부채가 있는 경우 사용할 수 있다. 만일 금융회사에서 돈을 빌린 후 채무를 기한 내에 갚지 못할 경우 연체 기한을 넘기지 말고 미리 해당 금융 회사와 상담을 하는 것이 좋다.

> **• 대환 대출**
>
> 대환 대출이란 이미 받은 대출금을 갚기 위해 금융 회사로부터 새로 대출을 받는 제도이다. 새로 대출을 해줄 뿐 아니라 장기적으로 나눠서 갚을 수 있도록 대출금을 분할해주기도 한다. 대환 대출금의 이자율은 20%가 넘는 고리이므로 일단 연체를 막을 수는 있지만 여전히 빚에 대한 부담은 남으니 대환 대출을 받기 전에 이런 점들을 고려해서 결정해야 한다.
>
> **• 신용 회복 지원 제도**
>
> 실직이나 사고 혹은 기타 불가치한 이유 등으로 인하여 자신의 현재 소득 수준으로는 정상적인 채무 상환이 어려운 과중 채무자를 대상으로 채무 감면, 장기 분할 상환, 상환 유예, 이자율 인하 등의 수단을 제시하여 안정적인 채무 상환이 이루어질 수 있도록 도와주는 제도이다. 신용 회복 지원 제도에는 개인 워크아웃, 개인 회생, 개인 파산이 있다.

(2) 개인 워크아웃 제도

개인 워크아웃 제도는 개인 연체자에게 신용 회복의 기회를 주고 금융 회사도 연체된 빚을 받을 수 있도록 금융 회사들이 자발적 협약을 통해 신용회복위원회라는 민간 기구를 만든 후 운영하고 있는 제도이다. 지원 내용은 연체 이자 전액 감면, 원금은 최대 1/2 범위 내에서 감면될 수 있다. 지원이 결정되면 채무자는 매월 조정된 금액을 신용회복위원회에 입금하고 신용회복위원회는 금융회사에 전달하는 역할을 한다.

(3) 프리워크아웃 제도(사전 채무 조정)

프리워크아웃 제도는 실직, 휴업, 폐업, 재난, 소득 감소 등으로 연체가 발생하여 장기화가 예상되는 단기 연체 채무자가 금융 채무 불이행자로 전락하는 것을 방지하여 정상적인 경제 활동이 가능토록 지원하는 제도이다. 2009년 4월 13일부터 1년간 한시적으로 시행 예정이었으나 매 1년씩 연속 연장됐고, 2011년 '금융위 서민금융종합대책'을 통해 2년간(2013년 4월 12일) 연장됐다.

(4) 개인 회생 제도

채무액이 크고 사채를 사용해서 신용회복위원회의 도움을 받을 수 없다면 거주 지역의 해당 법원을 통해 채무 조정 지원 서비스를 받을 수 있다. 이러한 지원 서비스에는 개인 회생과 개인 파산이 있다. 개인 회생 제도는 재정적 어려움으로 인해 개인 경제 상태가 파산에 직면한 개인 채무자로서 장래 계속적으로 수입을 얻을 가능성이 있는 자에게 채권자 등과의 채무 관계를 법률로 조정해 주는 제도이다. 채무자의 경제적 회생과 채권자의 채권 회수 및 이익을 도모할 수 있는 절차로서 개인 채무자 중 장래 계속적으로 급여 소득이나 영업 소득을 얻을 수 있는 채무자가 신청할 수 있다. 변제 계획안을 제출하고 법원이 인가하면 계획안에 따라 5년 동안 변제 계획의 수행을 완료할 경우 법우니 면책 결정을 한다. 이때 5년 동안 갚는 돈이 신청 시점에서 갚을 수 있었던 돈보다 많아야 한다. 개인 회생 제도는 무엇보다도 원금 탕감이 가능하다는 장점이 있다. 그리고 금융 채무 외에 보증, 사채 등 모든 부채를 포함한다. 개인 회생 제도는 연체자가 아니어도 신청할 수 있으며 채무자가 각종 전문 자격을 유지할 수 있다. 하지만 소득이 없거나 불확실한 채무자는 이용할 수 없다는 단점이 있다. 그리고 초기 신청 비용이 많이 들 뿐만 아니라 신청 절차가 까다롭고 확정되기까지는 시간이 걸린다.

> **• 신용 회복 위원회**
> 2002년 10월에 과중 채무자 급증에 따라 '금융 회사 간 신용 회복 지원 협약'에 의해 만들어진 비영리 사단법인으로 개인 연체자에게 신용 회복의 혜택을 주고 금융 회사는 연체된 채무를 받을 수 있도록 한다.
>
> **• 신용 회복 지원 협약**
> 금융 회사 간 자율적 합의에 의해 체결된 협약으로 신용 회복지원의 근거가 된다. 현재 은행, 새마을 금고, 여신 금융 회사 등 3,700여 개의 금융사가 참여하고 있다.

(5) 개인 파산 제도

파산은 채무자가 채무 이행을 할 수 없게 되었을 때 다수 채권자들에게 공평한 변제를 받도록 하고 채무자에게는 그 채무를 면책하여 재기의 기회를 부여해 주고자 만들어진 제도이다. 파산법은 개인과 법인(회사) 모두에게 해당되는데 개인 파산은 통상 소비자 파산이라고

부른다. 개인 파산 제도란 개인이 남은 재산이 거의 없는 지급 불능 상태가 되었을 때 파산 신청을 하면 법원에서 채무자의 모든 재산을 강제적으로 금전으로 환가하여 채권자 전원에게 공평하게 배당하고 일정한 조건을 갖춘 경우에는 채무를 면제해주는 제도이다. 일반적인 파산 절차는 채무자 또는 채권자의 신청에 의해서 개시되지만 개인 파산은 대부분 채무자 스스로의 신청에 의해 파산이 개시된다. 개인인 채무자가 개인 사업 또는 소비 활동의 결과 자신의 재산으로 모든 빚을 갚을 수 없는 상태에 빠졌을 때 채무 정리를 위해 스스로 파산 신청을 하는 것이다. 개인 스스로 파산 신청을 하고 법원이 파산 선고를 내리게 되면 그 개인은 곧바로 면책 신청을 할 수 있으며 법원으로부터 신청이 받아들여지면 빚에서 벗어날 수 있다. 하지만 면책 결정을 받으면 그만한 대가를 치러야 한다. 즉, 신원조회 시 파산 선고 사실이 나타나며, 공무원, 교원, 회계사 등이 될 수 없다.

- **면책 제도**

  자신의 잘못이 아닌 자연 재해나 경기 변동과 같은 불운으로 인해 파산 선고를 받은 '성실하나 불운한' 채무자에게 새로운 출발의 기회를 주기 위한 것으로 파산 절차를 통해 변제되지 않은 남은 채무에 대해 채무자의 변제 책임을 파산 법원의 재판에 의해 면제시키는 제도이다.

- **최저생계비 이상의 수입**

  본인의 소득에서 국민 기초 생활 보장법에서 정한 최저 생계비를 공제하고 남은 돈으로 8년 동안 나누어 갚을 수 있는 정도의 소득을 말한다.

소비자 신용과 관련한 제도의 비교

구분	사전 채무 조정 (프리워크아웃)	개인 워크아웃	개인 회생	개인 파산
운영 주체	신용회복위원회	신용회복위원회	법원	법원
시행 시기	2009.4.13.	2002.10.1.	2004.9.23.	1962.1.20.
대상 채권	협약 가입 금융 기관 보유 채권	협약 가입 금융 기관 보유 채권	제한 없음 (사채 포함)	제한 없음 (사채 포함)
채무 범위	5억원 이하	5억원 이하	담보 채무(10억원) 무담보 채무(5억원)	제한 없음
대상 채무자	연체 기간이 30일 초과 90일 미만	연체 기간이 3개월 이상인 자, 최저 생계비 이상의 수입이 있거나 부모 등의 도움으로 빚을 갚을 능력이 있는 자	과다 채무자인 봉급 생활자, 과다 채무자인 영업 소득자, 과다 채무자인 일정한 소득이 있는 자	파산 원인(재산 상태가 빚을 갚을 수 없을 만큼 약화된 채무자)

구분	사전 채무 조정 (프리워크아웃)	개인 워크아웃	개인 회생	개인 파산
채무 조정 수준	무담보 채권 최장 10년, 담보 채권 최장 20년 (신청일 기준)	최장 8년 상환 기한 연장 또는 분할 상환, 이자 채권 전액 감면, 원금은 최대 1/2까지 감면	변제 기간 5년 이내, 변제액이 청산 가치보다 더 클 것	청산 후 면책
법적 효력 (채무조정 효과)	사적 조정에 의해 변제 완료 시 면책	사정 조정에 의해 변제 완료 시 면책	변제 완료 시 법적 면책 (최장 5년 동안 빚을 갚고 나면, 변제 완료 시 법적 면책)	청산 후 법적 면책 (자산 모두 현금화 → 빚 청산 → 법원 면책 허가가 나면 남은 빚 면책)

(6) 예금자 보호 제도

1) 개념

금융 기관이 고객의 예금을 지급하지 못하게 될 경우 금융 기관에 대한 신뢰성은 큰 타격을 입게 된다. 이러한 사태를 방지하기 위하여 금융 기관 예금 등을 정부(예금보험공사)가 일정한 범위 내에서 보장해 주는 제도이다. 여기서 일정한 범위란 금융 기관별 1인당 원리금 5,000만원의 한도를 의미한다. 정부는 1995년 12월 29일에 국민이 안전한 여건 속에서 예금할 수 있도록 '예금자 보호법'을 제정하였다. IMF 경제 위기 이후 은행이 문을 닫게 되면서 소비자 보호에 관한 우려의 목소리가 높아짐에 따라 그 중요성이 더욱 부각된 것이다. 그러나 모든 예금 상품이 예금자 보호법에 의해 보호를 받는 것은 아니다. 정부는 1996년 6월 1일에 예금보험공사를 설립해서 예금자 보호 대상이 되는 예금을 취급하는 금융 회사로부터 보험료를 받아 운영하고 있다.

2) 역할 및 운영
• 예금자 보호 제도의 역할
• 예금 지급 불능 사태 방지

금융 기관이 영업정지나 파산 등으로 고객의 예금을 지급하지 못하게 될 경우 전체 금융 제도의 안정성이 큰 타격을 입게 된다. 예금자 보호 제도는 이러한 사태를 방지한다.

> • **예금보험공사**
> 예금보험공사는 금융 기관이 파산 등으로 예금을 지급할 수 없는 경우 예금의 지급을 보장함으로써 예금자를 보호하고 금융 제도의 안정성을 유지하는 업무를 담당하기 위해 예금자 보호법(1995년 12월 29일 제정)에 의거하여 설립(1996년 6월 1일) 되었다.
>
> • **예금자 보호법**
> 금융 기관이 파산 등으로 인해 고객의 예금을 지급하지 못하게 될 경우 예금자의 예금을 보호하려는 목적에서 제정된 법으로 예금보험공사는 금융 기관으로부터 보험료(예금보

험료)를 받아 기금(예금보험기금)을 적립한 후 금융 기관이 경영 악화나 파산, 영업정지 등의 사유로 예금을 지급할 수 없는 경우에 대신해서 예금을 지급한다. 금융 기관별로 예금자 1인당 예금 원리금 합계 5,000만원까지 보호하는 것으로 보호 한도는 금융 기관별로 산정되고, 예금자 개인별로 계산한다.

- **차등보험료율제**

  경영 및 재무상황 등을 고려하여 개별 부보 금융 회사(예금이 부분 보장되는 금융 기관)별로 보험료율을 달리 적용하는 제도이다. 부보 금융 회사별로 위험의 정도가 다름에도 불구하고 동일한 보험료율을 적용하는 데 형평성 문제가 제기됨에 따라 고안된 제도이다.

- 예금자 보호

  예금 보험은 '동일한 종류의 위험을 가진 사람들이 평소에 기금을 적립해 만약의 사고에 대비한다'는 보험의 원리를 이용해 예금자를 보호하는 역할을 한다.

- 부족한 재원 조성

  예금을 대신 지급할 재원이 금융 기관이 납부한 예금 보험료만으로 부족할 경우에는 예금보험공사가 직접 채권(예금 보험 기금 채권)을 발행하는 등의 방법을 통해 재원을 조성하게 된다.

3) 예금자 보호 제도의 운영

보험의 원리를 이용하여 예금자를 보호한다. 예금보험공사는 금융 회사로부터 예금 보험료를 받아 예금 보험 기금을 적립하였다가 금융 회사가 예금을 지급할 수 없게 되면 해당 금융 회사를 대신하여 일정 금액의 한도 내에서 예금 보험금을 지급한다.

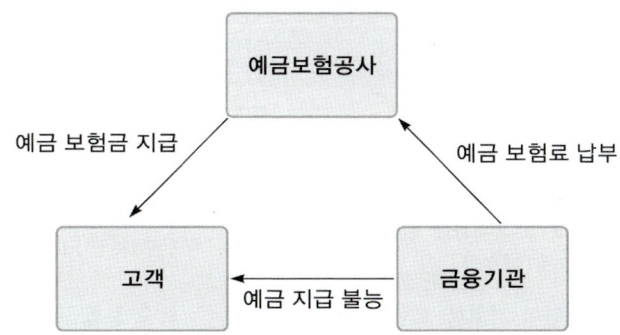

예금자 보호 제도의 구조

4) 예금자 보호 대상

정부는 가계 금융생활과 전체 금융 제도의 안정을 위해 예금자 보호법 등 법에서 정한 금융 상품에 가입한 금융 소비자를 보호하고 있다. 모든 금융 회사와 금융 상품이 예금자 보호법상의 보호 대상은 아니다. 이는 다수의 소액 예금자를 보호하고 부실 금융 회사를 선택한 예금자도 일정 부분 책임을 분담하기 위한 것이다.

- **예금 보험 기금(Deposit Insurance Fund)**
예금 업무를 취급하고 있는 금융 기관으로부터 일정 요율의 보험료를 납입 받아 적립해 두었다가 경영 부실 등으로 금융 기관이 예금을 상환할 수 없는 사태가 발생 하였을 때 이에 따른 예금자의 손실을 보전해 주기 위해 마련된 기금이다.

- 보호 대상 금융 회사
예금자 보호법상 보호 대상인 금융 회사에는 은행, 보험 회사(생명 보험 회사 및 손해 보험 회사), 투자 매매업자 및 투자 중개업자(증권 회사 등), 종합 금융 회사, 상호저축은행 등이 있다. 즉, 5개의 금융권이 해당된다. 그 외 농협과 수협의 지역 조합, 신용 협동조합, 새마을금고는 예금보험공사로부터 보호를 받지는 못하지만 관련 법률에 의해 업계 자체적으로 기금을 적립하여 예금자 보호를 위한 장치를 갖추고 있다.

- 보호 대상 금융 상품
예금자 보호법상의 보호 대상 금융 회사에서 판매하는 모든 금융 상품이 보호 대상인 것은 아니다. 예금보험공사는 예금 보험 가입 금융 기관이 취급하는 '예금 등'만을 보호한다. 그러므로 원금손실 가능성이 있는 금융 투자 상품(주식, MMF, 파생상품 등), 실적 배당 상품, 변액 보험, 후순위 채권 등은 보호하지 않는다. 즉, 대부분의 금융 투자 상품은 보호 대상 금융 회사에서 판매하더라도 보호 대상에서 제외된다.

예금자 보호 제도로 보호되는 금융 상품

구분	보호 금융 상품	비보호 금융 상품
은행	요구불 예금, 저축성 예금 등	양도성 예금 증서(CD), 환매 조건부 채권(RP), 실적 배당형 신탁 등
증권 회사, 자산 운용 회사	금융 상품 중 증권 등의 매수에 사용되지 않고 고객계좌에 현금으로 남아 있는 금액 등(예수금)	수익 증권, 뮤추얼 펀드, MMF, 환매 조건부 채권(RP), 어음 관리 계좌(CMA) 등
보험	개인이 가입한 보험 계약	보증 보험 계약, 재보험 계약 등
종합 금융 회사	발행 어음, 표지 어음, 어음 관리 계좌(CMA) 등	수익 증권, 뮤추얼 펀드, MMF 환매 조건부 채권(RP), 종합 금융 회사 발행 채권 등
상호 저축 은행	보통 예금, 저축 예금, 정기 예금, 적금, 표지 어음 등	상호 저축 은행 발행 채권 등

- **실적 배당 상품**

  실적 배당 상품은 대체로 위험성이 높고 수익이 높다는 특징을 가지고 있기 때문에 금융 회사의 운용 수익이나 손실에 따라 배당이 결정될 수 있으므로 원금 보장이 되지 않는다는 문제점을 가지고 있음

- **수익 증권**

  고객이 맡긴 재산을 투자 운용해 발생하는 이익을 받을 권리를 표시하는 증권

고범석의 금융상식 기출·예상문제 및 단답형 문제집

경제이론

미시경제학

Ⅰ. 경제학의 기초

1 경제의 어원

(1) 동양에서는 경세제민(經世濟民) 즉, 세상을 경륜하고 백성을 구제한다는 뜻
즉, 사회를 조직적으로 관리하고 국민의 생활을 향상시키는 것

(2) 희소한 경제적 자원을 활용하는 최선의 방법을 선택하는 학문

2 경제 활동의 주체

경제활동의 주체는 가계, 기업, 정부, 외국 4가지

가계	소비 활동의 주체 / 기업, 정부에서 생산한 것을 소득의 한도내에서 소비
기업	생산 활동의 주체 / 가계, 정부, 외국에게 생산한 것을 판매
정부	생산, 소비활동의 주체 / 조세로 사기도 하고 팔기도 함
외국	생산, 소비활동의 주체 외국회사가 국내기업에서 수입해가기도 하고 수출해가기도 함

3 경제 활동의 객체

객체의 두 가지는 재화와 서비스

재화는 인간의 욕망을 충족시킬 수 있는 효용을 가진 외형이 있는 물자이며, 서비스는 물자의
형태를 취하지 않고 생산과 소비에 필요한 노무를 제공하는 것

4 희소성의 법칙 – 자원제한, 욕망무한

① 인간의 욕망은 무한한데 비하여 이를 충족시켜 줄 수 있는 경제적 자원은 제한되어 있어서
경제문제가 발생하는 것을 말한다.

② 즉, 재화의 절대적인 양이 부족함을 의미하는 것이 아니고, 인간의 욕망에 비해 상대적으로 부족한 것을 말한다.

5 합리적 선택

① 여러 선택가능성 중 가장 작은 대가를 요구하는 것을 말한다.
② 동일한 비용이라면 효용을 극대화 할 수 있는 선택 / 동일한 효용이라면 비용을 최소화 할 수 있는 선택
③ 그러므로 합리적 선택을 위해서는 각각의 선택이 요구하는 대가가 무엇인지 정확히 알아야 하며 이 선택의 대가를 경제학에서는 기회비용이라는 개념으로 나타낸다.

6 기회비용과 매몰비용

기회비용 (opportunity cost)	① 어떤 것을 선택함으로 포기할 수 밖에 없는 많은 선택가능성 중에서 가장 가치 있는 것 ② 회계비용에는 인건비, 임대료 등 누가 보아도 비용임이 명백한 것들만이 포함되지만 기회비용에는 명백한 비용뿐 아니라 암묵적 비용도 포함
매몰비용(sunk cost)	① 일단 지출된 후에는 다시 회수할 수 없는 비용 ② 매몰비용은 명백한 비용이기는 하지만 경제적 의사결정 고려시 제외해야 하는 비용

7 경제의 3대문제 – P. A. Samuelson

(1) 어떤 재화를 얼마만큼 생산할 것인가? (생산물의 종류와 수량)
   자원이 제한되어 있으므로 어떤 재화와 서비스를 얼마만큼 생산할 것인지를 결정해야 함

(2) 어떻게 생산할 것인가? (생산방법)
   생산물의 종류가 결정되면 어떤 방법으로 생산할 것인지에 대한 결정이 이루어져야 한다.

(3) 누구를 위하여 생산할 것인가? (소득분배)
   생산된 재화와 서비스를 사회구성원에게 배분하는 방법이 결정

8 생산요소

2대 생산요소	노동, 자본
3대 생산요소	노동, 자본, 토지
4대 생산요소	노동, 자본, 토지, 기술

9 미시와 거시

미시경제이론 (microeconomics)	① 자원배분과 분배의 문제에 관심의 초점 ② 개별상품시장에서 이루어지는 균형이 주요관심대상이며 균형의 결과로 나타나는 개별상품의 생산량과 가격에 분석의 초점을 맞춘다.
거시경제이론 (macroeconomics)	① 경제의 안정과 성장의 문제를 주요한 탐구대상으로 삼는다. ② 경제단위사이의 연관성을 유기적으로 분석해야 하기 때문에 상품과 경 제단위의 개별성은 희생되고 집계(aggregate)변수를 사용한다.

Ⅱ. 수요 · 공급이론

1 수요

(1) 개념

일정기간 동안에 일정수량을 수요자들이 구입하고자 의도하는 욕망

(2) 유량변수와 저량변수

유량(flow)	일정기간 동안 경제 조직속으로 흐르는 양을 의미하는 것으로 수요, 공급, 투자, 국민소득, 국제수지 등이 해당된다.
저량(stock)	어떤 특정시점을 기준으로 파악된 경제조직 등에 존재하는 (또는 경제주체가 소유하는) 재화전체의 양을 말하며 통화량, 외채, 자본량, 외환보유액 등이 해당된다.

(3) 수요의 법칙(law of demand)과 예외

  1) 개념

    ① 가격이 상승(하락)하면 수요량이 감소(증가)하는 관계를 의미

    ② 가격과 수요량 사이의 역관계

  2) 법칙의 예외 – 기펜재 (Giffen goods)

    ① 열등재의 한 특수한 경우로 가격이 하락하면 수요량이 오히려 줄어드는 상품

    ② Sir Robert Giffen은 Irish 농부들이 감자값이 올랐을 때 더 많은 감자를 사는 것을 발견했고, 그 후에 그의 이름을 따서 이러한 재화를 Giffen재라고 함

(4) 수요곡선위의 운동(수요량의 변화)과 수요곡선의 이동(수요의 변화)

  1) 수요곡선위의 운동(수요량의 변화)

    ① 해당재화 가격(P_X) 변화에 따라 재화의 소비자 구입수량의 변화

    ② 수요곡선 상에서의 이동발생

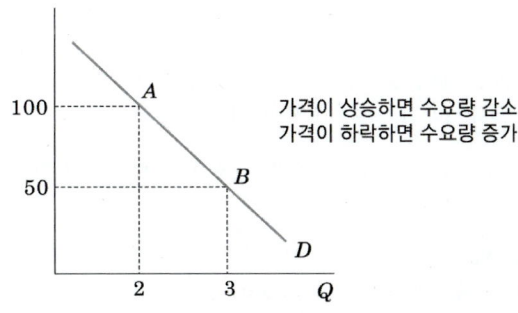

가격이 상승하면 수요량 감소
가격이 하락하면 수요량 증가

2) 수요곡선의 이동요인(수요의 변화)

가) 연관재화의 가격(대체재와 보완재)

대체재	주어진 소비목적 충족을 위하여 한 상품을 다른 상품대신에 소비해도 되는 경우 (ex, 소주와 양주) 소주가격 상승 – 소주수요량 감소 – 양주수요 증가
보완재	주어진 소비목적 충족을 위하여 두가지 상품을 함께 소비해야 하는 경우 (ex, 커피와 커피프림) 커피가격 상승 – 커피수요량 감소 – 커피프림 수요 감소

나) 소비자들의 소득(정상재와 열등재)

정상재(보통재)	소득 증가시 수요가 증가하는 재화(ex, 소고기)
열등재	소득 증가시 수요가 감소하는 재화(ex, 돼지고기)

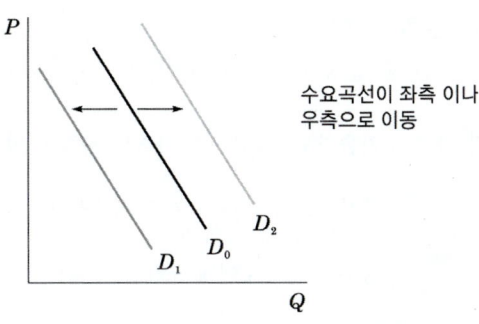

수요곡선이 좌측 이나
우측으로 이동

(5) 네트워크 효과

1) 네트워크(network) 효과란?

특정상품에 대한 개인의 수요가 타인의 수요에 의해 영향을 받는 것을 네트워크 효과라
한다.

2) 종류

밴드웨건 효과 (bandwagon effect) – 편승효과, 악대차효과	주위 사람들이 모두 어떤 물건을 사기 시작해 일종의 유행이 되는데 영향을 받아 그 물건을 사게 되는 것
스납효과 (snob effect) – 속물효과, 백로효과	어떤 상품을 소비하는 사람의 숫자가 증가함에 따라 그 상품에 대한 수요가 줄어드는 효과
베블렌 효과 (veblen effect) – 과시효과, 허영효과	재화가격이 상승할 때 오히려 그 재화의 소비량이 증가하는 효과

2 공급

(1) 개념

공급이란 생산자가 일정기간동안 재화(나 서비스)을 판매하려고 희망하는 것을 말한다.

(2) 공급의 법칙(law of supply)

① 가격이 상승(하락)하면 공급량이 증가(감소)하는 관계를 의미

② 가격과 공급량 사이의 정(+)의 관계

③ 상품가격이 올라갈 때 기업이 더 많은 양의 상품을 공급

④ 기업이 생산량을 늘릴 때 추가적으로 생산되는 것에 대해서는 더 높은 생산비용을 들여야 함

(3) 공급곡선위의 운동(공급량의 변화)과 공급곡선의 이동(공급의 변화)

1) 공급곡선위의 운동(공급량의 변화)

① 해당재화 가격의 변화

② 공급곡선 상에서의 이동이 발생

2) 공급곡선의 이동(공급의 변화) 요인

공급을 결정하는 변수들 중 일정하다고 가정하였던 변수들의 변화로 공급곡선 자체가 이동

기술의 변화, 생산요소의 가격	기술진보, 생산요소 가격의 하락이 발생하면 공급곡선이 우측이동
미래에 대한 기대	생산자들이 미래에 가격 상승을 예상하면 공급곡선이 좌측이동
조세	정부가 생산자에게 조세를 부과하면 공급곡선이 좌측이동
연관재화의 가격	① 대체재의 경우 어느 한 상품의 가격이 상승하면 다른 상품의 공급은 감소 ② 결합생산물의 경우 어느 한 상품의 가격이 상승하면 그 상품의 공급량 뿐 아니라 다른 상품의 공급도 동시에 증가
비금전적 비용	어떤 상품을 공급할 때 마다 비금전적 비용이 추가된다면 공급은 감소

Ⅲ. 탄력성

1 수요의 가격 탄력성

(1) 개념

수요의 가격탄력성(ϵ_p)이란 해당상품의 가격에 변화가 생겼을 때 수요량의 변화를 측정하기 위해 고안된 개념

$$\epsilon_p = 수요량의\ 변화율/가격의\ 변화율$$

$$= -\frac{\Delta Q^D / Q^D}{\Delta P / P} = \frac{\Delta Q^D}{\Delta P} \cdot \frac{P}{Q^D}$$

(2) 가격탄력성의 구분과 판매수입(매출액)과의 관계

① 판매수입이란 $P \cdot Q$를 말하며 기업은 판매수입(매출액), 소비자입장에서는 총지출액이라 한다.

② 가격이 변할 경우 기업의 판매수입($P \cdot Q$)이 변하는 정도는 수요의 가격탄력성과 밀접한 관계가 있음

③ 가격이 탄력적이면 가격 변화 시 소비자들이 민감하게 반응하므로 가격변화 보다 수요량이 더 많이 변동하게 되어 가격변동과 판매수입은 역의 관계를 가진다.

④ 가격이 비탄력적이면 가격 변화 시 소비자들이 가격에 둔감하므로 가격변화보다 수요량이 적게 변동하게 되어 가격변동과 판매수입은 정의 관계를 가진다.

가격탄력성의 크기	기업의 판매수입($P \cdot Q$)	
	가격 하락시	가격 상승시
$0 < \epsilon_P < 1$(비탄력적)	감소	증가
$\epsilon_P = 1$(단위탄력)	불변	불변
$\epsilon_P > 1$(탄력적)	증가	감소

(3) 가격탄력성 결정요인

상품의 성격	필수품의 ϵ_p는 작고 사치품의 ϵ_p는 큼
대체재의 존재여부	긴밀한 대체재가 존재할수록 ϵ_p는 커진다.
지출비중	소비자의 전체지출에서 차지하는 비중이 클수록 ϵ_p는 커진다.
시간	고려되는 시간이 길수록 ϵ_p는 커진다.
상품의 정의	보다 폭넓게 정의될수록 ϵ_p는 작아진다.

(4) 수요곡선의 형태와 가격탄력성

   1) 수요곡선이 수평선인 경우

     탄력성이 모든 점에서 ∞로 일정

   2) 수요곡선이 수직선인 경우

     탄력성이 모든 점에서 0으로 일정

   3) 수요곡선이 직각쌍곡선인 경우

     ① 직각쌍곡선이란 $P \cdot Q$ =상수로 일정한 경우를 말한다.

       (ex, $P \cdot Q = 100, P \cdot Q = 50$)

     ② 수요곡선이 직각쌍곡선의 형태인 경우 탄력성이 모든 점에서 1로 일정

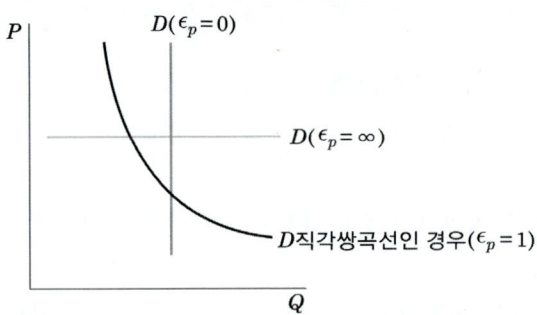

2 공급의 가격탄력성

(1) 개념

   공급의 가격탄력성(η)이란 고려대상이 되는 상품의 가격에 작은 변화가 생겼을 때 공급량
의변화를 측정하기 위해 고안된 개념

$$\eta = 공급량의\ 변화율\ /\ 가격의\ 변화율 = \frac{\Delta Q^S}{\Delta P} \cdot \frac{P}{Q^S}$$

(2) 공급곡선의 형태와 가격탄력성

   ① 공급곡선이 수직선이면 공급의 가격탄력성은 0이다.

   ② 공급곡선이 수평선이면 공급의 가격탄력성은 ∞이다.

   ③ 공급곡선이 원점을 통과하는 직선이라면 공급의 가격탄력성은 1이 된다.

   왜냐하면 원점 통과하는 직선이면 $\frac{\Delta Q^S}{\Delta P}$와 $\frac{P}{Q}$를 곱한 값이 항상 1이 되기 때문이다.

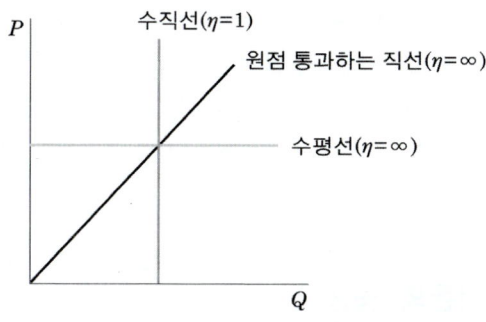

(3) 공급탄력성의 결정요인

비용 상승 정도	생산량이 증가할 때 비용이 급격히 상승할수록 비탄력적이게 된다.
저장 가능성 및 저장 비용	저장이 어렵고 저장비용이 많이 들수록 탄력성이 작아진다.
기간	보다 장기일수록 탄력성이 커진다.
생산전환 가능성	타 상품으로 생산 전환 가능성이 클수록 탄력성이 커진다.

Ⅳ. 시장 가격의 결정

1 시장

(1) 의미 : 수요자와 공급자가 만나 거래가 이루어지는 곳

(2) 예 : 동네 가게, 백화점, 병원, 증권시장, 인터넷 쇼핑몰 등

2 가격의 결정 – 시장에서 수요와 공급에 의해 결정

수요량 〉 공급량	초과수요 → 가격 상승
공급량 〉 수요량	초과공급 → 가격 하락
수요량 = 공급량	균형가격 결정

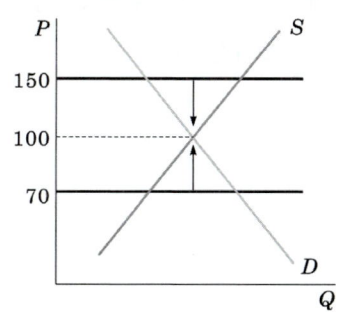

① 현재 공급곡선과 수요곡선이 만나는 점에서 균형을 이루며 현재 균형가격은 100이다.

② 이때 해당재화의 가격이 150으로 상승하면 초과공급이 발생하며 다시 가격이 하락한다.

③ 반면 해당재화의 가격이 70으로 하락하면 초과수요가 발생하며 가격이 상승한다.

④ 따라서 가격 상승과 하락을 통한 가격조정으로 불균형이 해소된다.

Ⅴ. 수요. 공급이론의 응용

1 소비자잉여

(1) 개념

어떤 상품에 대해 소비자가 최대한 지불해도 좋다고 생각하는 가격(수요가격)에서 실제로 지불하는 가격(시장가격)을 뺀 차액

(2) 설명

소비자가 재화 구입 시 최대한 지불할 용의가 있는 금액($A + B$)에서 실제 지불액(B)을 차감한 것을 말한다.

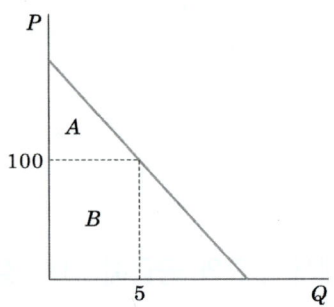

① 소비자의 실제 지불액 또는 총지출액은 현재 500원(100×5)이다.

② 그러나 소비자가 5개의 재화를 소비하고자 할 때 최대한 지불하고자 하는 금액은 5개까지의 수요곡선의 하방 면적으로 계산된다.

③ 따라서 소비자가 최대한 지불하고자 하는 금액은 ($A + B$)인데 실제 지불액은 B에 불과하므로 차액인 A가 소비자 잉여가 된다.

2 생산자 잉여

(1) 개념

판매금액에서 생산비용을 차감한 금액

(2) 설명

생산자가 재화 판매 시 판매수입($C+D$)에서 최소한 받고자 하는 금액(D)을 차감한 것을 말한다.

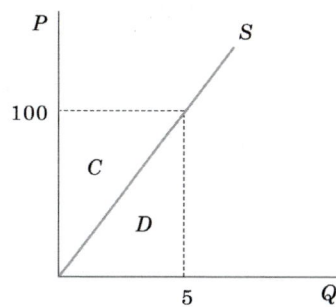

① 생산자의 판매수입은 현재 $500(100 \times 5)$이다.

② 그러나 생산자가 재화 5개 생산시 최소한 받고자 하는 금액은 5개까지의 공급곡선의 하방 면적으로 계산된다.

③ 따라서 생산자가 최소한 받고자 하는 금액은 (D)인데 판매수입은 ($C+D$)가 되므로 차액인 C가 생산자 잉여가 된다.

3 정부의 가격통제제도

	최고가격제(가격상한제)	최저가격제(가격하한제)
개념	정부가 가격상한을 설정	정부가 가격하한을 설정
목적	수요자 보호	공급자 보호
사례	임대료 통제, 분양가 상한제 등	최저임금제도
특징	초과수요와 암시장 발생	초과공급 발생

4 엥겔의 법칙과 슈바베 법칙 그리고 엔젤의 법칙

엥겔의 법칙	소득 증가시 가계의 총지출 중에서 음식비에 대한 지출비율이 감소
슈바베의 법칙	소득 증가시 주거비 지출액은 증가하나 가계의 총지출 중에거 주거비에 대한 지출비율이 낮아진다는 법칙
엔젤의 법칙	가계 총지출에서 교육비가 차지하는 비율로 불황이 심할수록 엔젤 계수가 커진다.

Ⅵ. 시장조직이론

1 완전경쟁시장

(1) 개념

어느 공급자와 수요자도 공급 및 구매량의 조절을 통해 시장가격에 영향을 줄 수 없을 정도로 시장에 많은 수의 공급자와 수요자가 있는 경우

(2) 조건

① 다수의 판매자와 구매자
② 기업의 자유로운 진입과 퇴거(장기)
③ 상품의 동질성
④ 완전한 시장정보

(3) 장점 및 단점

자원배분의 효율성이 달성되지만 소득분배의 공평성은 보장되지 못함

2 독점시장

(1) 개념

독점 시장이란 시장 전체를 통해서 어떤 재화를 공급하는 사람 또는 기업이 하나밖에 없는 시장의 형태

(2) 발생원인

규모의 경제에 따른 자연독점	가장 큰 생산 규모를 지닌 기업이 혼자서 시장의 수요를 다 감당할 수 있으며 동시에 생산비가 낮아지는 규모의 경제가 일어나는 경우에 발생
정부의인허가(특허권, 전매권)	정부의 보호나 규제에 의해 독점이 생김
생산요소 장악	물건을 만드는 원재료를 한 기업이 혼자서 독차지하고 있을 때 생겨남
시장의 협소성	한 기업이 만든 물건만으로 그 시장에서 필요로 하는 물건이 다 채워지게 되면 더 이상이 다른 공급자가 필요 없게 됨

> • 규모의 경제와 범위의 경제
>
> **1. 규모의 경제**
>
> 생산량이 증대함에 따라 그 단위당 평균비용이 체감(遞減)하는 경우
>
> **2. 범위의 경제**
>
> 한 기업이 2종 이상의 제품을 함께 생산할 경우, 각 제품을 다른 기업이 각각 생산할 때보다 평균비용이 적게 드는 현상

(3) 가격차별

　1) 개념

　　가격차별이란 독점기업이 이윤극대화를 위해 동일한 상품을 여러 가지 서로 다른 가격으로 판매하는 행위를 말한다.

　2) 성립조건

　　가격차별이 성립하기 위해서는 다음의 조건들이 충족되어야 한다.

　　① 소비자를 특성에 따라 둘 이상의 그룹으로 분리할 수 있어야 한다.

　　　가장 대표적인 구분기준은 수요의 가격탄력성이다.

　　② 전매가 불가능해야 한다.

　　③ 가격차별에 따른 이익이 시장분리에 따른 비용보다 커야 한다.

3 과점

(1) 개념

　소수의 거대기업이 시장의 대부분을 지배하는 형태

(2) 특징

기업간의 상호의존성	과점에서의 기업은 소수이므로 개별기업이 시장에 차지하는 비중이 매우 높기 때문에 한 기업의 생산량과 가격의 변화는 다른 기업의 이윤에 매우 큰 영향을 미친다.
비가격경쟁	과점기업들의 가격경쟁은 모두 이윤이 낮아지므로 광고나 상품 차별화 등의 치열한 비가격경쟁을 한다.
비경쟁행위	과점기업들은 자신의 이윤극대화를 위하여 담합이나 카르텔(cartel), 트러스트(trust) 등의 비경쟁행위를 하려는 경향이 강하다.
진입장벽	과점은 독점보다는 낮지만 높은 진입장벽이 존재한다.
전략적 행동	다른 기업들의 반응을 고려하는 가운데 자신에게 최선의 행동을 선택한다.

4 독점적 경쟁시장

(1) 개념

독점적 경쟁시장이란 완전경쟁 요소와 독점의 요소가 혼합된 시장형태를 의미한다.

(2) 특징

다수의 기업	시장 내에 완전경쟁보다는 적지만 다수의 기업(판매자)가 존재하므로 개별 기업은 독립적으로 행동한다.
자유로운 진입과 퇴거	완전경쟁과 같이 진입과 퇴거가 자유로워서 장기에는 정상이윤만 획득한다.
제품의 차별화	독점적 경쟁기업은 품질이나 디자인 등에서 다른 기업들과는 약간씩 차별화된 제품을 생산하므로 약간의 시장지배력을 갖는다. 즉, 수요곡선이 우하향 한다.
비가격경쟁	서로 비슷한 재화를 생산하므로 판매량의 증대를 위하여 제품가격보다는 품질개선이나 광고 등의 비가격경쟁을 하나 과점보다는 매우 약하다.

5 게임이론

(1) 의의

게임이론이란 두 명 이상의 사람들이 상호연관관계를 통하여 자신의 이익을 추구하고 있으나 어느 누구도 그 결과를 마음대로 좌우할 수 없는 경쟁적 상황, 즉 게임적 상황을 주로 분석하는 이론이다.

(2) 용의자의 딜레마(prisoner's dilemma, PD)

1) 의의

게임 이론의 유명한 사례로, 2명이 참가하는 비제로섬 게임의 일종이다.

이 사례는 협력을 통해 서로 이익이 되는 상황이 아닌 더욱 불리한 상황을 선택하는 문제가 발생되는 것을 보여주고 있다.

2) 상황

① 용의자 A와 B가 있다.

② 두 용의자는 심문받기 때문에 서로 의사전달, 즉 협조가 불가능하다.

③ 용의자가 택할 수 있는 전략은 용의점에 대한 부인과 자백이다.

3) 설명

	자 백	부 인
자 백	(20, 20)	(3, 25)
부 인	(25, 3)	(5, 5)

① 보수행렬의 숫자는 형량을 의미한다.

② 두 용의자의 우월전략은 자백이다.

③ 따라서 용의자의 딜레마 게임에서 균형은 두 용의자 모두 (자백, 자백)하는 것이다.

④ 그러나 Pareto 열등한 균형이 되는 이유는 ⅰ) 협조가 불가능하고 ⅱ) 게임이 단 한번으로 끝나고 반복되지 않기 때문이다.

> • **치킨게임(chicken game)**
> 서로 양보하지 않을 경우 양쪽 모두 파국으로 치닫게 되는 극단적인 게임이론을 말한다.

6 이윤극대화 조건

(1) 이윤 이란?

① 이윤 = 총수입 - 총비용

② 총수입은 시장조건에 의해 결정되고 총비용은 기업의 생산기술에 의해 결정된다.

(2) 이윤극대화 조건

① 이윤극대화를 가져다 주는 산출량이란 총수입과 총비용의 차이를 가장 크게 하는 산출량이다.

② 한계수입(MR) = 한계비용(MC)

한계수입이란 총수입의 증가분/ 생산량의 증가분이고 한계비용이란 총비용의 증가분/ 생산량의 증가분이다.

③ 한계수입 〉한계비용이면 생산량을 증가시키고 한계비용 〉한계수입이면 생산량을 감소시킨다.

④ 한계수입과 한계비용이 같을 때 더 이상 추가 이윤이 발생하지 않는 다는 것을 의미한다.

VII. 생산요소 시장과 소득분배이론

1 지대

(1) 개념

① 토지의 사용에 대한 대가

일반적으로 지대는 임금·이자·이윤 등과 같이 토지에 대한 수요와 공급의 균형에서 결정된다.

(2) 지대이론

차액 지대설(D. 리카도)	토지의 비옥도 또는 위치로 인한 생산성의 차이에서 지대가 발생
절대 지대설(K. 마르크스)	토지의 생산성에 관계없이 사적 소유에 지대가 존재 어떠한 토지에 대해서도 지급되므로 일반지대라고도 함

(3) 경제적 지대와 이전수입

경제적 지대(economic rent)	① 생산요소의 기회비용을 초과해 추가로 지불되는 보수를 말한다. ② 생산요소의 공급이 가격에 대해 비탄력적이기 때문에 추가로 발생하는 소득을 의미한다.
이전수입(transfer earning)	생산요소의 공급이 이루어지도록 하기 위해서 지급해야 하는 최소한의 금액 또는 생산요소의 기회비용을 의미한다.

(4) 지대추구행위(rent seeking behavior)

① 고정된 생산요소로부터 발생하는 경제적 지대를 얻거나 지키려고 노력하는 것을 의미한다.

② 이익집단들이 국회에 로비(lobby)하는 경우가 이에 해당된다.

(ex, 변호사 협회가 사법시험 합격자수를 제한하기 위하여 국회사법위원회에 로비하는 경우)

2 임금

(1) 개념

고용자와 피고용자와의 계약에 의하여 성립된 노동서비스의 대가

(2) 명목임금과 실질임금

명목임금	임금을 화폐단위의 금액으로 표시한 것
실질임금	명목임금을 물가로 조정한 것 명목임금의 구매력을 측정하는데 사용

3 소득분배이론

(1) 소득분배 불평등도 지수

1) 로렌츠 곡선

가) 개념

계층별 소득분포 자료에서 인구의 누적점유율과 소득의 누적 점유율사이의 대응관계를 그림으로 나타낸 것을 말한다.

나) 설명

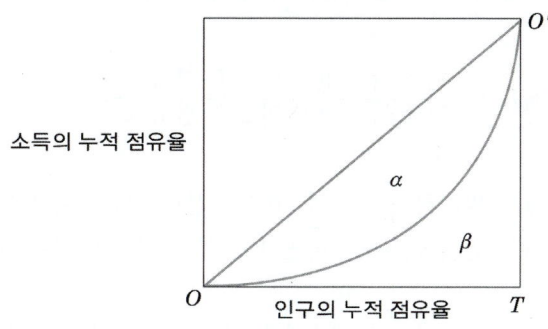

① 소득분배가 완전히 평등하다면 로렌츠 곡선은 원점을 통과하는 OO' 선이 된다. (45도선)

② 소득분배가 완전히 불평등하다면 로렌츠 곡선은 OTO' 로 도출된다.

③ 소득분배가 평등해 질수록 로렌츠 곡선은 대각선에 가까워진다.

다) 특징

① 로렌츠 곡선이 서로 교차할 경우에는 소득분배상태를 비교할 수 없다.

② 로렌츠 곡선은 서수적인 성격을 가지고 있다. 즉, 로렌츠 곡선을 통하여 소득분배를 비교할 수 있으나 얼마나 차이가 있는지는 비교할 수 없다.

2) 지니계수

가) 개념

로렌츠 곡선이 나타내는 소득분배 상태를 하나의 숫자로 나타낸 것을 말한다.

나) 산식

$$지니계수 = \frac{\alpha}{\alpha + \beta}$$

다) 측정치

① 소득분배가 완전히 평등하다면 $\alpha = 0$이 되어 지니계수는 0이 된다.

② 소득분배가 완전히 불평등하면 $\beta = 0$이 되어 지니계수는 1이 된다.

③ 따라서 지니계수는 0과 1사이의 값을 가지며 그 값이 작을수록 소득분배가 평등하다.

라) 특징

지니계수는 전 계층의 소득분배상태를 하나의 숫자로 나타내므로 기수적 성격을 갖고 있다.

3) 십분위 분배율

가) 개념

최하의 40%의 소득점유율을 최상위 20% 소득점유율로 나눈 값을 말한다.

나) 산식

$$십분위\ 분배율 = \frac{저소득층40\%의소득점유율}{고소득층20\%의소득점유율}$$

다) 측정치

① 소득분배가 완전히 균등하면 10분위 분배율의 값은 2가 된다.

② 소득분배가 완전히 불균등하면 10분위 분배율의 값은 0이 된다.

라) 특징

십분위 분배율은 특정소득 계층만을 나타낸다는 단점이 존재한다.

4) 오분위 분배율

① 소득수준 상위 20%의 소득을 하위 20%의 소득으로 나눈 배율을 말한다.

② 오분위 분배율은 고소득자와 저소득자 간 소득격차를 나타내는 것으로 오분위분배율이 높을수록 소득불평등이 심하다고 할 수 있다.

(2) 쿠츠네츠의 U자가설

① 쿠즈네츠의 U자가설은 역 U자 가설이라고도 한다. 이는 경제발전단계와 소득분배균등정도의 상관관계를 설명한 이론

② 경제발전 초기에는 분배의 불균등이 심화되나 경제발전의 성숙단계에 이르러서는 불균등이 완화되는 것을 말한다.

Ⅷ. 시장실패와 정부실패

1 시장실패

(1) 개념

① 시장실패란 시장기구가 자원을 효율적으로 배분하는데 실패하게 되는 현상을 말한다.

② 또는 시장실패란 파레토 최적의 자원배분을 달성하지 못하는 상태를 말한다.

> • **광의의 시장실패**
> 넓은 의미의 시장실패란 시장기구가 비효율성과 불공평성을 동시에 갖는 경우를 말한다.

(2) 시장실패의 요인

미시적 실패원인	거시적 실패원인
불완전경쟁 공공재 외부성 정보비대칭 불공평한 소득분배	물가 상승 실 업 국제수지 불균형

(3) 외부성(externality)

1) 개념

어떤 행위가 제 3자에게 의도하지 않은 혜택이나 손해를 가져다주면서 이에 대한 대가를 받지도 지불하지도 않을 때 외부성이 창출된다.

2) 외부경제와 외부불경제

외부경제 (positive externality)	상대방에게 혜택을 주는 외부성 (ex 고속도로, 개인에 의해 잘 가꾸어진 아름다운 공원)
외부불경제 (negative externality)	상대방에게 해를 입히는 외부성 (ex 환경오염)

(4) 공공재(public goods)

1) 개념

생산되는 즉시 그 집단의 모든 성원에 의해 소비의 혜택이 공유될 수 있는 재화 및 서비스

2) 특성

　가) 비경합성

　　어떤 개인의 재화나 서비스 소비가 다른 개인의 소비가능성을 감소시키지 않는 것을 말한다.

　나) 배제불가능성

　　일단 공공재의 공급이 이루어지고 나면 생산비를 부담하지 않는 개인이라고 할지라도 소비에서 배제할 수 없는 특성을 의미한다.

3) 무임승차자(free rider)의 문제

　가) 개념

　　개인들이 공공재 생산비는 부담하지 않으면서 생산이 이루어지면 최대한 이용하려는 행태를 말한다.

　나) 발생원인

　　공공재의 배제불가능성 때문에 발생

(5) 불완전한 정보(정보의 비대칭)

유형	개념	해결방안
역선택(adverse selection)	정보를 적게 갖고 있는 측이 바람직하지 못한 상대방과 거래할 가능성이 높아지는 현상을 말한다.	신호발송과 선별
도덕적해이(moral hazard)	어떤 계약이 이루어진 이후에 정보를 가진 측이 바람직 하지 못한 행동을 하는 현상을 말한다.	유인설계
주인 - 대리인 문제 (principal-agent problem)	주인의 입장에서 볼 때 대리인이 바람직스럽지 못한 행동을 하는 현상을 말한다.	유인설계

2 정부실패

(1) 정부의 개입

　① 시장실패의 존재는 정부개입의 필요조건이다.

　② 정부개입이 효율성을 증진시킬 수 있는 경우에 한해서만 개입을 시도하여야 한다.

(2) 정부실패(government failure)

　시장실패를 교정하기 위한 정부의 시장개입이 오히려 바람직스럽지 못한 결과를 초래할 수 있다.

(3) 발생원인

수입과 비용의 분리	정부의 주된 수입인 세금과 공공서비스나 정부산출물을 생산하는데 소요된 비용과 연계되어 있지 않으므로 비효율성 발생
파생적 외부효과	시장실패를 시정하려는 정부개입이 초래하는 예상하지 못하거나 비 의도적인 파급효과
내부성	정부조직의 목표는 사회적 목표나 공익과 무관하게 사익적인 경우가 많은데, 이를 내부성이라 함
분배적 불공평	정책이 이루어지기 위해서는 정책결정자나 집행자가 권한을 가지게 되는데 그 과정에서 부정과 비리가 행해지거나 교묘하게 특정집단이나 사람에게 이익을 가져다 줌

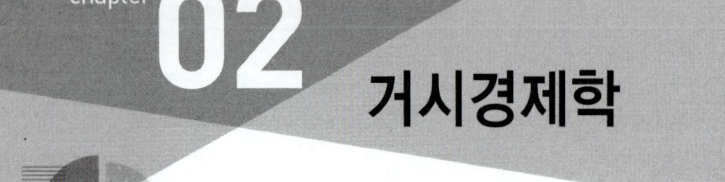

02 거시경제학

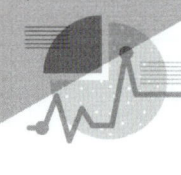

Ⅰ. 국민경제의 순환과 국민소득

1 국민경제의 총수요와 총공급

총수요	국민경제전체에 걸쳐 가계, 기업, 정부, 해외부문의 그 나라 최종생산물에 대한 수요를 모두 합계한 것이다. 따라서 총수요는 가계의 민간소비수요, 기업의 투자수요, 정부소비지출, 순수출수요의 합계이다.
총공급	일정기간동안 한 나라에서 생산된 재화와 서비스의 시장가치를 더한 것을 총공급이라고 한다.

2 경기침체와 경기과열

(1) 경기침체 시

① 경기침체 시에는 소비지출과 투자지출 등이 감소하므로 총공급이 총수요보다 커진다.

→ 총공급(Y) 〉 소비지출 (C) + 투자지출 (I) + 정부지출 (G) + 순수출 (NX)

② 따라서 총수요 확대정책을 실시해서 총공급과 총수요를 일치시켜야 한다.

(2) 경기과열 시

① 경기과열 시에는 소비지출과 투자지출 등이 증가하므로 총수요가 총공급보다 커진다.

→ 총공급(Y) 〈 소비지출 (C) + 투자지출 (I) + 정부지출 (G) + 순수출 (NX)

② 따라서 총수요 억제정책을 실시해서 총공급과 총수요를 일치시켜야 한다.

3 국민소득 3면 등가의 법칙

(1) 의의

GDP는 일정기간 동안 생산된 최종재의 시장가치의 합이므로 생산측면에서 측정된 것이다. 생산된 것은 생산에 참여한 생산요소의 소득으로 분배가 되므로 분배측면으로 측정할 수 있다.

또한 생산요소 공급자의 입장에서는 분배된 소득을 가지고 생산된 재화와 서비스를 구입할 수 있으므로 지출측면으로 측정할 수도 있다.

(2) 삼면등가의 법칙

1) 개념

국민소득을 측정할 때 생산측면과 분배측면과 지출측면으로 측정할 때 일치한다는 것이다.

국내총생산(GDP) = 국내총소득(GDI) = 국내총지출(GDE)

2) 국내총소득(GDI)

국내총소득은 다시금 소비와 저축과 조세로 나누어 질 수 있기 때문에 다음과 같은 식으로도 표현할 수 있다.

GDI = 소비지출(C) + 저축(S) + 조세 (T)

3) 국내총지출(GDE)

국내총지출은 경제주체에 따라 소비지출, 투자지출, 정부지출, 순수출로 구분된다.

(가) 소비지출(consumption)

소비란 소비자들이 재화와 서비스에 대하여 지출한 것을 말한다.

(나) 투자지출(investment)

투자지출이란 자본재의 구입을 말하며 기업의 투자지출과 정부의 투자지출이 포함된다. 투자지출은 주식, 채권 등을 구입하는 것을 말하는 것이 아니라 다른 재화의 생산에 투입되는 재화인 기계나 공장설비 등의 구입을 말한다.

또한 가계의 신축 주택 구입에 대한 지출도 투자지출로 분류된다.

(다) 정부지출(government purchase)

정부지출이란 정부가 재화와 서비스를 구입하는 것을 말한다.

이전지출이란 정부가 대가없이 지불한 것으로 실업연금 및 저소득층에 대한 보조 등이 있다. 이전지출은 정부가 재화와 서비스를 구입한 것이 아니므로 정부가 주체이긴 하지만 정부지출로 분류되지는 않는다.

(라) 순수출(net export)

순수출이란 수출에서 수입을 차감한 금액이다.

수입을 차감하는 이유는 소비지출과 투자지출 그리고 정부지출에 수입재를 구입하는 것이 포함되어 있기 때문이다.

(3) 국민소득 방정식

국민소득이 결정되는 변수를 보여주는 방정식으로 삼면등가의 법칙을 이용하여 다음과 같이 계산된다.

GDP = 소비지출 (C) + 투자지출 (I) + 정부지출 (G) + 순수출 (NX)

1 국내총생산(GDP)

(1) 배경

① 90년대 들어 국가 간의 자본 및 노동의 이동과 기술이전들이 활발해지면서 요소소득의 규모가 커져 GNP와 GDP간의 괴리가 확대

② 1994년부터 생산의 중심지표를 GNP에서 GDP로 바꾸고 소득지표로서 GNP대신에 GNI (국민총소득)가 개발

(2) 개념

일정기간 동안 한나라 안에서 생산된 모든 최종생산물의 시장가치

일정기간동안	유량개념으로서 일반적으로 1년이 기준
한 국가안에서	속지주의 개념
생산된	생산과 관련 있어야 하므로, 부동산 투자, 주식거래, 골동품판매 수입은 포함되지 않는다.
최종생산물	① 중간 생산물은 포함되지 않는다 ② 최종생산물은 부가가치의 합과 일치한다.
시장가치	시장에서 거래된 것만 포함되므로 주부의 가사노동은 포함되지 않는다.

(3) 종류

1) 실질 GDP와 명목 GDP

실질 GDP	실질GDP는 당해연도의 생산물에 기준연도가격을 곱하여 계산하므로 물가의 영향을 받지 않는다.
명목 GDP	명목 GDP는 당해 연도의 생산물에 당해연도 가격을 곱하여 계산하므로 물가의 영향을 받는다.
GDP 디플레이터(deflator)	일종의 물가지수 GDP 디플레이터 = (명목 GDP/실질 GDP)*100

2) 실제 GDP와 잠재 GDP

실제 GDP	한 나라 안에서 실제 생산된 모든 최종 생산물의 시장가치
잠재 GDP	한 나라에 존재하는 모든 생산요소를 정상적으로 사용한 경우 달성 가능한 최대의 GDP

(4) GDP 갭

    1) 개념

        GDP갭은 잠재GDP에서 실제GDP를 뺀 값을 말한다.

        GDP갭 = 잠재 GDP - 실제 GDP

    2) GDP갭 > 0인 경우

        GDP갭이 양수인 경우 잠재 GDP가 실제 GDP보다 크므로 실업이 존재하며 총수요증대 정책을 사용하여야 한다.

    3) GDP갭 < 0인 경우

        GDP갭이 음수인 경우 실제 GDP가 잠재 GDP보다 크므로 인플레이션이 발생하며 총수요억제정책을 사용하여야 한다.

2 국민총소득(GNI)

(1) 성격

    생산활동을 통해서 획득한 소득의 실질 구매력을 나타내는 지표

(2) 개념

    ① 한 나라의 국민이 생산활동에 참여한 대가로 받는 소득의 합계로서 해외거주자가 받은 소득(국외수취요소소득)은 포함되고 국내총생산(GDP) 중에서 외국인에게 지급한 소득(국외지급요소소득)은 제외

    ② GNI = GDP + 국외순수취요소소득(국외수취요소소득 - 국외지급요소소득) + 교역조건 변화에 따른 무역손익

    교역조건이란 수출단가/수입단가($\frac{P_X}{P_M} \times 100$)를 의미하는 것으로 환율과 역관계이다.

3 후생지표(measure of economic welfare, MEW)

(1) 의의

    국민총생산(GNP)이 복지의 지표로서 갖는 결함을 완화하기 위해 미국의 노드하우스 (W.D.Nordhaus)와 토빈(J.Tobin)이 제안한 개념

(2) 개념

    경제후생지표는 GDP에 가정주부의 서비스와 여가의 가치를 더하고 공해비용을 뺀 것이다.

(3) 한계

    후생지표는 삶의 질적 측면을 반영하지 못한다.

4 국민계정체계

(1) 의의

소득지표로 사용해왔던 실질 국민총생산(GNP)은 물량변화를 반영하는 생산지표와 소득지표가 혼합되어 있어 성격이 불분명했기 때문에 국제연합과 국제통화기금 등 국제기구가 1993년 개정 국민계정체계를 제정했다.

(2) 개념

국민경제 전체를 종합적으로 분석하기 위해 모든 경제주체들의 경제활동 결과 및 국민경제 전체의 자산과 부채상황을 정리한 회계기준 및 체계

국민계정체계는 국민소득통계, 산업연관표, 자금순환표, 국제수지표, 국민대차대조표 등 5개를 종합 정리한 것이다.

III. 경기안정화 정책

1 개념

경기 변동의 진폭을 작게 함으로써 국민 경제의 지속적이고 안정적인 성장을 이루기 위한 일련의 정부 정책을 말한다.

2 경기 과열시와 경기 침체시

경기 과열시	정부 – 긴축재정정책(정부지출 축소, 세율인상)
	중앙은행 – 국·공채 매각, 지급준비율 인상, 재할인율 인상
경기 침체시	정부 – 확대재정정책(정부지출 증대, 세율인하)
	중앙은행 – 국·공채 매입, 지급준비율 인하, 재할인율 인하

3 총수요와 총공급

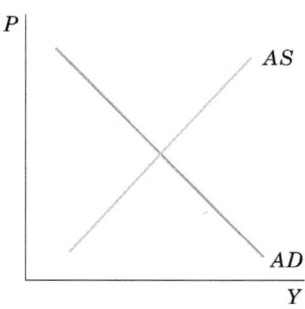

(P : 물가, Y : 국민소득, AS : 총공급, AD : 총수요)

(1) 총수요와 총공급곡선의 기울기

총수요(AD)곡선이 우하향하는 이유	물가가 하락하면 실질부가 증가하므로 소비지출이 증가함 → 총수요가 증가함으로 물가와 총수요는 역관계
총공급(AS)곡선이 우상향하는 이유	물가가 상승하면 단기적으로 비용이 고정되어 있으므로 이윤이 증가 → 이윤의 증가로 기업의 생산량 증가 → 물가와 총 공급이 비례관계

(2) 총수요와 총공급의 이동요인

1) 총수요곡선의 이동요인

소비지출, 투자지출, 정부지출, 순수출(수출 – 수입), 통화량

	우측이동	좌측이동
이동요인	소비지출의 증가, 투자지출의 증가, 정부지출의 증가, 순수출의 증가, 통화량의 증가	소비지출의 감소, 투자지출의 감소, 정부지출의 감소, 순수출의 감소, 통화량의 감소
영향	물가 상승, 국민소득 증가	물가 하락, 국민소득 감소

2) 총공급 곡선의 이동요인

임금, 유가, 수입원자재 가격, 생산요소 부존량(노동, 자본), 기술 등

	우측이동	좌측이동
이동요인	임금하락, 유가 하락, 수입원자재 가격 하락, 생산요소 부존량 증가, 기술진보	임금상승, 유가 상승, 수입 원자재 가격 상승, 생산요소 부존량 감소, 기술 후퇴
영향	물가 하락, 국민소득 증가	물가 상승, 국민소득

4 장기총공급곡선(LAS)

물가 상승시 장기에는 총수입이 증가하고 또한 물가상승으로 인한 노동자의 임금인상 요구로 총비용도 증가한다.

각 기업의 입장에서 이윤이 거의 증가하지 않으므로 생산을 증가시키지 않는다.

따라서 장기적으로는 물가와 생산은 관계가 없다.

즉, 장기총공급곡선은 수직선의 형태를 갖게 되며 그 때의 생산량을 자연산출량 또는 잠재GDP 라고 한다.

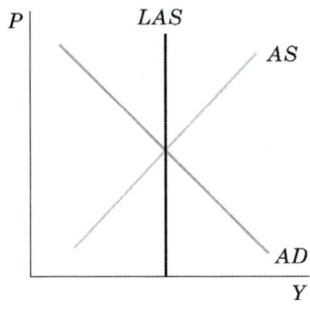

5 인플레이션 갭과 디플레이션 갭

(1) 인플레이션 갭(inflationary gap)

  1) 개념

     완전 고용 상태의 국민소득수준(잠재 GDP)에서 총수요가 총공급을 초과할 때 존재

  2) 효과

     인플레이션 발생

  3) 정부정책

     총수요억제정책

  4) 설명

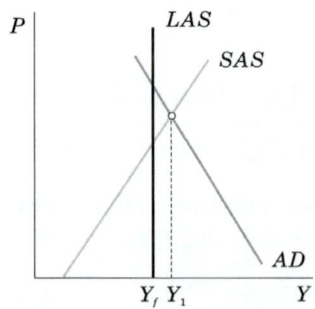

인플레이션갭에서는 실제 GDP가 잠재 GDP보다 커지므로 경기과열이 발생하므로 총수요곡선을 좌측으로 이동시키는 총수요억제정책을 실시하여야 한다.

(2) 디플레이션 갭 (deflationary gap)

　1) 개념

　　완전고용상태의 국민소득수준(잠재 GDP)에서 총수요가 총공급에 미치지 못할 때 존재

　2) 효과

　　실업유발

　3) 정부정책

　　총수요증가정책

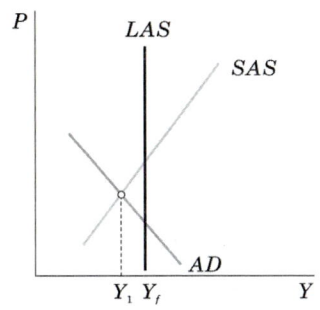

　디플레이션갭에서는 잠재 GDP가 실제 GDP보다 커지므로 경기침체가 발생하며 총수요
곡선을 우측으로 이동시키는 총수요증대정책을 실시하여야 한다.

6 재정정책

(1) 개념

　① 불황기에는 적자재정(赤字財政)을 집행하고, 호황기에는 흑자재정(黑字財政)을 집행함
　　으로써 경기순환의 폭을 완화시키려는 정책

　② 정부의 재정지출과 같은 재정변수를 변화시킴으로 총수요를 변화시킨다.

(2) 종류

　1) 확대재정정책 (적자재정정책) - 정부지출증가, 조세감소

　2) 긴축재정정책 (흑자재정정책) - 정부지출감소, 조세증가

(3) 구축효과 (밀어내기 효과, crowding - out effect) : 통화론자가 강조

　1) 개념

　　① 정부지출증가로 인한 총수요증가 효과가 민간 투자의 감소로 상쇄되는 효과

　　　$Y = C + I \downarrow + G \uparrow$

　　② 정부지출의 증가가 이자율을 상승시켜 투자 감소로 연결된다.

　2) 발생효과

　　① 정부가 지출증가를 위하여 국공채의 발행을 늘리게 되면 시중의 한정된 자금을 정부
　　　가 더 많이 이용하게 된다.

② 따라서 기업의 회사채발행은 어려워지므로 채권가격은 하락하고 채권의 수익률(시장 이자율)은 상승하게 된다.

③ 국공채의 발행은 국공채가격을 하락시키고 이자율은 상승한다.

7 유동성함정(liquidity trap)

(1) 개념

① 경기가 극심한 불황이어서 투기적 화폐수요가 무한히 증가하는 상황을 말한다.

② 투기적 화폐수요가 무한히 증가하는 이유는 극단적으로 이자율수준이 너무 낮아서 모든 사람들이 이자율이 곧 상승할 것이고, 채권가격이 하락할 것이라고 생각하기 때문

③ 화폐를 많이 공급하여도 공급된 화폐가 모두 시장에서 퇴장해버려 시장에서 유동성이 부족해지는 현상이 발생한다.

(2) 총수요관리 정책과의 관계

① 재정정책 - 효과가 크다

② 금융정책 - 효과가 거의 없다.

8 금융정책

(1) 개념

① 국가의 경제가 건전하게 발전하도록 중앙은행이 행하는 금융조정(金融調整)

② 명목통화량과 같은 화폐변수를 변화시킴으로 총수요를 변화시킨다.

(2) 종류

1) 확대금융정책 - 통화량증가

2) 긴축금융정책 - 통화량감소

(3) 정책수단

1) 개념

① 중앙은행의 창구를 통해 공급되는 일차적인 통화 공급만을 조절하는 수단

② 공개시작조작과 재할인율정책은 은행과의 거래를 통해 본원통화에 영향을 주는 정책수단이며, 지급준비율정책은 은행의 포트폴리오를 직접 규제하고자 하는 정책수단

2) 금융정책수단(간접통화관리정책)

가) 공개시장 조작정책

① 중앙은행이 공개시장에서 금융기관을 상대로 채권을 사고파는 방식으로 본원통화에 영향을 주는 정책수단

② 공개시장 조작정책은 증권시장이 발달된 국가에서 사용할 수 있는 정책수단이다.

국공채 매입 → 본원통화 증가 → 통화량 증가

국공채 매각 → 본원통화 감소 → 통화량 감소

나) 재할인율정책

① 예금은행이 중앙은행으로부터 차입할 때 적용받는 이자율인 재할인율을 조정함으로써 본원통화에 영향을 주는 방식

② 예금은행이 중앙은행에 대한 자금의존도가 높을수록 정책의 효과성이 커진다.

재할인율 인하 → 본원통화 증가 → 통화량 증가

재할인율 인상 → 본원통화 감소 → 통화량 감소

다) 지급준비율 정책

① 법정지급준비율이란 법정지급준비금을 예금통화로 나눈 값을 말한다.

② 법정지급준비율을 변화시킴으로써 통화량과 이자율을 조정하는 정책

지급준비율 인하 → 대출 증가 → 통화량 증가

지급준비율 인상 → 대출 감소 → 통화량 감소

Ⅳ. 인플레이션과 실업

1 인플레이션

(1) 개념

인플레이션(inflation)이란 물가수준이 지속적으로 상승하여 화폐가치가 하락하는 현상을 말한다.

(2) 원인

1) 수요견인(demand-pull) 인플레이션

① 수요견인 인플레이션이란 총수요곡선이 우측으로 이동하면서 물가가 상승하는 것을 말한다.

② 통화량증가 또는 투자지출이나 정부지출의 증가가 수요견인 인플레이션의 원인이다.

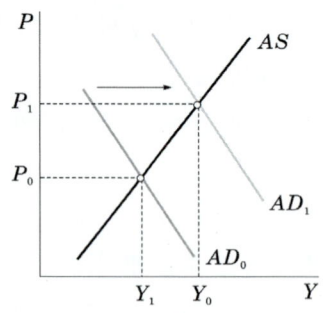

③ 총수요곡선이 우측이동하면($AD_0 \to AD_1$) 물가와 국민소득이 상승한다.

2) 비용인상(cost-push) 인플레이션

(가) 개념

① 비용인상 인플레이션이란 총공급 감소로 인한 물가가 상승하는 현상을 말한다.

② 임금인상, 수입원자재가격 상승, 유가상승 등이 총공급을 감소시킨다.

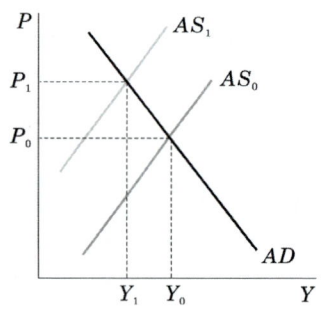

③ 총공급곡선이 좌측이동하면($AS_0 \to AS_1$) 물가가 상승하고($P_0 \to P_1$) 국민소득이 감소한다.($Y_0 \to Y_1$)

(나) 대책

① 소득정책(income policy)이란 정부가 기업과 노동자들을 설득하여 이윤 및 임금 인상을 억제시킴으로 총 공급곡선을 원래 위치로 이동시키고자 하는 정책을 말한다.

② 임금가이드라인, 임금 – 물가통제, 공공요금 통제 등이 소득정책의 사례이다.

(3) 인플레이션의 대책

1) 고전학파와 통화주의 학파

과도한 통화공급으로 인플레이션이 발생한다고 주장

인플레이션의 원인은 과도한 통화 공급 때문이므로 통화량을 적절히 조절하면 인플레이션의 방지가 가능하다고 주장한다.

2) 케인즈학파

긴축적인 재정정책에 의해 인플레이션 억제가능

산출량수준이 매우 낮다면 실업문제를 해소하기 위해서는 어느 정도의 인플레이션은 불가피하다.

그러나 완전고용산출량에 가까와져 물가가 급격히 상승한다면 인플레이션을 해소하기 위해서는 총 수요의 억제가 필요하다.

(4) 인플레이션에 따른 비용

1) 구두창비용(shoeleathrer cost)

① 인플레이션 발생 시 경제주체들이 현금보유를 줄이는 과정에서 금융기관에 자주 가는 거래비용이나 시간투자비용 또는 환전비용 등을 은유적으로 구두창이 닳는다는 표현으로 사용

② 구두창비용이 발생하면 자국통화는 가치의 저장수단으로서의 기능은 상실된다.

2) 메뉴비용(menu cost)

인플레이션 발생시 기업들이 가격을 조정해야 하는데 드는 비용으로 차림표를 새로 인쇄하는 비용이나 가격인상에 따른 고객들의 이탈 등과 관련한 비용을 말한다.

3) 부와 소득의 재분배

예상치 못한 인플레이션이 발생하면 원리금 상환액의 실질가치가 하락하므로 채무자는 유리하고 채권자는 손해를 본다.

또한 고정소득을 받는 봉급생활자는 불리해지고 인플레이션으로 명목가치도 같이 상승하는 부동산 소유자는 유리해진다.

4) 인플레이션 조세(inflation tax)

인플레이션이 발생하면 현금 및 공채를 보유하고 있는 민간으로부터 발행자인 정부에게로 부를 이전시킨다.

2 디플레이션

(1) 개념

디플레이션(deflation)이란 물가수준이 지속적으로 하락하는 현상을 말한다.

(2) 긍정적 효과

기술진보 등에 의하여 총공급곡선이 우측으로 이동하면 물가하락과 더불어 국민소득이 증가한다.

(3) 부정적 효과

투자감소, 통화공급의 감소에 의해 총수요곡선이 좌측으로 이동하면 물가하락과 함께 국민소득이 감소한다.

3 실업

(1) 실업의 개념

일할의사와 능력을 가진 사람이 직업을 갖지 않거나 갖지 못한 상태

(2) 실업률의 측정

1) 경제활동인구(economically active population)

어떤 경제의 15세 이상 인구 가운데 경제활동에 참가하고 있는 사람으로 취업자와 적극적으로 구직활동을 한 실업자를 말한다.

2) 비 경제활동인구

① 15세 이상의 인구 중에서 취업할 의사가 없는 주부·학생 들을 말한다.

② 실업자 중에서 구직활동을 포기한 실망노동자도 비 경제활동인구에 포함된다.

3) 경제활동 참가율

15세 이상의 인구 중에서 경제활동인구가 차지하는 비율을 말한다.

경제활동참가율

$$= \frac{경제활동인구}{15세\ 이상의\ 인구} \times 100 = \frac{경제활동인구}{경제활동인구 + 비경제활동인구} \times 100$$

4) 실업률

경제활동인구 중에서 실업자가 차지하는 비율을 말한다.

$$실업률 = \frac{실업자수}{경제활동인구} \times 100 = \frac{실업자수(U)}{실업자수(U) + 취업자수(E)} \times 100$$

(3) 실업의 원인과 종류

1) 마찰적 실업(frictional unemployment)

① 노동시장이 구직자와 일자리를 신속하게 연결시켜주지 못할 때 발생하는 실업으로 일시적으로 직장을 옮기는 과정에서 실업상태에 있는 것을 말한다.

② 어느 정도의 마찰적 실업은 노동력의 장기적 효율성 발휘를 위해 필요한 측면도 있다.

2) 구조적 실업(structural unemployment)

① 경제구조의 변화로 일자리와 노동력이 재 배분되는 과정에서 발생하는 실업을 말한다.

② 경제의 구조변화라는 장기적 현상과 관련되어 있으며, 구조변화가 급속하게 이루어지는 경제일수록 구조적 실업은 심각하다.

③ 경제가 성장하고 변모하는 과정에서 나타나는 한 단면으로 인식해야 한다.

3) 비자발적 실업(involuntary unemployment)

일할 의사와 능력을 갖고 있으나 현재의 임금수준에서 일자리를 구하지 못하여 실업상태에 있는 것

4) 자발적 실업(voluntary unemployment)

일할 능력을 갖고 있으나 현재의 임금수준에서 일할의사가 없어서 실업상태에 있는 것을 말한다.

5) 경기적 실업(cyclical unemployment)

경기 침체로 인해 발생하는 대량의 실업을 말한다.

6) 기타의 실업

① 기술적 실업 : 기술진보에 따라 노동이 기계로 대체되어 발생하는 실업

② 계절적 실업 : 생산 또는 수요의 계절적 변화에 따라 발생하는 실업

③ 잠재적 실업 : 취업하고 있으나 한계생산력이 거의 0에 가까운 경우

Ⅴ. 소비와 투자

1 소비이론

(1) 절대소득가설

1) 가정

1) 소비의 독립성

개인의 소비는 타인의 소비행위와는 독립적

2) 소비의 가역성

소비지출이 소득수준에 따라 자유롭게 변화

(2) 개념

일정기간 동안의 소비는 현재의 가처분소득에 의하여 결정

$C = a + bY$ (a : 기초소비, b : 한계소비성향, Y : 가처분소득)

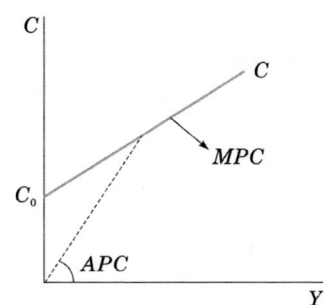

(3) 내용

① 한계소비성향(MPC)은 0과 1사이이며 일정하다.

② 소득이 증가하면 평균소비성향(APC)이 감소한다.

평균소비성향이란 $\dfrac{C}{Y}$ 로 원점에서 나오는 직선의 기울기이다.

③ 소비함수곡선이 소비축을 통과하므로 항상 평균소비성향이 한계소비성향보다 크다.
(APC 〉 MPC)

④ 고소득자가 저소득자보다 평균소비성향이 작다.

⑤ 호황기가 불황기보다 평균소비성향이 작다.

⑥ 청장년층이 노년층보다 평균소비성향이 작다.

• **평균소비성향(APC) 과 평균저축성향(APS)**

$Y = C + S$이므로 양변을 소득(Y)로 나누면 다음과 같다.

$$1 = \frac{C}{Y} + \frac{S}{Y} \ \rightarrow \ 1 = APC + APS$$

---

(4) 쿠츠네츠의 실증분석

① 쿠츠네츠(Kuznets)가 미국의 실제자료를 이용하여 소비에 관해 분석

② 쿠츠네츠는 단기적으로는 $APC > MPC$ 이고, 장기적으로는 $APC > MPC$ 임을 밝혀냈다.

③ 케인즈의 절대적 소득가설에 의하면 단기에 있어서는 잘 설명하고 있으나 장기적으로는 설명을 못하고 있다.

④ 따라서 케인즈의 소비함수를 단기소비함수라고 부르며 장기소비함수를 설명하기 위하여 여러 소비함수이론이 등장한다.

절대소득가설 (케인즈)	소비의 크기는 현재의 소득, 즉 절대소득에 의존한다는 케인즈의 주장 C=C(Y)=a+bY 여기서 C는 소비, Y는 현재의 소득 a는 기초소비, b는 한계소비성향(MPC)
상대소득가설 (듀젠베리)	소비성향은 절대소득 수준뿐만 아니라, 과거의 최고소득에도 의존한다고 주장 소비의 비가역성 때문에 톱니효과, 상호의존성 때문에 전시효과가 발생
항상소득가설 (프리드만)	소득을 정기적이고 확실한 항상소득과 임시적 소득인 임시소득으로 구분할 때, 항상소득의 일정비율은 소비되며, 임시소득은 저축의 증가로 연결
평생소득가설 (MBA이론)	사람들은 평생을 염두에 두고 현재의 소비를 결정하며 총소득을 노동소득과 자산 소득으로 나눔 C = aA + bW 여기서 C 는 소비수준, W 는 여생동안 벌어들일 수 있는 근로소득의 현재가치, A 는 자산소득의 현재가치

2 투자

(1) 개념

① 일정기간의 생산 활동의 결과로서 새로 추가된 자본량의 증가분

② 총투자 = 대체투자(고정자본 소모분) + 신투자(고정자본 소모분 상회)

(2) 독립투자와 유발투자

독립투자	기술혁신이나 인구증가 등 경제 외적 요인에 의하여 지배적 영향을 받는 투자로 공공투자, 신기술도입에 의한 새 설비를 위한 투자 등이 있다.
유발투자	소득변화에 의하여 영향을 받는 투자

(3) 투자이론

1) 순현재가치법

(가) 개념

투자계획의 타당성을 현재가치로 환산된 순이익에 기초하여 평가하는 방법

$$NPV = (R_0 - C_0) + \frac{(R_1 - C_1)}{1 + r} + \cdots\cdots + \frac{(R_n - C_n)}{(1 + r)^n}$$

(나) 투자결정원리

① NPV > 0 → 투자

② NPV < 0 → 기각

2) 내부수익률법

(가) 내부수익률

투자할 때 순편익의 현재가치가 0이되도록 하는 할인율로 아래의 식을 0으로 만드는 m값

$$0 = (R_0 - C_0) + \frac{(R_1 - C_1)}{1 + m} + \cdots\cdots + \frac{(R_n - C_n)}{(1 + m)^n}$$

(나) 내부수익률법

어떤 투자계획이 의미하는 기간당 수익률, 즉 내부수익률을 계산하여 이에 기초하여 투자계획의 타당성을 평가하는 방법

(다) 평가방법

① m(내부수익률) > r(시장이자율) → 채택

② m(내부수익률) < r(시장이자율) → 기각

(라) 비교

일반적으로 현재가치법이 내부수익률법보다 우월한 것으로 평가

3) 토빈의 q이론

  (가) 개요

    주식시장에서 평가된 기업의 가치와 실물자본의 대체비용을 비교하여 투자 설명

  (나) q값

$$q = \frac{주식시장에서평가된기업의시장가치}{기업의실물자본대체비용} = \frac{자본재의시장가치}{자본재의구입가격}$$

  (다) 투자결정

    ① q > 1 → 투자채택

    ② q < 1 → 기각

Ⅵ. 화폐금융이론

1 화폐의 기능

(1) 회계단위

  화폐는 회계장부상의 단위로 기능한다.

(2) 교환의 매개수단

  ① 재화를 구입하기 위하여 화폐가 필요

  ② 화폐수요결정변수는 거래량 혹은 소득

  ③ 신 M_1 = 현금통화 + 요구불 예금(예금통화) + 수시입출금식 저축성 예금

(3) 가치저장수단

  ① 자산보유의 목적으로 보유되는 경우에 해당

  ② 수요는 상대적 수익률에 의해 영향

2 이자율결정이론

(1) 케인즈의 유동성선호설

  1) 개념

    ① 이자율은 명목이자율개념으로서 화폐적 현상이다.

    ② 화폐시장에서 화폐의 수요와 공급에 의하여 이자율 결정

2) 설명

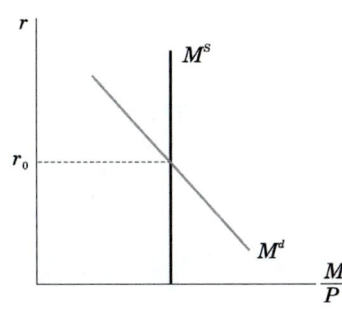

① 화폐공급은 중앙은행에 의해 결정되므로 수직선이다.

② 화폐수요는 투기적 화폐수요에 의해 이자율과 역관계이므로 우하향 한다.

③ 화폐공급과 화폐수요가 만나는 점에서 균형 이자율이 결정된다.

$$M^S = M^d$$

(2) 대부자금설

1) 개념

저축자와 차입자간에 대부자금의 수요와 공급에 의하여 실질이자율 결정

2) 설명

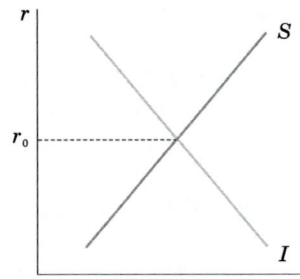

① 대부자금의 공급은 저축에 의해 결정되는데 저축은 민간저축(S_P)과 정부저축(S_G)의 합으로 이루어진다.

② 민간저축은 $S_P = Y - T - C$이며, 정부저축은 $S_G = T - G$이다.

③ 따라서 저축은 실질이자율의 증가함수이므로 저축곡선은 우상향 한다.

④ 투자는 기업의 투자와 관련 있으므로 실질이자율의 감소함수이며 투자곡선은 우하향 한다.

⑤ 균형실질 이자율은 저축곡선과 투자곡선이 만나는 점에서 결정된다.

$$S(r) = I(r)$$

3 유동성효과와 피셔효과

(1) 유동성 효과

유동성효과란 단기에 통화 공급량의 증가로 이자율이 하락하는 효과이다.

(2) 피셔효과

① 피셔효과란 피셔방정식에 의해 장기에 물가상승을 가져와 이자율이 상승하는 효과이다.
② 피셔방정식이란 명목이자율 = 실질이자율 + 인플레이션율을 말한다.

4 통화량과 통화지표

(1) 통화량

일정시점에서 측정된 시중에 유통되고 있는 화폐의 양

(2) 통화지표

1) 개념

통화량을 측정하는 지표

2) 분류

신M1	현금통화 + 요구불예금 + 수시입출식 저축성예금(은행저축예금, MMF 등)
신M2	신M1 + 정기예·적금 + 시장형 금융상품 (CD, RP, CMA, 표지어음 등) 실적배당형상품 (수익증권, 금전신탁 등) + 금융채 + 기타 ※ 만기 2년 이상 금융상품 제외
금융기관 유동성(Lf)	신M2 + 만기 2년 이상 정기예·적금 및 금융채 + 만기 2년 이상 장기금전신탁 + 생명보험회사 보험계약준비금 + 증권금융회사의 고객예탁금
광의유동성 (L)	Lf + 정부 및 기업 등이 발행한 유동성 금융상품

(3) 중심통화지표

1) 개념

정책 당국이 통화금융정책 집행시 사용하는 통화지표를 의미

2) 한국의 경우

콜금리 조정을 통해 직접 물가를 안정시키는 물가안정목표제(inflation targeting)로 전환함에 따라 중심통화지표가 폐지

> **• 물가안정목표제(inflation targeting)**
> 물가안정목표제는 중앙은행이 일정기간 동안 달성해야 할 물가 목표를 먼저 제시하고, 그에 맞춰 통화정책을 펴는 것을 말한다.
> 1990년에 뉴질랜드가 최초 시행하였으며 물가안정목표제는 점차 확산되어 현재 우리나라를 포함해 20여 개국에서 운영되고 있다.

5 금융

(1) 개념

화폐의 수요·공급에 의하여 이루어지는 자금의 융통

(2) 단기금융시장과 장기금융시장

1) 단기금융시장

통상 만기 1년 미만의 금융자산이 거래되는 시장으로 콜시장, CD (양도성 예금증서)시장, RP(환매조건부 채권)시장, CP(기업어음)시장 등이 있다.

2) 장기금융시장

기업의 시설자금이나 장기운전자금이 거래되는 시장으로 주식시장, 채권시장 등이 있다.

(3) 직접금융시장과 간접금융시장

1) 직접금융시장

자금의 최종수요자와 공급자가 직접자금을 거래하는 시장으로 주식시장, 채권시장 등이 있다.

2) 간접금융시장

금융중개기관이 개입하여 자금의 수요자와 공급자를 연결시켜주는 시장으로 예금시장 등이 있다.

(4) 금융기관의 분류

1) 통화금융기관

① 통화를 공급하거나 창조하는 기관

② 종류 : 한국은행, 예금은행

2) 비통화금융기관

① 통화금융기관을 제외한 금융기관

② 종류 : 개발기관(한국산업은행, 한국수출입은행), 투자기관, 저축기관, 보험기과

6 중앙은행과 비은행민간

(1) 예금은행의 예금통화창조

　1) 개요

　　① 예금은행으로 본원적 예금이 유입되면 이중 일부가 대출로 사용되고 대출된 금액의
　　　 일부는 다시 은행으로 유입된다.

　　② 예금과 대출이 반복되면서 통화량은 본원적 예금액보다 훨씬 크게 증가하게 된다.

　2) 과정

　　① 총예금창조액 $= S(본원적예금) + (1-r)S + \cdots + = \dfrac{1}{r}s$

$$(r : 법정지급준비율)$$

　　② 순예금창조액 = 총예금창조액 − 본원적 예금

$$= \dfrac{1}{r}s - s = \dfrac{1-r}{r}s$$

(2) 본원통화

　1) 개념

　　① 본원통화는 중앙은행창구를 통하여 시중에 나온 현금이다.

　　② 본원통화는 중앙은행의 통화성부채이다.

　　　본원통화 = 현금통화 + 지급준비금

　　　　　　 = 현금통화 + 시재금 + 중앙은행예치금

　　　　　　 = 화폐발행액 + 중앙은행예치금

본원통화		
현금통화	지급준비금	
현금통화	시재금	중앙은행 예치금
화폐발행액		중앙은행 예치금

7 화폐공급함수

(1) 화폐공급함수

　1) 개념

$$통화량(M^S) = 통화승수\left(\dfrac{1}{k+r(1-k)}\right) \times 본원통화(H)$$

$$M^s = \dfrac{1}{k+r(1-k)}H$$

$$M = \frac{C}{M}(현금통화비율), \quad R = \frac{D}{M}(지급준비율)$$

M : 통화량, C : 현금통화, R : 지급준비금, D : 예금통화

2) 도출

① 본원통화(H) = 현금통화(C) + 지급준비금(R)

② 현금통화(C) = KM이므로 예금통화(D) = $(1-k)M$ 이다.

③ 지급준비금(R) = rD이고 $D = (1-k)M$이므로 $R = r(1-k)M$ 이다.

④ 따라서 $H = kM + (1-k)M = k + (1-k)M$ 이고 $M = \dfrac{1}{k+(1-k)}H$가 도출된다.

(2) 통화승수

① 통화승수란 통화량과 본원통화의 비율을 말한다.

② $m = \dfrac{M^s}{H} = \dfrac{1}{k+r(1-k)}$

(3) 통화공급량의 결정

① ΔH는 중앙은행이, k는 민간이, 그리고 r은 상업은행과 중앙은행이 결정

② r(실제 지급준비율)은 법정지급준비율과 초과지급준비율의 합이므로 법정지급준비율을 결정하는 중앙은행과 초과지급준비율을 결정하는 일반은행에 의해 실제 지급준비율이 결정된다.

8 화폐수요이론

(1) 고전학파의 화폐수량설

① 교환방정식은 다음과 같다.

M(통화량) $\times$ V(유통속도) $=$ Y(실질국민소득)

PY는 명목국민소득이다.

② M = 1/V(PY)로 정리될 수 있으므로 화폐수요는 명목국민소득의 1/V만큼 보유한다고 설명

③ 또한 고전학파는 화폐의 유통속도는 일정하고, 실질국민소득은 완전고용국민소득에서 일정하다고 보므로 통화량의 증가가 물가의 상승을 가져온다고 본다.

(2) 케인즈의 화폐수요이론

1) 거래적 동기 / 예비적 동기의 화폐수요

거래적 동기의 화폐수요는 일상적인 지출을 위한 화폐수요이며 예비적 동기의 화폐수요는 예상치 못한 지출에 대비하기 위한 화폐수요로 소득의 증가함수이다.

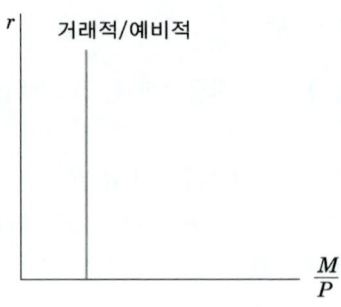

2) 투기적 동기의 화폐수요

투기적 동기의 화폐수요는 화폐를 일종의 투자자산으로 인식하여 이자율과 역관계이다.

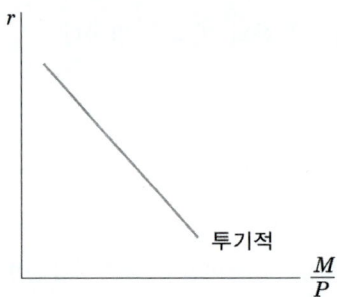

3) 사회전체의 화폐수요

사회전체의 화폐수요는 거래적 / 예비적 화폐수요와 투기적 동기의 화폐수요의 합이므로 다음과 같은 형태로 도출된다.

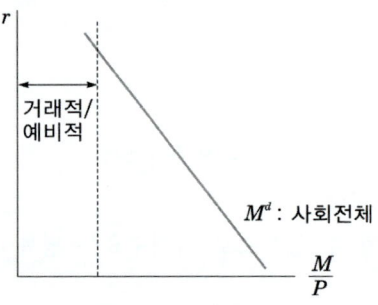

(3) EC 방정식

1) 개념

① 교환방정식을 변화율로 바꾸면 다음과 같다.

$$\frac{\Delta M}{M} + \frac{\Delta V}{V} = \frac{\Delta P}{P} + \frac{\Delta Y}{Y}$$

② 즉 통화량증가율 + 유통속도 증가율 = 물가상승률 + 실질국민소득 증가율

2) 의미

물가상승률과 경제성장률 목표가 주어지고 유통속도증가율이 주어지면 통화공급증가율의 계산이 가능

1 거시경제의 단기적 측면 : 경기변동론

(1) 개념

경기변동이란 경제활동 수준이 주기적으로 상승과 하강을 반복하는 현상

(2) 국면

호황 – 후퇴 – 불황 – 국면

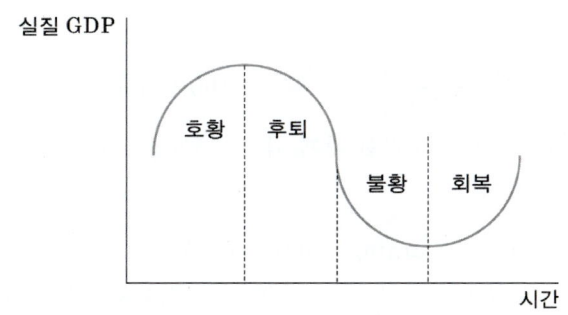

(3) 경기변동의 주기와 발생 원인

종류	주기	발생원인
키친파동	40개월	재고투자
쥬글러파동	9 ~ 10년	설비투자
쿠츠네츠파동	20 ~ 25년	경제성장률변화
콘트라티에프파동	40 ~ 60년	기술혁신, 전쟁

(4) 경기지수

1) 경기종합지수(composite index)

선행, 동행, 후행지수로 구분하여 통계청에서 매월 작성, 발표

선행종합지수	동행종합지수	후행종합지수
구인구직비율	비농가 취업자수	이직자수
재고순환지표	산업생산지수	상용근로자수
기계수주액	건설기성액	가계소비지출
자본재수입액	서비스업활동 지수	소비재수입액
건설수주액	도소매판매액 지수	생산자제품 재고지수
소비자기대지수	제조업가동률 지수	회사채유통 수익률
종합주가지수	내수 출하지수	
금융기관유동성	수입액	
장단기 금리차		
순상품교역조건		

2) 경기실사지수(Business Surveying Index : B. S. I)
　① 기업가의 의견을 직접 조사하여 이를 기초로 경기동향을 파악하고 예측하고자 하는 지수

$$B.S.I = \frac{상승업체수 - 하락업체수}{전체기업수} \times 100 + 100$$

　② B. S. I는 0과 200사이의 값을 갖게 되며 100이상이면 경기가 확장국면, 100이하이면 수축국면으로 판단

3) 경기예고지수(Business Warning Index : B. W. I)
　경제활동상황을 청신호와 적신호로 구분하여 경기상태를 나타내는 지수

4) 경기동향지수(Diffusion Index : D. I)
　전체 경제 지표중 전기에 비해 확장 중에 있는 지표의 비율로 경기상태를 나타내는 방법으로 D. I가 50% 이상이면 확장국면 50% 이하이면 수축국면이다.

(5) 경기변동의 원인

1) 새 케인즈학파의 불균형경기변동이론
　① 경기변동을 균형의 이탈로 인식 → 균형의 이탈이기 때문에 정부의 개입강조
　② 경기변동의 원인으로 투자지출의 변화에 의한 수요측면의 충격

2) 새 고전학파의 균형경기변동이론
　① 경기변동을 균형의 연속으로 인식 → 정부의 개입 반대
　② 화폐적 균형 경기변동론에 의하면 통화당국이 통화량을 자의적으로 조작하여 경기순환이 발생한다고 봄
　③ 실물적 균형경기변동론에 의하면 기술충격과 같은 실물적 요인이 경기변동의 주요한 요인으로 봄

3) 케인즈 학파의 승수 – 가속도이론
    ① 투자지출의 변동이 국민소득을 변동시키는 승수이론
    ② 유발투자를 가정하여 국민소득의 변동이 투자지출을 변동시킴으로 경기변동이 유발
      된다 함

2 거시경제의 장기적 측면 : 경제 성장

(1) 개념
    ① 경제성장이란 국민경제의 총체적 생산수준, 혹은 실질 국내총생산의 지속적 증가와 평균
      생활수준 혹은 1인당 실질 GDP의 지속적 향상을 의미

    ② 경제성장률 = $\dfrac{\text{금년도총생산량} - \text{작년도총생산량}}{\text{작년도총생산량}} \times 100$

    ③ 1인당 경제성장률 = 경제성장률 – 인구증가율

(2) 경제성장요인
    ① 노동투입증가, 자본설비증가로 인한 생산요소 투입증가
    ② 기술진보로 인한 생산성향상

3 경제발전론

(1) 경제성장론 과의 비교

	경제발전론	경제성장론
대상국가	후진국	선진국
범위	경제적요인 + 비경제적요인	경제적요인

(2) 경제 발전단계설
    1) Marx(생산 양식에 따른 분류)
      원시공산사회 → 고대노예사회 → 중세봉건사회 → 자본주의사회 → 사회주의사회
    2) Rostow(경제성장에 따른 분류)
      전통사회 → 도약준비단계 → 도약단계 → 성숙단계 → 고도 대중 소비단계

(3) 경제개발모형
    1) 균형발전론 – Nurksey
      ① 후진국의 모든 산업부문이 동시에 균형적으로 개발되어야 한다는 이론
      ② 후진국들은 계속해서 가난해지는 빈곤의 악순환(Vicious circle of poverty) 경험
      ③ 수요면에서는 저소득 → 작은시장 → 낮은 자본수요 → 저생산

④ 공급면에서는 저소득 → 저저축 → 낮은 자본축적 → 저생산

2) 불균형성장론 - Hirschman

① 후진국은 전후방 연관효과가 큰 산업을 선도부문으로 선정하여 집중적으로 육성해야 한다고 주장

② 특히 후방연관효과가 큰 공업부문을 강조

VIII. 국제무역학

1 중상주의

(1) 개념

15세기부터 18세기 후반 자유주의적 단계에 이르기까지 서유럽 제국에서 채택한 경제 정책과 경제이론

(2) 경제정책 - 보호무역주의

① 외국제 완제품의 수입금지와 제한, 국내원료의 수출금지

② 외국산 원료의 수입 장려, 국내 상품의 수출장려

(3) 경제이론

1) 중금주의

자본주의가 아직 생산부문까지를 완전히 지배하지는 못한 상태였으므로 중상주의자들은 이윤이 기본적으로 생산과정이 아닌 유통과정에서 발생된다고 생각 → 따라서 귀금속을 부(富)의 본원적 형태로 간주

2) 무역차액주의

귀금속의 원산지 이외의 지방에서는 외국무역만이 이윤 획득수단이었으므로 무역이 흑자가 되게 하는 것이 정책의 중심목표로 추구됨

3) 유효수요

국내시장 확대와 자본축적이라는 관점에서 유효수요의 분석에도 진전을 보여 화폐경제이론의 초기 체계를 완성

(4) 대표적 경제학자

1) W.페티의 노동가치설

재화의 가치는 노동투입량에 의해 결정된다.

2) 콜베르

프랑스의 중상주의 정책은 산업·무역통제로 유명한 콜베르의 이름을 따 콜베르티즘 (colbertisme)이라고 함

2 절대우위론 … A. Smith

(1) 내용

각국이 절대우위에 있는 재화생산에 특화하여 교환함으로써 상호이익을 얻을 수 있다는 이론

(2) 설명

	X재	Y재
A국	4	1
B국	1	4

1) 무역이전

① A국과 B국은 100명의 노동력을 가지고 있으며 X재와 Y재의 1단위 생산에 필요한 노동투입량이 위의 표와 같이 주어져 있다.

② A국은 X재를 12.5개, Y재를 50개 생산하여 소비하고, B국은 X재를 50개, Y재를 12.5개 생산하여 소비하고 있다고 하자.

2) 무역이후

① A국은 Y재에 절대우위에 있으므로 모든 노동을 Y재 생산에 투입하면 100단위의 Y재가 생산된다.

② B국은 X재에 절대우위에 있으므로 모든 노동을 X재 생산에 투입하면 100단위의 X재가 생산된다.

③ 양국이 X재와 Y재 50단위씩을 서로 교환하게 되면 각국은 무역이전과 비교할 때 A국은 X재를 37.5개를 더 소비할 수 있고 B국은 Y재를 37.5개 더 소비할 수 있다.

④ 따라서 자유무역을 통하여 두 국가 모두 이득을 보게 된다.

(3) 평가

① 보호무역주의를 비판하고 자유무역의 근거를 제시

② 한 나라가 모든 재화에 있어서 모두 절대우위, 절대열위에 있는 경우에도 무역이 발생하는 현상은 설명하지 못함

3 비교우위론 … D. Ricardo

(1) 내용

한 나라가 두 재화 생산에 있어서 모두 절대우위, 절대열위에 있더라도 상대적으로 생산비가 낮은 재화 생산에 특화하여 무역할 경우 이익을 얻을 수 있다는 이론

(2) 기본가정

① 노동가치설을 가정하므로 노동만이 유일한 생산요소

② 기회비용이 일정하다.

③ 생산요소의 국가간 이동은 불가능하다.

(3) 구체적인 예

	X재	Y재
A국	1	4
B국	5	5

1) 무역이전

① X재 1단위를 만들기 위하여 A국은 노동투입량이 1단위, B국은 노동투입량이 5단위 투입된다.

② Y재 1단위를 만들기 위하여 A국은 노동투입량이 4단위, B국은 노동투입량이 5단위 투입된다.

③ A국은 X재, Y재 모두에 절대 우위를, B국은 두 재화 생산에 있어서 절대 열위를 갖는다.

④ A국과 B국 모두 100명의 노동력을 가지고 있고 무역이전 A국은 X재를 50단위, Y재를 12.5단위 생산·소비하고 있고 B국은 X재를 15단위, Y재를 5단위 생산·소비하고 있다고 하자.

2) 무역이후

① A국의 국내가격비 $(\frac{P_X}{P_Y})^A$는 $\frac{1}{4}$이고 B국의 국내가격비 $(\frac{P_X}{P_Y})^B$는 1이므로 A국은 X재를 더 저렴한 비용으로 생산할 수 있으므로 X재 생산에 비교우위를, B국은 Y재 생산에 비교우위를 갖는다.

② 따라서 A국은 X재만 생산하여 수출하고 B국은 Y재만 생산하여 수출한다.

③ 또는 기회비용을 통하여 다음과 같이 비교가 가능하다.

	X재 (Y재로 표시)	Y재 (X재로 표시)
A국	1/4	4
B국	1	1

④ A국은 X재 생산의 기회비용이 B국보다 낮고 B국은 Y재 생산의 기회비용이 A국보다 낮으므로 A국은 X재에 비교우위가 있고 B국은 Y재에 비교우위가 있다.

⑤ A국은 X재만 100단위 생산하고, B국은 X재만 20단위 생산한다.

⑥ A국은 X재, B국은 Y재 생산에 특화하여 X재 30단위와 Y재 15단위를 교환하면 A국은 X재 70단위, Y재 15단위 그리고 B국은 X재 30단위, Y재 5단위를 소비하여 무역이전보다 더 많은 재화를 소비할 수 있게 된다.

(4) 문제점

① 비교우위론에서는 생산요소가 노동하나밖에 없다고 가정

② 일반적으로는 기회비용이 체증하나 비교우위론에서는 기회비용이 불변이라고 가정

③ 각국은 실제로 불완전특화가 발생하지만 기회비용이 불변이라고 가정함으로써 완전특화의 문제가 발생

4 헥셔 – 오린의 정리(Heckscher–Ohlin Theorem)

무역발생의 원인	비교생산비 차이가 발생하는 이유를 상대적 요소 부존량과 요소가격의 차이에 있다고 함
요소부존량 정리	각 국은 상대적으로 풍부하게 부존된 생산요소를 집약적으로 사용하여 생산한 재화에 비교우위를 갖고, 이 재화를 서로 교역한다는 것을 말함
요소가격 균등화의 정리	자유무역은 국가간 생산요소의 이동이 없더라도 생산요소의 상대가 격은 물론 절대가격도 국가간에 같아지도록 한다는 것

5 레온티에프의 역설

레온티에프가 미국 경제를 분석해 본 결과 자본풍부국으로 여겨지는 미국이 헥셔 – 올린 정리와 반대로 자본집약적인 재화를 수입하고 노동집약적인 재화를 수출한다는 결론 → 레온티에프는 노동생산성이 높은 미국을 노동량으로 평가하면 노동풍부국으로 볼 수 있다고 주장

6 동태적 무역이론

(1) 의의

정태적 무역이론은 국가 간에 1) 무역이 발생하는 원인 2) 무역의 형태를 설명하는데 목적이 있음

반면 동태적 무역이론은 국제무역과 교역국의 경제성장이나 발전에 미치는 상호영향을 설명하는데 목적이 있다.

(2) 이론

립진스키 정리 (Rubczynski theorem)	재화의 상대가격이 일정할 때 한 생산요소의 부존량이 증가하면 그 생산요소를 집약적으로 사용하는 재화의 생산량은 증가하고 다른 재화의 생산량이 감소한다는 것
궁핍화성장 (Immiserizing Growth)	① 바그와티(J. Bhagwati)에 의하여 궁핍화성장이란 수출편향적 경제성장이 이루어져 교역조건의 악화가 성장의 직접적인 이익을 압도하여 사회후생이 감소하는 경제성장을 의미 ② 경제성장이 수출편향적이고 외국의 수요의 가격탄력성이 낮은 경우에 발생
유치산업보호론 (Infant Industry Argument)	① 해밀턴(A. Hamilton)의 '제조업에 관한 보고서' 그는 당시의 선진국인 유럽에 비해 상대적 후진국인 미국의 유치산업을 보호하기 위해 관세부과의 필요성을 강조하는 '제조업에 관한 보고서'를 발표 ② 리스트(F. List)의 '국민경제학 체계' 유치단계에 있는 수입대체산업인 농업을 보호·육성하는 방법으로서 관세를 부과하여 유치산업이 대외경쟁력을 갖춘 후에 대외무역에 임해야 한다고 주장

7 신 무역이론

기술격차론 (technological gap theory)	각국 간 생산 기술의 격차가 무역발생의 원인 포스너(D. V. Posner)가 주장
연구개발론 (R&D : theory of research and development)	기술 진보 및 연구개발활동이 무역발생의 원인 버논(R. Vernon) 등이 주장
대표적 수요이론 (theory of representative demand)	각국간의 요소부존 비율이 같지 않더라도 이들 나라간의 수요구조가 유사하면 공산품의 무역이 발생, 린더(S. B. Linder)에 의하여 주장

8 교역조건

(1) 개념

한 나라의 교역조건(Terms of trade)은 수입품에 대한 수출품의 가격 비를 말한다.

(2) 종류

상품 교역조건 (N)	$N = \dfrac{수출상품가격}{수입상품가격} \times 100$
총 교역조건 (G)	$G = \dfrac{수입수량}{수출수량} \times 100$
소득교역조건 (I)	$I = \dfrac{P_X \times Q_X}{P_M} \times 100$

9 무역정책이론

(1) 관세정책

　1) 의의

　　관세란 해외로부터 수입하는 재화에 대한 조세부과를 의미

　2) 종류

보호관세	국내산업을 보호하기 위하여 부과하는 관세
재정관세	국가의 재정수입을 증대시키기 위하여 부과하는 관세
보복관세	상대국의 관세부과에 대항하기 위해 부과하는 관세
반덤핑관세	원가이하로 수입되는 덤핑행위에 대하여 부과하는 관세
긴급관세	국내산업의 보호를 위하여 독점수입품에 대해 부과하는 고율의 관세
상계관세	수출국에서 수출에 대하여 장려금이나 보조금을 지급하였을 때 이를 상쇄하기 위하여 부과하는 관세
특혜관세	특정국으로부터 수입되는 상품에 대하여 낮은 관세를 부과하는 것
할당관세	일정수량 이하는 저율의 관세, 일정수량 초과시 고율의 관세를 부과

　3) 관세부과의 효과

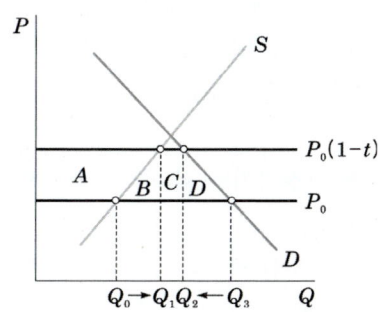

① 관세를 부과하면 관세부과 후 국내가격이 P_0 에서 $P_0(1+t)$ 로 상승한다.

② 국내공급량은 Q_0 에서 Q_1 으로 증가하고 국내수요량은 Q_3 에서 Q_2 로 감소한다.

③ 관세수입은 세율에다 관세수입량은 곱하므로 C 만큼 발생한다.

④ 관세부과로 소비자잉여는 $(A+B+C+D)$ 만큼 감소하고 생산자 잉여는 A 증가, 관세수입은 C 증가이므로 사회적 후생손실이 $B+D$ 발생한다.

(2) 비관세정책

1) 의의

비관세정책이란 관세이외의 보호무역 정책들을 말한다.

2) 종류

수량할당제(quota)	정부가 결정하는 일정수준 이상의 수입을 허용하지 않는 비가격적 수입제한정책
수출입보조금	수출 또는 수입에 대하여 정부가 보조금을 지급
수출자율규제(VER)	수출국이 수입국의 국내시장교란을 방지하기 위해 자율적으로 수출수량을 일정하게 제한하는 조치이다.
수입허가제	수입품목에 대하여 정부가 허가
시장질서 유지협정	수출자율규제의 경우는 정부와 정부간에 이루어지는 반면 시장질서 유지협정은 일반적으로 기업과 기업간에 이루어진다.
긴급수입제한조치 (safeguard, GATT19조)	수입급증으로 해당 국내산업이 중대 위협을 받는 경우 수입국은 수입량을 규제하거나 특별 관세를 모든 수입국에 무차별하게 적용할 수 있는 조치

10 발라사(B. Balassa)의 경제통합의 유형

(1) 자유무역지역

가맹국간에는 관세 및 여타 양적규제를 철폐하여 역내무역을 자유화하지만 비가맹국에 대해서는 각 가맹국이 종전대로 독립적인 관세 및 비관세 장벽을 유지하는 경제통합이다. 대표적인 예로 60년대 유럽자유무역지역(EFTA)와 최근의 북미자유무역지역(NAFTA)를 들수 있다.

이렇게 역내에는 자유무역을 보장하지만 역외국가에 대해서는 독립적인 정책을 취하는 경우 무역의 굴절현상이 나타난다.

이는 높은 관세부과국으로 수출하는 국가가 낮은 관세무역국을 거쳐 거래함으로써 높은 관세를 회피하는 방법인데 이를 해결하기 위하여 원산지 규정이란 것을 사용하기도 하였다.

(2) 관세동맹

가맹국간 관세 및 여타 양적 규제를 철폐함은 물론 비가맹국에 대해 공동관세를 부과하는 형태의 경제통합이다. 역사적으로 가장 많이 찾아볼 수 있는 형태의 경제통합이다.

(3) 공동시장

공동시장이란 관세동맹의 요건에 더하여 가맹국간 생산요소의 자유로운 이동을 보장하는 형태의 경제통합이다.

(4) 경제동맹

가맹국간 관세의 철폐와 비가맹국에 대한 공동관세 및 생산요소의 자유로운 이동은 물론 가맹국간의 대내적인 재정, 금융정책에 있어서도 상호협조가 이루어지는 형태의 경제통합이다. 베네룩스 3국의 경우가 이에 해당한다.

통 합 형 태	가 맹 국	비 가 맹 국
자유무역지역	관세철폐	독자관세
관세동맹	관세철폐	공동관세
공동시장	관세철폐 + 생산요소이동	공동관세
경제동맹	관세철폐 + 생산요소이동 + 정책협조	공동관세
완전경제통합	경제측면에서 한 국가	공동관세

(5) 특성

유형	관세철폐	비가맹국공동관세	생산요소이동	경제정책협조
자유무역지역	○			
관세동맹	○	○		
공동시장	○	○	○	
경제동맹	○	○	○	△
완전경제통합	○	○	○	○

(6) 현황

   1) 유럽연합(EU)

      ① 1968년 시장통합계획달성

      ② 현재 27개국이 가맹국이 있음

   2) 유럽자유무역 지역(EFTA)

      ① 1960년 창설

      ② 영국, 오스트리아 등이 회원국, 핀란드를 준회원국으로 하여 출발

③ 1978년에 영국, 덴마크가 탈퇴하여 EC에 가입

　3) 북미자유무역협정(NAFTA)

　　① 1994년 1월에 창설

　　② 미국, 캐나다, 멕시코로 구성

　4) 아시아·태평양 경제협력(APEC)

　　① 1989년 1월 한국과 호주간의 합의

　　② 1989년 11월 1차 회의

　　③ OECD와 같은 하나의 협의체

(7) 평가

현실의 경제통합은 복수의 경제통합형태의 중간적 또는 복합적인 성격을 갖고 있는 경우가 많다.

현재 대표적인 경제통합체라고 이야기되는 유럽연합은 공동시장을 지나 거의 경제동맹이완성되어가는 단계라 평가할 수 있을 것이다.

Ⅸ.　국제금융이론

1　환율이론

(1) 환율의 개념

　① 자국화폐와 외국화폐의 교환비율

　② 기본적으로 환율은 외환시장에서 외환에 대한 수요와 공급에 의하여 결정

(2) 환율의 표시방법

　① 대부분의 국가들이 자국통화표시환율(지급환율)방법으로 환율표시

　② 외국화폐 1단위를 얻기 위하여 지급해야 하는 자국화폐의 크기로 표시

　　(ex. \$1 = ₩1,200)

(3) 환율의 결정

　1) 외환의 수요·공급에 의한 환율결정이론

　　가) 외환의 수요곡선

　　　환율 상승시 외환의 수요량이 감소하므로 우하향의 형태로 도출

　　나) 외환의 공급곡선

　　　환율 상승시에 외환의 공급량이 증가하므로 우상향의 형태로 도출

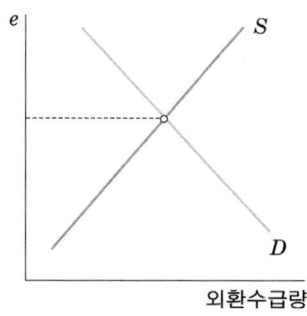

다) 외환수요증가요인

국민소득증가, 국내물가상승, 해외물가하락은 수입을 증가시켜 외환수요가 증가

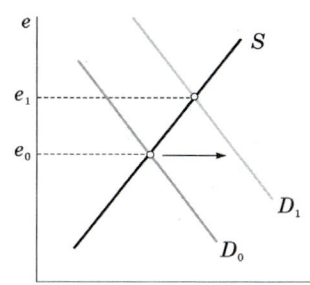

라) 외환공급증가요인

해외경기상승, 해외물가상승, 국내물가하락은 수출을 증가시켜 외환공급이 증가

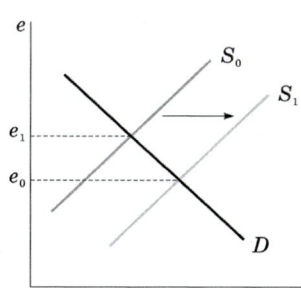

2) 기타

구매력 평가설	① 환율이 각국화폐의 구매력에 의하여 결정된다는 이론 ② 환율을 물가수준비율의 관계로 나타낸 구매력 평가설은 환율변화율과 각국의 인플레이션율 간의 차이에 의해 결정
이자율 평가설	환율이 두 나라간 명목 이자율 차이에 의해 결정

(4) 환율변동의 효과

1) 환율의 상승(원화의 평가절하)

$1 = 500원 → $1 = 1,000원

효 과
수출재의 달러표시 가격 하락 → 수출증가
수입재의 원화표시 가격 상승 → 수입감소
수입원자재 가격 상승으로 인한 국내물가 상승
외화부채의 부담증가
교역조건의 악화
해외여행 감소로 서비스 수지 개선

2) 환율의 하락(원화의 평가절상)

$1 = 1,000원 → $1 = 500원

효 과
수출재의 달러표시 가격 상승 → 수입감소
수입재의 원화표시 가격 하락 → 수입증가
수입원자재 가격하락으로 인한 국내물가 하락
외화부채의 부담감소
교역조건의 개선
해외여행 증가로 인한 서비스 수지 악화

(5) 환율제도

1) 환율제도의 종류

	개념	장점	단점
고정환율 제도	중앙은행이나 정부가 외환시장에 개입하여 환율을 일정하게 유지시키는 제도	① 환위험이 없으므로 국제무역과 국제간 자본거래가 확대 ② 환투기를 노린 국제간 단기자본이동이 제거	① 국제수지불균형이 자동적으로 조정되지 않는다. ② 고정환율제도하에서는 충분한 외환보유액이 필요하다. ③ 해외의 교란요인이 국내로 쉽게 전파된다. ④ 금융정책의 자율성이 상실
변동환율 제도	중앙은행의 개입없이 외환시장의 수요·공급을 일치시키는 수준에서 환율이 자유롭게 결정되도록 하는 제도	① 국제수지불균형이 환율변동에 의하여 자동적으로 조정 ② 국제수지를 고려하지 않고 재정·금융정책의 실시가 가능 ③ 외환시장의 수급상황이 국내통화량에 영향을 미침	① 환위험 때문에 국제무역과 국제투자가 저해 ② 환투기로 인한 단기자본이동이 많으므로 환율이 단기적으로 불안정

2) 한국 환율제도의 변천사

환율제도	시행기간	내 용
고정환율제도	1945 ~ 1964	정부가 환율을 달러에 고정
단일변동환율제도	1964 ~ 1980	외환 증서율을 환율에 변동하는 제도이나 실질적으로 고정환율제
복수통화바스켓제도	1980 ~ 1990	환율을 교역상대국 통화에 연동하는 환율제
시장평균환율제	1990 ~ 1997	환율을 가중평균 하여 당일의 시장평균 환율이 결정
변동환율제	1997 ~	외환수요·공급에 의해 환율 결정

(6) 국제통화제도의 변천

1) 금본위제도(1870 ~ 1914)

① 1870 ~ 1914년 사이에 실시했던 제도

② 자국통화와 금과의 교환비율을 결정하면 환율이 자동결정

ex) 금 1g = 2,000원
　　금 1g = 1달러 $\Big]$ 1달러 = 2,000원

2) 브레튼우즈 체제(1944년)

(가) 배경

① 제 2차 대전후 각국대표들이 브레튼우즈에서 협정체결

② 세계은행(IBRD), 국제통화기금(IMF)설립

(나) 내용

① 달러가 기축통화

② 달러와 타통화의 교환비율은 고정

③ 일반적으로 환율을 1% 범위 내에서 조정가능 하지만 국제수지 불균형시에 IMF의 승인을 얻어 10%까지 조정가능

④ 국제유동성 부족해소를 위한 통화인 특별 인출권(SDR) 창출

(다) 국제통화기금(IMF)와 세계은행(IBRD)

① IMF는 외환유동성 해결을 위해 단기자금을 대출

② IBRD는 낮은 금리의 장기자금을 융자

3) 스미소니언 협정(1971년)

① 환율 변동폭을 1%에서 2.25%로 확대

② 달러이외의 기축통화 도입

4) 킹스턴 체제(1976년)

① 회원국들이 독자적인 환율제도 선택가능성 부여

② 금·달러본위에서 특별 인출권 본위로 전환

③ IMF의 이용 조건 대폭 완화

2 국제수지(balance of payment)

(1) 개념

유량개념으로서 일정기간동안 일국의 거주자와 외국의 거주자 사이의 모든 경제적 거래를 체계적으로 분류

(2) 국제수지표의 내용

구분		내용
경상수지	상품수지	상품의 수출과 수입
	서비스수지	서비스의 수출과 수입 (예, 운수, 여행, 보험서비스 등)
	본원소득수지	생산요소의 제공으로 발생 (예, 임금, 배당, 이자)
	이전소득수지	아무런 대가없이 무상으로 제공 (예, 송금, 무상원조 등)
자본·금융계정	자본수지	기타자산의 매매를 계상 (예, 자본이전, 특허권 등)
	금융계정	대외금융자산 또는 부채의 소유권 변동과 관련된 거래 (예, 직접투자, 포트폴리오투자, 기타투자 등)
오차 및 누락		차변과 대변의 균형을 위해 필요한 항목

1) 경상수지

① 한 나라의 재화와 서비스의 순 수출 및 국제간의 증여를 화폐액으로 표시한 것

② 경상수지 = 상품 및 서비스수지 + 본원소득수지 + 이전소득수지

2) 자본수지

① 한 나라에서 일정기간동안 발생하는 외화의 유출입차이를 화폐액으로 표시한 것

② 자본수지 = 자본수지 + 금융계정

3) 오차 및 누락

차변과 대변의 균형을 위해 필요한 항목

(3) 국제수지균형의 의미

① 국제수지표는 복식부기의 원리에 따라 작성되므로 보정적 거래까지 포함할 경우 항상 균형을 이루게 된다. 즉, 대변과 차변의 합계, 경상수지 + 자본수지는 항상 0이다.

② 일반적으로 국제수지 흑자 또는 적자라고 말하는 것은 경상수지만을 의미한다.

3 마샬 – 러너조건

(1) 개념

환율을 상승시킬 때 경상수지가 개선되기 위한 조건

(2) 조건

자국의 수입수요의 가격탄력성 + 외국의 수입수요의 가격탄력성 〉1

(3) 설명

① 환율이 상승하면 수입재의 원화표시가격이 상승하고 수입재의 달러표시가격은 불변이다.

② 따라서 수입국의 수입액은 항상 감소한다.

③ 반면 환율이 상승하면 수출재의 달러표시가격은 하락하므로 수출물량이 달러표시가격보다 더 상승하여야 수출국의 수출액은 증가할 수 있다.

④ 따라서 환율 상승시 경상수지 개선 조건은 탄력성이 1보다 커야 한다.

4 J – curve 효과

(1) 개념

환율을 인상시키면 일시적으로 경상수지가 악화되었다가 상당기간이 경과하여야 경상수지가 개선되는 효과

(2) 발생원인

① 단기적으로 가격효과 〉 수량효과, 장기적으로 수량효과 〉 가격효과

② 이는 단기적으로 마샬 – 러너조건이 성립하지 않음을 의미

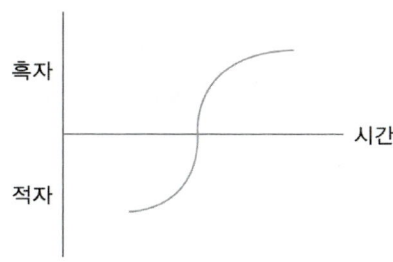

chapter 03 경제학사

1 고전학파 이전의 경제학사

(1) 중상주의

1) 개념

15세기부터 18세기 후반 자유주의적 단계에 이르기까지 서유럽 제국에서 채택한 경제 정책과 경제이론

2) 경제정책 – 보호무역주의

① 외국제 완제품의 수입금지와 제한, 국내원료의 수출금지

② 외국산 원료의 수입 장려, 국내 상품의 수출장려

3) 경제이론

① 중금주의

자본주의가 아직 생산부문까지를 완전히 지배하지는 못한 상태였으므로 중상주의자들은 이윤이 기본적으로 생산과정이 아닌 유통과정에서 발생된다고 생각 → 따라서 귀금속을 부(富)의 본원적 형태로 간주

② 무역차액주의

귀금속의 원산지 이외의 지방에서는 외국무역만이 이윤 획득수단이었으므로 무역이 흑자가 되게 하는 것이 정책의 중심목표로 추구됨

③ 유효수요

국내시장 확대와 자본축적이라는 관점에서 유효수요의 분석에도 진전을 보여 화폐경제이론의 초기 체계를 완성

4) 대표적 경제학자

① W.페티의 노동가치설

재화의 가치는 노동투입량에 의해 결정된다.

② 콜베르

프랑스의 중상주의 정책은 산업·무역통제로 유명한 콜베르의 이름을 따 콜베르티즘(colbertisme)이라고 함

(2) 중농주의

1) 개념

국가사회의 부(富)의 기초는 농업에 있다는 경제사상

18세기 후반 프랑스의 F.케네를 중심으로 전개된 경제이론과 경제정책 → 국민의 대다수를 차지하는 농민의 희생으로 강행되고 있는 중상주의 정책에 반대, 농업을 유일한 생산적 산업으로 간주

2) 자연법사상

자연법사상에 바탕을 둔 인간사회 자연적 질서의 존재를 확신하고 그 질서가 전면적으로 실현되었을 경우의 '위대한 왕국'을 상정한 것

3) 자유방임정책

자유방임정책의 입장에서 곡물수출의 자유 및 가격통제의 철폐를 주장

4) 단일세론

지주계급이 받는 순 생산은 일국의 재생산과정을 손상함이 없이 자유롭게 처분할 수 있는 수입이므로 그 수입에 대해서만 과세를 해야 한다는 주장

5) 대표적 경제학자

케네, 미라보, 리비에르, 느무르, 보도, 트론, 튀르고 등

• **케네의 경제표**

중농주의의 창시자 케네(Quesnay, F.)가 1758년에 발표한 경제순환(사회적 총자본의 재생산과 유통)에 관한 도표를 말한다.

경제표는 간단한 도표에 의하여, 한 나라의 연생산물의 유통과 분배의 과정, 즉 경제순환을 단순재생산의 과정으로서 명백하게 표시한 특이한 착상이었다. 경제표에서는, 어느 대국(사실은 프랑스)을 전제로 하여 그 나라의 총생산물의 가격은 매년 같고 생산의 규모는 불변으로 가정되어 있다. 그리고 그 국민은 생산적 계급(농업자) · 불생산적 계급(농업 이외 의 상공업종사자) · 지주계급의 3계급으로 구성되어 있다.

농업만이 잉여생산물, 즉 순생산물을 만들어 낸다고 생각하고, 그 잉여가치를 지대로 규정하였다.

---

2 고전 경제학파

(1) 개요

① A.스미스가 시조

②《인구론》의 T.R.맬서스, 《지대론》의 D.리카도가 대표자

③ J.S.밀에 이르러 완성

(2) 특징

① 자유경쟁

② 노동가치설

③ 시장을 매개로 하는 생산·분배의 입체적 분석을 추진

(3) 아담스미스

1) 자연주의

① 아담스미스의 전반적인 사상적 핵심은 자연적인 것에 대한 신뢰에 기반한 자연법 우월 사상에서 출발

② 인간에 의해 인위적으로 만들어진 어떤 질서보다도 우월한 고유의 자연적 질서가 존재한다는 사실에 대한 믿음 함축

2) 보이지 않는 손

인간들의 동기가 자연적 균형을 이룬다고 믿었기 때문에, 개개인이 자신의 이익을 추구할 때에 각자는 '보이지 않는 손'에 인도되어 자신이 전혀 의도하지 않았던 목적으로 증진된다는 주장

3) 정부의 소극적 개입

정부가 인간사에 개입하는 것은 일반적으로 이롭지 못하기 때문에 사회의 구성원 각자가 자신의 이익을 극대화하도록 내버려 둘 것을 주장

(4) 데이비드 리카도

1) 곡물조례 논쟁(1813~1815)

산업자본가 계급의 입장에서 곡물조례에 반대하는 등 실천적인 면에서 활동

2) 투하노동가치설

상품의 가치 크기는 생산에 투하된 노동량에 따라 결정된다는 주장

3) 차액지대론

토지의 생산성의 차이에 의해 지대가 발생

4) 임금생존비설

임금은 노동자와 그의 가족유지에 필요한 최저가격에 일치한다는 임금생존비설 제창

5) 비교생산비설

한 나라가 두 재화생산에 있어서 양국이 상대적으로 기회비용이 낮은 재화 생산에 특화하여 무역을 한다는 이론

6) 대표적 저서

① 《경제학 및 과세의 원리 Principles of Political Economy and Taxation》 → 노동가치설에서 분배론에 이르기까지 그의 주장이 담김. 1817년 발표

② 그의 학설은 마르크스 및 J.S.밀에 의해 각각 대조적으로 계승 됨

(5) T.R 맬더스

1) 인구론

인구와 경제력의 관계를 경제 발전의 과정에서 착안, 인구는 식량이나 생존에 필요한 물자보다도 급속히 증가하는 경향이 있음을 간파

2) 과소소비설

① 공황의 원인은, 소득에서 차지하는 소비지출이 상대적으로 낮은 반면 저축률이 높은 데 있다는 이론 → 대표적인 과소소비론자로는 맬더스(Malthus), 시스몽디(Sismondi) 등.

② 과잉생산 또는 유효수요의 부족은 부분적이 아니라 일반적이며, 자본주의의 발전에 따라 그것이 한층 더 심화하는 경향이 있다고 주장

(6) J.S 밀

1) 생애

① 런던 출생. 경제학자 J.밀의 장남으로 아버지로부터 엄격한 조기교육

② 이미 10대에 어엿한 지식인으로 성장, 아버지가 근무한 동인도회사에서 일하면서 (1823) 한편으로는 문필가로서의 생활 시작

2) 저서

① 《경제학 시론집)》(1830)과 《경제학 원리 Principles of Political Economy》(1848) 등.

② A.스미스나 D.리카도 등의 영국 고전파 경제학 이론을 계승하면서도, 경제공황이나 빈곤 등 새로운 역사적 과제에 대해서도 고려, 종래의 고전파 이론의 재구성과 보완을 시도

③ 자연적인 생산법칙에 의하여 발생한 사회적 곤란을 분배의 인위적 공정(公正)과 사회의 점진적 개혁에 의해서 회피하려는 이론 전개

> **• 세이의 법칙**
> 공급이 수요를 창출해낸다는 경제학 법칙

제창자인 프랑스의 경제학자 J.B.세이의 이름에서 기원한다. 판로설(la theorie des de bouches)이라고도 하며, 고전학파의 경제학에서 공통점으로 전제가 되어 온 견해이다. 즉, 생산은 이에 참가한 생산요소에 대해서 같은 소득을 가져오게 하며, 또 소비나 기타 다른 방도를 통하여 그 생산물의 수요가 되기 때문에, 공급은 바로 그것에 대한 수요를 낳는 결과를 초래, 경제전반에 걸쳐서 과잉생산은 있을 수 없다는 학설이다.

이 같은 명제는 D.리카도 등 고전학파 경제학자에 의해 받아들여졌지만, 후일 K.마르크스와 J.M.케인스로부터는 투자는 반드시 저축과 일치하지는 않는다는 등 비판을 받았다.

3 역사학파

(1) 1840년대에서 20세기 초에 걸쳐 주로 독일을 중심으로 하여 일어난 경제학의 한 학파

(2) ① 리스트가 선구자

　② 로셔, 크니스, 힐데브란트 , 슈몰러, 브렌타노, 버그너 등이 대표자

(3) ① 영국고전학파의 연역적 방법에 의하여 얻어진 보편 타당적, 추상적인 경제법칙의 존재 부정

　② 경제현상은 시대나 나라의 차이에 따라 달라지는 상대적, 개별적인 것이고 역사적 연구나 통계적 조사를 주로 해야 한다고 주장

(4) 경제정책에 있어서도 고전학파의 자유무역주의를 배척하고 보호무역주의 강조

4 마르크스 경제학

(1) 개요

　K.마르크스가 《자본론》을 중심으로 전개, K.카우츠키, N.레닌 등 후계자에 의하여 계승
·발전된 경제학

(2) 특징

　① 자본주의 사회를 분석하여 그 경제적 운동법칙을 밝힘으로써 자본주의의 모순을 과학적으로 증명

　② 자본재생산방법의 필연적 붕괴 과정을 변증법으로 설명

　③ 노동가치설을 설명원리로 삼고 잉여가치론을 분석 장치로 삼아 자본주의의 경제적 운동법칙들을 밝혀냄으로써 그 필연적 멸망을 증명

(3) 잉여가치설

　① 마르크스는 노동자의 임금에 상당하는 가치를 생산하는 부분을 필요노동이라 부르고, 이 필요노동을 초과하는 노동, 즉 노동자에게 임금으로 지불되지 않는 노동에 의해 생산된 가치를 잉여가치로 간주하였다.

　② 자본주의 체제하에서 자본가가 일단 노동자를 고용하게 되면 그가 생산해낸 모든 상품은 자본가의 차지가 되어 노동자는 자신이 노동하여 얻은 결과로부터 소외되고, 자본가가 지급하는 임금을 받게 된다.

　③ 하지만 노동자가 받는 임금은 노동자의 생존을 유지하는데 필요한 비용의 수준에서 결정되어 그 결과 노동자는 자신이 생산해낸 가치보다 더 적은 임금을 받고, 양자의 차이는 이윤으로서 자본가의 소득이 된다.

　④ 따라서 이윤은 기본적으로 자본가가 착취하는 잉여가치가 된다는 것이다.

⑤ 잉여가치론은 자본주의가 노동의 잉여가치를 착취함으로써 자본을 확대재생산 하는 성격을 가지고 있다고 주장함으로써 자본가적 생산의 반도덕성을 반증하고 있다.

(4) 대표적 저서

① 《경제학·철학 초고》 – 1844년

② 《경제학비판요강》 – 1857~1858년

③ 《자본론》 – 1867

→ 《자본론》은 원래 4권으로 구상되어 있었으나 그의 생전에 출판된 것은 제1권뿐이고, 제2·3권은 각각 1885년과 1894년에 F.엥겔스에 의하여, 그리고 제4권으로 예정되었던 부분은 1905~1910년에 카우츠키에 의하여 《잉여가치학설사》라는 이름의 독립된 형태로 출판됨

5 제도학파

(1) 개요

19세기부터 20세기에 걸쳐 미국에서 발전한 경제학의 한 학파

(2) 특징

① T.B.베블런, J.R.커먼스, J.M.클라크 등이 대표적

② 독일 역사학파의 영향을 받아 관습적 사고방식·가족·주식회사·노동조합 등, 개인의 활동을 규제하는 집단활동의 규칙, 즉 제도적인 면의 중요성을 강조

③ 경제제도의 기능과, 이것이 역사적으로 누적적 진화를 해나가는 과정 연구

④ 사회복지에 대해서도 깊은 관심

⑤ 대공황 이후에 재평가 → 사상과 방법론은 미국이 케인스경제학을 받아들이는 계기가 됨

(3) T.B. 베블런

1) 베블렌 효과

① 과시욕구 때문에 재화의 가격이 비쌀수록 수요가 늘어나는 수요증대 효과

② 미국의 사회학자인 베블렌(Veblen)은 저서 '유한계급(Leisure class)론'에서 유한계급에 속하는 사람에게는 값비싼 물건을 남들이 볼 수 있도록 과시적으로 소비하는 것이 사회적 지위를 유지하는 수단이 된다고 주장

2) 산업의 정신과 기업의 정신을 구별

전자는 최소의 비용으로 최대의 생산량을 올리는 것이지만, 후자는 이윤의 추구를 목적으로 하기 때문에 기업합동·판매우선 정부와 소유계급의 낭비를 초래한다고 하여 배격

3) 유한계급

생산적 노동에 적극적인 의욕을 가지지 않고 비생산적 소비생활을 하는 계층

(4) J.K. 갤브레이스

1) 의존효과

① 소비재에 대한 소비자의 수요가 소비자 자신의 자주적 욕망에 의존하는 것이 아니라 생산자의 광고·선전 등에 의존하여 이루어진다는 현상을 지칭

② 전통적 소비자주권과 대립되는 개념. J.M.갤브레이스가 그의 저서 《풍요한 사회 The Affluent Society》(1985)에서 현대사회의 '의존효과' 강조

2) 대표적 저서

① 《미국의 자본주의 American Capitalism:The Concept of Countervailing Power》 (1951)

② 《대공황 The Great Crash, 1929》(1955)

③ 《풍요한 사회 The Affluent Society》(1958)

④ 《새로운 산업국가 The New Industrial State》(1967)

⑤ 《불확실성의 시대 The Age of Uncertainty》(1977)

6 오스트리아학파 [Austrian School], 또는 한계효용학파

(1) 개요

① 오스트리아에서 C.멩거를 시조로 하여 발전한 근대경제학파.

② 1870년대에 C.멩거, 스위스의 M.E.L.발라, 영국의 W.S.제번스가 저마다 한계효용이라는 개념으로 상품의 가격을 설명하는 학설 주장. 경제현상에 대해 주관적·개인적인 입장에서 접근

③ 멩거는 한계효용가치설을 체계적으로 전개, F.v.비저, E.v.뵘바베르크 등이 이를 계승하여 하나의 학파를 성립

④ 멩거 이하의 사람들은 모두 오스트리아의 빈(Wien)대학 교수였기 때문에, 이 학파를 오스트리아학파라고도 호칭함

(2) 특징

① 당시 독일에서 지배적 위치에 있던 G.슈몰러 주도의 역사학파와 맞서 방법론을 둘러싸고 격렬한 논쟁을 벌임으로써 확고한 기반 구축

② 상품의 가치를 그 상품의 소비로 생기는 주관적인 한계효용으로 설명하고, 나아가서 직접 소비되지 않는 상품의 가치도 소비재의 가치에 귀속되는 것이라 간주 → 주관가치설의 체계화

③ 개인주의적·자유주의적 사상 신봉

④ 사회주의적인 계획경제보다 자유경쟁의 우위성을 주장

(3) 한계효용

    ① 소비자가 재화를 소비할 때 거기서 얻어지는 주관적인 욕망충족의 정도를 '효용'

    ② 재화의 소비량을 변화시키고 있을 경우 추가 1단위, 즉 한계단위의 재화의 효용을 '한계
      효용'

(4) 한계효용체감의 법칙

    일반적으로 어떤 재화의 소비량이 증가함에 따라 필요도는 점차 작아지므로, 한계효용은
    감소해가는 경향을 보임

(5) 한계효용균등의 법칙

    한계효용체감 하에서 몇 종류의 재화를 소비할 경우, 만약 각각의 재화의 한계효용이 같지
    않다면, 한계효용이 낮은 재화의 소비를 그만두고 한계효용이 보다 높은 재화로 소비를 바
    꿈으로써 똑같은 수량의 재화에서 얻어지는 효용 전체는 더 커지게 된다는 논리

7　파레토(Pareto, Vilfredo, 1848.8.20~1923.7.15)

(1) 개요

    ① 이탈리아의 경제학자이자 사회학자.

    ② 파레토최적(모든 사람이 타인의 불만을 사는 일 없이는 자기만족을 더 이상 증가시킬
      수 없는 상태)의 사고방식을 도입 → 신후생경제학에의 길을 열고, '파레토의 법칙'이라
      는 소득분포의 불평등도를 나타내는 경험적 경제법칙을 도출

    ③ 발라의 후계자이며, 로잔학파의 대표자

    ④ 《경제학 제요 Manuale d'economia politica》(1906) → 발라의 한계효용가치론을 버리고,
      계측 가능한 무차별곡선에 의한 선택 이론 전개, 발라가 수립한 일반균형이론을 재구성

(2) 파레토의 법칙(Pareto's law)

    ① 파레토 법칙(Pareto principle, 80-20 rule, the law of the vital few, principle of
      factor sparsity)

    ② '전체 결과의 80%가 전체 원인의 20%에서 일어나는 현상'. 일명 '2 대 8 법칙'

(3) 무차별곡선

    소비자에게 동일한 효용을 가져다주는 상품묶음의 집합을 나타내는 곡선

(4) 파레토최적(Pareto optimum)

    1) 개념

      어느 소비자의 효용을 증가시키기 위해서는 다른 소비자의 효용을 감소시키지 않으면
      안되는 상태

2) 의미

① 파레토 최적은 자원배분의 효율성에 관하여 그 중핵을 이루는 중요한 분석개념

② 자원배분에만 관여하고 소득분배와는 무관

③ 파레토 최적 상태는 무수히 존재하여 우열이 판단되지 않음

8 케인스 경제학

(1) 개요

영국의 경제학자 J.M.케인스에 의해 확립된 경제학

케인스는 많은 저서와 논문을 발표하였지만 '케인스 경제학'이라고 할 때에는 《일반이론》
이라 약칭되는 《고용·이자 및 화폐의 일반이론 The General Theory of Employment,
Interest and Money》(1936)에서 전개한 이론과 그 이론에 입각한 정책적 수단을 의미

(2) 주요이론

1) 풍요 속의 빈곤

생산능력이 충분함에도 유효수요의 부족으로 대량실업이 발생하고 국민들이 빈곤해
지는 상황

2) 유효수요의 원리

총고용은 유효수요, 즉 총수요에 의존하며, 실업 즉 불완전고용은 총수요의 부족으로 인
해 발생 한다는 이론

3) 한계소비성향

소비는 사회의 실질소득의 증가에 따라 증가하지만, 그 증가율은 소득의 증가율보다 낮
다는 주장

4) 자본의 한계효율

투자비용과 투자로부터 얻게 되는 수입의 현재가치가 같아지는 할인율

5) 절약의 역설

개인의 입장에서는 절약해서 저축을 늘리는 것이 합리적이지만 사회전체에게는 오히려
소득의 감소를 초래할 수 있다는 케인스의 이론

9 신보호주의(new protectionism)

(1) 개념

1970년대 중반 이후 선진국들의 비관세 수단을 이용한 무역제한조치

(2) 내용

① 선진국간의 무역 불균형에 따른 무역마찰 심화, 개발도상국의 발전에 따른 선진국의 경
쟁력 약화, 석유파동 이후의 세계경제 침체, 선진국의 실업률 증가 등을 배경으로 1970

년대 중반 이후 본격화된 무역제한조치

② 국가와 상품에 따른 선별적 보호조치와 함께 신흥공업국 수출품에 대한 수입규제와 선진국의 사양 산업을 보호하기 위한 비관세장벽이 강화됨

③ 보호대상이 주로 선진국의 사양산업이라는 점에서 후진국의 유치산업이었던 보호주의와 구별됨

10 현대의 경제학자

(1) 조셉 슘페터

① 이론적 중핵 – 이윤 추구를 위하여 기업가가 행하는 새로운 생산방법과 새로운 상품개발 등의 기술혁신 → 《경기순환론》

② 자본주의 발전에 수반하여 기술진보가 기업 내에서 자동화하고, 경제발전의 추진적 역할을 맡은 기업가의 기능이 저하된다고 하는 자본주의의 독특한 관점 제시

(2) 제레미 리프킨

① 미국의 세계적인 경제학자이자 문명비평가

② 《엔트로피 법칙》 – 1989년 기계적 세계관에 근거한 현대문명을 비판하고, 에너지 낭비가 가져올 인류의 재앙을 경고한 저서

③ 《노동의 종말 The End of Work》 – 1995년 발표, 정보화 사회로 인해 머지않아 수많은 사람들이 일자리를 잃게 될 것을 경고

④ 《소유의 종말 The Age of Access》 – 2000년 발표, 인터넷 접속으로 상징되는 정보화 시대에 사람들이 어떻게 살아갈 것인지 의문을 제기

⑤ 《수소경제 The Hydrogen Economy》 – 2002년에는 화석연료의 고갈과 함께 새롭게 등장할 것으로 예상되는 수소 연료 시대를 다룸

⑥ 그밖에도 《생명권 정치학 Biosphere Politics》(1991), 《바이오테크 시대 The Biotech Century》(1998) 등 많은 저서를 출간, 모든 저서가 세계적 주목. '실리콘 칼라', '뉴사이언스', '수소경제' 같은 신조어도 리프킨이 만들어낸 용어

(3) 조지 스티글러

1) 1958년 이후 시카고대학교 교수로 있으면서 행동과학에 관한 연구
1940년대 중반 F.H.나이트, J.바이너, H.C.사이몬스 등에 의하여 주도되어 온 시카고학파를, M.프리드먼과 함께 지켜 온 시카고학파 신자유주의의 기수

2) 연구 업적

① 산업조직론(Industrial Organization) 발전에 대한 결정적인 기여

② 1960년대 초 정보경제학(Economics of Information)의 창시와 탐색이론발전에 대한 선구적 역할

③ 규제경제학(Economics of Regulation)에 관한 논문·저서를 발표, 정부의 경제 규제에 관한 원인과 효과를 분석

④ 경제학과 법과의 관계 연구의 창시자, 시카고대학에서 발행되는 《법과 경제학 저널 Journal of Law and Economics》 발전에 주도적 역할

11 진화 경제학

(1) 등장배경

신고전파 경제의 의사결정 모형에 대한 의문을 제시하면서 등장

(2) 성격

① 진화경제학은 진화론적 생물학 이론, 게임이론 등을 바탕으로 하고 있다.

② 신고전파의 합리성에 대한 가정을 비현실적이라고 주장

③ 진화론의 자연선택과 돌연변이를 받아들임으로 진화의 가능성을 열어두고 있다.

(3) 주요내용

① 불균형에서 균형으로 가는 과정에서 원래의 균형이 아닌 다른 균형으로 갈 수 있다.

② 진화경제학은 경제주체들의 합리성의 한계에 대응하는 개념으로 '관행'을 채택한다고 주장한다.

12 하이에크의 신자유주의

(1) 경제사상

오스트리아 태생의 영국 경제학자로 신자유주의의 입장에서 모든 계획경제에 반대하였다 1944년 '종속에의 길'에서 경제적 자유주의를 주장하고 사회주의 사상을 비판하고 있다.

(2) 자유란?

자유란 타인의 의사에 의해 강제되지 않는 상태로 문명을 자유의 소산으로 본다.

(3) 자유주의 경제정책

① 자유주의는 원칙적으로 공공사업을 바람직 하지 않게 생각하지만 정부만이 국민에게 서비스를 공급할 수 있는 경우에는 정부의 활동을 환영한다.

② 평등주의 복지국가는 반대하지만 일정수준의 복지를 정부가 제공하는 것은 찬성한다.

③ 복지향상을 위한 복지국가는 반대하지 않지만 자유를 억압할 수 있다고 주장한다.

기출문제

01

물가가 지속적으로 하락하는 것을 무엇이라 하는가? (하나은행 2009)

① 인플레이션 ② 디플레이션
③ 디스플레이션 ④ 스태그 플레이션

해설 인플레이션 - 물가가 지속적으로 상승하는 것을 말한다.
디스플레이션 - 물가를 하락시키기 위하여 통화량을 감소시키는 반인플레이션 정책을 말한다.
스태그 플레이션 - 경기침체와 더불어 물가가 상승하는 것을 말한다. **정답** ②

02

가계의 총지출 중에서 교육비가 차지하는 비중을 나타내는 것은? (하나은행 2009, 수협중앙회)

① 엥겔지수 ② 슈바베지수
③ 엔젤지수 ④ 텔레콤 지수

해설 엔젤지수란 가계의 총지출 중에서 교육비가 차지하는 비중을 나타내며 불황 시 엔젤지수의 값은 커진다.
엥겔지수란 가계의 총지출 중에서 식료품비가 차지하는 비중을 나타낸다.
슈바베지수란 가계의 총지출 중에서 주거비가 차지하는 비중을 나타낸다.
텔레콤 지수란 가계의 총지출 중에서 정보통신비용이 차지하는 비중을 나타낸다. **정답** ③

03

다음 그림을 보고 지니계수에 대한 설명 중 틀린 것은? (기업은행)

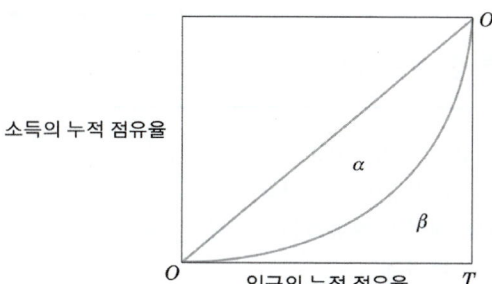

① 지니계수는 $\dfrac{\alpha}{\alpha+\beta}$ 이다.

② 지니계수는 기수적이다.

③ 지니계수의 로렌츠곡선의 단점을 보완하기 위하여 만들어졌다.

④ 지니계수는 0~1의 값을 가지며 값이 클수록 평등하다.

해설 지니계수는 로렌츠곡선의 서수성을 보완하기 위하여 만들어졌으며 0과 1사이의 값을 가진다. 지니계수는 값이 작아질수록 평등하다. **정답** ④

04

다음 중 GDP에 들어가지 않는 것은? (기업은행)

① 아파트의 가격 상승 ② 회사채 이자

③ 기업의 자동차 구입 ④ 동사무소에서 복사용지 구입

해설 국내총생산은 당해연도의 생산 활동과 관련 있어야 하므로 아파트의 가격 상승이나 부동산 구입, 주식구입은 들어가지 않는다. **정답** ①

05

신 M2에 속하지 않는 것은? (기업은행)

① 현금통화 ② 투자신탁회사의 MMF

③ 양도성 예금증서 (CD) ④ 기업어음 (CP)

해설 신M1 + 정기예·적금 + 시장형 금융상품(CD, RP, CMA, 표지어음 등) + 실적배당형상품(수익증권, 금전신탁 등) + 금융채 + 기타 **정답** ⑤

06

단기금융시장에 대한 설명 중 틀린 것은? (기업은행)

① 만기가 1년 미만의 금융상품이 거래되는 시장을 말한다.

② 단기금융시장에 CP시장, RP시장이 들어간다.

③ 단기금융시장이 발달하면 개인이 보유하는 현금량이 줄어들 수 있다.

④ 주식시장과 채권시장으로 나뉜다.

해설 단기금융시장은 CP시장, RP시장 등으로 구분되고 장기금융시장은 주식시장과 채권시장으로 나뉜다. **정답** ④

07

실업률을 구하는 공식으로 맞는 것은? (기업은행)

① 실업자 수 / 경제활동인구　　　② 실업자 수 / 취업자 수
③ 실업자 수 / 비경제활동인구　　④ 실업자 수 / 생산가능인구

해설 실업률 = (실업자 수 / 경제활동인구) × 100으로 구한다.　　정답 ①

08

선행지수에 들어가지 않는 것은? (기업은행)

① 건설수주액　　　　　　　　　② 비농가 취업자수
③ 장단기 금리차　　　　　　　　④ 금융기관 유동성

해설 비농가 취업자수는 동행지수에 들어간다.　　정답 ②

09

원달러 환율의 변화 방향이 다른 것은? (기업은행)

① 미국 금리 인상　　　　　　　② 외국인 투자한도의 증대
③ 수출 증가　　　　　　　　　　④ 미국 경기 호황

해설 미국의 금리가 인상되면 한국에서 외환이 유출되므로 환율이 상승한다.
다른 지문은 모두 환율이 하락한다.　　정답 ①

10

한국은행이 하는 역할이 아닌 것은? (기업은행)

① 신용창조　　　　　　　　　　② 발권은행
③ 금융정책의 집행　　　　　　　④ 정부의 은행

해설 신용창조란 시중은행이 대출과 예금을 통해 예금이 창조되는 것을 말한다.
발권은행이란 한국은행이 지폐와 주화를 발행한다는 것을 말한다.
한국은행은 금융정책을 집행하거나 정부에 대하여 신용을 공여한다.　　정답 ①

11

경기 침체 가운데 물가가 상승하는 현상을 무엇이라 하는가?   (하나은행)

① 스태그플레이션   ② 인플레이션
③ 애그플레이션   ④ 바이플레이션

> **해설** 애그플레이션이란 농산물의 가격 상승이 인플레이션을 유발하는 것을 말한다.
> 바이플레이션이란 선진국은 디플레이션이 발생하고 개도국은 인플레이션이 발생하는 것을 말한다. **정답** ①

12

원화의 가치가 상승할 때 현상 중 틀린 것은?   (하나은행)

① 수출이 감소한다.   ② 국내 물가가 하락한다.
③ 차관기업의 채무부담이 감소한다.   ④ 해외 유학생의 부담이 커진다.

> **해설** 환율의 하락은 원화가치의 상승을 의미한다.
> 환율이 하락하면 원화를 1달러로 환전하기 위하여 원화 부담이 증가한다.   **정답** ④

13

다음 중 수요곡선이 이동하지 않는 것은?   (새마을금고)

① 인구의 증가   ② 소득 증가
③ 소비자 기호   ④ 가격의 변화

> **해설** 가격이 변화하면 수요곡선 선상에서 이동하므로 수요곡선이 이동하지 않는다.   **정답** ④

14

다음 중 경기침체와 관련이 있는 실업은?   (새마을금고)

① 마찰적 실업   ② 경기적 실업
③ 구조적 실업   ④ 잠재적 실업

> **해설** 마찰적 실업이란 더 나은 직장을 구하기 위하여 직장을 찾는 과정에서 기업의 구인기간과 일치하지 않음으로
> 발생하는 실업을 말한다.
> 경기적 실업이란 경기침체로 인하여 대규모로 발생하는 실업을 말한다.
> 구조적 실업이란 산업구조의 변화로 노동자의 기술이 사회적으로 필요 없어짐에 따라 발생하는 실업을 말한다.
> 잠재적 실업이란 취업을 하고 있으나 노동의 한계생산성이 0인 경우를 말한다.   **정답** ②

15

인플레이션의 해결책이 아닌 것은?

(새마을금고)

① 정부지출의 감소   ② 세율 인상

③ 국공채 매각   ④ 대출 증대

해설   국공채를 매각하면 통화량이 감소하므로 인플레이션을 줄일 수 있다.

        대출 증대는 소비나 투자를 증가시키므로 물가를 더 상승시킬 수 있다.   **정답** ④

예상문제

01

사용 가치는 크지만 존재량이 무한하여 경제행위의 대상이 되지 않는 재화는?

① 보완재   ② 자유재
③ 독립재   ④ 대체재

해설 경제행위의 대상이 되는 재화는 희소성의 법칙이 성립해야 한다.
자유재는 부존량이 무한하여 희소성의 법칙이 성립하지 않는 재화를 말한다.   정답 ②

02

한 재화의 가격이 상승하면 그에 따라 다른 재화의 수요가 증가하는 관계는?

① 대체재   ② 보완재
③ 기펜재   ④ 독립재

해설 대체재는 다른 재화의 가격변화와 해당 재화의 수요변화의 방향이 같다.
즉, 한 재화의 가격이 상승하면 해당재화의 수요량이 감소하고 따라서 다른 재화의 수요가 증가한다.
정답 ①

03

A재화의 가격이 상승할 때 B재화의 수요가 감소하는 경우, 두 재화의 관계는?

① 대체재   ② 보완재
③ 독립재   ④ 경제재

해설 보완재는 다른 재화의 가격변화와 해당재화의 수요변화의 방향이 다르다.
즉, 한 재화의 가격이 상승하면 해당재화의 수요량이 감소하고 따라서 보완재 관계의 재화 수요도 감소한다.
정답 ②

04

소득이 증가함에 따라 수요가 증가하는 것은?

① 열등재   ② 보완재
③ 대체재   ④ 보완재

> **해설** 보통재를 정상재라 말하기도 한다.   **정답** ⑤

05

가격이 상승하면서 수요도 같이 늘어나는 효과는?

① 베블렌 효과   ② 전시 효과
③ 스납효과   ④ 의존효과

> **해설** 베블렌 효과(Veblen effect)는 허영효과라고 하며 스납효과(Snob effect)는 속물효과라고 한다.
> 전시효과(Demonstration effect)는 후진국이나 저소득자가 선진국 또는 고소득자의
> 소비양식을 모방하는 것을 말한다.
> 의존효과는 소비자의 수요가 생산자의 광고등에 영향을 받는 것을 말한다.   **정답** ①

06

수요법칙에 대해 예외적인 현상은?

① 기펜의 역설   ② 경제효과
③ 소득효과   ④ 피구효과

> **해설** 가격이 하락하는데도 그 재화를 소비하는 대신 보다 우등한 재화를 소비함으로써 그 재화의 수요가 감소하는
> 것을 기펜의 역설이라고 한다.   **정답** ①

07

다음 중 어떤 재화에 대한 수요의 변화를 초래하는 요인이 아닌 것은?

① 해당재화의 가격변화   ② 대체재의 가격변화
③ 소비자의 기호변화   ④ 인구 및 소득분포의 변화

> **해설** 해당재화의 가격변화는 수요량의 변화를 초래한다.   **정답** ①

08

수요곡선상의 점 A에서 점 B로의 이동을 설명한 것은?

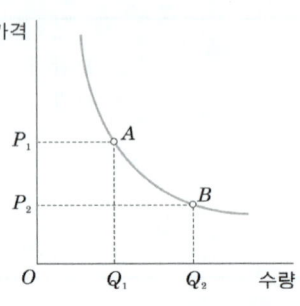

① 가격의 하락에 따른 수요량의 증가
② 수요량의 증가에 따른 가격의 하락
③ 소득의 증가에 따른 수요량의 증가
④ 생산기술의 발달에 따른 가격의 하락

해설   수요곡선위의 운동은 해당재화의 가격변화가 그 원인이고 수요곡선의 이동은 일단 불변인 것으로 가정되었던
다른 변수들의 값이 변함으로 시장수요곡선 자체가 이동하는 것을 말한다.   정답 ①

09

어떤 주부가 효용이 10, 8, 6, 4, 2인 다섯 개의 사과를 10,000원에 구입하였다.
이 때 효용 1이 1,000원에 해당된다면 소비자잉여는 얼마가 되는가?

① 10,000원   ② 20,000원
③ 30,000원   ④ 40,000원

해설   소비자잉여란 소비자가 기꺼이 지불할 용의가 있는 금액에서 실제 지출한 금액을 차감한 금액을 말한다.
$30 \times 1000 - 10,000 = 20,000$ 정답 ②

10

귤 1개의 가격이 50원에서 60원으로 오를 때 귤의 수요량이 100개에서 80개로 줄었다. 수요의
탄력성은 얼마인가?

① 0.5   ② 1.0
③ 1.5   ④ 2.0

해설 $e_p = -\dfrac{-20}{10} \times \dfrac{50}{100}$ 정답 ②

11

수요의 탄력성이 1.5인 상품에서 가격이 30% 하락하면 그 수요량의 변동은?

① 45% 증가 　　　　　　　　　　② 45% 감소
③ 20% 증가 　　　　　　　　　　④ 20% 감소

해설　가격이 30%하락하였으므로 수요량은 증가한다.
　　　따라서 수요의 가격탄력성이 1.5이므로 수요량은 45%증가하여야 한다.　　　정답 ①

12

수요의 가격탄력성이 '1'보다 작을 때 가격이 오르면 소비자의 총지출액은?

① 증가 　　　　　　　　　　　② 감소
③ 불변 　　　　　　　　　　　④ 증가할 수 있고 감소할 수도 있다.

해설　수요의 가격탄력성이 1보다 작다는 것은 비탄력적이라는 말이다.
　　　비탄력적일 때 가격이 오른다 하더라도 소비자의 수요량은 적게 감소한다.
　　　따라서 소비자의 총지출액은 증가한다.　　　정답 ①

13

수요의 가격탄력성 결정요인을 설명한 것이다. 잘못된 것은?

① 대체재가 많을수록 수요의 가격탄력성이 크다.
② 기간이 길수록 수요의 가격탄력성이 커진다.
③ 필수품일수록 수요의 가격탄력성이 작다.
④ 경쟁기업이 많을수록 수요의 가격탄력성이 작다.

해설　경쟁기업이 많다는 것은 대체재가 많다는 것이다.　　　정답 ④

14

가격안정에 따른 소비자 보호효과가 있는 반면에 암시장 등장이라는 문제점이 발생할 수 있는 정책은?

① 패리티가격제 　　　　　　　② 특별소비세
③ 최고가격제 　　　　　　　　④ 농산물가격지지정책

해설　최고가격제란 정부가 최고가격을 설정하여 최고가격 이상을 받지 못하도록 하는 제도를 말한다.
　　　　　　　　　　　　　　　　　　　　　　　　　　　　　　　정답 ③

15

매달 60만원의 수입이 있는 사람이 14만원을 저축하고, 23만원을 음식물비로, 나머지는 기타의 생계비로 지출한다면 이 사람의 엥겔 계수는 얼마인가?

① 20%   ② 40%
③ 50%   ④ 60%

 엥겔의 법칙이란 가계의 총지출에서 식비의 비중이 높아짐을 뜻한다.
따라서 위 문제에서 엥겔 계수를 구하면 가계의 총지출은 수입 60만원에서 14만원
을 차감한 46만원이 되고 그 중에서 식비가 23만원을 차지하므로 50%가 된다.   **정답 ③**

16

한 병에 100원하던 소주값이 110원으로 오르자 맥주의 수요량이 2,000병에서 2,100병으로 증가하였다면 수요의 교차탄력성은?

① 1/4   ② 1/3
③ 1/2   ④ 1
⑤ 2

 $$e_c = \frac{\Delta Q_X}{\Delta P_Y} \times \frac{P_Y}{Q_X} = \frac{100}{10} \times \frac{100}{2000} = \frac{1}{2}$$ **정답 ③**

17

자기에게 주어진 일정 소득을 가장 합리적으로 사용할 수 있게 하는 것은?

① 한계효용체감의 법칙   ② 한계효용균등의 법칙
③ 한계생산체감의 법칙   ④ 한계생산균등의 법칙

 한계효용균등의 법칙은 효용을 극대화하기 위해 각 재화의 한계효용이 균등하도록 재화의 소비를 분배하는 것을 말한다.   **정답 ②**

18

기업의 총이윤이 최대화되기 위한 조건은?

① 한계비용보다 한계수입이 클 때   ② 한계수입과 한계비용이 같을 때
③ 총비용이 최소가 될 때   ④ 한계수입과 한계비용 차이가 가장 클 때

 이윤이 극대화되기위한 1계조건은 한계수입 = 한계비용이고 2계조건은 한계비용곡선의 기울기 〉한계수입곡선의 기울기이다.   **정답 ②**

19

개별기업에서 수요의 가격탄력성이 가장 큰 경우는?

① 독점적 경쟁기업　　　　　　　② 완전경쟁기업
③ 독점기업　　　　　　　　　　　④ 과점기업

해설　완전경쟁기업의 경우 개별기업이 직면하는 수요곡선은 수평선이므로 수요의 가격탄력성은 무한대이다
　　　　　　　　　　　　　　　　　　　　　　　　　　　　　　　　　정답 ②

20

완전경쟁시장이 되기 위한 조건으로 적당하지 않은 것은?

① 다수의 수요자와 공급자가 존재한다.
② 산업에 대한 진입이 자유로워야 한다.
③ 경제단위는 완전한 정보를 가지고 있다.
④ 시장에 내놓은 생산품이 이질적이어야 한다.

해설　완전경쟁시장이 되기 위해서는 생산품이 동질적이어야 한다.
　　　　　　　　　　　　　　　　　　　　　　　　　　　　　　　　　정답 ④

21

가격차별화가 실시되는 시장에서 나타나는 현상이 아닌 것은?

① 두 시장의 수요탄력성의 차이
② 두 시장에 판매되는 재화의 질적 차이
③ 두 시장이 상호 분리될 수 있는 진입 여건
④ 두 시장 간의 상호 재판매가 불가능한 조건

해설　동일한 재화에 두 가지 이상의 조건을 붙여 판매하는 방식을 말한다. 가격차별화는 재화의 질적 차이와는 관
계가 없다.
　　　　　　　　　　　　　　　　　　　　　　　　　　　　　　　　　정답 ②

22

소득불평등도지표의 하나로 저소득층과 고소득층간의 소득분배를 나타내는 것은?

① 로렌츠곡선　　　　　　　　　　② 지니계수
③ 앳킨슨지수　　　　　　　　　　④ 십분위분배율

해설 십분위분배율이란 최하위 40%의 소득점유율을 최상위 20%의 소득점유율로 나눈값을 말한다. 0과 2의 값을 가지며 그 값이 클수록 소득분배가 평등해진다.
로렌츠곡선과 지니계수는 특정소득계층을 분석하지 못한다는 단점이 있는 반면 십분위분배율은 특정소득계층만을 나타낸다는 단점이 있다. **정답 ④**

23

로렌츠곡선에 대한 설명으로 옳지 않은 것은?

① 소득의 불평등 정도를 측정하는 방법이다.
② 소득의 누적점유율과 인구의 누적점유율간의 관계이다.
③ 지니 집중계수는 로렌츠곡선의 단점을 보완한다.
④ 로렌츠곡선은 가치판단을 전제하는 측정방법이다.

해설 소득불평등도지수 중 가치판단을 전제하는 측정방법은 애킨슨지수이다. **정답 ④**

24

다음의 서술 중 옳지 않은 것은?

① 로렌츠곡선이 대각선에 가까울수록 지니계수는 작아진다.
② 지니계수는 0과 1사이의 값을 취하며 그 값이 클수록 소득불평등도가 높다.
③ 10분위분배율의 값이 0에 가까울수록 소득분배는 불평등하다.
④ 누진세 등은 지니계수를 크게 한다.

해설 누진세를 실시하면 소득분배가 평등해지므로 지니계수의 값이 작아진다. **정답 ④**

25

한 사회내의 어떤 사람의 후생을 감소시키지 않고서는 다른 사람의 후생을 증가시킬 수 없는 배분상태를 가리키는 것은?

① 세이의 법칙   ② 파레토최적
③ 쿠즈네츠의 U자가설   ④ 그레샴의 법칙

해설 파레토최적이란 모두에게 이득이 되는 변화를 만들어낼 수 없는 상태를 말한다. **정답 ②**

238 PART 04 경제이론

26
시장의 실패란?

① 자원의 최적배분이 되지 않는 것
② 시장 동향의 파악에 실패하는 것
③ 수요와 공급의 가격결정 기능이 약화된 것
④ 생산과 소비의 파레토 최적에 실패하는 것

> **해설** 시장실패란 시장기구가 자원을 효율적으로 배분하는데 실패하게 되는 현상을 말한다.   **정답** ①

27
다음 보기 중 도덕적 해이의 예로서 옳지 않은 것은?

① 사고가능성이 높은 운전자가 조건이 좋은 자동차종합보험에 자진 가입한다.
② 화재보험에 가입한 피보험자가 화재방지노력을 게을리 한다.
③ 정액월급을 받는 고용사장이 골프를 많이 친다.
④ 공동생산 시 동료들의 눈을 피해 땡땡이를 친다.

> **해설** ①은 역선택을 설명하고 있는데 역선택이란 정보수준이 낮은 자가 바람직하지 못한 상대방과 거래하는 것을 말한다.   **정답** ①

28
다음 중 거시경제지표에 해당되지 않는 것은?

① 국민소득   ② 환율
③ 매출액   ④ 이자율

> **해설** 거시경제지표란 물가, 환율등 국가경제 전반을 판단하는 기준을 말한다.   **정답** ③

29
국내총생산(GDP)에 관한 다음 설명 중 적절하지 않은 것은?

① 외국기업이 국내에서 생산한 것도 포함된다.
② 국민경제의 전체적인 생산수준을 나타낸다.
③ 자가소비를 위해 생산된 재화는 포함되지 않는다.
④ 각 생산단계에서의 중간 투입물도 포함된다.

> **해설** 국내총생산은 일정기간 동안에 국내에서 생산된 최종생산물로 평가된다.   **정답** ④

30

디플레이션 현상을 해결하기 위한 정책으로 적당한 것은?

① 저금리정책   ② 투자억제정책
③ 흑자재정정책   ④ 지급준비율인상정책

해설 　디플레이션 현상은 경기침체상태이므로 저금리정책을 통해 투자를 증진시켜야 한다.   **정답 ①**

31

다음 중 재정정책 수단은?

> ㉠ 조세정책   ㉡ 정부지출정책
> ㉢ 공개시장조작정책   ㉣ 지급준비율정책

① ㉠, ㉡   ② ㉠, ㉢
③ ㉠, ㉡, ㉣   ④ ㉠, ㉡, ㉢, ㉣

해설 　재정정책 수단에는 조세정책과 정부지출정책이 있다.   **정답 ①**

32

금융긴축정책의 파급효과를 옳게 나타낸 것은?

① 통화량감소 → 이자율하락 → 투자감소 → 국민소득증가
② 통화량증가 → 이자율상승 → 투자증가 → 국민소득감소
③ 통화량증가 → 이자율하락 → 투자증가 → 국민소득증가
④ 통화량감소 → 이자율상승 → 투자감소 → 국민소득감소

해설 　금융긴축정책은 통화량이 감소하여 이자율이 상승한다.
　　　이자율 하락은 투자의 비용을 상승시켜 투자의 위축을 가져오고 국민소득의 감소를 유발한다. **정답 ④**

33

물가가 상승하고 있을 경우에 바람직한 금융정책방법은?

① 재할인율의 인상과 지급준비율 인하   ② 재할인율의 인하와 지급준비율 인하
③ 재할인율의 인상과 지급준비율 인상   ④ 재할인율의 인하와 지급준비율 인상

해설 　물가가 상승하고 있을 때는 통화량을 감소시켜야 한다.
　　　통화량을 감소시키기 위하여 재할인율과 지급준비율을 인상시켜야 한다.   **정답 ③**

34

다음 중 일국경제가 인플레이션의 발생과 실업증가를 동시에 경험하게 될 것으로 생각되는 경우는?

① 총수요 감소, 총공급 증가　　　　② 총수요 증가, 총공급 감소
③ 총수요 감소, 총공급 불변　　　　④ 총수요 불변, 총공급 감소

> **해설**　스태그플레이션이란 인플레이션의 발생과 경기침체를 가져오는 것을 말한다.
> 스태그플레이션은 총공급이 감소할 때 발생한다.　　　　　　　　　　**정답** ④

35

금년에 대학을 졸업한 갑은 1년 동안 열심히 일자리를 찾았으나 결국 실패하여 실망한 끝에 일자리 찾기를 포기하였다. 구직을 포기한 갑의 행동이 가져올 결과는?

① 실업자 수는 영향을 받지 않는다.　　② 실업률이 감소한다.
③ 실업률이 증가한다.　　　　　　　　④ 실업률은 전혀 영향을 받지 않는다.

> **해설**　구직포기자는 비경제활동인구로 분류되므로 실업률이 감소한다.　　**정답** ②

36

필립스곡선의 내용을 설명한 것 중 옳지 않은 것은?

① 완전고용과 물가안정은 동시에 달성 가능하다.
② 물가안정과 완전고용의 동시달성이 어려움을 나타내고 있다.
③ 인플레이션은 실업의 함수이다.
④ 임금상승률은 노동의 초과수요의 함수이다.

> **해설**　필립스곡선이 우하향 한다는 것은 물가안정과 완전고용을 동시에 달성할 수 없음을 의미한다.　　**정답** ①

37

다음 중 인플레이션의 자산분배효과를 잘 나타낸 것은?

① 화폐자산의 명목가치 하락, 실물자산의 명목가치 상승
② 화폐자산의 명목가치 상승, 실물자산의 실질가치 상승
③ 화폐자산의 명목가치 불변, 실물자산의 명목가치 상승
④ 화폐자산의 실질가치 하락, 실물자산의 실질가치 하락

> **해설**　인플레이션이 발생하면 화폐자산의 명목가치 불변, 실질가치는 하락한다.
> 실물자산은 명목가치는 상승, 실질가치는 변하지 않는다.　　　　　　**정답** ③

38

인플레이션을 극복하기 위한 재정, 금융 긴축하는 경제조정정책은?

① 조정인플레이션　　　　　　　　　② 재정인플레이션
③ 디스인플레이션　　　　　　　　　④ 크리핑인플레이션

해설　디스인플레이션이란 반인플레이션 정책을 말한다.
　　　반인플레이션 정책은 인플레이션을 줄이기 위하여 통화량을 감소시키는 정책을 말한다.　　　정답 ③

39

어느 경제의 총인구가 4,000만명, 15세미만의 인구가 1,500만명, 비경제활동인구가 1,000만명, 그리고 실업자가 50만명이다. 실업률은 얼마인가?

① 0.8%　　　　　　　　　　　　　② 2%
③ 5%　　　　　　　　　　　　　　④ 3.3%

해설　$(50/1,000) \times 100 = 3.3\%$　　　정답 ④

40

매년 일정한 이자를 영구히 지급받는 어떤 채권의 시장가격이 하락한다면 그 채권으로부터 얻을 수 있는 수익률은?

① 상승한다.　　　　　　　　　　　② 하락한다.
③ 변함없다.　　　　　　　　　　　④ 알 수 없다.

해설　채권의 시장가격과 채권의 수익률은 역관계이므로 채권의 시장가격이 하락하면 수익률은 증가한다.
　　　정답 ①

41

다음 중 공개시장에서 중앙은행이 정부의 국. 공채를 매각할 경우에 나타나는 결과는?

① 이자율이 상승하고, 통화량이 증가한다.
② 이자율이 상승하고, 통화량이 감소한다.
③ 이자율이 하락하고, 통화량이 감소한다.
④ 이자율이 하락하고, 통화량이 증가한다.

해설　국공채를 매각하면 통화량이 감소하면 이자율이 상승한다.　　　정답 ②

42

다음 중 경기동행지수의 구성요인과 관련이 먼 것은?

① 산업생산지수　　　　　　　　　② 제조업 근로자수
③ 제조업 가동률　　　　　　　　　④ 종합주가지수

해설　종합주가지수는 경기선행지수에 들어간다.　　　　　　　　　　　　　　　　정답 ④

43

다음 중 출범 시대 순으로 바르게 나열한 것은?

| ⓐ GATT 체제 | ⓑ 브레튼우즈 체제 |
| ⓒ 킹스턴 체제 | ⓓ 스미소니언 체제 |

① ⓐ-ⓑ-ⓒ-ⓓ　　　　　　　　　② ⓐ-ⓓ-ⓒ-ⓑ
③ ⓓ-ⓐ-ⓒ-ⓑ　　　　　　　　　④ ⓑ-ⓐ-ⓓ-ⓒ

해설　브레튼우즈체제 - 1944년, GATT - 1947년, 스미소니언체제 - 1973년, 킹스턴 체제 - 1976년,
　　　　　　　　　　　　　　　　　　　　　　　　　　　　　　　　　　　　　　정답 ④

44

다음 중 관광객의 여행 경비는 어디에 속하는가?

① 자본수지　　　　　　　　　　　② 상품수지
③ 경상이전수지　　　　　　　　　④ 서비스수지

해설　서비스수지는 여행, 보험서비스, 운수서비스 등 서비스 거래에 관계가 있는 수입과 지출의 차액을 나타내는
　　　수지를 말한다.　　　　　　　　　　　　　　　　　　　　　　　　　　　정답 ④

45

아래와 같은 조건에서 양국이 비교우위에 따라 교역을 한다면 A국이 비교우위를 갖는 재화는?
(숫자는 노동량)

국 가	신 발	자 동 차
A국	1	4
B국	10	8

① 신발
② 자동차
③ 신발, 자동차
④ 없다.

해설 A국의 입장에서 신발은 1/10의 노동량이 투입되고 자동차는 1/2의 노동량이 투입되므로 신발에 비교우위가
있다.   정답 ①

46

다음 중 고정환율제도의 장점이 아닌 것은?

① 무역거래나 자본거래에 종사하는 사람들이 불의의 환율변동으로 인해 손해를 입을 염려가 없어,
안심하고 국제거래에 종사할 수 있다.
② 환율에 관한 불확실성이 없으므로, 국제거래를 촉진하여 국제시장을 확대하는데 도움이 된다.
③ 국제수지의 지속적 균형유지가 가능하다.
④ 환율변동에 따른 환투기를 방지할 수 있다.

해설 변동환율제도의 가장 큰 장점으로는 국제수지가 자동적으로 균형을 이룬다는 것이다.   정답 ③

47

변동환율제의 이점이 아닌것은?

① 환율의 자동변동
② 무역과 자본거래의 증진
③ 국제수지 불균형의 자동조정
④ 외화준비축적의 불필요

해설 변동환율제는 환율변동에 따른 환위험 때문에 국제무역과 국제투자가 저해된다.   정답 ②

48

우리나라의 화폐가치가 거래 상대국의 화폐가치보다 평가절하 되었을 때 나타나는 현상은?

① 차관기업의 원화부담 증가 · 수출 감소 · 국내물가 상승
② 수출 증대 · 국내물가 상승 · 차관기업의 원화부담 증가
③ 수출 증대 · 국내물가 하락 · 차관기업의 원화부담 증가
④ 수출 감소 · 국내물가 하락 · 차관기업의 원화부담 증가

해설   평가절하의 효과로는 수입감소, 수출증대, 물가 상승, 차관기업의 원화부담 증가 등의 영향이 있다..

정답 ②

49

환율인하(평가절상)의 영향으로 맞는 것은?

① 도입된 외국자본에 대한 상환부담 증가
② 수입원자재 가격하락으로 국내물가 하락
③ 수입품에 대한 국내수요 감소로 수입 감소
④ 수출품에 대한 해외수요 증가로 수출 증가

해설   환율이 인하되면 외국자본에 대한 상환부담은 감소하고 수출재의 가격상승으로 수출은 감소한다. 그리고 수입재의 가격하락으로 수입은 증가한다.

정답 ②

50

환율하락을 가져오는 원인은 다음 중 어느 것인가?

① 외국인투자 확대, 해외경기 회복   ② 외국인투자 축소, 해외경기 불황
③ 통화량 감소, 국내경기 불황   ④ 통화량 증가, 국내경기 불황

해설   외국인투자 확대는 외환공급을 증가시키고 해외경기 회복은 수출증대로 외환공급을 증대시킨다.   정답 ①

단답형

01

소득이 낮은 가족일수록 가계 지출에서 차지하는 식비의 비율이 커진다는 법칙은?

(새마을 금고)

해설 엥겔의 법칙

02

금리를 아무리 낮추어도 투자나 소비 등의 실물경제에 아무런 영향을 미치지 못하는 상태를 무엇이라 하는가?

(새마을 금고)

해설 유동성 함정

03

예금주의 요구가 있을 때 언제든지 지급할 수 있는 예금으로 보통예금 및 당좌예금 등이 들어가는 것은?

(하나은행)

해설 요구불예금

04

통화정책의 궁극목표를 물가안정에 두고, 중앙은행이 명시적인 인플레이션 목표를 사전에 설정한 후 이를 대외적으로 천명한 후, 중간목표 없이 각종 통화정책수단을 통해 목표에 도달하려는 통화정책 운용방식을 무엇이라 하는가?

해설 물가안정목표제도(inflation targeting)

05

화폐 한 단위의 가치가 일정량의 금 가치에 결부되어 있는 화폐 제도는?

[해설] 금본위제도

06

어떤 재화의 가격이 하락하면 오히려 그 재화의 수요가 감소하는 현상으로 열등재의 경우에 발생하는 것은?

[해설] 기펜의 역설

07

소득이 줄어도 소비가 곧 줄지 않는 현상으로 소비의 비가역성 때문에 발생하는 효과는?

[해설] 톱니효과 또는 관성효과

08

한 사회내의 어떤 사람의 후생을 감소시키지 않고서는 다른 사람의 후생을 증가시킬 수 없는 상태를 무엇이라 하는가?

[해설] 파레토 최적

09

정부지출증가가 이자율 상승로 투자의 감소를 가져오는 현상은?

[해설] 구축효과(crowding-out effect)

10

세율과 조세수입과의 관계를 나타내는 곡선은?

해설   래퍼곡선

11

1969년 국제통화기금(IMF) 워싱턴회의에서 도입이 결정된 가상의 국제준비통화는?

해설   특별인출권(Special Drawing Rights : SDR)

12

한 국가내에 있는 모든 생산요소를 정상적으로 고용했을 때 도달가능한 GDP는?

해설   잠재 GDP

PART
05

경제용어

* 네덜란드병(dutch disease)

70년대 이후 네덜란드가 유전개발에 따른 경제호황을 누리면서 급격한 임금상승과 함께 소비급증 등의 현상을 경험하며 경제활력이 급격하게 떨어진 것을 일컫는다.

네덜란드는 이 때문에 통화 절상에 따른 수출 경쟁력이 약화된 것은 물론 한동안 심각한 노 사 갈등 등 사회불안까지 감내해야 했다.

* 국제 금융 기구

① IBRD : 국제부흥개발은행 (International Bank for Reconstruction and Development)
② ADB : 아시아개발은행 (Asian Development Bank)
③ ECB : 유럽중앙은행 (European Central Bank)
④ IMF : 국제통화기금 (International Monetary Fund)
⑤ IDA : 국제개발협회 (International Development Association)
⑥ BIS : 국제결제은행 (Bank for International Settlements)

BIS비율이란 위험가중자산이 자기자본에서 차지하는 비율로 은행의 건전성을 판단하기 위한 지표이다. 일반적으로 8%이상 되어야 한다.

* 그레샴의 법칙

악화가 양화를 구축한다는 의미로 영국의 토머스 그레셤이 16세기에 제창한 학설
한 사회에서 악화(소재가 나쁜 화폐)와 양화(금화)가 동일한 가치를 갖고 함께 유통할 경우 악화만이 그 명목가치로 유통하고 양화에는 그 소재가치가 있기 때문에 사람들이 가지고 내놓지 않아 유통에서 없어지고 만다는 것

* 골드스미스비율(금융연관비율)

실물면의 자본축적 잔액에 대한 금융면의 금융자산 잔액의 비율로 금융구조의 고도화 또는 금융자산 축적의 정도를 나타내는 지표라 할 수 있다.
금융연관비율은 장기적으로 상승추세를 보이며 일반적으로 선진국이 후진국에 비해 높다.

* 경제자유구역

외국인투자를 촉진하고 국가경쟁력 강화를 도모하기 위하여 지정된 지역

지정지역에서는 외국기업에 대한 세제지원 확대, 노동 관련 규제 완화, 관공서의 외국어 서비스 제공 등 국제기준에 부합하는 제도를 운영 정부에서는 2003년 우선적으로 인천, 부산.진해, 광양만 권의 3개지역을 지정했으며 2008년 1단계 사업완료를 목표로 개발과 외자유치를 추진중

* 국가신인도

1. 개념

   국가신인도는 한 나라의 신뢰성, 장래성 등을 나타내는 지표이다.

   해외차입, 외국인 투자 등 경제 활동뿐 아니라 국가신용등급에도 직, 간접적으로 영향을 미친다.

   국제신용평가기관 들이 국가위험도. 국가신용도, 국가경쟁력, 국가부패지수, 경제 자유도, 정치권리자유도 등 다양한 분야의 평가를 통해 특정 국가의 신인도를 주기적으로 측정 발표

2. 국가신인도 관련 평가지표

평가분야	평가기관	평 가 요 소
국가위험도	PERC, EIU	시장규모, 정치·사회적 위험, 성장잠재력 등
국가신용도	무디스, 피치, S&P	기업, 금융기관 및 채권, 환율 등에 대한 신회성 등
국가경쟁력	WEF, IMD	외국인투자, 정부부채등의 통계자료 및 설문조사
국가부패지수	TI, PERC	뇌물수수 등 부패도에 대한 해당 국내거주외국인 조사
경제자유도	헤리티지재단	통상정책, 정부규제, 통화정책 등 10개요소 50개변수
인간개발지수	UNDP	평균수명, 교육수준, GDP 등
정치권리자유도	Freedom House	정치적 권리, 시민자유도 등

* 보아오 포럼

매년 보아오시에서 열리는 아시아 역내 비정부, 비영리 지역경제 포럼

2002년 4월 12일 제 1차 연차 총회가 열렸다. 창설 당시 중국이 적극 후원해 보아오를 포럼 장소로 정했다.

한국, 중국, 일본, 호주, 인도 등 아시아 26개국이 창립회원국이다. 스위스 다보스에서 매년 열리는 세계경제포럼(WEF)을 본떠 '아시아판 WEF'로 불린다.

* 근원인플레이션

석유파동, 이상기후, 제도변화 등 일반적으로 예상치 못한 일시적 외부충격에 의한 물가변동분을 제거한후 산출되는 물가상승률로서 핵심물가지수상승률이라고도 한다.

한국의 경우 2000년 이후 근원인플레이션을 중앙은행 물가안정목표제도의 대상지표로 사용중이며 소비자물가에서 곡물이외의 농산물과 석유류의 가격 변동분을 제외한 근원인플레이션을 측정하여 통계청에서 소비자물가와 더불어 매월 발표

* 복수통화바스켓제도

자국과 교역 비중이 큰 나라의 통화, 예를 들면 달러, 유로, 엔화 등을 바스켓으로 한데 묶고 이들 통화의 가치가 변할 경우 각각 교역가중치에 따라 자국통화의 환율에 반영하는 환율제도 특정통화가치의 급격한 상승이나 하락에 따른 충격을 완화할 수 있고 물가상승률 등 국내 경제 변수를 반영할 수 있어 고정환율제를 변동환율제로 바꾸려는 나라들이 중간단계로 채택하는 제한적인 변동환율제도

* 세뇨리지 효과

기축통화국의 지위를 이용하여 달러를 찍어내고 새로운 신용창출을 통해 끝없이 대외 적자를 메워나가는 것을 말한다.

화폐를 찍어내면 교환가치에서 발행비용을 뺀 만큼의 이익이 생기는데 그 중에서도 기축통화국, 곧 국제통화를 보유한 나라가 누리는 이익을 통상적으로 세뇨리지효과하고 일컫는다.

* MCSI 지수

미국 투자은행인 모건스탠리의 자회사 MCSI가 작성해 발표하는 세계주가지수이다.

전 세계를 대상으로 투자하는 대형 펀드 특히 미국계 펀드 운용에 주요 기준으로 사용되고 있다. 전 세계 49개국을 대상으로 한 ACWI(All Country World Index)Free 지수, 미국·유럽등 23개국 선진국 시장을 대상으로 한 World지수, 그리고 아시아·중남미 등 28개국 신흥시장을 대상으로 한 EMF(Emerging Market Free) 등이 대표적이며 극동아시아·라틴아메리카 유럽 등의 지역별 지수도 있다.

* FTSE 지수

영국유력경제지인 파이낸셜 타임스와 런던증권거래소가 공동소유하고 있는 FTSE그룹이 작성해 발표하는 주가지수다. 모건스탠리 MCSI지수와 함께 세계 2대 지수로 투자자들에게 영향력을 행사하고 있다. FTSE는 48개 국가주식을 커버하며 글로벌지수를 발표하고 있는데 시장지위에 따라 선진시장, 선진 신흥시장, 신흥시장, 프런티어 시장 등으로 구분하고 있다.

선진시장에 편입된 국가는 미국 영국 독일 등 24개 국가다. 올해 9월부터 이스라엘이 추가됐고 한국은 현재 선진 신흥시장에 포함돼 있다. 이번에 한국증시는 그동안 선진시장에 있던 홍콩 H 증시와 위치를 맞바꾸게 됐다.

* 트리클 다운 효과(적하정책)

트리클다운이란 말은 '넘쳐흐르는 물이 바닥을 적신다'는 의미이다.

레이거노믹스에서 등장했으며 미국의 제 41대 대통령인 부시가 재임중이던 1989년부터 1992년까지 채택한 경제정책

정부가 투자 증대를 통해 대기업과 부유층의 부를 먼저 늘려주면 중소기업과 소비자에게 혜택이 돌아감은 물론 이것이 결국 총체적인 국가의 경기를 자극해 경제발전과 국민복지가 향상된다는 이론

* 통화스왑계약

두 나라가 자국통화를 상대국 통화와 맞교환하는 방식으로 외환위기가 발생하면 자국 통화를 상대국에 맡기고 외국통화를 단기차입하는 중앙은행간 신용계약이다.

* 치앙마이 이니셔티브

2000년 5월 태국 치앙마이에서 외환위기 재발방지를 위해 동아시아 국가의 외환위기 발생시 중앙은행간 통화스왑계약을 확대하기로 합의

* 콜금리

금융기관 사이의 단기자금 과부족을 조정해주는 콜 시장에서 형성되는 금리를 말한다.
콜 시장에서 자금을 공급하는 측을 콜론(call loan), 수요자측을 콜머니(call money)라고 부른다.
최장만기는 30일이나 실물거래에 있어서는 1일물이 대부분을 차지하고 있다.

* 경기연착륙

경기가 갑자기 불황으로 내려가지 않도록 서서히 충격없이 하강한다는 뜻이다.

* 골디락스

경제가 고성장임에도 불구하고 물가상승 압력이 없는 상태를 의미한다.
영국의 전래동화〈골디락스와 곰세마리 Goldilocks And The Three Bears〉에 등장하는 소녀의 이름에서 유래한 용어로 경제가 건실하게 성장하고 있는 이상적인 상황을 의미한다.

* 국민부담률

조세부담률이 국내총생산에서 국민들이 낸 세금(총조세)이 차지하는 비중을 뜻하는데 비해 국민 부담률은 GDP에서 국민들이 낸 세금외에 의료보험, 산업재해보험료, 국민·사학·공무원·군 인연금 등으로 구성되는 사회보장기여금까지 모두 합친 금액이 차지하는 비중을 의미한다. 그런 측면에서 국민부담률은 한 해동안 국민들의 국가에 대한 부담의 정도를 가장 종합적으로 나타내 는 지표라고 할 수 있다.

* 금수조치

한 국가가 다른 특정 국가에 대해 직 간접 교역, 투자, 금융거래 등 모든 부분의 경제교류를 중단 하는 조치로 일명 엠바고(embargo)라고 불린다.
이같은 조치는 보통 정치적인 목적으로 어떤 특정국을 경제적으로 고립시키기 위해 사용된다.
대상국과는 원칙적으로 모든 경제교류가 중단되나 인도적 교류나 문화, 체육분야의 교류에는 예 외가 인정되는 것이 보통이다.

* 기축통화(key currency)

국가간의 결제나 금융거래의 기축이 되는 특정국가의 통화로서 통상 미국 달러를 가리킨다. 미 국 예일대학의 트리핀 교수가 처음 명명했다.

* 테라

terra. '지구'를 뜻하는 라틴어로 '세계에서 유일하게 통용되는 화폐'라는 의미에서 붙여진 용어다. 벨기에의 버나드 리테어 전 루뱅대 교수가 글로벌 통화로 '테라(terra)' 창설을 주장했다. 세계 기축통화로서의 위상이 약화된 미국 달러화 대신 테라를 사용하면 각종 거래비용이 줄어들고 투기행위를 차단, 세계경제 안정과 성장이 동시에 달성될 수 있다고 리테어 교수는 주장했다.

* 긴급수입제한조치(safe guard)

특정품목의 수입이 급증해서 국내의 경쟁업계에 중대한 손해를 입히거나 그 우려가 있다고 판단되는 경우에 GATT가맹국이 발동하는 긴급수입제한조치를 말한다.

하지만 이를 발동하기 위해서는 관계국에 통고 및 협의와 같은 복잡한 절차를 거치게 되어 있어 한편으로 남용 방지 효과가 있다.

* 달러라이제이션(Dollarzation)

자국화폐를 버리고 미국의 달러화를 공식화폐로 채택하거나 달러화의 기축 통화기조가 전세계적으로 더욱 공고해지는 최근의 경향을 일컫는 말이다.

극심한 인플레와 경기침체에 시달려온 중남미 국가들이 경제주권을 빼앗겼다는 비판에도 불구하고 경제회생을 위해 선택하는 경우가 많다.

* 더블딥

경기침체가 발생한 후 회복되는 기미를 보이다가 다시 경기침체에 빠져드는 현상을 말한다. 그 모양이 W자와 유사해 W자형 경제구조라고도 하며 우리말로는 이중하강, 이중침체 등의 여러 가지 용어로 표현된다.

경기가 2분기 계속하여 마이너스 성장을 기록하는 경우에 경기침체(dip)라 하며 더블딥은 이러한 경기침체가 2번 계속되는 현상을 의미한다.

* 리디노미네이션

한 나라의 화폐를 가치변동없이 모든 은행권과 지폐의 액면을 동일한 비율의 낮은 숫자로 표현하거나 이와 더불어 새로운 통화단위로 화폐의 호칭을 변경하는 것을 말한다.

* 디스인플레이션

인플레이션을 종식시키기 위해 점차적으로 통화를 수축시켜 가격의 상승률을 낮추는 것을 말한다.

* 인플레이션과 디플레이션

인플레이션은 화폐가치가 하락하여 일반 물가수준이 지속적으로 상승하는 현상이며 디플레이션은 경기가 하강하면서 물가도 하락하는 경제현상을 말한다.

* 리플레이션

경제가 디플레이션 상태에 들어가서 유휴자본과 유휴설비가 있고 실업이 급증한 경우 신용팽창과 통화증발로 물가를 상승시켜 사업활동을 활발히 하고 고용을 증대시키는 일련의 대책을 세우는 기간을 말한다.

즉 정책적으로 상품의 생산과 유통을 확대시켜 경기를 진작하고 불황에서 탈출하려 할 때, 통화증발을 적당히 조절해 인플레이션이 되지 않을 정도로 경기대책을 세우는 것을 말한다.

* 모라토리엄

지급정지, 지급유예의 뜻이다.

한 국가의 경제상태가 긴급한 경우 일정기간 법령에 의거, 모든 대외 채무지급을 중지한 다는 뜻으로 사용된다. 국제적으로 한 나라가 국제수지 적자가 엄청나게 불어나 외채이자 지급불능 상황이 되면 일시적으로 모든 채무의 지급정지 선언을 하는 것을 말한다.

* 물가안정목표제도

인플레이션을 일정수준으로 유지하는 것을 중앙은행 통화신용정책의 최종 목표로 명시적으로 설정하고 공개시장조작 등 각종 수단을 동원하여 이를 달성하고자 하는 정책운용법이다.

* 미달러화 페그제도

자국통화의 미달러화에 대한 환율은 고정시켜둔 채 기타통화에 대한 환율은 미달러화 대 기타통화의 환율변동에 따라 자동적으로 결정되게 하는 방식을 말한다.

* 브릭스(BRICs)

브라질, 러시아, 인도, 중국의 4개국을 지칭하며 각국의 영문 머릿글자를 따서 만든 약어로 2003년 미국 증권회사인 골드만 삭스 그룹 보고서에서 처음 사용되었다.

* 넥스트 11

골드만 삭스가 만들어낸 신조어로 차세대 성장국가 11개국을 뜻한다.

방글라데시, 이집트, 인도네시아, 이란, 한국, 멕시코, 나이지리아, 파키스탄, 필리핀, 터키, 베트남 등을 넥스트 11으로 명명

* MIKT

세계적으로 브릭스(BRICs)란 말을 처음 회자시킨 짐 오닐 골드만삭스자산운용 회장이 한국을 자신의 성장 국가(Growth Economies)군에 편입시켰다. 내년 한국 경제 성장 가능성을 다른 신흥국가들보다 더 높게 평가했다.

21일 미국 경제전문방송 CNBC는 짐 오닐이 최근 투자보고서에서 멕시코 인도네시아 한국 터키 등 4개국을 MIKT로 지칭하면서 이들 국가를 성장 국가 리스트에 추가한다고 밝혔다.

* 마빈스

올해 초 미국 경제전문사이트 비즈니스 인사이더 는 앞으로 10년간 가장 주목해야 할 6개국으로 마빈스(MAVINS)를 지목

멕시코, 호주, 베트남, 인도네시아, 나이지리아, 남아공

* E7

Emerging 7의 약자로, 선진 7개국 모임인 G7(Group 7-미국, 일본, 영국, 프랑스, 독일, 이탈리아, 캐나다)에 견주어 신흥국가 7개국을 의미하는 용어

E7은 브릭스(BRICs) 4개국(브라질, 러시아, 인도, 중국)과 인도네시아, 멕시코, 터키를 가리킨다.

* IBSA(이브사)

남아시아 대륙의 인도(I)와 남미 대륙의 브라질(B), 그리고 아프리카 대륙의 남아프리카공화국(SA)이 결성한 공동체

이브사는 인도, 브라질, 남아공의 이니셜을 조합한 명칭으로 2003년 3개국 시장의 공동발전을 도모하기 위한 각료급 회의로 출발했으나, 3개국 정상회의 개최를 계기로 3개 대륙 국가를 하나로 결집하는 정치·경제 공동체 구상으로 확대 발전

* 빅맥환율

미국 맥도날드 햄버거 값을 기준으로 각국의 통화가치를 평가한 것을 말한다.

일종의 구매력 평가환율이다. 영국의 경제 전문 주간지인 〈이코노미스트〉는 1986년부터 매년 한번씩 세계 각국에서 판매되는 빅맥값을 기준으로 빅맥환율을 계산해 발표한다.

* 소프트 패치

경기회복 국면에서 나타나는 일시적인 침체 국면을 말한다.

2002년 말 앨런 그린스펀 미 연방 준비제도 이사회 의장의 의회증언에서 사용된 후 경기 확장국면에서 돌출한 국지적인 침체를 의미하는 시사용어로 정착되었다.

* 핫머니

국제금융시장을 이동하는 단기자금

* 스태그플레이션

경기침체 하의 인플레이션, 즉 저성장 고물가상태를 말한다.

* 연방준비제도이사회(FRB)

미국 연방준비제도이사회. 연방준비제도(FRS)의 운영기관이며 의장 이하 7명의 이사로 구성된다. FRB는 12개 산하 연방준비은행의 공정할인율, 예금준비율의 변경 및 공개시장조작, 연방준비권의 발행과 회수를 감독한다.

* 연방공개시장위원회(FOMC)

미국의 중앙은행제도인 연방준비제도이사회(FRS)에 있어서 연방준비제도이사회(FRB)의 통화. 금리 정책을 결정하는 기구를 말한다.

* 연방기금금리(FFR)

한국의 은행간 콜금리에 해당되는 미국의 대표적인 단기금리이다.

이 금리는 미국 정부의 통화정책방향을 나타내는 지표로 활용되고 연방준비자금시장에서 중앙은행인 연방준비제도이사회(FRB)가 공개시장조작을 통해 조정한다.

* 토빈세

모든 국가간 자본 유출입 거래에 대하여 단일세율을 적용하는 외환거래세의 일종

토빈세를 보다 넓게 해석할 경우 투기적 자본 유출입에 대한 국내외 금리차를 세금으로 부과하는 제도인 이자평형세로 파악할 수도 있다.

* 인근궁핍화

국내경기의 진작을 위해 취한 정부의 정책이 외국의 경기후퇴를 초래함으로써 역효과를 가져오는 경우를 말한다.

* 유동성함정

금리를 추가로 내리고 통화량을 늘려도 소비와 투자심리가 살아나지 않아 경제회복의 목표를 달성할 수 없는 현상

* 다자간 원조

공적개발원조의 한 방식으로 개도국을 원조함에 있어 그 나라에 직접자금을 제공하지 않고 세계은행, 아시아 개발은행, 등 국제적인 대부기관에 출자함으로써 간접적으로 원조하는 방식

* 도하개발아젠다

2001년 제 4차 WTO각료회의에서 새로운 다자간 무역협상이 출범

협상의제는 농업. 서비스는 물론 비농산물시장 접근, 규범, 환경, 지적재산권, 분쟁해결 등 크게 일곱가지

* 인구고령화

고령화사회는 전체 인구 중 65세 이상 고령인구 비율이 7% 이상인 사회이고 고령사회는 고령인구 비율이 14%이상인 사회, 초고령사회는 고령인구비율이 20% 이상인 사회를 의미한다.

* 애그리플레이션

농업을 뜻하는 '애그리컬처'(agriculture)와 물가상승을 뜻하는 '인플레이션'(inflation)을 합성한 단어

농산물가격 급등으로 물가가 상승한다는 의미이다. 최근 화석연료 대신 대체에너지 개발에 따른

'바이오 연료' 산업으로 야기
바이오 연료 산업이란 옥수수, 고구마 등 농작물에서 짜낸 기름으로 자동차를 움직이는 연료를 만드는 산업

* 국부펀드(Sovereign Wealth Fund)

국부펀드란 정부가 통화당국의 외환보유액과는 별도로 재정 흑자 등의 외화잉여 자금을 재원으로 조성해 수익성 위주로 운용하는 투자기구를 말한다.

* 디커플링(decoupling)

국가와 국가, 또는 한 국가와 세계의 경기 등이 같은 흐름을 보이지 않고 탈동조화되는 현상. 동조화(coupling)의 반대 개념이다. 한 나라 또는 일정 국가의 경제가 인접한 다른 국가나 보편적인 세계경제의 흐름과는 달리 독자적인 경제흐름을 보이는 현상을 말한다.

* 슈퍼스파이크(Super Spike)

골드만 삭스가 2005년 글로벌투자보고서에서 원자재 가격 추이를 분석하면서 처음 사용한 용어로 원자재가격이 4~5년간 급등하는 단계를 의미
이 보고서에서 골드만 삭스는 1970년대 발생한 1, 2차 오일쇼크와 같은 유가급등 사태가 다시 올 것으로 분석한 바 있다.
골드만 삭스는 슈퍼 스파이크의 핵심 요인으로 원유 공급 부족을 들고 있음

* 롱테일 법칙

파레토 법칙에 의한 80:20의 집중현상을 나타내는 그래프에서는 발생확률 혹은 발생량이 상대적으로 적은 부분이 무시되는 경향이 있음
그러나 인터넷과 새로운 물류기술의 발달로 인해 이 부분도 경제적으로 의미가 있을 수 있게 되었는데 이를 롱테일(The Long Tail)이라고 함

* J – 커브 효과

환율을 인상시키면 일시적으로 경상수지가 악화되었다가 상당기간이 경과하여야 경상수지가 개선되는 효과

* 위키노믹스

위키노믹스는 위키백과의 위키와 경제학을 뜻하는 영어 economics를 합쳐 만든 신조어로 위키노믹스의 핵심 메시지는 내부 인재만의 지식의존에서 벗어나 아마추어를 포함한 불특정 다수 외부인의 지식을 널리 활용하는 것이다.
인터넷을 통해 대규모 군중들의 참여와 협업을 성공적으로 현실화한 위키 백과사전에서 이름의 반을 따온 위키노믹스라는 신조어는 웹 2.0 시대에는 대중들의 협업이 중심적 역할을 하는 비즈니스 패러다임이 자리 잡을 것임을 상징하고 있다.

* **신 브레튼우즈 체제**

세계 금융 시스템의 안정을 위해 영국의 고든 브라운 총리가 제안한 새로운 감시체계
국제통화기금(IMF)에 더 큰 감독권한을 주는 것이 골자임
브레튼우즈 체제는 1944년 미국 뉴햄프셔의 브레튼우즈에 44개국 정부 당국자, 경제학자, 금융
가, 법률가 등이 모여 만든 강력한 금융 안정 시스템
'달러 기준 고정환율제'와 IMF, 세계은행의 창설을 핵심으로 함. 1971년 미국 달러의 금 태환제
가 폐지되면서 사실상 붕괴되고 IMF와 세계은행 등의 기구만 남음
그러나 자본의 무제한 이동이 국제적인 금융위기의 원인으로 지목되면서, 브레튼 우즈 체제를
이을 새로운 통제 시스템이 필요하다는 목소리가 높아짐

* **아시아 통화기금 (AMF)**

아시아 지역의 외환위기 등에 공동으로 대처하기 위한 기금. 한국, 중국, 일본, 동남아국가연합
(ASEAN)이 1997년 아시아 외환위기 이후 공동으로 추진해옴
AMF는 1997년 아시아 외환위기 직후부터 논의됐으나 미국과 IMF 등의 반대로 성사되지 못함
대신 한·중·일과 ASEAN은 2000년 치앙마이 구상을 통해 외환위기 때 자국 통화를 맡기고,
상대국의 보유액을 빌리는 협약을 채택

* **남미국가연합(UNASUR)**

남미공동시장(메르코수르)과 안데스공동체 (CAN) 소속 국가와 칠레, 가이아나, 수리남, 베네수
엘라 등 12개국이 모여 2008년에 창설한 국제기구
UNASUR이 공식 출범함에 따라 지금까지 에너지와 통상, 교육, 사회, 문화 등 분야별로 이뤄지
던 남미 통합 움직임이 급물살을 탈 것으로 전망
UNSUR의 국내총생산 규모는 2조달러, 인구는 3억9천만명. 그러나 회원국 간의 경제력 격차가
커 제 기능을 하기까지는 시간이 걸릴 것이라는 지적도 있음

* **수출자율규제(VER)**

일반적으로 수출상대국의 일방적인 수입제한조치가 예견될 때 이를 피하기 위해 수출국이 자주
적으로 수출품의 수량 등을 규제하는 것을 말함
수입국의 요청에 따라 상호협정을 체결해 시행하는 경우도 있는데, WTO를 거치지 않고 수입규
제를 할 수 있어 주로 선진국들이 비관세 장벽으로 이용

기출문제

01

다음 재화 중 희소성의 법칙을 만족하지 않음으로 경제학에서 분석하지 않는 재화는?

(새마을금고)

① 경제재   ② 자유재

③ 소비재   ④ 생산재

 경제재란 부존량이 유한하여 희소성의 법칙이 적용된다.
자유재란 부존량이 무한하여 희소성의 법칙이 적용되지 않으므로 대가없이 획득할 수 있다.
소비재란 소비자가 소비에 사용하는 재화이며 생산재란 생산자가 생산에 사용하는 재화를 말한다.

정답 ②

02

메리트재로 분류되지 않는 것은?

(새마을금고)

① 교육   ② 주택

③ 의료   ④ 귀금속

 메리트재 란 교육·주택·의료 등 소득수준과는 상관없이 모든 사람들이 필요로 하는 재화나 서비스를 말한다.
고가의 귀금속·고급화장품·호화가구 등 사치품과 마약 등을 가리켜 디메리트재(demerit goods)라고 한다.

정답 ④

03

화폐주조차익을 무엇이라 하는가?

(국민은행)

① 세뇨리지 효과   ② forfaiting 효과

③ 리디노미네이션   ④ 디노미네이션

해설 세뇨리지 효과란 화폐 주조시 교환가치와 발행가치의 차액을 주조차익이라고 한다.
디노미네이션은 화폐액면을 말하고 리디노미네이션은 화폐액면의 변경을 말한다.

정답 ①

경제가 고성장임에도 불구하고 물가상승 압력이 없는 상태를 무엇이라 하는가? (국민은행)

① 소프트 랜딩   ② 소프트 패치
③ 하드 랜딩   ④ 골디락스

> **해설**   소프트 랜딩 – 경기연착륙
> 소프트 패치 – 경기 상승하는 국면에서 일시적으로 경기 침체가 발생하는 경우
> 하드 랜딩 – 경기경착륙   **정답** ④

환율상승시 단기적으로 경상수지가 적자가 발생하다가 장기적으로 경상수지가 흑자가 되는 것을 무슨 효과라 하는가? (국민은행)

① A – 커브 효과   ② D – 커브 효과
③ J – 커브 효과   ④ W – 커브 효과

> **해설**   J – 커브 효과란 환율상승이 단기적으로 가격하락효과가 수량효과보다 크기 때문에 적자를 가져오지만 장기
> 적으로 수량효과가 가격효과보다 크기 때문에 흑자가 발생한다.   **정답** ③

발생확률 혹은 발생량이 상대적으로 적은 부분이 무시되는 경향이 있다. 하지만 인터넷과 새로운 물류기술의 발달로 인해 이 부분도 경제적으로 의미가 있을 수 있게 되었는데 이는 무엇인가? (국민은행)

① 파레토 법칙   ② 롱테일 현상
③ 메트칼프의 법칙   ④ 무어의 법칙

> **해설**   롱테일 현상(The Long Tail)은 인터넷과 새로운 물류기술의 발달로 인해 이 부분도 경제적으로 의미가 있
> 을 수 있게 되었는데 이를 롱테일이라고 한다. 이는 기하급수적으로 줄어들며 양의 x축으로 길게 뻗어나가는
> 그래프의 모습에서 나온 말이다. 2004년 와이어드지 2월호에 크리스 앤더슨에 의해 처음으로 소개되었으며
> 이후 책으로 나와 베스트 셀러가 되었다.   **정답** ②

07

생산자물가지수에 대한 설명 중 옳지 않은 것은? (국민은행)

① 생산자물가지수란 기업상호간에 거래가 이루어지는 국내에서 생산된 모든 재화 및 일부 서비스의 가격수준 변동을 측정하는 통계를 말한다.
② 통계청에서 측정한다.
③ 생산자물가지수는 5년마다 개편된다.
④ 조사대상 품목은 약 900여개 이다.

해설 생산자물가지수는 한국은행에서 측정한다. 정답 ②

08

G13에 들어가지 않는 국가는? (수협중앙회)

① 중국   ② 러시아
③ 인도   ④ 인도네시아

해설 G13 - G7 + 브라질, 인도, 중국, 멕시코, 남아공, 러시아 정답 ④

09

글로벌 금융위기 극복 과정에서 유발된 초저금리와 과잉유동성이 가져올 인플레이션을 우려하여 시중에 과다하게 풀린 돈을 회수하고 금리를 올리는 긴축적 조치를 무엇이라 하는가? (수협중앙회)

① 출구전략   ② 유동성함정
③ 디스인플레이션   ④ 스태그플레이션

해설 출구전략이란 경제회복을 위해 공급됐던 과잉 유동성이나 각종 완화정책을 경제에 큰 부작용 없이 서서히 거두는 전략을 일컬음 정답 ①

10

단기금융시장으로 환매조건부채권시장은 무엇인가? (기업은행)

① 콜시장   ② CD 시장
③ RP 시장   ④ CP 시장

해설 정답 ③

11

2001년 11월 카타르의 도하에서 열린 세계무역기구(WTO) 제4차 각료회의에서 합의되며 시작된 다자간 무역협상은? (새마을은행)

① 카타르 아젠다

② 카타르 개발 아젠다

③ 도하무역아젠다

④ 도하개발아젠다

해설 도하개발아젠다는 지난 2001년 11월14일 카타르 도하에서 열린 제4차 세계무역기구(WTO) 각료회의에서 새로이 출범시킨 다자간 무역 협상을 말한다. 즉 DDA는 뉴라운드의 공식명칭이다.
최근 G20 정상회의에서 도하개발아젠다를 협상 완료하기로 합의했다. 정답 ④

12

나라의 화폐를 가치의 변동없이 모든 은행권 및 지폐의 액면을 동일한 비율의 낮은 숫자로 표현하는 것은? (새마을금고)

① 리디노미네이션

② 평가절하

③ 화폐개혁

④ 평가절상

해설 리디노미네이션이란 한 나라의 화폐를 가치변동없이 모든 은행권과 지폐의 액면을 동일한 비율의 낮은 숫자로 표현하거나 이와 더불어 새로운 통화단위로 화폐의 호칭을 변경하는 것을 말한다. 정답 ①

13

협상가격차이란 무엇인가? (새마을금고)

① 농산품과 공산품의 가격차이

② 도매가격과 소매가격의 차이

③ 수출가격과 수입가격의 차이

④ 필수재와 사치재의 가격차이

해설 협상가격차란 농업과 공업생산물간의 가격격차가 가위가 벌어진 모양으로 확대되어 간다는 데서 붙여진 말로 자본주의 경제에서는 이 격차가 날로 확대되는 경향이 있다. 정답 ①

14

2008년 노벨경제학상 수상자는? (새마을은행)

① 폴크루그먼

② 로버트 루카스

③ 에드먼드 펠프스

④ 에릭매스킨

해설 2008년 : 폴 크루그먼(미국) – 자유무역과 세계화의 영향과 전세계적 도시화 현상의 배후에 존재하는 힘을
규명할 새로운 이론 수립
2007년 : 레오니드 후르비츠, 에릭 매스킨, 로저 마이어슨(이상 미국) – 경제학의 많은 분야에서 중요한 역
할을 하고 있는 메커니즘 디자인 이론의 기초 수립
2006년 : 에드먼드 S. 펠프스(미국) – 인플레와 실업의 상충관계에 관한 이해를 증진시켜 거시경제 정책과
경제학 연구에 공헌
2005년 : 로버트 J. 아우만(이스라엘–미국)·토머스 C. 셸링(미국) – 게임이론을 이용해 통상전쟁 등 경제적
갈등 및 협상은 물론이고 냉전지대 군비경쟁 등 정치적, 사회적 갈등 및 협상에 대한 이해를 증진
1995년 : 로버트 E. 루카스(미국) – 케인스의 재정중시 이론을 비판하고 재정과 금융정책은 실질생산과 고용
에 미치지 못한다는 '합리적 기대이론'을 발전시킴 　　　　　　　　　　　　　　　　　　　정답 ①

15

은행의 건전성 판단기준은?　　　　　　　　　　　　　　　　　　　　　　　　　　　(새마을은행)

① BIS 비율　　　　　　　　　　　　　　　② 지급여력비율
③ 고정이하 여신비율　　　　　　　　　　　④ BSI 비율

해설 BIS 비율은 은행의 건전성 판단기준으로 위험가중자산중에서 자기자본이 차지하는 비율이 최소 8%이상 되어
야 한다.
지급여력비율은 보험사의 건전성 판단기준으로 보험회사가 가입자에게 보험금을 제때에 지급할 수 있는지를
나타낸다.
고정이하 여신비율이란 저축은행의 건전성 판단기준으로 총여신에서 고정이하의 여신이 차지하는 비율을 말
한다.
BSI 비율이란 경기변동을 판단하는 기준을 말한다. 　　　　　　　　　　　　　　　　　정답 ①

16

세계 3대 신용평가기관이 아닌 것은?　　　　　　　　　　　　　　　　　　　　　　(새마을금고)

① S&P　　　　　　　　　　　　　　　　② 무디스
③ 피치　　　　　　　　　　　　　　　　④ IMD

해설 세계 3대 신용평가기관은 S&P, 무디스, 피치가 속한다.
IMD는 스위스 국제경영개발원으로 국가경쟁력 지수를 발표한다. 　　　　　　　　　　　정답 ④

17

경제고통지수에 해당되지 않는 것은?　　　　　　　　　　　　　　　　　　　　　　(새마을금고)

① 실업률　　　　　　　　　　　　　　　② 물가상승률
③ 부도율　　　　　　　　　　　　　　　④ 자살률

해설 경제고통지수란 실업률과 물가상승률 그리고 부도율을 더하고 생산증가율을 차감해서 구한다. 　정답 ④

예상문제

01

교육, 주택, 건강식품 등과 같이 소득수준에 관계없이 모든 사람들이 필요로 하는 것으로 간주하는 재화는?

① 자유재　　　　　　　　　　　　② 경제재
③ 대체재　　　　　　　　　　　　④ 메리트재(Merit Goods)

> **해설** 메리트재는 정부입장에서 국민들이 구입했으면 하는 재화로 가치재라고도 한다.　　　　정답 ④

02

브릭스(BRICs, 브라질, 러시아, 인도, 중국)를 이을 새로운 신흥국가군으로 미국경제매체 비즈니스 인사이더가 포스트 브릭스로 제시하면서 사용되기 시작했으며 인구 및 경제규모 성장속도가 매우 빠르고, 아프리카·북중미·동남아 등을 대표하는 자원 부국이다. 이들 국가군을 나타내는 단어는?

① 비스타(VISTA)　　　　　　　　② 시베츠(CIVETS)
③ 믹트(MIKT)　　　　　　　　　　④ 마빈스(MAVINS)

> **해설** 마빈스(MAVINS)는 멕시코, 오스트레일리아, 베트남, 인도네시아, 나이지리아, 남아프리카공화국 6개국의 영문 첫 글자를 따서 만든 조어이다.
> 비스타(VISTA)는 베트남, 인도네시아, 남아프리카공화국, 터키, 아르헨티나의 영문 첫 글자를 따서 만든 조어이다.
> 시베츠(CIVETS)는 콜롬비아, 인도네시아, 베트남, 이집트, 터키, 남아프리카공화국의 영문 첫 글자를 따서 만든 조어이다.
> 믹트(MIKT)는 멕시코, 인도네시아, 한국, 터키의 영문 첫 글자를 따서 만든 조어이다.　　　　정답 ④

03

G20 회원국이 아닌 나라는?

① 싱가포르　　　　　　　　　　　② 인도네시아
③ 남아프리카공화국　　　　　　　④ 사우디아라비아

> **해설** '주요 20개국 모임'으로 번역되는 G20은 기존의 선진국 중심의 G7에다가 신흥국 12개국, EU를 포함하여 1999년에 만들어졌다.
> G7 – 미국, 일본, 영국, 프랑스, 독일, 이탈리아, 캐나다
> 아시아 – 대한민국, 중국, 인도, 인도네시아
> 중남미 – 아르헨티나, 브라질, 멕시코
> 유럽 – 러시아, 터키, 호주, EU
> 아프리카&중동 – 남아프리카공화국, 사우디아라비아　　　　정답 ①

 04

유럽연합(EU)의 단일화폐인 유로를 국가통화로 도입하여 쓰는 나라나 지역을 가리키는 유로존 (Euro Zone)의 가입국이 아닌 나라는?

① 슬로바키아　　　　　　　　　　　　② 에스토니아
③ 스페인　　　　　　　　　　　　　　④ 덴마크

 해설　슬로바키아 – 2009년 유로존 가입
　　　　에스토니아 – 2010년 6월 유로존 가입
　　　　스페인 – 2002년 유로존 가입
　　　　덴마크 – 영국, 스웨덴, 불가리아, 체코 등과 더불어 유럽연합 가입국이면서 유로를 국가 통화로 사용하지 않
　　　　는 나라 중 하나이다.　　　　　　　　　　　　　　　　　　　　　　　　　　　　　　**정답 ④**

05

소비자물가지수에 포함되지 않는 것은?

① 휘발유　　　　　　　　　　　　　② 쌀
③ 유가증권 구입　　　　　　　　　　④ 월세

 해설　소비자물가지수에 세금, 사회보장비 등과 같은 비소비 지출이나 저축, 유가증권구입, 토지·주택구입비 등의
　　　　재산증식을 위한 지출은 제외하고 있다.　　　　　　　　　　　　　　　　　　　　　　**정답 ③**

06

국제결제은행의 약자는?

① IMF　　　　　　　　　　　　　　② IBRD
③ ADB　　　　　　　　　　　　　　④ BIS

 해설　BIS – The Bank for International Settlements, 각국 중앙은행들 사이의 조정을 맡는 국제협력기관
　　　　IMF – 단기자금을 대출
　　　　IBRD – 국제부흥개발은행으로 개발도상국에게 장기자금을 대출
　　　　ADB – 아시아개발은행　　　　　　　　　　　　　　　　　　　　　　　　　　　　**정답 ④**

07

여러 나라와 동시에 FTA를 맺게 되면 각 나라마다 다른 원산지 규정, 통관절차, 표준등을 확인하는데 시간과 인력이 더 들어가게 되 거래비용 절감이라는 효과가 반감되는 현상은?

① 스파게티 볼 효과　　　　　　　② 도플러 현상
③ 엄브렐러 효과　　　　　　　　④ 밴드왜건 효과

> **해설** 도플러 현상 – 위성이 안테나에 접근하면 수신 주파수가 상승하고 멀어지면 하강하는 현상
> 엄브렐러 효과 – 대기 중에 방출된 미립자가 햇빛을 산란시켜 지표면에 도달하는 햇빛의 양이 줄어들어 지구의 온도가 내려가는 효과
> 밴드왜건 효과란 –의사결정에 있어 강자나 다수파가 택하는 바를 그대로 따라하는 인간의 심리적 현상
>
> 정답 ①

08

2010년 11월 우리나라에서 제 5회 G20 회의가 열렸다. 다음 중 2015년 G20 정상회의 개최국은?

① 일본　　　　　　　　　　　② 남아공
③ 터키　　　　　　　　　　　④ 스위스

> **해설** 역대 G20 개최국
> 1회 미국(워싱턴 D.C)　　　　　7회 멕시코(로스카보스)
> 2회 영국(런던)　　　　　　　　8회 러시아(상트페테르부르크)
> 3회 미국(피츠버그)　　　　　　9회 호주(브리즈번)
> 4회 캐나다(토론토)　　　　　　10회 터키
> 5회 대한민국(서울)
> 6회 프랑스(파리, 칸)
>
> 정답 ③

09

다음 중 한국이 포함되어 있는 것은?

① E7　　　　　　　　　　　② VTICs
③ POST-VM　　　　　　　　④ BRICKs

> **해설** E7 – 브릭스 + 인도네시아, 멕시코, 터키
> VTICs-qpxmska, 인도네시아, 남아프리카공화국, 터키, 아르헨티나
> POST-VM- 폴란드, 슬로바키아, 터키, 베트남 말레이시아.
> BRICKs-브릭스(브라질, 러시아, 인도, 중국) + 한국
>
> 정답 ④

10

다음 중 우리나라와의 FTA가 발효된 국가가 아닌 곳은?

① 칠레　　　　　　　　　　　　② 아세안
③ 싱가포르　　　　　　　　　　④ 중국

해설 　콜롬비아, 터키, 중국, 뉴질랜드, 베트남 등은 현재 FTA협상이 타결되어 발효를 기다리고 있는 국가들이다
　　　정답 ④

11

경기부양책에 따른 경기회복은 점진적으로 나타나고, 긴축정책에 따른 경기냉각은 빠르게 나타나는 현상은?

① 플라시보 효과　　　　　　　　② 나비효과
③ 피그말리온 효과　　　　　　　④ 쿠퍼 효과

해설 　쿠퍼효과란 경기 흐름에 따라 취해지는 금융정책 효과의 시기가 다르게 나타나는 현상을 의미한다.
　　　　일반적으로 경기불황 시에 경기부양을 위해 취해지는 확대 경제정책의 효과는 한참 후에 나타나지만, 경기호
　　　　황 시에 경기냉각을 위해 취해지는 긴축 경제정책의 효과는 비교적 즉시 나타난다.　　　　**정답 ④**

12

다음 중 햇살론 요건 아닌 것은?

① 10%초반대 금리　　　　　　　② 긴급생활자금 1천만원
③ 6-10등급 및 무등급자 대출가능　④ 3개월 미만의 일용직

해설 　햇살론이란 저신용 저소득에게 10%대의 저금리로 대출해주는 서민대출로 3개월 이상 계속 근로 중인 일용직
　　　　이 대출 가능하다.　　　　　　　　　　　　　　　　　　　　　　　　　　　　　　　　**정답 ④**

13

세계 각국의 거대기업 회장 및 각료급 이상 인사와 학자들이 범세계적 당면과제들에 대해 토론하고 국제적 실천과제를 모색하는 회의는 무엇인가?

① G20　　　　　　　　　　　　② WTO
③ 다보스 포럼　　　　　　　　　④ IBRD

해설   스위스 다보스에서 열리는 세계경제포럼.
매년 1월 말 닷새 동안 스위스의 세계적 휴양지이자 스키 도시인 다보스에서 열리기 때문에 '다보스 포럼'이라
고 부른다. 1971년 미국 하버드대 클라우스 슈바브 교수가 설립, 독립적 비영리 재단형태로 운영된다.

정답 ③

14

MIKT(믹트)에 포함되지 않는 나라는?

① 한국   ② 터키
③ 멕시코   ④ 인도

해설   짐 오닐 골드만삭스 자산운용 회장이 만든 단어로, 브릭스에 이어 2011년 세계경제를 이끌 멕시코, 인도네시
아, 한국, 터키를 지칭

정답 ①

15

미소금융에 대해 틀린 것은?

① 담보나 신용이 없어도 대출이 가능하다.
② 1970년대 방글라데시, 베네수엘라 등 저개발국에서 시작되었다
③ 수혜자는 500만~1억원을 대출받을 수 있다.
④ 상환기간은 5년~12년이다.

해설   미소금융은 저소득층을 위해 소액대출을 하는 사업이다. 상환기간은 5년 이내 이며 금리는 4~5%수준이다.

정답 ④

16

2010년에 타결된 한미 FTA와 관련하여 옳지 않은 것은?

① 한미 FTA는 양국 간 경제 협력 관계증진을 넘어 동맹관계를 공고히 하고 한단계 성숙시키는 계
기가 될 것이다.
② 한국산 자동차에 대한 관세가 즉시 철폐되어 향후 한국의 자동차 수출시장이 밝다.
③ 30개월 이상된 쇠고기도 수입하라는 미국의 끈질긴 요구를 막아냈다.
④ 돼지고기 관세철폐기간이 2년 연장되어 2016.1.1 철폐된다.

해설   한국산 자동차에 대한 관세(2.5%) 철폐기한을 상당 정도 연장하기로 수용되었다.   정답 ②

17

한국은행의 기준금리에 대한 설명으로 옳지 않은 것은?

① 한국은행이 금융기관과 자금조정 예금 및 대출 등의 거래를 할 때 기준이 되는 정책금리이다.
② 한국은행 금융통화위원회는 통화정책의 목표인 물가안정을 달성하기 위해 매월 물가 동향, 국내외 경제 상황, 금융시장 여건 등을 종합적으로 고려하여 기준금리를 결정하고 있다.
③ 결정된 기준금리는 초단기금리인 콜금리에 즉시 영향을 미치고, 장단기 시장금리, 예금 및 대출 금리 등의 변동으로 이어져 실물경제 활동에 영향을 미치게 된다.
④ 주로 은행, 보험, 증권업자 간에 이루어지는 거액의 단기간 대차에 적용되는 금리이다.

해설 ④의 경우 콜금리에 대한 설명이다. 콜금리는 금융기관들 여ㆍ수신 업무에 있어 금융기관 사이에서 남거나 모자라는 자금을 서로 주고받을 때 적용되는 금리로 초단기적인 시기에 회수할 수 있다. **정답 ④**

18

새 희망홀씨대출에 대한 설명으로 틀린 것은?

① 자격요건은 신용등급에 상관없이 연 소득 3,000만원 이하인 사람
② 3개월 이상 연체 및 조세ㆍ과태료 체납자 등 빈번한 연체기록이 있을 경우 대상에서 제외
③ 자격요건은 신용등급 6등급 이하이면서 연소득 4,000만원이하
④ 생계금, 사업자금으로 최고 2,000만원까지 대출가능

해설 신용등급이 5등급이하이면서 연소득 4,000만원 이하인 사람이다. 기존 희망홀씨 대출은 신용등급 7등급 이하였다. 대출은 농협중앙회, 신한은행, 우리은행, SC제일은행, 하나은행, 기업은행, 국민은행, 외환은행, 수협중앙회, 대구은행, 부산은행, 광주은행, 제주은행, 전북은행, 경남은행 등을 통해 신청 가능하며, 한국씨티은행은 11월 중 출시할 예정이다. **정답 ③**

19

경제학에서 재화나 서비스의 품질을 구매자가 알 수 없기 때문에 불량품만이 나돌아 다니게되는 시장 상황을 말한다. 판매자와 구매자가 동일한 정보를 서로 공유하지 못하는 경우에 형성되는 시장(Market)을 뭐라고 하는가?

① 체리 시장　　　　　　　　　② 애플 시장
③ 레몬 시장　　　　　　　　　④ 메론 시장

해설 경제학에서 레몬 시장(lemon market, 개살구 시장)은 재화나 서비스의 품질을 구매자가 알 수 없기 때문에 불량품만이 나돌아 다니게 되는 시장 상황을 말한다.
영어에서 레몬(lemon)은 속어로 '불쾌한 것', '불량품'이라는 의미가 있다. 중고차의 경우처럼 실제로 구입해 보지 않으면, 진짜 품질을 알 수 없는 재화가 거래되고 있는 시장을 레몬 시장이라고 한다. **정답 ③**

20

2009년 들어 러시아의 경제 성장률이 급격히 떨어지는 반면 이 나라의 경제 성장률은 오르면서 브릭스(BRICs)는 지고 비시스(BICIs)가 급부상하고 있다는 평가를 받고 있는데, 이 나라는 어디인가?

① 인도네시아   ② 이스라엘
③ 이집트   ④ 이란

해설 브릭스(BRICs) – 2000년대를 전후해 빠르게 경제성장을 이룬 신흥 경제 4국인 브라질, 러시아, 인도, 중국
      비시스(BICIs) – 브라질, 인도, 중국, 인도네시아를 지칭하는 용어   **정답** ①

21

선진국과 신흥국 경제가 다른방향으로 움직이는 현상에서 벗어나 다시 같은 방향으로 움직이는 재동조화 현상은?

① 인플레이션   ② 리커플링
③ 디플레이션   ④ 디커플링

해설 디커플링 – 인접 국가 또는 보편적인 세계 경제의 흐름과 달리 독자적인 흐름을 보이는 탈동조화 현상. 선진
      국과 신흥국 경제가 다른 방향으로 움직이는 현상   **정답** ②

PART

05

단답형

01

한국은행의 기준금리는? (기업은행)

> 해설 RP 7일물 금리

02

3대 외환시장은? (하나은행)

> 해설 런던, 도쿄, 뉴욕

03

개발도상국의 현지생산이 선진국에 역수출되어 해당산업과 경합을 벌이는 현상은? (하나은행)

> 해설 부메랑 효과

04

유럽 국가 가운데 최근 심각한 재정 위기와 국가채무에 시달리고 있는 국가들의 앞글자를 따서 만든 신조어는? (기업은행)

> 해설 PIIGS
> P : 포르투칼, I : 이탈리아, I : 아일랜드, G : 그리스, S : 스페인

05

경제 중심의 국내총생산(GDP) 개념과 달리 삶의 질을 영적 · 심리적 차원으로 정의한 개념은?

> 해설 국민총행복량(GNH)

06

환율 안정을 목적으로 조성되는 '외국환 평형 기금' 조달을 위해 정부가 발행하는 채권은?

(기업은행)

해설   외국환평형채권

07

모든 국가간 자본 유출입 거래에 대하여 단일세율을 적용하는 외환거래세를 무엇이라 하는가?

해설   토빈세

08

대기업의 중소기업 착취 구조와 저렴한 노동시장에 의존하는 경제는?

해설   뱀파이어 경제

고범석의 금융상식 기출·예상문제 및 단답형 문제집

경영 및 행정

경영 및 행정

* 기업형태의 발전

1. 개인기업

   단독의 출자자가 무한의 책임을 지고 자본을 투자하여 경영

2. 합명회사

   무한책임을 지고 투자하여 연대책임을 지고 공동기업을 운영

3. 합자회사

   무한책임사원 외에 유한책임을 지기로 하고 투자하되 경영활동에 관여하지 않고 이윤의 일부만 배당받기로 하는 유한책임사원도 참여

4. 주식회사

   모든 출자자가 유한책임을 지고 출자자의 지분을 증권화하여 자유롭게 매매/양도할 수 있게 하므로 거대자본 조달가능

   전문경영자를 통한 소유와 경영의 분리

5. 유한회사

   사원전원이 간접의 유한책임을 지는 자본단체이지만 소규모에 폐쇄적이고 지분의 양도에 제한이 있으며 자본형성방법에 관하여 법의 규제가 완화되어 있다는 점에서는 주식회사와 다르고 인적회사와 유사한 형태

* 기업집중 – 참가기업의 독립성 정도에 따른 분류

1. 카르텔(기업연합)

   각 기업은 각각 독립성을 유지하면서 협약에 의해 결합, 상호경쟁을 제한하면서 시장통제를 목적 결합력이 약하다는 단점

2. 신디케이트

   시장통제를 위한 공동판매기관, 대외적으로 공급제한과 가격지배를 강력히 할 수 있고 기업과 고객 간의 직접적인 거래관계가 없는 특징

3. 트러스트(기업합동)

각 기업이 완전히 하나의 기업으로 합병되어 소유권과 관리권을 하나로 합치는 것으로 고도의 자본결합체가 된다.

4. 콘쩨른(기업연휴)

산업부문에 관계없이 산업과 금융위 융합에 의해 자본지배를 일반화

대표적으로 주식소유에 의한 지배

→ 지주회사는 타회사의 주식을 소유하여 타기업을 지배하는 것을 목적으로 하는 회사

5. 콤비나트

동일지역내의 각종기업이 생산기술적인 관점에서 유기적인 결합

6. 컨글로머릿

이종기업간의 다각적 결합을 의미하는데 대개는 기존기업의 주식을 매입하여 형성

* SWOT분석

1. 개념

강점을 토대로 주어진 기회를 기업에 유리하게 이용하고 위협에는 적절히 대처하게 하거나 기업의 약점을 적절히 보완할 수 있는 전략을 수립

2. 외부환경

경쟁자를 중심으로 한 산업환경과 경제적, 정치적, 기술적, 사회적 환경 등 기업운영에 직·간접으로 영향을 주는 제반 기업환경

→ 기회(opportunity) 와 위협(threat) 요소들을 알게 됨

3. 내부환경

기업구조, 기업문화, 기업내부자원들을 통하여 기업내부환경의 분석

→ 기업의 강점(strength)과 약점(weakness) 파악

내부요인 / 외부요인	기 회	위 협
강 점	기회 활용 위해 강점 사용	위협 극복 위해 강점 사용
약 점	기회 활용 위해 약점 보완	위협 극복 위해 약점 보완

* 기업의 외부환경분석 – Porter의 산업구조분석기법

1. 개요

마이클 포터는 1980년 경제학의 산업구조분석기법을 기업에 적용하기 쉽도록 변형시킨 분석틀을 제시

다섯 가지의 요인에 의해 산업내의 경쟁정도나 산업의 수익률이 결정

즉 다섯 요소의 힘이 강하면 그 기업에 위협이 되고 요소의 힘이 약하면 기회가 된다.

2. 수평적인 경쟁요인

대체재, 잠재적 진입자, 기존사업

3. 수직적인 경쟁요인

공급자와 구매자

* 공식적 조직의 형태

1. 라인조직

최고경영자의 권한과 명령이 직선적으로 하급자 또는 일선관리자에게까지 내려가는 조직형태

2. 직능식 조직

분업의 원칙에 입각한 조직으로 관리자가 담당하는 일을 전문화하고 부문마다 다른 관리자를 두어 작업자를 전문적으로 지휘, 감독하게 하는 조직

3. 라인, 스텝조직

라인업무의 지원을 위하여 스텝 기능을 분화하여 발달시킨 형태로 라인조직과 직능식 조직의 절충형태

명령일원화의 원칙과 분업의 원칙을 조화

4. 사업부제조직

① 분화의 원리에 의해 제품별·지역별·고객별로 사업부를 편성하고 각 사업부별로 자율적인 운영을 하게 하는 형태

② 각 사업부는 이익중심점으로서 독립채산제로 운영

③ 결과를 중시하고 제품을 강조하게 되는 사업부제 조직은 대규모 조직이면서 환경이 불안정할 때 효과적인 조직형태

5. 프로젝트조직

특정 프로젝트를 수행할 필요가 생겼을 때 프로젝트의 목표달성에 필요한 전문적 능력을 가진 구성원을 각 부문에서 차출하여 조직을 편성하고 목표가 달성되면 해산하여 본래부서로 돌아가게 하는 유연한 조직

6. 행렬조직

직능식 조직과 프로젝트 조직의 혼합형태로 조직구성원이 직능부서에도 속해 있으면서 프로젝트팀에도 소속되어 양쪽 업무를 동시에 진행하는 형태로 효율성과 유연성을 동시에 추구

* 조직변화

1. 조직변화의 개념

조직을 구성하는 사람, 구조, 기술 등을 변화시키는 것으로 변화과정에서 비공식과정, 직무
특성, 인적요소, 공식적 조직구조 중 어디에 초점을 두느냐에 따라 변화프로그램이 달라진다.

2. 조직변화기법

(1) 리엔지니어링(re-engineering) : 직무특성, 직무과정 등에 초점

리엔지니어링의 개념에는 인원삭감, 권한이양, 노동자의 재교육, 조직의 재편 등이 포괄
적으로 포함되는데, 리스트럭처링(restructuring)이 인원삭감이나 부분폐쇄 등에 의존해
온 것에 비해 기업전략에 맞춰 업무진행을 재설계하는 의미가 큼

(2) 리스트럭처링(restructuring) : 공식적, 비공식적 조직구조에 초점

M&A(합병 및 인수)외에도 LBO(인수할 회사 자체를 담보로 두어 금융기관에서 대출받은
자금으로 기업인수)나 제휴전략까지 포괄하는 개념으로 M&A를 적극적으로 활용한 사업
단위의 재구축

(3) 임파워먼트 : 조직구성원의 질적변화에 초점

(4) 기업문화운동 : 인적 요소에 초점을 두면서 다른 요소의 변화도 경우에 따라 포함

3. 조직변화과정 - K. Lewin

(1) 해빙단계

변화를 추진하는 세력과 변화에 저항하는 세력의 힘겨루기 단계로 갈등 발생

(2) 변화단계

변화대상을 파악하소 알맞은 프로그램을 실시하여 변화

(3) 재동결단계

변화된 상태를 유지하고 본래의 상태로 회귀하려는 것을 막기 위해 최고경영자의 지원,
적절한 보상 등을 이용하여 재동결

* 관리론의 역사

1. 전통적 관리론

(1) 과학적 관리법 - W. Taylor

① 시간연구와 동작연구실시

② 표준과업량과 차별성과급제

(2) 포디즘 (Fordism) - H. Ford

① 컨베이어시스템에 의한 대량생산방식

② 규격의 표준화, 제품구조의 단순화, 제조공정의 전문화

(3) H. Fayol

테일러는 주로 생산현장의 작업관리에만 관심을 기울였지만 페욜은 기업조직 전체의 관리문제에 관심

경영활동에는 기술적/ 상업적/ 재무적/ 보전적/ 회계적/ 관리적 활동이 있다고 주장하고 가장 중요한 것은 관리적 활동이라고 주장

(4) M. Weber

법에 의한 관리, 즉 관료제를 가장 이상적인 관리형태로 주장

2. 인간관계론 - E. Mayo

① 호손공장실험을 통하여 사람의 감정, 욕구 등이 효과적인 경영에 매우 중요

② 비공식조직과 민주적 리더십을 강조

3. 근대적 관리론 - Barnard

① 전통적 관리론과 인간관계론을 종합하고 이들의 균형을 유지

② 조직을 개인이 자신의 인간적 한계를 극복하고 목적을 달성하기 위하여 형성하게 되는 협동시스템으로 보았음

* 동기부여의 내용이론

1. ERG 이론 - Alderfer

① 저차욕구가 충족되면 고차욕구를 충족시키기 위해 노력하지만 고차욕구가 충족이 안될 때는 다시 저차욕구를 추구

② 조직에서 종업원의 관계(R)욕구나 성장(G)욕구를 충족시켜 주지 못할 때 과도한 임금을 요구하는 등 극단적으로 존재(E)욕구를 추구할 수 있다는 것

2. 2요인 이론 - Herzberg

① 사람들의 욕구는 단계별로 계층을 이루는 것이 아니라 불만족해소 차원과 만족증진 차원이라는 서로 별개의 차원으로 이루어져 있다고 주장

② 불만족의 해소문제와 만족증대의 문제는 전혀 별개의 차원

③ 불만족요인을 위생요인이라고 부르며 만족요인을 동기요인이라 부른다.

④ 위생요인은 요인충족이 단지 불만족의 감소만을 가져 오지만 동기요인은 일단 충족되면 일에 대한 적극적인 태도를 유도

3. 성취동기이론 - McClelland

인간의 욕구를 성취욕구, 권력욕구, 친교욕구로 나눈 후 성취욕구가 높은 사람이 동기유발 효과가 높으며 성과도 높다고 주장

* 동기부여의 과정이론

1. 기대이론 - Vroom

   E (노력) → P (성과) → O (보상) 유의성

   　　　　↑　　　　　↑

   　　　　기대　　　수단성

   동기부여는 특정노력이 특정성과를 가져오게 될 가능성 (기대)이 높고 그 특정성과가 특정보상을 가져오게 될 가능성(수단성)이 높고 그 보상의 매력성(유의성)이 높아야 된다는 것

2. 공정성이론 - Adams

   동기부여는 자기가 받은 보상의 크기에만 달린 것이 아니라 비슷한 상황의 남들이 받는 보상에도 달려있다는 것

3. 목표설정이론 - Locke

   ① 보상에 의한 동기부여보다 가치와 의도에 의한 동기부여를 더 강조

   ② 목표가 구체적일수록, 약간 어려울수록, 참여에 의한 목표일수록 동기유발 효과가 크다

* 가교금융기관

파산한 은행의 자산과 부채를 임시로 인수하여 합병, 채권, 채무관계 등 후속조치를 수행하는 임시은행이다.

즉 부실금융기관을 인수할 제 3자가 나타날 때까지 일시적으로 자산, 부채를 떠안고 제한적인 예금·출금·송금 등의 업무를 하는 은행

국내에선 가교종금사(한아름종금)가 만들어 졌으며 가교리스사도 설립되어 부실리스사의 자산부채를 이전받을 준비를 하고 있다.

* 가우스이론

기업의 경쟁전략 이론 중의 하나로 실험적 결과를 바탕으로 확립되었다.

기업의 경우 동종업종 가운데 가장 경쟁력 있는 기업만이 살아남으며 따라서 기업들은 끊임없는 차별화를 통해 경쟁사들과 다른 위치를 추구해야 한다는 것이다.

* 공개매수제도 - 적대적 M&A 공격방법

증권거래법상 대표적인 M&A제도로, 유가증권시장 및 코스닥증권시장 밖에서 6개월 이내에 10인 이상으로부터 매수 등을 통해 해당 기업 발행주식 총 수의 5% 이상을 취득하는 경우에는 금융감독위원회에 신고서 제출, 신문공고 및 기존 대주주 통지 등 공개매수 절차를 따르도록 한 규정

* 곰의 포옹 – 적대적 M&A 공격방법

인수자가 공개매수 대상기업에 인수.합병의 당위성을 설명하고 인수에 협력할 것을 권유하는 행위를 말한다. 주로 최고경영자 사이에 사적으로 이뤄져 보통은 잘 공개되지 않는다.

* 그린메일 – 적대적 M&A 공격방법

투기성 자본이 경영권이 취약한 기업의 지분을 매집한 뒤 해당 기업의 경영진을 교체하겠다고 위협하거나 대주주에게 M&A포기의 대가로 높은 가격에 지분을 되사줄 것을 요구하는 행위를 말한다.
기업인수가 목적이 아니라 시세차익을 주목적으로 하는 방법

* 매집 – 적대적 M&A 공격방법

어떤 의도를 갖고 일정한 주식을 대량으로 사 모으는 것을 말한다.
대주주가 눈치채지 못하도록 장기간에 걸쳐 비밀리에 진행됨
현행 증권거래법은 지분 5% 취득시 공시의무를 두고 있어 성공률은 적은편임

* 주식파킹(지분감춰두기) – 적대적 M&A 공격방법

기업을 인수하려는 회사가 우호적인 관계에 있는 제3자에게 인수 목표 회사의 주식을 매입해서 일정 기간 보유토록 하는 것을 말한다.
주주총회에서 기습적으로 표를 던져 경영권을 탈취하는 방법

* 위임장 대결 (Proxy Fight) – 적대적 M&A 공격방법

다수의 주주로부터 주총에서의 의결권 행사 위임장을 확보해 M&A를 추진하는 전략
다수의 주주로부터 주총에서의 의결권 행사 위임장을 확보해 M&A를 추진하는 전략으로 적대적 M&A의 수단이다.
매수하는 쪽은 자신이 제시한 M&A제안을 거부하는 인수 대상회사의 현 경영진을 퇴진시키고 M&A에 동의하는 사람들로 대체시키기 위해 해당기업의 주주들을 설득하여 이들로부터 의결권을 대행할 수 있는 권한위임을 받아 실력행사에 들어가게 된다.

* 차입매수(LBO : Leveraged Buyout)

기업을 인수・합병(M&A)할 때 인수할 기업의 자산이나 향후 현금흐름을 담보로 은행 등 금융기관에서 돈을 빌려 기업을 인수하는 M&A 기법의 하나. 따라서 적은 자기자본으로 큰 기업매수가 가능하다.

* MBO(management buy out)

회사 내의 경영진과 임직원에 의한 기업 또는 일부 사업부 인수
기업 입장에서는 자연스럽게 한계사업을 정리하는 동시에 인원을 조정할 수 있으며, 임직원 입장에서는 명예퇴직이나 실업의 공포에서 벗어나 새로운 도전의 기회와 회사의 주인이 될 수 있음

* EBO(Employee Buy Out)

제3자에 의한 기업 인수와는 달리 기업의 현 경영진이나 종업원이 중심이 되어 그 기업의 전부 또는 일부 사업부를 인수하는 것

MBO는 기존 경영진이 신설회사의 주요 주주이면서 동시에 경영진으로 참여하는 방식인 반면, EBO는 종업원들이 공동 출자로 회사를 인수하는 방식

* 공모

회사를 설립하거나 증자할 경우 일반투자자들로부터 자금을 모집하는 것

일반적인 주식공모는 불특정다수를 대상으로 신주를 발행하여 청약자를 모집하게 된다.

* 공정공시제

기업에 관한 정보를 증권사 애널리스트나 펀드매니저 등 특정인에게 먼저 제공하는 것을 금지하는 제도

즉, 기업에 관한 정보를 애널리스트나 펀드매니저 등 특정인뿐만 아니라 일반 투자자에게도 공시하도록 의무화한 제도

2002년 11월에 도입하였으며 2004년 5월부터는 공정공시를 두 번 위반하게 되면 관리 및 투자 유의종목으로 지정되고 여섯 번 위반하게 되면 상장이 폐지되는 등 제재가 가해진다.

* 공직자 주식백지신탁(blind trust)

공직자가 직무관련 주식을 보유한 경우 이를 매각하거나 백지신탁토록 함으로써 공무수행중에 특정기업과 공적 이익이 충돌할 가능성을 방지하여 직무수행의 공정성을 확보하기 위한 것이다.

* 구속성예금

은행이 대출을 할 때 일정한 금액을 강제로 예금토록 하는 것을 말한다.

은행이 거래선에 대출을 해주고 그 대출금 일부를 유보시켜 주로 정기예금에 들게하기 때문에 은행은 표면상 나타나는 대출금리 이상으로 실질금리를 인상한 효과를 가져온다.

* 국민주

다수의 국민들에게 주식을 분산시켜 기업에 참여케 함으로써 기업의식을 고취시키고 기업활동에서 얻어진 소득을 다시 나누어 줌으로써 국민들의 소득향상을 도모하여 국민경제발전에 기여하기 위하여 정책적으로 우량한 국민적 기업을 선택, 그 기업의 주식을 널리 보급하는 주식을 말한다.

일반적으로 국민주는 공익성이 높고 수익성이 많은 대기업의 주식이 대상이 되는데 한국의 경우 포항제철주식회사, 한국전력, 국민은행을 비롯해 전기통신공사의 주식들이 국민주에 해당한다.

* 금융소득종합과세

개인연간 금융소득(이자 및 배당소득)이 연 4,000만원을 초과하는 경우 누진소득세율로 종합과세하는 것을 말한다.

금융소득이 4,000만원 이하인 경우는 원천과세로 납세의무가 종결되며 이자소득세율은 종전의 20%에서 15%로 인하되었다.

금융소득이 4,000만원을 초과할 경우 초과금액에 대해서는 근로소득, 사업소득, 부동산임대소득 등 다른 종합소득과 합산해 10~40%의 누진세율로 종합과세한다.

* 금융지주회사

금융기관의 사업 활동을 지배할 목적으로 금융기관 주식을 보유한 일종의 페이퍼컴퍼니(paper company)로서 은행, 증권, 보험 등, 다양한 금융계열사를 동시에 소유하는 형태의 회사이다.

타사 지배만을 목적으로 은행, 증권, 보험사들이 지주회사를 만들고 그 아래에 각 업종계열사를 두어 종합 금융서비스를 제공하는 순수지주회사와 지주회사 자신이 금융업무를 영위하면서 타 금융회사를 계열사로 보유, 관리, 경영하는 사업지주회사로 구분된다.

지주회사는 자회사의 주식을 전부 또는 지배가 가능한 한도까지 매수함으로써 기업합병에 의하지 않고 지배하는 회사를 말한다.

* 기업도시

민간기업이 토지수용권 등을 갖고 주도적으로 개발한 특정산업 중심의 자급자족적 복합기능도시를 말한다.

기업도시는 지방자치단체과 기업들이 협의해 기업도시 특구를 지정하고 자체 개발계획 수립을 통해 산업단지, 연구개발, 문화, 교육, 주거타운 등을 건설하는 자족형도시 시범사업지는 2007년 1월 현재 전남무안(산업교역형), 충북충주. 강원원주(지식기반형) 전북무주, 충남태안, 전남해남, 영암(관광레저형) 등 6개 지역 3,200만평 부지에 5~10년간 14조원을 기반공사비에 투입하여 각 지역특색에 맞는 자족복합기능도시를 개발할 예정이다.

* 디폴트

공·사채에 대한 이자지불이나 원금상환이 불가능해진 것으로 보통 채무불이행이라한다. 디폴트가 발생했다고 판단한 채권자가 채무자나 제3자에게 알려주는 것을 '디폴트선언'이라고 한다.

* 로스리더(loss leader)

유통업체들이 더 많은 손님을 끌어모으기 위해 원가 이하의 가격을 붙여 한정된 기간에 판매하는 상품을 말한다. 유통업체들이 세일 등 특별한 판매 행사를 할 때 일단 손님을 매장으로 유혹하기 위한 상품이란 뜻에서 유인상품 또는 미끼상품이라고도 부른다.

* 롤오버(roll-over)

금융기관이 상환 만기가 돌아온 부채의 상환을 연장해주는 조치를 말하며 연장기간은 대개 3~6개월 정도이다.

* 리드 앤드 래그(lead and lag)

국제거래에 있어서 지불의 시간적 패턴을 변화시키는 것을 말한다.
이는 환 위험의 관리나 자금의 이동이라는 면에서 중요한 의미를 가진다.

* 리딩뱅크제

금리 결정등을 선도하는 은행을 두는 제도를 말한다.
수익성도 탄탄하고 통화당국과도 원만한 협조관계에 있는 은행이 금리결정을 선도한다.
슈퍼뱅크란 자본금이나 지점이 많고 규모가 매우 큰 은행을 말한다.

* 마이크로 파이낸스

사회적 취약계층에 대한 소액신용대출, 창업상담, 경영지도 등을 수행하는 마이크로 크레디트를 포함하여 저축·보험·송금 등의 금융서비스를 제공하는 대안적 금융을 말한다. 수익성을 배제하지 않지만 사회적 유용성을 일차적인 목적으로 하고 있다는 점에서 가장 큰 특징이 있다.
이에 따라 마이크로 파이낸스 기관들은 주로 민간주도의 비영리 단체로 출발하여 정부 및 민간의 지원을 받아 운영되고 있다.
대표적 모델은 1976년 방글라데시에서 설립된 그라민 은행이다.

* 모기지론 제도

부동산을 담보로 주택저당증권(MBS)을 발행하여 장기주택자금을 대출해주는 제도를 말한다. 주택자금 수요자가 은행을 비롯한 금융기관에서 장기저리 자금을 빌리면 은행은 주택을 담보로 주택저당증권을 발행하여 이를 중개기관에 팔아 대출자금을 회수하는 제도이다. 대출한도에 제한이 없으며 대출기간은 최장 30년이다.

* 역모기지론

특별한 소득이 없는 고령자가 본인 소유의 집을 담보로 금융기관으로부터 매월 일정 금액을 연금형태로 대출받아 생활비로 사용하고 사후에 집소유권을 금융기관에 넘기는 것을 말한다.
만 60세 이상의 고령자, 본인 소유의 집의 가치가 9억 이하인 경우 가입가능하다.

* 5%룰

상장.등록 기업 주식을 5% 이상 보유하거나 5% 이상 보유 지분에 대해 1% 이상 지분 변동이 발생할 경우 금융감독위원회에 5일 이내에 보고해야 하는 제도다.
재정경제부는 증시에서 한 종목을 5%이상 매입할 때 목적을 밝히고 경영참여 목적일 경우 자금 조성방법을 명시하도록 증권거래법 시행령을 개정하고 2005년 3월 28일부터 이를 시행하고 있다.

* 워크아웃

미국 GE사의 잭 웰치 회장에 의해 대중화된 용어로 구조조정을 통한 경쟁력 강화의 의미로 사용
보통 '기업개선작업'으로 번역

* 프리워크 아웃

일시적 자금난을 겪는 기업에 만기연장, 신규 자금 대출 등 유동성을 지원하면서 동시에 구조조
정을 추진하는 기업 개선방식이다. 부도위험이 닥치기 전에 선제적으로 대응한다는 점에서 워크
아웃과 다르다.

구 분	워크아웃	프리워크아웃
주 체	정부 및 채권은행단	정부 및 채권은행단
대 상	부도위기 기업	단기 유동성 위기를 겪는 중소기업 및 대기업, 은행 등 금융사
판정기준	회생가능 여부	채권은행의 A, B, C, D 분류에서 B등급에 해당하는 기업
지원시기	채무 불이행이 닥쳤을 때	채무 불이행 가능성이 높아질 때
근거법률	기업구조조정촉진법	법제화 여부 미정
자금조달	공적자금 투입 및 채권단 출자전환	채권단 출자전환 및 국내 외 자본시장 조달

현재 대기업은 '기업구조조정촉진법'에 따라 부실이 가시화됐을 때 여신 500억원 이상 기업에
워크아웃제도를 적용하고 있다. 이와 별도로 중소기업에는 패스트트랙제도를 시행 중이다. 금융
당국과 채권단이 중소기업을 A · B · C · D 4개 등급으로 나눠 A · B 등급에는 자금을 지원하고
C등급은 워크아웃, D등급은 퇴출절차를 진행 중이다.

* 주가수익률(PER)

주가를 한 주당 당기순이익으로 나누어 주가가 한 주당 순이익의 몇 배가 되는지를 나타내는 지표
한 주당 순이익은 당해연도에 발생한 순이익을 총 발행주식수로 나눈 것으로 한 주가 1년 동안
벌어들인 수익이다.
즉, 주가를 EPS로 나눈 값이다. 주가를 EPS로 나누면 주식하나가 1년 동안 벌어들인 돈에 비해
얼마나 높게 팔리는가를 나타낼 수 있다. PER이 10이라는 의미는 주식 한주가 수익에 비해 10배
비싸게 팔리고 있다는 의미다. 물론 PER값이 낮을수록 앞으로 주가가 오를 가능성은 높아진다.

* 총자산순이익률, 영업이익률(ROA · Return of Asset)

ROA = 당기순이익/자산총액
이는 기업이 주어진 총자산을 얼마만큼 효율적으로 이용하였는가를 측정할 수 있다.
예를 들어 수익이 올랐는데 ROA가 하락하였다면 자산이 수익보다 빨리 증가했다는 뜻으로 회사

의 자산을 효과적으로 운용하지 못했다는 뜻이 된다. 따라서 ROA는 주어진 총자산 범위에서 한 회사가 얼마만큼의 수익을 올리고 있는가를 보여주는 지표라 할 수 있다.

* 자기자본이익률(ROE)

자기자본에 대한 당기순이익 비율로서 주식시장에서는 ROE가 높을수록 주가도 높게 형성되는 경향이 있다.

기업의 수익성을 나타내는 지표의 하나로서 주주가 갖고 있는 지분에 대한 이익의 창출 정도를 나타낸다.

* 주가순자산비율(PBR)

주가순자산비율(PBR, Price Book-value Ratio)은 주가를 주당순자산가치(BPS)로 나눈 비율이다. 즉 주가가 순자산에 비해 1주당 몇 배로 거래되고 있는지를 측정하는 지표이다. PBR이 2라는 의미는 회사가 망했을 때 10원을 받을 수 있는 주식이 20원에 거래된다는 의미다. 즉, PBR이 1 미만이면 주가가 장부상 순자산가치(청산가치)에도 못 미친다는 뜻이다.

* PEG(Price earnings to growth ratio)

기업 성장가치를 포함한 지표로 PER를 연간 EPS 증가율로 나눠서 구한다.

PEG가 1보다 낮으면 기업 이익증가율에 비해 주가가 덜 올랐다는 뜻이다.

기업성장성이 높을수록 값이 낮아진다.

* EV/EBITDA(이브/에비타)

1. 의의

해당 기업을 인수하였을 때, 몇 년간의 영업이익을 통해 인수비용을 창출 해낼 수 있는 가를 나타내는 지표

2. EV(Enterprise value)

= 주주가치 + 채권자 가치

= 시가총액 + (이자지급성부채 - 현금 및 유가증권)

= 시가총액 + 순부채

3. EBITDA(Earnings Before Interest, Tax, Depreciation and Amoritization)

= 이자 및 세금, 감가상각비 등을 차감하기 전 이익

= 영업이익 + 감가상각비 + 기타상각비(대손충당금 등)

= 계산상의 편이를 위해 대략의 영업이익

따라서 EV/EBITDA는 (시가총액 + 순부채)/대략의 영업이익을 의미

즉, 현재 얼마간의 시가총액과 순부채를 가진 특정 기업을 인수하였을 때, 향후 몇 년 안에 영업이익을 통해 투자비용을 창출해 낼 수 있는 가를 가늠해 보는 척도가 됨

* 브랜드 네이밍

브랜드의 명칭을 만드는 행위를 의미한다.

브랜드 네이밍은 브랜드와 시장, 소비자, 경쟁관계 등 복잡한 관계가 어우러져 있는 상황에서 효과적이고 효율적인 경쟁력을 갖게 해주는 전략적 요소다.

가장 기본적이며 일반적인 내용으로 기업이나 네이미스트들이 쉽게 체크할 수 있는 요소로는 차별성, 기억하기 쉬운 용이성, 친근감, 장기성 등이 있다.

* 크라우드 소싱(crowdsourcing)

생산과 서비스의 과정에 소비자 혹은 대중을 참여하도록 개방하여 생산 효율을 높이고 수익을 참여자와 공유하고자하는 방법이다. 대중(Crowd)과 외부 자원 활용(Outsourcing)의 합성어이다.

이전에는 해당 업계의 전문가들이나 내부자들에게만 접근 가능하였던 지식을 공유하고, 제품 혹은 서비스의 개발과정에 비전문가나 외부전문가들의 참여를 개방하고 유도하여 혁신을 이루고자 하는 방법이다.

웹 2.0으로 가능해진 새로운 다양한 가능성 중 핵심적인 것 중 하나이다. 크라우드 소싱이라는 말은 제프 하우(Jeff Howe)에 의해 2006년 6월 와이어드(wired) 잡지에 처음 소개되었다.

* 메타내셔널 기업(metanational enterprise)

국적에 구애받지 않거나 국적과 관계없는 기업. 초국적 기업

메타내셔널 기업은 생산과 연구개발 등 핵심 사업뿐만 아니라 아예 본사 핵심기능까지도 해외지사 등에서 담당한다.

최근 메타내셔널 기업이 확산되는 이유는 지구촌 차원에서 경쟁이 심화되고 있기 때문이다.

* 조세피난처

상대적으로 세율이 높은 국가들에 비해 세제상 혜택이 제공되는 지역을 말하는데 세금이 전혀 없는 조세천국과 저세율지역으로 크게 나누어진다.

조세피난처에서는 해당지역주민들에게는 조세를 부과하지만 외국에서 벌어들이는 수익에 대해서는 낮은 세율을 매기거나 세금을 아예 부과하지 않는다.

경제협력개발기구는 2009년 4월 국제조세기준의 이행 정도에 따라 조세피난처를 '완전이행국가 (화이트 리스트)' '불완전 이행 국가(그레이 리스트)' '불이행 국가(블랙 리스트)' 등 세 가지로 분류했다. 블랙 리스트 국가는 코스타리카, 말레이시아, 필리핀, 우루과이 등 4개국이다.

1. 택스 파라다이스

   개인소득세·법인세 등 자본세를 전혀 부과하지 않는 완전조세회피지역

   바하마, 버뮤다 제도 등

2. 택스 셸터

소득. 자본 등에 대한 세율이 다른 국가에 비하여 낮지 않지만 국외 원천소득에 대해서는 과세하지 않고 국내 원천소득에 대해서만 과세를 하는 곳
홍콩, 파나마, 코스타리카 등

3. 택스리조트

특정형태의 기업이나 사업활동에 대해서는 세제상 우대조치를 부여하는 곳
룩셈부르크의 경우 지주회사에 대해서는 직접세와 간접세를 면제

4. 로우 택스 헤븐

소득이나 자본에 대한 세율이 낮은 지역
해외사업에 대해서는 특별한 조세혜택을 부여한다.
사이프러스, 바레인, 모나코, 마카오 등

* 주택담보인정비율(LTV)

금융기관들이 주택을 담보로 대출을 해줄 때 적용하는 담보가치, 즉 주택가격 대비 대출이 가능한 최대비율

* 총부채상환비율(DTI)

주택담보대출의 연간원리금 상환액과 기타부채의 연간이자 상환액의 합을 연소득으로 나눈 비율이다.
봉급생활자의 총 급여소득을 감안해서 대출한도를 정하는 제도로 기존의 주택담보대출에 비해 대출자의 상환능력을 엄격히 하는 제도

* 최소시장접근(MMA)

그동안 수입금지됐던 품목의 시장을 개방할 때 일정 기간 동안 최소한의 개방폭을 규정하는 것을 말한다.

* 출자전환

채권금융기관이 부실기업에 빌려준 돈을 주식으로 전환하는 것을 말한다.
기업은 빚을 덜고 금융기관은 주주로서 경영에 참가, 부실기업을 정상화한 뒤 주식을 팔아 빌려준 돈을 받게 된다.

* 클린뱅크

부실은행이 갖고 있는 우량한 자산과 부채만을 인수하는 것을 말한다.
모든 자산과 부채를 인수하는 홀뱅크(whole bank)와 비교해 쓰는 말이다.

* 트래킹 스톡

모기업이 특정 사업부문을 육성하는 데 필요한 자금을 조달하기 위해 모기업 주식과는 별도로 발행하는 주식

* 팩맨방어(pac man defence) - 적대적 M&A 방어

M&A에 나선 상대회사에 대해 역으로 M&A에 나서 맞공개매수를 시도하는 전략

* 포이즌필(극약처방) - 적대적 M&A 방어

극단적인 방법을 통해 기업가치를 떨어뜨려 M&A의 매력을 감소시키는 방법
임금인상 등을 통해 비용지출을 늘려 매수로 인해 손해를 볼 수 있다는 판단을 조장해 결과적으로 매수 포기를 유도하는 행위

* 황금낙하산 - 적대적 M&A 방어

최고 경영자가 적대적 M&A에 대비해 높게 책정해 놓은 거대한 퇴직금, 스톡옵션, 명예퇴직을 전제로 한 잔여임기 동안의 보너스 등이 '황금낙하산의 일종
고용계약에 이러한 황금낙하산 규정을 만들어 두는 것은 직접적으로 경영자의 신분을 보장하는 것일뿐만 아니라 회사측으로서는 기업사냥꾼의 M&A코스트를 높이는 것이기 되기 때문에 M&A 방어책의 하나로 활용됨

* 백지주 - 적대적 M&A 방어

적대적 인수 합병에서 적대세력에 맞서 기업을 인수하면 '백기사'이고 신규 발행 주식을 인수해 공격자의 지분을 줄이는 방식으로 도울 때는 백지주라고 한다.

* 차등의결권 - 적대적 M&A 방어

노르웨이 등 북유럽 일부 국가에서 실시되고 있는 것으로 지배주주에게 보통주의 수십 배에서 수백 배에 달하는 의결권을 부여해 경영권을 안정적으로 보호하도록 하는 제도
주식 종류별로 의결권수에 차등을 두는 것 또는 넓은 의미로는 무의결권 주식, 의결권 제한 등도 포함된다.

* 기업내 최고임원

1. CDO (destruction) : 최고파괴자
2. CDO (development) : 최고개발담당인원
3. CEO (executive) : 최고경영책임자, 최고의사결정권자
4. COO (operating) : 최고업무책임자, 최고운영책임자
5. CCO (communication) : 최고홍보담당임원
6. CCO (contents) : 최고콘텐츠기회, 운영책임자
7. CFO (financial) : 최고재무책임자

8. CIO (information) : 최고정보책임자

9. CTO (technology) : 최고기술책임자

10. CKO (knowledge) : 최고지식책임자

11. CMO (marketing) : 최고마케팅책임자

12. CS0 (security) : 최고안전책임자, 최고보안책임자

13. CSO (sales, staff, strategy) : 최고영업(스태프, 전략) 책임자

14. CRO (resource) : 회사내 외주업체를 관리하는 최고책임자

15. CRO (risk) : 위험관리담당최고책임자

16. CAO (admistration) : 최고관리담당임원

17. CHO (health) : 최고건강담당임원

* 선입선출법(FIFO, first-in, first-out) & 후입선출법(LIFO, last-in first-out method)

1. 선입선출법

   매입순법. 가장 먼저 취득된 것부터 순차로 불출하는 방법. 기말재고품은 최근에 취득한 것으로 보고 재고자산의 원가를 배분

   물가가 상승할 때는 이 방법에 의해 원가배분을 하는 경우 비용을 낮게 평가하고, 이익과 세금을 보다 과대평가하게 한다.

2. 후입선출법

   제품이나 원재료 등의 재고품을 출고할 때 구입순과는 반대로 나중에 사들인 것부터 출고한 것처럼 하여 출고품 및 재고품의 원가를 계산하는 방법

* 경영자혁명(managerial revolution)

미국의 정치·경제평론가 J.버넘이 1941년 그의 저서 《경영자혁명》에서 주장한 이론으로 자본가가 지배하는 자본주의 사회 다음에 오는 것은, 마르크스주의에서 말한 노동자가 지배하는 사회주의 사회가 아니라, 복잡·거대화한 생산수단을 현실적으로 운영하고, 거기에서 생기는 성과의 분배에 대해 지도력을 가지는 경영자가 지배권을 가지는 경영자 사회이며, 여기에는 '경영자혁명'이 일어나고 있다고 주장함

* 글로 보보스(globoboss)

'지구'를 뜻하는 'globe'와 '우두머리·왕초'를 뜻하는 'boss'의 합성어로, 세계화 또는 국제적 감각을 갖춘 최고경영자(CEO:Chief Executive Officer)를 지칭

세계경제가 단일시장으로 바뀌면서 기업에서도 여러 개의 외국어를 자유자재로 구사하면서 국제적 감각까지 아울러 갖춘 최고경영자가 필요하게 되었는데, 글로보보스는 이러한 세계화 추세에 부응해 탄생한 새로운 개념의 경영자

* 글로컬리제이션

세계화 (globalization)와 현지화 (localization)를 합성한 신조어, 세계화를 추구하면서 동시에 현지 국가의 기업풍토를 존중하는 경영방식을 뜻하는 말

* 다운사이징(downsizing)

IBM 왓슨 연구소 직원인 헨리 다운 사이징의 이름에서 따온 것으로, 기업체의 관료화에 따른 불필요한 낭비조직을 줄임으로써 능률을 높이고자 하는 경영전략

* 머천다이징(merchandising)

시장조사와 같은 과학적 방법에 의거하여, 수요 내용에 적합한 상품 또는 서비스를 알맞은 시기와 장소에서 적정가격으로 유통시키기 위한 일련의 시책
상품화계획이라고도 하며, 마케팅 활동의 하나

* 법정관리(法定管理)

부도를 내고 파산 위기에 처한 기업이 회생 가능성이 보이는 경우에 법원의 결정에 따라 법원에서 지정한 제3자가 자금을 비롯한 기업 활동 전반을 대신 관리하는 제도
법정관리를 신청하여 법원의 결정에 따라 법정관리 기업으로 결정되면, 부도를 낸 기업주의 민사상 처벌이 면제되고, 모든 채무가 동결되어 채권자는 그만큼 채권행사의 기회를 제약받게 됨

* 사외이사제도(社外理事制度)

회사의 경영을 직접 담당하는 이사 이외에 외부의 전문가들을 이사회 구성원으로 선임하는 제도. 대주주와 관련이 없는 사람들을 이사회에 참가시킴으로써 대주주의 전횡을 방지하려는 데 목적이 있다. 사외이사는 회사의 업무를 집행하는 경영진과도 직접적인 관계가 없기 때문에 객관적인 입장에서 회사의 경영상태를 감독하고 조언하기도 용이

* CI(corporate Identity)

기업의 이미지를 통합하는 작업
사원들로 하여금 기업이 추구하는 가치를 공유하게 하고 외부로 표현하는 동시에 미래 경영환경에 대응하기 위한 경영전략 가운데 하나로 1950년대 미국에서 처음 시작. 정보화시대로 바뀌면서 기업의 정체성 표현뿐 아니라 적극적인 마케팅 활동 및 경영환경을 개선하여 나가는 데 꼭 필요한 작업으로 인식되고 있음

* 최초공모(IPO : Initial Public Offering)

주식공개상장. 기업이 최초로 외부투자자에게 주식을 공개, 매도하는 것으로 보통 주식시장에 처음 등록하는 것

* FMS(Flexible Manufacturing System)

다품종 소량생산을 가능하게 하는 생산 시스템. 공장자동화(Factory Automation)의 기반이 되는 시스템화 기술

* 스핀 오프(Spin - Off)

정부출연연구기관의 연구원이 자신이 참여한 연구결과를 가지고 별도의 창업을 할 경우 정부보유의 기술을 사용한 데 따른 사용료를 면제 하고 성공 후 신기술연구기금 출연을 의무화하는 제도

* 샤워효과(Shower Effect)

백화점 등에서 위층의 이벤트가 아래층의 고객유치로 나타나는 효과
반대로 아래층의 이벤트가 위층의 고객을 유인하면 분수효과(jet water effect)

* 컨틴전시 플랜(contingency plan)

예측하기 힘든 불확실한 미래에 대응하기 위하여 세우는 장기적인 계획. 정치, 경제, 사회, 국제문제, 자원, 에너지 수급, 법률, 산업 구조 따위의 각종 선행 지표의 연구와 검토를 바탕으로 함

* 쿨링 오프(cooling-off)

할부판매 또는 세일즈맨에 의한 방문판매 등에서 권유에 이끌려 필요하지도 않은 물품의 구입계약을 하게 된 소비자가 일정한 냉각기간 안에는 위약금(違約金) 없이 계약을 해제(계약신청의 철회)할 수 있도록 한 제도

* 퍼플오션(Purple Ocean)

치열한 경쟁 시장인 '레드오션'과 경쟁자가 없는 미개척 시장인 '블루오션'에서 유래한 말이다. 빨간색과 파란색을 섞으면 보라색이 된다는 뜻에서 붙여진 이름으로, 홍콩 컨설팅 회사 '트라이코어(Tricor) 컨설팅'의 수석 컨설턴트인 조 렁(Joe Leung) 박사가 2006년 제시했다. 새로운 기술이나 아이디어로 레드오션 내의 블루오션을 개척하는 것을 퍼플오션 전략이라고 한다. 기존 히트 상품의 파생상품을 만들거나 기존 제품에 새로운 서비스·판매 방식을 적용하는 것도 이에 해당한다.

* 컨슈머리즘(consumerism)

기술혁신에 의한 신제품의 대규모개발과 이에 수반하는 대량소비 붐에 따라 일어난 소비자보호 사상

* 프로슈머(Prosumer)

생산자(producer) 혹은 전문가(professional)에 소비자(consumer)가 결합되어 만들어진 신조어로 생산 소비자, 참여형 소비자
소비자이지만 제품 생산에 기여하며 비전문가이지만 타 전문가의 분야에 기여한다는 의미로 "프로슈머"라는 단어는 1980년 앨빈 토플러가 《제3물결》에서 최초로 사용

* 블루슈머(Bluesumer)

블루오션(blue ocean)과 컨슈머(consumer)의 합성어로 경쟁자가 없는 시장의 새로운 소비자 그룹을 말한다.

* 블랙컨슈머

악성을 뜻하는 블랙(Black)과 소비자를 뜻하는 컨슈머(Consumer)를 합성한 용어. 구매한 상품의 하자(瑕疵)를 문제 삼아 기업에 과도한 보상을 요구하거나 거짓으로 피해를 본 것처럼 꾸며 보상을 요구하는 소비자를 뜻함

* 트윈슈머(Twin-sumer)

생각·취미·취향·반응·소비 등의 성향이 유사한 소비자를 말한다.
쌍둥이라는 뜻의 '트윈(Twin)'과 소비자를 의미하는 '컨슈머(Consumer)'의 합성어이다.
이들은 다른 사람이 제품을 사용한 경험을 중요하게 여겨 물건을 구입할 때 이미 그 물건을 산 사람의 의견을 참고하여 결정을 내린다.

* 마담슈머, 크리슈머, 트라이슈머

마담슈머란 주부시각에서 상품을 평가하고 홍보하는 사람
크리슈머(creative + consumer)는 아이디어를 상품화할 때 고객이 주도하는 경우
트라이슈머(try + consumer)는 직접 제품을 사용한 뒤 적극적인 홍보맨이 됨

* 기업집단 공시제도

자산 합계 5조원 이상인 상호출자제한 기업집단이 스스로 계열사 주식 소유 현황, 특수관계인 거래 현황 등을 공시하는 제도다.
기존 개별기업 공시와 달리 기업집단 전체 정보를 포괄적으로 공개하는 게 특징이다.

* 트라이벌리즘(Tribalism)

부족과 주의의 합성어 "부족 중심주의"글로벌화에 따라 뚜렷한 정체성을 지닌 집단
독특한 사고방식과 통일된 정체성을 가진 집단으로 다소 폐쇄적이라는 특성을 지니고 있음
이런 집단과 협력해야 지역 안정과 경제번영을 이룰 수 있다고 다보스포럼에서는 입을 모으고 있음

* TQC(Total Quality Control)

제품관리를 비롯하여 비 제조부문에 이르는 종합적인 경영관리 방식
TQC는 제품에 집약되고 있는 각 분야의 업무 전반에 걸쳐 질을 높이지 않으면 제품 그 자체의 품질도 좋아질 수 없다는 생각 아래, 다만 제품현장의 품질관리만을 철저히 하여 불량품을 내지 않겠다는 생각뿐만 아니라, 영업·기획·개발·총무·경리 등, 모든 비 제조 부문에 걸쳐 업무 수행의 질을 높이려는 전사적 관리방식을 말한다.

* 브로드밴딩(Broadbanding)

단계적으로 급여 범위를 설정함으로써 낮은 단계의 역할에서 뛰어난 성과를 거둔 직원에게는 높은 단계에서 평범한 성과를 거둔 관리자보다 더 많은 급여를 지급하는 기법

* CRC(기업구조조정전문회사 : Corporate Restructuring Company)

워크아웃(기업개선작업), 기업구조조정 대상기업의 경영권을 인수, 기업 가치를 높이거나 이들 기업의 부동산이나 부실채권에 투자하는 회사를 뜻한다. '벌처 캐피털(vulture capital)'이라고도 한다.
CRC는 부실기업을 인수한 후 경영정상화를 통해 실질적인 기업 가치를 증대시키는데 목적이 있다.

* 기업구조조정투자회사(CRV : Corporate Restructuring Vehicle)

금융기관들이 구조조정 과정에서 떠안은 부실기업들을 넘겨받아(현물출자) 회생과 정리를 전담하는 전문회사로 일종의 페이퍼컴퍼니이다.
기업구조조정투자회사 (CRV)란 워크아웃기업 처리를 위한 펀드형태의 페이퍼 컴퍼니이고 기업구조조정전문회사 (CRC)는 기업구조조정을 전문으로 설립되는 상법상의 주식회사다.
둘다 기업구조조정을 위해 설립되지만 CRV가 한개의 워크아웃기업을 맡는 한시적인 기업인 반면 CRC는 영속적으로 존재하며 상대적으로 다양한 업무를 수행한다.

* 휘슬 블로워(whistle blower) & 내부 고발자 보호법

'호루라기를 부는 사람'으로 통한다. "범법자(혹은 비리를 저지른 자)가 있다"는 것을 세상에 알리기 위해 호루라기를 부는 사람이 바로 '휘슬 블로워(Whistle-blower)'다
'내부 고발자 보호법'도 흔히 '호루라기를 부는 사람'을 뜻하는 '휘슬 블로워즈 액트(Whistle-blower's Act)'로 통한다. 고발자가 보복을 당하지 않게 보호하고, 적발된 비리의 규모에 따라 보상도 하도록 규정한 법이다.

* 뉴로 마케팅

'신경'을 의미하는 단어인 '뉴로'와 마케팅이 결합한 뉴로 마케팅은, 말 그대로 첨단 뇌신경과학과 마케팅이 결합된 새로운 형태의 마케팅 기법
'감'과 '시장조사'에 크게 의존하던 기존의 마케팅에서 한 걸음 더 나아가,보다 정교하고 객관적인 것을 추구하는 마케팅 대안이라는 점에서 최근 주목

* 디드로효과

어떤 한 제품의 업그레이드가 그것을 둘러싼 다른 제품의 연속적 업그레이드를 촉발하는 상승효과
우연히 선물 받은 샴페인에 짝을 맞추기 위해 예정하지도 않았던 샴페인 글라스를 사고, 큰맘 먹고 명품 백을 구입하니 얼마 안 있어 명품구두까지 사고 싶어지는 묘한 심리 등이 실생활에서 많이 접하는 디드로 현상 사례라 할 수 있다.

* 디마케팅(demarketing)

기업들이 자사 상품에 대한 고객의 구매를 의도적으로 줄임으로써 적절한 수요를 창출하는 마케팅 기법

기업들이 자사의 상품을 많이 판매하기보다는 오히려 고객들의 구매를 의도적으로 줄임으로써 적절한 수요를 창출하고, 장기적으로는 수익의 극대화를 꾀하는 마케팅전략이다.

* 니치마케팅

'틈새시장'. 시장의 빈틈을 공략하는 새로운 상품을 잇따라 시장에 내놓음으로써, 다른 특별한 제품 없이도 셰어(share)를 유지시켜 가는 판매전략

'니치'란 틈새를 의미하는 말로서 '남이 모르는 좋은 낚시터'라는 은유적인 뜻도 있음. 대중시장 붕괴 후의 세분화한 시장 또는 소비상황을 설명하는 용어

* 데이터베이스 마케팅(database marketing)

고객에 관한 데이터베이스를 구축·활용하여 필요한 고객에게 필요한 제품을 판매하는 전략으로 '원 투 원(one-to-one) 마케팅'이라고도 함

어느 고객이 무엇을 얼마나 자주 구매했는지, 어느 매장에서 어떤 유형의 제품을 구매했는지, 언제 재구매 또는 대체구매할 것인지 등과 같은 정보를 가지고 고객의 성향을 분석하여 효율적인 판매전략을 수립하는 것

* 원소스 멀티유즈(One Source Multi Use)

하나의 소재를 서로 다른 장르에 적용하여 파급효과를 노리는 마케팅 전략

이 전략은 문화산업재의 온라인화와 디지털 콘텐츠화가 급진전되면서 각 문화상품의 장르간 장벽이 허물어지고 매체 간 이동이 용이해짐에 따라 하나의 소재(one source)로 다양한 상품(multi-use)을 개발, 배급할 경우에 시장에서의 시너지효과가 크다는 판단에 따른 것

* 인디케이터 마케팅(indicator marketing)

소비자의 편의를 높이기 위해 제품사용의 시기나 상태를 알려주는 상품개발

* 헤리티지 마케팅(heritage marketing)

박물관. 미술관 등을 지어 역사와 전통을 알리는 마케팅

* 네이밍 라이트 마케팅(Naming rights Marketing)

Naming rights Marketing은 팀 명칭에 기업 이름이나 상품, 서비스 브랜드, 마크를 붙이고 그 댓가로 해당기업에게 사용료를 받는 것을 말함

삼성이 첼시 구단 유니폼에 로고를 붙인다거나 박지성 선수가 뛰고 있는 맨유 유니폼에 AIG 브랜드가 붙는 것을 예로 들 수 있음

* 풀마케팅(Pull Marketing)

광고·홍보 활동에 고객들을 직접 주인공으로 참여시켜 벌이는 판매기법. TV나 신문, 잡지 광고, 쇼윈도 등에 물건을 전시하여 쇼핑을 강요하던 종전의 『푸쉬(Push)마케팅』에 대치되는 개념. 예를 들면 새로운 제품을 출시하면서 전국을 누비며 모델선발대회를 개최한다든가 어린이 그림 잔치 등을 열어 고객이 제품의 홍보에 적극 참여토록 유도하는 것

* 플래그십 마케팅(flagship marketing)

시장에서 성공을 거둔 특정 상품을 중심으로 판촉활동을 하는 마케팅 기법

강력한 기업 인지도를 바탕으로 통합된 이미지를 앞세워 마케팅을 하는 토털브랜드 기법과 반대되는 개념. 다국적기업이나 대기업 등 초일류 이미지를 가지고 있는 회사와 정면대결을 피하기 위해 후발 군소업체들이 주로 사용하는 마케팅 전략으로, 시장에서 성공을 거둔 특정 브랜드를 대표로 내세워 이 브랜드를 중심으로 마케팅 활동을 집중하는 것

* 세일 앤드 리스백(Sale & Lease back)

기업이 소유하던 자산을 리스회사에 매각하고 다시 리스계약을 맺어 이를 사용하는 형태를 말한다. 기업측에서는 자산의 소유권이 넘어가고 리스료를 계속 내야 하는 대신 자산을 계속 사용하면서 목돈을 운용할 수 있다.

* 북빌딩(book building)

기업을 공개할 때 공모가격 산정을 위해 주간사가 사전에 공모주식 수요를 파악하여 공모가격을 결정하는 제도

기업을 공개할 때 공모주 가격을 결정하기 위해 주간사가 사전에 공모주식 수요를 파악, 공모가격을 결정하는 제도를 말하며, 수요예측제도라고도 한다. 즉 기업이 코스닥에 등록하거나 증권거래소에 상장할 경우 공모가격 산정을 위해 기관투자가들에게 미리 공모가격을 써내게 하고, 가장 높은 가격을 써낸 기관과 가장 낮은 가격을 써낸 금융기관을 제외한 뒤 적정 수준의 공모가를 산출하는 일종의 경쟁 입찰방식이다.

* 상장폐지실질심사

매출액이나 시가총액 미달 등 양적 기준이 아닌 매출 규모 부풀리기나 횡령·배임 등 질적 기준에 미달하는 상장사를 퇴출시키기 위해 2009년 2월부터 시행된 제도

* IR과 CR

CR(Creditor Relations)은 채권투자자, 채권금융사 등을 대상으로 하는 설명회이다. 흔히 채권(Credit) IR이라고 한다. 다수의 주식투자자를 위한 IR(Investor Relations)과 달리 소수 전문가만 참석한다. 재무구조를 알리는 데 초점을 맞춘다.

명칭	IR	CR
대상	법인·개인투자자, 펀드매니저 다수를 대상으로 설명회 개방	채권전문가, 은행 여신담당자 소수의 전문가 중심으로 제한
초점	과거 실적과 미래 성장성 가늠 매출·순익 등 경영 성과에 초점	기업의 자금흐름과 조달에 집중 기업 회계 정밀 분석에 초점
방식	기업의 발표를 위주로 진행 다수 참여로 집중 질의에 한계	IR에 비해 깊이 있는 정보 제공 토론회에 준하는 질의 응답
효과	기업 가치 평가에 활용 투자자의 우려를 경영에 반영	기업의 재무구조를 파악하는 데 활용 기업·채권자가 함께 문제 해결

* A. Maslow의 욕구 계층 5단계이론

1. 유형 : 생리적 – 안정 – 사회적 – 존경 – 자아실현욕구

　① 생리적 욕구 : 가장 기본적인 욕구

　② 안정 욕구 : 자기의 생명과 소유물은 안전하게 보호하고 싶어 하는 욕구

　③ 사회적 욕구 : 애정, 사랑, 소속감을 느끼고 싶어 하는 욕구

　④ 존경의 욕구 : 개인으로부터 존경 받거나 존경하고 싶어 하는 욕구

　⑤ 자아실현 욕구 : 자기가 진실로 하고 싶어 하는 일과 되고 싶어 하는 자기를 만드는 욕구

2. 평가

　① 동기부여의 문제

　② 개인차 무시, 단계별 구분 불명확

　③ 상향적 충족의 비현실성

* D. MC Gregor의 X, Y이론

	X이론	Y이론
인간관	① 본성적으로 일을 싫어한다.	① 일을 천성적으로 싫어하지 않는다.
	② 수동적, 소극적	② 능동적, 적극적
	③ 명령받는 것을 좋아하며, 책임지기를 싫어한다.	③ 자발적, 의욕적 참가를 통해 보람을 느끼고 책임의식을 갖는다.
관리전략	① 경제적 보상체계의 강화	① 경제적 + 인간적 보상체계의 혼용
	② 권위주의적 리더쉽	② 민주적 리더쉽
	③ 공식조직의 활용	③ 비공식 조직의 활용
	④ 상부책임제도의 강화	④ 분권화와 권한의 위임

* 애드호크러시

Adhocracy란 A. Toffler의 'Future Shock'에서 나온 말로 조직운영에 있어 능률성과 신축성의 확보를 위해 탈 관료화시킨 평면적인 적응적·유기적 구조의 조직을 말한다.

즉 문제해결을 위하여 다양한 전문적 지식과 기술을 가진 이질적인 집단으로 조직된, 변화가 심하고 적응력이 강하며 임시적인 조직 체제를 의미한다.

* 공기업

1. 개념

국가 또는 공공단체가 수행하는 여러 사업 중 기업적·경영적 성격을 지닌 사업의 수행을 목적으로 국가나 지방자치단체가 소유를 통하여 지배하는 기업이다.

현대국가가 19세기 야경국가로부터 20세기의 복지국가로 변모함에 따라 정부기능이 확대되고 사경제의 영역까지 활동범위를 넓게 되면서 공기업이 부각되기 시작하였다.

2. 특성

(1) 공공성(민주주의)

공기업은 이윤극대화가 일차적 목적이 아니며 공익을 증진시키는데 목적이 있으므로 민주적 통제가 필요하며, 따라서 공기업관리를 위해서는 공공규제원칙과 공공서비스원칙이 강조된다. 다만 공기업에 대한 통제는 공기업의 정책과 정부의 일반정책을 일치시킬 수 있을 정도에 그치고 공기업의 대내적 관리운영에 대해서는 충분한 자주성과 융통성이 보장되어야 한다.

(2) 기업성

기업경영의 지도이념에 따라 공기업이 경영된다는 의미로, 공기업은 일정한도의 수지만을 고려하여 원가보상 내지 실질적인 수익주의 형태를 갖추게 된다.

(3) 공공성과 기업성의 관계

공공성과 기업성은 변증법적으로 상호작용하면서 공기업 속에서 통일되어 있는 기본개념으로, 목적으로서의 공공성과 수단으로서의 기업성으로 인시되어야 한다.

3. 유형

구 분	정부부처형	주식회사형	공사형
독립성	무	유	
출자제한	정부예산	5할 이상 정부출자	전액 정부출자
설치근거	정부조직법	특별법 또는 상법	특별법
당사자 능력	당사자 능력 부재	당사자 능력 존재	
직원의 신분	공무원	임원 : 준 공무원, 직원 : 회사원	
예산회계	기업예산회계법	정부투자기관관리기본법	
유형의 예	철도, 통신, 조달, 양곡관리	한국전력, 주택공사, 무역진흥공사	
예산성립	국회의결	국회의결불요	
조직의 특징	독임형	합의제	
감사관계 법률	감사원법 적용		

4. 시장형 공기업

시장형 공기업으로 지정되면 정부의 예산편성지침을 준용해야 하고 매 회계연도마다 경영평

가를 받아야 한다. 경영평가 결과가 미흡할 경우에는 기관장 사임건의 등 중징계 조치가 내리
질 수도 있다. 또 대규모 사업을 진행할 경우 예비타당성 조사도 받아야 한다.

시장형 공기업은 가스공사, 석유공사, 인천국제공항공사, 한국수력원자력, 한국남동발전, 한
국남부발전, 한국동서발전, 한국서부발전, 한국중부발전 등14곳이다.

2011년 기준 공기업 수는 작년 21곳에서 6곳이 늘어난 27곳(시장형 14곳, 준시장형 13곳),
준정부기관은 79곳에서 83곳(기금관리형 17곳, 위탁집행형 67곳), 기타공공기관은 184곳에
서 176곳이다.

* 목표에 의한 관리(MBO)

참여의 과정을 통해 조직단위와 구성원들이 실천해야 할 생산 활동의 단기적 목표를 명확하고
체계 있게 설정하고, 그에 따라 생산 활동을 수행하도록 하며, 활동의 결과를 평가ㆍ환류시키는
관리체제이다. 목표관리는 명확한 목표의 설정과 책임한계의 규정, 참여와 상하협조, 환류의 개
선을 통한 관리계획의 개선, 조직구성원의 동기유발, 그리고 업적평가의개선 등을 도모하고 궁
극적으로는 조직의 효율성을 증진시키려는 것이다.

* 제3의 물결

A. Toffler는 농업사회와 산업사회의 변혁을 각각 제1ㆍ제2의 물결로, 정보사회로의 변혁을 제3
의 물결로 비유하였다.

* 마타이 효과

일시적으로는 컴퓨터 활용에 의한 정보처리 능력에 차이가 있는 조직단위 간, 중앙ㆍ지방간, 컴
퓨터사용자와 이른바 컴맹 등 비사용자 간에 정보 불균형과 격차로 인한 갈등이 심화될 수 있다.
이러한 '정보의 부익부ㆍ빈익빈 현상'을 '마타이 효과(Matai Effect)'라 한다.

* 엽관주의

엽관주의는 정당에의 충성도와 공헌도를 관직의 임용기준으로 삼는 인사행정 제도를 말한다. 이
는 정실주의가 인사권자의 개인적인 신임이나 친소관례를 기준으로 공무원을 임용하는 인사행
정 제도라는 점에서 구별된다.

1920년 4년 임기법의 제정과 뉴욕 주 출신 상원위원 W. L. marcy의 전리품은 승리자에 속한다
는 슬로건이 엽관주의 도입에 큰 영향을 미쳤다. 또한 미국 제7대 대통령인 잭슨이 민주주의의
실천적인 정치원리(지지기반으로서의 서부 개척민들에게 공직개방)로서 채택하면서 엽관주의적
인사행정이 1829년 도입되었다.

* 실적주의

실적주의는 공직에의 임용기준을 실적, 즉 개인의 능력ㆍ자력ㆍ적성에 두는 제도로서, 행정이
복잡화, 전문화되는 등 정치적ㆍ사회적 환경이 변화하고 엽관주의의 폐해가 극심해짐에 따라 엽
관주의를 극복하기 위해 대두되었다.

James A. Garfield대통령이 선거에 공헌했음에도 불구하고 원하는 공직(파리영사직)을 주지 않은데 불만을 품은 Charles Guiteau에게 암살당한 후(1881), 1883년에 PendletonAct에 의하여 실적제가 도입되었다.

Pendleton Act는 독립적인 중앙인사위원회의 설치와 공개경쟁 채용시험의 원칙 및 공무원의 정치활동 금지 등을 규정하고 있다. 이후 1939년 제정된 공직에 대한 정당의 지배와 공무원의 정치활동을 금지하는 Hatch Act도 실적주의 확립에 크게 공헌했다.

* 적극적 인사행정

적극적인 인사행정이란 인사행정의 원칙으로서 소극적인 실적주의와 과학적 인사행정만을 고집하지 아니하고 실적주의의 개념과 범위를 더욱 확대하여 엽관주의적인 요소나 인간 관계론적인 요소를 신축성 있게 받아들이는 1935년 이후의 발전적 인사관리방안을 의미

* 기초훈련과 보수훈련

1. 기초훈련

   신규채용자에게 배치될 기관의 목적과 자기 역할을 이해시키고 담당한 직무의 내용을 정확히 알려주어 공직사회에 적응능력을 배양하는 훈련이다.

2. 보수훈련

   일반 재직 공무원에게 새로운 지식·기술을 습득시키고 그들의 근무태도와 가치관의 개선을 위해서 행하는 주기적인 훈련이다.

* 감독자 훈련과 관리자 훈련

1. 감독자 훈련

   부하의 직무수행을 지휘·감독하고 이에 대한 책임을 지는 감독자에게 인간관계의 개선에 중점을 두고 실시하는 훈련이다.

2. 관리자 훈련

   관리자는 정책결정·계획수립에 중요한 역할을 하므로 문제해결능력·지성과 통찰력·창의력 등이 요청되므로, 교육훈련 내용은 사회에 대한 광범위한 안목과 이해력·조직을 이끌어 나가는 지도력이나 의사결정능력의 함양에 중점을 둔다.

* OJT(직장 내 훈련)

평상시의 근무상황에서 일을 하면서 배워가는 훈련(실무지도, 직무순환, 임시배정, 인턴십 등)으로 감독자가 직무수행을 감독하면서 필요한 기본지식과 기술을 가르쳐 준다. 훈련에서 배운 지식이 그대로 실무에서 실제로 사용될 것이기 때문에 Off JT의 전이 문제가 생기지 않으며, 훈련비용이 적게 들고 훈련받을 사람이 새로운 환경에 적응할 필요가 없다.

* Off JT(직장 외 훈련)

직장 외 훈련은 교육훈련만을 목적으로 특별히 마련된 장소와 시설에서 강의, 프로그램화 학습, 시청각 교육, 회의 및 토론, 감수성 훈련, 사례연구, 역할연기, 모의경영게임 등의 훈련을 실시하는 것이다. 해당분야에 전문지식이 있고 가의방식에 익숙한 교관으로부터 훈련을 받기 때문에 효과적인 학습이 될 수 있고, 일상적인 직무부담에서 완전히 해방되어 교육훈련에만 전념할 수 있다.

* 헤일로 효과(halo effect) – 연쇄적 오차

특정평정요소의 평정이 다른 평정요소에 대한 평정에도 피평정자의 전반적 인상으로 작용하여 영향을 미치는 효과이다.

* 직무 확장(iob enlargement)

어떤 직위에 기존 직무에 수평적으로 연관된 직무요소 또는 기능들을 첨가하는 수평적 직무부가의 방법이다.

* 직무 풍요화(job enrichment)

직무를 맡는 사람의 책임성과 자율성을 높이고, 직무수행에 관한 환류가 원활히 이루어 지도록 직무를 개편하는 것이다. 즉, 수직적 연관된 직무들을 책임이 더 큰 하나의 직무로 묶어 보다 유의미한 직무로 형성하는 것이다.

* 탄력 시간제(flexitime, flextime)

기본근무시간의 범위 내에서 근무시간계획의 자율성을 어느 정도 보장하는 방법이다.

* 압축 근무제(compressed work week or schdule)

근무일에 더 오래 일하고 그 대신 쉬는 날을 늘릴 수 있게 하는 방법이다.

* 퇴직제도

1. 강제퇴직제도
   ① 당연퇴직 : 당연퇴직이란 임용권자의 처분에 의해서가 아니고 법률에 규정된 일정한 사유의 발생으로 인하여 공무원관계가 소멸되는 경우이다. 즉, 형사처벌 등 임용결격사유 발생이나 사망·국적상실 등의 경우
   ② 직권면직 : 직권면직이란 공무원이 일정한 사유에 해당되었을 경우에 본인의 의사와는 문관하게 임용권자가 그의 공무원 신분을 박탈하는 제도
   ③ 징계면직 : 파면과 해임 등 징계에 의한 신분 상실

2. 임의퇴직
   ① 의원면직 : 공무원 스스로의 희망에 의하여 면직하는 경우

② 명예퇴직 : 장기근속자에 대하여 명예로운 퇴직기회를 부여하고 퇴직 시 금전적으로 보상을 함으로써 노고에 보답하고, 후진 공무원들의 사기진작과 공직사회의 신진대사에 기여하기 위하여 마련된 제도이다. 퇴직 사유일 도래 전 2급 이하 공무원이 자진 퇴직하는 경우 일정한 자격을 지닌 자에 한하여 명예퇴직수당을 지급하고 퇴직시키는 제도 이다. 과거 20년 이상 장기근속자에 대해 인정했던 공로퇴직제와 유사한 것이다.

* 정년제도

1. 연령 정년제 : 가장 널리 채택되고 있는 제도로서 법정 연령에 달하면 자동퇴직(가장 일반적인 제도)하는 것으로 우리나라는 일반적으로 60세로 법정 연령을 정하고 있다.

2. 근속 정년제 : 일정한 법정근속년한에 달하면 자동 퇴직

3. 계급 정년제 : 특정계급에서 일정기간 승진하지 못하면 자동 퇴직하는 제도로 폐쇄형 인사제도 하에서 필수 (우리나라의 경우 일부 특정직의 상위직에 적용)

* 징계

1. 개념 및 요건
   징계란 법령·규칙·명령의 위반에 대한 처벌로서 공무원의 신분을 변경하거나 상실하게 하는 것을 의미하는 것으로 그 사유는 다음과 같다.
   ① 법에 의한 명령에의 위반
   ② 직무상의 태만이나 의무위반
   ③ 직장내외를 불문하고 체면 또는 위신의 손상행위 등

2. 종류
   ① 견책 : 전과에 대하여 훈계하고 회개하게 하는 것
   ② 감봉 : 1월 이상 3월 이하의 기간 동안 보수의 1/3을 감하는 처분
   ③ 정직 : 1월 이상 3월 이하의 기간 동안 공무원의 신분은 보유하나 직무수행이 정지되고 보수의 1/3을 지급받음
   ④ 강등 : 강등은 1계급 아래로 직급을 내리고 공무원신분은 보유하나 3개월간 직무에 종사하지 못하며 그 기간 중 보수의 3분의 2를 감한다.
   ⑤ 해임 : 강제퇴직의 한 종류로서 퇴직급여에는 영향을 주지 않으며 3년간 공무원 재임용 불가
   ⑥ 파면 : 공무원을 강제로 퇴직시키는 처분으로 5년간 재임용자격이 제한도고 퇴직급여는 1/2지급

* 직위해제와 직권면직

1. 직위해제 : 다음과 같은 자에게 직위를 부여하지 않을 수 있는 제도
   ① 직무수행능력이 부족하거나 근무성적이 극히 불량한 자

② 징계(중징계)의결이 요구중인 자

③ 형사사건으로 기소된 자 등

2. 직권면직 : 위의 명령기간 중 개전의 정이 없거나, 전직시험 3회 이상 불합격 시 등 일정사유 시 직권으로 면직

구 분	직 위 해 제	직 권 면 직
개 념	다음 사유에 해당하는 공무원에 대하여 일정기간(3월) 직위를 부여하지 않는 처분	다음 사유에 해당하는 자를 직권으로 면직(신분박탈)하는 인사처분
사 유	(1) 직무수행능력이 부족하거나 실전이 불량한 자 (2) 징계의결중인 자(중징계의 한함) (3) 향사사건으로 기소된 자	(1) 직무능력부족 및 성적불량으로 직위해제된 자가 직위해제기간 중 그 향상이 기대될 수 없을 때 (2) 전직시험에서 3회 이상 불합격한 자로서 직무능력이부족한 자 (3) 직제·정원의 개폐 및 예산감소로 인한 감원 시 (4) 휴직기간이 만료되었음에도 불구하고 직무를 감당할 능력이 없는 자 등 (5) 장병검사·입영 등의 명령을 기피하거나 군복무를 이탈하였을 때 (6) 해당자격증의 효력 상실 또는 면허가 취소된 때

* 예산

1. 성립시기

예산은 성립시기에 따라서 본예산, 수정예산, 추가경정예산으로 구분된다.

헌법은 회계연도 90일 전에 제출된 예산안을 30일 전까지 심의 확정하게 되어있는데, 이를 본예산이라고 하나 실질적으로는 회계연도 개시 전까지만 의결되면 본 예산으로 본다.

예산편성 후에도 사정의 변화로 예산을 변경하게 될 때 국무회의 심의와 대통령의 승인을 얻어 국회에 제출하게 되어있다. 이 때 일부 수정된 예산을 수정예산이라고 한다.

성립된 예산이 회계연도개시 이후에 발생한 사유로 예산을 변경할 필요가 있을 때 사용되는 예산제도가 추가경정예산이다.

2. 예산제도

예산제도에 의한 분류는 ① 품목별예산제도, ② 성과예산제도, ③ 계획예산제도, ④ 영기준예산 등으로 분류된다.

3. 예산 불성립 시

(1) 예산 불성립 시의 예산집행장치의 필요성

예산은 다음 회계연도 개시일 전까지 의결되어야 하지만, 불가피한 사유로 인해 국회가

의결하지 못해 예산이 성립되지 모하는 경우가 발생한다.

이와 같은 경우에 미국, 일본, 영국, 캐나다는 잠정예산을 사용하고, 우리의 경우는 제1공화국 하에서 가예산을 채택하였고, 1960년도 이후에도 준예산을 채택하고 있다.

(2) 잠정예산과 가예산 그리고 준예산의 비교

① 잠정예산은 일정 금액(최초 4-5개월분)에 해당하는 예산의 국고지출을 허용하는 제도로서, 예산이 성립되면 유효기간이나 지출 잔액유무에 관계없이 본 예산에 흡수된다.

② 가예산은 부득이한 사유로 예산이 의결되지 못한 때 국회는 1개월 이내의 가예산을 의결하고 그 기간 내에 본예산을 의결하여야 한다.

③ 준예산제도는 국회에서 예산안이 의결될 때까지 전년도 예산에 준하여 집행할 권한을 정부에 부여하는 제도이다. 예산이 회계연도 개시전가지 의결되지 못한 경우 헌법이나 법률에 의해 설치된 기간 또는 시설의 운영 및 유지, 법률상 지출의무의 이행, 이미 예산으로 승인된 사업의 계속을 위한 경비를 예산에 준하여 지출한다.

4. 예산심의 절차

(1) 사전의결의 원칙의 예외

국가의 예산은 원칙적으로 입법부의 사전의결을 받아야 하나, 예산운영의 능률성 제고를 위해 예외를 인정하는데 대표적인 것이 정부투자기관의 예산과 신임예산이다.

(2) 정부투자기관의 예산

정부가 국민경제활동에 관여하는 방법 중 하나로 공기업 운영이 있는데, 우리의 경우 한국전력공사, 한국도로공사 등의 정부투자기관을 운영하고 있다. 정부투자기관의 예산은 국회에서 심의를 받지 않는 것이 특징인 바, 정부투자기관의 예산은 이사회의 의결로써 확정된다.

(3) 신임예산

전시 등의 지출예측이 어렵고 안전 보장상 내역을 밝히기 어려운 경우, 의회가 총액만 결정하고 구체적 용도는 행정부가 결정하여 지출하는 제도이다. 영국에서 예를 볼 수 있으며, 우리의 경우 예비 중 국가정보원이 사용하는 부분이 동일한 성격을 지닌다.

* 조세지출예산제도

조세지출예산이란 조세감면의 구체적 내역을 예산구조를 통해 밝히는 것으로, 조세감면은 조세 특혜, 합법적 탈세 혹은 숨은 보조금이라고도 한다.

* 지출통제예산

개개의 항목에 대한 통제가 아니라, 예산총액만 통제하고 구체적인 항목별 지출에 대해서는 집행부의 재량을 확대하는 성과지향적 예산제도의 한 유형이다.

* 예산의 분류

1. 개념

예산의 분류란 국가의 세입과 세출을 일정한 기준에 따라서 유형별로 구분해 이를 체계적으로 배열한 것이다.

2. 분류방법

(1) 품목

품목별 분류는 지출의 대상·성질을 기준으로 하여 세출예산의 금액을 분류하는 것으로 세출예산에 대한 엄격한 통제를 가함으로써 의회의 우위를 확보하는데 기여하였다고 평가된다.

(2) 조직

조직별 분류는 예산 내용을 예산편성과 집행책임을 담당하는 조직 단위별로 분류한 것으로서, 누가 얼마를 쓰느냐의 분류이다.

(3) 기능

정부의 주된 목표(기능)를 몇 개의 유형으로 구분한 후 각 기능에 재원을 얼마나 투입할 것인가 즉, 정부가 모든 일에 얼마나 지출 했는가에 의한 분류이다.

(4) 경제성질

예산이 국민경제에 미치는 영향을 분석하기 위해 작성한 예산분류체계로서, 재정정책을 결정함에 있어 유용한 자료를 제공함을 목적한다. 예산을 국민소득계정과 연계하여 분류하는 것이며, 예산을 세입과 세출로 나누고 이를 다시 경상계정과 자본계정으로 분류하는 것이다.

3. 한국의 예산분류

입 법 과 목			행 정 과 목	
장(章)	관(款)	항(項)	세항(細項)	목(目)
기능별 분류	조직별·사업별·활동별 분류			품목별 분류

* 예산과정

1. 편성

예산의 편성이란 한 회계연도의 세입과 세출을 미리 계산하는 것으로서 대부분의 국가의 경우 행정부가 맡고 있다. 예산의 편성작업은 중앙예산기관이 각 부처에 대하여 예산편성에 관한 방침과 지시를 내려 보낼 때 본격적으로 이루어진다.

각 부처는 지침에 따라 작성된 예산요구서를 중앙예산기관에 제출하고, 중앙예산기관은 각 부처의 예산요구서를 사정하고 종합하여 국무회의 의결과 대통령의 제가를 얻어 입법부에 제출한다.

2. 심의

행정부에서 제출한 예산안은 입법부의 심의를 받는다.

우리나라에 있어서 예산심의는 국회 각 상임위원회의 예비심사와 결산특별위원회의 종합 심사 후 본회의에서 의결한다. 심의과정은 형식적이고 정치적 성격이 강하며 그 변화 폭은 대부분 3% 이내로 결정된다.

3. 집행

입법부의 심의·의결을 거쳐 성립한 예산은 중앙예산기관이 각 부처에 나누어주는 배정과, 각 부처가 그 산하기관에 예산을 나누어 주는 예산의 재배정과정을 거쳐 집행된다.

이 때 중요한 것은 집행의 신축성과 책임성이며 전자를 위하여 예산원칙에 대한 예외가 인정된다. 예산집행이 끝나면 결산서를 작성한다.

4. 결산 및 회계검사

예산과정의 마지막 단계는 결산 및 회계검사이다. 예산집행이 종료되면 결산절차를 거쳐 감사원의 회계검사를 받고, 국회의 결산심사 및 의결을 거침으로써 예산주기는 마무리 된다. 감사원의 회계검사는 전문적이고 통제적인 성격을 띠는 반면에 국회의 결산심사는 정치적인 성격을 갖는다.

* 예산제도 간 비교

	LIBS	PBS	PPBS	ZBB
지향	통제	관리	계획	감축
취급범위	투입	투입, 산출	투입, 산출, 효과, 대안	대안
직원의 지식	회계이론	관리이론	경제학, 기획이론	관리와 계획
중요정보	지출대상	기관의 활동	기관의 목표	사업, 기관의 목표
결정형태	점증적 결정	점증적 결정	포괄적 결정	점증적·참여적 결정
기획에 대한 책임	분권	분권	집권	분권
예산기관의 역할	재정적 통제	능률	정책	우선순위
흐름	상향적(위로 통제)	상향적(위로 통제)	하향적(아래로 결정)	상향적(위로 결정)

* 일몰법

1. 의의

의회가 정부사업이나 조직을 일정 기간마다 재검토하여 존속을 인정하지 않으면 사업이나 조직은 자동적으로 폐기되도록 하는 입법을 의미한다. 일몰법은 비효과적인 사업 또는 시대적으로 불필요한 조직 등이 무기한으로 존속되는 것을 막아 낭비를 제거하는 것을 목적으로 한다. 일몰법은 정부가 실시하는 사업을 영기준에서 재검토한다는 점에서 영기준 예산과 유사하다.

2. 범위 및 기간

(1) 적용범위

예산지출이 수반되는 정부기능 가운데서 의회가 임의로 통제할 수 없는 부문(국가의 채무이행, 외채상환 등)은 제외한다.

(2) 일몰법의 적용기간

적용기간은 단기화 되면 재심사 자체의 과중한 업무량 때문에 형식적인 검토가 될 가능성이 높다. 반면 적영기간이 장기화되면 의미 없는 사업이 계속됨으로써 예산을 낭비하게 된다.

3. 영기준 예산과 비교

영기준 예산	일몰법
예산편성과 관련되는 행정과정	예산심의와 관련되는 행정부에 대한 입법부의 감독수단이며 입법과정
1년으로 단기	3-7년의 장기
비법정 경비에 한정	정부예산을 이용하는 조직과 사업
조직의 하층구조와 관련 관리자의 참여부여	조직의 최고관리층과 관련 관리자의 참여제한

* 자본예산

대차를 분리하는 기업의 복식부기관련원리를 도입한 복식예산의 일종인바, 정부예산을 경상지출과 자본지출로 구분하고, 경상지출은 경상수입으로 충당시켜 균형이 이루어지도록 하지만, 자본지출은 적자재정과 공채발행을 통한 수입으로 충당케 함으로써 불균형 예산을 편성하는 제도이다.

* 지방자치

1. 개념

① 지방자치란 일정한 지역의 주민이 자치기구에 참여하여 자주적으로 그 지역의 공공사무를 처리하는 것을 말함

② 광의의 지방자치는 단체 자치적 요소와 주민 자치적 요소를 함께 가짐

2. 기본요소 - 지방자치의 3요소

① 구역 : 지방정부의 자치권이 일반적으로 미치는 지역적·공간적 범위

② 자치권 : 지역사무를 자주적으로 처리하기 위한 자주적 통치권. (자주입법권, 자주행정권, 자주조직권, 자주재정권)

③ 주민 : 참정권을 행사하고 자치비용을 부담하는 인적 구성요소

* 주민자치와 단체자치

구 분	주 민 자 치	단 체 자 치
의 미	정치적 의미 (민주주의)	법률적 의미(지방분권)
국 가	영국·미국	독일·프랑스·일본
자치권의 인식	자연적·천부적 권리 (고유권설)	국가에서 전래된 권리
자치의 중점	지방정부의 주민과의 관계 (주민에 의한 행정)	중앙과 지방과의 관계 (자치단체에 의한 행정)
사무의 구분	고유사무와 위임사무 구분 없음. (위임사무 부존재)	고유사무와 위임사무의 구분
권한부여방식	개별적수권(지정)주의	포괄적수권(예시)주의
중앙통제	약함 (입법적·사법적 통제 위주)	엄함 (행정적 통제)
조세제도	독립세 (자치단체가 과세주체)	부가세(국가가 과세주체)
민주주의와 관계	상관관계 인정	부정
지방정부형태	기관통합형 (의원내각제식)	기관대립형 (대통령제식)
자치단체의 지위	순수한 자치단체	이중적 지위 (자치단체 + 일선기관)

*의결기관과 집행기관

1. 지방의회

① 의결권 : 조례의 제정 및 개폐

② 서류제출요구권 : 지방의회의 본회의 또는 위원회는 그 의결로 안건심의와 직접 관련된 서류의 제출을 당해 자치단체장에게 요구할 수 있다.

③ 행정사무 감사 및 조사권

④ 행정사무 처리상황의 보고와 질문·응답권

⑤ 선거권과 피선거권 : 지방의회는 의원 중에서 시·도의 경우 의장 1인과 부의장 2인을, 시·군 및 자치구의 경우 의장과 부의장 각 1인을 무기명 투표로 선거하여야 한다. 임기는 2년이다. 또한 의장 또는 부의장이 궐위된 때에는 보궐선거를 실시하며 그 경우 임기는 잔임기간으로 한다.

⑥ 의회의 자율권 : 내부조직권, 의회규칙제정권, 폐회·개회·휴회권, 의회의 공개정지 권, 의장 및 부의장에 대한 불신임 결의권, 의원자격심사권, 의원징계권(공개회의에서 사과, 공개회의에서 경고, 30일 이내의 출석정지, 제명 등 4종), 의원사직 허가, 의원 경찰권, 의견표시권 등

2. 자치단체의 장

① 통할대표권 : 자치단체를 대표하고 사무를 통할한다.

② 사무의 관리집행권 : 당해 자치단체의 사무와 법령에 의하여 자치단체의 장에게 위임된 사무를 관리하고 집행한다.

③ 지휘감독권 : 시·도지사는 시장, 군수, 구청장에 대한 지휘감독권을 가지며 자치사무에 관한한 위법·부당한 명령·처분에 관하여도 취소·정지할 수 있다.

④ 규칙제정권 : 법령 또는 조례가 위임한 범위 내에서 그 권한에 속하는 자치사무 및 국가사무에 관하여 규칙을 제정할 수 있다. 단, 기초자치단체의 조례나 규칙은 시·도의 조례나 규칙에 위반해서는 안된다.

⑤ 기관시설의 설치권 : 자치단체는 소관사무 범위 안에서 대통령령이 정하는 바에 따라 조례로 소방기관, 교육훈련기관, 보건진료기관, 사업소, 출장소, 합의제 행정기관 등을 설치할 수 있다.

⑥ 임면권 : 소속직원을 지휘감독하고 임면, 교육훈련, 복무, 징계 등을 처리

⑦ 선결 처분권

⑧ 재의요구권 : 자치단체의 장은 지방의회의 의결사항에 대하여 재의를 요구할 수 있다.

* 한국 지방자치의 역사

1. 이승만 정부

1949년 7월 4일 제헌국회는 지방자치법을 제정하였다. 그러나 이승만 정부는 "치안을 확보하고 민심을 안심시키는 것이 급선무"라는 이유를 들어 이 법의 시행을 보류하였다.

1956년 2월 이승만은 지방자치법을 개정하여 지방의회가 선출하는 시·읍·면장에 대한 간선제를 부민직선제로 개정하였다.

그러나 자치단체장선거가 야당인사의 당선으로 이승만에게 불리해지자 이승만은 1958년 지방자치법을 재개정하여 시·읍·면장을 임명제로 환원시켰다.

2. 장면 정부 와 박정희 정권

4·19혁명 후 집권한 민주당정권은 1960년 11월 지방자치법을 개정하여 시·도·읍·면에 대한 지방자치를 전면적으로 실시하기로 하였다.

그러나 장면정부의 지방자치는 시작도 하기 전에 5·16군사정변에 의하여 폐기되고 말았다. 박정희 군부는 먼저 군사혁명위원회 포고 제4호로 지방의회를 해산하였으며, 1961년 6월 비상조치법 제20조에 따라 시·도지사·시장·군수를 임명하였다. 그리고 9월 지방자치에 관한 임시조치법으로 자치단체장은 중앙정부에서 임명하며 국가공무원으로 한다는 점을 명백히 하였다.

1972년 유신헌법에서는 '조국 통일 시까지 지방자치제도를 유예한다'고 명시하였다.

3. 문민 정부

1987년 제13대 대통령선거에서 노태우 후보는 선거공약으로 지방자치 실시를 내세웠다.

그러나 6공화국의 지방자치는 지방의회만 있고 자치단체는 구성되지 못한 불구적 형태로 출발하였다.

전면적인 지방자치는 문민정부가 출범한 후에 실시된 1995년 6월 27일 4대 지방선거(기초의회, 광역의회, 기초단체장, 광역단체장)에 의하여 비로소 시작되었다.

* 국세와 지방세

부과주체	영역	목적	항목	부담방식
국세	내국세	보통세	소득세	직접세
			법인세	
			상속세	
			증여세	
			종합부동산세	
			부가가치세	간접세
			개별소비세	
			주세	
		목적세	교육세	
			교육·에너지·환경세	
			농어촌특별세	
	관세			
지방세	도세	보통세	취·등록세 등	
		목적세	지방교육세 등	
	시·군세	보통세	주민세·재산세 등	
		목적세	도시계획세 등	

* 파킨슨 법칙

영국의 역사학자 시릴 노스코트 파킨슨(1909~93)이 공무원 조직의 비효율성을 지적하기 위해 제기한 이론

공무원수는 업무양과 무관하게 증가하며, 승진을 위해 임의로 부하를 늘리게 되면 조직이 비대해질 수 밖에 없다는 것이다.

파킨슨은 또 '공무원은 경쟁자를 원하지 않는다', '공무원은 자신들을 위해 업무를 만들어낸다' '예산심의에 필요한 시간은 예산액은 반비례한다'며 신랄하게 공무원조직을 비판

* 피터의 법칙

조직의 상위 직급은 무능한 인물로 채워질 수 밖에 없다는 이론

미 컬럼비아대 로렌스 피터교수가 1969년 수백 건의 무능력사례를 연구해 발표

이 이론에 따르면 조직의 모든 구성원은 자신의 무능력이 드러날 때까지 승진하려고 한다. 그러다 보니 상위직급은 더 이상 승진할 능력이 없는 사람들로 채워지게 된다. 결국 무능력은 개인보다는 위계조직의 메커니즘에서 발생한다는 것이다.

* 제 3 섹터

넓은 의미로는 민관합동으로 이루어진 사업추진조직을 말하며 좁은의미로는 민간주체가 영리보다 공익을 추구하는 활동을 수행하는 영역을 말한다. 즉 비영리민간단체(NGO) 등이 이에 해당한다.

* 델파이기법

한 나라의 연구수준이나 미래의 특정시점을 예측해야 하는 경우 전문가적인 직관을 객관화하는 예측방법
델파이기법은 다수 전문가의 의견을 설문조사방법이나 우편조사방법으로 수회에 걸쳐 피드백(feedback)시켜 그들의 의견을 수렴하고 합의된 내용을 얻는 즉 집단적 사고를 체계적으로 접근시키는 방법

* 브레인스토밍

뇌에 폭풍을 일으킨다는 뜻으로 어떤 구체적인 문제에 대한 해결방안을 생각할 때 비판을 일단 중지하고 질을 고려함이 없이 머릿속에 떠오르는 대로 아이디어를 내게하는 방법이다. 즉 창의적인 아이디어나 해결책의 산출을 위한 자유로운 집단토의 방법이라 할 수 있다.

* 메타평가

평가에 대한 평가, 상위평가를 의미하는 개념으로 상급기관, 외부전문가들에 의하여 평가가 이루어진다.
기존 평가자가 아닌 제 3의 기관에 의해 다양한 관점에서 재평가되므로 정책에 관여하지 않은 외부인에 의한 다면평가를 의미한다.

* 옴부즈만 제도

옴부즈만이란 호민관 또는 행정감찰관을 말하며 공무원의 위법. 부당한 행위로 말미암아 권리의 침해를 받은 시민이 제기하는 민원과 불평을 조사하여 관계기관에 시정을 권고함으로써 시민의 권리를 구제하는 제도

* 티부가설

티부는 지방자치단체들 사이에는 해당지역내에 적절한 수의 주민을 유치하기 위한 경쟁이 있을 것이며 이러한 경쟁이 결국 지방공공재 공급에 있어 효율성을 이끌어낼 수 있다고 주장
티부가설은 지방공공재는 지방정부가 독자적으로 결정을 내리는 분권화된 체제가 효율적인 배분을 가져온다는 것을 강조한 모형이다.

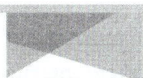

기출문제

01

빈곤계층들의 소규모 사업지원을 위한 무담보 소액대출을 무엇이라 하는가?　(하나은행)

① 마이크로 론　　　　　　　　　② 푸어 크레디트
③ 미니 크레디트　　　　　　　　④ 마이크로크레디트

> **해설**　마이크로 크레디트란 은행이라는 전통적인 금융기관으로부터 금융서비스를 받을 수 없는 빈곤계층에 소액의 대출과 여타의 지원 활동을 제공함으로써 이들이 빈곤에서 벗어날 수 있도록 돕는 활동을 말함　**정답** ④

02

다음 중 지방세에 포함되지 않는 것은?　(기업은행)

① 종합부동산세　　　　　　　　② 재산세
③ 담배소비세　　　　　　　　　④ 주민세

> **해설**　지방세는 11개 세목이 있는데, 취득세, 재산세, 등록면허세, 지역자원시설세, 자동차세, 지방소득세, 주민세, 지방소비세, 담배소비세, 레저세, 지방교육세가 있다.　**정답** ①

03

적대적 M&A의 방어방법이 아닌 것은?　(기업은행)

① 백기사　　　　　　　　　　② 그린메일
③ 황금주　　　　　　　　　　④ 포이즌필

> **해설**　그린메일은 투기성 자본이 인수대상기업의 지분을 매집한 뒤 인수합병 포기의 대가로 높은 가격에 지분을 되사줄 것을 요구하는 행위를 말하며 적대적 M&A의 공격방법이다.　**정답** ②

04

조세에 대한 설명 중 틀린 것은?　(하나은행)

① 특별소비세는 간접세 중 소득의 재분배를 위한 세금에 해당한다.
② 조세는 크게 국세와 지방세로 구분된다.
③ 소득세는 간접세이다.
④ 정부는 자금을 조달하기 위하여 조세나 국채발행을 사용한다.

> **해설**　소득세는 직접세에 해당된다. 부가가치세는 간접세에 해당된다.　**정답** ③

05

M&A와 관련이 없는 것은? (새마을금고)

① 백기사
② 엔젤클럽
③ 포이즌필
④ 황금낙하산

 해설 엔젤클럽은 신생 벤처 기업의 초기 자금 형성에 참여하는 투자 그룹을 말한다. **정답** ②

06

생태계의 쫓고 쫓기는 평형관계를 무엇이라 하는가? (새마을은행)

① 블루퀸 효과
② 블랙퀸 효과
③ 레드퀸 효과
④ 그레이퀸 효과

해설 1973년 시카고대학의 진화 학자 밴 베일른은 생태계의 쫓고 쫓기는 평형 관계를 '레드퀸 효과(Red Queen Effect)'라 일컬었으며, 오늘날 기업경쟁구조를 표현하는데 있어서 사용되고 있다.
생태계에서 포식자는 속도 경쟁에서 앞서고 느린 피식자를 잡아먹고 살기 때문에 피식자는 물려받은 선천적 형질에 후천적으로 끊임없는 학습과 노력을 배가시켜 더 빨리 달리게 된다. 생물학적으로는 포식자와 피식자의 관계, 즉 포식자에게 잡히지 않으려면 더 빨리 뛰어야하는 피식자의 운명에 대한 이야기로 표현되기도 한다. **정답** ③

07

다음 중 틀린 것은? (새마을금고)

① M&A − 기업인수·합병
② R&D − 연구 및 개발
③ ILO − 국제노동기구
④ CRV − 기업구조조정 알선회사

해설 CRV − 기업구조조정기구로 기업체가 금융기관으로부터 받은 대출금을 자본금으로 전환하였을 때, 그 주식을 매입하거나 전문적으로 관리해 주는 금융회사를 말한다. **정답** ④

08

치열한 경쟁시장을 의미하는 개념은? (하나은행)

① 블루오션
② 레드오션
③ 퍼플오션
④ 블랙오션

 해설 레드오션이란 이미 잘 알려져 있어서 경쟁이 매우 치열하여 붉은(red) 피를 흘려야 하는 경쟁시장을 말한다.
블루오션이란 현재 존재하지 않거나 알려져 있지 않아 경쟁자가 없는 유망한 시장을 가리킨다.
퍼플오션이란 치열한 경쟁 시장인 레드오션과 경쟁자가 없는 시장인 블루오션을 조합한 말이다. 기존의 레드오션에서 발상의 전환을 통하여 새로운 가치의 시장을 만드는 경영전략을 퍼플오션 전략이라고 한다. **정답** ②

09

자신들의 상품을 각종 구설수에 휘말리도록 함으로써 소비자들의 이목을 집중시켜 판매를 늘리려는 마케팅 방식은?

(새마을은행)

① 노이즈 마케팅　　　　　　　　　② 바이럴 마케팅
③ 버즈 마케팅　　　　　　　　　　④ 디마케팅

해설　노이즈 마케팅 – 자신들의 상품을 각종 구설수에 휘말리도록 함으로써 소비자들의 이목을 집중시켜 판매를 늘리려는 마케팅
바이럴 마케팅 – 바이럴 마케팅(viral marketing)은 누리꾼이 이메일이나 다른 전파 가능한 매체를 통해 자발적으로 어떤 기업이나 기업의 제품을 홍보하기 위해 널리 퍼뜨리는 마케팅 버즈 마케팅 – 소비자들이 자발적으로 상품 및 서비스에 대한 긍정적인 소문을 내도록 하는 마케팅
디마케팅 – 기업들이 자사 상품에 대한 고객의 구매를 의도적으로 줄임으로써 적절한 수요를 창출하는 마케팅

정답 ①

10

기업이 영업활동을 통하여 얻은 영업이익에서 법인세·금융·자본비용 등을 제외한 금액을 무엇이라 하는가?

(새마을은행)

① ROI　　　　　　　　　　　　　② NPV
③ EVA　　　　　　　　　　　　　④ PER

해설　경제적 부가가치(EVA)는 기업이 벌어들인 영업이익 가운데 세금과 자본비용을 뺀 금액. 즉 해당기업이 투하자본과 비용으로 실제로 얼마나 이익을 많이 벌었는가를 나타내는 지표
ROI – 투자수익률은 가장 널리 사용되는 경영성과 측정기준 중의 하나로, 기업의 순이익을 투자액으로 나누어 구한다
NPV – 순현재가치, PER – 주가수익률

정답 ③

11

공무원의 징계에 해당하지 않는 것은?

(새마을은행)

① 정직　　　　　　　　　　　　　② 해임
③ 강등　　　　　　　　　　　　　④ 직위해제

해설　2009년 4월 1일부터 공무원 징계에 강등이 포함되어 공무원의 징계에 견책, 감봉, 정직, 강등, 해임, 파면이 포함되어 있음
직위해제는 인사상 불이익 처분에 해당

정답 ④

예상문제

 01

기술적으로 뛰어난 상품이라 하더라도 일부 지역에만 특화되어 있을 경우 그 외의 시장에서는 팔리지 않고 고립되어 가는 현상은?

① 논마켓 이론
② 게임이론
③ 갈라파고라스 신드롬
④ 신디게이트

 해설 최근 뉴욕타임스가 일본의 발전된 시장을 비판하면서 등장했다. 일본의 통신시장은 내적으로는 다양하고 발전된 서비스를 제공하지만, 세계시장 진출에는 실패해 일본에서만 제공된다는 것이다. 이러한 특성이 마치 다윈이 목격한 갈라파고라스 섬의 동식물이 다양한 형태로 분화됐지만, 외부와는 단절된 양태와 일본의 통신 서비스가 유사하다는 것이다.
정답 ③

 02

특정제품을 소비하면 유사한 급의 제품을 소비하는 집단과 같아지는 환상을 갖게 되는 현상을 무엇이라 하는가?

① 플라시보 효과
② 윔블던 효과
③ 피그말리온 효과
④ 파노플리 효과

 해설 파노플리란 집합이라는 뜻으로서 '같은 맥락의 의미를 가진 상품 집단'을 뜻한다. 파노플리 효과란 소비자가 특정제품을 소비하면 유사한 급의 제품을 소비하는 소비자 집단과 같아지는 환상을 갖게 되는 현상을 말하며, 무선인터넷 활용에 대한 매력보다도 최신트렌드를 선도한다는 이미지 때문에 스마트폰을 구입하거나 상품이 사람을 평가한다는 생각에 명품을 소비하는 현상을 예로 들 수 있다.
플라세보 효과 – 플라시보 효과란 약효가 전혀 없는 거짓약을 진짜 약으로 가장, 환자에게 복용토록 했을 때 환자의 병세가 호전되는 효과를 말한다.
윔블던 효과 – 윔블던 테니스 대회에서 주최국인 영국선수보다 외국선수가 더 많이 우승하는 것처럼 영국의 금융기관 소유주가 영국인보다 외국인이 더 많아지는 것을 말한다.
피그말리온 효과 – 로젠탈효과, 자성적 예언, 자기충족적 예언이라고도 한다. 그리스신화에 나오는 조각가 피그말리온의 이름에서 유래한 심리학 용어이다.
타인의 기대나 관심으로 인하여 능률이 오르거나 결과가 좋아지는 현상을 말한다.
정답 ④

03 평범한 제품에 변화를 더해 새로운 제품으로 업그레이드시키는 소비자 집단을 일컫는 용어는?

① 메타슈머   ② 블루칩
③ 히든 챔피언   ④ 클러스터

> **해설** 블루칩 – 주식시장에서 대형 우량주를 지칭하는 용어
> 히든챔피언 – 일반 대중에게 잘 알려져 있지 않지만 각 분야의 세계시장을 지배하는 우량 기업
> 클러스터 – 비슷한 업종의 다른 기능을 하는 관련기업, 기관들이 한 지역에 모여 있는 것   **정답 ①**

04 기업이 현시점에서는 재정적 어려움으로 경영이 침체상태에 있지만 장래 회생 가능성이 있다고 인정되는 경우 법원에서 지정한 제3자가 자금을 비롯한 기업활동 전반을 대신 관리하는 것은 무엇인가?

① 법정관리   ② 은행관리
③ 워크아웃   ④ 모라토리엄

> **해설** 은행관리 – 은행이 기업의 경영을 대신 맡는 것을 말한다.
> 기업이 경영난 및 자금부족에 직면할 경우 기업의 자발적인 요청이나 주거래은행의 판단에 따라 은행직원이 상주 파견되어 경영과 자금관리에 부분 참여하는 것
> 워크아웃 – 기업재무구조 개선작업
> 모라토리엄 – 채무지급유예   **정답 ①**

05 '매복 마케팅'이라고도 불리며 특정 단체 및 행사의 공식 후원사가 아니면서 우회적으로 규제를 피해가며 기업 또는 제품을 홍보하는 마케팅 방법은?

① 노이즈 마케팅   ② 바이럴 마케팅
③ 앰부시 마케팅   ④ 컴플레인 마케팅

> **해설** 앰부시 마케팅 – 앰부시(Ambush)는 매복을 뜻하는 단어로, 앰부시마케팅은 공식 후원업체가 아니면서도 매복을 하듯 숨어서 후원업체라는 인상을 주어 고객에게 판촉을 하는 마케팅전략   **정답 ③**

06

'통큰치킨' 이라는 소매점이 고객을 유인하기 위하여 통상의 판매가격보다 대폭 할인하여 판매하는 상품은?

① one plus   ② crazy price
③ loss leader   ④ chain store

 미끼상품 - 소매점이 고객을 유인하기 위하여 통상의 판매가격보다 대폭 할인하여 판매하는 상품
미끼 상품은 일반적으로 소비자의 신뢰를 받는 공식 브랜드를 대상으로 하며, 수요탄력성이 높고 경쟁력이 강한 상품일수록 효과가 있다   **정답** ③

07

문화·예술·스포츠 등에 대한 원조 및 사회적·인도적 입장에서 공익사업 등에 지원하는 기업들의 지원활동을 지칭하는 용어를 무엇이라 하나?

① 메세나(Mecenat)   ② 스폰서
③ 패트런   ④ 에이전트

 예술·문화·과학·스포츠에 대한 지원뿐 아니라 사회적·인도적 차원에서 이루어지는 공익사업에 대한 지원 등 기업의 모든 지원 활동을 포괄한다.
기업 측에서는 이윤의 사회적 환원이라는 기업 윤리를 실천하는 것 외에 회사의 문화적 이미지까지 높일 수 있어 홍보 전략으로도 유리하다. 메세나는 보상을 바라지 않는 순수한 후원을 말하지만, 반면 패트런과 스폰서는 보상과 관련이 있다.   **정답** ①

08

네트워크를 통해 소비자에게 상품정보를 전달하는 기법으로 소비자들이 자발적으로 메시지를 전달하게 하여 상품에 대한 긍정적인 입소문을 내게 하는 것을 무엇이라 하는가?

① 노이즈마케팅   ② 버즈마케팅
③ 니치마케팅   ④ 오픈마케팅

 버즈 마케팅 - 꿀벌이 윙윙거리는(buzz) 것처럼 소비자들이 상품에 대해 말하는 것을 마케팅으로 삼는 것으로, '입소문마케팅' 또는 '구전마케팅'이라고도 한다.   **정답** ②

09

기업이 대출을 받거나 채권을 발행할 때 향후 다른 기업을 인수하거나 매각하면 채무를 일시에 상환함으로써 채권자의 권리를 보호하는 제도는?

① 황금 낙하산
② 포이즌 필(Poison Pill)
③ 차등의결권
④ 포이즌 풋(Poison Put)

해설 황금낙하산 – 최고경영자가 적대적 M&A에 대비해 거대 규모의 스톡옵션 등을 하게 될 경우 잔여임기 동안의 보너스 등을 책정해두는 M&A방어방법
포이즌 필 – 적대적 인수합병 시 기존 주주들에게 시가보다 싼 가격에 지분을 매도할 수 있도록 권리를 부여하는 것.
차등의결권 – 일부 주식에 특별히 많은 수의 의결권을 부여하여 일부 주주의 지배권을 강화하는 적대적 M&A에 대한 기업의 경영권 방어수단.   정답 ④

10

하나의 컨텐츠를 영화, 게임, 음반, 에니메이션, 캐릭터 상품, 장난감, 출판 등의 다양한 영역으로 확대하여 판매하여 부가가치를 창출하는 마케팅 방식은?

① 블로그마케팅
② 노이즈 마케팅
③ 네트워크 마케팅
④ OSMU

해설 OSMU(One Source Multi Use)
OSMU에는 두가지 유형이 있는데, 수직적 MU는 장르간 계열화를 목표로 하는 MU로 하나의 원천 컨텐츠를 다른 형태로 변환해 컨텐츠를 판매할 수 있는 시장을 넓히는 것.
수평적 MU는 수직적 MU와 달리 시간의 계열화를 통해 원천 컨텐츠의 수익을 극대화한다.   정답 ④

11

다음의 보기 중 납세의무자와 조세부담자가 일치하는 조세는?

① 개별소비세
② 주세
③ 인지세
④ 증여세

해설 납세의무자와 조세부담자가 일치하는 조세는 직접세이며 직접세의 종류로는 소득세, 상속세, 증여세, 재산세, 취득세, 등록세, 법인세등이 포함된다.   정답 ④

12

1971년 미국 애틀랜틱 리치필드사의 기술자들이 발표한 논문에서 처음 언급됐으며, 미국의 행동경제학자 리처드 탈러가 1992년 발간한 동명의 책을 통해 널리 알려진 개념으로 치열한 경쟁 속에서 과도한 경쟁을 벌인 나머지 경쟁에서는 이겼지만, 결과적으로 더 많은 것을 잃게 되는 현상을 무엇이라 하는가?

① 포이즌 필(Poison Pill)
② 피구효과(Pigou effect)
③ 승자의 저주(Winner's Curse)
④ 유동성 함정(Liquidity trap)

> **해설** 승자의 저주는 경쟁에서는 이겼지만, 승리를 얻기까지 너무 많은 것을 쏟아부어 결과적으로 많은 것을 잃는 현상을 뜻한다. 치열한 기업인수, 합병(M&A) 경쟁 속에서 지나치게 높은 가격을 써내고 인수한 기업이 그 후 유증으로 어려움을 겪을 때 쓰이는 말이다.
> 포이즌 필 – 적대적 인수, 합병(M&A)의 시도가 있을 때 기존 주주들에게 시가보다 싼 가격에 지분을 매수할 수 있도록 권리를 부여하는 것
> 피구효과 – 경기불황이 심해짐에 따라 물가가 급속히 하락하고 경제주체들이 보유한 화폐량의 실질가치가 증가하게 되어 민간의 부(wealth)가 증가하고 그에 따라 소비 및 총수요가 증대되는 효과
> 유동성 함정 – 금리 인하와 같은 통화정책이나 재정지출 확대와 같은 재정정책이 경제에 아무런 영향을 미치지 못하는 상황
> **정답 ③**

13

최종판매업체가 상품판매가격을 스스로 결정해서 표시하는 것을 무엇이라고 하는가?

① 권장소비자가격
② 오픈프라이스제도
③ 클로즈프라이스제도
④ 열린가격제도

> **해설** 오픈프라이스 제도란 최종 판매점포가 상품의 판매가격을 스스로 결정해 판매하는 방식으로 정부가 지난 9월 1일부터 권장소비자가격 표시를 금지하고 도입했다.
> 오픈프라이스제의 장점은 유통업체간의 경쟁을 촉진, 상품가격이 전반적으로 낮아지지만 정확한 가격을 모른다는 단점도 있다.
> **정답 ②**

14

통합재정수지에서 4대 보장성기금(국민연금, 사학연금, 산재보험기금, 고용보험기금)을 제외한 것을 무엇이라고 하는가?

① 국가채무
② 재정지출
③ 관리대상수지
④ 총지출

> **해설** 관리대상수지란 통합재정수지(일반·특별회계와 기금을 모두 합친 국가 살림살이)에서 사회보장성 기금과 공적자금 손실분의 국채 전환 소요를 제외한 재정수지를 말한다.
> **정답 ③**

15

앞으로 10년을 주도할 한국형 중소기업의 성공모델로 제안한 개념은 무엇인가?

① 빅 자이언츠   ② 스몰 자이언츠
③ 가젤형 기업   ④ 히든 챔피언

해설 스몰 자이언츠(Small Giants)란 중소기업중앙회와 중소기업 연구원 등이 2010년 6월달 제주도에서 열린 '중기 리더스 포럼'에서 앞으로 10년을 주도할 한국형 중소기업의 성공 모델로 제안한 개념으로 글로벌 지향적이고 지속 가능한 스피드 경영을 접목한 성공 모델을 말한다.
가젤형 기업(Gazelles Company)이란 상시 근로자 10인 이상이면서 매출이나 순고용이 3년 연속 평균 20% 이상인 기업을 가리킨다. 1981년 미국 경제학자 데이비드 버치가 발표한 논문에서 처음 사용됐다.
히든챔피언은 매출 성장에, 가젤형 기업은 일자리 창출에 역점을 둔다는 점에서 구별된다.
매출 1,000억원이 넘으면 '수퍼 가젤형 기업'으로 분류된다. 벤처기업에서 출발했지만 성장 속도가 매우 빨라 짧은 기간에 초대형 다국적 기업으로 성장한 경우는 '고릴라'라고 부른다.
고릴라가 먹다 남은 바나나를 챙기는 2등 이하 기업은 '침팬지', 후발 군소 기업은 '원숭이'로 묘사됐다.
정답 ②

 16

도로ㆍ항만ㆍ교량 등의 인프라를 건조한 시공사가 일정기간 이를 운영해 투자비를 회수한 뒤 발주처에 넘겨주는 수주방식을 무엇이라 하는가?

① BOT   ② BOO
③ BTL   ④ BTO

해설 BOT방식이란 건설(Build)하여 소유권을 취득한(Own) 후 국가에 귀속시키는 즉 기부채납하는 방식(Transfer)을 말한다.
정답 ①

 17

과장, 강요로 물품을 구입했을 때 소비자가 일정기간 안에 계약취소, 계약금 환급 등을 할 수 있는 제도는?

① cooling off   ② cooling on
③ hotting off   ④ hotting on

해설 쿨링오프(cooling off)란 과장, 강요로 물품을 구입했을 때 소비자가 일정기간 안에 계약취소, 계약금 환급 등을 할 수 있는 제도
원치 않는 계약이나 잠깐의 판단착오로 계약한 경우 '냉정히(cooling off)' 다시 생각할 시간을 소비자들에게 부여하자는 취지에서 만들어졌다. 할부판매나 방문판매 외에 생명보험에서도 이 제도가 실시된다.
정답 ①

18

다국적 기업 현지 법인이 본사나 계열사에 송금하는 금액을 보유 주식에 대한 배당금이 아닌 본사 보유 채권에 대한 이자 지급으로 회계 처리하는 수법은 무엇인가?

① 스트립 헷징
② 캐쉬 그랜트
③ 어닝 스트립(earning stripping)
④ 스트립 금융

해설　스트립 헷징 – 동시에 연속하는 만기를 가진 선물계약을 long하거나 short 하는 전략
캐쉬 그랜트– 외국인 투자 유치를 위해 중앙정부와 지방자치단체가 현금을 지원해 주는 것
스트립금융 – 흔히 차입매수 LBO 에서 사용되는 자금조달방식으로 기업의 모든 자금공급자가 해당 기업이 발행하는 각종 증권 주식이나 정크본드 등 을 일정한 비율로 떠맡는 것을 말한다. 경영자의 주식과 은행의 선순위채권은 예외이다
정답 ③

19

역 모기지론의 주요 내용으로 옳지 않은 것은?

① 가입대상은 부부 모두 만 65세 이상이어야 한다.
② 대상 주택은 1가구 1주택에, 기준시가 9억원 이하에 한한다.
③ 가압류, 가처분, 경배 등이 없어야 하며 대출금을 받는 동안에는 전세 불가하다.
④ 지급방식은 사망할 때까지 연금식으로 매월 지급된다.

해설　가입대상은 부부 모두 만 60세 이상이어야 한다.
정답 ①

20

물리학 용어로서 대약진을 의미하는 것으로 경제, 경영학에서는 기업이 사업 구조나 사업방식의 혁신을 통해 계단을 뛰어오르듯 단기간에 급격한 성장을 이룬 경우를 일컫는 용어로 사용하고 있다. 이를 무엇이라고 일컫는가?

① 양적완화
② 디아스포라
③ 퀀텀점프
④ 티핑포인트

해설　양적완화 – 중앙은행이 하루짜리 초단기 금리인 정책금리를 인하하는 통상적인 금리정책을 포기하고 통화량 자체를 늘림으로써 경기방어와 신용경색을 해소하는 정책
디아스포라 – 흩어진 사람들이라는 뜻으로, 망향의 슬픔을 갖고 사는 사람을 지칭하는 용어
티핑포인트 – 별 볼일 없었던 상품이 한 순간에 인기를 얻어 널리 확산되는 변곡점
정답 ③

21

다음 중 마케팅과 그 설명이 잘못된 것을 고르시오.

① target marketing : 소비자의 인구통계적 속성과 라이프스타일에 관한 정보를 활용하여 소비자 욕구를 최대한 충족시키는 마케팅 전략, 이를 위해 소비자 특성에 관한 데이터를 수집해 마케팅 전략을 세움
② heritage marketing : 박물관·미술관 등을 지어 역사와 전통을 알리는 마케팅
③ dreamketing : 고객이 동경하는 꿈, 이야기를 상품 개발이나 판매에 접목, 감성에 호소해 매출을 증대시키는 마케팅 기법
④ Naming rights Marketing : 샴페인과 같이 유명 생산지의 이름을 본 따 고유한 상품명으로 만드는 마케팅 기법

 해설 Naming rights Marketing은 팀 명칭에 기업 이름이나 상품, 서비스 브랜드, 마크를 붙이고 그 댓가로 해당기업에게 사용료를 받는 것을 말함. 삼성이 첼시 구단 유니폼에 로고를 붙인다거나 박지성 선수가 뛰고 있는 맨유 유니폼에 AIG 브랜드가 붙는 것을 예로 들 수 있음. **정답 ④**

22

국제결제은행이 일반은행에게 최소한의 자기자본을 갖추라고 권고하는 비율은 무엇인가?

① CSS
② CLFI
③ BIS
④ Hedging

 해설 BIS – 자기자본비율
CSS – Credit Sroring System 개인대출평가시스템으로 개인의 신상, 직장, 자산 등을 종합평가해 대출여부를 결정하는 것
CLFI – Complex and Large Financial Institution 다국적 금융지주회사가 전세계를 대상으로 금융관련 모든 업무를 담당하는 기관
Hedging – 환율이나 금리 등의 급격한 변동으로 인한 손실을 막기 위해 행하는 거래 **정답 ③**

23

사원 한 사람으로도 존속할 수 있는 회사를 무엇이라고 하는가?

① 합자회사
② 합명회사
③ 주식회사
④ 유한회사

해설 주식회사 – 상법상 주식회사에 있어 3인 이상의 발기인요건은 주식회사의 설립요건에 불과하므로 1인회사의 성립도 가능하다. **정답 ③**

24

다음 중 "어느 한 쪽이 양보하지 않을 경우 양쪽이 모두 파국으로 치닫게 되는 극단적인 이론"을 설명하는 것은 어떤 것 인가?

① 도미노 이론   ② 치킨게임 이론
③ 머니볼 이론   ④ 카오스 이론

해설 치킨게임 이론이란 국제정치학에서 사용하는 게임이론 가운데 하나이다.
1950년대 미국 젊은이들 사이에서 유행하던 자동차 게임의 이름이었다. 이 게임은 한밤중에 도로의 양쪽에서 두 명의 경쟁자가 자신의 차를 몰고 정면으로 돌진하다가 충돌 직전에 핸들을 꺾는 사람이 지는 경기이다. 핸들을 꺾은 사람은 겁쟁이, 즉 치킨으로 몰려 명예롭지 못한 사람으로 취급받는다. 그러나 어느 한 쪽도 핸들을 꺾지 않을 경우 게임에서는 둘 다 승자가 되지만, 결국 충돌함으로써 양쪽 모두 자멸하게 된다. 즉, 어느 한 쪽도 양보하지 않고 극단적으로 치닫는 게임이 바로 치킨게임이다.   **정답 ②**

324 PART 06 경영 및 행정

단답형

01

유명 예술가 또는 디자이너의 작품을 제품 디자인에 적용하여 소비자의 감성에 호소하고 브랜드 이미지를 높이는 마케팅 전략을 무엇이라 하는가?

(기업은행)

해설 데카르트 마케팅

02

일시적 자금난을 겪는 기업에 만기연장, 신규 자금 대출 등 유동성을 지원하면서 동시에 구조조정을 추진하는 기업 개선방식?

(하나은행)

해설 프리워크 아웃

03

'비금융주력자(산업자본)'가 은행주식을 4% 초과해서 보유할 수 없다는 규제를 무엇이라 하는가?

(기업은행)

해설 금산분리

04

중세 이탈리아의 이 가문이 음악, 미술, 철학가 등 다방면의 예술가, 학자를 모아 공동작업을 후원하자 문화의 창조역량이 커져 르네상스 시대를 맞게 됐다는 데서 유래된 경영이론으로 서로 다른 분야의 역량이 합쳐지면 시너지를 낸다는 것은?

(기업은행)

해설 메디치 효과

05

예산이 성립한 후에 생긴 부득이한 사유로 인하여 이미 성립된 예산에 변경을 가하는 예산은?

(새마을금고)

해설   추가경정예산

06

한 기간의 매출액과 비용이 같아지는 점을 무엇이라 하는가?

(새마을금고)

해설   손익분기점(break-even point)

07

특정상품의 판매를 촉진하고 고객의 충성도를 확보하기 위해 사용되는 기법 중의 하나로 구입할 수 있는 상품에 제한이 있는 상품권을 제공하는 제도는?

해설   바우처제도

08

다른 주주의 의결 내용에 비례해 자기의 의결권을 분리해 행사하는 것을 말하는 것으로 그 구체적인 행사방법은 당해 주총의 참석 주식 수에서 의사표시가 없거나 위임의 요청이 없는 주식 수를 차감한 주식의 의결 내용에 영향을 미치지 않도록 의결권을 행사하는 것을 의미하는 것은?

해설   쉐도우 보팅(Shadow Voting · 그림자투표)

09

가격과 물량을 미리 정해 놓고 특정 주체에게 일정 지분을 묶어 일괄 매각하는 지분 매각방식은?

해설   블록세일

10

회사분할의 한 방법으로서, 분할회사가 현물 출자 등의 방법을 통해 자회사를 신설하고 취득한 주식 또는 기존 자회사의 주식을 모회사의 주주에게 분여하는 것을 말하는 것은?

해설   스핀오프(Spin-off)

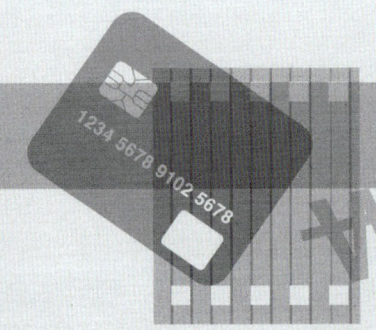

고범석의 금융상식 기출·예상문제 및 단답형 문제집

PART

07

금융

01 금융

* 강세(bull market)

시세가 큰 폭으로 상승하거나 앞으로도 크게 상승할 것으로 예측되는 장세를 말한다.
이와는 반대개념을 약세(bear market)라 한다.

* 골든 크로스와 데드크로스

주가나 거래량의 단기 이동평균선이 중장기 이동평균선을 아래에서 위로 돌파하여 올라가는 현상으로 통상 대세가 강세장으로 전환되는 신호로 해석된다.
데드 크로스는 단기 이동평균선이 중장기 이동평균선을 위헤서 아래로 뚫고 내려가는 현상으로 약세장으로 전환되는 신호로 해석된다.

* 교차판매

금융회사들이 자체 개발한 상품만을 판매하던 데서 탈피해 다른 금융회사가 개발한 상품을 적극적으로 함께 판매하는 새로운 사업모델을 말한다.

* 교환사채

투자자가 보유한 채권을 일정시일 경과후 발행회사가 보유중인 다른 회사 또는 당해 발행회사 유가증권으로 교환할 수 있는 권리가 있는 사채를 말한다.
투자자는 장래 주식의 가격상승에 따른 높은 시세차익을 얻을 수 있고 발행회사는 낮은 이율로 사채를 발행하여 이자지급부담을 덜어 사채발행을 통한 기업자금 조달을 촉진시킬 수 있는 장점이 있다.

* 글래머 주식

미국 증권계의 용어로 지극히 매력적인 주식이라는 의미로서 대단히 성장성이 높은 우량주를 일컫는다.
블루칩이 안정성이 높은 대형 우량주인 데 비해 그것보다는 소형이고 성장성이 높이 평가되고 있는 주식을 뜻한다.

* 글로벌본드

미국, 아시아, 유럽 등 세계 주요 금융시장에서 함께 발행, 유통되는 국제채권을 말한다.
지역의 한계를 넘어 세계 여러 시장에서 발행된다는 의미에서 글로벌 본드라 부른다.
미달러화 표시로 발행되며 고정금리인 경우가 많으며 유동성이 높다.
글로벌본드는 보통 10억 달러 이상 대규모 자금이 필요할 경우 발행되기 때문에 세계은행이나
각국 정부등이 발행하는 경우가 많다.

* 프리보드(Free Board)

성장 초기 단계의 중소ㆍ벤처기업의 자금 조달을 지원하기 위해 금융투자협회가 개설,운영하는
주식 장외시장이다. 64개 비상장사 주식이 거래되고 있다. 2000년 3월 '제3시장'으로 출발해
2004년 말 정부가 발표한 '벤처활성화를 위한 금융ㆍ세제 지원방안'의 일환으로 2005년 7월 프
리보드로 확대 개편됐다. 현행 자본시장법에 설립 근거가 규정돼 있다.

* 글로벌 채권

1. 딤섬본드와 판다본드

   딤섬본드는 홍콩시장에서 외국기업이 위안화 표시 채권으로 발행한 것이고 판다본드는 중국
   본토에서 외국기업이 위안화 표시 채권으로 발행한 것이다.
   딤섬본드는 판다본드와 달리 적격 외국인 투자자 자격을 요구하지 않아 외국인 투자에 제한이
   없다.

2. 아리랑 본드와 김치본드

   국내에서 외국기업이 원화 표시 채권으로 발행하면 아리랑 본드이고 외화 표시 채권으로 발행
   하면 김치본드이다.
   김치본드는 외국기업이 국내에서 발행하는 채권이지만달러화나 유로화로 발행한다는 차이점
   이 있다.

3. 기타

   캥거루 본드 - 해외 기업들이 호주에서 호주달러로 발행하는 채권
   불독본드 - 해외 기업들이 런던 금융시장에서 파운드화로 발행한 채권
   렘브란트 본드 - 해외 기업들이 네덜란드에서 길더화로 발행한 채권
   양키본드 - 해외 기업들이 미국에서 달러화로 발행하는 채권
   사무라이본드 - 일본에서 해외기업들이 엔화로 발행하는 채권
   쇼군본드 - 일본에서 자국통화인 엔화가 아닌 외국통화로 발행되는 채권

* 금리옵션

금융자산을 일정한 금리(수익률)로 정해진 기일 안에 사거나 (콜) 팔 수 있는(풋) 권리를 매매하는 것을 금리옵션이라 한다.

채권투자가의 경우 앞으로 금리가 떨어져 채권가격이 오를 때 투자비용을 줄이기 위해 또는 금리상승에 따라 보유채권의 가치하락을 피하기 위한 헤지 수단으로 이같은 거래를 할 수 있다.

* 노크 아웃(knock-out)

특정 통화를 일정한 가격으로 살 수 있는 권리에다 또 다른 가격을 설정, 그 가격 이상으로 오를 경우 옵션행사 권한이 없어지도록 하는 조건을 덧붙인 기법이다.

영어로 노크아웃이라 표현한 것은 어느 가격대 이상에선 옵션행사를 못해 이익이 발생하지 않음으로써 권투선수가 링에 뻗어 누운 꼴이 된다는 의미를 나타내기 위한 것이다.

* 중국의 주식

중국의 주식시장을 설명하는 대표지수는 상해와 심천에 각각 A, B 지수, 홍콩에 항셍 중국기업(H-주식) 지수(Hang Seng China Enterprise Index, HSCEI)와 항셍 중국투자기업(Red Chip) 지수 (Hang Seng China-affiliated Corporations Index, HSCCI) 등 총 6개가 있다.

1. A주

    중국 상하이와 선전 증시에 상장된 주식 중 내국인과 허가를 받은 해외투자자만 거래할 수 있는 주식

2. H주

    홍콩 증시에 상장된 중국 기업 주식을 뜻함

    이 중 43개 기업만을 추려서 H지수를 산출한다.

    홍콩에 상장돼있는 중국 주식들은 대부분 우량주로 중국 본토 기업에 비해 기업 투명성이 상대적으로 높고 외국인 투자자의 영향력이 커 중국주식에 대한 글로벌 시각이 반영된다. 그 중 H-주식은 중국에서 설립되고 홍콩 거래소에 상장되도록 중국 증권감독관리위원회에서 승인된 기업들을 말한다.

* 단주

단주란 상법상으로는 1주 미만의 주식을 의미하지만 통상적으로는 증권거래소의 매매수량단위(10주) 미만의 주식을 말한다. 단주는 거래소에 매매주문을 낼 수 있는 최저단위에 못 미치기 때문에 거래소에서는 매매할 수 없고 대신 증권회사를 상대로 매매가 가능한데 이것을 장외거래라고 한다.

* 장외거래

정규시장인 유가증권시장과 협회중개시장이외의 장소에서 이루어지는 증권거래를 말하며 주로

증권회사 창구를 통하여 증권업자와 고액간 이루어진다는 뜻에서 점두거래라고도 불린다. 매도 측과 매수 측이 직접 증권과 대금을 상호교환하는 것이 특징이다.

* 대출채권담보부증권(CLO)

은행의 대출채권을 묶어 풀(pool)을 구성한 뒤 자산유동화전문회사(SPC)에 매각하고 자산 유동화전문회사는 풀의 대출채권을 담보로 유동화증권을 발행하는 것으로 자산유동화증권 (ABS)의 일종

* 데이트레이딩

하루에도 여러 번 주식을 사고팔아 초단기 시세차익을 노리는 투자기법이다.
국내에서는 당일매매가 허용된 1998년 4월부터 선보였다.
처음에는 국내 일부 증권사 직원들만 데이트레이딩에 나섰지만 최근에는 사이버트레이딩이 보편화되면서 개인투자자들도 활발히 가세하고 있다.

* 랩 어카운트

증권사가 일정한 비율의 수수료를 받고 고객에게 가장 적합한 투자전략, 유가증권 포트폴리오 구축에 대한 상담서비스와 부수적인 업무를 일괄처리하는 금융상품을 말한다.
일임형과 자문형 두가지가 있다.

* 리보금리

런던 금융시장에서 한 은행이 다른 은행에 자금을 대출할 때 적용되는 이자율
런던 금융시장내 은행간 거래, 런던 금융시장내 은행과 외국은행간의 거래, 은행과 일반고객간의 거래에 기준금리로 사용된다. 현재 리보는 뉴욕채권시장을 제외한 대부분의 국제금융거래에 있어서 기준금리로 사용되고 있다.

* 리비드(LIBID)

런던금융시장에서 은행간의 예금에 적용되는 예금금리를 가리킨다.

* 리츠(REITs)

여러 명의 투자자들에게서 자금을 모아 부동산이나 부동산 관련 상품에 투자한 뒤 생긴 이익을 되돌려 주는 제도이다.
리츠사는 상법에 따라 설립되는 회사이기 때문에 주식을 증권거래소에 상장할 수 있다는게 특징이다. 주식을 팔면 언제든지 투자자금을 회수할 수 있다.

* 뮤추얼펀드

일반 투자자들이 돈을 모아 하나의 페이퍼 컴퍼니를 만들고 펀드매니저를 선정, 투자를 맡기는 것으로 철저하게 운용실적대로 배당이 이뤄지며 투자손익에 대한 책임도 투자자들이 진다.
수익증권이 아닌 회사에 투자하는 것이어서 투자자는 곧 주주가 된다. 가입한 투자자도 주식을

나눠받아 그 주식의 가치가 올라가면 수익이 높아지는 것이다.

주식소유자의 요청이 있으면 언제든지 회사가 순자산가격으로 주식을 매입함으로써 투자자의 가입. 탈퇴가 자유롭고 주식수도 수시로 변하게 된다.

* 자산운용회사

유가증권투자를 전문으로 하는 회사

뮤추얼펀드에 모인 돈을 운용하는 주식회사를 말한다.

증권사에서 투자신탁회사의 수익증권통장을 트고 뮤추얼펀드에 가입하지만 실제 주식투자는 증권사가 하는 게 아니라 자산운용회사가 전담한다. 이 회사는 뮤추얼펀드 자산을 주식 · 채권 · 기업어음(CP) · 양도성예금증서(CD) 등 유가증권과 선물, 옵션 등 파생상품에 투자한다.

* 매칭펀드

투자신탁회사가 국내 및 해외투자자들을 대상으로 수익증권을 발행하여 조성된 자금으로 국내증권과 해외증권에 동시에 투자하는 것을 말한다.

투신사의 매칭펀드를 통한 간접적 투자방법에 의해 외국인에게는 국내증권투자를 국내투자자에게는 해외증권투자를 할 수 있는 기회를 주는 것이다.

* 메자닌 파이낸싱

리스크가 큰 사업에 대한 원활한 자금공급을 위해 일정금리 외에 사업 성공시 투자자에게 주식관련 권리(신주인수권, 주식전환권등)를 부여하기로 하고 무담보로 자금을 조달하는 금융기법 메자닌 파이낸싱은 투자자입장에서는 이자와 투자수익을 동시에 거둘수 있어 고위험-고수익을 기대할 수 있는 채권

* 메자닌 펀드

신주인수권부사채(BW) 전환사채(CB) 후순위채권 등에 투자하는 간접펀드로, 원금과 금리가 보장되는 채권의 특성을 가지면서도 향후 주가가 오를 때 신주인수권이나 주식전환권을 행사해 주식투자의 장점을 누릴 수 있다.

* 예금보험제도

예금업무를 취급하는 금융기관이 경영부실이나 도산등으로 예금을 지급할 수 없을 때 제 3의 기관(예금보험공사)이 대신 지급하여 예금자의 손실을 보전해주는 제도

금융기관에 보험사고가 생겼을 때 예금자 1인당 최고 5천만원까지 보전해 주도록 되어 있고, 보호 금액은 동일한 금융기관 내에서 1인이 보호받을 수 있는 총 금액이므로 금융기관을 분할하여 가입시 각각 보호받을 수 있다.

* 우량주(blue chip)

업적과 경영내용이 좋고 배당률도 높은 회사의 주식을 말한다. 즉 일반적으로 수익력이 높고 재무내용이 좋으며 경영능력이 우수한 사람이 경영을 맡고 있고 같은 업계에서 유력한 지위를 갖고 있는 회사의 주식을 말한다.

* 옐로칩

재무구조와 수익력이 뛰어난 블루칩에 비해 기업의 펀더멘털이 상대적으로 뒤떨어지는 중저가 우량주를 지칭하는 용어다.

* 윔블던 효과

한 나라의 금융시장에서 자국인보다는 외국인의 영향력이 더 커지는 현상을 말한다.

* 유니버설 뱅킹

금융기관이 업무상의 규제를 받지 않고 은행업무, 신탁업무, 증권업무 등 모든 금융업무를 행할 수 있는 제도를 말한다. 장점으로는 다양한 금융상품 및 서비스의 제공, 낮은 코스트의 금융상품, 고객에게 이용의 편의성 제공, 경영의 안정화 등을 들 수 있다.
단점으로는 은행업무와 증권업무간의 이해상충이 발생한다는 점을 들 수 있다.

* 유동화 전문회사(SPC)

금융기관에서 발생한 부실채권을 매각하기 위해 일시적으로 설립되는 특수목적회사
다시 말해 채권매각과 원리금 상환이 끝나면 자동으로 없어지는 일종의 페이퍼 컴퍼니이다. SPC는 금융기관 거래 기업이 부실하게 돼 대출금 등 여신을 회수할 수 없게 되면 이 부실채권을 인수해 국내외 적당한 투자자들을 물색해 팔아넘기는 중개기관 역할을 하게 된다.

* 자본시장통합법

자본시장통합법은 증권거래법, 신탁업법 등 14개 자본시장 법률을 하나로 합친 '금융투자업과 자본시장에 관한 법률'을 말한다.
금융업간 겸업 허용과 금융투자상품 개념의 포괄주의 전환 등이 주요 골자이다.
증권, 선물, 자산운용회사들의 겸업제한이 폐지되면서 이들 각 부분을 한 회사가 모두 담당할 수 있게 되며 금융투자상품의 개념이 열거주의에서 포괄주의로 바뀌게 된다.

* 정크본드

수익률이 매우 높은 반면에 신용도가 취약한 채권을 말한다.
고수익채권 또는 쓰레기 채권으로도 불린다.
신용도가 높은 우량기업이 발행한 채권 중 발행기업의 경영이 악화되어 가치가 떨어진 채권을 가리켰으나 최근에는 성장성은 있으나 신용등급이 낮은 중소기업이 발행한 채권이나 M&A에 필요한 자금을 조달하기 위해 발행한 채권 등을 포함하는 넓은 개념으로 사용

* 베이시스(basis)

현물가격과 선물가격의 차이

정상시장에서 형성된 현물가격과 선물가격 간의 차이를 뜻한다. 선물거래를 할 때 중요한 정보가 되는 것으로, 일반적으로 선물계약 만기일에 다가갈수록 선물가격이 현물가격에 접근하나, 선물시장과 현물시장 간 수급관계에 따라서 다르게 나타날 수도 있다.

한편, 다른 조건이 동일하고 만기가 다른 두 선물가격 간의 차이를 뜻하기도 하는데, 이때는 스프레드(spread)라고 한다.

* 컨탱고(contanggo)

선물값이 현물값보다 높거나 또는 결제월에 멀수록 선물가격이 높아지는 현상을 뜻한다.

* 백워데이션(backwardation)

선물가격이 현물가격보다 낮게 이루어지는 시장 상황

선물과 현물 간의 가격 역전 현상을 뜻하기도 하며, 역조시장으로도 부르는데, 지수 선물시장에서 선물가격은 현물지수보다 높은 경우도 있고, 낮은 경우도 있음

그렇지만 일반적으로 백워데이션 현상이 계속되면 그만큼 장래 주식시장에 대한 전망이 좋지 않다는 것을 의미하기 때문에 주의를 요함

* 트리플 강세

금융시장에서의 트리플 강세란 주가가 오르면서 금리와 환율이 동시에 하락하는 현상이다. 다시 말해 주식, 채권, 원화의 값이 한꺼번에 오르는 고주가, 고채권가, 원고 등 3고 현상을 일컫는다.

* 트리플 위칭데이

트리플 위칭 데이는 주가 지수 선물, 주가 지수 옵션, 개별주식 옵션 등 3개 파생상품 시장의 만기일이 동시에 겹치는 날을 말한다.

3, 6, 9, 12월 둘째 목요일마다 트리플 위칭 데이가 찾아온다.

개별주식 선물이 포함되면 쿼드러플 위칭데이이다.

* 방카슈랑스

은행이 보험사 상품을 판매하는 것을 말한다.

뱅크(bank)와 어슈어런스(assurance)의 합성어이다.

* 방카 25%룰

개별은행에서 판매하는 특정 보험사 상품 비중이 25%를 넘을 수 없다는 규정

대형보험사가 방카슈랑스 시장을 독점할 것을 염려해 보험사 간 형평성을 맞추려는 취지에서 도입

* 포타슈랑스

포털과 보험회사가 연계해 일반인에게 보험상품을 판매하는 것
다시 말해 보험회사가 포털을 '온라인 대리점'으로 활용하는 개념으로서 포털회사 직원이 직접
보험상품을 파는 영업형태를 말한다.

* 풋백옵션(put back option)

풋옵션을 기업 인수. 합병에 적용한 것으로 본래 매각자에게 되판다는 뜻을 강조하고 풋옵션과
구별하기 위해 풋백옵션이라고 부른다.
인수시점에서 자산의 가치를 정확하게 산출하기 어렵거나 추후 자산가치의 하락이 예상될 경우
주로 사용되는 기업인수. 합병방식이다.

* 프라이빗 뱅킹

은행이 거액 자산가를 대상으로 자산을 종합 관리해주는 고객서비스를 자칭

* 프로젝트 파이낸싱

금융기관이 발전소, 고속도로, 공항 등 사회간접자본 시설을 비롯한 대형건설사업에 필요한 재
무업무를 총괄하는 것을 말한다.

* 헤지펀드

소수의 투자자들로부터 사모방식으로 모집한 자금을 주식이나 채권 통화 파생금융상품 등에 투
자해 수익을 배분하는 회사
100명미만의 투자가들로부터 개별적으로 자금을 모아 파트너십을 결성한 후에 카리브해의 버뮤
다제도와 같은 조세회피지역에 위장거점을 설치하고 자금을 운영하는 투자신탁

* 하이브리드채권

채권형 신종 자본증권으로 상환만기가 없고 증시에서 거래가 가능하다는 점에서 주식의 성격을
가지면서 일정 기간마다 이자를 받을 수 있다는 면에서 채권의 성격도 동시에 보유하고 있는 투
자상품이다.

* 하이일드펀드

정크본드에 투자하는 펀드를 말하며 그레이펀드 또는 투기채펀드로도 불린다.
만기까지 중도 환매가 불가능한 폐쇄형이어서 겉으로는 뮤추얼펀드와 비슷하고 증권거래소에 상
장되는 것도 마찬가지다.

* 캐리트레이드(carry trade)

저금리로 차입해 상품이나 주식 등 자산에 투자하는 기법을 지칭하는 용어다.
높은 이자율을 지급하는 상품을 매입하기 위하여 이보다 낮은 이자율로 자금을 차입하는 거래를
말한다.

예를 들어 저금리의 달러를 빌려 고금리의 비달러 자산을 매입하는 거래방식이다.

* 와타나베부인(Mrs. Watanabe)

일본에서 흔하게 볼 수 있는 성(姓)을 따서 만든 금융어

샐러리맨으로 일하는 남편의 수입으로 가정의 재정을 담당하는 일본의 가정주부를 포괄적으로 의미

와타나베 부인은 저금리의 엔화로 뉴질랜드 등 고금리 국가의 금융상품에 투자하여 고수익의 투자기회를 노리는 소액투자자의 특징을 갖고 있음

* 체리피킹(cherry picking)

주식시장에서 가치가 있는 자산주만을 고르는 행위를 의미

운용사들이 수익률이 좋은 상품만을 골라 투자자들에게 성과로 제시하는 것을 말한다.

* PFV(Project Financing Vehicle)

일정 사업 기간 프로젝트를 운영하기 위해 설립하는 주식회사 또는 유한회사를 말한다.

금융회사가 참여할 수 없는 SPC(특수목적회사)와 달리 금융회사가 지분 5% 이상 출자할 경우 참여가 가능하다.

* KIKO

기업과 은행이 환율 상하단을 정해 놓고 그 범위 내에서 지정환율로 외화를 거래하는 상품을 말한다.

* 부채담보부 증권(CDO : Collateralized Debt Obiligation)

회사채, 금융회사 대출채권, 자산담보부증권(ABS)등을 한데 묶어 만든 신용파생상품을 말한다.

모기지 채권뿐만 아니라 부도 위험이 있는 여러 종류 채권을 한군데 풀(pool)로 구성하고 이를 기초자산으로 해 위험도가 다른 채권을 발행하는 기법

CDO에 담보로 활용된 대출채권이나 회사채가 제때 상환되지 못하면 투자자들이 손실을 입게 된다.

* 신용부도스와프(CDS)

빌려준 돈을 받지 못할 경우에 대비해 정기적으로 보험료를 내고 대출 부실이 발생하면 보험금으로 메우는 손실방지 장치

부도가 발생해 채권이나 대출 원리금을 돌려받지 못할 것에 대비한 신용파생상품의 한 형태다.

돈을 빌리는 채무자 처지에선 부도 위험만 따로 떼어낼 수 있기 때문에 자금조달이 쉬워지고 돈을 빌려주는 채권자는 '프리미엄'이라고 불리는 일종의 보험료를 지급하면 채무불이행 위험을 줄이거나 제거할 수 있다.

* CDS 프리미엄

국가나 금융회사 등 채권 발행기관의 신용위험을 반영한 금리 수준

숫자가 높을수록 채권 발행자의 부도 위험이 커졌다는 의미로 해석되며 채권 발행 때 붙는 가산 금리가 그만큼 오르게 된다.

* 서브프라임 모기지

신용등급이 낮은 저소득층을 대상으로 한 비우량 주택담보대출이다. 신용도가 낮은 만큼 금융회사가 걷어가는 금리가 높다. 미국 주택담보대출시장은 개인 신용등급에 따라 크게 세 종류 대출로 분류된다. 신용등급이 높으면 프라임, 낮으면 서브프라임, 그 중간은 알트 A 모기지다. 일부 전문가들은 서브프라임 모기지에서 발생한 신용위기가 알트 A등급으로 까지 확대될 수도 있다고 보고 있다.

* 주택담보부 증권(MBS : Mortgage Backed Security)

은행 및 모기지 대출회사가 대출금을 회수하기 이전에 기존 주택담보대출을 담보로 발행하는 유동화 채권

은행은 대출원금이 회수되기도 이전에라도 채권 매각대금을 이용한 신규대출이 가능해진다.

이론상으로 1억원의 초기 대출에서 몇 번의 MBS 발행을 통한 조기원금회수와 신규대출 사이클을 반복하면 시장에서 거래되는 금융자산 규모를 4억~5억으로 늘릴 수 있기 때문이다.

* 변액연금

보험료의 일부를 주식·채권 등에 투자해 이익을 내는 실적 배당형 상품이다.

운용 실적에 따라 연금 액수가 달라질 수 있다.

연금 수령 방법으로는 평생 원리금을 나눠 받는 '종신형'과 이자를 받다가 자녀에게 원금을 물려줄 수 있는 '상속형', 일정 기간 동안(10년, 15년, 20년) 연금을 나눠 받는 '확정형'이 있다.

경제적 여유가 있을 때는 보험료를 추가 납입할 수 있고, 목돈이 필요할 때는 해약하지 않고 필요한 자금을 중도에 인출해 사용할 수도 있다. 연 12회까지 1회당 해약 환급금의 50~70%에서 중도인출이 가능하다.

고수익에 대한 기대보다는 노후자금용으로 묻어둘 만한 상품으로 계약 후 10년 이상 유지하면 보험 차익에 대해 전액 비과세 혜택을 준다.

* MMDA (Money Market Deposit Account : 수시 입출 저축성예금)

투신사의 단기금융상품인 MMF에 대응하기 위해 지난 82년 미국은행이 도입한 고금리 저축성예금의 일종이다.

실적배당상품과 같이 시장금리를 지급하면서 인출 및 이체도 월6회 이내로 비교적 자유롭게 되어 있어 요구불 예금의 수시 입출금 및 결제기능에다 기존 단기금융상품 수준의 고금리가 더해진 셈이라 할 수 있다.

만기 이전에 예금을 찾더라도 중도해지 수수료를 적게 부담하게 되는 이점이 있다.

보통예금이 이자가 거의 없는 데 반해 이 상품은 이자를 기대할 수 있다. 성격은 자산관리계좌(CMA)·머니마켓펀드(MMF)와 유사하다. 5,000만원까지 예금자 보호가 되는 확정금리형 상품이다.

* MMT(단기특정금전신탁)

은행이 고객의 돈을 통해 콜론(은행 간 단기대출)이나 기업어음(CP)·종합자산관리계좌(CMA) 등에 투자해 수익을 돌려주는 구조다. 실적 배당형 상품으로 MMF처럼 날마다 금리가 바뀐다. MMDA처럼 원하는 날짜에 수시 입출금이 가능하고 하루만 맡겨도 이자를 받을 수 있으나 예금자보호대상은 아니다. 은행에서만 가입할 수 있는 MMDA와 달리 증권사에서도 가입할 수 있다.

* 주가연계증권(ELS:Equity Linked Security)

투자금의 일정액을 채권과 주식에, 나머지 자산을 파생상품 등에 투자해 수익을 내는 파생 금융상품 이 상품은 주가지수 또는 주식을 기초자산으로 만든 상품으로 증권사에서 판매한다.

원금 보존형과 원금 비보존형이 있다.

원금 보존형 상품은 만기 때 기초자산의 하락 여부와 상관없이 적어도 원금은 돌려받을 수 있다. 다만 ELS를 발행한 증권사가 파산했다면 원금을 보장하지 않으므로 발행회사에 대한 신용도 점검이 중요하다.

증권사들은 자금의 안정적 운용을 위해 대부분 개별 종목보다는 코스피200 같은 주가지수에 투자를 한다. 그래서 원금이 안정적으로 보존되는 대신 수익률이 낮다.

* 주가연동예금(ELD ; Equity Linked Deposit: 주가지수 연계예금)

주가지수에 따라 금리가 달라지는 예금으로 실적 배당형 상품이지만 예금자 보호를 받는다. 금리가 상품마다 다르다. 다만 최저금리 보장이 있으면 주가지수가 많이 올라도 받을 수 있는 최고 금리는 상대적으로 낮아진다.

투자자 원금을 대부분 예금이나 채권에 투자한다. 95% 이상의 자산을 만기까지 안정된 예금·채권에 투자해 원금이 보장되도록 설계됐다. 나머지 5%를 주가지수나 금·달러·원자재 선물 등을 기초로 발행한 고위험·고수익의 파생상품(워런트)에 투자한다.

파생상품 투자 비율이 낮기 때문에 여기에서 손실이 난다고 하더라도 원금은 충분히 보장받을 수 있다. 단 이 상품은 중도 해지할 경우에는 원금 손실이 발생할 수 있다.

은행 예금처럼 예금자 보호법에 의해 1인당 5,000만원까지 원금이 보호된다.

* CMA(Cash Management Account)

고객이 맡긴 예금을 투자금융회사가 단기국공채나 기업어음, 양도성예금증서 등에 투자해 얻은 수익을 고객에게 돌려주는 실적 배당형 금융상품

만기가 지나도 고객이 그대로 두면 자동적으로 재 예탁되어 복리로 운용된다.

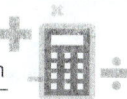

이 상품은 종금형, MMF형, 환매조건부채권(RP)형, 예금형 등으로 나뉜다.

이 중에서 종금형만 예금자 보호법에 따라 5,000만원까지 보호를 받을 수 있다.

MMF형은 MMF에 투자하기 때문에 MMF와 동일한 위험을 지니고 있으며 RP형은 증권사가 망하게 되면 투자한 채권금액 전부를 돌려받는 게 쉽지 않을 수도 있다.

예금형 역시 예금자보호를 받을 수 없다는 점에서 손실위험 가능성이 있음

* MMF(Money Market Fund)

단기금융상품에 집중 투자해 단기 실세금리의 등락이 펀드수익률에 신속히 반영될 수 있도록 한 초단기 상품

즉, 고객의 돈을 모아 금리가 높은 CP, CD, 콜 등 단기금융상품에 집중 투자하여 여기서 얻는 수익을 되돌려 주는 실적배당상품이다.

고객들의 자금을 모아 펀드를 구성한 다음 금리가 높은 만기 1년 미만의 기업어음(CP), 양도성예금증서(CD), 콜 등에 투자하여 얻은 수익을 고객에게 되돌려 주는 단기금융상품

은행의 보통예금처럼 수시로 입출금이 가능하다.

MMF는 투자신탁 상품이기 때문에 예금자 보호를 받을 수 없다.

게다가 초단기 자금운용을 목적으로 만들어진 상품이기에 만기가 매우 짧은 우량채권(1년 미만 국공채 등)과 기업어음(CP), 양도성예금증서(CD), 콜론(Call-Loan) 등 현금성 자산에 투자해 수익을 얻은 후 이를 바탕으로 고객들에게 수익을 돌려주게 된다.

만약 투자한 자산에서 손실이 발생한다면 투자자들은 원금을 잃을 수도 있다.

* 주가지수선물거래

증권시장에서 매매되는 전체 또는 일부 주식의 가격수준인 주가지수를 매매대상으로 하는 선물거래로 금융선물거래의 일종

주가지수선물거래는 최종 결제시에 현물을 인수하지 않고 현금결제되는 특징이 있다.

선물거래 대상은 삼성전자, SK텔레콤 등 200개 우량종목 주가를 기준으로 산출한 KOSPI200이며 결제시점에 따라 3개월 단위로 3월물, 6월물, 9월물, 12월물의 4종류가 거래

* 주식워런트증권(ELW)

주식이나 주가지수 등 특정 기초자산을 미리정한 시기(만기일)에 미리 정한 가격(행사가격)으로 사거나 팔 수 있는 권리가 주어진 증권으로 증권선물거래소에 상장돼 파생상품으로 거래되고 있다. 만기일에 해당 주식을 살 수 있는 권리를 '콜 워런트'라 하고 팔 수 있는 권리를 '풋 워런트'라 한다.

즉, '현재 100원 하는 A회사 주식을 3개월 후 150원에 살 수 있게 해주겠다.'는 식으로 권리를 부여하는 증서

증시에 상장되므로 개별주식처럼 손쉽게 매매할 수 있다.

* 주가연계증권(ELS)

주가연계증권이란 금융권의 금융상품 중 원금 또는 최저수익률을 보장하면서 주가(지수)가 일정 수준에 도달하면 약속한 금리를 지급하는 상품을 말한다.

즉, 'A회사 주가가 향후 1년간 10% 이상 오르면 연 7%의 금리를 주겠다.'는 식으로 조건을 단 증권을 말한다.

주식가격과 연동된 파생상품이기 때문에 주가연계증권이라고 부른다.

* 주가연계펀드(ELF)

파생상품펀드의 일종으로, 투자신탁회사들이 ELS 상품을 펀드에 편입하거나 자체적으로 '원금 보존 추구형' 펀드를 구성해 판매하는 형태의 상품이다. 즉, ELS를 기초자산으로 하는 펀드를 말한다.

상품구조는 ELS와 동일하다.

대부분의 펀드자산은 안전자산에 투자하여 만기 때에 원금을 확보하고 나머지 잔여재산은 증권회사에서 발행한 ELS Warrant(권리증서)에 편입해 펀드 수익률이 주가에 연동되도록 설계한다.

* ETF(Exchange Traded Fund 지수연동펀드)

특정한 주가지수의 움직임을 따라가도록 운용되는 투자신탁으로, 증권거래소에 상장된 주식과 동일하게 실시간으로 매매가 가능한 상품

예를 들어, KOSPI 지수를 대상으로 한 ETF라면 KOSPI 지수의 구성종목에 연동하도록 종목을 보유하고 운용이 된다. 따라서 KOSPI200 지수를 대상으로 하는 ETF를 매입한다는 것은 KOSPI 200지수라는 주식을 매입하는 것과 동일하다고 할 수 있다.

* 지급여력비율

보험사가 얼마나 튼튼한가를 나타내는 기준 가운데 하나. 보험계약자가 한꺼번에 해약할 경우에 대비해 얼마만큼의 보험금 지급능력을 갖추고 있느냐를 나타내는 것으로 은행의 BIS비율과 비슷한 기준이다.

* 리버스 인덱스펀드(일명 청개구리 펀드)

지수에 거꾸로 투자하는 펀드

지수흐름을 따라가며 수익을 내는 정통 인덱스펀드와는 정반대로 선물 매도 등 지수와 반대로 움직이는 파생상품에 투자해 주가가 내리면 수익률이 올라가는 구조

* 환헤지

외국 통화의 가치 하락으로 생길 수 있는 환차손을 예방하기 위해 투자나 계약 시점의 환율로 거래의 가치를 유지하려는 행위

예컨대 원 – 달러 환율이 1,000원일 때 10만원을 달러로 바꿔 외국에 투자하면 100달러가 되지

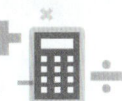

만 1년 뒤 환율이 900원으로 떨어진 뒤 원화로 바꾸면 똑같은 100달러가 9만원으로 줄어든다. 이를 피하기 위해 선물환. 통화선물. 키코와 같은 외환옵션 거래를 하게 된다.

* 선물환

일정 시점 뒤에 미리 정한 가격으로 일정량의 외화를 사고팔기로 하는 계약

작황과 관계없이 밭에서 나온 배추를 정한 값에 미리 사는 '밭떼기'와 같은 거래 방식이다.

은행과 기업, 개인 사이에서 일대일로 계약하는 장외거래이며 만기 때 손익이 결정된다.

예를 들면 A가 투자 원금 1,500만원을 당시 환율(930원)로 환산한 1만 6,000달러를 1년 뒤 같은 환율로 은행에 파는 내용으로 선물환 계약을 한다고 하자

달러로 투자된 원금이 그대로 남아있는 상태에서 환율이 1,180원이 됐다면 A의 펀드는 달러당 259원씩 모두 400만원(1만 6,000*250)의 환차익을 얻지만 선물환으로 같은 금액을 은행에 250원씩 손해 보고 팔아야 하므로 환율 손익은 0이 된다. 반대로 환율이 250원 떨어지면 펀드 환차손 400만원을 선물환 이익 400만원으로 메우게 된다.

* 통화선물

선물환과 같은 개념이지만 증권선물거래소에 상장돼 장내 거래된다.

1계약당 5만달러를 기준으로 3%의 증거금을 내면 매매 할 수 있다. 선물환과 달리 매일 매일의 환율 변동에 따라 바로 이익이나 손실이 계산된다. 손실이 증거금을 초과하면 증거금을 보충해 넣어야 한다.

* 스마트머니

장세변화에 따라 신속하게 움직이는 자금을 말한다. 시장정보에 민감한 기관들이 보유한 현금 등이 여기에 해당된다.

* 핫머니

국제금융시장을 이동하는 단기자금

* 풍선효과

풍선효과란 풍선의 한 곳을 누르면 다른 곳이 불거져 나오는 것처럼 문제 하나를 해결하는 대신에 또 다른 문제가 생기는 현상을 말한다.

* 사모투자펀드(PEF · private equity fund)

소수의 투자자로부터 모은 자금을 주식·채권 등에 운용하는 펀드

투자 신탁업 법에서는 100인 이하의 투자자, 증권투자회사법(뮤추얼펀드)에서는 50인 이하의 투자자를 대상으로 모집하는 펀드를 말한다. 사모펀드의 운용은 비공개로 투자자들을 모집하여 자산가치가 저평가된 기업에 자본참여를 하게 하여 기업가치를 높인 다음 기업주식을 되파는 전략을 취한다.

공모펀드와는 달리 운용에 제한이 없는 만큼 자유로운 운용이 가능하다. 공모펀드는 펀드 규모의 10% 이상을 한 주식에 투자할 수 없고, 주식 외 채권 등 유가증권에도 한 종목에 10% 이상 투자할 수 없는 등의 제한이 있다. 그러나 사모펀드는 이러한 제한이 없어 이익이 발생할 만한 어떠한 투자대상에도 투자할 수 있다.

* 허니문랠리(honeymoon rally)

정권이 바뀌고 새 정부가 출범할 때 정책의 불확실성이 소멸되고 사회 안정이 기대됨에 따라 종합주가지수가 상승하는 현상

* 서머랠리(summer rally)

주식시장에서 매년 초여름인 6~7월경에 나타나는 강세장

매년 초여름인 6~7월경에 주가가 상승하여 강세장이 나타나는 현상을 말한다. 여름을 뜻하는 서머(summer)와 경주를 뜻하는 랠리(rally)의 합성어로 여름 휴가철을 맞아 일어난다고 하여 붙여진 이름이다.

여름휴가가 긴 선진국에서 흔한 현상으로 펀드매니저(fund manager)들이 여름휴가를 떠나기 전에 가을 장세를 기대하고 미리 주식을 사놓기 때문에 여름휴가를 앞둔 6~7월경에 주가의 단기 급등 현상이 나타나게 된다.

* 체리피커(cherry picker)

자신의 실속만 차리는 소비자를 일컫는 말

기업의 상품이나 서비스를 구매하지 않으면서 자신의 실속을 차리기에만 관심을 두고 있는 소비자를 말한다. 신포도 대신 체리(버찌)만 골라먹는 사람이라는 뜻으로, 본래는 크레디트카드 회사의 특별한 서비스 혜택만 누리고 카드는 사용하지 않는 고객을 가리킨다.

* 사슴장

사슴은 중국 투자가들이 상하이증시를 일컫는 말

주가 변동성이 너무나 높아 마치 사자를 발견하고 당황한 사슴이 숲속을 이리저리 도망쳐 다니는 모습과 흡사하다는 의미에서 붙여졌다.

* 어닝 시즌(earning season)

주식시장에서 기업들의 실적이 집중적으로 발표되는 시기

기업들의 실적에 따라 주가의 향방이 결정되기 때문에 이 시기에는 기업별 주가가 많이 움직이게 된다. 주식시장이 약세장인 경우에는 기업의 성장성보다는 실적이 중시되어 주가의 움직임이 더욱 커진다.

* 어닝 쇼크 & 어닝 서프라이즈

기업실적이 시장이 기대했던 수준보다 나쁠 때를 '어닝 쇼크', 반대의 경우를 '어닝 서프라이즈' 라고 함

시장이 기대했던 수준이라는 것은 보통 증권사 애널리스트들이 내는 실적 추정치의 평균, 즉 컨센서스를 일컬음

* 펌뱅킹(firm banking)

기업과 금융기관이 컴퓨터 시스템을 통신회선으로 연결하여 온라인으로 처리하는 은행업무 금융자동화시스템(FBS)으로, 기업과 은행을 컴퓨터 전용회선으로 연결함으로써 기업에서 은행에 가지 않고 직접 처리하는 금융업무를 말한다.

1990년대 중반부터 시작된 텔레뱅킹(Tele banking)과 함께 여러 은행에서 운영 중이다. 그러나 은행 간의 거래 표준을 마련해야 하며, 전산망에 장애가 발생하면 심각한 경제적 곤란을 겪을 소지가 있다. 또 불법인출의 위험성과 거래정보가 누출될 가능성도 있어 개인의 사생활이 침해받을 수도 있다.

* 폰지게임(Ponzi game)

신규 투자자의 돈으로 기존 투자자에게 이자나 배당금을 지급하는 방식의 다단계 금융사기를 일컫는 말로, 1920년대 미국에서 찰스 폰지(Charles Ponzi)가 벌인 사기 행각에서 유래

* 블랙스완(Black Swan)

호주 남부에 서식하는 큰 물새

온 몸이 까만색이어서 '흑조'라는 뜻의 블랙스완으로 불림

경제용어로 "도저히 일어날 것 같지 않은 일이 일어나는 것"을 의미

레바논 출신 미국 금융 분석가 나심 니콜라스 탈레브가 작년에 출간한 같은 제목의 저서에서 증시 대폭락 가능성을 예측 했다고 해서 유명해짐

백조는 희다는 통념이 18세기 흑조의 발견으로 순식간에 깨진 것처럼 세계 경제나 증시도 언제든지 예상치 못한 충격을 맞을 것이라고 탈브레는 강조

블랙스완의 존재는 과거의 경험에 의존한 판단이 반드시 법칙이 될 수 없다는 것을 의미

과거의 사건을 아무리 분석하더라도 미래를 예측할 수는 없다는 것

* 시장평균환율(MAR)

수요 공급에 따라 움직이는 현물 시장과 달리, 전날 외국환 은행들이 국내 외환시장에서 거래한 원-달러 환율을 거래량으로 가중 평균한 값

시장의 기능을 존중하되, 급작스러운 환율변동을 제한해 환율의 안정을 도모할 수 있다는 장점이 있음

시장 평균환율이 높을 경우 은행들은 외화부채가 늘어나 자기자본 비율이 하락하고 업체들도 부채비율 상승이 불가피하게 됨

* 후순위채권

기업이 파산했을 때 다른 채권자에 대한 부채가 청산된 뒤에 상환 받을 수 있는 채권
금리가 다른 채권보다 높다는 장점이 있음. 주식 보유자보다 앞서 변제받을 수 있음
주로 은행권이 자기자본비율을 높이기 위해 발행. 국제결제은행(BIS) 기준으로 자기자본비율을
산정할 때 후순위채권도 자기자본으로 계산하기 때문
재무구조가 약한 금융기관들이 유상증자를 할 수 없게 되면, 투자자를 유치하기 위해 높은 이자
율을 미끼로 후순위채권을 발행하는 경우가 많음

* 왝더독(wag the dog) 현상

'꼬리가 개의 몸통을 흔든다'는 뜻으로, 앞뒤가 바뀌었다는 말로 선물 매매가 현물 주식시장에
직접적인 영향을 주는 현상을 뜻함
지수선물시장이 급락하면 코스피 지수의 하락폭이 더 커지는 현상이나, 외국인이 선물을 대량
매수하면 기관이 프로그램 매수에 나서는 것 등이 이에 해당

* 공포지수(Fear Index)

변동성지수(Volatility Index)의 다른 이름
미국 시카고옵션거래소(CBOE)에서 거래되는 S&P지수 옵션의 향후 30일간 변동에 대한 투자자
심리를 계량화한 것
이 지수가 30이면 앞으로 한 달간 주가에 30%의 등락이 생길 것이라는 예측을 보여줌. 공포 지
수가 높아지면 대체로 주가는 폭락하는 경향을 나타냄
주가변동 위험을 감지해 옵션 구입 등 위험 회피 조치를 취할 수 있게 하기 위해 1993년 개발됨

* 코스피 변동성 지수(VKOSPI)

오전 코스피 200 옵션의 가격변동을 추적해 시장 참여자들이 앞으로 30일간의 증시를 어떻게
보는지 수치로 나타낸다.
코스피200옵션은 현물이나 선물보다 미래의 주가 변동에 대한 시장의 전망을 민감하게 반영한다.
1~100사이의 숫자로 표현되는 VKOSPI는 수치가 낮을수록 시장의 안정을, 높을수록 불안을 점
치게 된다.
만약 지수가 20이라면 앞으로 한 달간 증시가 위아래로 20%까지 출렁거릴 수 있다는 뜻이다.
일반적으로 지수가 낮으면 주가가 오를 가능성이 크고 높으면 그 반대인 것으로 해석한다.
오전 9시 15분부터 오후 3시 15분까지 30초 간격으로 갱신될 이 지표를 통해 투자자들은 시장의
위험성을 측정할 수 있게 된다.

* 되튐현상(deadcat bounce)

죽은 고양이를 높은 곳에서 떨어뜨리면 땅바닥에 닿을 때 한 번은 되튀어오르게 된다.
주가가 하락하는 과정에서 일시적으로 반등하는 현상을 되튐현상 또는 기술적 반등이라고 한다.

* SPAC

비상장기업을 인수하는 것만을 목적으로 하는 페이퍼 컴퍼니

SPAC는 우회상장을 쉽게 해주는 펀드로 SPAC가 증시에 상장돼 있기 때문에 SPAC에 피 인수되는 기업은 비상장이라 하더라도 자연스럽게 증시에 상장되는 효과를 갖게 된다.

SPAC는 오로지 1개 기업만을 인수 할 수 있고 설정 이후 18개월 이내에 기업을 인수해야만 한다.

* 신용융자

일정한 증거금이나 자신의 주식을 담보로 맡기고 증권사에서 돈을 빌려 투자할 수 있도록 한 제도다. 만기는 120일 안팎이며 신용등급에 따라 연 7~12%의 이자를 낸다.

* 가치형(value) 스타일 펀드

PBR나 PER가 저평가된 종목을 주로 편입해 안정적으로 운용되는 펀드

* 성장형(growth) 스타일 펀드

이익성장 가능성이 높은 종목을 편입해 경기 회복 수혜를 받음

* 파생금융상품

파생금융상품은 기초자산, 거래장소, 거래형태 등을 기준으로 분류하는 것이 일반적이다.

'기초자산'에 따라서는 금리, 통화, 주식 및 실물상품 등으로 나뉜다. '거래형태'에 따라서는 선도, 선물, 옵션, 스왑 등으로 나뉘어지며, 이들 파생상품을 대상으로 하는 선물옵션·스왑선물·스왑션 등 2차 파생상품들도 있다. 또 '거래장소'에 따라서는 장외 및 장내거래로, 그리고 나누어진다.

1. 거래형태에 따른 분류

  (1) 선도(Forwards)

    약정가격으로 장래의 특정일에 대상상품을 인수·도하기로 하는 장외거래를 말한다. 선도계약의 일종인 '선물환(forward exchange)'은 가장 전통적인 파생금융상품으로, 장래의 일정시점 또는 일정기간에 특정통화를 일정환율로 사거나 팔 것을 약정하는 거래이다.

  (2) 선물(futures)

    거래소에서 거래되는 장내거래상품. 통화, 금리, 주가지수 등을 대상으로 표준화된 계약조건으로 매매계약 체결후, 일정기간이 경과한 뒤에 미리 결정된 가격에 의하여 그 상품의 인도와 결제가 이루어지는 거래를 말한다. 선물거래는 표준화된 특정거래소에서 이루어진다.

  (3) 옵션(option)

    장래 특정일 또는 일정기간 내에 미리 정해진 가격으로 상품이나 유가증권 등의 특정자산을 사거나 팔 수 있는 권리를 현재시점에서 매매하는 거래

    옵션의 기본 유형에는 매도옵션(Put Options)과 매입옵션(Call Options)이 있다.

(4) 스왑(swap)

두 채무자가 통화 및 금리 등의 거래조건을 서로 맞바꾸는 것

외화차입비용 절감을 위해 통화를 서로 교환하는 통화스왑, 변동금리부와 고정금리부 이자지급조건을 일정기간 동안 서로 바꾸어 부담하는 이자율스왑 등이 있다.

2. 거래장소에 따른 분류

(1) 장내(Exchange) 거래

가격 이외의 모든 거래요소가 거래소(증권거래소나 선물거래소) 의 규정에 의해 표준화되어 있어 시장에서는 가격만 결정되고 대금지급 등은 청산소를 통하여 정해진 방식으로 이루어지는 계약. 청산기구를 통한 신용위험의 보증이 있기 때문에 계약불이행에 따른 신용리스크가 없다. 선물(先物) 등이 주로 장내에서 거래된다.

(2) 장외(Over-The-Counter) 거래

고객의 특정한 요구에 따라 가격뿐만 아니라 계약단위, 상품의 품질, 인도시기, 대금결제방법 등 모든 계약조건을 쌍방간에 협의하여 결정하는 계약으로 선도(先渡)의 일종인 선물환과 스왑, 옵션 등이 주로 장외에서 거래된다.

청산기관이 개입하지 않기 때문에 계약불이행에 따른 신용리스크가 존재한다. 그러나 장외거래는 거래조건을 재량적으로 정할 수 있기 때문에 리스크의 재구성 및 전가가 용이하고 금융시장의 효율성이 증대하게 되어 거래소(장내)거래보다 활성화되고 있는 추세이다.

기출문제

01

상업은행과 투자은행의 분리법안은?

(기업은행)

① 글래스 – 스티걸법   ② 샤베인 – 옥슬리법
③ GLB법(Gramm–Leach–Bliley Act)   ④ 엑슨 플로리오법

해설 글래스 – 스티걸법이란 상업은행과 투자은행의 분리법안을 말하고, 반대로 GLB법(Gramm–Leach–Bliley Act)은 상업은행과 투자은해의 결합법안을 말한다.
샤베인 – 옥슬리법은 분식회계와 관련하여 회계의 투명성을 강조한 법이다.
엑슨 – 플로리오법은 안보에 위해가 된다고 판단되는 외국인 투자를 정부가 직접 조사하고 철회를 요구할 수 있도록 되어 있다.   **정답 ①**

02

고정금리와 변동금리를 교환하는 금리 스왑과 미래의 매매권을 거래하는 옵션을 무엇이라 하는가?

(기업은행)

① 선물   ② 옵션
③ 스왑   ④ 스왑션

해설 스왑션이란 고정금리와 변동금리를 교환하는 금리 스왑과 미래의 매매권을 거래하는 옵션, 이 두 가지를 조합한 거래로 이는 파생금융상품이 한 단계 진보한 형태이다.   **정답 ④**

03

회사채, 금융회사 대출채권, 자산담보부증권(ABS)등을 한데 묶어 만든 신용파생상품을 무엇이라 하는가?

(기업은행)

① CLO   ② CBO
③ CDO   ④ CDS

해설 CLO – 대출채권담보부 증권
CBO – 채권담보부 증권
CDO – 부채담보부 증권
CDS – 기업의 신용을 사고 파는 신용파생상품   **정답 ③**

04
선물가격과 현물가격의 가격차를 무엇이라 하는가?   (기업은행)

① 베이시스   ② 듀레이션
③ 스프레드   ④ 백워데이션

> **해설** 베이시스란 선물가격과 현물가격의 차이를 말한다.
> 베이시스의 값이 (+)이면 콘탱고, (-)이면 백워데이션이라고 한다.   **정답** ①

05
한국의 주가지수의 명칭은?   (하나은행)

① KOSPI   ② NIKKEI
③ FTSE   ④ KOSDAQ

> **해설** 코스피(KOSPI)란 한국거래소에 상장되어 거래되는 모든 주식을 대상으로 산출해 전체 장세의 흐름을 나타내는 지수를 말한다.
> 니케이(NIKKEI)는 일본의 주가지수, FTSE는 영국의 주가지수, 코스닥은 한국의 장외주식거래시장을 말한다.
> **정답** ①

06
서킷브레이커에 대한 설명 중 틀린 것은?   (기업은행)

① 종합주가지수가 전일에 비해 10%를 넘는 상태가 1분이상 지속되는 경우 발동된다.
② 선물시장에서 영향이 주식시장에 미치지 않게 저지하는 것을 말한다.
③ 장 종료 40분 전에는 발동되지 않는다.
④ 하루에 한번만 발동할 수 있다.

> **해설** ②는 사이드카에 대한 설명으로 선물가격이 전일 종가 대비 5%이상 등락해 1분이상 계속될 때 발동된다.
> **정답** ②

07
예금자보호법에 의한 보호상품에 해당되는 것은?   (기업은행)

① MMF   ② CMA
③ MMDA   ④ ELS

> **해설** MMDA는 수시 입출 저축성예금으로 실적배당상품과 같이 시장금리를 지급하면서 인출 및 이체도 월6회 이내로 비교적 자유롭게 되어 있다.
> 5,000만원까지 예금자 보호가 되는 확정금리형 상품이다.   **정답** ③

08

선물가격이 전일 종가 대비 5%이상 등락해 1분이상 계속될 때 발동되는 것은? (새마을금고)

① 사이드카 ② 서킷브레이커
③ 웩더독 현상 ④ 백기사

해설 사이드카는 선물가격이 현물시장에 영향을 미치는 것을 막기 위하여 발동한다. 정답 ①

09

금융기관이 보험상품을 판매하는 것을 가리키는 용어는? (새마을금고)

① 방카슈랑스 ② 어슈어방크
③ 포타슈랑스 ④ 마트슈랑스

해설 방카슈랑스는 뱅크(bank)와 어슈어런스(assurance)의 합성어로 금융기관이 보험상품을 판매하는 것을 말한다.
어슈어방크는 보험기관이 금융상품을 판매하는 것을 말한다.
포타슈랑스는 포털(portal)에서 보험상품을 판매하는 것을 말한다.
마트슈랑스는 마트에서 보험상품을 판매하는 것을 말한다. 정답 ①

10

단기 이동평균선이 중장기 이동평균선을 위에서 아래로 뚫고 내려가는 현상으로 약세장으로 전환되는 신호로 해석되는 것은? (하나은행)

① 골든크로스 ② 데드크로스
③ 서킷브레이커 ④ 웩더독

해설 골든크로스는 단기이동평균선이 중장기 이동평균선을 아래에서 위로 뚫고 가는 현상을 말하고 데드크로스는 반대로 단기이동평균선이 중장기 이동평균선을 위에서 아래로 뚫고 가는 현상을 말한다. 정답 ②

11

주가 지수 선물, 주가 지수 옵션, 개별주식 옵션, 개별주식 선물 등 4개 파생상품 시장의 만기일이 동시에 겹치는 날을 무엇이라 하는가? (기업은행)

① 트리플 위칭데이 ② 쿼드러플 위칭데이
③ 섬머랠리 ④ 산타랠리

해설 쿼드러플 위칭데이는 주가 지수 선물, 주가 지수 옵션, 개별주식 옵션, 개별주식 선물 등 4개 파생상품 시장의 만기일이 동시에 겹치는 날로 3, 6, 9, 12월 둘째 목요일마다 트리플 위칭 데이가 찾아온다. 정답 ②

12

신용회복제도가 아닌 것은?

(새마을금고)

① 개인워크아웃   ② 개인파산제도
③ 개인회생   ④ 리볼빙제도

해설 개인워크아웃 – '개인워크아웃'의 정식명칭은 '신용회복지원제도'로, 금융기관간 맺은 '신용회복지원협약'에 따른 신용불량자 구제제도이다. 사회적으로 신용불량자가 급증하자 금융감독원이 신용불량자 증가 억제 및 금융이용자보호대책의 일환으로 2002년 10월 도입되었다.
개인파산제도 – 개인이 자신의 모든 채무를 변제할 수 없는 상태에 빠진 경우 채무의 정리를 위해 스스로 파산 신청을 할 수 있게 한 제도를 말한다.
개인파산 제도의 주된 목적은, 모든 채권자가 평등하게 채권을 변제받도록 보장함과 동시에, 채무자는 남아 있는 채무에 대한 변제 책임을 면제받아 경제적으로 재기·갱생할 수 있는 기회를 부여하는 것이다.
개인회생 – 재정적 어려움으로 인해 파탄에 직면한 개인채무자의 채무를 법원이 강제로 재조정해 파산을 구제하는 제도로 사회문제로 대두된 개인 신용불량자 문제를 해소하기 위해 제정되어 2004년 9월부터 시행되었다.
리볼빙제도 – 신용카드회원이 현금서비스(Cash Advance) 및 일시불 구매 카드이용대금의 일정금액 또는 일정비율을 상환하면 잔여이용대금의 상환이 연장되고, 회원은 잔여이용한도 범위에서 계속해서 카드를 이용할 수 있는 결제방식 **정답 ④**

13

현금영수증제도에 대한 설명 중 옳지 않은 것은?

(기업은행)

① 현금영수증제도란 일정 한도의 현금영수증에 대하여 소득공제나 세액공제의 혜택을 주는 제도를 말한다.
② 현금영수증 발행 대상금액은 건당 5,000원 이상이다.
③ 근로소득자 및 근로소득자의 직계존비속(연간 소득금액 100만원 이하)인 경우에는 총 급여액의 20%를 초과하는 현금영수증 사용금액의 20%를 공제받는다.
④ 사업자의 경우에는 현금영수증 총액의 1%를 부가가치세에서 공제받는다.

해설 현금영수증 발행 대상금액은 기존 건당 5,000원 이상에서 2008년 7월부터 건당 1원 이상으로 변경되었다 **정답 ②**

14

헤지펀드에 대한 설명 중 맞지 않는 것은?

(하나은행)

① 헤지펀드는 퀀텀펀드가 대표적이다.
② 헤지펀드는 텍스헤이븐(tax haven)에 적을 두기도 한다.
③ 헤지펀드는 정부 주도하에 있는 펀드이다.
④ 헤지펀드는 고수익, 고위험이 존재한다.

해설 헤지펀드는 투자 위험 대비 높은 수익을 추구하는 적극적 투자자본으로 투자지역이나 투자대상 등 당국의 규제를 받지 않고 고수익을 노리지만 투자위험도 높은 투기성자본이다.
국제적으로는 주로 100명 미만의 투자가들로부터 개별적으로 자금을 모아 「파트너 쉽(pa rtnership)」을 결성한 뒤, 조세회피지역에 위장 거점을 설치해 자금을 운영한다.
헤지펀드 중 퀀텀펀드나 타이거펀드가 그 대표적인 예이다.   정답 ③

예상문제

 01

금융기관이 우량기업에 적용하는 최우대 대출금리를 무엇이라 하는가?

① 순수금리　　　　　　　　　　　② 콜금리
③ 기준금리　　　　　　　　　　　④ 우대금리

해설　프라임레이트(prime rate)라고도 하는 우대금리는 은행 등 금융기관들이 신용도가 가장 좋은 고객에게 적용시키는 최저금리를 말한다.　　　　　　　　　　　　　　　　　**정답** ④

 02

성장률과 주가 등 각종 경제 변수를 시나리오별로 최악의 상황까지 가정해 잠재손실 및 은행들의 대처능력을 평가하는 방법은?

① BIS자기자본비율　　　　　　　② 스트레스 테스트
③ 프로젝트 파이낸싱　　　　　　④ 신용 등급 조정

해설　스트레스 테스트란 '금융시스템 스트레스 테스트'의 준말로 예외적이지만 발생할 수 있는 사건이 터졌을 때 금융시스템이 받게되는 잠재적 손실을 측정하는 방법　　　　　　　　　　**정답** ②

 03

과도한 기대로 인한 투자 실패를 막고 수익을 극대화하기 위해 실적 기대가 최고조에 달했을 때 시장에서 빠져나오는 투자전략을 뜻하는 용어는?

① 절대수익 전략　　　　　　　　② 원가우위 전략
③ 신데렐라 전략　　　　　　　　④ 이벤트 활용 전략

해설　신데렐라 전략이란 신데렐라가 12시 이전에 파티장을 빠져 나와야 하듯이 실적 기대감이 절정인 12시가 되기전에 시장에서 벗어나는 전략을 말한다. 이는 메릴린치(Merrill Lynch)의 퀀트 전략가(Quant Strategist)이자 수석 이코노미스트였던 리처드 번스타인(Richard Bernstein)의 투자시계 개념을 차용한 것이다.
정답 ③

04

최근 증권사들이 투자자문사의 자문을 받아 운용하는 '이것'에서 투자된 종목이 100%가 넘는 수익률을 내면서 인기를 끌고 있다. 이것에 대한 설명으로 옳지 않은 것은?

① '이것'은 랩 어카운트의 일종인 자문형 랩이다.
② 금융당국은 작년부터 은행들의 '이것' 판매를 허용하고 있다.
③ 은행들은 사모펀드를 만들 때 투자자문사들의 자문을 받는 방식으로 사실상 '이것'판매에 나서고 있다.
④ 일임형 랩보다 고객요구를 더 반영할 수 있다는 장점이 있다.

> **해설** Wrap(포장하다)과 Account(계좌)의 합성어로 증권사가 고객의 돈을 맡아 주식 등에 투자하는 종합 자산관리 서비스를 말한다. 운용방식에 따라 자문형과 일임형으로 나뉜다. 일임형은 주식을 사고 팔 때 고객에게 의견을 묻지 않고 100% 증권사가 알아서 운용하는 형태이다. 자문형은 증권사가 투자자문사들로부터 자문을 받아 운용한다.
> 금융당국은 은행들의 '자문형 랩' 판매를 허용하지 않고 있다.　　　　　　　　　　　**정답 ②**

05

상대적으로 금리가 낮아진 미국 달러화를 빌려 다른 통화로 표기된 주식이나 채권과 같은 고수익자산에 투자하는 것을 말하는 용어는?

① 달러캐리트레이드　　　　　　　　② 트레이드오프
③ 달러라이제이션 [dollarization]　　④ 달러위기

> **해설** 상대적으로 금리가 낮아진 미국 달러화를 빌려 다른 통화로 표기된 주식이나 채권과 같은 고수익자산에 투자하는 것을 말한다.　　　　　　　　　　　**정답 ①**

06

골드뱅킹(gold banking)에 대한 설명으로 바르지 못한 것은?

① 은행을 통해 금을 구입하면 통장에 금의 시세에 따른 평가금액이 찍히는 상품이다.
② 금값이 상승할수록 더 많은 금액을 인출할 수 있다.
③ 2003년부터 판매가 시작됐다.
④ 비과세상품으로 취급했던 금 통장(골드뱅킹)에 15.4%의 배당소득세를 2010년부터 부과하고 있다.

> **해설** 은행을 통해 금을 구입하면 통장에 보유 수량이 찍히는 상품이다.
> 2003년 판매가 시작된 골드뱅킹은 그동안 세금이 부과되지 않은데다 금융 소득종합과세 항목에도 들어가지 않아 고소득층의 절세상품으로 인기를 끌어왔으며, 특히 최근 국제 원자재 시장에서 금값이 잇달아 사상 최고치를 경신하면서 가입자가 대폭 증가했다.　　　　　　　　　　　**정답 ①**

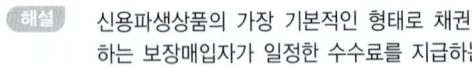

07

'신용'을 사고 팔 수 있는 신용파생상품 거래는?

① CDS
② P2P
③ 변액보험
④ 외환파생거래

해설   신용파생상품의 가장 기본적인 형태로 채권이나 대출금 등 기초자산의 신용위험(credit risk)을 전가하고자 하는 보장매입자가 일정한 수수료를 지급하는 대가로, 기초자산의 채무불이행 등 신용사건 발생 시 신용위험을 떠안은 보장매도자로부터 손실액 또는 일정금액을 보전 받기로 약정하는 거래   **정답** ①

08

예탁금을 어음이나 채권에 투자하여 그 수익을 고객에게 돌려주는 실적배당 금융상품으로 어음관리계좌라고 하는 것은?

① CMA
② MMF
③ MMDA
④ RP

해설   CMA란 예탁금을 어음이나 채권에 투자하여 그 수익을 고객에게 돌려주는 실적배당 금융상품을 말한다.   **정답** ①

09

쿼드러플 위칭데이란 주가지수 선물과 옵션, 개별주가의 선물과 옵션 등 4가지 파생상품이 동시에 만기를 맞이하는 날로 마녀가 심술을 부리는 것과 같다 하여 이같이 불리우고 있다. 쿼드러플 위칭데이는 언제인가?

① 3, 6, 9, 12월 두 번째 금요일
② 3, 6, 9, 12월 세 번째 목요일
③ 3, 6, 9, 12월 두 번째 목요일
④ 3, 6, 9, 12월 세 번째 금요일

해설   3, 6, 9, 12월 두 번째 목요일   **정답** ③

10

은행이 신용으로 발행한 일반 채권이지만 담보자산에서 우선적으로 변제받을 수 있는 권리가 부여된 채권을 일컫는 말은?

① ABS
② 커버드본드
③ 뮤추얼 펀드
④ MBS

> **해설** 커버드본드 – 민간부문 대출과 모기지 등을 담보로 발행되는 채권이라는 점에서 자산유동화증권(ABS)과 유사하지만 안전성이 높아 조달 금리를 낮출 수 있다.
> 자산유동화증권(ABS : asset backed securities) – 유동화 중개기관이 자산을 원보유자(자산소유자)로부터 떼어내 신용평가기관의 평가를 거쳐 증권화시킴으로써 시중에 유통시키는 것을 말한다.
> MBS (Mortgage-Backed Security : 주택저당증권) – 대출을 희망하시는 분이 은행 등 금융기관에서 주택을 담보로 제공하고 대출을 받는 경우 은행은 대출자의 주택에 저당권을 설정하고 담보로 관리할 때 은행의 대출금(채권)을 주택저당채권을 말한다. **정답** ②

11

금리 인상 시 고객이 낮은 금리로 이동하는 현상을 무엇이라 하는가?

① 역선택
② 승자의 저주
③ 일물일가의 법칙
④ 그레샴의 법칙

> **해설** 승자의 저주란 경쟁에서는 이겼지만, 그 과정에서 너무 많은 것을 투자해 결과적으로 많은 것을 잃는 현상을 뜻하는 말이다. **정답** ②

12

부동산 투자를 전문으로 하는 뮤추얼펀드를 가리키는 말은?

① 에스테이트
② 리츠
③ 빌딩펀드
④ 하우스머니

> **해설** 에스테이트 – 열대 및 아열대에 발달한 기업적 대농장.
> 리츠 – 부동산 투자를 전문으로 하는 뮤추얼펀드. 리츠는 증권의 뮤추얼펀드와 같이 전문 펀드매니저들이 일반인과 기관 투자가들의 돈을 모아 펀드를 구성, 부동산에 투자해 수익을 투자자들에게 되돌려준다.
> 하우스 머니 – 투자에서는 이처럼 수익을 낸 투자자가 더 큰 위험을 기꺼이 감수 하고자하는 것을 도박 자금을 빗댄 것. **정답** ②

13

금융기관의 방만한 운영으로 발생한 부실자산이나 채권만을 사들여 별도로 관리하면서 전문적으로 처리하는 구조조정 전문기관은?

① 굿뱅크
② 배드뱅크
③ 한국은행
④ IMF

> **해설** 배드뱅크란 금융기관의 방만한 운영으로 발생한 부실자산이나 채권만을 사들여 별도로 관리하면서 전문적으로 처리하는 구조조정 전문기관이다.
> 부실채권을 배드뱅크에 전부 넘겨버리면 부실은행은 우량 채권·자산만을 확보한 굿뱅크(good bank)로 전환되어 정상적인 영업활동이 가능해진다. **정답** ②

14

주식시장에서 발생할수 있는 위험(급격한하락)에서 손실을 줄이고자 만들어진 것이 선물시장이다. 그런데 선물시장의 규모가 커지고 순간적인 매수 혹은 매도 물량이 집중되어, 선물시장이 주식 시장을 선도하는 경우가 생기게 된다. 이러한 현상을 설명하는 용어는?

① 치킨게임 ② 사이드카
③ 웩더독 ④ 서킷브레이커

 웩더독 – 주식시장과 선물시장의 관계는 주식시장을 개의 몸통, 선물시장을 개의 꼬리에 비유할수 있는데, 선물의 힘이 커져, 원래목적과 반대로 꼬리가 몸통을 흔드는 현상을 가져오고 있다.
치킨게임 – 어느 한쪽이 양보하지 않을 경우 참여자 모두가 피해를 입는다는 게임이론이다.
사이드카 – 급변하는 선물시장의 움직임으로부터 현물시장(코스피, 코스닥)을 보호하기 위해, 선물시장을 제어하는 제도이다.
서킷브레이커 – 주식시장에서 주가가 급등락하여 시장에 주는 충격을 축소하기위해 거래를 일시적으로 정지 시키는 제도이다. **정답 ③**

15

과열된 회로를 차단한다는 의미로 주식시장에서 주가가 급등락할 때 매매를 일시정지시키는 제도는?

① 사이드카(side car) ② S&P500
③ 긴급매매정지 ④ 서킷 브레이커(circuit breakers)

 서킷브레이커란 시장의 충격을 완화하기 위한 것으로 종합주가지수가 전날보다 10% 넘는 상태가 1분 이상 지속되면 모든 주식거래 20분간 중단시킨다.
주식시장 개장 5분 후부터 장 마감 40분 전인 오후 2시20분까지 발동하며 하루에 한 번 만 발동시킨다.
현물주식 시장에서 서킷브레이커가 걸리면 모든 거래가 정지되는 것과 달리 사이드카는 매매주문 중 해당 프로그램 주문 만 정지된다. **정답 ④**

16

미래 일정시점에 정해둔 가격으로 특정 주식을 거래할 수 있는 권리 부여된 증권은?

① 주식워런트증권(ELW) ② 주가지수연동증권
③ 옵션 ④ 선물

 주식워런트증권(Equity Linked Warrant) – 소액으로 우량 주식 투자가 가능한 고위험 고수익 상품을 말한다. 주가 예상만 맞으면 주식보다 훨씬 큰 수익이 기대되지만 반대면 손해임가 발생한다.
주가가 만원인 주식을 1년 뒤 2만원에 살 수 있는 ELW를 천원에 매입한다고 하자.
1년 뒤 3만원까지 올라 ELW권리 행사해 거래하면 9천원 수익을 얻는다.
그러나 주식투자와 달리 옵션만기일까지 기다려야 해 최악의 경우 ELW투자금 모두 날릴 수 있다. **정답 ①**

17

최근 글로벌 금융위기가 장기화되면서 '닉슨 쇼크'가 재발할 가능성이 있다고 전망하고 있다. 닉슨 쇼크란 무엇인가?

① 베트남전쟁 등 대외 원조와 군사비 지출 증대로 인하여 악화된 경제와 달러 가치의 회복을 위하여 신경제 정책을 발표하였다.
② 달러와 금의 교환을 정지하고 수입하는 모든 상품에 대해 10%의 수입과징금을 부과 실시하는 내용을 담고 있다.
③ 수출 의존도가 높은 많은 나라에 큰 변화와 충격이 발생하는 현상을 일컫는다.
④ 미 달러화를 기축통화로 설정하고, 각국 통화는 달러화에 기준 환율로 고정시키는 '브레튼우즈체제'의 일환이다.

 해설 　미국 제37대 대통령 리처드 닉슨은 1971년 8월 달러와 금의 교환정지(금본위제 완전 폐지)를 포함한 신경제 정책을 발표했고, 그로 인해 세계경제가 받은 충격과 변화를 일컬어 '닉슨 쇼크'라고 부른다. 1960년대 베트남전쟁으로 미국의 재정 지출이 확대되고 국제수지가 계속 악화되면서 전체 달러화 발행량에 비해 FRB에 예치된 금이 턱없이 부족한 상태가 이어졌고 결국 1971년의 금본위제 완전폐지 선언으로 이어지게 되었다.

정답 ④

18

중소기업들이 원화 강세를 예상하고 이것을 옵션 계약을 한 경우가 많으나 최근 환율상승으로 수출로 벌어들인 달러화를 값싸게 팔아야 하는 상황에 직면했다. 환율이 일정 범위 안에서 움직일 경우 미리 약정한 환율에 약정한 금액을 팔 수 있도록 한 통화옵션 상품을 무엇이라고 하나?

① CD
② FTSE
③ KIKO
④ LHC

해설 　KIKO – 환율이 약정 환율과 하한선 사이에 머물 경우에는 그 환율에 산 달러를 약정환율로 비싸게 팔 수 있어 옵션을 산 기업이 이익을 보게 된다. 하지만 환율이 상한선을 넘어설 경우, 비싸진 달러를 약정환율로 싸게 팔아야 하기 때문에 환율이 오를수록 기업이 손해를 보게 된다.
CD – 양도성 예금증서
FTSE – 영국 유력 경제지인 파이낸셜 타임스와 런던 증권거래소가 1995년에 공동으로 설립한 FTSE 인터내셔널 그룹이 작성해 발표하는 지수
LHC – 스위스 제네바와 프랑스 국경지대에 설치된 세계 최대의 입자가속기

정답 ③

19

다음 주식 관련 용어의 설명이 바르지 못한 것은?

① 사이드 카 : 선물가격이 전일종가 대비 5%(코스피), 6%(코스닥)이상 등락해 1분이상 계속 될 때 발동 된다.
② 서킷 브레이커 : 종합주가지수가 전일에 비해 10%를 넘는 상태가 1분 이상 지속되는 경우 발동 된다.
③ ETF : 상장지수펀드의 약자로 지수를 추종하는 인덱스펀드를 거래소에 상장시켜 주식종목처럼 거래하는 것을 말한다.
④ ELS : 주가워런트증권의 약자로 주식을 사전에 정한 미래 시기에 미리 정한 가격으로 사거나 팔 수 있는 권리를 거래하는 증권이다.

> **해설** ELS는 주가연계증권으로 주가지수나 특정 종목 주가에 따라 수익률이 결정되는 일종의 파생상품이며, 설명 내용은 ELW(주가워런트증권)이다.　　　　　　　　　　　　　　　　　　　　　　　**정답** ④

20

세계적인 3대 주가지수에 들어가지 않는 것은?

① G - 다우존스
② MSCI 지수
③ FTSE 지수
④ 다우존스 지수

> **해설** 세계 3대 주가지수는 MSCI지수와 FTSE지수 그리고 글로벌 - 다우존스 지수가 있다.
> 현재 한국의 경우 FTSE 선진국 지수에 가입해 있다.　　　　　　　　　　　　　　　　　　**정답** ④

단답형

01

주식에 있어서 구주에게 부여되는 신주인수권 또는 신주의 무상교부권이 없어진 상태는?

해설   권리락

02

동전 소재로 쓰이는 금속의 시세가 그 동전의 액면금액과 같아지는 시점은?   (하나은행)

해설   멜팅 포인트 (melting point) 저축예금·기업자유예금·자유저축예금 등 입금과 출금이 자유로운 예금 가운데 일정 기간 이상 거래가 없는 계좌.

03

저축을 한 후 일정기간 찾아가지 않는 예금을 휴면계좌라고 하는데 휴면계좌 예금은 몇 년인가?

해설   5년
예금잔액을 기준해 1만원 미만은 1년 이상 거래가 없을때 거래중지계좌, 소위 휴면예금계좌로 분류된다.

04

펀드매니저가 수익률을 올리려고 하는 것은?

해설   윈도우 드레싱

05

발행사가 파산하면 다른 채권자 빚을 모두 갚은 후에나 지급을 요구할 수 있는 채권은?
    (하나은행)

해설   후순위채권

06

금융회사가 대규모 건설 프로젝트의 향후 수익성을 보고 부동산 개발업자에게 돈을 빌려주는 것을 무엇이라 하는가?

해설 프로젝트 파이낸싱(PF) 대출

07

유가증권을 일정 기간이 지난 후 원래 판매가격에 이자를 얹어 은행이 되사는 조건으로 고객에게 판매하는 상품은?

해설 RP(환매조건부 채권)

08

주식시장에서 매년 초여름인 6~7월경에 나타나는 강세장은? (새마을금고)

해설 서머랠리

09

2개 이상의 은행이 차관단을 구성하여 같은 조건으로 대규모 중장기 자금을 빌려주는 것을 무엇이라 하는가? (새마을금고)

해설 신디케이트 론

10

미국의 대통령 오바마가 발표한 은행자산 운용 규제책으로 미국 금융기관의 위험투자를 제한하고, 대형화를 억제하기 위하여 만든 금융기관 규제 방안은?

해설 볼커룰

11

지수가 하락할 때 반대로 수익을 내도록 구조화한 펀드는?　　　　　　　　　(하나은행)

해설　리버스 인덱스 펀드

12

미국 뉴욕증권거래소와 범유럽 증권거래소인 유로넥스트의 합병으로 출범한 세계 최대의 증권 거래소는?

해설　NYSE 유로넥스트

13

특정 주권의 가격이나 주가지수의 수치에 연계한 증권은?

해설　주가연계증권(ELS)

14

퇴직급여가 적립금의 운용실적에 따라 변동하는 유형은?

해설　확정기여(DC)형

15

구매 비용을 평균화하는 것으로 주가가 높을 때는 주식을 적게 매입하고 주가가 낮을 때는 주식을 많이 구매하는 투자법은?

해설　코스트 에버리징(cost averaging)

16

은행의 거시 건전성을 제고하기 위해 은행의 비예금 외화부채에 대해 부과하는 세금은?

해설 은행세

17

연말 강세장을 뜻하는 것은?

해설 산타랠리

PART

08

경제 시사 이슈

경제 시사 이슈

❏ 위안화 가치 상승

中 위안화 값도 美 對中 적자도 사상 최고

위안화값이 처음 달러당 6.3위안대 밑으로 떨어지며 사상 최고를 기록했다. 지난달 무역흑자 확대에 시진핑 국가 부주석 방미를 앞둔 (1) <u>정치적 요인</u>이 더해져 (2) <u>위안화값</u>이 오른 것으로 풀이된다.

중국외환교역중심은 10일 달러당 위안화 환율을 전날보다 0.0072위안 하락한 6.2937위안이라고 고시했다. 작년 8월 11일 달러당 6.4위안대가 무너진 이후 6개월 만에 다시 6.3위안대 밑으로 내려간 것이다. 이는 또 지난달 4일 기록한 사상 최저치인 달러당 6.3001위안을 경신한 것이다.

(3) <u>이날 발표된 무역수지가 위안화 강세를 이끌었다. 지난달 중국 수출은 전년 동기에 비해 0.5% 줄고, 수입은 15.3% 급감해 272억8,000만달러 무역흑자를 기록했다</u>. 작년 7월 이후 최대 치다.

특히 오는 14일 시진핑 부주석 방미에 맞춰 중국이 당분간 위안화 강세를 용인할 것이라는 전망에 힘이 실린다. 중국이 시진핑 방미를 앞두고 (4) <u>위안화 절상을 통한 우호 분위기를 조성</u>하는 가운데 미국도 중국 미래 권력의 방미에 각별히 신경을 쓰고 있다. 미국 정부는 당초 시진핑이 방문하는 14일로 예정됐던 중국산 태양전지 패널에 대한 반덤핑 조사 결과 발표를 3월로 미루기로 하는가 하면 30여 년 전 옛 친구들과 만남을 준비하는 등 공을 들이고 있다. 시진핑이 27년 전 방문했던 아이오와주에서는 당시 그를 응대했던 테리 브랜스타드 현 주지사가 가족들과 함께 공항에 직접 나가 시진핑을 영접하기로 했다.

한편 미국은 지난해 대중국 교역에서 3,000억달러에 달하는 무역수지 적자를 기록했다. 미국 상무부가 10일 발표한 대중국 무역수지 적자는 2,995억달러로 사상 최대치를 경신했다

---

(1), (4) 정치적 요인, 위안화 절상을 통한 우호 분위기 조성

　　글로벌 불균형이란 미국 등 선진국들은 지속적인 경상수지 적자가 발생하고 중국 및 산유국 등 개발도상국들은 지속적인 경상수지 흑자가 발생하는 경우를 말한다.

　　중국의 경우 자국의 화폐인 위안화를 의도적으로 평가절하 하고 있다고 각국이 판단하고 있다.

평가절하를 하는 이유는 중국제품의 가격경쟁력을 향상시키기 위해서다.

따라서 시진핑 국가 부주석 방미를 앞두고 의도적으로 환율을 위안화 가치를 상승시킨 것이다.

(2) 환율상승과 환율하락 효과

위안화값이 올랐다는 것은 위안화의 가치가 상승하였음을 말한다.

화폐의 가치가 변할때의 효과는 아래와 같다.

1) 환율의 상승(원화의 평가절하)

$1 = 500원 → $1 = 1,000원

효 과
수출재의 달러표시 가격 하락 → 수출증가
수입재의 원화표시 가격 상승 → 수입감소
수입원자재 가격 상승으로 인한 국내물가 상승
외화부채의 부담증가
교역조건의 악화
해외여행 감소로 서비스 수지 개선

2) 환율의 하락(원화의 평가절상)

$1 =1,000원 → $1 =500원

효 과
수출재의 달러표시 가격 상승 → 수입감소
수입재의 원화표시 가격 하락 → 수입증가
수입원자재 가격하락으로 인한 국내물가 하락
외화부채의 부담감소
교역조건의 개선
해외여행 증가로 인한 서비스 수지 악화

(3) 수출과 수입의 변화에 의한 환율효과

1) 외환의 수요곡선

환율 상승 시 외환의 수요량이 감소하므로 우하향의 형태로 도출

2) 외환의 공급곡선

환율 상승 시 외환의 공급량이 증가하므로 우상향의 형태로 도출

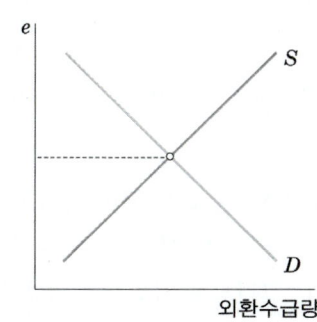

외환수급량

☐ 세계경제 4가지 역설

세계경제 4가지 역설… ① 달러 ② 복지 ③ 절약 ④ 증세 딜레마

달러의 역설(트리핀 딜레마), 절약의 역설(경기부양 실효성 약화), 복지의 역설(빈곤과 실업의 함정), 증세의 역설(굴스비의 역설).

세계 경제가 현재 달러·복지·절약·증세라는 4대 딜레마에 빠져 있다고 기획재정부가 진단했다. 재정부는 26일 세계 경제가 직면한 4가지 역설과 시사점이라는 참고자료를 내고 세계 경제가 4대 역설의 틀에 갇혀 뾰족한 출구가 없다고 분석했다.

경제 위기를 타파하려면 달러를 풀어야 하지만 유동성을 공급하는 즉시 달러값 하락으로 외화자산이 감소한다는 이른바 (1) <u>달러의 역설(트리핀 딜레마)</u>이 대표적이다.

재정부는 "트리핀 딜레마는 미국발 금융위기 이후 다시 주목받고 있다"며 "미국 국가부채 증가에 맞물려 달러는 세계 경제 위협 요인으로 작용하고 있다"고 설명했다. 이는 로버트 트리핀 예일대 교수가 주장한 달러가 기축통화가 되는 국제통화시스템은 태생적 한계를 지니고 있다는 것을 인용한 것이다.

달러의 역설은 (2) <u>저축의 역설</u>로 이어지고 있다는 분석이다. 통상 저금리 기조는 투자를 촉진하지만 제로금리로 떨어지면서 투자는 없고 유동성만 늘렸다는 게 재정부 판단이다. 작년 3분기 미국 연준에 따르면 미국 기업들이 보유한 현금과 유동성 자산은 2조1,200억달러로 최대 수준이다.

<u>증세의 역설은 최고세율을 올리거나 누진율 등을 강화하면 세금이 더 걷힐 것 같지만, 중장기적으로 세수가 줄어들 가능성이 있다는 경고다.</u> 재정부는 오스틴 굴스비 시카고대 교수 주장을 인용해 세율이 높은 소득과세는 해외 도피 등 부작용을 초래하며 정치적 이해관계로 접근하면 역기능이 발생한다고 설명했다.

과도한 복지정책으로 성장률이 떨어지는 현상도 지적했다. 재정부는 "복지지출 증가가 빈곤층과 사회적 약자의 자활의욕 고취보다는 근로의욕을 떨어뜨려 성장률을 감소시킨다"며 "사회보장 급여에 의존한 생계유지 욕구를 증가시키는 현상을 초래한다"고 말했다.

특히 복지 혜택을 누리던 빈곤층이 노동으로 소득이 발생하면 혜택이 줄 것을 염려해 빈곤층에 머무른다는 빈곤함정이 근로 유인을 억제하고 있다고 지적했다

(1) 트리핀의 딜레마

벨기에 출신으로 예일대 교수였던 로버트 트리핀은 1960년 미 의회 증인으로 출석했다. 그는 미국이 경상적자를 허용하지 않고 국제 유동성 공급을 중단하면 세계 경제는 위축될 것이지만, 반대로 재정적자 상태가 지속돼 달러화가 과잉 공급되면 달러화 가치가 하락해 준비자산으로서 신뢰도가 떨어지고 브레턴우즈체제도 붕괴될 것이라고 예언했다. 바로 '트리핀의 딜레마'다.

(2) 저축의 역설

개인의 입장에서는 절약해서 저축을 늘리는 것이 합리적이지만 사회 전체에게는 오히려 소득의 감소를 초래할 수 있다는 케인스의 이론. 모든 사람이 저축을 늘릴 경우, 수요가 감소해 국민소득이 줄어들게 된다. 그러므로 국민소득 가운데 차지하는 저축의 비율은 높아질

것이지만 저축의 절대액은 변하지 않거나 오히려 감소할 수 있다는 것이다. 이 역설은 저축이 증가하는 반면 투자는 그대로 있다는 가정을 전제로 한다. 이것은 주로 선진국에서 불경기에 처해 있을 경우에 해당되는 이론이다.

❑ 엔화 가치 하락

물가 연 1% 올리겠다 … 일본, 엔고 극약 처방

일본 엔화 가치가 9개월래 최저 수준으로 떨어졌다. 26일 일본 도쿄 외환시장에서 미국 달러와 견준 엔화 가치는 81.25엔에 이르렀다. 2007년 6월 이후 4년 반이 넘도록 이어진 엔고 흐름이 한 고비를 맞는 듯하다. 엔화 가치가 올 초 이후 6% 가까이 떨어졌다.

스위스계 금융그룹인 UBS 외환 투자전략가인 만수르 모이우딘은 블룸버그 통신과의 인터뷰에서 "흐름이 바뀌고 있는 상황인 것은 분명하다"고 말했다. 그가 말한 흐름은 엔고 트렌드다. 엔고에서 엔저 쪽으로 시장 흐름이 바뀌고 있다는 얘기다.

(1) 엔화 가치 하락은 확률이 낮은 사건이다. 글로벌 외환시장에선 엔화 강세가 올해에도 이어질 것이라는 게 다수설이었다. 그 바람에 메이저 금융그룹들은 올 연말 엔–달러 환율 예상치를 수정하느라 바쁘다. 로이터 통신은 "UBS 등 많은 금융그룹이 올 연말 엔–달러 환율을 83~85엔 선으로 수정했다"고 이날 전했다.

블룸버그 통신은 외환 전문가들의 말을 빌려 (2) "일본의 기록적인 무역수지 적자와 유럽 재정위기 진정기미 등이 엔화 수요를 떨어뜨렸다"며 "여기에다 '시라카와 물가상승목표제'가 엔화 가치 하락에 큰 몫을 하고 있다"고 전했다.

(3) 물가상승목표제는 일본은행(BOJ) 총재인 시라카와 마사하키(白川方明·63)가 이달 14일 내놓은 디플레이션 처방이다. 그날 시라카와는 "소비자물가지수(CPI)가 연 1% 오르도록 금융통화정책을 펴겠다"고 발표했다. 이를 위해 그는 일본판 양적 완화(QE) 자금인 자산매입기금을 55조 엔(약 760조원)에서 65조 엔(약 890조원)으로 10조 엔 늘렸다. 지난해 10월 5조 엔을 늘린 이후 넉 달 만이다. 그는 이 돈으로 금융시장에 엔화 홍수를 일으켰다. 일본 정부의 온갖 외환시장 개입에도 꿈쩍하지 않던 엔화 가치가 고개를 떨구기 시작했다.

시라카와 물가상승목표제는 '물가안정목표제(인플레이션 타깃팅)'와 정반대다. 한국은행(BOK)과 유럽중앙은행(ECB) 등이 채택한 물가안정목표제는 물가지수가 일정 선을 넘지 않도록 하기 위해 기준금리 등을 조절하는 정책이다. 반면 시라카와는 물가 상승을 부추기기 위해 통화정책 수단을 동원하고 있다. BOJ는 2001년 가장 먼저 양적 완화를 채택했다. 10여 년이 흐른 뒤 BOJ는 다시 물가상승목표제란 낯선 실험에 첫 도전을 하는 셈이다.

양적 완화 개발자인 영국 사우샘프턴대 리하르트 베르너 교수는 지난 주말 중앙일보와의 전화통화에서 "시라카와 총재가 중앙은행 역사에 없는 실험을 시작했다"며 "그의 처방이 외환시장에선 일단 효과가 나타나고 있는 듯하다"고 평가했다. 하지만 "일본의 고질병인 디플레이션을 바로잡을지는 아직 알 수 없다"고 말했다.

물가상승목표제

중앙은행이 디플레이션과 경기 침체 악순환을 해결하기 위해 물가가 일정 선 이상으로 오르도록 하는 정책. 프리데릭 미시킨 미국 컬럼비아대 교수와 이토 다카하시 일본 도쿄대 교수가 2002년 처음 제시했다. 두 사람은 "BOJ가 물가상승 목표를 시장에 제시해야 한다"며 "그리고 이를 달성하기 위한 정책을 꾸준히 실시하면 시장 참여자들이 합리적으로 반응해 디플레이션이 완화될 수 있다"고 말했다. 비슷한 정책으로 한때 미 중앙은행 내부에서 논의된 실업률목표제나 스위스 중앙은행의 환율목표제 등이 있다.

(1), (2) 세계경제 침체 → 엔화 강세

　　일반적으로 세계경제가 침체에 빠지면 안전자산 선호 현상이 발생한다.

　　안전자산으로는 미국의 달러화, 일본의 엔화, 스위스의 스위스 프랑화 등이 있으며 안전자산의 수요 증가로 가치가 상승한다.

(3) 물가상승목표제는 디플레이션 처방

　　디플레이션은 물가가 지속적으로 하락하는 현상으로 경기 침체 시 주로 발생한다.

　　따라서 시중에 돈을 풀어 물가상승을 유도하면 디플레이션을 해결할 수 있다.

　　엔화의 공급증가는 엔화의 약세를 가져오며 수출증가와 더불어 수입재 가격 상승으로 물가상승을 가져올 수 있다.

❏ 외환보유액

우리나라의 외환보유액이 또다시 사상 최대치를 갈아치웠다. 한 달 새 51억달러가량이 늘어나면서 증가폭 역시 커졌다. 2014년 6월 4일 발행한 정부의 외국환평형기금채권(외평채)이 반영되면 이달 말 잔액 역시 상당 부분 증가할 것으로 예상된다. 5일 한국은행에 따르면 5월 말 기준 우리나라의 외환보유액은 3609억1,000만달러로 11개월 연속 사상 최대치를 이어갔다.

전월 대비 증가액은 올해 1월 19억달러, 2월 34억달러, 3월 25억달러, 4월 15억달러였지만 지난달에는 50억7,000만달러로 빠른 속도로 늘어나고 있다. 외환보유액의 90% 이상을 차지하는 국채·회사채 등 유가증권의 운용수익이 늘어나면서 외환보유액의 증가폭이 커졌다는 게 한은 측 설명이다.

하지만 외환시장에서 환율의 급격한 변동을 방어하는 과정에서 투입된 자금이 반영되는 부분도 일부 있다고 보고 있다.

1. 외환시장

(1) 외환의 수요곡선

만약 환율이 1$ = 500원에서 1$ = 1,000원으로 상승하면 수입재 원화표시 가격이 상승하므로 수입이 감소한다. 따라서 외환의 수요량이 감소하므로 외환수요곡선은 우하향의 형태로 도출된다.

(2) 외환의 공급곡선

만약 환율이 1$ = 500원에서 1$ = 1,000원으로 상승하면 수출재 달러표시 가격이 하락하므로 수출이 증가한다. 따라서 외환의 공급량이 증가하므로 외환공급곡선은 우상향의 형태로 도출된다.

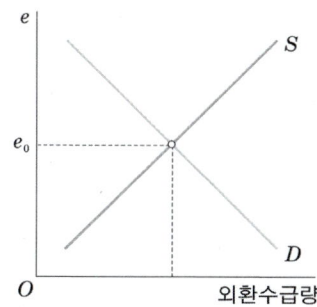

(3) 환율의 결정

외환 수요곡선과 외환공급곡선이 만나는 점에서 균형환율과 외환거래량이 결정된다.

2. 환율의 변화

(1) 외환수요증가요인

국민소득증가, 국내물가상승, 해외물가하락은 수입을 증가시켜 외환수요가 증가한다. 따라서 환율은 상승하고 외환거래량은 증가한다.

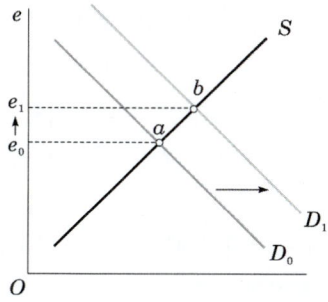

(2) 외환공급증가요인

해외경기상승, 해외물가상승, 국내물가하락은 수출을 증가시켜 외환공급이 증가한다. 따라서 환율은 하락하고 외환거래량은 증가한다.

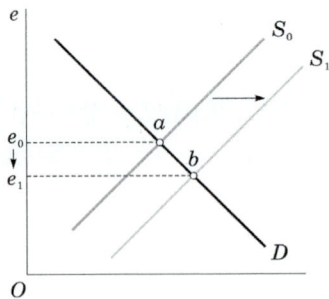

3. 외환보유액

(1) 개념

한 나라의 중앙은행과 정부가 일정 시점에 보유하고 있는 외화자산으로 언제든지 현금으로 전환해 사용할 수 있는 자산을 말한다.

(2) 구성내역

정부와 한국은행이 보유하고 있는 보유 외환으로 외국 통화, 국외 예치금, 외화증권 등으로 이루어져 있다.

4. 외환보유액 변화 요인

① 국채·회사채 등 유가증권의 운용수익이 늘어나면 외환보유액이 증가할 수 있다.
② 달러가치가 하락하면 달러표시 외환보유액 평가금액이 감소할 수 있다.
③ 외환시장에서 환율의 급격한 하락을 방어하는 과정에서 정부와 한국은행이 외환을 매입하면 외환보유액이 증가할 수 있다.

5. 용어정리

* 외국환 평형기금 채권

정부가 환율안정을 목적으로 조성하는 '외국환 평형기금'의 재원을 조달하기 위해 발행하는 채권이다. 줄임말은 외평채이다. 정부는 외환시장에서 투기자금의 유출입 등으로 환율이 급변동할 경우 기업활동의 차질을 막고, 원화의 대외가치를 안정시키기 위해 '외국환 평형기금'을 조성한다. 외국환평형기금을 조성하기 위해 정부는 지급을 보증하는 채권을 발행하는데 이 채권이 외평채이다.

외평채 발행이 늘면 국가채무가 증가하기 때문에 발행한도는 기획재정부 장관의 건의를 거쳐 국회에서 결정한다. 외평채는 원화와 외화표시, 두 종류로 발행할 수 있다. 원·달러 환율이 급락(원화의 평가절상)하면 정부는 원화표시 외평채 발행을 통해 원화를 확보해 외환시장에 공급함으로써 원화가치를 안정시킬 수 있다. 반대로 외화표시 외평채는 원·달러 환율이 급등(원화의 평가절하)하는 것을 막기 위한 목적으로 주로 발행된다.

한국은 외환위기 직후인 1998년 처음으로 40억달러 규모의 외화표시 외평채를 발행, 환율안정에 필요한 외화자금을 조달했다. 외평채는 환율안정 목적말고도 해외시장에서 한국물 채권의 기준금리 역할도 한다. 외평채는 금리동향에 따라 국가신용도를 측정할 수 있는 중요한 지표로 활용되는 것이다. 외평채 발행과 운용업무는 한국은행이 맡고 있다.

❑ 유럽 중앙은행 마이너스 금리 압박

유럽중앙은행(ECB)이 디플레이션 위협에서 벗어나기 위해 전인미답의 길로 접어들 태세다. ECB는 5일 열리는 통화정책회의에서 마이너스(−) 예금금리 도입 여부를 결정할 예정이다. 마이너스 예금금리는 전 세계 주요국 중앙은행 가운데 어디에서도 시도한 적이 없는 조치다. 마이너스 예금금리가 시행되면 은행들은 ECB에 돈을 맡길 때 오히려 비용을 지불해야 한다. 특히 현금 보유에 대해 일종의 벌금을 물리는 셈이다.

최근 블룸버그는 전문가 50명 가운데 44명이 ECB가 예금금리를 마이너스로 낮출 것으로 예상했다고 전했다. 전문가들은 ECB가 기준금리를 0.1%로 내리고 예금금리는 −0.1%로, 대출금리는 0.75%에서 0.6%로 내릴 것으로 내다봤다.

ECB는 마이너스 예금금리를 통해 시장금리를 내리고 간접적으로 시중에 자금을 늘리는 효과를 기대하고 있다. 특히 북유럽 은행에서 남유럽 은행으로 돈이 흘러들어가 유로존 전체 경기가 회복되기를 바라고 있다.

특히 마이너스 금리를 도입하면 유로화가 약세로 돌아서 수출을 늘리는 데 도움을 줄 전망이다. ECB의 통화 완화 조치는 한국에도 작지 않은 영향을 미칠 것으로 보인다.

조윤남 대신증권 리서치센터장은 "유럽 금융회사들이 투자를 늘리면서 유럽계 자금의 한국 시장 유입 규모가 증가할 수 있다"고 내다봤다. ECB는 현금 벌 주기 정책을 통해 실질적인 기업 투자 확대도 유도해 유로존 경기 부양을 노리고 있다.

마리오 드라기 ECB 총재는 "신용경색이 재정위기국 회복에 타격을 주고 낮은 물가인상률도 위협하고 있다"며 최근 디플레이션 경계 발언을 잇달아 내놓고 있다. 지난 4월 유로존 소비자물가지수는 전년 동기 대비 0.7% 수준이다.

5월엔 0.6%로 감소할 전망이다. 이는 ECB 목표치의 2% 절반에도 못 미친다.

시장조사기관 마르키트의 크리스 윌리엄슨 수석이코노미스트는 "유로존의 5월 제조업 구매관리자지수(PMI)가 저조해 ECB가 경기 부양에 나서야 한다는 요구가 커질 것"이라고 말했다.

1. 금리의 결정

(1) 금융시장

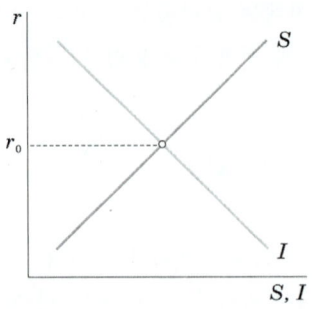

금리는 금융시장에서 결정되는데 자금의 공급인 저축과 자금의 수요인 투자가 만나는 점에서 균형금리가 결정된다.

(2) 자금의 수요와 공급

자금의 수요는 주로 생산활동을 하는 기업의 투자에 의해 좌우된다. 즉 경기 전망이 좋아지면 이익 증가를 예상한 기업의 투자가 늘어나 돈에 대한 수요가 증가하고 금리는 올라가게 된다. 한편 돈의 공급은 주로 가계에 의해 이루어지는데 가계의 소득이 적어지거나 소비가 늘면 돈의 공급이 줄어들어 금리가 오르게 된다. 또한 물가가 오를 것으로 예상되면 돈을 빌려주는 사람은 같은 금액의 이자를 받는다 하더라도 그 실질가치가 떨어지므로 더 높은 금리를 요구하게 되어 금리는 상승하게 된다. 이밖에 금리는 차입자의 신용과 돈을 빌리는 기간 등에 따라 그 수준이 달라지는데 빌려준 돈을 못 받을 위험이 클수록, 그리고 차입기간이 길수록 금리가 높은 것이 일반적이다.

2. 우리나라 금융시장의 구조

우리나라 금융시장의 구조

3. 금리의 종류

(1) 단리와 복리

단리는 단순히 원금에 대한 이자를 계산하는 방법이며 복리는 이자에 대한 이자도 함께 감안하여 계산하는 방법이다. 예를 들어 100만원을 연 10%의 금리로 은행에 2년간 예금할 경우 만기에 받게되는 원금과 이자의 합계액은 단리방식으로는 120만 〔100만원×(1+0.1×2)〕이 되지만 복리방식으로는 121만원 〔100만원×(1+0.1)2〕이 된다.

(2) 명목금리와 실질금리

명목금리는 물가상승에 따른 구매력의 변화를 감안하지 않은 금리이며 실질금리는 명목금리에서 물가 상승률을 뺀 금리이다.

실질금리 = 명목금리 – 물가상승률

(3) 표면금리와 실효금리

표면금리는 겉으로 나타난 금리를 말하며 실효금리는 실제로 지급받거나 부담하게 되는 금리를 뜻한다. 표면금리가 동일한 예금이자라도 복리·단리 등의 이자계산 방법이나 이자에 대한 세금의 부과 여부 등에 따라 실효금리는 달라진다. 대출의 경우에도 이자 계산방법 등에 따라 실효금리는 달라진다.

(4) 예금금리와 대출금리

예금금리란 예금에 적용되는 금리이고 대출금리란 대출 시 적용되는 금리를 말한다. 일반적으로 대출금리가 예금금리보다 크며 이 때 예대마진이 발생한다고 한다.

4. 수익률과 할인율

(1) 개념

100만원짜리 채권을 지금 산 뒤 1년 후 원금 100만원과 이자금액 10만원을 받는다면 이 경우 수익률은 10%이다. 즉 수익률은 투자수익, 여기서는 이자금액을 투자원금으로 나눈 비율을 말한다.

수익률 = 이자금액/채권가격 = 100,000/1,000,000 = 0.1 즉 10%

100만원짜리 채권을 지금 10만원 할인된 90만원에 사고 1년 후 100만원을 받는 경우에 할인율이 10%라 한다. 이를 위에서 설명한 수익률로 바꾸어 보면 현재 90만원짜리 채권에 투자하고 1년 후에 원금 90만원과 이자금액 10만원을 받는 것과 같다. 식으로 나타내면 다음과 같다. 금융시장에서 일반적으로 사용하는 이자율 또는 금리는 수익률 개념이다. 따라서

할인율로 표기된 경우에는 정확한 금리 비교를 위하여 수익률로 전환하여 사용할 필요가 있다.

> 할인율 = 할인금액/채권가격 = 100,000/1,000,000 = 0.100 혹은 10.0%
> 이를 수익률 개념으로 전환하면 :
> 수익률 = 이자금액/채권가격 = 100,000/900,000 = 0.111 혹은 11.1%

(2) 채권수익률과 채권가격과의 관계

채권시장에서 형성되는 금리는 채권수익률이라고 한다. 채권수익률은 채권의 종류나 만기에 따라 국고채, 회사채 수익률 등 매우 다양하게 존재한다. 채권수익률은 채권 가격의 변동과 반대방향으로 움직인다. 채권가격이 오르면 채권수익률은 떨어지고 반대로 채권 가격이 떨어지면 채권수익률은 올라가게 된다.

5. 금융기관

(1) 금융기관이란?

금융기관은 금융시장에서 저축자와 차입자 사이에서 저축과 투자를 연결해 주는 기능을 수행하며 보통 은행, 비은행 예금취급기관, 보험회사, 증권 관련기관, 기타 금융기관, 그리고 금융보조기관 등 6개 그룹으로 구분한다.

(2) 은행

이러한 분류체계를 중심으로 각 그룹에 포함되는 금융기관을 구체적으로 보면 우선 은행에는 일반은행과 특수은행이 있다. 일반은행은 시중은행, 지방은행, 그리고 외국은행 지점으로 구성된다. 특수은행은 은행법이 아닌 개별적인 특별법에 의해 설립되어 은행업무를 핵심업무로 취급하고 있는 금융기관이다. 여기에는 한국산업은행, 한국수출입은행, 중소기업은행, 그리고 농업협동조합중앙회 및 수산업협동조합중앙회 등이 포함된다.

(3) 비은행 예금취급기관

비은행 예금취급기관은 은행과 유사한 여수신업무를 주요 업무로 취급하고 있지만 보다 제한적인 목적으로 설립되어 자금조달 및 운용 등에서 은행과는 상이한 규제를 받는 금융기관이다. 즉 지급결제기능을 전혀 제공하지 못하거나 제한적으로만 제공할 수 있는 등 취급업무의 범위가 은행에 비해 좁으며 영업대상이 개별 금융기관의 특성에 맞추어 사전적으로 제한되기도 한다. 여기에 분류되는 금융기관으로는 상호저축은행, 신용협동조합·새마을금고·상호금융 등 신용협동기구, 종합금융회사 그리고 우체국 등이 있다.

(4) 보험회사

보험회사는 사망·질병·노후 또는 화재나 각종 사고를 대비하는 보험을 인수·운영하는 기관이다. 보험회사는 업무 특성과 기관 특성을 함께 고려하여 생명보험회사, 손해보험회사, 우체국, 공제기관, 수출보험공사 등으로 구분된다. 손해보험회사에는 일반적인 손해보험회사 이외에 재보험회사와 보증보험회사가 있다.

(5) 증권관련기관

증권관련기관은 직접 금융시장에서 유가증권의 거래와 관련된 업무를 주된 업무로 하는 금융기관을 모두 포괄하는 그룹이다. 여기에는 증권회사, 자산운용회사, 선물회사, 증권금융회사, 그리고 투자자문회사가 있다.

(6) 기타 금융기관

기타 금융기관은 앞에서 열거한 그룹에 속하는 금융기관의 업무로 분류하기 어려운 금융업무들을 주된 업무로 취급하는 기관을 말한다. 여기에는 여신전문금융회사(리스회사·신용카드회사·할부금융회사·신기술사업금융회사), 벤처캐피탈회사(중소기업창업투자회사·기업구조조정전문회사), 그리고 신탁회사 등이 있다.

(7) 금융보조기관

금융보조기관은 금융거래에 직접 참여하기보다 금융제도의 원활한 작동에 필요한 여건을 제공하는 것을 주된 업무로 하는 기관들이다. 여기에는 금융감독원, 예금보험공사, 금융결제원 등 금융하부구조와 관련된 업무를 영위하는 기관과 신용보증기금·기술신용보증기금 등 신용보증기관, 신용평가회사, 한국자산관리공사, 한국주택금융공사, 한국거래소, 자금중개회사 등이 포함된다.

6. 디플레이션이란?

디플레이션이란 물가가 지속적으로 하락하는 현상으로 총수요곡선이 좌측이동하면 물가가 하락할 뿐만 아니라 국민소득도 감소한다.

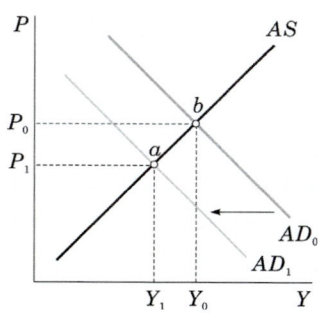

7. 마이너스 예금금리의 실행 도입 효과

(1) 개요

유럽중앙은행(ECB)은 디플레이션의 위협에서 벗어나기 위해 마이너스 예금금리를 적용하기로 하였는데 이는 은행들이 ECB에 돈을 맡길 때 이자를 받는 것이 아닌 보관 비용을 지불

해야 한다는 것이다. 2009년에 스웨덴도 경기부양을 목적으로 마이너스 예금금리를 도입한 바 있다. 당시 통화강세를 막는 효과는 있었지만 시중은행들의 중앙은행 예치금 규모가 크지 않아 시중 유동성과 민간 대출 등 시장 영향은 부진했다.

2012년 덴마크 역시 예치금리를 마이너스로 조정했지만 정작 기대한 만큼 효과를 거두지 못했다.

(2) 효과

① 시중은행들의 대출이 늘어 시중에 자금을 늘리는 효과를 가져온다.

　통화량이 증가하면 시장금리는 하락하고 소비와 투자를 늘릴 것이다.

② 시중에 자금이 늘어나면 유로화 약세가 발생하기 때문에 수출을 늘리는데 도움을 준다.

③ 유럽계 자금이 한국 시장으로 유입될 가능성이 있다.

④ 뱅크런 현상도 발생할 가능성이 있다. 왜냐하면 보관비용을 내면서 은행에 맡기기 보다는 자금을 대거 인출할 가능성이 있기 때문이다.

⑤ 상대적으로 여유로운 북유럽 국가은행에서 남유럽 국가은행으로 자금이 흘러가 유로존 경제가 활성화될 가능성이 있다.

읽을거리 – '소피아 부인' 코스피지수 끌어올릴까

유럽중앙은행(ECB)의 경기부양책이 2000선에 발이 묶인 코스피지수를 끌어올릴 수 있을지 주목된다. 대다수 전문가들은 단기적으로 유럽계 자금의 유입 가능성이 크고, 글로벌 경기의 회복세가 뚜렷해지고 있다는 점 등에서 국내 증시가 다시 힘을 받을 것으로 내다봤다.

○ 유럽계 자금 유입 기대

ECB가 기준금리를 0.1%포인트 내리고 저금리장기대출(LTRO) 등을 시행하기로 한 것은 국내 증시에 호재로 작용할 것이란 분석이다. 일부 기대했던 양적완화(QE) 조치까지는 아니지만 유동성을 시중에 푸는 통화정책을 내놨다는 점에서 실망할 수준은 아니라는 게 전반적인 평가다. 글로벌 증시 반응도 나쁘지 않았다. 미국 다우지수는 ECB의 금리 인하 소식이 전해진 뒤 16,836까지 오르며 사상 최고치를 경신했다. 유럽 증시도 대부분 1% 안팎으로 올랐다. 일본 대만 등 주요 아시아 증시는 6일 오름세로 출발했다가 약보합으로 밀리며 거래를 마쳤다. 휴일을 앞둔 탓에 힘을 받지 못했지만 기대감은 보여줬다는 게 업계의 분석이다.

담보 상태에 놓여 있는 코스피지수에도 긍정적인 영향을 줄 것으로 전망됐다. 곽현수 신한금융투자 연구원은 "유럽계 자금은 2012년 이후 유럽과 미국의 양적완화 정책이 나올 때마다 국내 증시로 유입됐다"며 "이번에도 자금 유입을 기대할 만하다"고 말했다.

금융감독원에 따르면 ECB가 2차 LTRO를 시행한 2012년 1월 이후 국내 증시에는 3개월간 6조7,870억원의 유럽계 자금이 들어왔다. 국채 매입을 시작한 2012년 8월에도 3개월 연속 6조8,241억원이 유입됐다.

글로벌 물가상승 압력으로 위험자산 선호도가 높아지면서 한국을 비롯한 신흥국으로 이미 자금 유입이 시작된 상황인 만큼 유럽계 자금까지 가세할 경우 국내 증시 수급은 한층 더 개선될 것이란 분석이 많다. 김학균 KDB대우증권 투자전략팀장은 "외국인 매수세를 배경으로 코스피지수가 단기적으로 작년 10월 전고점인 2050~2060선까지는 오를 수 있을 것"으로 내다봤다.

○ "수출주 선호 지속될 것"

글로벌 각국의 양적완화 정책이 수년간 거듭돼 온 탓에 주가 부양 효과가 예전만 못할 것이란 지적도 나온다. 유럽계 자금은 상대적으로 단기 성향을 띠고 있는 데다 외환시장 변동성이 커질 수 있다는 점도 짚고 넘어가야 할 대목이다.

유승민 삼성증권 투자전략팀장은 "ECB의 금리 인하가 주식시장에는 호재로 작용하겠지만 달러화와 원화, 엔화 움직임에 따라 업종별로는 주가 상승폭이 제한될 수 있다"고 말했다. 반면 안기태 우리투자증권 연구원은 "유로화 약세·달러 강세에 따른 원화 약세 요인과 외국인 자금 유입에 따른 원화 강세 요인이 맞물리면서 외환시장에는 별다른 영향을 미치지 않을 것"으로 내다봤다.

미국 유럽 등 각국 통화정책의 목표가 여전히 경기 부양에 맞춰져 있어 주요 수출주에 대한 관심은 지속될 것이란 분석이다. 김 팀장은 "미국에 이어 유럽 경기도 느리지만 호전되고 있는 것만은 사실"이라며 "중국 경기가 우려했던 것만큼 나쁘지 않다는 점이 지표로 확인되면 대형 수출주를 중심으로 국내 증시가 본격 상승에 나설 수 있을 것"으로 내다봤다.

❑ 국내총생산

영국이 2014년 9월부터 국내총생산(GDP)을 계산할 때 대표적인 지하경제인 성매매와 마약거래를 포함시킨다. 파이낸셜타임스(FT)는 "영국 정부가 올 9월부터 GDP 통계를 수정하면서 성매매와 마약거래에서 발생한 부가가치를 더하기로 했다"며 "그러면 GDP가 100억 파운드(약 17조원, 약 2.5%) 정도 늘어날 전망"이라고 29일(현지시간) 전했다

FT에 따르면 2009년 현재 영국에서 활동 중인 성매매자는 6만879명이다. 그들은 회당 67.16파운드(약 11만4,000원)를 받는 것으로 조사됐다. 주당 손님은 평균 25명꼴이었다. 그 결과 늘어나는 그해 GDP는 53억 파운드 정도다. 또 2009년 헤로인 사용자는 3만8,000명 정도였다. 이들은 g당 37파운드(약 6만3,000원)씩 주고 헤로인을 산 것으로 조사됐다. 그해 헤로인 거래 총액은 7억5400만 파운드에 달했다. 이런 식의 마약 거래 때문에 그해 늘어난 GDP는 44억 파운드 정도로 추산됐다. 영국에 앞서 최근 이탈리아가 성매매와 마약거래까지 GDP에 반영하기로 했다.

1. GDP란?

GDP(국내총생산)란 일정기간 동안 한 나라 내에서 생산된 최종재의 시장가치를 말한다.

2. GDP에 포함되는 것과 포함되지 않는 것

① GDP에 포함되기 위해서는 한 나라 내에서 생산되어야 하므로 해외에서 생산된 재화와 서비스는 포함되지 않는다. 즉, 국내에서 생산된 것이면 외국인이 소유한 생산요소에 의해 생산된 것도 포함된다는 것이다.

② '최종재'만 GDP에 포함되므로 '중간재'는 GDP에 포함되지 않는다. '중간재'는 '최종재'를 생산하는데 사용되어 원래의 형태가 없어지는 생산물을 말한다.

예를 들면 자동차를 만드는데 사용되는 철강은 '중간재'이며 '중간재'도 GDP에 포함된다면 중복계산의 문제점이 발생한다.

③ GDP에는 재화 뿐만 아니라 서비스의 시장가치도 포함된다.

④ '시장가치'란 시장에서 거래되는 재화와 서비스만 원칙적으로 GDP에 포함된다는 것을 의미한다. 따라서 가정주부가 집에서 가사일을 하는 경우는 GDP에 포함되지 않는다.

GDP에 포함되는 항목	GDP에 포함되지 않는 항목
귀속임대료, 자가소비 농산물, 회사채에 대한 이자, 거래수수료	주부의 가사노동, 중간생산물, 주가변동, 부동산 가격 변동, 골동품 거래, 지하경제

3. 영국의 GDP

영국정부는 성매매와 마약거래 등 지하경제를 2014년 9월부터 포함시킨다고 발표하였다.

한국의 경우 지하경제를 GDP 구성항목에 포함시키지 않기 때문에 한국 역시 지하경제를 GDP에 포함시킨다면 GDP의 총액이 증가할 가능성이 있다.

4. 한국의 GDP 순위(2013년 기준)

현재 세계 1위는 미국(약 16.7조달러)이고 2위는 중국(약 9조달러)이다.

한국은 세계 15위로 약 1조 1천억달러로 세계에서 약 1.6% 정도 비중을 차지한다.

5. 한국의 1인당 GDP 순위

1인당 GDP란 GDP를 인구수로 나눈 값으로 한국의 1인당 GDP는 약 2만 5천달러로 세계에서 33위를 기록했다.

세계 1위는 룩셈부르크로 약 11만달러이고 노르웨이, 카타르, 스위스가 그 뒤를 이었다.

미국(9위, 약 5만달러), 일본(24위, 약 3만 8천달러) 등은 한국보다 1인당 GDP가 많았고 러시아(51위, 약 1만 5천달러), 중국(85위, 약 7천달러) 등은 한국보다 아래였다.

☐ 이자규제

> 2014년 7월 15일부터 10만원 이상 일반 금전거래 최고 이율이 현행 30%에서 25%로 낮아진다. 법무부는 지난 1월 개정된 이자제한법에 따라 이 같은 내용을 골자로 한 이자제한법 제2조 제1항 최고이자율에 관한 규정 일부개정령안이 3일 국무회의를 통과했다고 밝혔다. 개인 간 거래나 미등록 대부업체에서 빌린 돈에 적용되는 최고 이율이다.
>
> 다만 금융사나 등록된 대부업체에는 25% 최고 이율이 적용되지 않는다. 금융사나 등록 대부업체들은 대부업법에서 규정하는 최고 한도를 적용해 현행 원금의 39%까지 받을 수 있는 이자를 34.9%까지만 받게 했다.
>
> 이처럼 바뀐 이자율을 적용하지 않은 거래는 원칙적으로 무효다. 이미 최고 한도 이율을 넘어 초과 이자를 지급했을 때는 초과 지급한 이자 상당액만큼 원금에서 빼고, 원금도 소멸했을 때는 반환을 청구할 수 있다. 최고 이율을 초과해 이자를 받으면 1년 이하 징역 또는 1,000만원 이하 형사처벌을 받는다.
>
> 법무부는 "최고 이자율이 내려가게 돼 서민들 금융 부담이 줄어들 것으로 기대된다"며 "다만 급격하게 최고 이자율을 낮추면 금융 취약 계층의 자금 융통이 곤란해질 수 있는 점도 고려했다"고 설명했다.

1. 가격통제란?

가격통제란 정부가 특별한 목적을 가지고 직접적으로 가격형성에 개입하는 것으로 가격상한제와 가격하한제가 존재한다.

2. 가격상한제(price ceiling) - 최고가격제

가격상한제란 정부가 수요자 보호를 위하여 균형가격보다 낮게 가격상한을 설정하는 것으로 분양가 상한제, 임대료 통제, 이자규제 등이 존재한다.

3. 이자규제의 목적

최고 이자율을 규제하는 이유는 정치·사회적으로 경제·사회적 약자를 보호하기 위해서이다.

4. 이자규제의 장점

① 금리를 규제하면 서민들의 금융부담이 줄어들기 때문에 소비자 후생이 증대된다.
② 금리를 규제하면 기업의 생산비용이 감소하기 때문에 인플레이션을 억제할 수 있으며 투자가 증진될 수 있다.
③ 가계채무가 1,000조원이 넘는 가운데 금리의 하락은 가계의 채무부담을 줄일 수 있다.

5. 이자규제의 단점

① 음성화된 암시장이 발생하여 오히려 시장균형금리보다 대출금리가 상승할 수 있다.

② 급격하게 최고 이자율을 낮추면 초과수요가 발생하기 때문에 금융 취약 계층의 자금 융통이 곤란해질 수 있다.

③ 담보요구 및 자산심사 등 대출조건이 더 까다로워 질 수 있다.

6. 설명

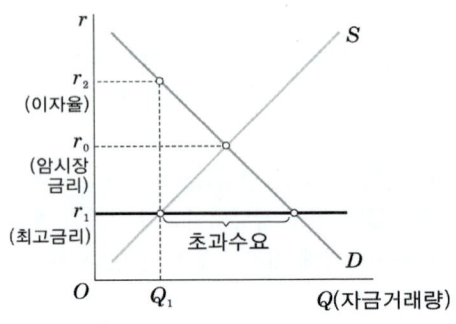

① 현재 자금시장에서 균형이자율은 r_0이다. 이 때 정부가 이자율을 r_1으로 규제하면 초과수요가 발생한다.

② 이자율 규제시 자금거래량은 Q_1이 되며 자금수요자는 최대 r_2만큼 이자를 지불할 용의가 있으므로 암시장 금리는 r_2가 된다.

❑ 공급 넘치는 쌀

올해 한국의 쌀 자급률이 90%대를 넘어설 전망이다. 수입 물량까지 포함하면 쌀 공급이 100%를 초과하게 돼 공급 과잉이 될 수도 있다. 3일 농림축산식품부에 따르면 2014 양곡연도의 쌀 자급률은 92%로 전망됐다. 양곡연도는 통상 직전해 11월부터 해당 연도 10월까지를 의미한다. 2009년부터 이듬해까지 100%를 넘겼던 쌀 자급률은 2011년 83.1%로 하락했다가 2012년 86.6%, 작년 89.2%로 상승세를 보여 왔다. 올해는 이보다 2.8%포인트 상승한 92%를 기록할 것으로 농식품부는 내다봤다. 쌀 자급률이 낮으면 공급이 적은 문제가 발생한다.

한국은 우루과이라운드 합의로 최소시장접근(MMA)에 따라 연간 40만9,000 t 의 쌀을 의무적으로 수입한다. 이는 전체 쌀 소비량 중 9%가량을 차지하는 수치다. 쌀 자급률과 합산하면 100%를 초과한다는 의미다.

1. 수요와 공급의 원리

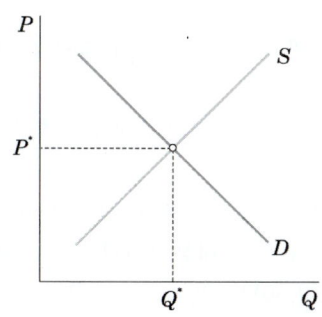

시장에서 수요와 공급이 만나는 점에서 균형가격과 균형거래량이 결정된다.

2. 공급의 증가

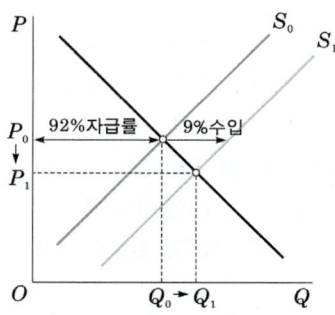

2014년 한국의 쌀 자급률이 92%인데 쌀 수입이 9% 증가하면 쌀의 공급곡선이 우측이동한다. 따라서 쌀의 가격은 하락하고 거래량은 증가하게 된다는 것을 알 수 있다.

3. 용어정리

(1) 우루과이 라운드

우루과이 라운드란 1986년 우루과이에서 열린 관세 및 무역에 관한 일반협정(General Agreement on Tariffs and Trade/GATT) 하에 논의되었던 제8차 다자간 무역협상(Multinational Trade Negotiation)을 말한다.

(2) 최소시장접근(MMA : Minimun Market Access)

농산물 협정상의 시장접근 방식의 하나로 우루과이 라운드(UR) 농산물협상에서 원칙적으로 모든 농산물을 관세화, 즉 국내외 가격차를 관세로 전환하고 모든 수량제한을 없애는 조치를 하였는데, 국내외 가격차가 클 경우 관세율이 높아지므로 고율 관세로 인해 수출국들의 시장접근이 어려운 점을 감안하여 최소한의 시장접근기회를 제공하기 위하여 도입된 제도이다.

❏ 저출산 고령화

한국의 출산율이 전 세계에서 최하위 수준인 것으로 나타났다. 인구 1,000명당 출생아 수를 나타내는 조(粗)출생률도 바닥권이다.

경제협력개발기구(OECD) 국가 중에서는 한국의 출산율이 가장 낮았다. 조출생률도 일본에 이어 밑에서 두 번째였다.

16일 미국 중앙정보국(CIA)의 월드팩트북(The World Factbook)에 따르면 올해 추정치 기준으로 한국의 합계출산율은 1.25명에 그쳐 분석 대상 224개국 중 219위였다.

한국보다 낮은 4개국은 싱가포르(0.80명), 마카오(0.93명), 대만(1.11명), 홍콩(1.17명)이었으며 한국은 영국령버진아일랜드(1.25명)와 공동 219위를 차지했다.

합계출산율 1위는 아프리카 국가인 니제르로 6.89명에 달했고 말리(6.16명), 부룬디(6.14명), 소말리아(6.08명), 우간다(5.97명)가 뒤를 이었다.

OECD 회원국 중에서는 한국이 꼴찌였다.

이스라엘(2.62명)이 75위로 가장 높은 순위에 있고 멕시코(2.29명) 94위, 프랑스(2.08명) 112위, 뉴질랜드(2.05명) 117위, 미국(2.01명) 122위 등의 순이었다.

조출생률도 비슷한 상황이다.

한국의 조출생률은 8.26명으로 220위를 차지했다.

최하위는 지중해 연안의 소국인 모나코가(6.72명)가 이름을 올렸으며, 북아메리카에 있는 프랑스령 군도인 생피에르미클롱이 7.70명으로 223위, 일본이 8.07명으로 222위, 싱가포르가 8.10명으로 221위였다.

조출생률 역시 니제르가 46.12명으로 1위였고 말리(45.53명), 우간다(44.17명), 잠비아(42.46명), 부르키나파소(42.42명)등이 뒤를 이었다.

OECD 회원국 중에는 멕시코가 19.02명으로 91위를 차지해 가장 순위가 높고 이스라엘(18.44명) 101위, 터키(16.86명) 114위, 아일랜드(15.18명) 132위, 미국(13.42명) 150위 등이었다.

한국은 OECD 회원국 중 일본 다음으로 순위가 낮았다.

인도는 19.89명으로 86위, 중국은 12.17명으로 163위였으며 북한은 14.51명으로 138위였다.

1. 고령화란?

   전체 인구 중 65세 이상 인구가 차지하는 비중에 따라 고령화 사회(7% 이상), 고령사회(14% 이상), 초고령사회(20% 이상)로 분류한다.

2. 저출산 고령화가 한국경제에 미치는 영향

   ① 노동의 양이 감소하고 노동의 질이 하락한다.
      따라서 잠재성장률의 하락을 가져올 수 있다.
   ② 생애소득가설에 따르면 고령자의 평균소비 성향이 청장년층보다 높으므로 저축률이 감소한다. 저축률의 감소는 이자율 상승을 가져와 투자감소와 더불어 환율하락을 가져올 수 있다.

③ 저출산 고령화는 정부의 사회복지지출의 증가를 가져오므로 재정수지에 부담을 가중시킬 것으로 전망된다.

④ 저출산 고령화는 주택수요의 감소를 가져와 주택가격의 하락을 가져올 수 있다.

3. 용어정리

① 합계출산율은 여자 1명이 가임기간(15~49세)동안 낳을 것으로 예상하는 평균 출생아 수를 말한다.

② 조출산율은 인구 1,000명당 출생아 수를 나타낸다.

③ 잠재성장률은 잠재 GDP의 변화율을 말한다. 잠재 GDP란 한 국가내에 있는 모든 생산요소를 정상적으로 투입했을 때 도달가능한 GDP를 말한다.

☐ 정부의 엔저 불감증

100엔당 원화 환율이 1,000원 아래로 떨어지는 등 원화 값이 급격히 올라 수출기업들의 채산성이 떨어지고 있는데, 정부의 대응이 너무 소극적이라는 비판이 제기되고 있다.

원화 값이 오르면 그 충격은 당장 나타나지 않고 1~2년 후에야 본격적으로 나타나는데, 정부는 "경상수지 흑자가 계속되고 수출 실적이 좋다"며 상황을 안이하게 보고 있다는 지적이다.

익명을 요구한 전직 경제부처 장관은 "1980년대 이후 우리나라는 100엔당 원화 값이 1,000원 아래로 내려가면 반드시 위기가 왔다. 지금 그런 상황이 반복되려 하는데 정부에선 경제지표들이 좋다는 말만 하니 답답하다"고 했다. 전직 청와대 고위 관계자도 "최근 엔화 환율이 세 자릿수로 내려간 것은 면밀한 대비가 필요하다. 이대로 두면 수출 중소기업과 대기업 협력업체들의 타격이 클 것"이라고 우려했다.

11일 서울 외환시장에서 달러 대비 원화 환율은 전날보다 1.5원 내린 1015.7원으로 연중 최저치를 다시 경신했고, 원엔 환율도 100엔당 992.8원에 거래를 마쳐 세 자릿수를 유지했다.

100엔당 원화 환율은 지난 6일을 기점으로 1,000원 아래로 떨어진 뒤 계속 900원대를 유지하고 있다. 작년 6월 1,200원을 넘던 환율이 1년 새 200원이 넘게 떨어진 것이다. 최근 3개월간 하락폭은 100엔당 70원에 육박해 하락 속도(원화 값은 상승)도 빨라지고 있다. 아베노믹스로 일본의 무제한 돈 풀기가 계속되는 상황에서, 미국 경기 회복이 지연되면서 달러 약세, 신흥국 통화 강세 현상이 겹친 영향이다.

한국 경제는 엔저(円低)가 찾아올 때마다 혹독한 시련을 겪었다.

첫 번째 엔저 쇼크는 플라자합의 이후 엔고가 계속되다가 엔저로 방향이 바뀐 1989년이었다. 1985년 미·일을 포함한 5개 선진국이 맺은 플라자 합의 이후 2년 만에 엔화 가치가 두 배나 뛰면서 우리나라 수출은 1985년 303억달러에서 1988년에는 607억달러로 두 배가 됐다. 경제성장률도 두 자릿수를 기록했다. 그러나 1989년 엔화 가치 상승이 멈추자 1988년 148억달러 흑자이던 경상수지는 1989년 3분의 1 토막 났다. 경제성장률은 1988년 11.7%에서 1989년엔 6.8%까지 미끄러졌다.

두 번째 쇼크는 1990년대 후반 외환 위기였다. 1995년에 100엔당 824원까지 올랐던 엔화 환율이 1996~1997년 700원대로 떨어지자(원화 값 상승), 우리 기업들의 수출경쟁력이 꺾이면서 1997년 경상수지 적자가 사상 최고인 230억달러에 달했다. 1998년 결국 외환 위기가 찾아왔다.

올해 세 번째 엔저 역시 이런 위기를 몰고올 가능성이 있다. 이준협 현대경제연구원 연구위원은 "100엔당 원화 값이 1,000원을 유지한다고 해도 올해 수출이 7.5%가량 줄어들 것"이라며 "시간이 갈수록 충격은 커질 공산이 높다"고 말했다.

외환 당국은 이런 우려에 공감하면서도 "엔저가 1980년대 후반이나 1990년대 후반처럼 오래 이어지지 않을 것"이라고 반박한다.

익명을 요구한 외환 당국 관계자는 "엔저와 경제 위기에 상당한 상관관계가 있다는 점은 인지하고 있다"면서도 "수출기업들이 잘 버텨주고 있고 올해 연말과 내년 초 미국이 돈 풀기를 끝내고 금리 인상에 나설 경우 달러가 강세로 돌아서고, 이에 영향을 받는 원엔 환율도 다시 1,000원대로 복귀할 것으로 기대하고 있다"고 말했다.

1. 엔저현상

일본의 아베노믹스 정책으로 엔화의 가치가 하락하는 반면 원화의 가치는 상승하고 있다.

2. 엔저에 따른 한국경제에 미치는 영향

① 일본과 수출경합도가 높은 자동차, 전자업체, 석유화학, 조선산업의 수출감소가 발생할 가능성이 있다.

② 한국인의 일본여행 증가가 발생한다.

③ 한국기업의 일본 원자재 및 자본재 수요가 증가해 무역수지 적자가 확대될 수 있다.

④ 엔화로 차입한 기업의 채무부담이 증가한다.

3. 엔저효과에 대한 대처

① 한국은행의 기준금리 인하로 외환유출을 유도할 뿐만 아니라 가계채무부담을 줄일 수 있다.

② 외환당국의 구두개입 및 외환시장 개입을 통해 대처할 수 있다.

③ FTA 체결 증가 및 국내기업의 해외이전을 통해 엔저로 인한 피해를 줄일 수 있다.

④ 제품 브랜드 향상 등 비가격 경쟁력을 향상 시킬 필요가 있다.

❏ 돈맥 경화

시중에 풀린 돈이 실물경제로 흘러가지 않는 이른바 '돈맥경화' 현상이 심화되면서 경기회복세에 먹구름이 드리워지고 있다. 시중자금 유동성이 넘쳐나고 있지만, 경제 전반에 퍼지지 않고 있어 서다. 전문가들은 이같은 문제를 해결하기 위해서는 구조개혁을 통해 경제 체질을 개선해야 한다고 강조한다.

한국은행이 분석한 올 1분기(1~3월) 예금회전율은 3.7회를 기록해 2006년(3.5회) 이후 7년만에 최저치를 기록한 지난해 예금회전율(3.7회)과 동일했다. 예금회전율은 기업이나 개인이 일정 기간 동안 투자·소비 등을 위해 예금을 인출한 횟수다. 예금회전율이 낮다는 것은 예금자들이 투자처를 찾지 못해 돈을 은행에 묻어두는 경향이 심해지고 있다는 뜻이다.

1년 미만 단기부동자금은 지난해 1,161조원을 기록했다. 결제성 예금, 예금취급기관 단기저축성 예금, 표지어음, 환매조건부채권, 단기채권을 합한 것이다. 이러한 단기부동자금은 2011년엔 983조원, 2012년엔 1,067조원으로 2년 동안 178조원이나 급증했다.

이처럼 단기자금에 돈이 몰리는 이유는 저금리 기조가 오랜 기간 지속되면서 마땅한 투자처가 없기 때문으로 풀이된다. 한 금융통화위원은 이날 내놓은 의사록에서 "통화정책을 통해 유동성을 공급하더라도 중간지점에 장애물이 존재할 경우 경제주체들의 입장에서는 정책 효과를 체감하기 어려운 경우도 발생할 수 있다"며 "시중자금이 최종 수요자에게 흘러가는 과정에서 병목현상이 발생하는지를 계속해서 주시하고 시정하는 노력이 필요하다"고 강조했다.

김대식 중앙대 경제학과 명예교수는 "경제주체가 돈을 쓰지 않아 나타나는 수요부족 현상, 가계부채가 소비를 제약해 경제성장을 저해하는 구조적인 문제가 복합적으로 나타나고 있다"며 "지난해 추가경정예산 집행 및 기준금리 인하 등 완화적인 재정·통화정책을 실시했음에도 시중에 돌지 않는 것은 최근의 불황이 구조적인 원인에 기인한 측면이 크기 때문"이라고 분석했다.

전문가들은 풍부한 유동성이 실물경제로 이어지려면 전통적인 경제활성화 대책 외에 과감한 구조개혁, 즉 경제 체질 개선이 필요하다고 강조한다.

김대식 교수는 "근원적으로 단기자금 부동화 문제를 해소하려면 정부는 기존에 추진하던 공직사회·공기업 개혁, 가계부채 및 기업부실 대책, 규제완화 등 각종 구조개혁에 적극 나서야 한다"며 "더이상 경제활성화 정책만으로는 효과를 볼 수 없다"고 말했다. 그는 다만 "현재는 세월호 사태의 여파로 일시적인 수요부족 현상이 나타났기 때문에 단기적으로는 경제활성화 정책이 필요하다"고 덧붙였다.

가계나 기업에 쏠려있는 돈이 실물경제로 흘러갈 수 있도록 정부가 물꼬를 터주는 역할을 해야 한다는 주문도 있다. 이근태 LG경제연구원 연구위원은 "정부는 최근 둔화된 규제개혁에 다시 속도를 내고, 우회적으로나마 대기업이 투자, 고용, 임금개선 등을 통해 돈을 풀 수 있도록 유도해야 한다"고 밝혔다.

윤석헌 숭실대 금융학부 교수는 "대기업이 사내 유보금으로 돈을 쌓아두는 것과는 대조적으로, 중소기업은 자금난에 허덕이고 있다. 은행이 본연의 역할인 금융중개를 통한 자금 공급에 충실하지 못한 것도 한 원인"이라며 "대기업의 이익이 중소기업 및 가계에 원활하게 분배될 수 있도록 은행은 관계형 금융을 통해 나름의 신용평가 체계를 구축하고, 정부는 이들 정보가 제대로 공유될 수 있도록 인프라 구축에 힘써야 한다"고 강조했다.

1. 돈맥경화란?

돈맥경화란 시중에 풀린 돈이 실물경제로 흘러가지 않는 현상으로 돈의 흐름이 막혀서 한 곳에 머무르는 것을 말한다.

2. 고전적 화폐수량설

MV = PY (M : 통화량, V : 화폐유통속도, P : 물가, Y : 실질 GDP)

3. 돈맥경화의 원인

① 돈맥경화가 발생하는 이유는 예금회전율이 감소하고 있기 때문이다. 예금회전율이란 인출 횟수를 근거로 일정기간 동안 시장에서 돈이 얼마나 활발히 순환했는지와 예금통화의 유통 속도를 말한다.

② 또한 통화유통속도(V)와 통화승수가 하락세를 보이고 있기 때문이다.

경기침체 시 통화유통속도는 일반적으로 감소한다. 통화승수는 지급준비율과 현금보유성향 과 역관계이므로 은행의 대출기피와 경제주체들의 안전자산보유 성향의 증가는 통화승수를 감소시킬 수 있다.

4. 용어

① 실제지급준비율이란 실제지급준비금을 예금통화로 나눈 값을 말한다.

실제지급준비금은 법정지급준비금과 초과지급준비금의 합으로 중앙은행은 법정지급준비금 을 결정하고 일반은행은 스스로 초과지급준비금을 결정한다.

② 통화승수는 통화량을 본원통화로 나눈 값을 말한다.

❑ 불황형 흑자

올해 경상수지 흑자가 지난해보다 더 많아질 것이란 전망이 제기되고 있다. 하지만 무역거래에서 벌어들인 소득이 국내 투자나 소비를 늘리는데 사용되지 않으면서 경제성장률엔 별 도움이 되지 못하고 있다는 지적이다.

경상흑자 폭 확대가 오히려 원화 강세(환율 하락)를 유발시켜 수출이나 성장률에 부정적 영향을 미칠 가능성만 대두되고 있다. 일부선 엔화가치 상승에도 경상수지 흑자를 기록했던 1980년대 후반의 일본과 닮아간단 지적도 나온다. 그만큼 경상수지 흑자가 구조화되고 있단 우려다.

한국은행에 따르면 2014년 1~4월 누적 경상흑자가 222억달러로 집계됐다. 지난해 같은 기간(1~4월) 보다 71억9,000만달러나 많은 것이다.

이같은 추세라면 지난해 5, 6월 수준의 흑자만 달성해도 상반기 380억달러를 넘어설 것으로 보인다. 이재랑 한은 조사총괄팀장은 "당초 4월에 전망했던 것보다 실적이 좋게 나왔다"며 "상반기 에 290억달러가 넘어갈 수도 있겠다"고 밝혔다.

한은의 올해 경상흑자 전망치는 680억달러. 통상 하반기로 갈수록 경상흑자가 커진다는 점을 감안하면 올 경상흑자가 지난해보다 많아질 가능성이 높다. 한국개발연구원(KDI)도 올 전망치를 501억달러에서 780억달러로 상향 조정했다.

경상흑자가 예상보다 많아진 이유는 올해 경제가 내수 위주로 성장하면서 수입이 늘어날 것이란 전망에 차질을 빚고 있기 때문이다. 환율 하락에도 수출은 호조를 보인 반면, 온기가 돌 것으로 예상했던 내수는 차갑기만 하다.

이에 따라 1~4월 수입이 통관기준으로 지난해 같은 기간보다 2.8% 증가하는 데 그쳤다. 지난해 같은 기간 수입증가율이 마이너스 3.0%라는 점을 감안하면 상당히 부진한 수치다.

더구나 세월호 참사로 소비가 침체되면서 내수회복이 더뎌져 수입 수요가 늘지 않고 있다. 국내 총투자율도 28.9%로 전분기(29.3%)보다 0.4%포인트 하락했다. 기업 소득이 늘었지만 국내 투자로는 이어지지 않고 있는 셈이다.

김영준 하나금융연구소 금융시장팀 연구위원은 "올해 경상흑자는 800억달러를 넘겨 국내총생산(GDP) 대비 6%를 넘어설 것"이라고 밝혔다. 그는 이어 "저축에 비해 투자가, 소득이나 생산에 비해 내수가 각각 6%포인트씩 부족하단 얘기로도 볼 수 있다"고 덧붙였다.

우리나라는 '소규모 개방경제'라는 특수성에 따라 경상흑자는 필수품이다. 하지만 GDP의 6%가 넘는 경상흑자는 원화 강세, 환율 하락만 초래하는 애물단지가 될 수 있단 우려도 나온다. 김영준 연구위원은 "GDP대비 2~3% 정도의 경상흑자는 안정성을 위해 필요하지만 지금은 너무 높다"고 우려했다.

달러-원 환율이 5년 10개월만에 1,010원대로 하락한 데다 경상흑자 폭이 커질수록 환율 하락 압력이 가중될 것이란 우려다. 특히 달러화 대비 원화 절상폭은 주요 아시아 통화 대비 가파른 편이다. 국제금융센터에 따르면 원화는 3월말보다 4.4% 상승해 대만(1.3%), 홍콩(0.1%), 싱가포르(0.9%)보다 상승속도가 빨랐다.

한편에선 환율 하락에도 경상흑자 폭이 커짐에 따라 일본형 구조적 흑자 논란도 제기된다. 1980년대 후반 '잃어버린 20년'을 겪기 직전의 일본을 닮아간단 우려다. 당시 일본은 엔고에도 경상흑자가 지속됐다. 우리나라 역시 원화 강세가 수출에 미치는 부정적인 영향이 급감했다. 일부 수출 대기업의 품질경쟁력이 높아졌단 이유가 위안이 되고 있지만, 그렇게만 넘길 일은 아니란 지적도 나온다.

정대희 KDI 연구위원은 "일본의 (과거 경상흑자 배경엔) 고령화로 소비가 적어지고, 해외에 자산을 쌓으면서 저축이 늘어난 부문이 있었다"며 "우리나라도 고령화가 진행되고 있는데다 생산가능인구까지 줄어들게 되면 소비성향이 하락할 가능성이 있다"고 밝혔다. 이어 "최근 경상흑자가 구조적 측면만 있는 것은 아니지만, 일본과 여러가지로 닮아간다는 점은 우려스럽다"고 덧붙였다. 기업들의 해외생산기지 이전, 국내 수요부족 등이 닮았단 우려다.

정 연구위원은 "오랫동안 지속된 (수출과 내수) 불균형이 조정돼야 한다"며 "내수 위축이 살아나야 한다"고 밝혔다. 김영준 연구위원도 "기업들이 투자할 수 있도록 메리트를 줘야 한다"고 말했다. 이창선 LG경제연구원 연구위원은 "하반기에 경기회복세가 두드러지면 수입이 늘어날 여지가 있다"고 설명했다.

1. 국제수지(balance of payment)의 개념

유량개념으로서 일정기간동안 일국의 거주자와 외국의 거주자 사이의 모든 경제적 거래를 체계적으로 분류

2. 국제수지표의 내용

(1) 경상수지

① 한 나라의 재화와 서비스의 순 수출 및 국제간의 증여를 화폐액으로 표시한 것
② 경상수지 = 상품 및 서비스수지 + 소득수지 + 경상이전수지

(2) 자본수지

① 한 나라에서 일정기간동안 발생하는 외화의 유출입차이를 화폐액으로 표시한 것
② 자본수지 = 투자수지 + 기타자본수지

(3) 준비자산증감

통화 당국의 외환시장 개입에 따른 대외준비자산의 증감을 계상

(4) 오차 및 누락

차변과 대변의 균형을 위해 필요한 항목

구분		내용
경상수지	상품수지	상품의 수출과 수입
	서비스수지	서비스의 수출과 수입 예) 운수, 여행, 보험서비스 등
	소득수지	생산요소의 제공으로 발생 예) 임금, 배당, 이자
	경상이전수지	아무런 대가없이 무상으로 제공 예) 송금, 무상원조 등
자본수지	투자수지	대외금융자산 또는 부채의 소유권 변동과 관련된 거래 예) 직접투자, 포트폴리오투자, 기타투자 등
	기타자본수지	기타자산의 매매를 계상 예) 자본이전, 특허권 등
준비자산증감		국제준비자산의 증감을 계상 예) 특별인출권, 외화자산 등
오차 및 누락		차변과 대변의 균형을 위해 필요한 항목

3. 경상수지와 국내 총생산

(1) 개념

① 지출 측면에서 보면 국내 총 생산(GDP)은 다음과 같이 구성된다.

$$Y = C + I + G + (X - M)$$

(C : 소비지출, I : 투자지출, G : 정부지출, $X - M$: 순 수출(경상수지))

② ($C + I + G$)는 국내외에서 생산된 재화에 대한 총 지출(Absorption : A)이므로 다음의 관계식이 성립한다.

$$Y = A + (X - M)$$

$$\rightarrow (X - M) = Y - A$$

→ 경상수지 = 국내총생산 − 국내외에서 생산된 재화에 대한 총 지출액

(2) 의미

① 국내 총생산이 총 지출액 보다 크면 경상수지가 흑자, 국내 총생산보다 총 지출액이 더 크면 경상수지가 적자가 됨을 의미한다.

② 경상수지가 적자라는 것은 그 만큼 외국으로부터 돈을 차입하여 재화를 구입했음을 의미한다.

③ 경상수지가 적자이면 그 만큼 해외부채가 증가하나 해외자산이 감소하므로 경상수지의 불균형은 우리나라가 보유한 순 해외자산(Net Foreign Asset)의 크기변화를 가져온다.

④ 외국에서 차입한 돈은 외국사람이 저축한 돈이므로 경상수지적자를 '해외저축'이라고도 한다.

(3) 시사점

① 경상수지 적자를 줄이기 위해서는 총 지출액을 감소시켜야 하므로 긴축적인 정책 실시가 필요하다.

② 자본재나 원자재 수입 감소로 인한 경상수지 흑자는 장기적으로 바람직스럽지 않은 결과를 가져올 가능성이 크다. 왜냐하면 산업 활동과 수출도 위축될 것이기 때문이다.

(4) 업솝션(Absorption)

① 일정기간동안 국내외에서 생산된 재화 및 서비스에 대한 총 지출액(총 구입액)으로 다음과 같이 정의된다.

$$A = C + I + G$$

② Absorption은 일정기간동안 한 나라의 재화와 서비스의 총 사용액을 의미한다.

4. 경상수지와 저축 및 투자

(1) 의의

경상수지는 국내 총생산과 지출액의 차이로 나타낼 수 있을 뿐만 아니라 투자와 저축의
차이로 나타낼 수도 잇다.

(2) 관계식

$$(X-M) = Y-(C+I+G)$$
$$= (Y-T-C)+(T-G)-I$$
$$= S_P+S_G-I \qquad (S_P : 민간저축, \ S_G : 정부저축)$$
$$= S_T-I \qquad\quad (S_T : 총 저축)$$

(3) 경상수지 적자요인

경상수지 적자요인으로는

① 과소비에 따른 민간저축감소

② 재정적자 (정부저축감소)

③ 투자지출의 증가를 들 수 있다.

(4) 시사점

① 민간저축 감소나 재정적자로 경상수지는 부정적인 효과를 가져 올 수 있으나 투자증가
로 인한 경상수지 적자는 오히려 바람직할 수도 있다.

② 지속적으로 경상수지 적자가 계속되면 이는 외채누적으로 연결되므로 지속적인 경상수
지 적자는 외채위기를 불러올 가능성도 있다.

☐ 소비심리지수 상승

세월호 참사 여파로 위축됐던 소비 심리가 6월 들어 개선되는 양상이다. 하지만 참사 이전 수준
을 회복하지는 못했다.

한국은행은 6월 소비자심리지수(CSI)가 107로 나타나 5월(105)보다 2포인트가 상승했다고 25일
발표했다. 소비자심리지수는 전국 도시의 2200가구를 대상으로 매달 조사하며, 기준치(100)보다
높으면 긍정적인 답변이 부정적인 답변보다 많다는 의미다. 100보다 낮으면 그 반대이다. 지난
5월 소비자심리지수는 세월호 참사의 영향으로 4월(108)보다 3포인트 하락, 8개월 만에 가장 낮
은 수준으로 떨어졌었다. 정문갑 한은 통계조사팀 차장은 "소비자 심리가 회복되고 있지만 아직
사고 이전 수준을 회복하지는 못했다"고 말했다.

6개월 뒤의 소비 지출 전망, 생활 형편 전망, 가계 수입 전망은 세월호 참사가 발생했던 4월 수
준과 같거나 높아져 뚜렷한 회복세를 보였다.

1. 경기지수

경기지수란 경기흐름을 파악하기 위해 경기에 민감한 일부 경제지표를 선정하여 이를 지수로 나타낸 것이다.

2. 경기종합지수(composite index)

(1) 개념

경기종합지수는 선행, 동행, 후행지수로 구분하여 통계청에서 매월 작성, 발표하고 있다.

(2) 경기선행지수

① 경기선행지수는 6개월 후의 경기흐름을 가늠하는 자료이다. 지표가 전달보다 증가하면 '경기상승', 감소하면 '경기하강'을 의미한다.

② 선행지수가 5~6개월 간 하락하면 경기가 침체될 가능성이 큰 것으로 해석한다.

③ 경기선행지수가 100이상이면 경기팽창, 그 이하면 경기하강을 뜻하며 100이하에서 높아지면 경기침체에서 회복하는 것을 의미한다.

④ 경기선행지수를 통해 거시경제의 단기적인 예측이 가능하며 미래를 다루는 지표의 특성상 다른 지수보다 투자지표가 가장 많이 반영되기도 한다.

(3) 경기동행지수

① 경기동행지수는 현재의 경기상황을 파악하는데 사용되는 지표이다.

② 경기동행지수는 현재를 다루는 지표의 특성상 생산과 소비지표가 가장 많이 반영된다.

(4) 경기후행지수

① 경기후행지수는 현재의 경기를 나중에 확인하기 위해 작성되는 지표이다.

② 과거를 반영하는 특성상 다른 지수보다 고용지표를 참고하는 지수이다.

(5) 통계청의 경기종합지수

선행종합지수	동행종합지수	후행종합지수
구인구직비율	비농림어업 취업자수	회사채유통 수익률
재고순환지표	광공업생산지수	상용근로자수
기계류내수출하지수	건설기성액	도시가계소비지출
국제원자재가격지수	서비스업생산 지수	소비재수입액
건설수주액	소매판매액 지수	생산자제품 재고지수
소비자기대지수	수입액	
종합주가지수	내수 출하지수	
수출입물가비율		
장단기 금리차		

3. 대표적인 경기선행지수

(1) 경기실사지수(Business Surveying Index : B. S. I)

① 기업가의 의견을 직접 조사하여 이를 기초로 경기동향을 파악하고 예측하고자 하는 지수이다.

$$B.S.I = \frac{상승업체수 - 하락업체수}{전체기업수} \times 100 + 100$$

② B. S. I는 0과 200사이의 값을 갖게 되며 100이상이면 경기가 확장국면, 100이하이면 수축국면으로 판단한다.

(2) 소비자 심리지수

1) 개념

① 한국은행에서 현재 생활형편, 가계수입전망 등의 6개의 주요 개별지수를 가지고 소비자들의 심리를 종합적으로 판단할 수 있도록 만든 지수를 말한다.

② 소비자심리지수(CSI)는 한국은행에서 1995년 3/4분기부터 분기별로 발표하고 있다. 17개 개별지수를 소비자에게 설문조사를 한 뒤 현재 생활형편, 생활형편 전망, 현재 경기판단, 향후 경기전망, 가계수입전망, 소비지출전망의 6개 주요 개별지수를 표준화하여 합성해서 지수화한다. 한국은행은 한국 전체의 CSI와 함께 지역본부를 통해서 해당 지역의 CSI도 함께 조사해서 발표한다.

(3) 평가

① CSI가 100이라면 앞으로 생활형편이나 경기전망, 수입전망 등이 이전과 같을 것이라고 생각하는 소비자들이 많다는 뜻이고, CSI가 100보다 클 경우는 이전보다 앞으로의 생활형편 등이 나아질 것으로 생각하는 사람들이 많다는 의미를 가진다.

② CSI가 100보다 낮다면 경기전망을 어둡게 보는 소비자들이 많다고 해석된다.

(4) 유사지수

CSI와 유사한 소비자지수로는 통계청에서 매월 작성하는 소비자평가지수와 소비자기대지수, 삼성경제연구소에서 매분기 작성하는 소비자태도지수 등이 있다.

❏ 가계 빚 위험수위

한국개발연구원(KDI)은 부동산시장이 침체되면 우리나라 가계부채 문제가 경제위기 뇌관으로 작용할 수 있다고 경고했다. 자산은 부동산에 몰려 있고, 부채는 평소 이자만 내다가 수년 뒤 일시 상환하는 대출 비중이 높은 상황에서 부동산 경기가 살아나지 않으면 빚더미에 깔릴 가계들이 속출할 수 있다는 것이다.

김영일 KDI 연구위원은 25일 가계부채 위험에 대한 이해와 위험관리체계 설계 방향 보고서를 통해 "우리나라의 소득 대비 부채 규모는 경제협력개발기구(OECD) 국가와 비교해 높은 편이고 부채 증가 속도 역시 소득보다 빠르다"면서 "가계부채가 소비와 성장잠재력을 약화시키는 임계치에 도달했다"고 진단했다.

김 위원은 순자산 대비 부채 비중인 손실흡수여력이 가정과 은행 모두 양호한 편이지만, 그 속을 들여다보면 한국 특유의 부동산 시장과 관련해 질적인 위험이 도사리고 있다고 분석했다. 그는 "주택담보인정비율(LTV) 60%를 넘어서는 은행권 주택담보대출 중에서 평소 이자만 갚다가 만기 때 한꺼번에 원금을 갚는 대출이 35조원을 넘어선다"며 "올해 만기 도래분이 28조원인데 주택가격이 10% 하락하면 56조원, 20% 하락하면 74조원으로 눈덩이처럼 불어난다"고 설명했다. 집값이 떨어지면 LTV가 높아져 은행의 원금상환 압력이 커지고, 주택 급매가 쏟아지면서 집값은 더 떨어지고 소비가 위축되는 악순환이 일어난다는 것이다.

최근 최경환 경제부총리 내정자가 LTV 등 부동산 규제 완화를 시사하는 발언을 한 것도 이와 같은 맥락이다.

한편 국제신용평가사 피치는 LTV 규제를 완화할 경우 가계부채 문제가 심각해질 수 있다는 우려를 내놨다.

25일 피치는 보고서를 통해 "부동산 대출 규제 완화가 이미 높은 수준인 가계부채 비율을 더 높이고 가계의 부채상환 능력을 악화시킬 수 있다"고 지적했다. LTV 규제를 완화할 경우 자산과 부채의 유동성 불일치 문제는 완화될 수 있지만, 장기적으로 가계부채 규모 자체가 늘어날 수 있다는 점을 부각한 것이다.

피치는"많은 가계가 부동산 자금을 마련하는 데 비은행권이나 개인 신용대출을 이용하고 있다"며 "대출 규제 완화는 이러한 소비자들이 고금리 대출 대신 은행을 통해 장기적인 대출을 받는 데 도움이 될 것"이라고 봤다.

그러나 장기적으로는 가계부채에 더 큰 부담으로 이어질 수 있다고 예상했다. 피치는 "한국의 가처분소득 대비 가계부채 비율은 이미 160%를 초과해 다른 선진국과 비교해 훨씬 높은 수준"이라며 "한국 정부가 자산건전성에 대한 위험을 키우지 않으면서 주택담보대출을 의미 있는 수준으로 늘리는 데에는 한계가 있을 것"이라고 분석했다.

1. 자산효과와 역자산효과

(1) 자산효과

자산가격의 상승이 소비를 증가시키는 효과를 말한다.

자산의 종류는 부동산, 주식 등이 포함된다.

(2) 역자산효과

자산가격의 하락이 소비를 감소시키는 효과를 말한다.

2. 예상치 못한 디플레이션 발생 시 효과

구분	대상
유리한 경제주체	채권자, 봉급생활자 등
불리한 경제주체	채무자, 부동산 소유자 등

3. LTV와 DTI

(1) LTV(Loan-to-Value · 주택담보인정비율)

집값 대비 대출금의 비율. 서울 · 인천 · 경기(50%)와 지방(60%)에 적용된다.

(2) DTI (Debt-to-Income · 총부채상환비율)

소득에서 원리금 상환 금액이 차지하는 비율. 서울 50%, 인천 · 경기 60%가 적용된다.

❑ 내수 부양 정책

최경환 경제부총리 후보자를 중심으로 한 정부부처는 규제완화를 통한 부동산 시장 활성화를 택하는 분위기다. 그러나 경제를 살리기 위해선 최우선적으로 실질 임금부터 올려야 한다는 목소리가 힘을 얻고 있다. 최근 국제노동기구(ILO)도 "금융위기 재발을 막고 고용 없는 성장에서 벗어나려면 생산성 향상만큼 임금을 올려야 한다"고 경고했다.

부동산 규제완화는 가계부채를 늘릴 수 있을 뿐 아니라 고소득층의 소득만 증가시킬 가능성이 높다. 반면 실질 임금이 오를 경우 한계소비성향이 높은 저소득층의 소득이 증가하면서 소비가 살아날 것이란 기대감이 형성되고 있다.

취업자 수가 증가하면서 고용률이 2008년 금융위기 이전 수준으로 회복됐지만, 여전히 소득은 나아지지 않고 있다. '저임금 근로자'만 대량 생산되면서 소비 여력이 그 만큼 낮아졌단 얘기다. 통계청에 따르면 5월 고용률은 60.8%로 2007년 6월(60.8%) 이후 6년 11개월 만에 사상 최고치를 기록했다. 1~5월 취업자 수도 지난해 같은 기간(1~5월)에 비해 318만 2,000명이 늘어났다. 지난해 같은 기간 늘어난 취업자 수(138만 2,500명)에 비해 2.3배가량 급증한 것이다.

그러나 주로 서비스업이나 임시직 등에서 취업자가 증가하면서 '저임금 근로자'만 대량 생산됐다는 지적이 제기된다. 취업자 수와 고용률이 증가하더라도 소득이 늘어나 소비로 이어지는 선순환이 나타나지 않고 있기 때문이다.

고용노동부에 따르면 올 1분기 5인 이상 사업체의 전체 임금 인상률(전년동기대비)은 2.9%에 불과했다. 2011년 4분기(1.5%) 이후 최저치다. 이는 1분기 경제성장률(전년동기대비) 3.9%에도 못 미치는 수치다.

한국은행에선 '성장 없는 고용'을 고민해야 할 때란 지적이 제기된 바 있다. 한은은 지난해 연차보고서에서 고용의 양적 성장에만 치우쳐 서비스업, 임시직 근로자 등이 증가하면서 임금이 낮아지다 보니 소득분배가 악화되는 방향으로 흘러갈 가능성이 높아졌다고 밝혔다.

전문가들은 주택담보대출비율(LTV)·총부채상환비율(DTI) 및 임대소득 완화 등 부동산 정책으로 내수부진을 풀어가는 것보다 근로자들의 실질임금을 높이는 일이 더욱 시급하다고 입을 모았다. 특히 한계소비성향이 높은 저소득층을 중심으로 소득개선 및 부채감축 노력을 확대해야 소비 진작 및 내수부양으로 이어질 수 있고 제언했다.

신세돈 숙명여대 경제학부 교수는 "내수부진은 부동산 가격 하락이나 낮은 이자율이 아닌 임금 문제에 있다"며 "정부가 실질임금, 최저임금, 통상임금 등 근로소득 문제를 해결해야 한다"고 강조했다. 이어 "특히 최저임금도 안 되는 일자리는 아무리 많이 늘어나봐야 소비로 이어지지 않아 내수가 살아나기 힘들다"고 지적했다.

전성인 홍익대 경제학과 교수도 "내수부양을 위해서는 생산성 향상 범위 내에서 실질임금을 올려주는 것이 가장 효과적인 방법"이라고 말했다. 특히 한계소비성향이 높은 저소득층의 임금 상승이 중요하다고 강조했다. 그는 "최저임금을 올려주지 않으면 신용불량자가 대거 양산돼 경제 전체의 불확실성이 증대될 수 있다"고 경고했다.

그러나 기업들의 수익성도 악화되는 상황이라 근로자들의 임금을 올릴 여력이 많지 않다는 지적도 나온다. 전 교수는 "삼성전자(005930)(1,311,000원 14,000 −1.06%), 현대자동차(005380) (230,000원 500 +0.22%) 등 일부 대기업을 제외하면 임금을 올렸을 때 버틸 수 있는 기업이 많지 않다"며 "중소기업 등 영세 기업들은 정부가 나서서 이들의 판로 개척 등 돈을 벌 수 있는 방안을 마련해줘야 한다"고 설명했다.

한편에선 소비를 제약하는 부채를 줄여야 한다는 지적도 나온다. 윤석헌 숭실대 금융학부 교수는 "부동산 정책을 통한 내수부양은 고소득층에게 유리할 뿐더러 한국경제 뇌관으로 자리 잡은 가계부채 문제를 심화시킬 것"이라며 "정부는 소득개선책과 더불어 복지 차원에서 저소득층의 가계부채 지원방안을 늘려야 한다"고 강조했다.

1. 내수 부양 정책 – 노동자의 근로소득 증가

　(1) 실질임금 상승

　　① 실질임금이 상승하면 노동자의 소득이 증가하며 노동자의 소득 증가는 소비증가로 연결
　　　된다.

　　② 저소득층은 고소득층보다 한계소비성향이 크므로 저소득층의 소득증가는 소비활성화에
　　　도움이 될 것이다.

　(2) 부채감축

　　저소득층의 부채가 감소하면 처분가능소득이 증가하므로 소비의 활성화로 연결될 것이다.

　(3) 최저임금 상승

　　최저임금이 상승해야 신용불량자나 저소득층의 근로소득이 증가할 수 있다.

2. 노동자의 근로소득 증가 대책에 대한 한계

　① 생산성 향상이 전제가 되어야 하며 생산성 향상보다 임금을 더 올려주기는 힘들 것이다.
　② 임금 상승은 기업들의 수익성 악화를 가져올 것이다.

3. 용어정리

　(1) 한계소비성향

　　한계소비성향이란 소비의 증가를 소득의 증가로 나눈 값을 말한다.

　(2) 고용률

　　고용률이란 취업자수를 생산가능인구로 나눈 것을 말한다.

　(3) 최저임금

　　최저임금이란 일정 금액 이상의 임금을 근로자에게 지불하도록 법적으로 강제하는 제도로
　　2015년 시급 5,580원(7.1% 370원 인상)으로 확정되었다.

❑ 국내기업의 해외 이전

우리나라 경제가 수출에 의존하는 경향이 점점 심화되고 있는 것으로 조사됐다. 통상 수출이 증가하면 이에 따라 국내 제조업 생산도 함께 커지는 것이 자연스러운 현상이지만, 수출이 증가했는데도 제조업은 약해졌다. 수출 가격이 하락한 측면도 있지만, 수출 기업들의 해외 생산이 늘어나면서 국내 제조업이 쪼그라든 영향이 크다는 분석이다. 한편에선 고용 없는 성장이 지속됐다. 한국은행이 26일 발표한 '2011~2012년 산업연관표(경상가격 총 공급액 기준)'에 따르면 최종수요에서 수출이 차지하는 비중은 2012년 38.3%를 기록했다. 수출액이 전년보다 4.4% 증가한 반면, 전체 경제규모(재화 및 서비스 총수요액)는 4,215조4,000억원으로 2.9% 증가했다.

경제규모가 커지는 속도에 비해 수출이 더 빠르게 성장하다보니 수출비중이 점차 증가하는 추세다. 2005년엔 28.4%였으나 2010년 35.5%, 2011년 37.8%로 늘어나고 있다. 수출로 인해 국내에서 창출된 부가가치는 전체의 3분의 1(32.0%)을 차지했고, 이에 따른 취업유발인원은 전체 취업자의 25.9%를 기록했다.

수출이 잘 나가는 데도 제조업은 오히려 위축됐다. 국내 산출액에서 제조업이 차지하는 비중은 50.4%로 전년(51.0%)보다 감소했다. 이우기 한은 투입산출팀장은 "(국내 주력 수출품목인) 휴대폰 등이 해외 현지생산으로 전환됨에 따라 국내생산이 감소한 데다 수출품의 가격이 하락한 것이 영향을 미쳤다"고 밝혔다. 실제로 수출되는 이동전화기, LCD 관련 제조업 국내생산이 각각 24.6%, 23.9% 감소했다.

제조업의 생산 비중이 하락하다보니 국산 중간재 투입률도 45.0%에서 44.8%로 낮아졌다. 철광재 등 수입 원자재 가격이 하락하면서 중간재 국산품 이용이 줄었기 때문이다.

이에 따라 최종수요 1단위가 창출될 때 직·간접적으로 유발되는 생산이나 부가가치는 하락했다. 예컨대 최종수요 1,000원을 만들기 위해 필요한 생산은 1,880원에서 1,869원으로 감소했고, 부가가치는 667원에서 662원으로 하락했다. 반면, 원유, 천연가스 등 수입가격이 상승하면서 수입을 통해 나가는 비용은 311원에서 315원으로 올랐다.

해외현지 생산 및 판매가 증가함에 따라 서비스업 비중은 늘어났다. 국내 산출액에서 서비스업이 차지하는 비중은 38.9%에서 39.4%로 늘어났다. 해외현지에서 생산한 후 직접 판매하거나 제3국으로 수출할 경우 중간마진 부분이 서비스업의 도·소매로 잡히기 때문이다. 또 사회·보건·복지 등 공공서비스 영역이 늘어난 측면도 있다

투자는 부진한 모습을 보였다. 유럽 재정위기 등 세계 경기둔화로 투자심리가 위축됐기 때문이다. 최종수요에서 투자가 차지하는 비중은 19.5%를 기록했다. 2010년 21.0%, 2011년 20.5%로 계속해서 감소하는 추세다. 이에 따라 투자가 창출한 국내 부가가치유발액 비중도 19.3%에서 19.0%로 줄었다.

소비는 그나마 늘어났지만, 부가가치 창출엔 별 도움이 안 됐다. 소비는 최종수요에서 차지하는 비중이 42.2%로 전년(41.7%)보다 증가했으나 국산품보다 수입품을 더 많이 이용함에 따라 소비가 창출한 부가가치유발액은 오히려 49.1%로 전년(49.3%)보다 감소했다.

그러나 부가가치를 항목별로 봤을 때 피용자보수와 고정자본소모 비중이 증가했다. 피용자보수는 47.1%에서 47.9%로, 고정자본소모는 20.9%에서 21.4%로 상승했다. 근로자 임금과 기업이 기계·설비에 사용하는 금액이 증가했단 얘기다. 반면 기업들의 주머니로 들어가는 영업잉여는 30.8%에서 29.5%로 감소했다.

이우기 팀장은 "수출품의 가격이 하락한 반면 수입 가격이 오르는 등 업황이 나빠지면서 영업잉여가 감소했다"며 "업황이 나빠지더라도 고정적으로 투여되는 피용자 보수나 고정자본소모가 바로 변동되진 않는다"고 말했다.

'고용 없는 성장'은 더 강화되는 분위기다. 전 산업 생산에 따른 취업유발계수는 2012년 평균 13.2명으로 집계돼 2010년 13.9명보다 감소했다. 취업유발계수는 10억원을 생산할 때 필요한 직·간접 취업자 수를 말한다. 서비스업의 취업유발계수는 2010년 18.3명에서 2012년 18.0명으로 하락했다. 제조업(공산품) 역시 같은 기간 6.3명에서 5.7명으로 줄었다.

소비나 투자의 취업유발계수도 약해졌다. 소비는 2010년 16.5명에서 2012년 15.7명으로 줄었고, 투자는 13.7명에서 13.3명으로 감소했다. 수출의 취업유발계수 역시 같은 시기 8.3명에서 7.7명으로 줄었지만 2011년 7.5명에 비해선 증가했다.

유성욱 한은 투입산출팀 과장은 "수출의 구성품목에서 서비스업의 비중이 늘어나다보니 수출의 취업유발계수가 소폭 증가한 측면이 있다"고 밝혔다. 해외생산 및 판매 증가에 따른 중간 마진이 서비스업종인 '도·소매'로 잡히기 때문이다.

1. 총수요 구성요소

총수요 = 소비 + 투자 + 정부지출 + 순수출

2. 국내기업의 해외이전에 따른 여파

(1) 국내 제조업 비중 감소

국내 기업의 해외이전으로 국내 제조업 비중이 감소하고 있으며 이는 고용감소로 연결되어 '고용없는 성장'이 발생하고 있다.

(2) 중간재 산업의 피해

제조업 생산 비중의 감소는 국산 중간재 투입률도 감소시키고 있다.

또한 원화가치 상승, 철강재 등의 과잉공급으로 수입원자재 가격이 하락하고 있어 중간재 국산품 이용이 감소하고 있다.

부록

NCS(국가직무능력표준)
직무기초능력자료

문제해결능력

1 문제해결능력

문제해결능력이란 직장생활에서 업무 수행 중에 발생되는 여러 가지 문제를 창조적, 논리적, 비판적 사고를 통해 그 문제를 올바르게 인식하고 적절히 해결하는 능력을 말한다. 최근의 문제들은 더욱 복합적이고 다양한 형태로 나타나고 있다. 그러므로, 문제해결능력은 모든 직업인들에게 직면한 문제를 바르게 인식하고 바람직한 문제 해결을 위해 요구되는 가장 중요한 요소이다.

1. 문제의 정의

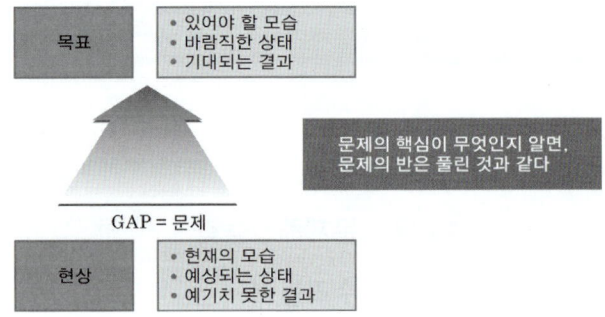

2. 문제의 의미

문제란 원활한 업무수행을 위해 해결 되어야 하는 질문이나 의논 대상을 의미한다. 즉 해결하기를 원하지만 실제로 해결해야 하는 방법을 모르고 있는 상태나 얻고자 하는 해답이 있지만 그 해답을 얻는데 필요한 일련의 행동을 알지 못한 상태이다. 이러한 문제는 흔히 문제점과 구분하지 않고 사용하는데, 문제점이란 문제의 근본원인이 되는 사항으로 문제해결에 필요한 열쇠인 핵심 사항을 말한다. 예컨대 난폭 운적으로 전복사고가 일어났을 때, 사고의 발생이 문제이며, 난폭운전은 문제점이다. 이렇게 문제점은 개선해야 할 사항이나 손을 써야 할 사항, 그에 의해서 문제가 해결될 수 있고 문제의 발생을 미리 방지할 수 있는 사항을 말한다.

3. 문제의 분류

일반적으로 문제는 창의적 문제와 분석적 문제로 나뉜다. 이 두 가지 문제는 문제제시방법, 해결방법, 해답 수, 주요 특징에 의해 다음과 같이 구분된다.

구분	창의적 문제	분석적 문제
문제제시 방법	현재 문제가 없더라도 보다 나은 방법을 찾기 위한 문제 탐구로 문제 자체가 명확하지 않음	현재의 문제점이나 미래의 문제로 예견될 것에 대한 문제 탐구로, 문제 자체가 명확함
해결 방법	창의력에 의한 많은 아이디어의 작성을 통해 해결	분석, 논리, 귀납과 같은 논리적 방법을 통해 해결
해답 수	해답의 수가 많으며, 많은 답 가운데 보다 나은 것을 선택	답의 수가 적으며, 한정되어 있음
주요 특징	주관적, 직관적, 감각적, 정성적, 개별적, 특수성	객관적, 논리적, 정량적, 이성적, 일반적, 공통성

4. 문제해결을 위한 실천 의지

업무를 추진하는 동안에 문제를 인식한다 하더라도 문제를 해결하려는 의지가 없다면 문제의 자체는 아무런 의미가 없다. 업무 상황에서 발생하는 문제를 인식하고 문제를 방치하지 않고 도전하여 해결하는 노력이 동반될 때 문제해결의 단초가 되고 개인과 조직도 발전이 있을 수 있다. 문제가 있고, 문제를 해결하는 속에 조직은 발전하게 되는데, 문제제기를 두려워하고 숨기거나 없다고 한다면, 그 조직의 발전은 멈출 것이다. 즉, 문제를 방치하지 않고 도전하여 해결하는 속에서 발전이 이루어지는 것이다. 이렇게 생각할 때 문제를 해결하려는 실천적 의지가 중요함을 알 수 있다.

5. 문제의 유형

문제를 효과적으로 해결하기 위해 문제의 유형을 파악하는 것이 우선시 되어야 한다. 문제의 유형은 그 기준에 따라 아래와 같이 구분될 수 있다.

- 기능에 따른 문제 유형 : 제조 문제, 판매 문제, 자금 문제, 인사 문제, 경리 문제, 기술상 문제
- 해결방법에 따른 문제 유형 : 논리적 문제와 창의적 문제
- 시간에 따른 문제 유형 : 과거 문제, 현재 문제, 미래 문제
- 업무수행과정중 발생한 문제 유형 : 발생형 문제(보이는 문제), 탐색형 문제(찾는 문제), 설정형 문제(미래 문제)

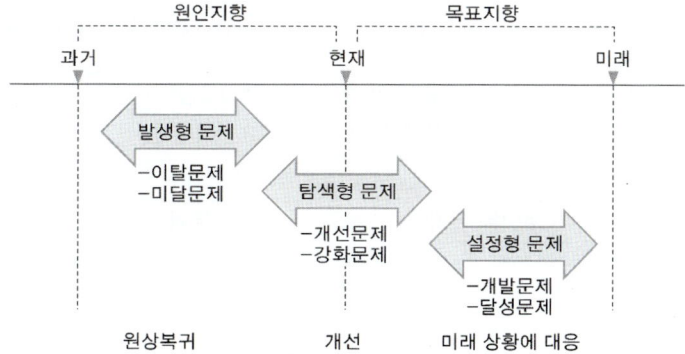

① **발생형 문제**(보이는 문제) : 우리 눈앞에 발생되어 당장 걱정하고 해결하기 위해 고민하는 문제를 의미한다. 발생형 문제는 눈에 보이는 이미 일어난 문제로, 어떤 기준을 일탈함으로써 생기는 일탈 문제와 기준에 미달하여 생기는 미달문제로 대변되며 원상복귀가 필요하다. 또한 문제의 원인이 내재되어 있기 때문에 원인지향적인 문제라고도 한다.

② **탐색형 문제**(찾는 문제) : 더 잘해야 하는 문제로 현재의 상황을 개선하거나 효율을 높이기 위한 문제를 의미한다. 탐색형 문제는 눈에 보이지 않는 문제로, 문제를 방치하면 뒤에 큰 손실이 따르거나 결국 해결할 수 없는 문제로 나타나게 된다. 이러한 탐색형 문제는 잠재문제, 예측문제, 발견문제의 세 가지 형태로 구분된다. 잠재문제는 문제가 잠재되어 있어 보지 못하고 인식하지 못하다가 결국은 문제가 확대되어 해결이 어려운 문제를 의미한다. 이와 같은 문제는 존재하나 숨어있기 때문에 조사 및 분석을 통해서 찾아야 할 필요가 있다. 예측문제는 지금 현재로는 문제가 없으나 현 상태의 진행 상황을 예측이라는 방법을 사용하여 찾아야 앞으로 일어날 수 있는 문제가 보이는 문제를 의미한다. 발견문제는 현재로서는 담당 업무에 아무런 문제가 없으나 유사 타 기업의 업무방식이나 선진기업의 업무 방법 등의 정보를 얻음으로써 보다 좋은 제도나 기법, 기술을 발견하여 개선, 향상시킬 수 있는 문제를 말한다.

③ **설정형 문제**(미래 문제) : 미래상황에 대응하는 장래의 경영전략의 문제로 앞으로 어떻게 할 것인가 하는 문제를 의미한다. 설정형 문제는 지금까지 해오던 것과 전혀 관계없이 미래 지향적으로 새로운 과제 또는 목표를 설정함에 따라 일어나는 문제로서, 목표 지향적 문제라고 할 수 있다. 따라서 이러한 과제나 목표를 달성하는데 따른 문제해결에는 지금까지 경험한 바가 없기 때문에 많은 창조적인 노력이 요구되는 문제이므로, 설정형 문제를 창조적 문제라고 하기도 한다. 다음에 제시된 각 상황들이 보이는 문제, 찾는 문제, 미래 문제 중 해당되는 문제에 "O"표시를 해 보고, 그 이유를 적어보자.

> [상황 A] 제조부서의 부장 K에게 제품불량에 대한 고객들의 클레임이 발생했다.
> [상황 B] 생산부서의 L에게 생산성을 15% 높이라는 임무가 떨어졌다.
> [상황 C] 기획부서의 J에게 자동차 생산 분야로 진출하는데 있어서 발생 가능한 문제를 파악하라는 지시가 내려왔다.
> [상황 D] 생산부서의 M은 중국에 생산라인을 설치할 때 고려해야 하는 문제들이 무엇인지를 판단해야 하는 상황에 처해 있다.
> [상황 E] 경쟁사의 품질 수준이 자사의 품질 수준보다 높다는 신문기사가 발표된 후 자사 상품의 판매부진이 누적되고 있다.
> [상황 F] 자사의 자금흐름이 이대로 두면 문제가 발생할 지도 모른다는 판단 하에 향후 1년간 제품판매에 따른 자금흐름에 대한 예측이 요구되었다.

	보이는 문제	찾는 문제	미래 문제
상황 A			
상황 B			
상황 C			
상황 D			

상황 E			
상황 F			

> **활동 해설**
>
> 제시된 활동은 학습자들이 직접 상황을 읽고, 각 상황이 보이는 문제, 찾는 문제, 미래 문제 중 어떤 문제에 해당하는지를 작성해 봄으로써 문제의 유형을 구분해 보는 활동이다. 활동을 통해서 현재 직면하고 있는 상황만이 문제가 아니며, 현재 업무를 개선하기 위한 찾는 문제와 앞으로 발생할 수도 있는 미래의 문제도 있음으로, 문제의 유형이 보이는 문제, 찾는 문제, 미래 문제의 3가지로 구분됨을 보여준다. 활동에 제시된 각 상황에 해당하는 문제의 유형과 그 이유는 다음과 같다.
>
> • [상황 A] 보이는 문제 [상황 B] 찾는 문제 [상황 C] 미래 문제
> • [상황 D] 보이는 문제 [상황 E] 찾는 문제 [상황 F] 미래 문제
>
> 상황 A, D는 현재 직면하고 있으면서 바로 해결해야 되는 문제이므로, 보이는 문제에 해당한다. 상황 B, E는 현재 상황은 문제가 아니지만 상황 개선을 통해서 더욱 효과적인 수행을 할 수 있으므로 찾는 문제에 해당한다. 상황 C, F는 환경변화에 따라 앞으로 발생할 수 있는 문제로 미래 문제에 해당한다.

6. 문제해결의 정의 및 의의

① 정의 : 문제해결이란 목표와 현상을 분석하고, 이 분석 결과를 토대로 주요과제를 도출 바람직한 상태나 기대되는 결과가 나타나도록 최적의 해결안을 찾아 실행, 평가해 가는 활동을 의미한다.

② 의의 : 문제해결은 조직, 고객, 자신의 세 가지 측면에서 도움을 줄 수 있다.
  • 조직측면에서는 자신의 속한 조직의 관련분야에서 세계 일류수준을 지향하며, 경쟁사와 대비하여 탁월하게 우위를 확보하기 위해서 끊임없는 문제해결이 요구된다.
  • 고객측면에서는 고객이 불편하게 느끼는 부분을 찾아 개선과 고객감동을 통한 고객 만족을 높이는 측면에서 문제해결이 요구된다.
  • 자기 자신 측면에서는 불필요한 업무를 제거하거나 단순화하여 업무를 효율적으로 처리하게 됨으로써 자신을 경쟁력 있는 사람으로 만들어 나가는데 문제해결이 요구된다.

7. 문제해결을 위한 기본적 사고

문제해결을 잘하기 위해서는 4가지 기본적 사고가 필요한데, 전략적 사고, 분석적 사고, 발상의 전환, 내외부자원의 활용이 필요하다.

① 전략적 사고를 해야 한다.

현재 당면하고 있는 문제와 그 해결방법에만 집착하지 말고, 그 문제와 해결방안이상위 시스템 또는 다른 문제와 어떻게 연결되어 있는지를 생각하는 것이 필요하다.

② 분석적 사고를 해야 한다.

전체를 각각의 요소로 나누어 그 요소의 의미를 도출한 다음 우선순위를 부여하고 구체적인 문제해결방법을 실행하는 것이 요구된다. 또한 분석적 사고는 문제가 성과 지향, 가설 지향, 사실 지향의 세 가지 경우에 따라 다음과 같은 사고가 요구된다.

- 성과 지향의 문제 : 기대하는 결과를 명시하고 효과적으로 달성하는 방법을 사전에 구상하고 실행에 옮겨라.
- 가설 지향의 문제 : 현상 및 원인분석 전에 지식과 경험을 바탕으로 일의 과정이나 결과, 결론을 가정한 다음 검증 후 사실일 경우 다음 단계의 일을 수행하라.
- 사실 지향의 문제 : 일상 업무에서 일어나는 상식, 편견을 타파하여 객관적 사실로부터 사고와 행동을 출발하라.

③ **발상의 전환을 하라** : 기존에 가지고 있는 사물과 세상을 바라보는 인식의 틀을 전환하여 새로운 관점에서 바로 보는 사고를 지향하라.

④ 내・외부자원을 효과적으로 활용하라

문제해결 시 기술, 재료, 방법, 사람 등 필요한 자원 확보 계획을 수립하고 내・외부자원을 효과적으로 활용도록 해야 한다.

8. 문제해결의 장애요인

문제를 해결하는데 장애가 되는 요소들은 조직이 직면한 상황과 맡고 있는 업무의 특성에 따라서 굉장히 다양하게 나타날 수 있다. 이러한 장애요소들 중 가장 대표적인 경우는 다음과 같다.

① 문제를 철저하게 분석하지 않는 경우

문제를 접한 다음 문제가 무엇인지 문제의 구도를 심도 있게 분석하지 않으면 문제해결이 어려워진다. 즉 어떤 문제가 발생하면 직관에 의해 성급하게 판단하여 문제의 본질을 명확하게 분석하지 않고 대책 안을 수립하여 실행함으로써 근본적인 문제해결을 하지 못하거나 새로운 문제를 야기하는 결과를 초래할 수 있다.

② 고정관념에 얽매이는 경우

상황이 무엇인지를 분석하기 전에 개인적인 편견이나 경험, 습관으로 증거와 논리에도 불구하고 정해진 규정과 틀에 얽매여서 새로운 아이디어와 가능성을 무시해 버릴 수 있다.

③ 쉽게 떠오르는 단순한 정보에 의지하는 경우

문제해결에 있어 종종 우리가 알고 있는 단순한 정보들에 의존하는 경향이 있다. 단순한 정보에 의지하면 문제를 해결하지 못하거나 오류를 범하게 된다.

④ 너무 많은 자료를 수집하려고 노력하는 경우

자료를 수집하는데 있어 구체적인 절차를 무시하고 많은 자료를 얻으려는 노력에만 온 정열을 쏟는 경우가 있다. 무계획적인 자료 수집은 무엇이 제대로 된 자료인지를 알지 못하는 우를 범할 우려가 많다.

9. 문제해결 방법

문제해결을 위한 방법은 크게 소프트 어프로치, 하드 어프로치, 퍼실리테이션의 세 가지로 구분된다.

① **소프트 어프로치에 의한 문제해결** : 소프트 어프로치에 의한 문제해결방법은 대부분의 기업에서 볼 수 있는 전형적인 스타일로 조직 구성원들은 같은 문화적 토양을 가지고 이심전심으로 서로를 이해하는 상황을 가정한다. 소프트 어프로치에서는 문제해결을 위해서 직접적인 표현이 바람직하지 않다고 여기며, 무언가를 시사 하거나 암시를 통하여 의사를 전달하고 기분을 서로 통하

게 함으로써 문제해결을 도모하려고 한다. 코디네이터 역할을 하는 제 3자는 결론으로 끌고 갈 지점을 미리 머릿속에 그려가면서 권위나 공감에 의지하여 의견을 중재하고, 타협과 조정을 통하여 해결을 도모한다. 결론이 애매하게 끝나는 경우가 적지 않으나, 그것은 그것대로 이심전심을 유도하여 파악하면 된다. 이러한 방법을 소프트 어프로치에 의한 문제해결방법이라고 한다.

② 하드 어프로치에 의한 문제해결 : 하드 어프로치에 의한 문제해결방법은 상이한 문화적 토양을 가지고 있는 구성원을 가정하고, 서로의 생각을 직설적으로 주장하고 논쟁이나 협상을 통해 서로의 의견을 조정해 가는 방법이다. 이 때 중심적 역할을 하는 것이 논리, 즉 사실과 원칙에 근거한 토론이다. 제 3자는 이것을 기반으로 구성원에게 지도와 설득을 하고 전원이 합의하는 일치점을 찾아내려고 한다. 이러한 방법은 합리적이긴 하지만, 잘못하면 단순한 이해관계의 조정에 그치고 말아서 그것만으로는 창조적인 아이디어나 높은 만족감을 이끌어 내기 어렵다.

2 사고력

사고력은 직장생활에서 발생하는 문제를 해결하기 위하여 요구되는 기본요소로서, 창의적, 논리적, 비판적으로 생각하는 능력이다. 직업인들은 각종 정보의 홍수 속에서 다양한 가치관의 입장에 있는 사람들과 살고 있다. 이런 상황에서 우리는 정보의 적절한 선택과 다른 사람과의 의견을 공유하기 위해서는 창의적, 논리적, 비판적 사고가 필수적이며, 이러한 사고력은 다양한 형태의 문제에 대처하고 자신들의 의견 및 행동을 피력하는데 중요한 역할을 한다.

1. 창의적사고의 의미

문제를 빠르게 해결했다고 해서 그 사람을 창의적이라고 할 수는 없다. 안 풀리는 문제, 해답이 많은 문제, 때로는 정답이 없는 문제를 해결하는 사람이야말로 창의적인 사람이라고 할 수 있다. 이렇듯 창의적인 사고란 당면한 문제를 해결하기 위해 이미 알고 있는 경험과 지식을 해체하여 다시 새로운 정보로 결합함으로써 가치 있고 참신한 아이디어를 산출하는 사고로서, 다음과 같은 의미를 포함하고 있다.

• 창의적인 사고는 발산적(확산적) 사고로서, 아이디어가 많고, 다양하고, 독특한 것을 의미한다.
• 창의적인 사고는 새롭고 유용한 아이디어를 생산해 내는 정신적인 과정이다.
• 창의적인 사고는 통상적인 것이 아니라 기발하거나, 신기하며 독창적인 것이다.
• 창의적인 사고는 유용하고 적절하며, 가치가 있어야 한다.
• 창의적인 사고는 기존의 정보(지식, 상상, 개념 등)들을 특정한 요구조건에 맞거나 유용하도록 새롭게 조합시킨 것이다.

2. 창의적사고의 특징

또한 창의적 사고는 다음과 같은 세 가지 특징을 보인다. 첫째, 창의적 사고란 정보와 정보의 조합이다. 여기에서 말하는 정보에는 주변에서 발견할 수 있는 지식(내적 정보)과 책이나 밖에서 본 현상(외부정보)의 두 종류가 있다. 이러한 정보를 조합하고 그 조합을 최종적인 해답으로 통합해야 하는 것이 창의적 사고의 첫 걸음이다. 둘째, 창의적 사고는 사회나 개인에게 새로운 가치를 창출한다. 창의적 사고는 개인이 갖춘 창의적 사고와 사회적으로 새로운 가치를 가지는 창의적 사고의 두 가지로 구분된다. 아이들의 창의적 사고는 어른들이 보기에는 보잘 것 없어 보일 수도 있다. 하지만 아이들에게는 새로운 가치가 될 수 있는 것이다. 그리고 개인이 갖춘 창의력은 계발을 통해서 그 능력을 키울 수 있다. 따라서 단순히 사회에 대한 영향력이라고 하는 것 외에도 개인이 창의적 사고를 얼마나 발전시킬 수 있는가 하는 점도 생각할 필요가 있다. 셋째, 창의적 사고는 창조적인 가능성이다. 이는 "문제를 사전에 찾아내는 힘", "문제해결에 있어서 다각도로 힌트를 찾아내는 힘", 그리고 "문제해결을 위해 끈기 있게 도전하는 태도"등이 포함된다. 다시 말해서 "창의적 사고"에는 사고력을 비롯해서 성격, 태도에 걸친 전인격적인 가능성까지도 포함된다.

이러한 창의적인 사고는 창의력 교육훈련을 통해서 개발할 수 있으며, 모험심, 호기심, 적극적, 예술적, 집념과 끈기, 자유분방적일수록 높은 창의력을 보인다.

> **창의력이란 무엇인가**
> • 당신이 만약 쇳덩어리 하나를 있는 그대로 그냥 팔면 5달러 정도 받을 것이다.
> • 만약 당신이 그 쇳덩어리를 가지고 말발굽을 만들어 판다면 10달러 50센트까지 가치를 높여 팔 수 있을 것이다.
> • 그런데 말발굽 대신 바늘을 만들어 팔면 3,285달러를 받을 수 있을 것이고,
> • 혹은 시계의 부속품인 스프링을 만들어 판다면 25만 달러 정도까지 그 값어치를 높일 수 있을 것이다.
> • 5달러와 25만 달러와의 차이, 이것이 바로 창의력인 것이다.

3. 창의적 사고 개발 방법

창의적인 사고는 문제에 대해서 다양한 사실을 찾거나 다채로운 아이디어를 창출하는 발산적 사고가 요구된다. 이러한 발산적 사고를 개발하기 위한 방법으로는 자유연상법, 강제연상법, 비교발상법 등이 있으며, 이는 다음 그림과 같다.

① **자유 연상법** : 자유 연상법은 어떤 생각에서 다른 생각을 계속해서 떠올리는 작용을 통해 어떤 주제에서 생각나는 것을 계속해서 열거해 나가는 발산적사고 방법이다. 예를 들어 "신차 출시"라는 주제에 대해서 "홍보를 통해 판매량을 늘린다.", "회사 내 직원들의 반응을 살핀다.", "경쟁사의 자동차와 비교한다" 등 자유롭게 아이디어를 창출하는 것으로 이는 다음 그림과 같다.

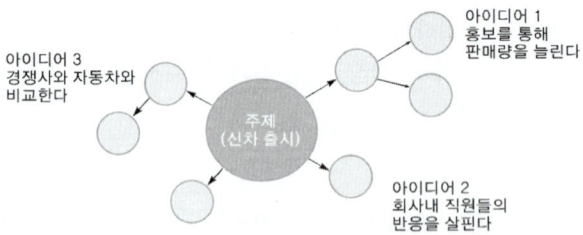

② **강제 연상법** : 강제 연상법은 각종 힌트에서 강제적으로 연결 지어서 발상하는 방법이다. 예를 들어 "신차 출시"라는 같은 주제에 대해서 판매방법, 판매대상 등의 힌트를 통해 사고 방향을 미리 정해서 발상을 하는 방법이다. 이 때 판매방법이라는 힌트에 대해서는 "신규해외 수출 지역을 물색한다."라는 아이디어를 떠 올릴 수 있을 것이다. 이러한 강제 연상법은 다음 그림과 같다.

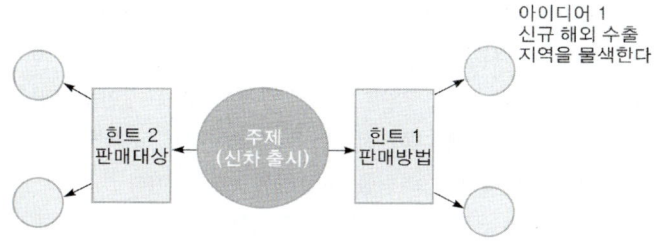

③ 비교 발상법 : 비교 발상법은 주제와 본질적으로 닮은 것을 힌트로 하여 새로운 아이디어를 얻는 방법이다. 이 때 본질적으로 닮은 것은 단순히 겉만 닮은 것이 아니고 힌트와 주제가 본질적으로 닮았다는 의미이다. 예를 들어 "신차 출시"라는 같은 주제에 대해서 생각해보면 신차는 회사에서 새롭게 생산해 낸 제품을 의미한다. 따라서 새롭게 생산해 낸 제품이 무엇인지에 대한 힌트를 먼저 찾고, 만약 지난달에 히트를 친 비누라는 신상품이 있었다고 한다면, "지난달 신상품인 비누의 판매 전략을 토대로 신차의 판매 전략을 어떻게 수립할 수 있을까"하는 아이디어를 도출할 수 있을 것이다. 이러한 비교 발상법은 다음 그림과 같다.

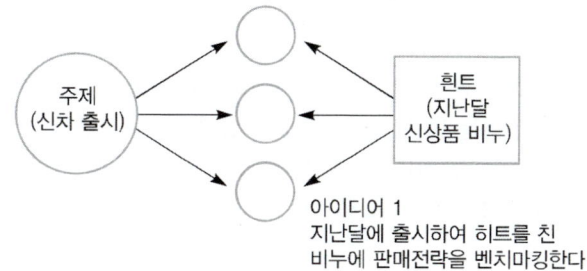

브레인스토밍(Brain Storming) : 브레인스토밍(Brain Storming)은 미국의 알렉스 오즈번이 고안한 그룹발산기법으로, 창의적인 사고를 위한 발산 방법 중 가장 흔히 사용되는 방법이다. 브레인스토밍은 집단의 효과를 살려서 아이디어의 연쇄반응을 일으켜 자유분방한 아이디어를 내고자 하는 것으로, 진행 방법은 다음과 같다.

4. 진행방법

① 주제를 구체적이고 명확하게 정한다.

논의하고자 하는 주제는 구체적이고 명확하게 주어질수록 많은 아이디어가 도출될 수 있다. 예를 들어 "현장 사고를 줄이기 위해서는"이라는 주제보다는 "구성원 전원에게 안전헬멧을 착용하는 방법"이라는 주제가 주어졌을 때 좋은 아이디어가 나오기 쉽다.

② 구성원의 얼굴을 볼 수 있는 자석 배치와 큰 용지를 준비한다. 구성원들의 얼굴을 볼 수 있도록 사각형이나 타원형으로 책상을 배치해야 하고, 칠판에 모조지를 붙이거나, 책상위에 큰 용지를 붙여서 아이디어가 떠오를 때마다 적을 수 있도록 하는 것이 바람직하다.

③ 구성원들의 다양한 의견을 도출할 수 있는 사람을 리더로 선출한다. 브레인스토밍 시에는 구성원들이 다양한 의견을 제시할 수 있는 편안한 분위기를 만드는 리더를 선출해야 한다. 직급이나 근무경력에 따라서 리더를 선출하는 것은 딱딱한 분위기를 만들 수 있기 때문에 분위기를 잘 조

성할 수 있는 사람을 직급에 관계없이 리더로 선출해야 한다. 특히 리더는 사전에 주제를 잘 분석하고 다양한 아이디어를 산출할 수 있도록 하는 방법들을 연구해야 한다.

④ 구성원은 다양한 분야의 사람들로 5-8명 정도로 구성한다. 브레인스토밍을 위한 적정한 인원은 5-8명 정도가 적당하며, 주제에 대한 전문가를 절반이하로 구성하고, 그 밖에 다양한 분야의 사람들을 참석시키는 것이 다양한 의견을 도출하는 지름길이다.

⑤ 발언은 누구나 자유롭게 할 수 있도록 하며, 모든 발언 내용을 기록한다. 브레인스토밍 시에는 누구나 무슨 말이라도 할 수 있도록 해야 하며, 발언하는 내용은 요약해서 잘 기록함으로써 내용을 구조화할 수 있어야 한다.

⑥ 아이디어에 대한 평가는 비판해서는 안 된다. 제시된 아이디어는 비판해서는 안 되며, 다양한 아이디어 중 독자성과 실현가능성을 고려해서 아이디어를 결합해서 최적의 방안을 찾아야 한다.

5. 4대 원칙

① 비판엄금(Support) : 브레인스토밍의 특징은 개방에 있다. 비판은 커뮤니케이션의 폐쇄와 연결된다. 평가단계 이전에 결코 비판이나 판단을 해서는 안 되며 평가는 나중까지 유보한다.

② 자유분방(Silly) : 무엇이든 자유롭게 말한다. 이런 바보 같은 소리를 해서는 안 된다는 등의 생각은 하지 않아야 한다.

③ 질보다 양(Speed) : 질에는 관계없이 가능한 많은 아이디어들을 생성해내도록 격려한다. 양(量)이 질(質)을 낳는다는 원리는 많은 아이디어를 생성해 낼 때 유용한 아이디어가 들어있을 가능성이 더 커진다는 것을 전제로 한다. 브레인스토밍 활동을 할 때는 시간을 정해주거나 아이디어의 개수를 정해주기도 한다. 이는 두뇌를 긴장시켜 빠른 시간에 많은 아이디어를 생성하도록 유도하는 것이다.

④ 결합과 개선(Synergy) : 다른 사람의 아이디어에 자극되어 보다 좋은 생각이 떠오른다. 서로 조합하면 재미있는 아이디어가 될 것 같은 생각이 떠오른다. 서로 조합하면 재미있는 아이디어가 될 것 같은 생각이 들면 즉시 조합시킨다. 얻은 힌트를 헛되게 해서는 안 된다.

6. 논리적 사고의 개념

논리적 사고는 직장생활 중에서 지속적으로 요구되는 능력이다. 논리적인 사고력이 없다면 아무리 많은 지식을 가지고 있더라도 자신이 만든 계획이나 주장을 주위 사람에게 이해시켜 실현시키기 어려울 것이며, 이 때 다른 사람들을 설득 하여야 하는 과정에 필요로 하는 것이 논리적 사고이다. 사례에서 제시되는 상황은 직장생활에서 흔히 겪게 되는 상황으로, 논리적인 사고의 중요성을 일깨워준다. 논리적 사고는 사고의 전개에 있어서 전후의 관계가 일치하고 있는가를 살피고, 아이디어를 평가하는 능력을 의미한다. 이러한 논리적 사고는 다른 사람을 공감시켜 움직일 수 있게 하며, 짧은 시간에 헤매지 않고 사고할 수 있게 한다. 또한 행동을 하기 전에 생각을 먼저 하게 하며, 주위를 설득하는 일이 훨씬 쉬워진다.

7. 논리적 사고의 구성요소

논리적인 사고를 하기 위해서는 다음 그림과 같이 생각하는 습관, 상대 논리의 구조화, 구체적인 생각, 타인에 대한 이해, 설득의 5가지 요소가 필요하다.

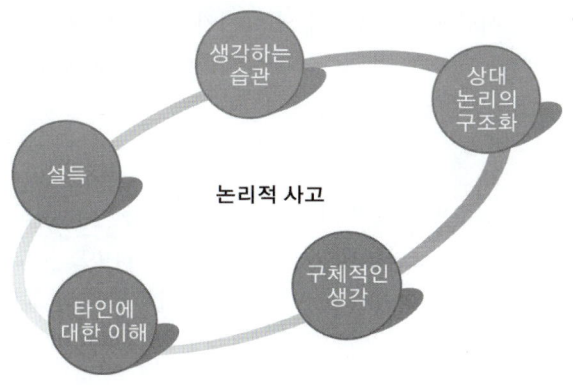

① **생각하는 습관** : 논리적 사고에 있어서 가장 기본이 되는 것은 늘 생각하는 습관을 들이는 것이다. 생각할 문제는 우리 주변에 쉽게 찾아볼 수 있으며, 특정한 문제에 대해서만 생각하는 것이 아니라 일상적인 대화, 회사의 문서, 신문의 사설 등 어디서 어떤 것을 접하든지 늘 생각하는 습관을 들이는 것이 중요하다. "이것은 조금 이상하다", "이것은 재미있지만, 왜 재미있는지 알 수 없다"라는 의문이 들었다면, 계속해서 왜 그런지에 대해서 생각해보아야 한다. 특히 이런 생각은 출퇴근길, 화장실, 잠자리에 들기 전 등 언제 어디에서나 의문을 가지고 생각하는 습관을 들여야 한다.

② **상대 논리의 구조화** : 상사에게 제출한 기획안이 거부되었을 때, 자신이 추진하고 있는 프로젝트를 거부당했을 때 왜 그럴까, 왜 자신이 생각한 것처럼 되지 않을까, 만약 된다고 한다면 무엇이 부족한 것일까 하고 생각하기 쉽다. 그러나 이 때 자신의 논리로만 생각하면 독선에 빠지기 쉽다. 이때에는 상대의 논리를 구조화하는 것이 필요하다. 상대의 논리에서 약점을 찾고, 자신의 생각을 재구축한다면 분명히 다른 메시지를 전달할 수 있다. 자신의 주장이 받아들여지지 않는 원인 중에 상대 주장에 대한 이해가 부족하다고 하는 것이 있을 수 있다.

③ **구체적인 생각** : 상대가 말하는 것을 잘 알 수 없을 때에는 구체적으로 생각해 보아야 한다. 업무 결과에 대한 구체적인 이미지를 떠올려 본다던가, 숫자를 적용하여 표현을 한다든가 하는 방법을 활용하여 구체적인 이미지를 활용하는 것은 단숨에 논리를 이해할 수 있는 경우도 많다.

④ **타인에 대한 이해** : 상대의 주장에 반론을 제시할 때에는 상대 주장의 전부를 부정하지 않는 것이 좋다. 동시에 상대의 인격을 부정해서는 안 된다. 예를 들어 "당신이 말하고 있는 것의 이 부분은 이유가 되지 못한다."고 하는 것은 주장의 부정이지만, "이런 이유를 설정한다면 애당초 비즈니스맨으로서는 불합격이다"라고 말하는 것은 바람직하지 못하다. 반론을 하든 찬성을 하든 논의를 함으로써 이해가 깊어지거나 논점이 명확해지고 새로운 지식이 생기는 등 플러스 요인이 생기는 것이 바람직하다.

⑤ **설득** : 논리적인 사고는 고정된 견해를 낳는 것이 아니며, 더구나 자신의 사상을 강요하는 것도 아니다. 자신이 함께 일을 진행하는 상대와 의논하기도 하고 설득해 나가는 가운데 자신이 깨닫지 못했던 새로운 가치를 발견하고 생각해 낼 수가 있다. 또한 반대로 상대에게 반론을 하는 가운데 상대가 미처 깨닫지 못했던 중요한 포인트를 발견할 수 있다. 설득은 공감을 필요로 한다. 설득은 논쟁을 통하여 이루어지는 것이 아니라 논증을 통해 더욱 정교해진다. 이러한 설득의 과

정은 나의 주장을 다른 사람에게 이해시켜 납득 시키고 그 사람이 내가 원하는 행동을 하게 만드는 것이며 이해는 머리로 하고 납득은 머리와 가슴이 동시에 공감 되는 것을 말하고 이 공감은 논리적 사고가 기본이 된다.

8. 논리적 사고 개발방법

논리적 사고를 개발하기 위한 방법은 여러 가지가 있으나, 그 중 가장 흔히 사용되는 방법은 피라미드 구조를 이용하는 방법과 so what기법의 두 가지가 있다. 피라미드 구조는 하위의 사실이나 현상부터 사고함으로써 상위의 주장을 만들어가는 방법으로, 다음 그림과 같이 표현할 수 있다.

① 피라미드 구조화 방법

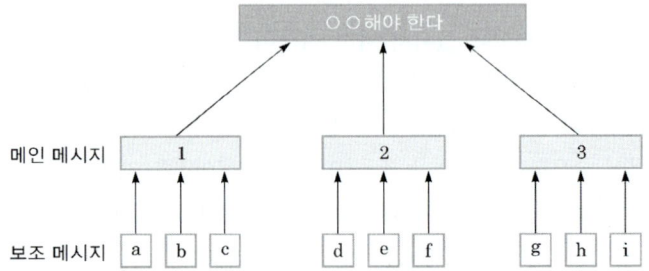

피라미드 구조는 보조 메시지들을 통해 주요 메인 메시지를 얻고, 다시 메인 메시지를 종합한 최종 적인 정보를 도출해 내는 방법이다. 예를 들어 현재 제품 판매 업무를 맡고 있는 한 부서에서 발견할 수 있는 현상(보조 메시지)이 제품 A의 판매 부진(a), 고객들의 불만 건수 증가(b), 경쟁사의 제품 B의 매출 증가(c)가 발견되었다고 한다면, 메인 메시지로 우리 회사의 제품 A에 대한 홍보가 부족하고, 고객의 만족도가 떨어지고 있다(1)라는 메인 메시지를 도출할 수 있을 것이다. 이러한 메인 메시지들을 모아서 최종적으로 결론을 도출하는 방법이 피라미드 구조이다. 이러한 피라미드 구조를 사용함으로써 주변 사람들과 논리적인 이해를 할 수 있다는 점이다.

② so what 방법 : "so what"기법은 "그래서 무엇이지"하고 자문자답하는 의미로, 눈앞에 있는 정보로부터 의미를 찾아내어, 가치 있는 정보를 이끌어 내는 사고이다. 예를 들어 다음과 같은 상황이 발생하였을 때 어떻게 "so what"을 사용하여 논리적인 사고를 하는지를 알아보자.

> **상황**
> ① 우리 회사의 자동차 판매대수가 사상 처음으로 전년 대비 마이너스를 기록했다.
> ② 우리나라의 자동차 업계 전체는 일제히 적자 결산을 발표했다.
> ③ 주식 시장은 몇 주간 조금씩 하락하는 상황에 있다.
>
> **so what?을 사용한 논리적 사고의 예**
> ⓐ 자동차 판매의 부진
> ⓑ 자동차 산업의 미래
> ⓒ 자동차 산업과 주식시장의 상황
> ⓓ 자동차 관련 기업의 주식을 사서는 안 된다
> ⓔ 지금이야말로 자동차 관련 기업의 주식을 사야 한다.

a~e는 세 가지 상황으로부터 그 의미나 내용을 사고한 예이다. 이 중 a는 자동차 판매가 부진하다고 말하는데 그치고 있다. 그러나 상황의 ②, ③에 제시된 자동차 판매대수가 줄어들고, 자동차 업계 전체적인 실적이 악화되고 있으며, 이로 인해 주식 시장도 악화되고 있다는 점은 a의 메시지에 포함되어 있지 않다. 즉 a는 상황의 ①만 고려하고 있는 것으로 세 가지의 정보를 빠짐없이 고려하고, 또 모순이 없는 정보를 이끌어 내는 "so what"의 사고가 되지 않는다. b의 자동차 산업의 미래는 상황 ③의 주식시장에 대해서는 고려하고 있지 못하다. c는 주식 시장에 대해서도 포함하고 있으며, 세 가지의 상황 모두 자동차 산업의 가까운 미래를 예측하는데 사용될 수 있는 정보이기 때문에 모순은 없다. 그러나 자동차 산업과 주식시장이 어떻게 된다고 말하고 싶은 것이 전달되지 않는다. "so what"의 사고에서 중요한 점은 "그래서 도대체 무엇이 어떻다는 것인가"라는 것처럼, 무엇인가 의미 있는 메시지를 이끌어 내는 것이다. d나 e는 "주식을 사지 말라"혹은 "주식을 사라"라는 메시지가 있어 주장이 명확하며, 상황을 모두 망라하고 있으므로, "so what"을 사용하였다고 말할 수 있다.

이상에서 살펴본 바와 같이 "so what"은 단어나 체언만으로 표현하는 것이 아니라, 주어와 술어가 있는 글로 표현함으로써 "어떻게 될 것인가", "어떻게 해야 한다"라는 내용이 포함되어야 한다.

9. 비판적 사고의 의미

비판적 사고는 어떤 주제나 주장 등에 대해서 적극적으로 분석하고 종합하며 평가하는 능동적인 사고이다. 이러한 비판적 사고는 어떤 논증, 추론, 증거, 가치를 표현한 사례를 타당한 것으로 수용할 것인가 아니면 불합리한 것으로 거절할 것인가에 대한 결정을 내릴 때 요구되는 사고력이다. 비판적 사고는 지엽적이고 시시콜콜한 문제를 트집잡고 물고 늘어지는 것이 아니라 문제의 핵심을 중요한 대상으로 한다. 비판적 사고는 제기된 주장에 어떤 오류나 잘못이 있는가를 찾아내기 위하여 지엽적인 부분을 확대하여 문제로 삼는 것이 아니라, 지식, 정보를 바탕으로 한 합당한 근거에 기초를 두고 현상을 분석하고 평가하는 사고이다.

10. 비판적 사고 개발 태도

비판적 사고를 개발하기 위해서는 지적 호기심, 객관성, 개방성, 융통성, 지적 회의성, 지적 정직성, 체계성, 지속성, 결단성, 다른 관점에 대한 존중과 같은 태도가 요구된다.

① **지적 호기심** : 여러 가지 다양한 질문이나 문제에 대한 해답을 탐색하고 사건의 원인과 설명을 구하기 위하여 왜, 언제, 누가, 어디서, 어떻게, 무엇을 등에 관한 질문을 제기한다.

② **객관성** : 결론에 도달하는데 있어서 감정적, 주관적 요소를 배제하고 경험적 증거나 타당한 논증을 근거로 한다.

③ **개방성** : 다양한 여러 신념들이 진실일 수 있다는 것을 받아들인다. 편견이나 선입견에 의하여 결정을 내리지 않는다.

④ **융통성** : 개인의 신념이나 탐구방법을 변경할 수 있다. 특정한 신념의 지배를 받는 고정성, 독단적 태도, 경직성을 배격한다. 우리는 모든 해답을 알고 있지는 못하다는 것을 이해하는 것이다.

⑤ **지적 회의성** : 모든 신념은 의심스러운 것으로 개방하는 것이다. 적절한 결론이 제시되지 않는 한 결론이 참이라고 받아들이지 않는다.

⑥ **지적 정직성** : 비록 어떤 진술이 우리가 바라는 신념과 대치되는 것이라 할지라도 충분한 증거가 있으면 그것을 진실로 받아들인다.

⑦ **체계성** : 결론에 이르기까지 논리적 일관성을 유지한다. 논의하고 있는 문제의 핵심에서 벗어나지 않도록 한다.

⑧ **지속성** : 쟁점의 해답을 얻을 때까지 끈질기게 탐색하는 인내심을 갖도록 한다. 증거, 논증의 추구를 포기함이 없이 특정 관점을 지지한다.

⑨ **결단성** : 증거가 타당할 땐 결론을 맺는다. 모든 필요한 정보가 획득될 때까지 불필요한 논증, 속단을 피하고 모든 결정을 유보한다.

⑩ **다른 관점에 대한 존중** : 내가 틀릴 수 있으며 내가 거절한 아이디어가 옳을 수 있다는 것을 기꺼이 받아들이는 태도이다. 타인의 관점을 경청하고 들은 것에 대하여 정확하게 반응 한다.

11. 비판적 사고를 위한 태도

비판적인 사고를 하기 위해서는 어떤 현상에 대해서 문제의식을 가지고, 고정관념을 버려야 한다.

① **문제의식** : 비판적인 사고를 위해서 가장 먼저 필요한 것은 바로 문제의식이다. 문제의식이 왜 비판적인 사고에서 중요한지 다음 예를 통해 알아보자.

> 2002년 노벨상을 수상한 다나카 코이치씨는 평범한 샐러리맨이라는 점에서 큰 화제를 불러일으킨 적이 있었다. 다나카씨의 수상은 아세톤에 금속 분말을 녹여야 하지만 글리세린에 녹여버린 실수로부터 시작되었다. 다나카씨는 잘못 녹인 금속 분말이 아까워서 그대로 레이저에 대고 측정치를 계속해서 관찰하는 활동을 하였고, 그 결과 고분자의 질량분석이 가능한 현상을 발견하였다. 이런 면에서 볼 때 다나카씨의 발견은 우연일지 모르지만, 글리세린에 녹인 금속 분말은 어떻게 될까라는 끊임없는 문제의식을 통해서 가능한 일이었다.

다나카씨의 예에서 볼 수 있는 것처럼 문제의식을 가지고 있다면 주변에서 발생하는 사소한 일에서도 정보를 수집할 수 있으며, 이러한 정보를 통해서 새로운 아이디어를 끊임없이 생산해 낼 수 있다. 문제의식은 당장 눈앞의 문제를 자신의 문제로 여기고 진지하게 다룰 생각이 없는 한 절대로 답을 얻을 수 없다. 따라서 자신이 지니고 있는 문제와 목적을 확실하고 정확하게 파악하는 것이 비판적인 사고의 시작이다.

② **고정관념 타파** : 비판적인 사고를 하기 위한 문제의식을 가지고 있다면 다음으로 필요한 것이 지각의 폭을 넓히는 일이다. 지각의 폭을 넓히는 일은 정보에 대한 개방성을 가지고 편견을 갖지 않는 것으로, 고정관념을 타파하는 일이 중요하다. 고정관념은 사물을 바로 보는 시각에 영향을 줄 수 있으며, 일방적인 평가를 내리기 쉽다. 다음의 사례는 우리 주변에서 흔히 볼 수 있는 물건을 통해 고정관념을 탈피한 사례들이다.

상품	본래 용도	새로운 용도
스테이플러	서류 정리	벽에 종이를 고정
드라이어	머리를 말린다.	온풍을 이용해서 어깨 결림을 완화시킨다.

| 칫솔 | 양치질을 한다. | 빗의 이물질을 제거한다. |
| 스카치테이프 | 종이를 붙인다. | 지문 채취 |

C-2-나. 문제처리능력

문제처리능력은 문제를 해결해 나가는 실천과정에서 실제적으로 요구되는 능력이다. 문제처리
능력은 업무수행 중에 발생한 문제의 원인 및 특성을 파악하고, 적절한 해결안을 선택, 적용하고 그
결과를 평가하여 피드백 하는 능력을 말한다. 문제를 어떻게 합리적이고 효율적으로 해결할 것인가
하는 능력은 기업의 성패를 결정하는 중요한 요소로서, 문제처리능력을 배양함으로써 합리적인 문
제해결이 가능하게 될 것이다.

12. 문제처리능력이란

문제처리능력이란 목표와 현상을 분석하고 이 분석결과를 토대로 문제를 도출하여 최적의 해결책
을 찾아 실행, 평가 처리해 나가는 일련의 활동을 수행하는 능력이라 할 수 있다. 이러한 문제처리
능력은 문제해결절차를 의미하는 것으로, 일반적인 문제해결절차는 다음 그림과 같이 문제 인식,
문제 도출, 원인 분석, 해결안 개발, 실행 및 평가의 5단계를 따른다.

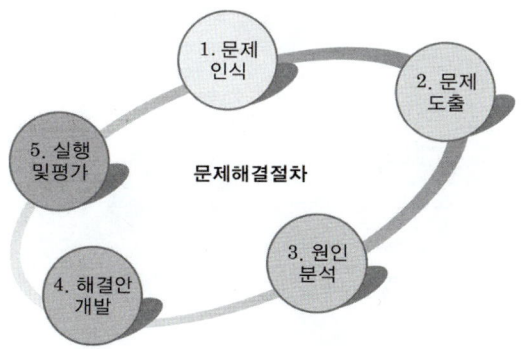

① **문제 인식** : 해결해야 할 전체 문제를 파악하여 우선순위를 정하고, 선정문제에 대한 목표를 명
확히 하는 단계
② **문제 도출** : 선정된 문제를 분석하여 해결해야 할 것이 무엇인지를 명확히 하는 단계
③ **원인 분석** : 파악된 핵심문제에 대한 분석을 통해 근본 원인을 도출하는 단계
④ **해결안 개발** : 문제로부터 도출된 근본원인을 효과적으로 해결할 수 있는 최적의 해결방안을 수
립하는 단계
⑤ **실행 및 평가** : 해결안 개발을 통해 만들어진 실행계획을 실제 상황에 적용하는 활동으로 당초
장애가 되는 문제의 원인들을 해결안을 사용하여 제거하는 단계

13. 문제인식의 의미와 절차

문제 인식은 문제해결과정 중 "what"을 결정하는 단계로, 해결해야 할 전체 문제를 파악하여 우선
순위를 정하고, 선정문제에 대한 목표를 명확히 하는 절차를 거치며, 환경 분석, 주요 과제 도출,
과제 선정의 절차를 통해 수행된다.

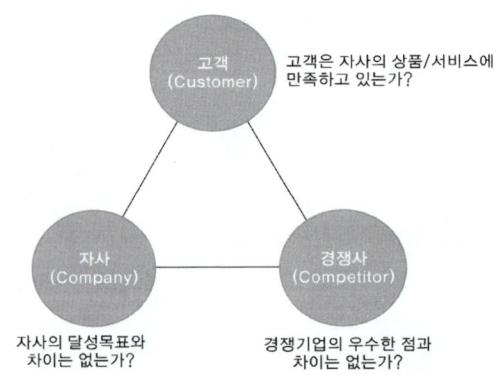

절차	환경 분석	주요 과제 도출	과제 선정
내용	Business-System 상거시 환경 분석	분석자료를 토대로 성과에 미치는 영향/의미를 검토하여 주요 과제 도출	후보과제를 도출하고 효과 및 실행가능성 측면에서 평가하여 과제 도출

14. 환경 분석

문제가 발생하였을 때, 가장 먼저 고려해야 하는 점은 환경을 분석하는 일이다. 예를 들어 "A상품의 판매 이익이 감소하고 있다"라는 현상이 발견되었다고 한다면, "A상품의 판매 이익을 개선하는 것이 가능할까"라는 것이 주요 과제가 된다. 이 때 주요 과제를 해결하는데 있어서 가장 먼저 실시되는 것이 환경 분석이 된다. 환경 분석을 위해서 주요 사용되는 기법으로는 3C 분석, SWOT 분석 방법이 있을 수 있다.

① 3C 분석 : 사업 환경을 구성하고 있는 요소인 자사, 경쟁사, 고객을 3C라고 하며, 3C에 대한 체계적인 분석을 통해서 환경 분석을 수행할 수 있다.

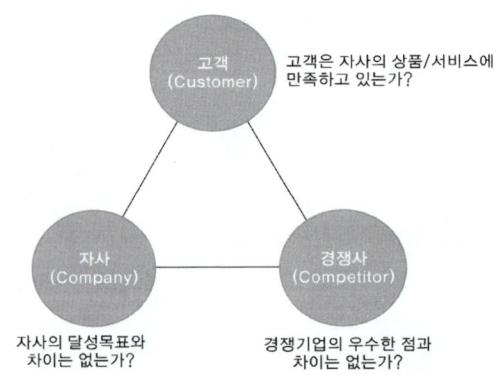

3C분석에서 고객 분석에서는 "고객은 자사의 상품/서비스에 만족하고 있는지"를, 자사 분석에서는 "자사가 세운 달성목표와 현상 간에 차이가 없는지"를 경쟁사 분석에서는 "경쟁기업의 우수한 점과 자사의 현상과 차이가 없는지"에 대한 질문을 통해서 환경을 분석하게 된다.

② SWOT 분석 : SWOT 분석은 기업내부의 강점, 약점과 외부환경의 기회, 위협요인을 분석 평가하고 이들을 서로 연관 지어 전략을 개발하고 문제해결 방안을 개발하는 방법이다.

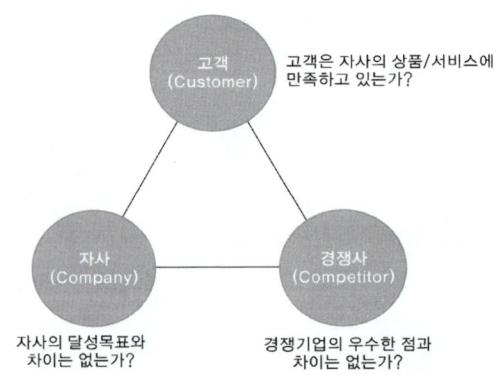

		내부환경 요인	
		강점 (Strengths)	약점 (Weaknesses)
외부환경 요인	기회 (Opportunities)	SO 내부강점과 외부기회 요인을 극대화	WO 외부기회를 이용하여 내부약점을 강점으로 전환
	위험 (Threats)	ST 외부위협을 최소화 하기 위해 내부 강점을 극대화	WT 내부약점과 외부위험을 최소화

SWOT 분석은 내부 환경요인과 외부 환경요인의 2개의 축으로 구성되어 있다. 내부환경요인은 자사 내부의 환경을 분석하는 것으로 분석은 다시 자사의 강점과 약점으로 분석된다. 외부환경요인은 자사 외부의 환경을 분석하는 것으로 분석은 다시 기회와 위협으로 구분된다. 내부환경요인과 외부환경요인에 대한 분석이 끝난 후에 매트릭스가 겹치는 SO, WO, ST, WT에 해당되는 최종 분석을 실시하게 된다.

㉠ SWOT 분석방법

　㉮ 외부환경요인 분석(Opportunities, Threats)

　　ⓐ 자신을 제외한 모든 것(정보)을 기술한다.

　　　• 좋은 쪽으로 작용하는 것은 기회, 나쁜 쪽으로 작용하는 것은 위협으로 분류한다.

　　ⓑ 언론매체, 개인 정보망 등을 통하여 입수한 상식적인 세상의 변화 내용을 시작으로 당사자에게 미치는 영향을 순서대로, 점차 구체화한다.

　　ⓒ 인과관계가 있는 경우 화살표로 연결한다.

　　ⓓ 동일한 data라도 자신에게 긍정적으로 전개되면 기회로, 부정적으로 전개되면 위협으로 나뉘어진다.

　　ⓔ 외부환경분석에는 SCEPTIC 체크리스트를 활용하면 편리하다.

> ① social (사회), ② competition (경쟁), ③ economic (경제), ④ politic (정치),
> ⑤ technology (기술), ⑥ information (정보), ⑦ client (고객)

　㉯ 내부환경 분석(Strength, Weakness)

　　ⓐ 경쟁자와 비교하여 나의 강점과 약점을 분석한다.

　　ⓑ 강점과 약점의 내용 : 보유하거나, 동원 가능하거나, 활용 가능한 자원(resources)

　　ⓒ 내부환경분석에는 MMMITI 체크리스트를 활용할 수도 있지만, 반드시 적용해서 분석할 필요는 없다.

> ① Man (사람), ② Material (물자), ③ Money (돈), ④ Information (정보),
> ⑤ Time(시간), ⑥ Image (이미지)

㉡ SWOT 전략 수립 방법 : 내부의 강점과 약점을, 외부의 기회와 위협을 대응시켜 기업의 목표를 달성하려는 SWOT분석에 의한 발전전략의 특성은 다음과 같다.

　㉮ SO전략 : 외부 환경의 기회를 활용하기 위해 강점을 사용하는 전략 선택

　㉯ ST전략 : 외부 환경의 위협을 회피하기 위해 강점을 사용하는 전략 선택

　㉰ WO전략 : 자신의 약점을 극복함으로써 외부 환경의 기회를 활용하는 전략 선택

　㉱ WT전략 : 외부 환경의 위협을 회피하고 자신의 약점을 최소화하는 전략 선택

15. 주요 과제 도출

환경 분석을 통해 현상을 파악한 후에는 분석결과를 검토하여 주요 과제를 도출해야 한다. 과제 도출을 위해서는 한 가지 안이 아닌 다양한 과제 후보안을 도출해내는 일이 선행되어야 한다. 주요 과제 도출은 다음 그림과 같은 sheet를 이용해서 하는 것이 체계적이며 바람직하다.

구분	요소1	요소2	요소3
환경			
고객			
경쟁사			
자사			

과제안	1. 2. 3. 4.

주요 과제 도출에 있어서 과제안을 작성할 때는 과제안 간의 수준은 동일한지, 표현은 구체적인지, 주어진 기간 내에 해결가능한 안들인지를 확인해야 한다.

16. 과제 선정

과제 선정은 과제안 중 효과 및 실행 가능성 측면을 평가하여 우선순위를 부여한 후 가장 우선순위가 높은 안을 선정하며, 우선순위 평가 시에는 과제의 목적, 목표, 자원현황 등을 종합적으로 고려하여 평가한다. 과제 선정은 다음 그림과 같은 sheet를 활용함으로써 효과적으로 이루어질 수 있다.

과제안	평가기준1	평가기준2	평가기준3	종합점수	우선순위
과제안1					
과제안2					
과제안3					
과제안4					

특히 과제안에 대한 평가기준은 과제해결의 중요성, 과제착수의 긴급성, 과제해결의 용이성을 고려하여 여러 개의 평가기준을 동시에 설정하는 것이 바람직하다. 또한 과제해결의 중요성에 대한 평가기준은 매출/이익 기여도, 지속성/파급성, 고객만족도 향상, 경쟁사와의 차별화, 자사 내부적 문제 해결 등이 있으며, 과제 착수의 긴급성에 대한 평가기준으로는 달성의 긴급도와 달성에 필요한 시간 등이 이용될 수 있다. 과제 해결의 용이성에 대한 평가기준은 실시상의 난이도, 필요자원 적정성 등이 있다.

17. 문제도출의 의미와 절차

문제 도출은 선정된 문제를 분석하여 해결해야 할 것이 무엇인지를 명확히 하는 단계로 현상에 대하여 문제를 분해하여 인과관계 및 구조를 파악하는 단계이다. 이러한 문제 도출은 문제 구조 파악, 핵심 문제 선정의 절차를 거쳐 수행된다.

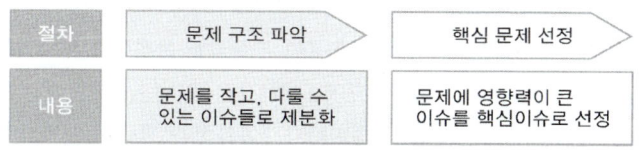

18. 문제구조 파악

전체 문제를 개별화된 세부 문제로 쪼개는 과정으로 문제의 내용 및 미치고 있는 영향 등을 파악하여 문제의 구조를 도출해내는 것이다. 문제 구조 파악에서 중요한 것은 본래 문제가 발생한 배경이나 문제를 일으키는 메커니즘을 분명히 해야 한다. 또한 문제 구조 파악을 위해서는 현상에 얽매이지 말고 문제의 본질과 실제를 봐야 하며, 한쪽만 보지 말고 다면적으로 보며, 눈앞의 결과만 보지 말고 넓은 시야로 문제를 바라봐야한다.

19. Logic Tree

이러한 문제 구조 파악을 위해서는 그림과 같은 Logic Tree 방법이 사용된다.

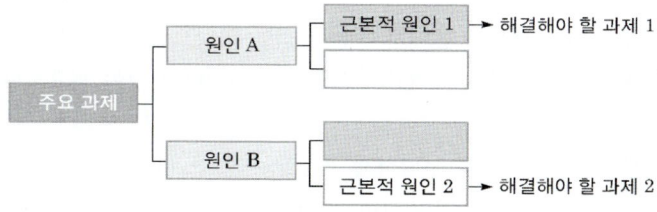

Logic Tree 방법은 문제의 원인을 깊이 파고든다든지 해결책을 구체화할 때 제한된 시간 속에 넓이와 깊이를 추구 하는데 도움이 되는 기술로, 주요 과제를 나무모양으로 분해, 정리하는 기술이다. 이러한 Logic Tree를 작성할 때에는 다음과 같은 점을 주의해야 한다.

• 전체 과제를 명확히 해야 한다.

- 분해해가는 가지의 수준을 맞춰야 한다.
- 원인이 중복되거나 누락되지 않고 각각의 합이 전체를 포함해야 한다.

20. 원인분석의 의미와 절차

원인 분석은 파악된 핵심문제에 대한 분석을 통해 근본 원인을 도출해 내는 단계이다. 원인 분석은 Issue분석, Data 분석, 원인 파악의 절차로 진행되며, 핵심 이슈에 대한 가설을 설정한 후, 가설 검증을 위해 필요한 데이터를 수집, 분석하여 문제의 근본원인을 도출해 나가는 것이다.

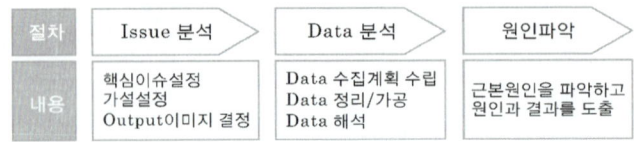

절차	Issue 분석	Data 분석	원인파악
내용	핵심이슈설정 가설설정 Output이미지 결정	Data 수집계획 수립 Data 정리/가공 Data 해석	근본원인을 파악하고 원인과 결과를 도출

21. Issue 분석

이슈 분석은 핵심이슈 설정, 가설 설정, output 이미지 결정의 절차를 거쳐 수행된다.

① 핵심이슈 설정 : 현재 수행하고 있는 업무에 가장 크게 영향을 미치는 문제로 선정하며, 사내외 고객인터뷰 및 설문조사, 관련자료 등을 활용하여 본질적인 문제점을 파악하는 방법으로 수행된다.

② 가설설정 : 핵심이슈가 설정된 후에는 이슈에 대해 자신의 직관, 경험, 지식, 정보 등에 의존하여 일시적인 결론을 예측해보는 가설을 설정한다. 가설설정은 관련자료, 인터뷰 등을 통해 검증할 수 있어야 하며, 간단명료하게 표현하고, 논리적이며 객관적이어야 한다.

③ Output 이미지 결정 : 가설설정 후에는 가설검증계획에 의거하여 분석결과를 미리 이미지화한다.

22. Data 분석

데이터 분석은 데이터 수집계획 수립, 데이터 수집, 데이터 분석의 절차를 거쳐 수행된다. 데이터 수집 시에는 목적에 따라 데이터 수집 범위를 정하고, 일부를 전체로 해석할 수 있는 자료는 제외해야 한다. 또한 정량적이고 객관적인 사실을 수집하고, 자료의 정보원을 명확히 해야 한다. 데이터 수집 후에는 목적에 따라 수집된 정보를 항목별로 분류 정리한 후 "what", "why", "how"측면에서 의미를 해석해야 한다.

23. 원인 파악

원인 파악은 이슈와 데이터 분석을 통해서 얻은 결과를 바탕으로 최종 원인을 확인하는 단계이다. 원인 파악 시에는 원인과 결과사이에 패턴이 있는지를 확인하는 것이 필요하며, 이러한 원인의 패턴은 다음과 같다.

① 단순한 인과관계 : 원인과 결과를 분명하게 구분할 수 있는 경우로, 어떤 원인이 앞에 있어 여기에서 결과가 생기는 인과관계를 의미하며, 소매점에서 할인율을 자꾸 내려서 매출 share가 내려가기 시작하는 경우가 이에 해당한다.

② 닭과 계란의 인과관계 : 원인과 결과를 구분하기가 어려운 경우로, 브랜드의 향상이 매출확대로 이어지고, 매출확대가 다시 브랜드의 인지도 향상으로 이어지는 경우가 이에 해당한다.

③ **복잡한 인과관계** : 단순한 인과관계와 닭과 계란의 인과관계의 두 가지 유형이 복잡하게 서로 얽혀 있는 경우로, 대부분의 경영상 과제가 이에 해당한다.

24. 해결안 개발의 의미와 절차

해결안 개발은 문제로부터 도출된 근본원인을 효과적으로 해결할 수 있는 최적의 해결방안을 수립하는 단계이다. 해결안 개발은 해결안 도출, 해결안 평가 및 최적안 선정의 절차로 진행되며, 이러한 해결안 개발 단계의 절차는 다음 그림과 같다.

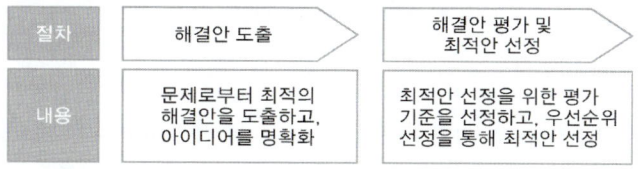

25. 해결안 도출

해결안 도출은 열거된 근본 원인을 어떠한 시각과 방법으로 제거할 것인지에 대한 독창적이고 혁신적인 아이디어를 도출하고, 같은 해결안은 그룹핑하는 과정을 통해서 해결안을 정리하는 과정으로, 다음과 같은 절차를 거쳐 수행된다.

• 근본원인으로 열거된 내용을 어떠한 방법으로 제거할 것인지를 명확히 한다.
• 독창적이고 혁신적인 방안을 도출한다.
• 전체적인 관점에서 보아 해결의 방향과 방법이 같은 것을 그룹핑한다.
• 최종 해결안을 정리한다.

26. 해결안 평가 및 최적안 선정

해결안 평가 및 최적안 선정은 문제(what), 원인(why), 방법(how)을 고려해서 해결안을 평가하고 가장 효과적인 해결안을 선정해야 한다. 해결안 선정을 위해서는 중요도와 실현가능성 등을 고려해서 종합적인 평가를 내리고, 채택 여부를 결정하는 과정으로 다음과 같은 sheet를 이용할 수 있다.

해결책	중요도		실현 가능성			종합평가	채택여부
	고객만족도	문제해결	개발기간	개발능력	적용가능성		
해결책1							
해결책2							
해결책3							
해결책4							

27. 실행 및 평가 단계의 의미와 절차

실행 및 평가는 해결안 개발을 통해 만들어진 실행계획을 실제 상황에 적용하는 활동으로 당초 장애가 되는 문제의 원인들을 해결안을 사용하여 제거해 나가는 단계이다. 실행은 실행계획 수립, 실행, Follow-up의 절차로 진행되며, 이러한 실행 단계의 절차는 다음 그림과 같다.

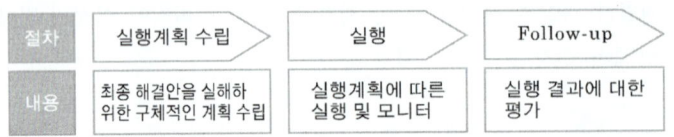

절차	실행계획 수립	실행	Follow-up
내용	최종 해결안을 실행하기 위한 구체적인 계획 수립	실행계획에 따른 실행 및 모니터	실행 결과에 대한 평가

28. 실행계획 수립

실행계획 수립은 무엇을(what), 어떤 목적으로(why), 언제(when), 어디서(where), 누가(who), 어떤 방법으로(how)의 물음에 대한 답을 가지고 계획하는 단계로, 자원(인적, 물적, 예산, 시간)을 고려하여 수립해야 한다. 실행계획 수립 시에는 세부 실행내용의 난이도를 고려하여 가급적 구체적으로 세우는 것이 좋으며, 각 해결안별 구체 실행계획서를 작성함으로써 실행의 목적과 과정별 진행 내용을 일목요연하게 파악하도록 하는 것이 필요하다.

29. 실행 및 Follow-up

실행 및 Follow-up단계는 가능한 사항부터 실행하며, 그 과정에서 나온 문제점을 해결해 가면서 해결안의 완성도를 높이고 일정한 수준에 도달하면 전면적으로 전개해 나가는 것이 필요하다. 즉 pilot test를 통해 문제점을 발견하고, 해결안을 보안한 후 대상범위를 넓혀서 전면적으로 실시해야 한다. 특히 실행상의 문제점 및 장애요인을 신속히 해결하기 위해서 monitoring체제를 구축하는 것이 바람직하며, 모니터 시에는 다음과 같은 사항을 고려해야 한다.

• 바람직한 상태가 달성되었는가
• 문제가 재발하지 않을 것을 확신할 수 있는가
• 사전에 목표한 기간 및 비용은 계획대로 지켜졌는가
• 혹시 또 다른 문제를 발생시키지 않았는가
• 해결책이 주는 영향은 무엇인가

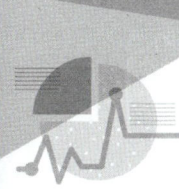

02 수리능력

부록

---

1 **수리능력**

수리능력은 직장생활에서 요구되는 사칙연산과 도표 또는 자료(데이터)를 정리, 요약하여 의미를 파악하거나 도표 등을 이용해서 합리적인 의사결정을 위한 객관적인 판단근거를 효과적으로 제시하는 능력을 의미한다. 직업인은 직장생활에서 만나게 되는 문제들의 해결을 위하여 기초적인 수리적 분석력이 필요하므로 수리능력의 함양이 필수적이다.

직업기초능력의 한 분야인 수리능력이란 '직장생활에서 요구되는 사칙연산과 기초적인 통계를 이해하고, 도표 또는 자료(데이터)를 정리, 요약하여 의미를 파악하거나 도표를 이용해서 합리적인 의사결정을 위한 객관적인 판단근거로 제시하는 능력'을 의미한다. 특히 직업인으로서 업무를 효과적으로 수행하기 위해서는 다단계의 복잡한 연산을 수행하고 다양한 도표를 만들고, 내용을 종합할 수 있는 능력이 매우 중요하다는 측면에서 수리능력의 함양은 필수적이다.

이러한 수리능력은 아래 그림과 같이 크게 ①기초연산능력, ②기초통계능력, ③도표분석능력, ④도표작성능력 등으로 구성된다.

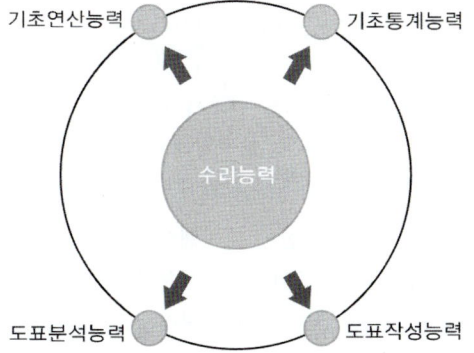

기초연산능력이란 '직장생활에서 필요한 기초적인 사칙연산과 계산방법을 이해하고 활용하는 능력'을 의미한다. 특히 기초연산능력은 직장생활에서 다단계의 복잡한 사칙연산을 수행하고, 연산결과의 오류를 판단하고 수정하는 것이 요구된다는 측면에서 필수적으로 요구되는 능력이라 할 수 있다. 구체적으로 기초연산능력은 업무상 계산을 수행하고 결과를 정리하는 경우, 업무비용을 측정하는 경우, 고객과 소비자의 정보를 조사하고 결과를 종합하는 경우, 조직의 예산을 작성하는 경우,

업무수행 경비를 제시하여야 하는 경우, 다른 상품과 가격비교를 하여야 하는 경우, 타인에게 업무 내용을 간결하고 명확하게 전달하려는 경우 등에서 필요한 능력이라 할 수 있다.

기초통계능력이란 '직장생활에서 평균, 합계, 빈도와 같은 기초적인 통계기법을 활용하여 자료를 정리하고 요약하는 '능력'을 의미한다. 특히 기초통계능력은 직장생활에서 다단계의 복잡한 통계기법을 활용하여 결과의 오류를 수정하는 것이 요구된다는 측면에서 필수적으로 요구되는 능력이라 할 수 있다. 또한 이 능력은 자료특성의 계산방식과 관련이 있으므로 연산능력과 깊은 관계가 있다. 구체적으로 기초통계능력은 연간 상품 판매실적을 제시하여야 하는 경우, 업무비용을 다른 조직과 비교하여야 하는 경우, 업무 결과를 제시하여야 하는 경우, 상품판매를 위한 지역조사를 실시하여야 하는 경우등에서 필요한 능력이라 할 수 있다.

도표분석능력이란 '직장생활에서 도표(그림, 표, 그래프 등)의 의미를 파악하고, 필요한 정보를 해석하여 자료의 특성을 규명하는 '능력'을 의미한다. 특히 도표분석능력은 직장생활에서 접하는 다양한 도표를 분석하여 내용을 종합하는 것이 요구된다는 측면에서 필수적으로 요구되는 능력이라 할 수 있다. 구체적으로 도표분석능력은 업무수행과정에서 도표로 주어진 자료를 해석하는 경우, 도표로 제시된 업무비용을 측정하는 경우, 조직의 생산가동율 변화표를 분석하는 경우, 계절에 따른 고객의 요구도가 그래프로 제시된 경우, 경쟁업체와의 시장점유율이 그림으로 제시된 경우 등에서 필요한 능력, 고객과 소비자의 정보를 조사하여 자료의 경향성을 제시하는 경우이라 할 수 있다.

도표작성능력이란 '직장생활에서 자료(데이터)를 이용하여 도표를 효과적으로 제시하는 능력'을 의미한다. 특히 도표작성능력은 직장생활에서 다양한 도표를 활용하여 내용을 강조하여 제시하는 것이 매우 중요하다는 측면에서 필수적으로 요구되는 능력이라할 수 있다. 구체적으로 도표작성능력은 업무결과를 도표를 사용하여 제시하는 경우, 업무의 목적에 맞게 계산결과를 묘사하는 경우, 업무 중 계산을 수행하고 결과를 정리하는 경우, 업무에 소요되는 비용을 시각화해야 하는 경우, 고객과 소비자의 정보를 조사하고 결과를 설명하는 경우 등에서 필요한 능력이라 할 수 있다.

① 사칙연산이란 : 수 또는 식은 "얼마만큼인가"를 나타내는 "양"을 표현하는 도구이다. 사칙연산이란 이러한 수 또는 식에 관한 덧셈(+), 뺄셈(-), 곱셈(×), 나눗셈(÷) 등 네 종류의 계산법으로 사칙계산이라고도 한다. 보통 사칙연산은 일정한 원리(규칙 또는 방법)에 따라 계산한다.

② 업무수행 중 기초연산능력이 요구되는 상황 : 우리는 직장생활을 하면서 업무수행에 필요한 기초적인 사칙연산과 계산방법을 이해하고 있어야 한다. 즉, 덧셈, 뺄셈, 곱셈, 나눗셈 등과 같은 간단한 사칙연산에서부터 다단계의 복잡한 사칙연산까지 수행할 수 있어야 하며, 연산결과의 오류까지도 수정할 수 있는 능력이 요구된다. 업무수행 과정에서 연산능력이 요구되는 대표적인 상황으로는 ①업무상 계산을 수행하고 결과를 정리하는 경우, ②조직의 예산안을 작성하는 경우, ③업무비용을 측정하는 경우, ④업무수행 경비를 제시해야 하는 경우, ⑤고객과 소비자의 정보를 조사하고 결과를 종합하는 경우, ⑥다른 상품과 가격 비교를 하는 경우 등을 들 수 있다.

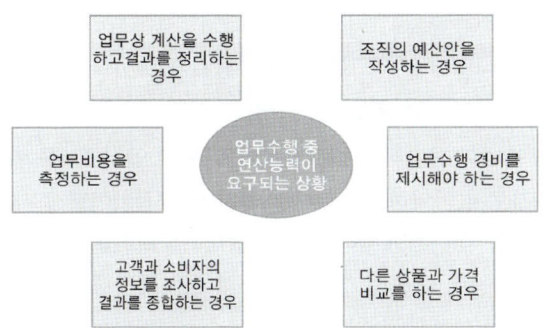

③ **통계란 무엇인가** : 통계란 어떤 현상의 상태를 양으로 반영하는 숫자이며, 특히 사회집단의 상황을 숫자로 표현한 것이다. 근래에는 통계적 방법의 급속한 진보와 보급에 따라 자연적인 현상이나 추상적인 수치의 집단도 포함해서 일체의 집단적 현상을 숫자로 나타낸 것을 통계라고 한다. 따라서 통계학이란 불확실한 상황에서 현명한 의사 결정을 하기 위한 이론과 방법을 다루는 분야이며 주로 자료의 수집과 분류, 분석과 해석의 체계를 갖는다. 통계분석은 '모르는 값'을 '아는 값(의미가 있는 값)'으로 바꾸어 가는 과정이라 할 수 있다.

④ **통계의 본질** : 주로 좁은 뜻에서의 통계, 즉 사회적 집단의 상황을 말하는 숫자로써의 통계에 관해서이다. 자연현상이나 단순히 추상적 수치의 집단에 관련되는 숫자에 대해서는 그것들이 통계로써 지니는 의의나 특질은 처음부터 문제가 되지 않는다.

통계의 본질은 그것이 우선 사회에 실재하는 고유의 사실과 결부되고, 동시에 사회적 존재로써의 집단에 관한 숫자자료인 것이다. 예를 들면, 어떤 사람의 임금 20만원, 어떤 세대의 월수입 30만원 등 그것이 고유의 사실과 연관되고 또 사회현상으로 보이는 것일지라도 단일개체에 대한 숫자 자료일 때에는 통계라고 하지 않는다. 이런 것들이 내포된 집단, 즉 노동자나 세대의 구체적인 어떤 일정집단에 대한 숫자자료, 같은 종류의 사례(개체)를 모은 집단에 대한 숫자가 통계이다.

우리가 알고자 하는 대상(분석대상)에 대하여 가장 정확한 정보를 얻는 방법은 분석대상을 모두 조사하는 것(전수조사)이다. 그러나 이는 엄청난 시간과 비용이 들기 때문에 잘 사용하지 않는다. 그래서 전체(모집단)를 잘 대표하는 일부분(표본)을 뽑고 표본을 조사, 분석하여 전체(모집단)의 특성을 유추하는 표본조사를 사용한다.

대형마트에 가면 시식코너를 만나게 되는데 여기서는 판매를 희망하는 제품 중에서 일부를 소비자가 맛을 볼 수 있도록 하고 있다. 판매를 원하는 전체 제품은 모집단이고 시식을 위해 제공되는 일부 제품은 표본이라 할 수 있다. 이때 시식용 제품의 맛이 전체 제품의 맛을 나타내므로 시식용 제품의 선택은 매우 중요하다. 통계는 조사에 있어서의 통계집단의 구성(단위, 표지, 특정한 시점 또는 시간과 장소, 범위의 규정)에 바탕을 두고 파악된다. 따라서 통계집단의 요소들인 단위, 표지, 때, 장소를 어떻게 규정하고 특히 단위나 표지에 관련해 구체적 개념이나 정의를 어떻게 정하는가는 통계의 본질과 연계되어 매우 중요하다.

통계는 일반적으로 현실의 일정한 사회관계 아래 조사자와 피조사자 사이에서 질문·회답이 이루어지는 통계조사라는 특수한 절차를 거쳐 작성되는데, 거기에는 상호협력이나 이해에 따르는

대항관계가 작용한다. 특히 통계는 필요성이나 작성능력이라는 점에서 보면 대부분 정부나 지방 자치단체 등에 의한 관청통계로 작성되고 있는 특수성을 지녔다. 그리고 이들은 현실적 통계가 지닌 의의나 특질에 일정한 연관성을 갖고 있다.

이러한 사실은 통계의 이용면에서 보아, 통계의 이용에 앞서 그 통계가 무엇을 어떤 정의나 개념규정에 기초해 숫자로서 파악하고 있는가, 그 통계조사는 어떤 조사목적으로 구체적으로 무엇을 조사하고, 무엇을 통계로서 표시하는가를 음미, 검토하는 일이 중요하다는 것을 의미한다.

⑤ **통계의 기능** : 통계의 기능은 다음과 같이 크게 4가지로 생각해볼 수 있다. 첫째, 많은 수량적 자료를 처리가능하고 쉽게 이해할 수 있는 형태로 축소시킨다. 둘째, 표본을 통해 연구대상 집단의 특성을 유추한다. 셋째, 의사결정의 보조수단이 된다. 넷째, 관찰 가능한 자료를 통해 논리적으로 어떠한 결론을 추출·검증한다.

⑥ **도표의 목적** : 도표란 선, 그림, 원 등으로 그림을 그려서 내용을 시각적으로 표현하여 다른 사람이 한 눈에 자신의 주장을 알아볼 수 있게 한 것이다. 따라서 한 눈에 내용을 파악할 수 있다는데에 그 특징이 있다. 매출액의 추이, 가격의 변화 등을 수치로만 나열한 경우와 그래프로 표시한 경우의 차이는 명백하다.

그냥 지나쳐 버리기 쉬운 복잡한 수치도 그래프를 그려봄으로써 쉽게 파악할 수 있다. 또한 전체와 부분의 비교도 간단히 할 수 있다. 따라서 그래프는 다른 사람에게 설명할 때 더욱 설득력이 있다. 도표는 다음과 같은 점에서 유용성을 가진다고 할 수 있다. 도표의 작성은 여러 가지 측면에서 이점이 있으나, 구체적으로 도표작성의 목적을 들면 세 가지로 좁혀서 생각할 수 있다.

㉠ 보고·설명하기 위해 : 평소 이러한 목적으로 도표가 쓰여지는 경우가 많다. 즉, 회사내 회의에서의 설명, 상급자에게 보고를 비롯하여 각종 통계 등에 쓰여진다고 볼 수 있다.

그러나 도표가 단순히 보고·설명용으로 쓰여진다고 하면 모든 것의 사후 결과만을 표시하는 것이 되어 무의미하다. 때로는 현상분석을 하여 전체의 경향이나 이상수치를 발견하거나, 문제점을 명백히 밝혀 대책이나 계획을 세우기 위해 적극적으로 활용된다.

㉡ 상황분석을 위해 : 도표를 보다 적극적으로 활용하는 경우라고 할 수 있다. 회사의 상품별 매출액의 경향을 본다거나 거래처의 분포 등을 보는 경우 등이 그 예이다.

㉢ 관리목적을 위해 : 진도관리 도표나 회수상황 도표 등이 이에 해당된다. 실제로 각 회사마다 이런 것이 사무실 벽에 많이 붙어 있는 것을 본다. 이것은 시각에 호소하여 강한 인상을 준다고 하는 도표가 지닌 성질을 유효하게 이용한 대표적인 것이다. 도표의 종류는 여러 가지 있는데, 어떤 것이든 도표를 그릴 때의 주의점을 들면 다음과 같다.

- 보기 쉽게 깨끗이 그린다.
- 하나의 도표에 여러 가지 내용을 넣지 않는다.
- 특별히 순서가 정해 있지 않은 것은 큰 것부터, 왼쪽에서 오른쪽으로, 또는 위에서 아래로 그린다.
- 눈금을 잡기에 따라 크게 보이거나 작게 보이니 주의한다.
- 밑에 있는 수치를 생략할 경우에는 잘못 이해하는 경우가 생기니 주의한다.
- 컴퓨터에 의한 전산 그래프를 최대한 이용한다.

세계 최대 부호인 미국 마이크로소프트(MS)의 빌 게이츠 회장이 처음에 하버드대 법대로 입학하였지만 수리능력의 중요성을 깨닫고 수학과로 전과한 것을 아는 사람들은 많지 않다. 게이츠는 수학적 사고력을 발휘하여 MS를 설립했다. 그가 집필한 저서 '미래로 가는 길', '생각의 속도' 등에선 수학적 사고력·상상력의 중요성이 잘 드러나고 있다. 또 게이츠는 지난 3월 미국 상원 청문회에서 앞으로 더욱 가속화될 혁신시대에 살아남기 위하여 수리능력의 중요성을 더욱 강조하여야 한다고 주장했다.

그렇다면 수리능력은 왜 필요하며 직업생활과 어떤 관련이 있을까? 수리능력은 여러 자연현상이나 사회현상들을 추상화, 계량화하여 그 본질적 성질에 대해 설명하는 능력이다. 단순히 숫자를 계산하는 것만 배우는게 아니라 복잡하고 어려운 문제들을 계산하고 해결해가는 과정을 통해 논리적으로 생각하는 방법과 문제해결력을 배우는 것이다.

수리능력의 향상을 통해 수리력 뿐만 아니라 추리력, 분석적인 사고능력, 엄격한 논리체계 및 사물을 인식하고 이해하는 방법을 배우게 되는데, 이러한 것들은 모든 과학의 언어로서 자연과학, 공학, 인문학, 사회과학에 이르기까지 광범하게 응용된다.

직업 중에 수리능력이 매우 중요시 되는 직업으로는 보험계리사, 수학 및 통계 연구원, 수학교사, 자연계열 교수 등이 있다. 또 이들이 진출하는 분야도 중앙정부 및 지방자치단체의 공무원, 중·고등학교 교원, 은행·보험·증권회사, 정보통신기술업체, 소프트웨어 개발업체, 정보처리업체, 정보보안 관련 업체, 통계조사기관, 일반 기업체의 관련분야(전산실, 통계실, 자료처리실 등)와 여론조사연구소, 국방과학연구소, 기초과학지원연구소 등에 이르기까지 다양하다.

그러나 수리능력은 위와 같은 특정 직업에 종사하는 자에게만 필요한 것이 아니며, 모든 직업인들에게 공통적으로 필요한 능력이라고 할 수 있다. 다음은 수리능력이 일상생활 혹은 업무수행과정에서 중요한 이유를 설명해준다.

⑦ **수학적 사고를 통한 문제해결** : 업무수행에 있어서 다양한 문제를 해결함에 있어서 수학적 사고를 적용하는 습관을 갖게 되면 여러 문제들을 쉽게 분류하고 그 해법을 찾게 된다. 즉, 수학의 원리를 활용하면 어려운 문제들에 대한 지구력과 내성이 생겨 업무의 문제 해결이 보다 쉽고 편안해질 수 있다.

최근에는 '페르미 추정'이나 '트리즈'같이 어떠한 문제에 대해 기초적인 지식과 논리적인 추론만으로 짧은 시간에 대략적인 근사치를 추정하거나 해결책을 찾아내는 방법도 사용되고 있다.

⑧ **직업세계의 변화에의 적응** : 앞으로 수십년 간에 걸친 직업세계의 변화에 적응하기 위해서는 수리능력을 가져야한다. 나중에 유망 직업으로 전직하려는데 그 직업이 수리적인 지식을 요구한다면 그때 가서 공부하는 것은 매우 힘들기 때문이다. 수리능력은 논리적이고 단계적인 학습을 통해 향상되기 때문에 어느 과정의 앞 단계에서 제대로 학습을 하지 못했다면 다음 단계를 학습하는 것이 매우 어렵다.

⑨ **실용적 가치의 구현** : 수리능력의 향상을 통해 일상생활 혹은 업무수행에 필요한 수학적 지식이나 기능을 습득할 수 있다. 물론, 실용성은 생활수준의 발전에 따라 다양한 성격을 지니게 되며 내용도 복잡하게 된다. 실용성은 개인이나 직업에 따라 다를지라도 수리능력의 향상을 통해서

일상적으로 필요한 지식, 기능이라도 단순히 형식적인 테두리에서 머무는 것이 아니라 수량적인 사고를 할 수 있는 아이디어나 개념을 도출해낼 수 있다.

⑩ 단위환산표 : 우리가 직업인으로서 업무를 수행하는데 흔히 활용하는 단위로는 길이, 넓이, 부피, 들이, 무게, 시간, 할푼리 등이 있다.

길이는 물체의 한 끝에서 다른 한 끝까지의 거리를 의미하며, 이를 나타내는 단위로는 mm, cm, m, km 등이 있다. 넓이는 평면의 크기를 나타내는 것으로 면적이라고도 하며, 이를 나타내는 단위로는 mm^2, cm^2, m^2, km^2 등이 있다.

부피는 입체가 점유하는 공간 부분의 크기를 의미하며, 이를 나타내는 단위로는 mm^3, cm^3, m^3, km^3등이 있다. 들이는 통이나 그릇 따위의 안에 넣을 수 있는 물건 부피의 최대값을 의미하며, 이를 나타내는 단위로는 ml, dl, L kl등이 있다. 이 밖에 무게를 나타내는 단위로는 g, kg, t 등이 있고, 시간을 나타내는 단위로는 초, 분, 시 등이 있다.

단위	단위환산
길이	1cm=10mm, 1m=100cm, 1km=1,000m
넓이	$1cm^2=100mm^2$, $1m^2=10,000cm^2$, $1km^2=1,000,000m^2$
부피	$1cm^3=1,000mm^3$, $1m^3=1,000,000cm^3$, $1km^3=1,000,000,000m^3$
들이	$1ml=1cm^3$, $1dl=100cm^3=100ml$, $1L=1,000cm^3=10dl$
무게	1kg=1,000g, 1t=1,000kg=1,000,000g
시간	1분=60초, 1시간=60분=3,600초
할푼리	1푼=0.1할, 1리=0.01할, 모=0.001할

2 기초연산능력

기초연산능력은 직장생활에서 필요한 기초적인 사칙연산과 계산방법을 이해하고 활용하는 능력이다. 특히 직장생활에서 다단계의 복잡한 사칙연산을 하고, 연산 결과의 오류를 수정하는 것이 매우 중요하다는 측면에서 기초연산능력의 함양은 필수적이다.

① 사칙연산(four fundamental rules of arithmetics)사칙연산이란 수에 관한 덧셈, 뺄셈, 곱셈, 나눗셈의 네 종류의 계산법으로 사칙계산이라고도 한다. 여기서 수(數)는 일반적으로 복소수를 가리키지만 특히 범위를 실수·유리수·정수 또는 자연수 등으로 한정하여 생각할 수도 있다. 수의 범위를 복소수·실수 또는 유리수 전체로 할 때는 0으로 나누는 나눗셈만을 제외한다면 사칙은 항상 가능하다. 그러나 정수의 범위에서는 나눗셈이 언제나 가능한 것은 아니며, 또 자연수의 범위에서도 뺄셈과 나눗셈이 언제나 가능한 것은 아니다. 사칙연산이 가능한 수의 집합(이를테면 복소수·실수 또는 유리수 전체)을 체(體 : field)라고 한다. 수의 계산에서는 덧셈과 곱셈이 정의되며, 각각 교환법칙 $a+b=b+a$, $a \times b=b \times a$ 및 결합법칙 $a+(b+c)=(a+b)+c$, $a \times (b \times c)=(a \times b) \times c$가 성립한다. 덧셈과 곱셈 두 연산은 분배법칙 $(a+b) \times c=a \times c+b \times c$에 의해 관계 지을 수 있다. 이를테면, 7×3=7+7+7인 관계는 분배법칙을 기초로 하여 다음과

같이 증명할 수 있다. $7 \times 3 = 7 \times (2+1) = 7 \times 2 + 7 \times 1 = 7 \times (1+1) + 7 \times 1 = 7 + 7 + 7$ 뺄셈·나눗셈은 각각 덧셈·곱셈의 각 법칙에서 유도된다. 임의의 실수를 a, b라 할 때 $b + x = a$를 만족하는 x를 구하는 것을 뺄셈이라 하고 이것을 $a - b$로 쓰며 a와 b의 차라 한다. 또 $b \times x = a(b \neq 0)$를 만족하는 x를 구하는 것을 나눗셈이라 하고 이것을 $a \div b$ 또는 $\frac{a}{b}$로 쓰고 a와 b의 몫이라 한다.

② **효과적인 검산방법** : 흔히들 숫자의 계산에 있어서 검산은 매우 중요한 과정으로 여긴다. 하지만 실제로 검산을 하는 사람은 몇 되지 않는다. 다들 귀찮다는 이유로 또는 시간이 부족하다는 이유로 검산을 하지 못한다. 또한 실제로 검산하는 사람들도 문제풀 때와 같은 방법으로 검산을 하기 때문에 문제풀 때 했던 실수를 그대로 반복하면서 틀린 문제를 지나가는 경우가 많다. 실제로 검산은 역산으로 이루어져야 한다. 즉, 답에서 거꾸로 계산해 봄으로써 원래 답이 나오는지 계산하는 것이다.

일반적으로 자연수의 계산은 역산보다 더 빠른 암산법이 있다. 구거법이라고 하는 이 검산법은 원래의 수와 각자리 수의 합이 9로 나눈 나머지가 같다는 원리를 이용한다.

예를들어 $3456 + 341 = 3797$에서 $3+4+5+6$의 9로 나눈 나머지는 0, $3+4+1$의 9로 나눈 나머지는 8, $3+7+9+7$을 9로 나눈 나머지는 8이므로 $0+8=8$ 에서 맞는 식이 되므로 계산을 제대로 했다고 생각할 수 있다. 즉 각수를 9로 나눈 나머지만 계산해서 좌변과 우변의 9로 나눈 나머지가 같은지 판단하면 된다.

물론 구거법이 만능은 아니다. 정답과 오답의 나머지가 9가 차이가 날 경우 검산을 해도 틀린 곳을 발견 못할 수도 있다. 하지만 보통 아이들이 계산을 하면 1, 2 차이로 틀리기 때문에 일반적으로는 계산이 맞았는지 틀렸는지 쉽게 찾을 수 있다.

3 기초통계능력

기초통계능력은 직장생활에서 평균, 합계, 빈도와 같은 기초적인 통계기법을 활용하여 자료의 특성과 경향성을 파악하는 능력이다. 특히 직장생활에서 불확실한 상황에서 의사결정을 하여야 하는 경우 기초적인 통계기법을 활용하여 판단을 하는 것이 효과적이라는 측면에서 기초통계 능력의 함양은 필수적이라 할 수 있다.

① **통계(statistics)의 의미** : 통계란 집단현상에 대한 구체적인 양적 표현을 반영하는 숫자를 의미한다. 특히 사회집단 또는 자연집단의 상황을 숫자로 나타낸 것이다. 예를 들어 서울 인구의 생계비, 한국 쌀 생산량의 추이, 추출 검사한 제품 중의 불량품의 개수 등이 그것이다. 통계는 집단에 관한 것으로써, 어떤 사람의 재산이라든가 한라산의 높이 등, 어떤 개체에 관한 수적 기술은 아무리 구체적이더라도 통계는 아니다. 통계는 사회의 발전과 함께 발달해 왔는데, 오늘날의 사회생활과 과학은 통계 없이는 존재할 수 없다.

집단현상을 통계로 나타낼 때, 그 집단을 구성하는 각 개체를 통계단위 또는 단위라고 한다. 이 단위는 공통의 성질을 가지고 있는데, 이 공통의 성질을 표지라고 한다. 이를 테면 한국의 인구를 구성하는 단위는 일정한 날짜와 시간에 한국에 살고 있는 사람이며, 이 조건이 표지가 된다. 이들 단위는 표지 이외의 점에서는 이질이다. 표지에는 남녀, 산업·직업 등 질적인 것과, 연령·

소득금액 등 양적인 것이 있다. 질적인 표지의 통계를 속성통계, 양적인 표지의 통계를 변수통계라고 한다. 또, 집단의 성질에 따라 자연현상에 관한 자연통계와, 사회현상에 관한 사회통계로 나누어지는데, 자연통계는 기후통계·생물통계 등으로, 사회통계는 경제통계·경영통계 등으로 세분할 수 있다.

통계를 이용하는 데는, 작성자·작성시기·작성방법·대상(단위표지)·대상의 존재장소 등에 관한 깊은 인식을 필요로 한다. 이 같은 모든 통계는 현실의 일정한 사회관계를 바탕으로, 조사자와 피조사자 사이에서 질문·응답이 행해지는 통계조사라는 특수한 과정을 거쳐 이루어지는데, 거기에는 상호협조와 이해에 따르는 대항관계가 작용한다. 또한 통계는 그 필요성과 작성능력이라는 점으로 보아, 그 대부분이 정부나 지방자치단체 등에 의한 관청 통계로 작성된다는 특성을 지닌다. 통계에 사용되는 자료는 집중화 경향, 분산도, 비대칭도를 기준으로 파악된다. 집중화 경향은 자료들이 어느 위치에 집중되어 있는가를 나타내는 것으로 평균, 중앙값, 최빈값 등으로 나타낸다. 분산도는 자료들이 어느 정도 흩어져 있는가를 나타내는 것으로 범위, 표준편차, 분산 등으로 나타낸다. 비대칭도는 자료들이 대칭에서 얼마나 벗어나 있나를 나타내는 것으로 왜도, 첨도 등으로 나타낸다.

② 기본적인 통계치

　㉠ 빈도와 빈도분포 : 통계에 사용되기 위해 수집된 자료(원점수)는 아무런 의미가 없다. 따라서 의미있는 자료를 만들기 위해서는 정리가 필요하다. 빈도(빈도수, 도수)란 어떤 측정값의 측정된 회수 또는 각 계급에 속하는 자료의 개수를 의미한다. 빈도분포(도수분포)란 그러한 빈도를 표나 그래프로 종합적이면서도 일목요연하게 표시하는 것이다. 빈도분포는 보통 빈도수와 백분율로 나타내는 경우가 많으며, 상대도수 또는 누적도수로 나누어 표시하기도 한다. 아래의 자료는 정원이 20명인 어느 학급의 성적을 나타낸다.

> 97, 72, 80, 64, 73, 75, 74, 97, 98, 60, 88, 86, 76, 80, 75, 85, 90, 75, 87, 88

⇩

점수	인원수	점수	인원수	점수	인원수
98	1	85	1	72	1
97	2	84		71	
96		83		70	
95		82		69	
94		81		68	
93		80	2	67	
92		79		66	
91		78		65	
90	1	77		64	1
89		76	1	63	

88	2	75	3	62	
87	1	74	1	61	
86	1	73	1	60	1

계급별 점수	인원수
99−90	4
89−80	7
79−70	7
69−60	2

ⓛ 평균 : 평균은 대상집단의 성격을 함축하여 나타내고 계산이 쉬워 많이 사용된다. 자료에 대해 일종의 무게중심으로 볼 수 있다. 평균은 모든 자료의 자료값을 합한 후 자료값의 갯수로 나눈 값이다. 예를 들어 1부터 10까지의 10개의 값의 평균은(1+2+3+4+5+6+7+8+9+10)/10=5.5임을 알 수 있다. 평균은 관찰값(자료값) 전부에 대한 정보를 담고 있으나 극단적인 값이나 이질적인 값에 의해 쉽게 영향을 받아 전체를 바르게 대표하지 못할 가능성이 있다. 예를 들면 1, 2, 3, 4, 5의 평균은 3이나 1, 2, 3, 4, 100의 평균은 22가 된다. 아래의 표는 세계 주요국의 남녀 평균수명을 나타낸 표이다. 표로부터 한국은 2005년 당시 남자의 평균수명이 73.8세, 여자의 평균수명이 81.2세 임을 알 수 있다.

주요국 남녀 평균 수명

(단위 : 세)

국가	남자	국가	여자
세계평균	63.7	세계평균	68.2
홍콩	78.9	일본	85.8
일본	78.7	홍콩	84.9
스웨덴	78.2	스위스 · 스페인	83.5
스위스	77.9	이탈리아	83.3
캐나다	77.8	프랑스	83.2
한국	73.8	한국	81.2
북한	60.9	북한	66.8

• 자료 : 유엔인구기금(UNFPA) 2005 세계인구현황보고서

ⓒ 백분율 : 백분율은 전체의 수량을 100으로 하여, 나타내려는 수량이 그 중 몇이 되는가를 가리키는 수(퍼센트)로 나타낸다. 기호는 %(퍼센트)이며, 100분의 1이 1%에 해당된다. 백분율은 오래 전부터 실용계산의 기준으로 널리 사용되고 있으며, 원형그래프 등을 이용하면 이해하기 쉽다.

③ 범위와 평균

> B집단의 표본 관찰값 : 3, 4, 6, 7

범위란 관찰값의 흩어진 정도를 나타내는 도구로써 최고값과 최저값을 가지고 파악하며, 최고값에서 최저값을 뺀 값에 1을 더한 값을 의미한다. 예를 들어 B집단의 관찰값이 3, 4, 6, 7이라면 최고값이 7이고, 최저값이 3이기 때문에 최고값에서 최저값을 뺀 값, 즉 7−3+1=5가 B집단의 범위가 된다. 범위는 계산이 용이한 장점이 있으나 극단적인 끝값에 의해 좌우되는 단점이 있다. 평균은 관찰값 전부에 대한 정보를 담고 있어 대상집단의 성격을 함축적으로 나타낼 수 있는 값이다. 평균에는 산술평균과 가중평균이 있고 산술평균은 전체 관찰값을 모두 더한 후 관찰값의 개수로 나눈 값을 의미한다. 예를 들어 B집단의 관찰값이 3, 4, 6, 7이라면 B집단의 평균을 구하는 수식은 아래와 같이 표현할 수 있다.

> B집단의 평균 : $\dfrac{3+4+6+7}{4}=5$

가중평균은 각 관찰값에 자료의 상대적 중요도(가중치)를 곱하여 모두 더한 값을 가중치의 합계로 나누어 구한다.

④ 분산과 표준편차

> A집단의 표본 관찰값 : 1, 2, 8, 9

분산이란 자료의 퍼져있는 정도를 구체적인 수치로 알려주는 도구이다. 각 관찰값과 평균값과의 제곱을 모두 더한 값을 총 회수로 나누어 구한다. 더욱 구체적으로 설명하면 각 관찰값과 평균값과의 차이의 제곱을 모두 합한 값을 개체의 수로 나눈 값을 의미한다. 예를 들어 A집단의 관찰값이 1, 2, 8, 9이고 평균이 5라면 A집단의 분산은 $(1-5)2+(2-5)2+(8-5)2+(9-5)2$을 사례수 4로 나눈 값을 의미한다. 따라서 A집단의 분산은 16+9+9+16=50을 사례수 4로 나눈 값, 즉 12.5가 된다.

표준편차란 분산값의 제곱근 값을 의미한다. 개념적으로는 평균으로부터 얼마나 떨어져 있는가를 나타내는 개념으로서 앞의 사례에 제시된 평균편차의 개념과 개념적으로는 동일한 개념이다. 예를 들어 A집단의 관찰값이 1, 2, 8, 9이고 평균이 5라면 A집단의 분산은 $(1-5)2+(2-5)2+(8-5)2+(9-5)2$을 사례수 4로 나눈 값, 즉 12.5가 되며, 여기서 표준편차는 12.5의 제곱근 값이 된다. 표준편차가 크면 자료들이 넓게 퍼져있고 이질성이 큰 것을 의미하고 작으면 자료들이 집중하여 있고 동질성이 커지게 된다.

⑤ 다섯숫자요약(Five Number Summary) : 평균과 표준편차만으로는 원자료의 전체적인 형태를 파악하기 어렵기 때문에 우리는 최소값, 중앙값, 최대값, 하위 25%값, 상위 25%값 등을 활용하며, 이를 다섯숫자요약(Five Number Summary)라고 부른다.

다섯숫자요약(Five Number Summary)
- 최소값(m)
- 하위 25%값(Q_1)
- 중앙값(Q_2)
- 상위 25%값(Q_3)

최소값이란 원자료 중 값의 크기가 가장 작은 값을 의미한다. 사례에 제시된 한달 평균 생활비를 예로 들면 우리는 최소값으로부터 한달동안 생활비를 가장 적게 쓰는 사람의 수준을 알 수 있을 것이다. 이와는 반대로 최대값이란 원자료 중 값의 크기가 가장 큰 값을 의미한다. 이로부터 우리는 한달동안 생활비를 가장 많이 쓰는 사람의 수준을 파악할 수 있을 것이다. 중앙값이란 정확하게 중간에 있는 값을 의미한다. 이는 관찰값을 최소값부터 최대값까지 크기에 의하여 배열하였을 때 순서상 중앙에 위치하는 관찰값을 말한다. 예를 들어 46.0, 46.9, 48.2, 48.5, 50.4의 학생 5명 가운데, 즉 세 번째 있는 학생의 체중인 48.2가 중앙값이 되며, 이는 평균값과는 다르다. 자료값 중 어느 하나가 너무 크거나 작을 때 자료의 특성을 잘 나타낸다.

하위 25%값과 상위 25%값은 원자료를 크기 순으로 배열하여 4등분한 값을 의미한다. 백분위수의 관점에서 제25백분위수, 제75백분위수로 표기할 수도 있다. 사례에 제시된 한달 평균 생활비를 예로 들면 우리는 이러한 값으로부터 상위층과 하위층의 경계선을 파악할 수 있다.

⑥ **평균값과 중앙값** : 우리는 흔히 평균값을 집단을 대표하는 값으로 활용한다. 그러나 평균값과 중앙값이 다를 경우에도 평균값이 집단을 대표하는 값이라고 볼 수 있는 것인가 하는 의문이 발생한다. 다음에 제시된 유형들로부터 올바르게 통계값을 제시하는 방법에 대해서 생각해볼 수 있을 것이다.

- 유형A : 이 지역의 생활비는 170만원으로 나타났습니다. (×)
- 유형B : 이 지역의 평균 생활비는 170만원으로 나타났습니다.
- 유형C : 이 지역의 생활비는 150만원으로 나타났습니다. (×)
- 유형D : 이 지역의 생활비의 중앙값은 150만원으로 나타났습니다.

위에 제시된 4가지 자료제시 유형 중에서 A유형과 C유형은 잘못된 것이라 할 수 있다. 우리가 살펴보았듯이 평균값과 중앙값은 엄연히 다른 개념이고, 모두 중요한 개념이므로 평균값인지 중앙값인지에 대해서 명확하게 제시해주어야 할 것이다. 이는 원자료에 대한 대표값으로써 정책을 결정한다든지 평가를 받는다든지 할 때 중요한 역할을 하게 되기 때문이다. 또한, 우리가 통계값을 제시할 때에는 평균값과 중앙값 모두 똑같은 중요도를 갖고 활용할 필요가 있을 것이다.

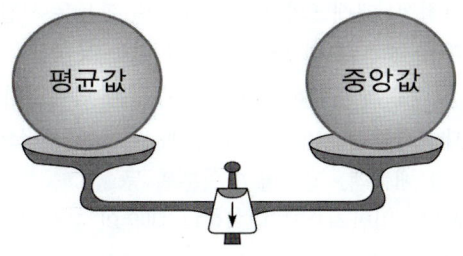

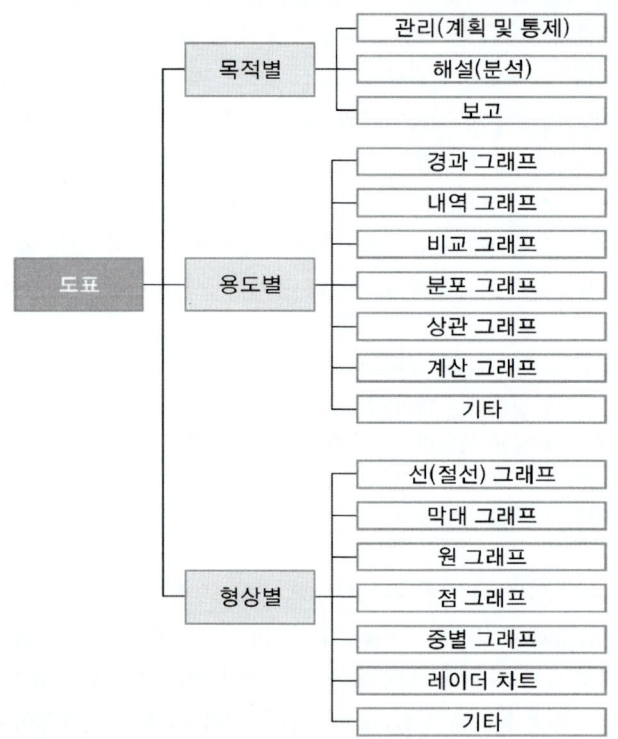

3 도표분석능력

도표분석능력은 직장생활에서 도표(그림, 표, 그래프 등)의 의미를 파악하고, 필요한 정보를 해석하는 능력이다. 특히 직업인은 직장생활에서 다양한 도표를 종합하여 내용을 분석·종합하는 것이 매우 중요하다는 측면에서 도표분석능력의 함양은 필수적이다.

① **도표의 종류** : 도표는 크게 목적별·용도별·형상별로 구분할 수 있는데, 실제로는 목적과 용도와 형상을 여러 가지로 조합하여 하나의 도표를 작성하게 된다. 특히 도표는 관리나 문제해결의 과정에서 다양하게 활용되며, 활용되는 국면에 따라 활용되는 도표의 종류를 달리할 필요가 있을 것이다. 다음은 다양한 도표의 종류를 목적별·용도별·형상별로 분류하여 제시한 것이다. 직업인으로서 업무수행을 원활하게 하기 위해서는 다양한 도표의 종류를 암기할 필요는 없지만, 각각의 도표를 활용하여야 하는 경우에 대해서는 숙지하고 있을 필요가 있을 것이다.

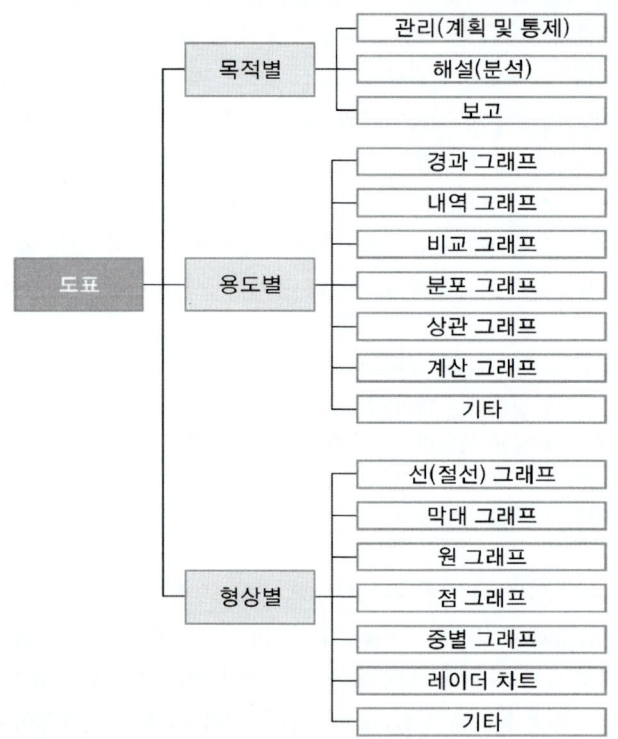

② **도표의 종류별 활용**

ㄱ 선(절선) 그래프 : 선(절선) 그래프의 가장 기본적인 활용은 시간적 추이(시계열 변화)를 표시하는데 적합하다. 활용 예 년도별 매출액 추이 변화 등

ㄴ 막대 그래프 : 막대 그래프는 비교하고자 하는 수량을 막대길이로 표시하고, 그 길이를 비교하여 각 수량간의 대소관계를 나타내고자 할 때 가장 기본적으로 활용할 수 있는 그래프이다. 활용 예 영업소별 매출액, 성적별 인원분포 등

ㄷ 원 그래프 : 원 그래프는 일반적으로 내역이나 내용의 구성비를 분할하여 나타내고자 할 때 활용할 수 있는 그래프이다. 활용 예 제품별 매출액 구성비 등

㉣ 점 그래프 : 점 그래프는 지역분포를 비롯하여 도시, 지방, 기업, 상품 등의 평가나 위치, 성격을 표시하는데 활용할 수 있는 그래프이다. 활용 ⑩ 광고비율과 이익률의 관계 등

㉤ 층별 그래프 : 층별 그래프는 합계와 각 부분의 크기를 백분율로 나타내고 시간적 변화를 보고자 할 때, 합계와 각 부분의 크기를 실수로 나타내고 시간적 변화를 보고자 할 때 활용할 수 있는 그래프이다. 활용 ⑩ 상품별 매출액 추이 등

㉥ 방사형그래프(레이더 차트, 거미줄 그래프) : 방사형 그래프는 다양한 요소를 비교할 때, 경과를 나타낼 때 활용할 수 있는 그래프이다. 활용 ⑩ 매출액의 계절변동 등 직업인으로서 업무에 활용할 수 있는 도표의 종류는 매우 다양하다. 이 중 대표적인 것으로는 선(절선) 그래프, 막대 그래프, 원 그래프, 점 그래프, 층별 그래프, 방사형 그래프 등이 있다. 이들 각각에 대한 특징을 살펴보면 다음과 같다.

③ 선(절선) 그래프 : 선(절선) 그래프란 주로 시간의 경과에 따라 수량에 의한 변화의 상황을 절선의 기울기로 나타내는 그래프이다. 선 그래프의 용도로는 경과·비교·분포(도수·곡선 그래프)를 비롯하여 상관관계 등을 나타낼 때(상관선 그래프·회귀선) 쓰인다. 아래의 그래프는 매출액의 추이를 나타낸 선 그래프, 즉 절선 그래프이다. 이것은 선 그래프에서 가장 기본적인 것으로 시간적 추이(시계열 변화)를 표시하는데 적합하다. 아래의 그래프는 4년간의 상품별 매출액의 추이를 나타내고 있다. 한 표에 너무 많은 선이 들어가면 복잡하여 알아보기 어렵다.

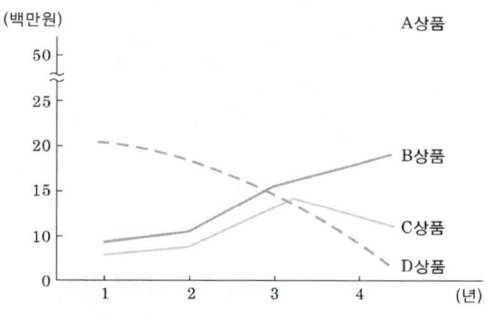

선 그래프 : 상품별 매출액 추이

④ 막대 그래프 : 막대 그래프는 봉 그래프라고도 한다. 비교하고자 하는 수량을 막대 길이로 표시하고 그 길이를 비교하여 각 수량간의 대소관계를 나타내는 것이다. 가장 간단한 형태이며, 선 그래프와 같이 각종 그래프의 기본을 이룬다. 막대 그래프는 내역·비교·경과·도수 등을 표시하는 용도로 쓰인다.

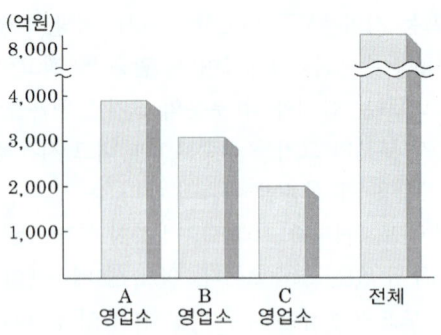

막대 그래프 : 영업소별 매출액(월평균)

⑤ 원 그래프 : 원 그래프는 일반적으로 내역이나 내용의 구성비를 원을 분할하여 작성한 것이다.
아래와 같은 파이 그래프도 원 그래프의 일종이다. 동심원을 두 개 그림으로써 투시점에 서의
매출액 크기와 구성비를 비교해볼 수도 있다. 단, 원 그래프를 정교하게 작성할 때 까다로운 것
은 수치를 각도로 환산하여야 한다는 점이다.

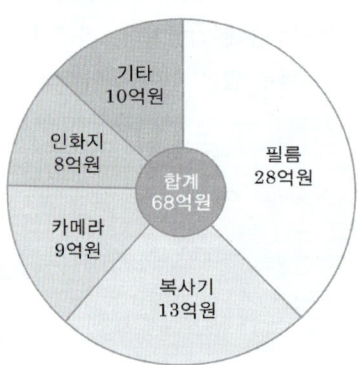

원 그래프 : 제품별 매출액 구성비

⑥ 점 그래프 : 점 그래프는 종축과 횡축에 2요소를 두고, 보고자 하는 것이 어떤 위치에 있는가를
알고자 하는데 쓰여진다. 아래의 점 그래프는 각 지역에서 쓰여지고 있는 광고비율과 이익률의
관계가 어떻게 되어 있는가를 표시한 것이다. 그래프에서 그어진 세로선과 가로선은 각기 이익
률의 평균치, 광고비율의 평균치를 나타낸 것이다. 아래의 그래프를 보면 서울, 부산에서는 광
고비는 높으나 이익률이 낮다. 반면 경기도, 강원도, 충청도는 광고비율이 낮으나 이익률은 높
음을 알 수 있다. 점 그래프는 이와 같이 지역분포를 비롯하여 도시, 지방, 기업, 상품 등의 평
가나 위치, 성격을 표시하는데 이용된다.

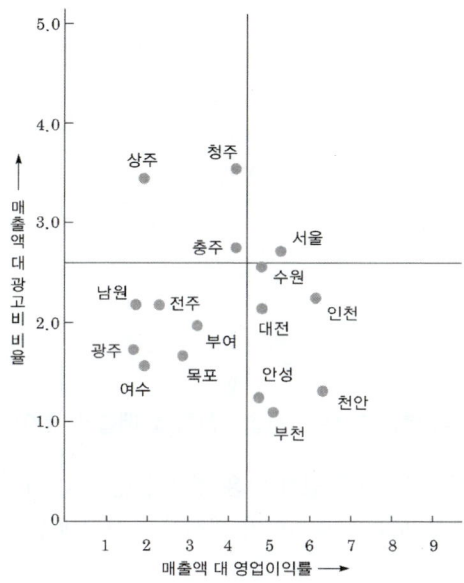

점 그래프 : 각 지역별 광고비율과 이익률의 관계

⑦ **층별 그래프** : 층별 그래프는 선 그래프의 변형으로 연속내역 봉 그래프라고 볼 수 있다. 선의 움직임보다는 선과 선 사이의 크기로써 데이터 변화를 나타내는 그래프이다. 층별 그래프는 크게 두 가지 용도로 활용되는데, 이는 ①합계와 각 부분의 크기를 백분율로 나타내고, 시간적 변화를 보고자 할 때, ②합계와 각 부분의 크기를 실수로 나타내고 시간적 변화를 보고자 할 때 등이다. 아래의 층별 그래프는 상품별 매출액 추이를 나타낸 것이다. 아래의 그래프로부터 전체 매출액 추이 변화와 함께 각 상품별 매출액의 추이변화를 알 수 있다.

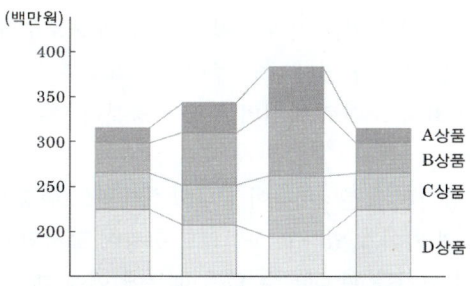

층별 그래프 : 상품별 매출액 추이

⑧ **방사형 그래프** : 방사형 그래프(레이더 차트)는 원 그래프의 일종으로 거미줄 그래프라고도 한다. 비교하는 수량을 직경, 또는 반경으로 나누어 원의 중심에서의 거리에 따라 각 수량의 관계를 나타내는 그래프이다. 방사형 그래프는 대표적으로 비교하거나 경과를 나타내는 용도로 활용된다.

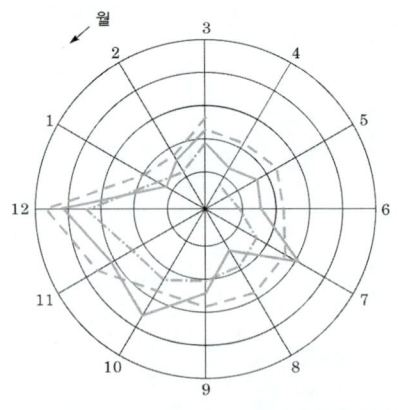

방사형 그래프 : 월별 · 상품별 매출액 추이

실제로 도표를 읽고 해석하는 일은 쉽지 않은 경우가 많으며, 잘못 해석하여 곤란을 겪은 경우도 많다. 특히 효과적으로 도표를 해석하기 위해서는 사전에 많은 연습이 필요하다.

⑨ 도표 해석상의 유의사항

　㉠ 요구되는 지식의 수준 : 도표의 해석은 특별한 지식을 요구하지 않는 경우가 대부분이다. 그러나 지식의 수준에는 차이가 있어 어떤 사람에게는 상식이 어떤 사람에게는 지식일 수 있다. 따라서 직업인으로서 자신의 업무와 관련된 기본적인 지식의 습득을 통하여 특별한 지식을 일반지식 즉, 상식화할 필요가 있다.

　㉡ 도표에 제시된 자료의 의미에 대한 정확한 숙지 주어진 도표를 무심코 해석하다 보면 자료가 지니고 있는 진정한 의미를 확대하여 해석할 수도 있다. 예컨대 K사의 지원자 수가 많았다는 것이 반드시 K사의 근로자 수가 많다는 것을 의미하지 않는데 양자를 같은 것으로 오인할 수 있다.

　㉢ 도표로부터 알 수 있는 것과 없는 것의 구별 : 주어진 도표로부터 알 수 있는 것과 알 수 없는 것을 완벽하게 구별할 필요가 있다. 즉, 주어진 도표로부터 의미를 확대하여 해석하여서는 곤란하며, 주어진 도표를 토대로 자신의 주장을 충분히 추론할 수 있는 보편타당한 근거를 제시해주어야 한다.

　㉣ 총량의 증가와 비율증가의 구분 : 비율이 같다고 하더라도 총량에 있어서는 많은 차이가 있을 수 있다. 또한 비율에 차이가 있다고 하더라도 총량이 표시되어 있지 않은 경우 비율차이를 근거로 절대적 양의 크기를 평가할 수 없기 때문에 이에 대한 세심한 검토가 요구된다.

　㉤ 백분위수와 사분위수의 이해 : 백분위수는 크기 순으로 배열한 자료를 100등분 하는 수의 값을 의미한다. 예컨대 제 p백분위수란 자료를 크기 순으로 배열하였을 때 p%의 관찰값이 그 값보다 작거나 같고, $(100-p)$%의 관찰값이 그 값보다 크거나 같게 되는 값을 말한다. 한편, 사분위수란 자료를 4등분한 것으로 제1사분위수는 제25백분위수, 제2사분위수는 제50백분위수(중앙치), 제3사분위수는 제75백분위수에 해당한다.

⑩ 도표의 작성절차

　㉠ 어떠한 도표로 작성할 것인지를 결정 : 업무수행 과정에서 도표를 작성할 때에는 우선 주어진

자료를 면밀히 검토하여 어떠한 도표를 활용하여 작성할 것인지를 결정한다. 도표는 목적이나 상황에 따라 올바르게 활용할 때 실효를 거둘 수 있으므로 우선적으로 어떠한 도표를 활용할 것인지를 결정하는 일이 선행되어야 한다.

ⓛ 가로축과 세로축에 나타낼 것을 결정 : 주어진 자료를 활용하여 가로축과 세로축에 무엇을 나타낼 것인지를 결정하여야 한다. 일반적으로 가로축에는 명칭구분(연, 월, 장소 등), 세로축에는 수량(금액, 매출액 등)을 나타내며 축의 모양은 L자형이 일반적이다.

ⓒ 가로축과 세로축의 눈금의 크기를 결정 : 주어진 자료를 가장 잘 표현할 수 있도록 가로축과 세로축의 눈금의 크기를 결정하여야 한다. 한 눈금의 크기가 너무 크거나 작으면 자료의 변화를 잘 표현할 수 없으므로 자료를 가장 잘 표현할 수 있도록 한 눈금의 크기를 정하는 것이 바람직하다.

ⓔ 자료를 가로축과 세로축이 만나는 곳에 표시 : 자료 각각을 결정된 축에 표시한다. 이 때 가로축과 세로축이 만나는 곳에 정확히 표시하여야 정확한 그래프를 작성할 수 있으므로 주의하여야 한다.

ⓜ 표시된 점에 따라 도표 작성 : 표시된 점들을 활용하여 실제로 도표를 작성한다. 선 그래프라면 표시된 점들을 선분으로 이어 도표를 작성하며, 막대 그래프라면 표시된 점들을 활용하여 막대를 그려도표를 작성하게 된다.

ⓗ 도표의 제목 및 단위 표시 : 도표를 작성한 후에는 도표의 상단 혹은 하단에 제목과 함께 단위를 표기한다. 직업인으로서 업무수행과정에서 도표를 작성할 때에는 여러 가지 사항에 주의하여야 한다. 특히 도표의 종류별로 유의하여야 할 사항들이 있으며, 이를 준수할 때 보다 효과적으로 업무수행결과를 제시할 수 있을 것이다. 다음은 도표의 종류별로 도표작성시 유의하여야 할 사항들을 제시한 것이다.

⑪ 선(절선) 그래프 작성 시 유의점 : 일반적으로 선(절선) 그래프를 작성할 때에는 세로축에 수량(금액, 매출액 등), 가로축에 명칭구분(연, 월, 장소 등)을 제시하며, 축의 모양은 L자형으로 하는 것이 일반적이다. 또한, 선 그래프에서는 선의 높이에 따라 수치를 파악하는 경우가 많으므로 세로축의 눈금을 가로축의 눈금보다 크게 하는 것이 효과적이다.

특히 선이 두 종류 이상인 경우에는 반드시 무슨 선인지 그 명칭을 기입하여 주어야할 것이며, 그래프를 보다 보기 쉽게 하기 위해서는 중요한 선을 다른 선보다 굵게 한다든지 그 선만 색을 다르게 하는 등의 노력을 기울일 필요가 있다.

⑫ 막대 그래프 작성 시 유의점 : 막대를 세로로 할 것인가 가로로 할 것인가의 선택은 개인의 취향에 따라 다르나, 세로로 하는 것이 보다 일반적이다. 또한, 축은 L자형이 일반적이나 가로 막대 그래프는 사방을 틀로 싸는 것이 좋다.

가로축은 명칭구분(연, 월, 장소, 종류 등)으로, 세로축은 수량(금액, 매출액 등)으로 정하며, 막대 수가 부득이하게 많을 경우에는 눈금선을 기입하는 것이 알아보기 쉽다. 또한, 막대의 폭은 모두 같게 하여야 하는 것은 꼭 지켜야 할 사항이다.

⑬ 원 그래프 작성 시 유의점 : 일반적으로 원 그래프를 작성할 때에는 정각 12시의 선을 시작선으로 하며, 이를 기점으로 하여 오른쪽으로 그리는 것이 보통이다. 또한, 분할선은 구성비율이 큰

순서로 그리되, '기타' 항목은 구성비율의 크기에 관계없이 가장 뒤에 그리는 것이 좋다. 아울러 각 항목의 명칭은 같은 방향으로 기록하는 것이 일반적이지만, 만일 각도가 적어서 명칭을 기록하기 힘든 경우에는 지시선을 써서 기록한다.

⑭ 층별 그래프 작성 시 유의점 : 층별을 세로로 할 것인가 가로로 할 것인가 하는 것은 작성자의 기호나 공간에 따라 판단한다. 그러나 구성비율 그래프는 가로로 작성하는 것이 좋다. 단, 눈금은 선 그래프나 막대 그래프보다 적게 하고 눈금선을 넣지 않아야 하며, 층별로 색이나 모양이 모두 완전히 다른 것이어야 한다. 또한, 같은 항목은 옆에 있는 층과 선으로 연결하여 보기 쉽도록 하여야 하며, 가장 중요한 것은 세로 방향일 경우 위로부터 아래로, 가로 방향일 경우 왼쪽에서 오른쪽으로 나열하면 보기가 좋다.

⑮ 엑셀프로그램을 활용한 그래프 그리기 : 그래프를 그리기 위해서는 우선 자료를 입력하여야 한다. 이를 위해서는 우선 변수의 성격을 이해할 필요가 있다. 아래의 그림에서 A1에 입력한 "구분"은 A열을 대표하는 명칭으로 그래프를 그릴 때 X축의 데이터값으로 사용된다. B1과 C1에 입력한 "명수"와 "퍼센트"는 그래프에서 Y축의 데이터값으로 사용된다. 따라서 아래의 자료로 그래프를 그리면 X축값은 하나이지만 Y축값은 두 개가 된다.

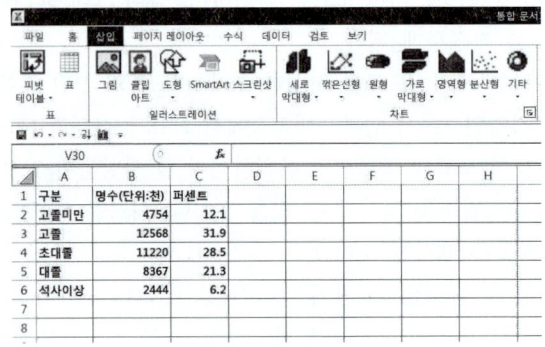

자료의 입력

이제 그래프를 실제로 그리기 위해서 풀다운메뉴의 [삽입]을 선택한다. 아래의 그림과 같이 여러 유형의 그래프에 대한 아이콘이 나타나므로 원하는 것을 클릭하거나 왼쪽 하단의 전그래프를 그리고자 하는 차트삽입 아이콘(아래 그림에서 굵은 원형)을 눌러 차트삽입 메뉴에서 원하는 그래프의 종류를 선택한다.

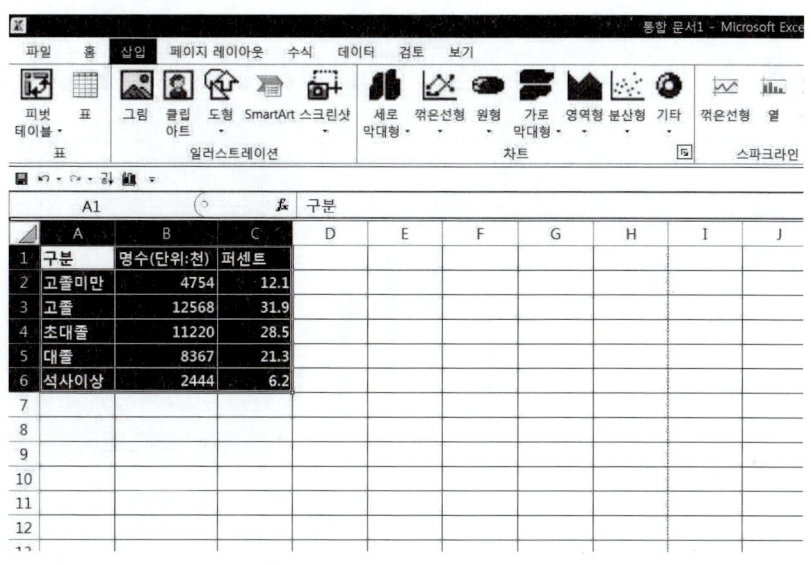

삽입 – 차트 선택

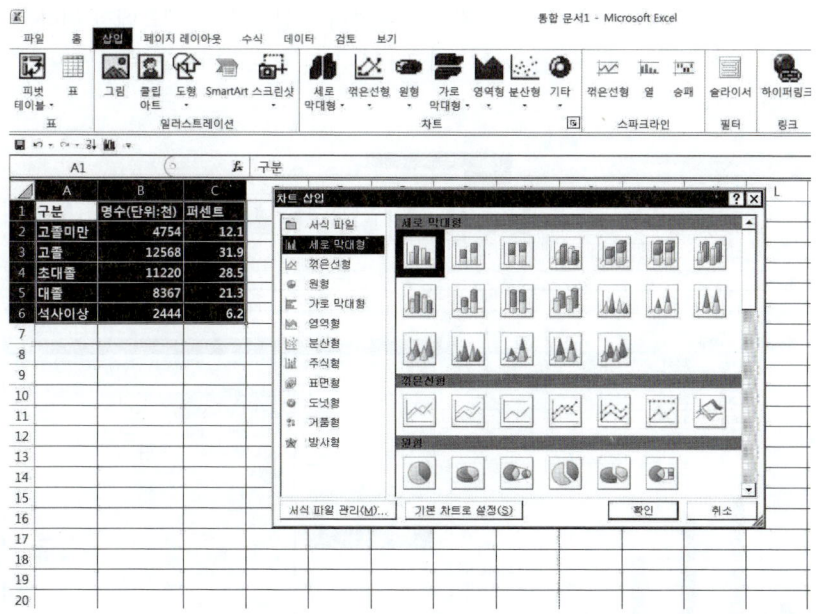

그래프의 종류 선택하고 그리기

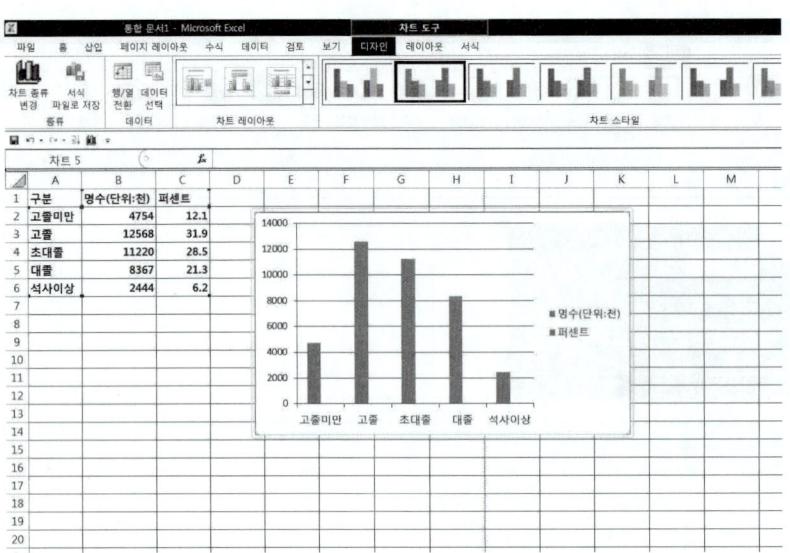

데이터의 범위와 계열 수정

그래프가 그려진 뒤 X축이나 Y축의 축값을 수정하려고 할 때는 그래프에서 원하는 축의 축값을 더블클릭하거나 축값에 마우스를 위치시키고 마우스의 오른쪽버튼을 누르면 아래 그림과 같이 축서식 창이 나타난다.

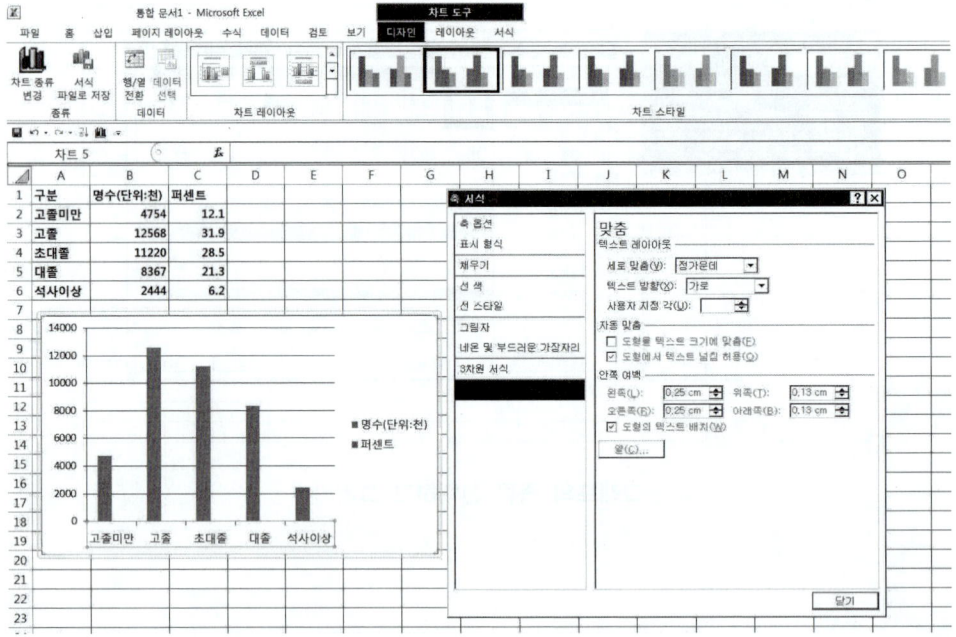

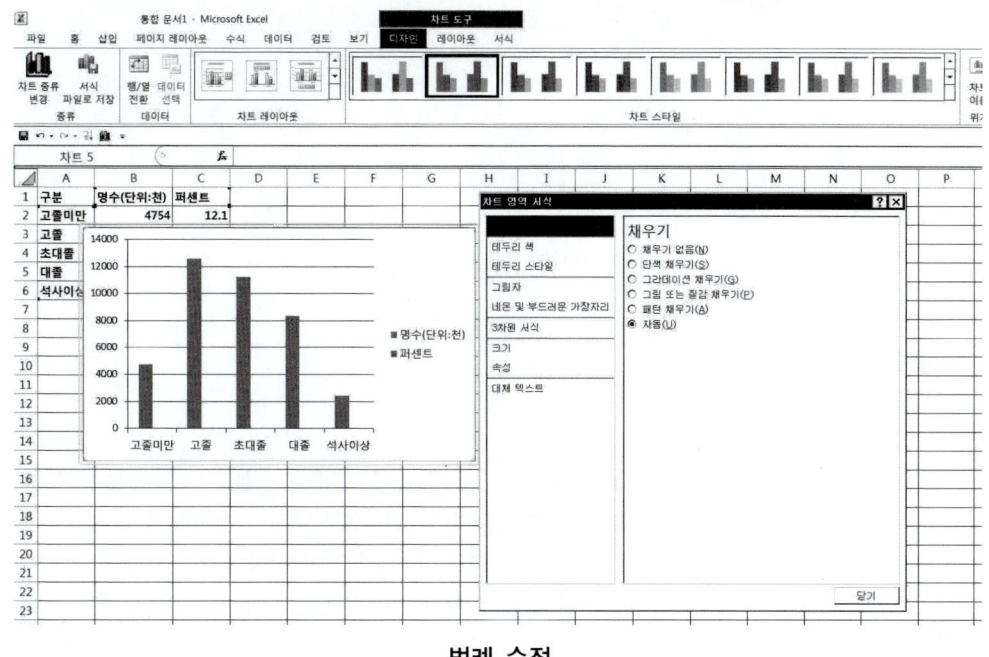

범례 수정

그래프에 있는 범례를 수정할 때는 범례를 클릭하면 아래 그림과 같이 범례서식이 나타난다. 범례 위치의 변경은 드래그하면 원하는 위치로 변경할 수 있다.

부록 03

정보능력

1 정보능력

1. 정보와 자료 및 지식의 차이점은

정보는 전 세계에 산재해 있는 자료들 중에 필요한 것만을 골라내어 얻을 수도 있지만, 경우에 따라서는 전문가들의 손에 의해 자료들을 가공하고 처리해야만 '정보'로서의 가치를 얻을 수 있는 것들도 많다. 예를 들어 우리나라에서 한해 동안 소비되는 담배의 양이 얼마나 되는지를 알기 위해서는 각 시·도에서 소비되는 담배의 양에 관한 자료를 수집하여 집계를 해야 한다. 이렇게 집계된 결과는 바로 우리가 얻고자 하는 '정보'가 되고, 각 시·도의 담배 소비량은 정보를 얻기 위해 입력한 '자료'가 된다. 따라서 자료(data)와 정보(information)와 지식(knowledge)은 본질적으로 구분되어 있는 서로 다른 것이 아니기 때문에, 굳이 뗄레야 뗄 수 없는 불가분의 관계로 보아야 한다. 정보와 지식, 자료의 고전적인 구분은 McDonough가 그의 책 '정보경제학'에서 시도하였다. 그는 비교적 단순한 방법으로 정보와 지식, 자료를 구분하고 있다. 즉, 자료는 '가치가 평가되지 않은 메시지', 정보는 '특정상황에서 평가된 자료', 지식은 '정보가 더 넓은 시간·내용의 관계를 나타내는 것'이라고 정의하였다.

McDonough는 그 책의 많은 부분에서 정보와 지식을 교환 가능한 용어로 사용하고 있지만 일반적으로 자료와 정보, 지식과의 관계는 '자료⊇지식⊇정보'와 같은 포함관계로 나타낼 수 있다. 이러한 포함관계는 엘렌 켄트로의 지식삼각형에서 잘 표현되고 있다. 엘렌 켄트로는 가장 기본적인 하단부부터 데이터, 정보, 지식의 순으로 삼각형을 구성하도록 표현하고 있으며, 지식 위에 특별히 지혜를 포함시키고 있다.

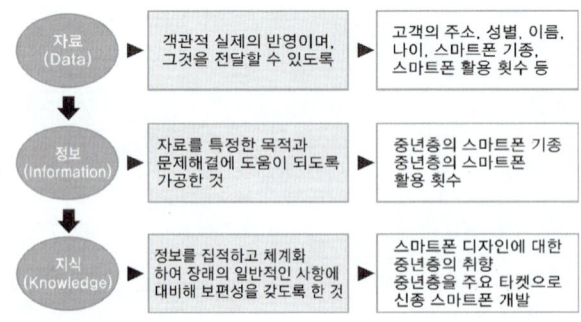

자료 (Data)	객관적 실제의 반영이며, 그것을 전달할 수 있도록	고객의 주소, 성별, 이름, 나이, 스마트폰 기종, 스마트폰 활용 횟수 등
정보 (Information)	자료를 특정한 목적과 문제해결에 도움이 되도록 가공한 것	중년층의 스마트폰 기종 중년층의 스마트폰 활용 횟수
지식 (Knowledge)	정보를 집적하고 체계화하여 장래의 일반적인 사항에 대비해 보편성을 갖도록 한 것	스마트폰 디자인에 대한 중년층의 취향 중년층을 주요 타켓으로 신종 스마트폰 개발

① **자료(data)** : '자료'란 정보 작성을 위하여 필요한 데이터를 말하는 것으로, 이는 '아직 특정의 목적에 대하여 평가되지 않은 상태의 숫자나 문자들의 단순한 나열'을 뜻한다.

② **정보(Information)** : '정보'란 자료를 일정한 프로그램에 따라 컴퓨터가 처리·가공함으로써 '특정한 목적을 달성하는데 필요하거나 특정한 의미를 가진 것으로 다시 생산된 것'을 뜻한다.

③ **정보처리(Information Processing)** : 자료를 가공하여 이용 가능한 정보로 만드는 과정, 자료처리(data processing)라고도하며 일반적으로 컴퓨터가 담당한다.

④ **지식(Knowledge)** : '지식'이란 '어떤 특정의 목적을 달성하기 위해 과학적 또는 이론적으로 추상화되거나 정립되어 있는 일반화된 정보'를 뜻하는 것으로, 어떤 대상에 대하여 원리적·통일적으로 조직되어 객관적 타당성을 요구할 수 있는 판단의 체계를 제시한다.

2. 정보는 항상 가치있는 것인가

우리가 필요로 하는 정보의 가치는 여러 가지 상황에 따라서 아주 달라질 수 있다. 다시 말해 정보의 가치를 평가하는 절대적인 기준은 없다는 것이다. 즉, 정보의 가치는 우리의 요구, 사용 목적, 그것이 활용되는 시기와 장소에 따라서 다르게 평가된다.

이러한 점에서 볼 때, 정보의 가치는 다른 재화와 비슷한 성격을 갖는다. 예를 들어, 어느 학생의 신체 정보는 그 학생과 관련이 있거나 그 학생을 필요로 하는 소속 스포츠팀이나 양복점에서는 아주 유용한 가치의 정보가 될 수 있지만, 그 학생과 무관한 사람이나 집단에게 가치가 없는 정보가 될 수 있다.

적시성과 독점성은 정보의 핵심적인 특성이다. 따라서 정보는 우리가 원하는 시간에 제공되어야 하며, 원하는 시간에 제공되지 못하는 정보는 정보로서의 가치가 없어지게 될 것이다. 또한 정보는 아무리 중요한 내용이라도 공개가 되고 나면 그 가치가 급격하게 떨어지는 것이 보통이다. 따라서 정보는 공개 정보보다는 반공개 정보가, 반공개 정보보다는 비공개 정보가 더 큰 가치를 가질 수 있다. 그러나 비공개 정보는 정보의 활용이라는 면에서 경제성이 떨어지고, 공개 정보는 경쟁성이 떨어지게 된다. 따라서 정보는 공개 정보와 비공개 정보를 적절히 구성함으로써 경제성과 경쟁성을 동시에 추구해야 한다.

3. 정보화 사회란

정보화 사회란 이 세상에서 필요로 하는 정보가 사회의 중심이 되는 사회로서 컴퓨터 기술과 정보통신 기술을 활용하여 사회 각 분야에서 필요로 하는 가치 있는 정보를 창출하고, 보다 유익하고 윤택한 생활을 영위하는 사회로 발전시켜 나가는 것을 뜻한다. 정보화 사회는 정보의 사회적 중요성이 가장 많이 요구된다. 따라서 개인 생활을 비롯하여 정치, 경제, 문화, 교육, 스포츠 등 거의 모든 분야의 사회 생활에서 정보에 의존하는 경향이 점점 더 커질 수 밖에 없다.

정보화 사회는 컴퓨터와 전자통신 기술의 결합인 정보통신 기술의 발전과 이와 관련된 다양한 소프트웨어의 개발에 의해 네트워크화가 이루어져, 전 세계를 하나의 공간으로 여기는 수평적 네트워크 커뮤니케이션이 가능한 사회로 만들어 간다. 또, 정보화 사회는 경제 활동의 중심이 상품의 정보나 서비스, 지식의 생산으로 옮겨지는 사회라는 특징을 나타낸다. 즉, 지식정보와 관련된 산업이 부가가치를 높일 수 있는 사회로 변화되고 있다.

결국 정보화 사회는 눈으로 볼 수 있는 물질이나 에너지 이상으로 정보 자체가 중요한 자원이 되는 사회이기 때문에, 정보의 가치 생산을 중심으로 사회 전체가 움직이고 있다.

4. 정보화가 왜 필요할까

우리나라의 정보화 구호는 '산업화는 늦었지만 정보화는 앞장서자'이다. 이런 구호아래 정부는 정보화에 매진하고 있다. 선진국에서 지하철은 우리보다 무려 100년 이상 앞서있고 산업화 역시 영국의 제임스 와트가 증기기관을 발명한 것이 1760년경이니까 무려 우리보다 200년 이상 빠르다. 지금 우리나라 경제가 발달했다고 하나 선진국에 중요기술은 종속이 되어 선진국 손에 놀아나고 있다. 예를 들면, 우리가 세계 최초로 상용화에 성공했다는 CDMA방식의 스마트폰을 보면 스마트폰 하나 생산할 때마다 막대한 로열티를 미국 퀄컴사에 지불하고 있다. 미국은 손 하나 안대고 여유있게 막대한 로열티를 챙기고 있다.

반도체 역시 마찬가지이다. 핵심은 다 선진국 것이다. 그래도 지식정보화라는 용어도 나오고 앞서 나가자는 구호도 나오고 있는 것이다. 기초 기술개발이 없이는 우리나라 경제는 영원히 외국의 손에 좌지우지 당하고 말 것이다. 정보화를 이룩하여 기술 대국을 만들려는 이유는 바로 여기에 있다.

5. 미래의 사회는

① 부가가치 창출요인이 토지, 자본, 노동에서 지식 및 정보 생산 요소로 전환 지식·정보가 부가가치 창출의 3/4을 차지할 것이다. 정보 기술(IT)산업의 주류를 이루고 있는 컴퓨터가 경제 체제에 미치는 영향은 막대하다. 컴퓨터 네트워크는 기존경제 체제를 리히터 지진계로 표현할 때, 강도 10.5에 해당되는 지각 변동을 줄지도 모른다. 정보기술(IT) 이후 차세대 대표적인 주력 산업은 생명공학(BT)이다. 배아줄기세포를 위시해서 생명공학 발전의 주도권을 쥐는 자가 미래 사회 장악하게 될 것이다. 생명공학 못지않게 미래 산업을 끌어갈 분야는 나노(NT) 분야이며, 환경보전을 위한 기술(ET)도 독일 본에서 개최된 '04 유네스코 국제직업기술교육전문가 대회에서 'Learning for Work, Citizenship and Sustainability' ; 'Work Skills for Sustainable Development'를 선언할 만큼 중요한 산업분야이다. 문화 산업(CT)의 대표적 예로 영화 "아바타"는 전 세계적으로도 흥행 신기록을 수립하였는데 아바타 한 편의 수입이 부가 판권을 포함해 최소한 한국의 문화체육관광부 예산(3조 1,747억 원)과 맞먹는 3조 원을 넘어섰다는 추산이 나오기도 하였다. 이 액수는 연간 현대자동차 YF쏘나타 12만 9,375대 판매액, 서울 강남구 109m²(약 33평) 아파트 2,771채 가격과 유사한 수준이다. 우리나라의 경우 드라마 "대장금"이 70억원의 제작비가 투입되었는데, 직접적으로 창출한 생산유발 효과만 1,000억원대에 달하는 것으로 분석되었다. 대장금과 관련된 광고 수익은 249억원에 달하고, 테마파크 입장료(28억원), 출판물(12억원) 등 다양한 수익이 발생했다는 분석이다. 우주항공기술(ST) 역시 새로운 삶의 세계를 개척하고 있다. 이상의 6T는 미래를 이끌어갈 주요 산업으로 토지, 노동, 자본보다는 새로운 지식과 기술을 개발·활용·공유·저장할 수 있는 지식근로자를 요구하고 있다.

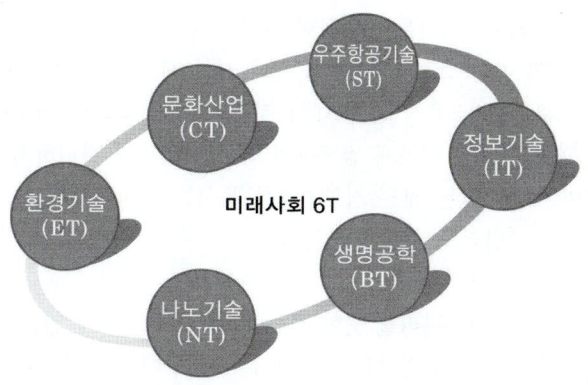

미래사회 6T

② **세계화의 진전** : 세계화는 모든 국가의 시장이 국경 없는 하나의 세계 시장으로 통합됨을 의미한다. 이때 세계 시장에는 실물 상품뿐만 아니라 노동, 자본, 기술 등의 생산 요소와 교육과 같은 서비스의 국제 교류도 모두 포함된다. 세계화의 예로는 WTO, FTA 등에 의한 무역개방화, 국가 간의 전자 상거래(electronic commerce : EC), 가상은행, 사이버 백화점, 사이버 대학교, 한국 기업의 외국 공장 설립, 다국적 기업의 국내 설치 및 산업 연수생들의 국내산업체 근무, 외국 대학 및 학원의 국내 설치 등을 들 수 있다.

③ **지식의 폭발적인 증가** : 미래사회에서는 지식 특히, 과학적 지식이 폭발적으로 증가할 것이다. 2000년 포드 자동차 기술 담당 이사는 지식과 기술이 빠른 속도로 변하고 있기 때문에 산업 사회(포드자동차 회사)에서 공학사의 학위를 인정할 수 있는 유효 기한이 2년 정도에 불과하다고 한다. 2020년이 되면 지식은 73일을 한 주기로 2배씩 증가한다고 OECD보고서는 밝히고 있으며, 2050년경이 되면 지식이 급증하여 지금의 지식은 1% 밖에 사용할 수 없게 될 것이라고 전망하는 미래학자도 있다.

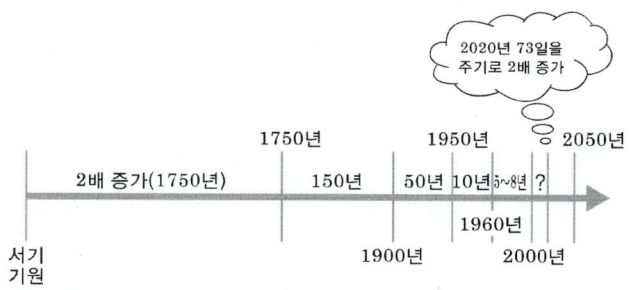

6. 정보화 사회에서 필수적으로 해야 할 일

첫째, 정보검색이다. 인터넷에는 수많은 사이트가 있다. 여기서 내가 원하는 정보를 찾는 것을 정보검색, 즉 소위 말하는 인터넷 서핑이라는 것이다. 인터넷에는 수많은 사이트가 있다. 그 많은 사이트에서 내가 원하는 것을 찾기란 그렇게 만만치 않다.

지금은 다행히도 검색방법이 발전하여 문장검색용 검색엔진도 나오고, 자연어 검색방법도 나와서 네티즌들로부터 대환영을 받고 있다. 무엇보다도 검색이 그만큼 쉬워졌다는 것이다. 그러나 궁극적으로는 타인의 힘을 빌리지 않고 내가 원하는 정보는 무엇이든지 다 찾을 수가 있도록 돼야 한다.

즉, 당신은 자신이 가고 싶은 곳이라든지 궁금한 사항을 해결할 정도는 돼야한다는 것이다. 예를 들면, 여름방학 때 대학생이 미국으로 배낭여행을 간다고 할 때 자기가 방문할 행선지에 대한 모든 정보, 즉 숙박, 교통, 기후, 지리, 음식 등에 대한 것을 사전에 파악할 정도는 돼야한다.

둘째, 정보관리이다. 인터넷에서 어렵게 검색하여 찾아낸 결과를 관리하지 못하여 머리 속에만 입력하고 컴퓨터를 끄면 잊어버리는 것은 정보관리를 못하는 것이다. 자기가 검색한 내용에 대하여 파일로 만들어 보관하든 프린터로 출력하여 인쇄물로 보관하든 언제든지 필요할 때 다시 볼 수 있을 정도가 되어야 한다.

셋째, 정보전파이다. 이것은 정보관리를 못한 사람은 어렵다. 오로지 입을 이용해서만 전파가 가능하다. 요즘은 전자우편을 사용해서 정보를 전파하기 때문에 매우 쉽다. 참으로 편리한 세상이 아닐 수 없다. 인터넷만 이용하면 편안히 서울에 앉아서 미국에도 논문을 보낼 수가 있다.

7. 기업 경영 분야에서의 활용

기업 경영에서는 생산에서부터 판매, 회계, 재무, 인사 및 조직관리는 물론 금융 업무까지도 컴퓨터를 널리 활용하고 있다.

경영정보시스템(MIS : Management Information System)이나 의사결정지원시스템(DSS : Decision Support System) 등은 기업경영에 필요한 정보를 효과적으로 활용할 수 있도록 지원해 주어 경영자가 신속한 의사결정을 할 수 있도록 해 준다. 또한, 사무 자동화(OA : Office Automation)가 이루어져 문서 작성과 보관은 물론 컴퓨터로 업무를 결재하는 전자 결재 시스템이 도입되어 업무 처리의 효율을 높이고 있다.

최근에는 정보 통신 기술의 발달로 생산에서 소비까지 전 과정을 컴퓨터로 처리하는 전자 상거래(EC : Electronic Commerce)가 활성화되어 기업은 물류 비용을 줄이고, 소비자는 값싸고 질 좋은 제품을 집에서 구매할 수 있어 소비자와 기업 모두에게 이익을 주고 있다. 즉, 전자 상거래(EC : Electronic Commerce)는 기업이나 개인의 상품 구매에 대한 활동을 컴퓨터나 정보 통신망 등 전자화된 기술을 이용하여 수행하는 시스템을 의미하여, 나아가서는 이에 따라 실현되는 경제 활동을 의미하기도 한다.

8. 행정 분야에서의 활용

행정기관에서는 민원처리, 각종 행정 통계 등의 여러 가지 행정에 관련된 정보를 데이터베이스를 구축하여 활용하고 있다.

행정 업무의 사무 자동화(OA : Office Automation)가 이루어져 있고, 모든 민원 서류를 정보 통신망을 이용하여 원격지에서 발급받을 수 있을 뿐만 아니라 가까운 은행에서도 세금과 공과금을 납부할 수 있게 되었다.

특히, 가상 우체국과 전자 주민 카드 등이 곧 실용화되면 행정 서비스 분야에서도 보다 편리한 생활이 펼쳐질 전망이다. 전자 주민 카드는 반도체 칩이 부착되어 있어 주민등록, 건강보험, 운전 면허증 등의 신분을 확인할 수 있는 수단을 제공할 뿐만 아니라 향후에는 신용카드를 대신하여 물품 구매에서 지하철 개찰까지 대신하게 될 것이다.

9. 산업 분야에서의 활용

컴퓨터는 공업, 상업 등 각 분야에서 널리 활용될 뿐만 아니라 중요한 역할을 담당하고 있다. 공업에서는 컴퓨터를 이용하여 제품의 수주에서부터 설계, 제조, 검사, 출하에 이르기까지의 모든 제품 공정 과정을 자동화하여 생산성 향상과 원가 절감, 불량품 감소 등으로 제품의 경쟁력을 높이고 있다. 공장 자동화(FA : Factory Automation)의 대표적인 예로는 컴퓨터 이용 설계(CAD : Computer Aided Design)와 컴퓨터 이용 생산(CAM : Computer Aided Manufacturing)이 있다. 또한, 산업 현장에서 사람이 하기 힘든 위험한 일이나 비위생적인 작업, 정교한 일 등에 이용하고 있는 산업용 로봇도 컴퓨터를 이용한 기술 분야이다.

그리고 편의점이나 백화점 등에서 상품의 판매 시점관리(POS : Point Of Sales) 시스템을 이용해서 매출액 계산, 원가 및 재고 관리 등에 컴퓨터가 활용되고 있다. 이러한 시스템의 도입으로 신속하고 정확하게 계산을 하며 능률적으로 관리할 수 있을 뿐만 아니라 판매 자료를 분석하여 의사 결정에 활용할 수도 있게 된 것이다.

재배나 사육시설에서 농작물과 가축이 잘 자랄 수 있도록 온도, 습도, 이산화탄소 농도 및 일조 시간 등을 조절하는 데에도 컴퓨터가 이용될 뿐만 아니라, 농산물을 가공하는 공장의 자동화를 통한 식품 가공 산업의 발전에도 이용되고 있다. 또한 생체 공학 및 유전자 공학 기술, 그리고 작물이나 품종의 개량에도 이용되며, 농가에서 기상 정보, 병충해 방제 정보, 시장 정보 등 농업 정보를 얻는 데에도 이용되고 있다.

또한, 전파를 발사하여 어류의 이동 상황 등을 분석하여 어로를 개척하고 양식장의 환경 제어, 수산 가공 등에 컴퓨터가 이용되고 있으며, 배의 운항 일정과 항로 등을 자동으로 제어하는 안전 관리 시스템 등에도 컴퓨터가 이용되고 있다.

10. 기타 분야에서의 활용

컴퓨터는 교육, 연구소, 출판, 가정, 도서관, 예술 분야 등에서도 널리 활용되고 있다. 교육에서의 컴퓨터 이용은 컴퓨터 보조 교육(CAI : Computer Assisted Instruction)과 컴퓨터 관리 교육(CMI : Computer Managed Instruction)로 구분해볼 수 있다. 컴퓨터보조 교육(CAI : Computer Assisted Instruction)은 강의나 학습에 컴퓨터를 이용하는 것으로, 학습자가 프로그램을 이용하여 개인차에 따라 학습 속도와 학습 시간을 조절하여 학습하는 방식이다. 컴퓨터 관리 교육(CMI : Computer Managed Instruction)은 학습 지도 자료의 정리, 성적 관리, 진로 지도, 교육 계획 등에 활용된다. 앞으로는 학생들이 사용하는 모든 교과의 서책형 교과서가 자기주도적 학습을 실현할 수 있는 '디지털 교과서'로 전환된다. '디지털 교과서'는 기존 교과 내용에 다양한 참고자료와 학습 지원 기능이 부가되며 PC, 스마트 패드, 스마트 TV 등 모든 단말기에서 사용할 수 있는 전자적 매체로서의 역할을 수행하고, 학생들의 무거운 책가방을 대신하고 학부모들에게는 학습지와 참고서를 별도로 구입하는 부담을 덜어줄 것으로 기대된다.

복잡한 계산이나 정밀한 분석 및 실험 등의 연구 분야에서 여러 가지 형태로 컴퓨터를 이용하여 정확도와 정밀도를 높이고 있다. 많은 작가들이 직접 개인용 컴퓨터로 워드 프로세서와 그래픽 소프트웨어 등을 이용해서 책을 저술하고 있으며, 인터넷을 통해 독자들에게 분배하고 있다. 신문, 잡지

등의 출판물이 컴퓨터를 이용해서 제작되고 있기 때문에 인터넷을 통해서 필요한 검색 단어와 날짜 등을 입력하면 필요한 기사를 쉽게 얻을 수 있다. 가정에서는 보안, 냉·난방 조절, 생활 정보 검색, 홈 뱅킹과 홈 쇼핑 등에 이용되고 있다. 또한, 정보 통신의 발달로 집에서 컴퓨터를 이용해서 업무를 보는 재택 근무가 점차 일반화되고 있다.

11. 정보의 기획

정보의 전략적 기획이란 정보활동의 가장 첫 단계로서 정보관리의 가장 중요한 단계이며 보통은 5W 2H에 의해 기획을 한다.

> **[5W 2H]**
> - WHAT(무엇을) : 정보의 입수대상을 명확히 한다.
> - WHERE(어디에서) : 정보의 소스(정보원)를 파악한다.
> - WHEN(언제까지) : 정보의 요구(수집)시점을 고려한다.
> - WHY(왜) : 정보의 필요목적을 염두에 둔다.
> - WHO(누가) : 정보활동의 주체를 확정한다.
> - HOW(어떻게) : 정보의 수집방법을 검토한다.
> - HOW MUCH(얼마나) : 정보수집의 비용성(효용성)을 중시한다.

12. 정보의 수집

정보의 수집은 다양한 정보원으로부터 목적에 적합한 정보를 입수하는 것이라 할 수 있다. 정보 수집의 목적에는 여러 가지가 있겠지만, 최종적으로는 '예측'을 잘하기 위해서다. 과거의 정보를 모아 연구하는 것도 결국 장래가 어떻게 될까를 예측하기 위해서다.

쉽게 번 돈은 쉽게 없어진다. 이처럼 정보도 편하게 얻은 것은 몸에 배지 않는다. 역시 꾸준히 모은 정보만이 자기 것이 된다. 정보수집은 어떤 의미에서 공부와도 같다. 공부는 매일 조금씩 조금씩 해 나가는 것이 중요하다. 벼락치기로 하는 공부는 결국 머릿속에서 사라지고 만다. 따라서 정보수집에 지름길은 없다. 스스로 땀을 흘려 정보를 접하는 기회를 많이 가지는 것만이 정보를 모으기 위한 유일한 길이다.

13. 정보의 관리

'구슬이 서말이라도 꿰어야 보배'라는 속담이 있다. 여러 가지 채널과 갖은 노력 끝에 입수한 정보가 우리가 필요한 시점에 즉시 활용되기 위해서는 모든 정보가 차곡차곡 정리되어 있어야 한다. 정보의 관리란 수집된 다양한 형태의 정보(보통 생정보)를 어떤 문제해결이나 결론도출에 사용하기 쉬운 형태로 바꾸는 일이다. 정보를 관리할 때에는 특히 다음의 세 가지를 고려하여야 한다.

> **정보관리의 원칙**
> - 목적성 : 사용목적을 명확히 설명해야 한다.
> - 용이성 : 쉽게 작업할 수 있어야 한다.
> - 유용성 : 즉시 사용할 수 있어야 한다.

14. 정보의 활용

산업사회에서 문맹을 결정하는 기준이 문자에 대한 이해를 바탕으로 한다면 지식정보 사회에서 문맹을 결정하는 기준은 정보활용능력에 해당한다. 정보활용능력은 정보기기에 대한 이해나 최신 정보기술이 제공하는 주요 기능, 특성에 대한 지식을 아는 능력만 포함되는 것이 아니라 정보가 필요하다는 문제 상황을 인지할 수 있는 능력, 문제 해결에 적합한 정보를 찾고 선택할 수 있는 능력, 찾은 정보를 문제해결에 적용할 수 있는 능력, 그리고 윤리의식을 가지고 합법적으로 정보를 활용할 수 있는 능력 등 다양한 능력이 수반되어야 한다.

15. 인터넷의 역기능

① **불건전 정보의 유통** : 음란 사이트, 엽기 사이트, 도박 사이트, 폭력 사이트, 반사회적 사이트 등 우리에게 유해한 불건전 정보가 유통될 수 있다.

② **개인 정보 유출** : 해킹이나 바이러스 감염 등으로 개인정보가 누출되어 사생활에 침해를 받을 수 있다.

③ **사이버 성폭력** : 채팅이나 게시판을 통해 성적으로 수치심을 주는 사이버 성폭력이 일어나고 있으며, 실제 성폭력으로 이어지는 경우도 있다.

④ **사이버 언어폭력** : 사이버 성폭력과 마찬가지로 서로 얼굴을 볼 수 없기 때문에 욕설이나 비방, 유언비어 등 언어폭력이 많이 일어나고 있다. 사이버 언어폭력의 유형으로는 욕설, 비방(명예훼손), 도배, 성적 욕설(음담패설), 유언비어, 악성 댓글 등이 있다.

⑤ **언어 훼손** : 보다 쉽게, 보다 빠르게, 또는 단순히 재미로 줄여 쓰고, 이어 쓰고, 발음 나는 대로 쓰는 등 올바른 언어를 사용하지 않아 실제 생활에서 언어 사용의 문제를 가져올 수 있다.

⑥ **인터넷 중독** : 인터넷 이용이 보편화되면서 인터넷에 지나치게 빠져 생활의 곤란을 겪게 되는 경우도 많이 생기고 있다. 특히 청소년은 온라인 게임이나 음란물에 지나치게 몰입하여 중독이 되는 경우가 많다.

⑦ **불건전한 교제** : 채팅이나 메신저를 이용하여 불건전한 교제의 가능성이 있다.

⑧ **저작권 침해** : 불법으로 복제된 소프트웨어 파일 등을 배포하거나 저작권자의 동의 없이 공개하기도 한다.

⑨ **컴퓨터 바이러스** : 컴퓨터 내부에 침투하여 자료를 손상시키거나 다른 프로그램들을 파괴시키는 컴퓨터 프로그램의 일종이다. 컴퓨터 바이러스는 호기심이나 악의를 가진 프로그래머에 의해 제작되어 사용자 몰래 유포된다.

> **컴퓨터 바이러스 예방법**
> 1. 출처가 불분명한 전자 우편의 첨부파일은 백신 프로그램으로 바이러스 검사 후 사용한다.
> 2. 실시간 감시 기능이 있는 백신 프로그램을 설치하고 정기적으로 업데이트한다.
> 3. 바이러스가 활동하는 날에는 시스템을 사전에 미리 검사한다.
> 4. 정품 소프트웨어를 구입하여 사용하는 습관을 가진다.
> 5. 중요한 파일은 습관적으로 별도의 보조 기억 장치에 미리 백업을 해 놓는다.
> 6. 프로그램을 복사할 때는 바이러스 감염 여부를 확인한다.

⑩ 해킹(hacking) : 해킹(hacking)은 다른 시스템에 불법적으로 침입하여 시스템에 저장된 정보를 임의로 변경, 삭제 또는 절취하는 행위를 말한다. 원래 해킹(hacking)은 자신의 실력을 자랑하기 위해 다른 시스템에 접근하는 행위로 네트워크의 보안을 지키는 역할을 하였으나, 점차 해킹의 기술이 발전하면서 크래킹(cracking)과 동일한 의미로 사용되고 있다.

⑪ 스팸 메일(spam mail) : 스팸 메일(spam mail)은 컴퓨터 통신망을 이용하여 수신자의 동의없이 불특정 다수에게 일방적이고 대량으로 전달되는 전자 우편물을 말한다. 이러한 스팸 메일(spam mail)은 쓰레기와 같다고 하여 정크 메일(junk mail)이라고도 한다.

16. 사이버 공간에서 지켜야 할 예절

네티켓은 사이버 공간에서 지켜야 하는 예절을 뜻한다. 네티켓은 통신망을 뜻하는 네트워크와 예절을 뜻하는 에티켓의 합성어로, 네티즌이 사이버 공간에서 지켜야 할 비공식적인 규약이라고 할 수 있다.

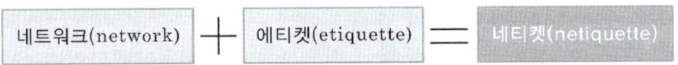

네티켓은 법적인 제재에 의존하는 타율적 해결보다는 네티즌 스스로 자율적으로 사이버 공간의 문제를 미리 방지하고 이성적으로 해결해 나가자는 적극적 의미를 가지고 있다. 인터넷이라는 가상공간은 익명성과 쌍방향성이라는 특성에 의해 오해를 사거나 다른 사람들의 감정을 해칠 수도 있다. 따라서 현실공간에 비해 오히려 더욱 더 예절이 필요한 공간이 가상공간이다.

① 전자우편(E-mail)을 사용할 때의 네티켓 : 인터넷 중 가장 인기가 높은 분야는 웹(Web)이지만, 가장 널리 쓰이는 것은 바로 네트워크를 통한 전자우편이다. 전자우편은 사용하는 빈도와 정보의 전달 용량 측면에서 많은 부분을 차지하고 있는 만큼 이를 올바르게 사용해 타인에게 피해를 주지 않도록 해야 할 것이다. 그렇다면 전자우편을 사용할 때 지켜야 할 네티켓에는 어떠한 것들이 있을까?

> **'전자우편(E-mail) 사용할 때의 네티켓'**
> • 메시지는 가능한 짧게 요점만 작성한다.
> • 메일을 보내기 전에 주소가 올바른지 다시 한번 확인한다.
> • 제목은 메시지 내용을 함축해 간략하게 써야 한다.
> • 가능한 메시지 끝에 signature(성명, 직위, 단체명, 메일주소, 전화번호 등)을 포함시키되, 너무 길지 않도록 한다.
> • 메일 상에서 타인에 대해 말할 때는 정중함을 지켜야 한다. 메일은 쉽게 전파될 수 있기 때문이다.
> • 타인에게 피해를 주는 언어(비방이나 욕설)는 쓰지 않는다.

② 온라인 대화(채팅)를 할 때의 네티켓 : 온라인 대화는 다양한 대화방에서 다양한 사람들과 대화할 수 있는 이점이 있으며, 실시간으로 진행된다는 점에서 네티켓이 각별히 신경을 써야 한다. 최근 무절제한 대화사용을 금하기 위해 ID를 실명화하고, 나이 조회 기능을 부여하자는 주장도

일고 있지만, 익명성 보장이라는 측면에서 반대 의견도 만만치 않아 양쪽이 현재 팽팽하게 대립되고 있다. 그렇다면 온라인 대화(채팅)를 할 때 지켜야 할 네티켓에는 어떠한 것들이 있을까?

'온라인 대화(채팅)를 할 때의 네티켓'
- 마주보고 이야기하는 마음가짐으로 임한다.
- 대화방에 들어가면 지금까지 진행된 대화의 내용과 분위기를 경청하라.
- 엔터키를 치기 전에 한번 더 생각하라.
- 광고, 홍보 등을 목적으로 악용하지 말라.
- 유언비어, 속어와 욕설 게재는 삼가고, 상호 비방의 내용은 금한다.

'이모티콘(Emoticon)'
이모티콘(Emoticon)은 감정(Emotion)과 아이콘(Icon)의 합성어이다. 컴퓨터 자판의 문자와 기호, 숫자 등을 적절히 조합해 미세한 감정이나 특정한 상황을 상징적이며 재미있게 표현하는 사이버 공간 특유의 언어이다.

이모티콘(Emoticon)은 최초로 1980년대에 미국의 한 대학생이 사용했으며, PC통신과 인터넷 상용화 초창기에 웃는 모습이 주류를 이루었기 때문에 스마일리(Smiley)로 불리기도 하였다. 이모티콘(Emoticon)은 국가에 따라 사용하는 경향이 다르고 새로운 아이디어로 계속 증가하고 있다. 현재 한국과 미국 등에서 사용 중인 이모티콘(Emoticon)은 2천여개에 이르는 것으로 추정되고 있다.

감정내용	이모티콘	감정내용	이모티콘
웃는 표정	(^_^)	침묵	-_-
반가운 표정	*^^*	소리 내어 웃기	^0^
수줍은 표정	(∨-∨)	윙크	-_*
난감한 표정	^^;	화난 표정	'-(

---

③ 게시판을 사용할 때의 네티켓 : 인터넷 게시판은 회원이나 불특정 다수의 사용자들에게 각종 안내문이나 공지 사항, 정보의 제공을 위해 공개된 전자 게시판을 뜻한다. 게시판에 글을 올릴 때에는 많은 사람들이 자신이 올린 내용을 보고 있다는 것을 항상 명심하고, 게시판의 기능을 최대한 즐겁게 사용할 수 있도록 해야 한다. 그렇다면 게시판을 사용할 때 지켜야 할 네티켓에는 어떠한 것들이 있을까

'게시판을 사용할 때의 네티켓'
- 글의 내용은 간결하게 요점만 작성한다.
- 제목에는 글의 내용을 파악할 수 있는 함축된 단어를 쓴다.
- 글을 쓰기 전에 이미 같은 내용의 글이 없는지 확인한다.
- 글의 내용 중에 잘못된 점이 있으면 빨리 수정하거나 삭제한다.
- 게시판의 주제와 관련 없는 내용은 올리지 않는다.

④ 공개 자료실에서의 네티켓
- 음란물을 올리지 않는다.
- 상업용 소프트웨어를 올리지 않는다.
- 공개 자료실에 등록한 자료는 가급적 압축한다.
- 프로그램을 올릴 때에는 사전에 바이러스 감염 여부를 점검한다.
- 유익한 자료를 받았을 때에는 올린 사람에게 감사의 편지를 보낸다.

⑤ 인터넷 게임을 할 때의 네티켓
- 상대방에게 항상 경어를 사용한다.
- 인터넷 게임에 너무 집착하지 않는다.
- 온라인 게임은 온라인상의 오락으로 끝나야 한다.
- 게임 중에 일방적으로 퇴장하는 것은 무례한 일이다.
- 매일 본다고 상대를 존중하는 것을 잊어서는 안 된다.
- 게이머도 일종의 스포츠맨이므로 스포츠맨십을 가져야 한다.
- 이겼을 때는 상대를 위로하고 졌을 때는 깨끗하게 물러서야 한다.

17. 개인정보에는 어떠한 것들이 있을까

최근에는 여러 가지 방법을 동원하여 개인정보를 수집하고 분석하는 마케팅 기술이 개발되고 있는 실정이므로 앞으로는 개인정보의 침해를 프라이버시 침해라는 관점에서 보다는 일종의 재산보호 차원에서 다루고 있는 추세이다. 다양한 분야에서 사용할 수 있는 개인정보에는 다음과 같은 것들이 있다.

분류	내용
일반 정보	이름 주민등록번호, 운전면허정보, 주소, 전화번호, 생년월일, 출생지, 본적지, 성별 국적 등
가족 정보	가족의 이름, 직업, 생년월일, 주민등록번호, 출생지 등
교육 및 훈련 정보	최종학력, 성적, 기술자격증/전문면허증, 이수훈련 프로그램, 서클 활동, 성별사항, 성격/형태보고 등
병역 정보	군번 및 계급, 제대유형, 주특기, 근무부대 등
부동산 및 등산 정보	소유주택 및 토지, 자동차, 저축현황, 헌금카드, 주식 및 채권, 수집품, 고가의 예술품, 보석 등
소득 정보	연봉, 소득의 원친, 소득세 지불 현황 등
기타 수익 정보	보험가입현황, 수익지, 회사의 판공비 등
신용 정보	대부상황, 저당, 신용카드, 담보설정 여부 등
고용 정보	고용주, 회사주소, 상관의 이름, 직무수행 평가 기록, 훈련기록, 성별기록 등
법적 정보	전과기록, 구속기록, 이혼기록 등
의료 정보	가족병력기록, 과거 의료기록, 신체장애, 혈액형 등
조직 정보	노조가입, 정당가입, 클럽회원, 종교단체 활동 등
습관 및 취미 정보	흡연/음주량, 여가활동, 도박상황, 비디오 대여기록 등

18. 개인정보 유출 방지를 위해서는 어떻게 해야 할까

개인정보에 대한 보안이나 유출을 방지하기 위한 여러 가지 방법이 있을 수 있다. 다음에 소개된 방법을 잘 활용하면 최대한 개인정보의 유출을 막을 수 있을 것이다.

1) 회원 가입 시 이용 약관을 읽어라!
   이용 약관에 기재된 항목 중 개인정보보호와 이용자 권리에 대한 조항은 유심히 읽어야 하며, 혹 3자에게 정보를 제공할 수 있다고 명시된 부분이 있는지 재확인해야 한다.
2) 이용 목적에 부합하는 정보를 요구하는지 확인하라!
   정보를 수집할 때에는 수집 및 이용목적을 제시해야 한다. 특별한 설명 없이 학력, 결혼여부, 월급, 자동차 소유 여부 등을 요구한다면 가입여부를 재고해봐야 한다.
3) 비밀번호는 정기적으로 교체하라!
   평상시 비밀번호는 주기적으로 바꾸는 것이 좋다. 대부분의 경우 동일한 ID와 비밀번호를 몇 년씩 사용하는 경우가 많은데 이럴수록 비밀번호와 ID가 노출되기 쉽다.
4) 정체불명의 사이트는 멀리하라!
   수많은 사이트에서 경품 이벤트를 통해 회원가입을 권유하고 있다. 정체가 불분명한 사이트에서 지나치게 개인정보를 입력하면 가입여부를 다시 한 번 생각해 보는 것이 좋다.
5) 가입 해지 시 정보 파기 여부를 확인하라!
   가입만 해지해선 소용이 없다. 개인정보도 탈퇴 즉시 해지하는지 여부를 확인하자. 일부 사이트는 해지 후에도 몇 개월간 개인정보를 파기하지 않는다는 조항이 있다.
6) 뻔한 비밀번호를 쓰지 말라!
   생년월일이나 전화번호 등 남들이 쉽게 유추할 수 있는 비밀번호는 자제해야 한다. 또한 동일한 번호를 연속적으로 사용하는 것도 바람직하지 않다.

2 컴퓨터활용능력

1. 전자우편(E-mail) 서비스

전자우편(e-mail)은 정보 통신망을 이용하여 다른 사용자들과 편지나 여러 정보를 주고받는 통신 방법을 말한다. 전자우편은 편지나 정보를 주고받는다는 점에서 일반우편과 유사하다. 그러나 일반우편은 사람에 의해 전달되지만, 전자우편은 정보 통신망을 통하여 전달되므로 빠르고 정확하게 전달될 수 있다.

전자우편을 이용하려면 통신망 회사에 회원으로 가입하여 유료로 전자우편을 이용하거나, 인터넷에 무료로 전자우편을 이용할 수 있게 해 주는 웹사이트에 가입하여 이용할 수 있다. 그 밖에도 회사나 학교같은 기관에서 제공하는 전자우편 시스템에 계정을 만들어서 전자우편을 이용할 수도 있다. 전자우편의 주소는 일반우편의 주소와 비슷하다. 전자우편의 주소는 3개의 기본요소를 가지고 있다. 이름과 @, 그리고 도메인 이름이 그것이다. 이름은 사용자가 메일 서버에 로그인할 때 사용하는 ID를 의미한다. 그리고 도메인 이름은 메일 서버의 도메인 이름을 나타낸다. 사용자 ID가 guest, 도메인 이름이 daehan.hs.kr인 사용자가 있다면 이사람의 인터넷 전자우편 주소는 guest@daehan.hs.kr이 된다.

2. 인터넷 디스크/웹 하드

인터넷 디스크(Internet Harddisk)란 웹 서버에 대용량의 저장 기능을 갖추고 사용자가 개인용 컴퓨터(PC)의 하드디스크와 같은 기능을 인터넷을 통하여 이용할 수 있게 하는 서비스를 뜻한다. 초기에는 대용량의 파일 작업을 하는 디자이너, 설계사, 건축가들이 빈번하게 이루어지는 공동 작업과 자료 교환을 용이하게 하기 위해 각 회사 나름대로 인터넷 하드 디스크 역할을 하는 웹 디스크(Web-disk)를 구축하게 되었는데, 이와 똑같은 시스템을 사용자에게 무료로 제공하는 웹 사이트들이 생겨나기 시작하면서, 일반인들도 인터넷 디스크를 이용하게 된 것이다. 파일을 올리고 내리기, 파일 및 폴더의 생성·변경·이동·삭제·복사, 메모장 작성, 간편한 자동 백업 따위의 다양하고 편리한 기능을 제공해 많은 가입자를 확보하고 있다. 즉, 자유롭고 편리한 파일 공유·전송·저장, 저장 매체의 파손·분실·도난방지, 파일 전달 기능을 활용한 공동 연구 및 부서 간의 공동업무 수행, 안전한 데이터 백업 및 복구, 저렴한 비용과 인터넷 연결만으로 즉시 제공되는 서비스, 각종 보안장치를 통한 외부의 불법접근 차단, 전 세계 어디서나 이용 가능한 서비스 제공, 대용량 자료의 빠르고 정확한 전달 등이 가능해진 것이다.

그러면서 인터넷 디스크(Internet Harddisk), 웹 디스크(Web-disk), 웹 하드(Web Hard), 파일박스, 피디 박스 등 다양한 용어가 생겨나기 시작했다. 즉, 모두 같은 서비스를 뜻하는 것이다. 현재 네티즌들 사이에서 가장 많이 사용하는 용어는 웹 하드(Web Hard)와 웹 디스크이다.

현재 웹 메일 서비스를 제공하고 있는 곳에서는 거의 대부분 웹 하드 서비스도 함께 무료로 제공하고 있다. 메일 서비스에 접속하여 웹 하드, 파일박스, 마이박스, 저장 공간 등의 용어가 있는지 잘 살펴보고, 이러한 서비스를 잘 이용하면 디스켓이나 USB와 같은 이동 장치를 들고 다니는 불편함을 덜 수 있다.

3. 메신저

메신저란 인터넷에서 실시간으로 메시지와 데이터를 주고 받을 수 있는 소프트웨어이다. 메신저를 사용하면 다음과 같은 장점이 있다.

첫째, 메신저를 사용하면 인터넷에 접속해 있는지를 확인 할 수 있으므로 응답이 즉시 이루어져서 전자우편보다 훨씬 속도가 빠르다.

둘째, 컴퓨터로 작업을 하면서 메시지를 주고받을 수 있다.

셋째, 여러 사람과의 채팅과 음성채팅도 지원하며, 대용량의 동영상 파일은 물론 이동전화에 문자 메시지도 보낼 수 있다.

넷째, 뉴스나 증권, 음악 정보 등의 서비스도 제공받을 수 있다.

메신저는 프로그램을 갖춘 사이트에 접속하여 회원으로 등록한 뒤 해당 프로그램을 다운로드 받아 컴퓨터에 설치하여 사용하면 된다. 다운로드받지 않고 로그인과 동시에 사용할 수 있는 사이트도 있다. 회원가입과 사용료는 대부분 무료이다.

4. 클라우드 컴퓨팅(Cloud Computing)

클라우드 컴퓨팅이란 사용자들이 복잡한 정보를 보관하기 위해 별도의 데이터 센터를 구축하지 않고도, 인터넷을 통해 제공되는 서버를 활용해 정보를 보관하고 있다가 필요할 때 꺼내 쓰는 기술을 말한다. '구름 저 너머'에 있는 것과 같은 인터넷의 영역에서 전산 자산을 이용할 수 있다고 해서 '클라우드 컴퓨팅'이라고 부른다.

클라우드 컴퓨팅의 핵심은 데이터의 저장·처리·네트워킹 및 다양한 어플리케이션 사용 등 IT 관련 서비스를 인터넷과 같은 네트워크를 기반으로 제공하는데 있다.

특히, 모바일 사회에선 사용자가 웹하드 등 저장 공간에 개인과 관련된 콘텐츠를 저장해두고 장소와 시간에 관계없이 다양한 단말기를 통해 꺼내 쓸 수 있다. 주소록, 동영상, 음원, 오피스 문서, 게임, 메일 등 다양한 콘텐츠가 그 대상이다.

스마트폰과 PC, TV를 연결하는 3스크린 시대가 열리게 되면, 스마트폰으로 이동 중 보던 영상을 집에 도착하면 TV로 이어 볼 수 있을 것이다.

5. SNS(Social Networking Service)

온라인 인맥 구축을 목적으로 개설된 커뮤니티형 웹사이트이다. 미국의 트위터, 마이스페이스, 페이스북, 한국의 싸이월드, 미투데이 같은 1인 미디어와 정보공유 등을 포괄하는 개념이다. 현재 많은 사람이 다른 사람과 의사소통을 하거나 정보를 공유·검색하는 데 SNS를 일상적으로 이용하고 있다. SNS는 이외에도 전자우편이나 인스턴트 메신저 서비스로 사용자끼리 서로 연락할 수 있는 수단을 제공한다. 연예인은 팬들과 소통하는 수단으로, 각 나라의 대통령도 국민들과 소통하는 수단으로 SNS를 이용하는 사례가 늘고 있다.

6. 인터넷을 통해 물건 사고팔기(전자상거래)

좁은 뜻으로의 전자상거래란 인터넷이라는 전자적인 매체를 통하여 상품을 사고팔거나, 재화나 용역을 거래하는 사이버 비즈니스를 뜻한다. 넓은 뜻으로의 전자상거래는 소비자와의 거래뿐만 아니라 거래와 관련된 공급자, 금융기관, 정부기관, 운송기관 등과 같이 거래에 관련되는 모든 기관과의 관련행위를 포함하는 뜻이다. 거래되는 상품에는 전자부품, 컴퓨터, 의류, 책 등과 같은 물리적 상품이 있고, 주식 정보, MP3 파일, 전자책(e-Book), 보험 정보, 재테크 정보, 소프트웨어 등과 같은 디지털 상품이 있다.

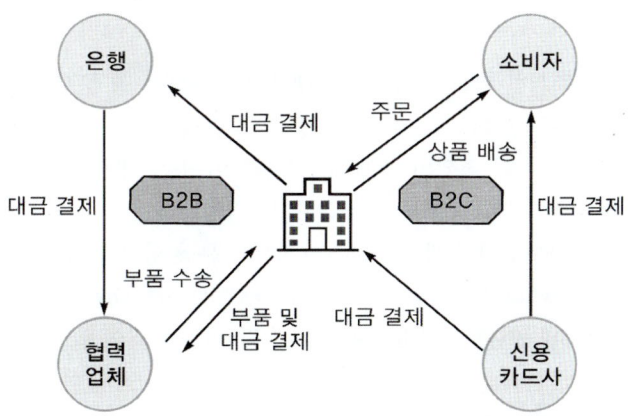

정보검색이란 여러 곳에 분산되어 있는 수많은 정보 중에서 특정 목적에 적합한 정보만을 신속하고 정확하게 찾아내어 수집, 분류, 축적하는 과정을 뜻한다. 인터넷에는 세상 사람들이 필요로 하는 정보의 분야가 너무도 많기 때문에 잘못 하다가는 정보의 바다에 빠져서 허우적거리느라 시간만 낭비하고 원하는 것은 하나도 얻지 못하는 경우도 많이 있다.

인터넷 정보검색은 책에 있는 그대로 외우기만 하면 되는 암기과목이 아니다. 자기 스스로 드넓은 정보의 바다로 나아갈 길을 만들고, '어디로 어떻게 가면 내가 원하는 정보를 찾을 수 있겠다!'라는 확신을 질 수 있어야 하는 것이다.

7. 정보검색 단계

검색 주제에 대한 사전 지식 확보가 정보검색에 많은 시간을 절약할 수 있다. 정보검색에 앞서 다음과 같이 늘 한번 쯤 생각해 보는 습관이 필요하다.

첫째, 뉴스 정보인가?

둘째, 인터넷 정보원을 활용해야 하는가?

셋째, 논문자료에서 찾을 수 있지 않을까?

넷째, 해당 주제와 관련있는 학회나 관공서 사이트에서 찾을 수 있지는 않을까?

즉, 찾고자 하는 하는 정보가 존재할 수 있는 위치(knowwhere)에 대하여 많은 관심과 사전 지식이 필요하다. 일반적인 정보검색 단계는 다음과 같다.

① 검색주제 선정 → ② 정보원 선택 → ③ 검색식 작성 → ④ 결과 출력

8. 검색엔진의 유형

① **키워드 검색 방식** : 키워드 검색 방식은 찾고자 하는 정보와 관련된 핵심적인 언어인 키워드를 직접 입력하여 이를 검색 엔진에 보내어 검색 엔진이 키워드와 관련된 정보를 찾는 방식이다. 사용자 입장에서는 키워드만을 입력하여 정보 검색을 간단히 할 수 있는 장점이 있는 반면에, 키워드가 불명확하게 입력된 경우에는 검색 결과가 너무 많아 효율적인 검색이 어려울 수 있는 단점이 있다.

② **주제별 검색 방식** : 주제별 검색 방식은 인터넷상에 존재하는 웹 문서들을 주제별, 계층별로 정리하여 데이터베이스를 구축한 후 이용하는 방식이다. 사용자는 단지 자신이 원하는 정보를 찾을 때까지 상위의 주제부터 하위의 주제까지 분류되어 있는 내용을 선택하여 검색하면 원하는 정보를 발견하게 된다.

③ **자연어 검색 방식** : 자연어 검색 방식은 검색엔진에서 문장 형태의 질의어를 형태소 분석을 거쳐 언제(when), 어디서(where), 누가(who), 무엇을(what), 왜(why), 어떻게(how), 얼마나(How much)에 해당하는 5W 2H를 읽어내고 분석하여 각 질문에 답이 들어있는 사이트를 연결해 주는 검색엔진이다.

④ **통합형 검색 방식** : 통합형 검색 방식의 검색은 키워드 검색 방식과 매우 유사하다. 그러나 통합형 검색방식은 키워드 검색 방식과 같이 검색 엔진 자신만의 데이터베이스를 구축하여 관리하는

방식이 아니라, 사용자가 입력하는 검색어들이 연계된 다른 검색 엔진에게 보내고, 이를 통하여 얻어진 검색 결과를 사용자에게 보여주는 방식을 사용한다.

9. 정보검색 연산자

하나의 단어(키워드)로 검색을 하면 검색 결과가 너무 많아져서, 이용자가 원하는 정보와 상관없는 것들이 많이 포함된다. 따라서 검색과 관련 있는 2개 이상의 단어를 연산자로 조합하여 키워드로 사용하는 것이 가장 일반적인 검색 방법이다. 연산자는 대/소문자의 구분이 없으며, 앞뒤로 반드시 공백(space)을 넣어주어야 한다. 가장 공통적으로 사용하는 연산자의 종류와 검색 조건을 비교하면 다음과 같다.

기호	연산자	검색 조건
*, &	AND	두 단어가 모두 포함된 문서를 검색 예 인공위성 and 자동차, 인공위성 * 자동차
|	OR	두 단어가 모두 포함되거나, 두 단어 중에서 하나만 포함된 문서를 검색 예 인공위성 or 자동차, 인공위성 | 자동차
-, !	NOT	'-'기호나 '!'기호 다음에 오는 단어를 포함하지 않는 문서를 검색 예 인공위성 not 자동차, 인공위성 ! 자동차
~, ncar	인접검색	앞/뒤의 단어가 가깝게 인접해 있는 문서를 검색 예 인공위성 near 자동차

10. 검색엔진의 종류 및 특징

검색엔진(Search Engine)이란 인터넷상에 산재해 있는 정보를 수집한 후, 이를 체계적으로 데이터 베이스로 구축하여 사용자가 원하는 정보를 쉽게 찾을 수 있도록 안내자역할로 도움을 주는 웹 사이트 또는 프로그램을 뜻한다. 포털 사이트(Portal Site)란 사용자가 인터넷에서 어떤 정보를 찾으려고 할 때 가장 먼저 접속하는 사이트를 뜻한다. 포털 사이트의 가장 대표적인 예로는 네이버, 다음, 구글, 야후 코리아 등과 같은 검색사이트와 언론매체 뉴스 사이트를 들 수 있다. 최근 대부분의 포털 사이트에서는 정보 검색 뿐만 아니라 카페, 뉴스, 웹 메일, 블로그, 미니홈피, 커뮤니티 형성 등 매우 다양한인터넷 서비스를 제공하고 있다.

① 네이버(Naver) – http : //www.naver.com/

국내 검색, 국외 검색, 신문 검색, 이미지 검색, 사운드 검색 등의 기능을 제공하고 있다. 이중에서 국외 검색은 해외 검색엔진들에게 얻은 결과만을 보여주는 형식을 유지하고 있다. 이외에도 자연어 검색과 결과 내 검색 기능을 지원하고, 링크 인기도(%)에 따른 사이트 순위를 제공하며, 어린이 전용으로 주니어 네이버를 제공하고 있다.

② 다음(Daum) – http : //www.daum.net/

인터넷 포털 웹사이트로서 "한메일"(현재의 다음 메일)이라는 이름으로 대한민국 최초의 웹 이메일 서비스를 열었으며, 이밖에도 온라인 커뮤니티 서비스 'Daum 카페', 뉴스서비스 '미디어다음', 커뮤니케이션 서비스 '마이피플' 등을 서비스하고 있다.

③ 구글(Google)-http：//www.google.co.kr/

인터넷에서 정보를 쉽고 빠르게 검색할 수 있도록 고안된 세계 최대의 인터넷 검색엔진이다. 구글(google)이란 이름은 10의 100제곱을 뜻하는 수학 용어 구골(googol)에서 유래했다. 주요 사업 분야는 인터넷 검색 서비스와 광고 프로그램이다. 검색 서비스는 독자적인 검색 기술에 따라 완전 자동화된 일련의 옵션과 기능을 포함하고 있다. 세계 어디서든 접속이 가능하며, 30억 쪽이 넘는 방대한 웹사이트와 인터넷 포털사이트에 쉽게 접근할 수 있다. 광고는 온라인 광고주와 웹 게시자에게 맞는 옵션을 제공할 수 있는 텍스트 기반 프로그램을 채택하고 있다. 구글은 PDF, 포스트스크립트, 마이크로소프트 워드, 플래시 문서들을 포함한 웹 문서 검색 서비스를 제공한다. 이 외에 구글 이미지 검색, Google 뉴스 한국, 구글 뉴스그룹, 구글 웹 디렉토리, 구글 비디오, Froogle 서비스에서 이름이 변경된 상품 검색, 구글 맵, 구글 어스 등의 주요 검색 서비스가 있다.

④ 야후 코리아-http：//kr.yahoo.com/

주제별 검색과 검색어를 이용한 검색을 모두 지원하고 있으며, 대소문자를 구별하지 않는 특징이 있다. 또한, 야후 코리아에서는 일본어 웹 페이지 검색(클릭 일본)서비스를 제공하고 있으며, 어린이 전용으로 야후 꾸러기를 지원하고 있다.

⑤ 외국 검색엔진

㉠ 영문 검색엔진

> • 구글 http；//www.Google.com/
> • 야후 http；//www.Yahoc.com/
> • 알타비스타 http；//www.Altavista.com/
> • 애스크 http；//www.Ask.com/

㉡ 일본어 검색엔지

> • Yahoo Japan http；//www.yahoc.co.jp/
> • LYoos Japan http；//www.Jyocs.co.jp/
> • SearchDesk http；//www.searchdesk.com/(일본의 모든 검색엔진들을 제공)

㉢ 중국어 검색엔진

> • Yahoo Chinese http；//cn.yahoo.com/
> • 중국 검색 포털사이트 http；//www.china.com/
> • SurfChina http；//www.surfchina.com/
> (중국에 관련된 정보를 분류표로 제공하고 동시에 중국의 각종 통계자료도 제공)

  ㉣ 인도어 검색엔진

> • Jadoo http://www.Jadoo.com/
> • SAIR Search http://www.samllan.com/
> (인도, 파키스탄, 네팔, 방글라데시, 스리랑카에 관한 정보 제공)
> • Locate India http://www.locateindia.com/
> (인도의 경제와 비즈니스에 관련된 전문 정보 제공)

  ㉤ 프랑스어 검색엔진

> • Yahoo France http://fr.yahoo.com/

11. 인터넷 정보 검색을 할 때의 주의 사항

인터넷상에는 많은 정보가 존재하고 있다. 이 중에는 우리가 원하는 정보도 있지만 그렇지 않은 정보가 대부분이라고 할 수 있다. 이런 정보의 홍수 속에서 우리가 원하는 정보를 빠르게 찾아서 이용하려면 몇 가지 검색 기술이 필요하다.

① 인터넷에서 정보 검색을 하려면 검색 엔진을 사용하게 되는데, 검색 엔진을 사용할 경우 각각의 검색 엔진에서 사용할 수 있는 기능들에 대한 도움말을 사전에 반드시 읽어서 검색 엔진의 특징을 알아두어야 한다.

② 일반적인 검색 이외에 특정한 데이터(논문, 특허 등)는 나름대로의 검색 방법이 따로 존재하므로 적절한 검색 엔진의 선택이 중요하다. 한 검색 엔진을 이용하여 원하는 검색 결과가 나오지 않았을 경우에는 다른 검색 엔진을 이용하여 검색한다.

③ 키워드의 선택이 중요하다. 키워드가 너무 짧으면 원하는 결과를 쉽게 찾을 수 없는 경우가 많으므로 키워드는 구체적이고 자세하게 만드는 것이 좋은 방법이다. 또, 특정한 키워드에 대하여 검색 결과가 너무 많이 나오는 경우에는 검색 엔진에서 결과내 재검색 기능을 지원하도록 하면 이를 활용하여 검색 결과의 범위를 좁힐 수 있으므로 검색 시간을 단축할 수 있다.

④ 검색 엔진마다 검색 연산자가 약간씩 다르므로 이를 정확히 숙지한 후 키워드와 검색 연산자를 조합하여 작성한 검색식을 정보 검색에 이용한다.

⑤ 검색 속도가 매우 느린 경우에는 웹 브라우저에서 그림 파일을 보이지 않도록 선택하면 보다 빠르게 검색할 수 있다.

⑥ 웹 검색이 정보 검색의 최선은 아니다라는 사실에 주의한다. 웹 검색 이외에도 각종 BBS, 뉴스그룹, 메일링 리스트도 이용하고, 도서관 자료와 정보를 가지고 있는 사람에게 직접 전자우편으로 부탁하는 등의 다른 방법들도 적극 활용하여야 한다.

⑦ 웹 검색 결과로 검색 엔진이 제시하는 결과물의 가중치를 너무 신뢰해서는 안된다. 검색 엔진 나름대로 정확성이 높다고 판단되는 데이터를 화면의 상단에 표시하지만 실제 그렇지 않은 경우가 많이 발생하므로 사용자 자신이 직접 보면서 검색한 자료가 자신이 원하는 자료인지 판단해야 한다.

12. 워드프로세서

우리가 보는 책이나 신문, 잡지 등은 여러 가지 형태의 문자와 그림, 표, 그래프 등이 조화롭게 구성되어 만들어진 것이다. 이와 같이 여러 형태의 문서를 작성, 편집, 저장, 인쇄할 수 있는 프로그램을 워드프로세서라고 한다.

워드프로세서를 이용하여 글을 쓰거나 문서를 작성하게 되면, 키보드로 입력한 문서의 내용을 화면으로 확인하면서 쉽게 문서를 고칠 수 있고, 문서가 완벽하게 작성된 후에 인쇄하거나 디스크와 같은 보조기억장치에 보관하여 두었다가 필요할 때 다시 불러내어 사용할 수 있어 편리하다.

워드프로세서는 글이나 그림을 입력하여 편집하고, 작업한 문서를 저장하고 인쇄할 수 있다. 워드프로세서의 주요기능은 다음과 같다.

입력기능	키보드나 마우스를 통하여 한글, 영문, 한자, 등 각국의 언어, 숫자, 특수문자, 그림 사진, 도형 등을 입력할 수 있는 기능
표시기능	입력한 내용을 표시 장치를 통해 화면에 나타내주는 기능
저장기능	입력된 내용을 저장하여 필요할 때 사용할 수 있는 기능
편집기능	문서의 내용이나 형태 등을 변경해 새롭게 문서를 꾸미는 기능
인쇄기능	작성된 문서를 프린터로 출력하는 기능

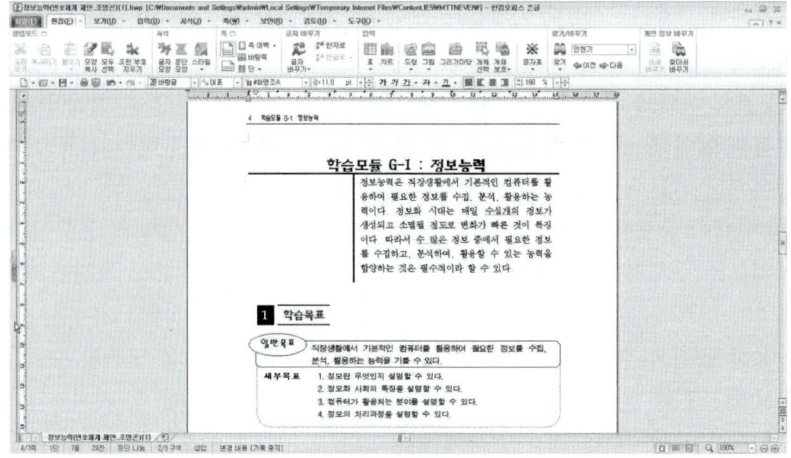

한컴오피스 한글 2010

13. 스프레드시트

스프레드시트(Spread Sheet)는 전자 계산표 또는 표 계산 프로그램으로 워드프로세서와 같이 문서를 작성하고 편집하는 기능 이외에 수치나 공식을 입력하여 그 값을 계산해 내고, 계산 결과를 차트로 표시할 수 있는 특별한 기능을 가지고 있다. 원래 스프레드시트는 미국인들이 경리, 회계 상 사용하던 일정한 형태의 계산용지를 일컫는 말로 이것을 화면 그대로 옮겨 계산식 등을 첨가한 것이스프레드시트의 시작이었으며, 틀린 부분만 수정해 주면 해당 부분이 자동적으로 계산되어 큰 환영을 받았다. 최초의 스프레드시트는 몇 개의 셀만을 이용해서 단순 계산만 할 수 있는 프로그램이었으나, 오늘날의 스프레드시트는 작업 능력의 향상과 함께 데이터베이스 및 그래픽 기능이 추가되고 다양한 함수를 제공해주며 통신 기능까지 갖추게 되었다.

스프레드시트의 구성단위는 셀, 열, 행, 영역 등 4가지다. 가로행과 세로행이 교차하면서 셀이라는 공간이 구성되는데, 이 셀은 정보를 저장하는 단위이다. 예를 들면 생산비나 판매물품 수 같은 것이 셀에 표시하게 되어 있다. 처리하고자 하는 숫자와 데이터를 셀에 기입하고 이 셀들을 수학방정식에 연결하면 셀 내용이 바뀌면서 그와 연결된 셀 내용들이 바뀌게 된다.

스프레드시트 기술은 눈부시게 발전하여 파일 간을 서로 연결시켜 내용의 복사, 이동, 연산을 할 수 있으며 메모리가 허용하는 한도의 파일을 동시에 불러들여 한꺼번에 볼 수도 있다. 또한 2차원과 3차원 그래프 등 다양한 형태의 그래프를 작성할 수 있다. 스프레드시트의 대표적 제품으로는 엑셀을 들 수 있다.

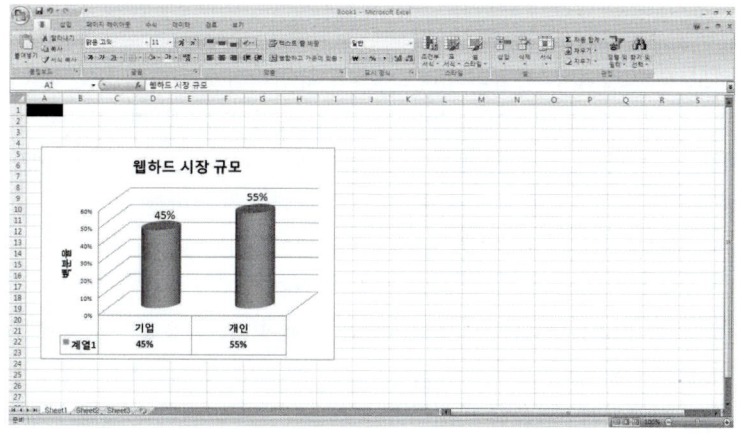

Microsoft Office Excel 2007

14. 프리젠테이션

프리젠테이션(Presentation)은 컴퓨터나 기타 멀티미디어를 이용하여 그 속에 담겨 있는 각종 정보를 사용자 또는 대상자에게 전달하는 행위를 의미한다. 프리젠테이션 프로그램은 보고, 회의, 상담, 교육 등에서 정보를 전달하는데 널리 활용되는 것으로 파워포인트, 프리랜스 그래픽스 등이 있다.

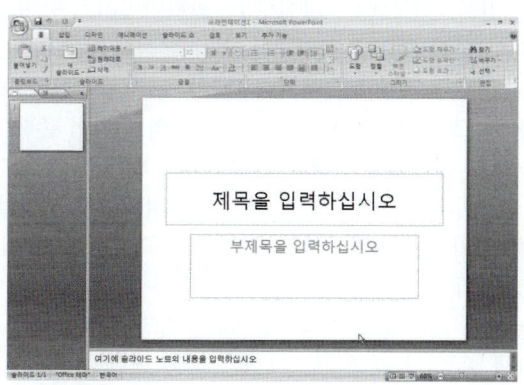

Microsoft Office PowerPoint 2007

15. 데이터베이스

데이터베이스(Database)는 대량의 자료를 관리하고 내용을 구조화하여 검색이나 자료관리 작업을 효과적으로 실행하는 프로그램으로, 테이블, 질의, 폼, 보고서 등을 작성할 수 있는 기능을 가지고 있다. 데이터베이스의 대표적인 프로그램으로는 오라클(Oracle), 액세스(Access) 등이 있다.

16. 그래픽 소프트웨어

그래픽 소프트웨어(Graphic Software)는 새로운 그림을 그리거나 그림 도는 사진 파일을 불러와 편집하는 프로그램으로, 그림 확대, 그림 축소, 필터 기능을 가지고 있다. 그래픽 소프트웨어의 대표적인 프로그램으로는 포토샵(PhotoShop), 3DS MAX, 코렐드로(Coredraw) 등이 있다.

17. 유틸리티 프로그램

사용자가 컴퓨터를 좀더 쉽게 사용할 수 있도록 도와주는 소프트웨어(프로그램)를 '유틸리티 프로그램'이라고 하고 통상 줄여서 '유틸리티'라고 한다. 유틸리티 프로그램은 본격적인 응용 소프트웨어라고 하기에는 크기가 작고 기능이 단순하다는 특징을 가지고 있으며, 사용자가 컴퓨터를 사용하면서 처리하게 되는 여러 가지 작업, 예를 들면 압축해제, 바이러스 치료, 텍스트 편집, 이미지 편집 등의 일을 편리하게 할 수 있도록 도와주는 소프트웨어를 의미한다.

① **파일 압축 유틸리티** : 파일의 크기를 압축하거나 줄여준다. 파일을 압축하면 하드 디스크 또는 플로피 디스크의 저장 용량을 적게 차지하므로 디스크의 저장 공간을 넓혀 주고, 파일을 전송하거나 내려받을 때 걸리는 시간을 단축할 수 있다. 파일 압축 유틸리티 프로그램으로는 ALzip, 밤톨이, Winzip 등이 있다.

② **바이러스 백신 프로그램** : 컴퓨터 바이러스란 컴퓨터 프로그램이나 실행 가능한 부분을 변형하여, 여기에 자기 자신 또는 자신의 변형을 복제하여 컴퓨터 작동에 피해를 주는 명령어들의 조합을 뜻한다. 바이러스 백신 프로그램이란 컴퓨터 바이러스를 찾아내고 기능을 정지시키거나 제거하여 손상된 파일을 치료하는 기능을 가진 소프트웨어를 뜻한다. 따라서 백신 프로그램은 일종의 치료제 역할을 하는 프로그램으로, 사전에 바이러스 프로그램의 감염을 막지는 못한다. 항상 새로운 바이러스 프로그램이 나타나면 이를 치료하는 기능을 추가하는 것을 반복하므로, 바이러스 프로그램을 뒤쫓아 가는 형편이라고 할 수 있다. 대표적인 바이러스 백신 프로그램으로는 V3, V3＋Neo, 다잡아, 터보백신, 바이로봇, 안티바이러스 등이 있다.

③ **화면 캡처 프로그램** : 모니터 화면에 나타나는 영상을 사용자가 원하는 크기, 모양 등을 선택하여 이미지 파일로 만들어 주는 프로그램이다. 캡처 프로그램으로는 스내그잇(snagit), 캡순이, 안카메라 등이 있다. 이 프로그램들은 나름대로 각각의 특징이 존재하므로 사용자는 작업의 성격에 알맞은 프로그램을 적절하게 선택하여 사용하면 된다.

④ **이미지 뷰어 프로그램** : 이미지 뷰어 프로그램은 그림 파일이나 디지털 카메라로 찍은 이미지 파일들을 볼 수 있도록 도와주는 유틸리티 프로그램이다. 여러 장의 이미지를 편리하게 볼 수 있도록 화면 크기에 맞게 확대, 축소, 연속 보기, 두 장 보기 등의 기능이 있으며, 이미지 뷰어 프로그램은 bmp, jpg, tif, gif, wmf 등의 확장자를 가진 파일을 열어볼 수 있다.

⑤ **동영상 재생 프로그램** : 동영상 재생 프로그램은 각종 영화나 애니메이션을 감상하거나 음악을 즐길 수 있는 유틸리티 프로그램이다. 느린 속도와 빠른 속도로 선택 재생이 가능하고 재생 시

점을 임의로 조정할 수 있다. 또한 볼륨과 이퀄라이저를 조절하여 각자의 취향에 맞는 사운드를 즐길 수 있도록 많은 기능을 지원하고 있다.

18. 데이터베이스란

파일시스템에서는 하나의 파일은 독립적이고 어떤 업무를 처리하는데 필요한 모든 정보를 가지고 있다. 파일도 데이터의 집합이므로 데이터베이스라고 볼 수도 있으나 일반적으로 데이터베이스라 함은 여러 개의 서로 연관된 파일을 의미한다. 이런 여러 개의 파일이 서로 연관되어 있으므로 사용자는 여러 개의 파일에 있는 정보를 한 번에 검색해 볼 수 있다. 데이터베이스 관리시스템은 데이터와 파일, 그들의 관계 등을 생성하고, 유지하고 검색할 수 있게 해주는 소프트웨어이다. 반면에 파일관리시스템은 한 번에 한 개의 파일에 대해서 생성, 유지, 검색을 할 수 있는 소프트웨어.

19. 데이터베이스의 필요성

① 데이터의 중복을 줄인다.

데이터베이스 시스템을 이용하면 데이터의 중복이 현저하게 줄어든다. 여러 곳에서 이용되는 데이터를 한 곳에서만 가지고 있으므로 데이터 유지비용을 줄여 줄 수 있다.

② 데이터의 무결성을 높인다.

데이터가 중복되지 않고 한 곳에만 기록되어 있으므로 데이터의 무결성, 즉 결함이 없는 데이터를 유지하는 것이 훨씬 쉬워졌다. 데이터가 변경되면 한 곳에서만 수정하면 되므로 해당 데이터를 이용하는 모든 어플리케이션은 즉시 최신의 데이터를 이용할 수 있다.

③ 검색을 쉽게 해준다.

한 번에 여러 파일에서 데이터를 찾아내는 기능은 원하는 검색이나 보고서 작성 등을 쉽게 할 수 있게 해준다.

④ 데이터의 안정성을 높인다.

대부분의 데이터베이스 관리시스템은 사용자가 정보에 대한 보안등급을 정할 수 있게 해준다. 예를 들어 어떤 부서의 관리자는 급여데이터에 대해서 읽기권한만을 가질 수 있다. 그 관리자는 해당 데이터를 읽어 볼 수는 있으나 변경할 수는 없는 것이다. 그러나 급여부서의 총책임자에게는 읽기와 쓰기 권한을 모두 부여하여 데이터를 변경할 수 있게 할 수 있다. 일반 사원에게는 읽기와 쓰기 권한 모두 허용되지 않으므로 급여사항에 대한 보안을 유지할 수 있다.

⑤ 프로그램의 개발기간을 단축한다.

데이터가 훨씬 조직적으로 저장되어 있으므로 이러한 데이터를 이용하는 프로그램의 개발이 훨씬 쉬워지고 기간도 단축된다.

20. 데이터베이스의 기능

① **입력 기능** : 형식화된 폼을 사용하여 내용을 편리하게 입력할 수 있다.

② **데이터의 검색 기능** : 필터나 쿼리 기능을 이용하여 데이터를 빠르게 검색하고 추출할 수 있다.

③ **데이터의 일괄 관리** : 테이블을 사용하여 데이터를 관리하기 쉬우며, 많은 데이터를 종류별로 분류하여 일괄적으로 관리할 수 있다.

④ **보고서 기능** : 데이터베이스에 있는 데이터로 청구서나 명세서 등의 서류를 손쉽게 만들 수 있다.

21. 데이터베이스의 작업 순서

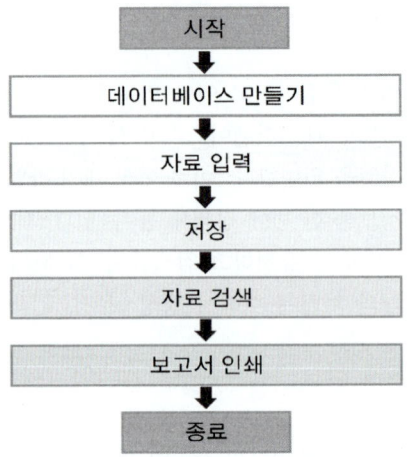

3 정보처리능력

1. 정보는 왜 필요할까

정보의 활용은 의사결정을 하거나 문제의 답을 알아내고자 할때 가지고 있는 정보로는 부족하여 새로운 정보가 필요하다는 상황을 인식하는 순간부터 시작된다. 지금 처한 상황을 해결하기 위해서 특정 정보가 필요하다는 것을 알아야만 정보를 찾으려는 시도를 하게 될 것이기 때문이다. 당신은 문제 상황이 발생하면 처음에는 문제를 인식하기는 하지만 어떠한 정보가 필요한지는 실제로 표현할 수 없을지 모른다. 하지만 필요한 정보가 구체적으로 무엇인지 고민하면서 찾아나가는 과정을 거치면서 필요로 하는 정보와 필요하지 않은 정보를 가려낼 수 있을 것이다. 필요한 정보가 무엇인지 구체적으로 인식하게 되면 찾고자 하는 정보를 어디서 수집할 수 있을지를 탐색하게 될 것이다.

2. 정보는 어디서 수집할 수 있을까

우리는 흔히 필요한 정보를 수집할 수 있는 원천을 정보원(sources)이라 부른다. 정보원(sources)은 정보를 수집하는 사람의 입장에서 볼 때 공개된 것은 물론이고 비공개된것도 포함되며 수집자의 주위에 있는 유형의 객체 가운데서 발생시키는 모든 것이 정보원이라 할 수 있다.

1차 자료	단행본, 학술지와 학술지 논문, 학술회의자료, 연구보고서, 학위논문, 특허정보, 표준 및 규격자료, 레터, 출판 전 배표자료, 신문, 잡지, 웹 정보자원 등
2차 자료	사전, 백과사전, 편람, 연감, 서지데이터베이스 등

이러한 정보원(sources)은 크게 1차 자료와 2차 자료로 구분할 수 있다. 1차 자료는 원래의 연구 성과가 기록된 자료를 의미한다. 2차 자료는 1차 자료를 효과적으로 찾아 보기 위한 자료 혹은 1차 자료에 포함되어 있는 정보를 압축·정리해서 읽기 쉬운 형태로 제공하는 자료를 의미한다.

위와 같은 정보원(sources)을 구축하기 위해서는 우선 입수해야 할 정보와 그 정보의 소스(정보원)

을 결합하여 필요정보에 결합되는 정보원(sources)이 없을 경우 최우선적으로 결합되는 정보원(sources)을 찾아내야 한다. 정보원(sources)은 가급적 전문가나 이해당사자를 대상으로 하는 것이 좋으며, 구축되는 정보원(sources)은 정기적으로 관리하는 것이 중요하다. 특히, 중요한 정보원(sources)에 대해서는 별도로 관리하는 것이 필요하다.

3. 정보수집을 잘 하려면

필요한 정보를 효과적으로 수집하려면 다음과 같은 사항에 항상 관심을 가지고 주의하는 것이 필요하다.

① 정보는 인간력이다.

우선 정보(情報)란 두 글자를 자세히 보도록 하자. 그것은 '인정 정'에 '보답할 보'를 쓰는데 이것은 상당히 깊은 뜻을 갖는다. 왜냐하면 정말로 중요한 정보는 신뢰관계가 좋은 사람에게만 전해지기 때문이다. 정보기술의 발달로 TV회의나 원격조정 미팅 등을 통해서도 어느 정도 정보를 얻을 수 있지만 역시 정보는 얼굴을 마주해야만 전해지는 것이다. 당연히 중요한 정보를 수집하기 위해서는 우선적으로 신뢰관계가 전제가 되어야 할 것이다.

② 인포메이션 vs 인텔리전스 : 우리에게는 정보라는 단어가 하나밖에 없지만, 영어에는 정보에 해당하는 단어가 2개가 있다. 하나는 일반적으로 정보라고 번역되는 '인포메이션(information)'이고, 다른 하나는 '인텔리전스(intelligence)'다. 그렇다면 인포메이션과 인텔리전스에는 어떤 차이가 있을까 인포메이션은 하나하나의 개별적인 정보를 나타낸다. 예를 들어, 오늘의 일본경제 주가가 16,500엔이라든가, 일본의 수도가 도쿄라든가 하는 식의 단순한 정보이다. 이에 반해 인텔리전스란 정보의 홍수라고 불리는 사회의 무수히 많은 인포메이션 중에 몇 가지를 선별해 그것을 연결시켜 뭔가 판단하기 쉽게 도와주는 하나의 정보 덩어리라고 할 수 있다. 즉, 일본경제 주가가 16,500엔이라는 인포메이션은 단순한 정보에 불과하지만, 앞으로 주가가 오를지 내릴지를 어느 정도 예측한다면 이는 인텔리전스가 되는 것이다. 결국 우리는 단순한 인포메이션을 수집할 것이 아니라 직접적으로 도움을 줄 수 있는 인텔리전스를 수집할 필요가 있다.

③ 선수필승(先手必勝) : '공격은 최대의 방어'라는 말이 있다. 정보에 있어서도 마찬가지다. 다른 사람보다 1초라도 빨리 정보를 쥔 사람이 우위에 서게 된다. 예를 들어, 2시간 후면 누구라도 알 수 있는 내용을 다른 사람에게 말해줄 수 있다면 '와! 이 사람 정보가 빠른 사람이네'하며 다르게보게 될 것이다. '지옥귀'라는 말이 있는데, 이처럼 변화가 심한 시대에는 정보를 빨리 잡는다는 것이 상당히 중요한 포인트가 된다. 때로는 질이나 내용보다는 정보를 남보다 빠르게 잡는 것만으로도 앞설 수 있다. 더군다나 격동의 시대에는 빠른 정보수집이 결정적인 효과를 가져 올 가능성이 클 것이다.

④ 머릿속에 서랍을 많이 만들자 : 정보수집에 있어서 얼렁뚱땅 쉽게 얻어지는 것은 절대 없을 것이다. 자신에게 맞는 방법을 찾아 꾸준히 노력하다보면 언젠가는 큰 것을 얻을 수 있을 것이다. 그러나 아무리 정리 박스라는 물리적인 것을 사용한다 해도 자기 머릿속에 서랍을 만들어두지 않으면 정리도 되지 않을뿐더러 정보수집을 효과적으로 할 수 없을 것이다. 예를 들어, 신문을 읽다가 앞으로 일본은 노인대국이 될 것이라는 기사를 봤다고 하자. 그 기사에 흥미를 느꼈다면 머릿속에 '노인왕국'이라는 서랍을 하나 설정하는 것이다. 이렇게 머릿속에 서랍을 만들어 자기

나름대로 정리를 해놓으면, 신문을 읽더라도 사람들의 얘기를 듣다 가도 '이건 쓸만하겠다', '이건 관계가 있겠다'라는 식으로 구분이 갈 수 있을 것이다.

⑤ **정보수집용 하드웨어 활용** : 사람의 기억력이란 한계가 있기 마련이다. 그래서 중요한 큰 봉투만을 머릿속 서랍에 두고, 세세한 정보들은 정리 박스, 스크랩 등을 활용하여 수집하는 것이 필요할 것이다. 또한, 지금 당장은 유용하지 않은 정보일지라도 향후 유용한 정보가 될 수 있는 것들은 이러한 물리적인 하드웨어를 활용하여 수집하는 것이 필요할 것이다.

4. 목록을 이용한 정보관리

정보목록은 정보에서 중요한 항목을 찾아 기술한 후 정리하면서 만들어진다. 예를 들어 업무 보고서를 쓰기 위해 책을 10권 찾았을 경우, 찾은 책에 대한 저자, 출판일, 제목, 출판사순으로 기술한 후 저자의 가나다순으로 배열을 한다면 10권의 책을 목록으로 만든 것이다. 이렇게 한번 목록을 만들기 시작한 다음 워드프로세서, 엑셀같은 프로그램을 이용해서 목록파일을 저장해 놓으면, 후에 다른 정보를 찾았을 때 저자의 가나다순에 맞춰 새로운 정보를 추가하는 것은 간단한 일이다. 목록을 디지털 파일로 저장해놓는 것은 또 하나의 장점이 될 수 있는데, 그것은 대부분의 소프트웨어가 검색기능을 제공하기 때문이다. 즉, 워드프로세서, 엑셀 등과 같은 소프트웨어들의 찾기 기능을 이용하면 목록에서 특정 용어를 이용하여 검색이 가능해진다. 예를 들어 'S 문화사'에서 출판한 자료를 찾고 싶으면 찾기 기능 창을 통해 'S 문화사'라고 입력하고 찾기 버튼을 누르면 쉽게 찾을 수 있다.

5. 색인을 이용한 정보관리

정보내에 포함되어 있는 키워드나 단락과 같은 세부적인 요소나 정보의 주제, 사용했던 용도로 정보를 찾고자 할 때는 목록을 가지고서 쉽게 찾을 수가 없다. 예를 들어 '정보사회의 이해'라는 책 속에서 '정보과잉'이라는 현상이 설명되어 있다면 나중에 '정보과잉리스크'라는 정보를 찾고 싶을 때 어느 책에서 봤는지 기억하는 것은 쉽지 않다. 이런 문제를 해결하기 위해 주요 키워드나 주제어를 가지고 소장하고 있는 정보원(sources)을 관리하는 방식이 색인을 이용한 정보관리이다. 목록은 한 정보원(sources)에 하나만 만드는 것이지만 색인은 여러 개를 추출하여 한 정보원(sources)에 여러 색인어를 부여할 수 있다. 색인은 정보를 찾을 때 쓸 수 있는 키워드인 색인어와 색인어의 출처인 위치정보로 구성된다.

카드를 이용해서 색인을 만들 경우 장점은 컴퓨터를 켜지 않고도 책이나 학술지를 읽다가 간단하게 내용을 기록하기에 편리하고, 가지고 다니기도 쉽다는 것이다. 색인카드는 크기별로 구입도 쉽다. 만든 색인카드는 카드함에 가나다순으로 정렬할 수 있고 새로운 색인카드가 추가될 때 마다 기존의 카드 사이에 끼워넣기만 하면 된다. 디지털 파일에 색인을 저장, 관리하는 방식도 기본 구조는 색인카드와 크게 다를 것이 없다. 단, 디지털 파일에 색인을 저장할 경우 추가와 삭제, 변경이 쉽다는 점에서 정보관리에 효율적이다.

6. 분류를 이용한 정보관리

개인이 가지고 있는 정보를 유사한 것끼리 모아 체계화하여 정리를 해두면 나중에 저장해놓은 정보를 찾을 때 검색시간을 단축할 수 있고 관련 정보를 한번에 찾을 수 있다. 개인이 정보를 관리할 때 분류를 사용하는 대표적인 사례는 컴퓨터 폴더를 생성하여 디렉토리를 만들 때나 웹 브라우저에서 즐겨찾기를 만들 때이다. 정보를 분류할 때는 나름대로 기준을 가지고 체계적으로 정리하는 것이 좋다. 예를 들어, 디지털 카메라로 찍은 사진 파일을 정리한다고 생각해보자. 한 번은 사진을 시간별로 폴더를 만들어 저장해놓고 다음에는 촬영장소로 폴더를 만들어 저장해놓는다면 1−2년만 지나도 이전 사진파일을 찾는 것이 쉽지 않을 것이다. 디렉토리를 만들거나 즐겨찾기 항목을 만들 때에는 몇 가지 기준을 가지고 만드는 것이 좋다.

기준	내용	예
시간적 기준	정보의 발생 시간별로 분류	2012년 본, 7월 등
주제적 기준	정보의 냉용에 따라 분류	정보사회, 서울대학교 등
기능적/용도별 기준	정보가 이용되는 기능이니 용도에 따라 분류	참고자료용, 강의용, 보고서 적성용 등
유형적 기준	정보의 유형에 따라 분류	도서, 비디오, CD, 한글파일, 파워포인트 파일 등

정보를 수집·관리하였다고 하여 모두 활용할 수 있는 것은 아닐 것이며, 모두 유용한 것은 아니다. 정보활용은 물론 수집한 정보를 그대로 활용하는 경우도 있지만, 일정한 형태로 표현하여 장래에 활용되는 정보까지 매우 다양한 활용 형태가 존재하고 있다.

> **정보활용 형태**
> • 수집한 정보를 그대로 활용한다.
> • 수집한 정보를 그대로 활용하되 일정한 형태로 표현하여 활용한다.
> • 수집한 정보를 정리, 분석, 가공하여 활용한다.
> • 수집한 정보를 정리, 가공하여 활용하되 일정한 형태로 표현하여 활용한다.
> • 생산된 정보를 일정한 형태로 재표현하여 활용한다.
> • 일정한 형태로 표현한 정보, 한번 이용한 정보를 보존 정리하여 장래에 활용 한다.

그렇다면 모든 정보는 유용하며 활용가능한 것인가? 정보는 크게 동적정보와 정적정보로 구분할 수 있다. 동적정보는 시시각각으로 변화하는 정보를 의미한다. 반대로 보존되어 멈추어 있는 정보를 정적정보(저장정보)라고 한다. 신문이나 텔레비전의 뉴스는 상황변화에 따라 수시로 변하기 때문에 동적정보이다. 반면에 잡지나 책에 들어있는 정보는 정적정보이다. CD−ROM이나 비디오테이프 등에 수록되어 있는 영상정보도 일정한 형태로 보존되어 언제든지 동일한 상태로 재생할 수 있기 때문에 정적정보로 간주할 수 있다.

우리에게 문제가 되는 것은 동적정보이다. 밀려와서 쌓이기만 하는 정보의 대부분은 동적정보이다. 이들 정보는 미련없이 버려도 아무 상관없다. 오히려 정보를 입수한 그 자리에서 판단해 처리하면

미련없이 버릴 수 있다는 점이 동적정보의 특징이다. 그런 줄도 모르고 보통의 사람들은 물건과 마찬가지로 아깝다고 생각한 나머지 모아두는 경우가 보통이다.

예를 들면 신문기사 오려두기가 있다. 인터넷을 활용하기 전까지 대부분의 사람들은 매일 많은 신문기사를 저장했다. 이러한 행위는 직장상사로부터는 칭찬을 받을지 모르지만 실제 업무에는 거의 활용가능성이 없다. 동적정보는 유통기한이 있기 마련이다. IT시대를 사는 비즈니스맨의 입에서는 '모아 둔 정보가 아깝다'는 말이 나와서는 곤란하다.

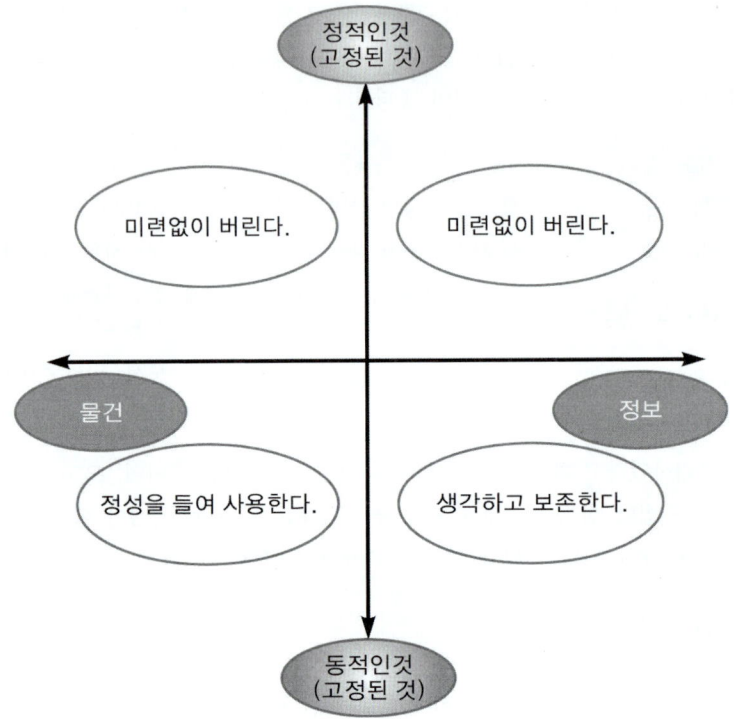

조직이해능력

조직이해능력은 직업인이 자신이 속한 조직의 경영과 체제업무를 이해하고, 직장생활과 관련된 국제감각을 가지는 능력을 의미한다. 직업인은 조직의 한 구성원으로서 조직의 경영, 체제, 업무 등의 구성요소와 조직을 둘러싼 환경을 이해하는 조직이해능력의 함양이 필수적이다.

우리의 삶은 조직과 밀접하게 이루어진다. 우리는 병원에서 태어나고, 학교를 다니며, 직장생활을 하고, 정부에 세금을 납부한다. 각종 건설회사가 지은 집에 살며, 은행에 가서 저금을 하기도 한다. 현대 조직론의 대가인 에치오니(Etzioni)는 "우리는 조직 속에서 태어났고, 조직에 의해 교육받으며, 우리 생애의 태반을 조직 속에서 보낸다. 많은 여가시간을 조직 내에서 놀며 기도하며 보낸다. 인간은 대부분 조직 속에서 숨을 거둘 것이며, 죽어서 매장을 해야 할때가 오면 조직 중 가장 큰 조직인 국가로부터 매장 허가를 받아야 할 것이다."라고 하여 조직생활이 인간에게 미치는 중요성을 강조하였다.

① **조직이란** : 조직은 두 사람 이상이 공동의 목표를 달성하기 위해 의식적으로 구성된 상호작용과 조정을 행하는 행동의 집합체이다. 그러나 단순히 사람들이 모였다고 해서 조직이라고 하지는 않는다. 조직은 목적을 가지고 있고, 구조가 있으며, 목적을 달성하기 위해 구성원들은 서로 협동적인 노력을 하고, 외부 환경과 긴밀한 관계를 가지고 있다. 조직은 일반적으로 재화나 서비스의 생산이라는 경제적 기능과 조직구성원들에게 만족감을 주고 협동을 지속시키는 사회적 기능을 갖는다. 사람들은 조직에 속하거나 다른 조직에서 생산한 상품이나 서비스를 이용하고, 다른 조직과 함께 일을 하면서 관계를 맺는다.

특히, 현대사회에서 인간의 생활은 조직 내에서 또는 조직과의 관계 속에서 이루어진다. 특히 직업인으로서 조직이란 직장을 의미한다. 직장은 사람들이 일을 하는데 필요한 물리적 장소이며 심리적 공간이다. 물리적 장소란 외형적으로 건물의 형태를 가지고 있는 것을 의미하며, 자신의 업무를 처리하는 활동영역이다. 심리적 공간으로서 직장은 직업인들이 일을 하면서 만족을 얻기도 하고, 좌절감을 경험하기도 하는 무형의 공간이다.

② **기업이란** : 우리가 직장생활을 하는 대표적인 조직이 기업이다. 기업은 노동, 자본, 물자, 기술 등을 투입하여 제품이나 서비스를 산출하는 기관이다. 기업은 최소의 비용으로 최대의 효과를 얻음으로써 차액인 이윤을 극대화하기 위해 만들어진 조직이다. 그러나 최근에는 기업이 이윤창출만을 목적으로 하기보다 고객에게 보다 좋은 상품과 서비스를 제공하고 잠재적 고객에게 마케팅을 하는 고객을 만족시키는 주체로 이해되고 있다. 또한 정보화 시대가 도래함에 따라 사람들의 창조적인 지적활동이 새로운 가치를 창출하는데 기초가 되고 있어, 기업들은 구성원들을 하나의 인적자원으로 삼고 그들의 능력개발을 위해 노력하고 있다.

③ 조직이해능력은 왜 필요한 것일까 : 직업인들은 깨어있는 시간의 대부분을 직장에서 보내거나, 자신의 직업과 관련 있는 사람들을 만난다. 직업인은 한 조직의 구성원이 되기도 하지만, 업무를 처리하는 중에 다른 조직의 고객이 되기도 한다. 직업인들은 이처럼 조직에서 일을 한다. 일의 종류와 내용은 조직마다, 개인마다 다르지만 사람들은 자신이 좋아하는 일을 하고 싶어 하며, 더 잘하고 싶어 한다. 조직에서 자신에게 주어진 일을 성공적으로 수행하기 위해서는 우리는 조직이 돌아가는 기본적인 원리를 알아야 한다. 따라서 직업인들은 자신의 업무를 효과적으로 수행하기 위하여 국제적인 동향을 포함하여 조직의 체제와 경영에 대해 이해하는 조직이해능력을 기를 필요가 있다.

개개인을 안다고 조직의 실체를 완전히 알 수 있는 것은 아니다. 구성원들을 연결하는 조직의 목적, 구조, 환경 등을 알아야 조직을 제대로 이해할 수 있게 되며, 업무 성과도 높일 수 있다. 조직의 규모가 작다면 공통된 목적과 조직의 구조를 이해하고 서로 도움을 주고받는 것이 별도의 노력 없이 가능할 수도 있지만, 조직의 규모가 커지게 되면 구성원간의 정보를 공유하고 하나의 방향으로 나아가 최상의 성과를 창출하는 것이 어렵게 된다. 그래서 많은 기업들은 신입사원들에게 자신의 조직의 목표와 체제를 이해시키는데 많은 시간과 관심을 기울이고 있다.

즉, 조직의 구성원이 개인의 업무성과를 높이고 나아가 조직 전체의 경영효과를 높이기 위해서는 개개인과 긍정적인 인간관계를 갖는 것뿐만 아니라 조직의 체제와 경영원리를 이해하는 것이 중요하다.

④ 조직의 유형 : 우리 주위에서 볼 수 있는 조직으로는 정부, 기업, 학교, 병원, 군대, 가정, 경찰서, 연구소, 시민단체, 종교단체, 노동조합 등이 있다. 이러한 조직들은 어떠한 기준으로 구분할 수 있을까? 조직의 유형을 구분하는 것은 조직의 성격과 활동을 이해하는데 좋은 나침반이 된다. 먼저 조직은 공식화 정도에 따라 공식조직(formal organization)과 비공식조직(informal organization)으로 구분할 수 있다. 공식조직은 조직의 구조, 기능, 규정 등이 조직화되어 있는 조직을 의미하며, 비공식조직은 개인들의 협동과 상호작용에 따라 형성된 자발적인 집단 조직이다. 즉, 비공식조직은 인간관계에 따라 형성된 것으로, 조직이 발달해 온 역사를 보면 비공식조직으로부터 공식화가 진행되어 공식조직으로 발전해 왔다. 조직의 규모가 커지면서 점차 조직 구성원들의 행동을 통제할 장치를 마련하게 되었고 이는 공식화되게 된다. 그러나 공식조직 내에서 인간관계를 지향하면서 비공식조직이 새롭게 생성되기도 한다. 이는 자연스러운 인간관계가 됨에 따라 일체감을 느끼고, 바람직한 가치체계나 행동유형 등이 공유되면서 하나의 조직문화가 되어 공식조직의 기능을 보완해주기도 한다.

또한 조직은 영리성을 기준으로 영리조직과 비영리조직으로 구분할 수 있다. 영리조직은 기업과 같이 이윤을 목적으로 하는 조직이며, 비영리조직은 정부조직을 비롯하여 공익을 추구하는 병원, 대학, 시민단체, 종교단체 등이 해당한다.

조직을 규모로 구분하여 보았을 때, 가족 소유의 상점과 같이 소규모 조직도 있지만 대기업과 같이 대규모 조직도 있으며, 최근에는 다국적 기업도 증가하고 있다. 다국적 기업이란 동시에 둘 이상의 국가에서 법인을 등록하고 경영활동을 벌이는 기업으로 대표적으로 SONY, 3M, 존슨 앤존슨, 맥도날드 등이 있으며 우리나라 기업으로는 삼성전자, LG전자, 포스코 등이 해외법인을 등록하고 활동하고 있다.

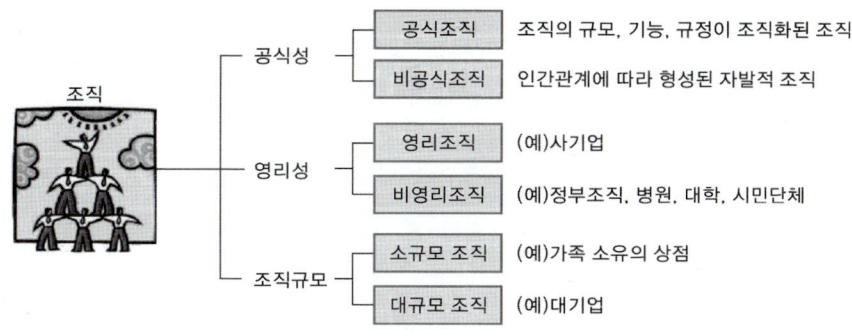

하나의 조직이 조직의 목적을 달성하기 위해서는 이를 관리, 운영하는 활동이 요구된다. 경영이 란 조직이 수립한 목적을 달성하기 위하여 계획을 세우고 실행하고 그 결과를 평가하는 과정이다. 직업인은 조직의한 구성원으로서 자신이 속한 조직이 어떻게 운영되고 있으며, 어떤 방향으로 흘러가고 있는지, 현재 운영체제의 문제는 무엇이고 생산성을 높이기 위해 어떻게 개선되어야 하는지 등을 이해하고 자신의 업무에 적용하는 경영이해능력이 요구된다.

⑤ **경영의 의미 및 내용** : 경영은 한마디로 조직의 목적을 달성하기 위한 전략, 관리, 운영활동이다. 즉, 경영은 경영의 대상인 조직과 조직의 목적, 경영의 내용인 전략, 관리, 운영으로 이루어진다. 과거에는 경영(administration)을 단순히 관리(management)라고 생각하였다. 관리는 투입되는 자원을 최소화하거나 주어진 자원을 이용하여 추구하는 목표를 최대한 달성하기 위한 활동이다. 그러나 경영은 관리 이외에도 조직의 목적을 설정하고 이를 달성하기 위하여 의사결정을 하는 전략이나 관리활동을 수행하는 운영도 중요하다. 특히, 조직을 둘러싼 환경이 급변하면서 이에 적응하기 위한 전략이 중요해지고 있다. 경영의 내용이 전략, 관리, 운영으로 구분될 수는 있지만 실제 경영활동에서 이는 구별되지 않고 동시에 복합적으로 이루어진다.

⑥ **경영의 구성요소** : 경영은 경영목적, 인적자원, 자금, 경영전략의 4요소로 구성된다. 경영목적은 조직의 목적을 달성하기 위해 경영자가 수립하는 것으로 보다 구체적인 방법과 과정이 담겨 있다. 인적자원은 조직에서 일하는 구성원으로 경영은 이들의 직무수행에 기초하여 이루어지기 때문에 인적자원의 배치 및 활용이 중요하다. 자금은 경영을 하는데 사용할 수 있는 금전으로 자금이 충분히 확보되는 정도에 따라 경영의 방향과 범위가 정해지게 된다. 경영전략은 조직이 변화하는 환경에 적응하기 위하여 경영활동을 체계화하는 것으로, 목표달성을 위한 수단이다. 경영전략은 조직의 목적에 따라 전략목표를 설정하고, 조직의 내·외부 환경을 분석하여 도출된다. 예를 들어, 경영전략으로는 원가절감이나 상품의 차별화를 통해 해당 산업에서 우위를 점하는 전략이 있다.

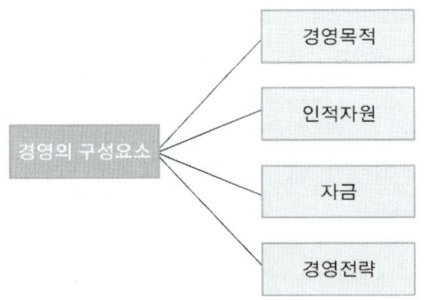

⑦ **경영자의 역할** : 경영자는 조직의 전략, 관리 및 운영활동을 주관하며, 조직구성원들과 의사결정을 통해 조직이 나아갈 방향을 제시하고 조직의 유지와 발전에 대해 책임을 지는 사람이다. 경영자는 조직의 변화방향을 설정하는 리더이며, 조직구성원들이 조직의 목표에 부합된 활동을 할 수 있도록 이를 결합시키고 관리하는 관리자이다.

조직의 규모가 커지게 되면 한 명의 경영자가 조직의 모든 경영활동을 수행하는데 한계가 있으므로, 수직적 체계에 따라 최고경영자, 중간경영자 및 하부경영자로 구분되게 된다. 최고경영자는 조직의 최상위층으로 조직의 혁신기능과 의사결정기능을 조직 전체의 수준에서 담당하게 된다. 중간경영자는 재무관리, 생산관리, 인사관리 등과 같이 경영부문별로 최고경영층이 설정한 경영목표, 전략, 정책을 집행하기 위한 제반활동을 수행하게 된다. 하위경영자는 현장에서 실제로 작업을 하는 근로자를 직접 지휘, 감독하는 경영층을 의미한다.

민츠버그(Mintzberg)는 경영자의 역할을 대인적, 정보적, 의사결정적 활동의 3가지로 구분하였다. 대인적 역할은 상징자 혹은 지도자로서 대외적으로 조직을 대표하고, 대내적으로 조직을 이끄는 리더로서 역할을 의미하며, 정보적 역할은 조직을 둘러싼 외부환경의 변화를 모니터링하고, 이를 조직에 전달하는 정보전달자의 역할을 의미한다. 의사결정적 역할은 조직 내 문제를 해결하고 대외적 협상을 주도하는 협상가, 분쟁조정자, 자원배분자로서의 역할을 의미한다.

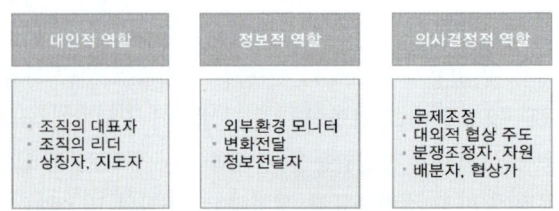

조직은 하나의 체제(system)이다. 조직은 다양한 요소들로 구성되어 있기 때문에 조직을 이해하기 위해서는 조직의 한 단면만을 보고 판단해서는 안 된다. 이처럼 특정한 방식이나 양식으로 서로 결합된 부분들의 총체를 체제라고 한다.

조직은 목적과 목표를 가지고 있으며, 이를 달성하기 위해 다양한 조직구조를 사용한다. 이렇게 조직이 형성되고 발전되면 조직구성원들이 공유하는 가치관, 신념, 규범 등의 조직문화가 형성되게 된다. 또한 조직의 효율성을 높이기 위해서 규칙과 규정을 제정하고 업무를 분화한다. 따라서 직업인은 한 조직의 구성원으로서 조직의 구조와 목적, 체제 구성요소, 규칙, 규정 등 자신이 속한 조직의 체제를 이해하는 체제이해능력이 요구된다.

⑧ **조직체제 구성요소** : 조직의 체제는 조직목표, 조직구조, 조직문화, 규칙 및 규정으로 이루어진다. 조직의 목표는 조직이 달성하려는 장래의 상태로 조직이 존재하는 정당성과 합법성을 제공한다. 조직목표에는 전체 조직의 성과, 자원, 시장, 인력개발, 혁신과 변화, 생산성에 대한 목표가 포함된다.

조직의 구조는 조직 내의 부문 사이에 형성된 관계로 조직목표를 달성하기 위한 조직 구성원들의 상호작용을 보여준다. 조직구조는 의사결정권의 집중정도, 명령계통, 최고경영자의 통제, 규칙과 규제의 정도에 따라 달라지며 구성원들의 업무나 권한이 분명하게 정의된 기계적 조직과 의사결정권이 하부구성원들에게 많이 위임되고 업무가 고정적이지 않은 유기적 조직으로 구분될 수 있다. 직업인은 조직의 구조를 조직도로 쉽게 파악할 수 있다. 조직도는 구성원들의 임무, 수행하는 과업, 일하는 장소 등을 파악하는데 용이하다. 한편 조직이 지속되게 되면 조직구성원들간 생활양식이나 가치를 공유하게 되는데 이를 조직문화라고 한다. 조직문화는 조직구성원들의 사고와 행동에 영향을 미치며 일체감과 정체성을 부여하고 조직이 안정적으로 유지되게 한다. 이에 따라 최근 조직문화에 대한 중요성이 부각되면서 조직문화를 긍정적인 방향으로 조성하기 위한 경영층의 노력이 이루어지고 있다.

조직의 규칙과 규정은 조직의 목표나 전략에 따라 수립되며, 조직구성원들의 활동범위를 제약하고 일관성을 부여하는 기능을 한다. 예를 들어, 인사규정, 총무규정, 회계규정 등이 있다. 특히 조직이 구성원들의 행동을 관리하기 위하여 규칙이나 절차에 의존하고 있는 공식화정도에 따라 조직의 구조가 결정되기도 한다.

조직 전체를 운영하는 것이 경영이라면, 조직 구성원들은 조직의 목적을 달성하기 위해서 주어진 업무를 수행한다. 업무는 조직이 개인에게 부여한 의무이자 책임이다. 조직은 목표달성을 위해서 통합되어야 하기 때문에, 개인은 자신이 하고자 하는 업무를 선택할 수 있는 권한이 미약하다. 따라서 직업인은 자신에게 주어진 업무의 성격과 내용을 알고 그에 필요한 지식, 기술, 행동을 확인하는 업무이해능력을 길러야 한다.

⑨ **업무 배정** : 조직의 업무는 조직 전체의 목적을 달성하기 위해 배분되는 것으로 목적 달성을 위해 효과적으로 분배되고, 원활하게 처리되는 구조가 되어야 한다. 이는 조직을 세로로 분할하는 것으로 업무의 종류, 성격, 범위를 명확하게 하고 구분하는 기준에 따라 나누어진다. 업무를 실제로 배정할 때에는 일의 동일성, 유사성이나 일의 관련성에 따라 이루어진다. 일의 동일성이나 유사성이란 일의 성격이 완전히 같거나 비슷할 때에 그것을 하나의 그룹으로 묶어 동일한 부문에 배정하는 것으로, 예를 들어 문서 사무, 회계 사무, 판매 활동 또는 제조 활동과 같은 것이 있다. 한편, 일의 관련성에 따라서 구분하는 경우 일의 상호관련성에 따라 구분하기도 한다. 예를 들면, 의사결정 과정에서 중요한 것인지 이견이 있는 것인지에 따라 구분되기도 하며, 동시간대에 해야 되는 일을 하나의 업무로 묶기도 한다.

직위는 조직의 각 구성원들에게 수행해야 할 일정 업무가 할당되고 그 업무를 수행하는데 필요한 권한과 책임이 부여된 조직상의 위치이다. 즉, 직위는 조직의 업무체계 중에서 하나의 업무가 차지하는 위치이며, 직업인이 조직 내에서 책임을 수행하고 권한을 행사하는 기반이 된다.

⑩ **업무의 특성 및 권한** : 조직에서 업무가 배정되면 직업인에게는 각자 업무가 주어지게 되며, 직업인은 업무를 선택할 수 있는 재량권이 매우 적기 때문에 조직 내에서 업무의 특성과 역할을

확인할 수 있어야 한다. 업무는 요구되는 지식, 기술, 도구의 종류가 다르고 다양하게 이루어지며, 자율성이나 재량권도 다르다. 특히 직업인들이 업무를 공적으로 수행할 수 있는 힘을 업무 권한이라고 하며, 이는 자신의 결정에 다른 사람들이 따르게 할 수 있는 힘이기도 하다. 직업인은 업무 권한에 따라 자신이 수행한 일에 대한 책임도 부여받게 된다.

⑪ **업무 수행 계획** : 업무를 효과적으로 수행하기 위해서는 체계적인 업무 수행 계획을 수립할 필요가 있다. 업무 수행 계획은 조직의 목적이나 방침에 부합되도록 조직이 정한 규칙이나 규정, 시간 등의 제약요인을 확인하는 것이 선행되어야 한다. 따라서 조직의 업무지침을 확인하고 개인의 업무지침을 수립하며, 활용 가능한 자원을 확인하고 이에 따라 업무 수행을 체계적으로 표현하는 업무 수행 시트를 작성하도록 한다.

조직은 환경 속에 존재하며 환경의 변화에 적응해야 하고, 급변하는 현대사회에서 조직과 환경의 관계는 더욱 강조되고 있다. 특히, 이제는 조직들이 국제 환경을 무시하고는 생존할 수 없는 시대가 되었다. 통신기술 등의 비약적 발전으로 전 세계는 하나의 시장으로 움직이고 있으며, 해외의 조직과 구성원들이 고객이 되고 있다. 따라서 직업인들에게 다른 나라의 문화를 이해하고 국제적인 동향을 이해하며 이를 업무에 활용하는 국제감각이 요구되고 있다.

⑫ **조직과 환경의 관계** : 정치적·법적 환경은 정치체제의 구조와 과정, 조직과 관련된 법적 규범체제를 의미한다. 우리나라에서 조직과 관련된 법령으로는 중소기업육성법, 정부조직법, 기업구조조정촉진법, 사회적 기업육성법, 비영리민간단체지원법 등이 있으며, 직업인이 직장생활을 하면서 알아야 할 조직관련 법으로는 근로기준법, 근로자복지기본법 등이 있다. 경제적 환경은 조직이 속해있는 경제체제의 상태를 말하며, 이윤을 추구하는 기업들은 경제적 환경에 매우 많은 영향을 받는다. 문화적 환경은 조직 구성원들의 가치와 신념을 결정하게 되어 조직의 설계와 형태, 그리고 조직문화에 영향을 미치게 된다. 기술적 환경은 새로운 기술이 개발되면 중요한 환경변수로 떠오르게 된다.

⑬ **세계화와 국제동향** : 세계화는 활동범위가 세계로 확대되는 것을 의미한다. 국가 간 1인당 국민소득의 격차가 좁혀지고, 생활패턴과 소비자 기호가 유사해지는 시장요인이나 통신시설과 운송수단의 발달은 세계화를 촉진시킨다. 세계화가 이루어지면 조직은 해외에 직접 투자를 하거나, 원자재를 보다 싼 가격에 수입하며, 세계 시장에서 경쟁하게 된다. 세계화가 진행됨에 따라 조직의 구성원들도 직장생활을 하는 동안에 직·간접적으로 영향을 받게 되고, 세계 수준으로 의식, 태도 및 행동을 확대해야 한다.

세계화 시대에 업무를 효과적으로 수행하기 위해서는 관련 국제동향을 파악할 필요가 있다. 이는 조직의 업무와 관련된 국제적인 법규나 규정을 숙지하고, 특정 국가에서 관련 업무 동향을 점검하며, 국제적인 상황변화에 능동적으로 대처하는 것이다.

⑭ **이문화 이해와 국제매너** : 국제감각은 단순히 외국어를 잘하는 능력이 아니라 나와 다른 나라의 문화를 이해하는 이문화 이해와 국제적 동향을 자신의 업무에 적용하는 능력을 모두 포함하는 개념이다. 이문화 이해는 내가 속한 문화와 다르다고 해서 무조건 나쁘거나 저급한 문화로 여기는 것이 아니라 그 나라 고유의 문화를 인정하고 해야 할 일과 해서는 안되는 일을 구별할 수 있는 것이다. 그러나 문화란 장시간에 걸쳐 무의식적으로 형성되는 영역으로 외국문화를 이해하는 것은 한계가 있으므로 지속적인 학습과 노력이 요구된다.

직업인이 외국인과 함께 일을 하려면 이문화 이해에 기반을 둔 이문화 커뮤니케이션능력이 요구된다. 이문화 커뮤니케이션은 상이한 문화 간의 의사소통으로 언어적과 비언어적인 커뮤니케이션으로 구분될 수 있다. 특히 국제관계에서는 언어적 커뮤니케이션보다 비언어적 커뮤니케이션에서 오해를 불러일으키는 경우가 많다. 같은 행동이라 하더라도 문화적 배경에 따라 다르게 받아들여질 수 있으므로, 인사하는 법이나 식사예절과 같은 국제매너를 알아둘 필요가 있다.

조직과 환경은 영향을 주고받는다. 조직도 환경에 영향을 미치기는 하지만, 환경은 조직의 생성, 지속 및 발전에 지대한 영향력을 가지고 있다. 오늘날 조직을 둘러싼 환경은 급변하고 있으며, 조직은 생존하기 위하여 이러한 환경의 변화를 읽고 적응해 나가야 한다. 이처럼 조직이 새로운 아이디어나 행동을 받아들이는 것을 조직변화 혹은 조직혁신이라고 한다.

조직에서 일하는 직업인들은 환경의 변화를 인지하고 이것의 수용가능성을 평가한 후, 새로운 아이디어를 내거나, 새로운 기술을 채택하거나, 또는 관리자층의 변화방향에 대해 공감하고 실행하는 역할을 담당한다.

⑮ **조직변화의 과정** : 조직의 변화는 환경의 변화를 인지하는 데에서 시작된다. 환경의 변화는 해당 조직에 영향을 미치는 변화를 인식하는 것으로 이는 조직구성원들이 현실에 안주하려는 경향이 있으면 인식하기 어렵다. 환경의 변화가 인지되면 이에 적응하기 위한 조직변화 방향을 수립한다. 이때는 조직의 세부목표나 경영방식을 수정하거나, 규칙이나 규정 등을 새로 제정하기도 한다. 특히, 체계적으로 구체적인 추진전략을 수립하고, 추진전략별 우선순위를 마련해야 한다. 이에 따라 조직변화를 실행하며, 마지막으로 조직개혁의 진행사항과 성과를 평가한다.

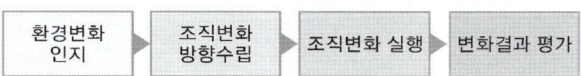

⑯ **조직변화의 유형** : 조직변화는 제품과 서비스, 전략, 구조, 기술, 문화 등에서 이루어질 수 있다. 제품이나 서비스는 기존 제품이나 서비스의 문제점을 인식하고 고객의 요구에 부응하기 위한 것으로, 고객을 늘리거나 새로운 시장을 확대하기 위해서 변화된다. 전략이나 구조의 변화는 조직의 목적을 달성하고 효율성을 높이기 위해서 조직의 경영과 관계되며, 조직구조, 경영방식, 각종 시스템 등을 개선하는 것이다. 기술변화는 새로운 기술이 도입되는 것으로 신기술이 발명되었을 때나 생산성을 높이기 위해 이루어진다. 문화의 변화는 구성원들의 사고방식이나 가치체계를 변화시키는 것으로 조직의 목적과 일치시키기 위해 문화를 유도하기도 한다.

조직은 사람들로 이루어진 집합체이며, 개인은 조직을 구성하는 가장 기본 단위이다. 개인은 이미 존재하는 조직에 가입하거나 여러 명에서 공동의 목적을 가지고 조직을 만듦으로써 조직생활을 시작한다. 직업인의 직장에서의 조직생활은 일을 하는 것이다. 직업인은 일이라는 수단을 통해 조직의 목표를 달성하게 되며, 이 일은 개인에게는 직업이 된다.

⑰ **조직과 나와의 관계** : 개인과 조직은 유기적인 관계를 맺고 있기 때문에 하나가 잘못되면 다른 하나도 영향을 받게 된다. 개인은 조직에 필요한 지식, 기술, 경험 등 개인이 갖고 있는 여러 가지 자원을 제공한다. 조직은 구성원들이 해야 할 일을 정해 주고, 개인은 조직이 정해준 범위 내에서 업무를 수행한다. 조직의 목표에 어긋나거나 정해준 범위 외의 업무를 성취하게 되면, 오히려 조직에 불이익을 주게 된다. 이처럼 조직의 목표달성에 필요한 업무를 성취할 수 있는 개

인의 역량(competency)이 중요하며, 이러한 개인별 역량의 결과가 조직의 성과로 이어진다. 개인이 자신의 역량을 활용하여 조직에 여러 가지 공헌을 하게 되면, 조직은 개인에게 보상을 제공한다. 이는 연봉, 성과급과 같은 물질적 보상과 인정, 칭찬 등과 같은 비물질적 보상이 있다. 또한, 조직이 직접적으로 제공하는 보상은 아니지만 개인은 성공적으로 업무를 수행했을 때에 만족감을 느끼고 조직에 더욱 몰입하게 된다. 최근에는 많은 조직에서 구성원들의 참여를 통해 조직의 목표를 자신의 목표로 내면화하도록 하여, 목표달성에 대한 의지를 높이고 있다.

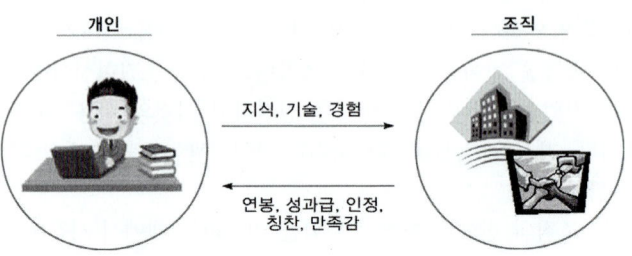

⑱ **조직과 직업** : 직업이란 일정한 지식과 기술을 가지고 장시간에 걸쳐 종사하는 일이다. 사람들이 조직에 들어와서 오랫동안 조직으로부터 주어진 업무를 수행하다보면 그 일은 하나의 직업이 된다. 조직은 개인의 적성이나 능력을 고려하여 개인에게 적합한 업무를 부여하거나 교육시키고, 새로운 사람을 선발하기도 한다. 개인들은 직업인으로서 조직의 업무에 적응하기 위하여 조직의 경영, 체제와 자신의 업무를 이해하고자 노력한다.

1 경영이해능력

경영이해능력은 직업인이 자신이 속한 조직의 경영 목표와 경영 방법을 이해하는 능력이다. 직업인은 조직의 구성원으로서 직장생활을 하는 동안에 경영자가 수행하는 조직의 목적과 전략을 이해할 필요가 있다. 따라서 경영원리를 이해하고 경영상의 문제점을 개선하는 경영이해능력의 함양이 요구된다.

조직은 목적을 가지고 있기 때문에 목적을 달성하기 위하여 지속적인 관리와 운영이 요구된다. 경영이란 조직의 목적을 달성하기 위한 전략, 관리, 운영활동이다. 조직은 다양한 유형이 있기 때문에 모든 조직에 공통적인 경영원리를 적용하는 것은 불가능하다. 그러나 특정 조직에게 적합한 특수경영 외에 일반경영은 조직의 특성에 관계없이 공통적으로 적용할 수 있는 개념이다.

① **경영의 구성요소** : 경영의 구성요소에는 일반적으로 경영목적, 인적자원, 자금, 전략의 4요소가 있다. 경영목적은 조직의 목적을 어떤 과정과 방법을 택하여 수행할 것인가를 구체적으로 제시해준다. 조직의 목적을 달성하기 위해 조직을 이끌어 나가는 경영자는 조직의 목적이 어느 정도 달성되었는지 그리고 얼마나 효율적으로 달성되었는지에 대해 평가를 받게된다.

인적자원은 조직에서 일하고 있는 구성원들로 이들이 어떠한 역량을 가지고 어떻게 직무를 수행하는지에 따라 경영성과가 달라진다. 경영자는 조직의 목적과 필요에 부합하는 인적자원을 채용하고 이를 적재적소에 배치, 활용할 수 있어야 한다.

자금은 경영활동에 사용할 수 있는 금전을 의미한다. 자금이 부족할 경우 원하는 경영목표를 달성하는데 어려움을 겪게 된다. 특히, 이윤추구를 목적으로 하는 사기업에서 자금은 이를 통해 새로운 이윤을 창출하는 기초가 된다.

전략은 조직이 가지고 있는 자원을 효과적으로 운영하여 무엇을 해야 하며, 어떤 것을 달성해야 하는가를 알려준다. 즉, 경영전략이란 기업 내 모든 인적 물적 자원을 경영목적을 달성하기 위해 조직화 하고, 이를 실행에 옮겨 경쟁우위를 달성하는 일련의 방침 및 활동이다.

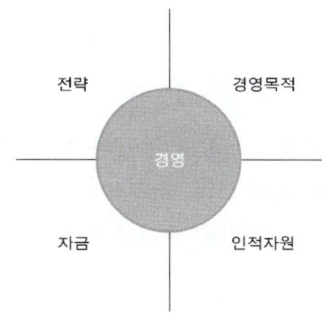

② **경영의 과정** : 경영은 경영자가 경영목표를 설정하고, 경영자원을 조달·배분하여 경영활동을 실행하며, 이를 평가하는 일련의 과정으로 이해될 수 있다. 계획이란 조직의 미래상을 결정하고 이를 달성하기 위한 대안을 분석하고 목표를 수립하며 실행방안을 선정하는 과정이다. 이에 따라 경영실행이 이루어지며 이 단계에서는 조직목적을 달성하기 위한 활동들과 조직구성원을 관리한다. 경영실행에 대한 평가는 수행결과를 감독하고 교정하여 다시 피드백하는 단계로 이루어진다.

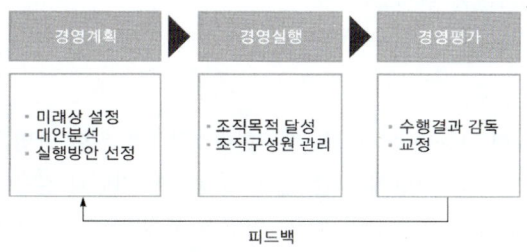

③ **경영활동 유형** : 경영활동은 외부경영활동과 내부경영활동으로 구분하여 볼 수 있다. 외부경영활동은 조직 내부를 관리하고 운영하는 것이 아니라 조직외부에서 조직의 효과성을 높이기 위해 이루어지는 활동이다. 예를 들어 기업에서는 주로 시장에서 이루어지는 활동으로 총수입을 극대화하고 총비용을 극소화하여 이윤을 창출하는 것이다. 이는 대외적 이윤추구활동으로서 대표적으로 마케팅 활동이 있다. 한편, 내부경영활동은 조직내부에서 인적, 물적 자원 및 생산기술을 관리하는 것이다. 여기에는 인사관리, 재무관리, 생산관리 등이 해당된다.

조직에서 의사결정은 개인의 의사결정에 비해 복잡하며, 신속하게 이루어져야 할 때가 많고, 확실하지 못한 환경에서 이루어지기도 한다. 또한 한 사람의 관리자에 의해 결정되는 것이 아니라 많은 구성원들의 참여와 협력이 요구된다. 문제를 해결하기 위해서 여러 부서가 관여하고, 다양한 견해를 내기도 하며, 심지어 외부의 조직이 개입되기도 한다.

④ **의사결정의 과정** : 조직에서의 의사결정은 문제가 확실하게 분석 가능하고 해결방안이 확실한 경우도 있지만 대부분 제한된 정보와 여러 견해들이 공존하게 된다. 또한 혁신적인 결정보다 현재의 체제 내에서 순차적, 부분적으로 의사결정이 이루어져서 기존의 결정을 점증적으로 수정해 나가는 방식으로 이루어진다. 따라서 조직에서의 의사결정에 대한 여러 모형들이 있지만 문제 발견에서 해결안 제시까지 구조화된 행동 순서를 나타내고 있는 점진적 의사결정 모형을 활용할 수 있다.

2 확인 단계

확인 단계는 의사결정이 필요한 문제를 인식하고, 이를 진단하는 단계이다. 진단단계는 문제의 심각성에 따라서 체계적으로 이루어지기도 하며, 비공식적으로 이루어지기도 한다. 또한 문제를 신속히 해결할 필요가 있는 경우에는 진단시간을 줄이고 즉각적인 대응이 필요하다.

3 개발 단계

개발 단계는 확인된 문제에 대하여 해결방안을 모색하는 단계이다. 개발 단계는 2가지 방식으로 이루어질 수 있다. 먼저 조직 내의 기존 해결 방법 중에서 새로운 문제의 해결 방법을 찾는 탐색과정이다. 이는 조직 내 관련자와의 대화나 공식적인 문서 등을 참고하여 이루어질 수 있다.

이전에 없었던 새로운 문제의 경우 이에 대한 해결안을 설계해야 한다. 이 경우에는 의사결정자들이 모호한 해결방법만을 가지고 있기 때문에 다양한 의사결정 기법을 통하여 시행착오적 과정을 거치면서 적합한 해결방법을 찾아나간다.

4 선택단계

해결방안을 마련하면 실행 가능한 해결안을 선택한다. 선택을 위한 방법은 3가지로 이루어질 수 있다. 한 사람의 의사결정권자의 판단에 의한 선택, 경영과학 기법과 같은 분석에 의한 선택, 이해관계집단의 토의와 교섭에 의한 선택 등이 있다. 이렇게 해결방안이 선택되면 마지막으로 조직 내에서 공식적인 승인절차를 거친 후 실행된다.

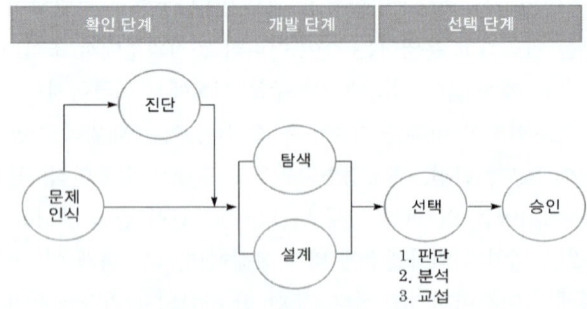

① **집단의사결정의 특징** : 조직 내에서는 개인이 단독으로 의사결정을 내리는 경우도 있지만 집단이 의사결정을 하기도 한다. 집단의사결정은 한 사람이 가진 지식보다 집단이 가지고 있는 지식

과 정보가 더 많아 효과적인 결정을 할 수 있다. 또한 다양한 집단구성원이 갖고 있는 능력은 각기 다르므로 각자 다른 시각으로 문제를 바라봄에 따라 다양한 견해를 가지고 접근할 수 있다. 집단의사결정을 할 경우 결정된 사항에 대하여 의사결정에 참여한 사람들이 해결책을 수월하게 수용하고, 의사소통의 기회도 향상되는 장점이 있다. 반면에 의견이 불일치하는 경우 의사결정을 내리는데 시간이 많이 소요되며, 특정 구성원에 의해 의사결정이 독점될 가능성이 있다.

② **브레인스토밍** : 집단에서 의사결정을 하는 대표적인 방법으로 브레인스토밍이 있다. 브레인스토밍은 여러 명이 한 가지의 문제를 놓고 아이디어를 비판 없이 제시하여 그 중에서 최선책을 찾아내는 방법으로, 다음과 같은 규칙을 준수하는 것이 중요하다.

㉠ 다른 사람이 아이디어를 제시할 때에는 비판하지 않는다.

㉡ 문제에 대한 제안은 자유롭게 이루어질 수 있다.

㉢ 아이디어는 많이 나올수록 좋다.

㉣ 모든 아이디어들이 제안되고 나면 이를 결합하고 해결책을 마련한다.

조직의 경영전략은 조직이 변화하는 환경에 적응하기 위하여 경영활동을 체계화하는 것으로, 전략은 목표가 아니라 목표달성을 위한 수단이 된다. 경영전략은 조직의 경영자가 수립하게 되지만, 모든 직업인은 자신이 속한 조직의 경영전략을 이해해야 조직목표를 달성하는데 기여할 수 있다.

③ **경영전략의 추진과정** : 조직은 먼저 경영전략을 통해 미래에 도달하고자 하는 미래의 모습인 비전을 규명하고, 미션(전략목표)을 설정한다. 전략목표를 설정하면 전략대안들을 수립하고 실행 및 통제하는 관리과정을 거친다. 최적의 대안을 수립하기 위하여 조직의 내·외부 환경을 분석한다. 조직의 내·외부 환경을 분석하는데 유용하게 이용될 수 있는 방법으로는 SWOT 분석이 가장 많이 활용되고 있다. SWOT 분석에서 조직 내부 환경으로는 조직이 우위를 점할 수 있는 장점(Strength)과 조직의 효과적인 성과를 방해하는 자원, 기술, 능력 면에서의 약점(Weakness)이 있다. 조직의 외부 환경은 기회요인(Opportunity)과 위협요인(Threat)으로 나뉘며, 기회요인은 조직 활동에 이점을 주는 환경요인이고, 위협요인은 조직 활동에 불이익을 주는 환경요인이다.

환경 분석이 이루어지면, 이를 토대로 전략을 도출한다. 조직의 경영전략은 조직전략, 사업전략, 부문전략으로 구분할 수 있으며 이들은 위계적 수준을 가지고 있다. 가장 상위단계 전략인 조직전략은 조직의 사명을 정의하고, 사업전략은 사업수준에서 각 사업의 경쟁적 우위를 점하기 위한 방향과 방법을 다룬다. 그리고 부문전략은 기능부서별로 사업전략을 구체화하여 세부적인 수행방법을 결정한다. 경영전략의 예로는 원가우위전략, 차별화전략 등이 있다. 경영전략이 수립되면 이를 실행하여 경영목적을 달성하고 결과를 평가하여 피드백하는 과정을 거친다.

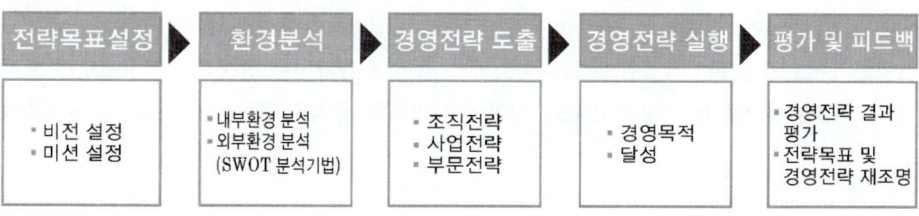

④ **경영전략의 유형** : 조직의 경영전략은 경영자의 경영이념이나 조직의 특성에 따라 다양하다. 이 중 대표적인 경영전략으로 마이클 포터(Michael E. Porter)의 본원적 경쟁전략이 있다. 본원적 경쟁전략은 해당 사업에서 경쟁우위를 확보하기 위한 전략으로 원가우위 전략, 차별화전략, 집중화 전략으로 구분된다.

원가우위 전략은 원가절감을 통해 해당 산업에서 우위를 점하는 전략으로, 이를 위해서는 대량 생산을 통해 단위 원가를 낮추거나 새로운 생산기술을 개발할 필요가 있다. 여기에는 70년대 우리나라의 섬유업체나 신발업체, 가발업체 등이 미국시장에 진출할 때 취한 전략이 해당한다.

차별화 전략은 조직이 생산품이나 서비스를 차별화하여 고객에게 가치가 있고 독특하게 인식되도록 하는 전략이다. 차별화 전략을 활용하기 위해서는 연구개발이나 광고를 통하여 기술, 품질, 서비스, 브랜드 이미지를 개선할 필요가 있다.

집중화 전략은 특정 시장이나 고객에게 한정된 전략으로, 원가우위나 차별화 전략이 산업 전체를 대상으로 하는 것에 비해 집중화 전략은 특정 산업을 대상으로 한다. 즉, 차별화 전략에서는 경쟁조직들이 소홀히 하고 있는 한정된 시장을 원가우위나 차별화전략을 써서 집중적으로 공략하는 방법이다.

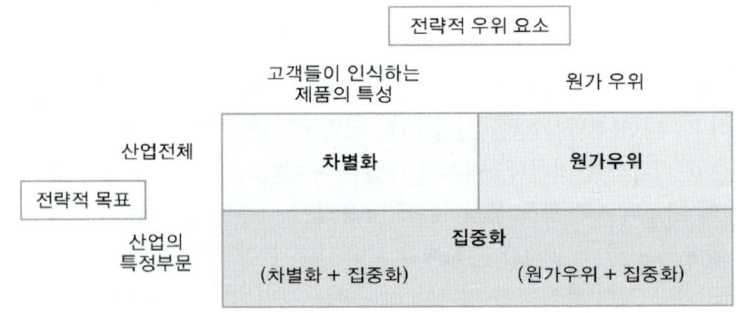

조직의 구성원들이 경영에 참여할 수 있는 방법은 무엇이 있을까? 산업민주주의의 발달과 함께 근로자 또는 노동조합을 경영의 파트너로 인정하는 협력적 노사관계가 중시됨에 따라 이들을 조직의 경영의사결정 과정에 참여시키는 경영참가제도가 논의되고 있다. 특히, 최근에는 국제경쟁의 가속화와 급격한 기술발전과 같은 환경변화에 따라 대립적인 노사관계만으로는 한계가 있다고 지적되면서 점차 경영참가의 중요성이 커지고 있다.

⑤ **경영참가제도의 목적** : 경영참가제도의 가장 큰 목적은 경영의 민주성을 제고하는 것이다. 근로자 또는 노동조합이 경영과정에 참여하여 자신의 의사를 반영함으로써 공동으로 문제를 해결하고, 노사 간의 세력 균형을 이룰 수 있다. 또한 근로자나 노동조합이 새로운 아이디어를 제시하거나 현장에 적합한 개선방안을 마련해줌으로써 경영의 효율성을 제고할 수 있다. 이를 통해 궁극적으로는 노사 간 대화의 장이 마련되고 상호 신뢰를 증진시킬 수 있다.

⑥ **경영참가제도의 유형** : 경영참가제도는 조직의 경영에 참가하는 공동의사결정제도와 노사협의회제도, 이윤에 참가하는 이윤분배제도, 자본에 참가하는 종업원지주제도 및 노동주제도 등이 있다.

5 경영참가

경영참가는 경영자의 권한인 의사결정과정에 근로자 또는 노동조합이 참여하는 것이다. 대표적으로 노사협의회는 노사 대표로 구성되는 합동기구로서 생산성 향상, 근로자복지 증진, 교육훈련, 기타 작업환경 개선 등을 논의한다. 경영참가의 초기단계에서는 경영자층이 경영 관련 정보를 근로자에게 제공하고 근로자들은 의견만을 제출하는 정보참가 단계를 가진다. 정보참가 단계보다 근로자들의 참여권한이 확대되면 노사 간 서로 의견을 교환하여 토론하며 협의하는 협의 참가 단계를 거친다. 다만 이 단계에서 이루어진 협의결과에 대한 시행은 경영자들에게 달려있다. 마지막은 근로자와 경영자가 공동으로 결정하고 결과에 대하여 공동의 책임을 지는 결정참가 단계이다. 이 단계에서는 경영자의 일방적인 경영권은 인정되지 않는다.

6 이윤참가

이윤참가는 조직의 경영성과에 대하여 근로자에게 배분하는 것으로 조직체에 대한 구성원의 몰입과 관심을 높일 수 있는 방법이다. 이는 경영의 성과증진에 근로자 혹은 노동조합이 적극적으로 기여하고 그 대가로서 임금 이외의 형태로 보상을 받는다. 이윤참가는 생산의 판매 가치나 부가 가치의 증대를 기준으로 성과배분을 하기도 한다.

7 자본참가

자본참가는 근로자가 조직 재산의 소유에 참여하는 것이다. 이는 근로자가 경영방침에 따라 회사의 주식을 취득하는 종업원지주제도, 노동제공을 출자의 한 형식으로 간주하여 주식을 제공하는 노동주제도 등이 있다. 자본참가 방식은 근로자들이 주인의식과 충성심을 가지게 되고, 성취동기를 유발할 수 있으며, 퇴직 후에 생활자금을 확보할 수 있는 한 방법이 된다.

① 경영참가제도의 문제점 : 경영참가제도를 통해 근로자들이 조직에 소속감을 느끼고 몰입하게 되어 발전적 협력이 가능하지만, 이는 모든 조직에 효과적이거나 반드시 확대되어야 할 제도는 아니다. 경영능력이 부족한 근로자가 경영에 참여할 경우 의사결정이 늦어지고 합리적으로 일어날 수 없으며, 대표로 참여하는 근로자가 조합원들의 권익을 지속적으로 보장할 수 있는가도 문제가 된다. 또한 경영자의 고유한 권리인 경영권을 약화시키고, 오히려 경영참가제도를 통해 분배문제를 해결함으로써 노동조합의 단체교섭 기능이 약화될 수 있다. 따라서 경영참가제도가 발전적으로 이루어지도록 근로자들의 경영능력을 기르고 경영자와 근로자간 서로 협력할 수 있는 자세를 견지해야 한다.

8 체제이해능력

체제이해능력은 조직의 구조와 목적, 체제 구성요소, 규칙, 규정 등을 이해하는 능력이다. 직업인은 자신이 속한 조직이 사회적, 조직적, 기술적으로 어떻게 작용하고 작동하는지를 이해했을 때 조직의 요구에 효과적으로 부응할 수 있다. 따라서 조직체제의 다양한 요소의 작용원리를 이해하고 문제점을 개선할 수 있는 체제이해능력의 함양이 요구된다.

조직구성원들이 자신의 업무에 몰입하고 성실하게 일을 수행한다고 하여, 전체 조직의 목표가 달성되는 것은 아니다. 조직목표는 조직이 달성하려는 미래의 상태이며, 대기업, 정부부처, 종교단체를 비롯하여 심지어 작은 가게도 달성하고자 하는 목표를 가지고 있다. 조직의 목표는 미래지향적이지만 현재의 조직행동의 방향을 결정해주는 역할을 한다.

① **조직목표의 기능 및 특징** : 조직목표는 공식적 목표와 실제적 목표가 다를 수 있다. 즉, 조직이 존재하는 이유와 관련된 조직의 사명과 사명을 달성하기 위한 세부목표를 가지고 있다. 조직의 사명은 조직의 비전, 가치와 신념, 조직의 존재 이유 등을 공식적인 목표로 표현한 것이다. 반면에, 세부목표 혹은 운영목표는 조직이 실제적인 활동을 통해 달성하고자 하는 것으로 사명에 비해 측정 가능한 형태로 기술되는 단기적인 목표이다. 조직의 사명은 조직이 존재하는 정당성과 합법성을 제공하는데 반해, 운영목표는 조직이 나아갈 방향을 제시하고 조직구성원들이 여러 가지 행동대안 가운데서 적합한 것을 선택하고 의사 결정할 수 있는 기준을 제시한다. 또한 조직구성원들이 공통된 조직목표 아래에서 소속감과 일체감을 느끼고 행동수행의 동기를 가지게 하며, 조직구성원들의 수행을 평가할 수 있는 기준이 된다. 그리고 조직구조나 운영과정과 같이 조직체제를 구체화할 수 있는 기준이 된다.

> **조직 목표의 기능**
> • 조직이 존재하는 정당성과 합법성 제공   • 조직이 나아갈 방향 제시
> • 조직구성원 의사결정의 기준   • 조직구성원 행동수행의 동기유발
> • 수행평가 기준   • 조직설계의 기준

한편, 조직은 다수의 조직목표를 추구할 수 있다. 이러한 조직목표들은 위계적 상호관계가 있어서 서로 상하관계에 있으면서 영향을 주고받는다. 또한 조직목표들은 조직의 구조, 조직의 전략, 조직의 문화 등과 같은 조직체제의 다양한 구성요소들과 상호관계를 가지고 있다. 그런데 이러한 조직목표들은 한번 수립되면 달성될 때까지 지속되는 것이 아니라 환경이나 조직 내의 다양한 원인들에 의하여 변동되거나 없어지고 새로운 목표로 대치되기도 한다. 조직목표가 수정되거나 새로운 목표가 형성되는데 영향을 미치는 조직 내적 요인으로는 조직리더의 결단이나 태도변화, 조직 내 권력구조 변화, 목표형성 과정 변화 등이 있으며, 외적 요인으로는 경쟁업체의 변화, 조직자원의 변화, 경제정책의 변화 등이 있다.

> **조직 목표의 특징**
> • 공식적 목표와 실제적 목표가 다를 수 있음   • 다수의 조직목표 추구 가능
> • 조직목표간 위계적 관계가 있음   • 가변적 속성
> • 조직의 구성요소와 상호관계를 가짐

② **조직목표의 분류** : 조직설계 학자인 리처드(Richard L. Daft)는 조직이 일차적으로 수행해야할 과업인 운영목표에는 조직전체의 성과, 자원, 시장, 인력개발, 혁신과 변화, 생산성에 관한 목표가 포함된다고 하였다.

전체성과란 영리조직은 수익성, 사회복지기관은 서비스 제공과 같은 조직의 성장목표이다. 자원에

관한 목표는 조직에 필요한 재료와 재무자원을 획득하는 것이며, 시장과 관련된 조직목표는 시장 점유율이나 시장에서의 지위향상과 같은 목표이다. 인력개발은 조직구성원에 대한 교육훈련, 승진, 성장 등과 관련된 목표이며, 혁신과 변화는 불확실한 환경변화에 대한 적응가능성을 높이고 내부의 유연성을 향상시키고자 수립하는 것이다. 생산성은 투입된 자원에 대비한 산출량을 높이기 위한 목표로 단위생산비용, 조직구성원 1인당 생산량 및 투입비용 등으로 산출할 수 있다.

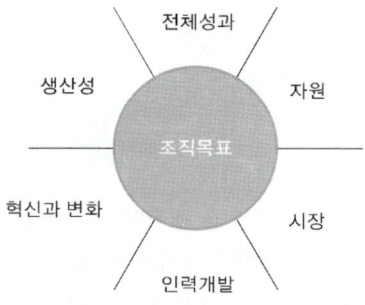

조직은 일정한 양식과 관계가 확립되어 있으며, 조직구성원들은 이러한 유형화된 형태에 따라 상호작용을 한다. 조직구조는 조직 내의 부문 사이에 형성된 관계로 즉, 조직목표를 달성하기 위한 조직구성원들의 유형화된 상호작용과 이에 영향을 미치는 매개체이다. 직업인들은 자신에게 주어진 업무를 혼자서만 수행할 수 없으며, 조직의 구성원들과 상호작용할 필요가 있다. 이때, 자신이 속한 조직구조의 특징을 모르면, 자신에게 주어진 업무의 범위와 권한이 어디까지인지, 자신이 필요로 하는 정보를 누구에게 얻어야 할지, 어떤 방식으로 구해야 할지 알지 못하게 된다.

③ 조직구조의 구분 : 조직구조는 의사결정 권한의 집중정도, 명령계통, 최고경영자의 통제, 규칙과 규제의 정도 등에 따라 기계적인 조직과 유기적인 조직으로 구분할 수 있다. 기계적 조직은 구성원들의 업무가 분명하게 정의되고 많은 규칙과 규제들이 있으며, 상하간 의사소통이 공식적인 경로를 통해 이루어지고 엄격한 위계질서가 존재한다. 대표적인 기계적 조직으로는 군대가 있다. 반면에, 유기적 조직은 의사결정권한이 조직의 하부구성원들에게 많이 위임되어 있으며 업무도 고정되지 않고 공유 가능한 조직이다. 유기적 조직에서는 비공식적인 상호 의사소통이 원활히 이루어지며, 규제나 통제의 정도가 낮아 변화에 따라 쉽게 변할 수 있는 특징을 가진다.

④ 조직구조의 결정요인 : 조직구조는 조직마다 다양하게 이루어진다. 조직구조는 조직목표의 효과적 달성에 영향을 미친다. 조직구조에 대한 많은 연구들은 조직구조에 영향을 미치는 요인으로 조직의 전략, 규모, 기술, 환경 등이 있으며, 이에 따라 기계적 조직 혹은 유기적 조직으로 설계되며, 조직 활동의 결과로서 조직의 성과와 구성원들의 조직만족이 결정된다. 다만, 조직성과와 만족은 조직구성원들의 개인적 성향과 조직문화의 차이에 따라 달라진다. 조직구조 결정요인으로서 조직전략은 조직의 목적을 달성하기 위하여 수립한 계획으로 조직이 자원을 배분하고 경쟁적 우위를 달성하기 위한 주요 방침이다. 따라서 조직의 전략이 바뀌게 되면 구조가 바뀌게 된다. 한편, 소규모조직과 대규모조직은 다른 조직구조를 가지게 된다. 대규모조직은 소규모조직에 비해 업무가 전문화, 분화되어 있고 많은 규칙과 규정이 존재하게 된다. 기술은 조직이 투입요소를 산출물로 전환시키는 지식, 기계, 절차 등을 의미하며, 소량생산기술을 가진 조직은 유

기적 조직구조를, 대량생산기술을 가진 조직은 기계적 조직구조를 가진다. 조직은 환경의 변화에 적절하게 대응 해야 하므로 환경에 따라 조직의 구조가 달라진다. 안정적이고 확실한 환경에서는 기계적 조직이 적합하고, 급변하는 환경에서는 유기적 조직이 적합하다.

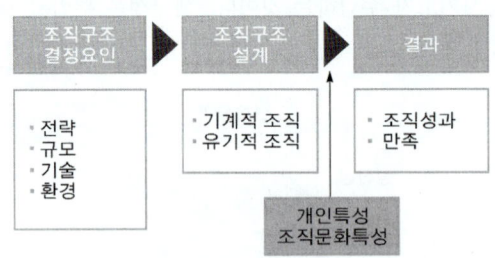

⑤ **조직구조의 형태** : 조직도를 살펴보면 조직 내적인 구조는 볼 수 없지만 구성원들의 임무, 수행하는 과업, 일하는 장소 등과 같은 일하는 방식과 관련된 체계를 알 수 있으므로 한 조직을 이해하는데 유용하다. 조직도를 통해 조직이 어떻게 구성되어 있는지를 알 수 있고, 조직에서 하는 일은 무엇이며, 조직구성원들이 어떻게 상호작용하는지를 파악할 수 있다. 대부분의 조직은 조직의 CEO가 조직의 최상층에 있고, 조직구성원들이 단계적으로 배열되는 구조를 가지고 있다. 환경이 안정적이거나 일상적인 기술, 조직의 내부 효율성을 중요시하며 기업의 규모가 작을 때에는 업무의 내용이 유사하고 관련성이 있는 것들을 결합해서 그림과 같이 기능적 조직구조 형태를 이룬다.

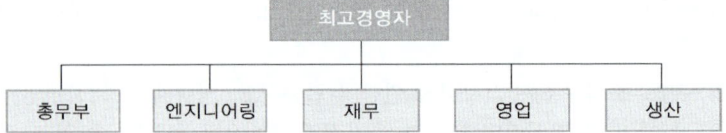

급변하는 환경변화에 효과적으로 대응하고 제품, 지역, 고객별 차이에 신속하게 적응하기 위해서는 분권화된 의사결정이 가능한 사업별 조직구조 형태를 이룰 필요가 있다. 사업별 조직구조는 개별 제품, 서비스, 제품그룹, 주요 프로젝트나 프로그램 등에 따라 조직화된다. 즉, 그림과 같이 제품에 따라 조직이 구성되고 각 사업별 구조 아래 생산, 판매, 회계 등의 역할이 이루어진다.

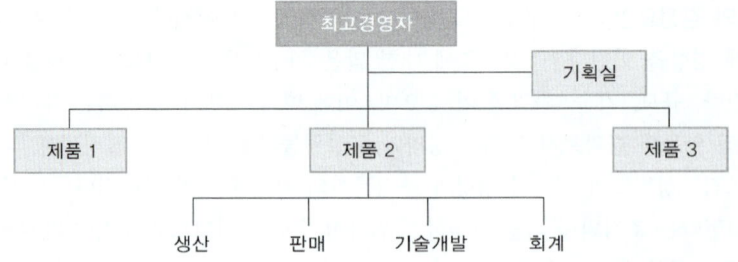

조직문화는 조직구성원들의 공유된 생활양식이나 가치이다. 즉, 조직문화는 한 조직체의 구성원들이 모두 공유하고 있는 가치관과 신념, 이데올로기와 관습, 규범과 전통 및 지식과 기술 등을 모두 포함한 종합적인 개념으로 조직전체와 구성원들의 행동에 영향을 미친다. 조직의 구성원들은 조직문화 속에서 활동하고 있지만 이를 의식하지 못하는 경우가 많다. 조직문화에 자연스럽게 융화되어 생활하는 경우도 있지만, 새로운 직장으로 옮겼을 때와 같이 조직문화의 특징을 알지 못하여 조직적응에 문제를 일으키는 경우도 있다. 따라서 직업인들은 조직문화의 특징은 어떤 것이 있으며, 자신이 속한 조직은 어떤 특징을 가지는 지를 이해할 필요가 있다.

⑥ **조직문화의 기능** : 조직문화는 조직의 방향을 결정하고 존속하게 하는데 중요한 요인이다. 첫째, 조직문화는 구성원들에게 일체감과 정체성을 부여한다. 특히, 외부환경이 변하게 되면 조직구성원의 결속력을 강화시켜주는 역할을 한다. 둘째, 조직문화는 조직몰입을 높여준다. 조직구성원들은 조직에 소속감을 느끼고 조직의 목표를 달성하기 위하여 자신의 노력과 능력을 기울인다. 셋째, 조직문화는 구성원들의 행동지침으로 작용한다. 조직문화는 구성원의 사고방식과 행동양식을 규정하여, 구성원들은 조직에서 해오던 방식대로 업무를 처리하게 된다. 이는 조직문화가 구성원을 조직에 적응하도록 사회화하고 일탈적 행동을 통제하는 기능을 한다. 넷째, 조직문화는 조직의 안정성을 가져온다. 따라서 많은 조직들은 그 조직만의 독특한 조직문화를 만들기 위해 노력하기도 한다. 그러나 강한 조직문화는 다양한 조직구성원들의 의견을 받아들일 수 없거나, 조직이 변화해야 할 시기에 장애요인으로 작용하기도 한다.

> **조직문화의 기능**
> • 조직구성원들에게 일체감, 정체성 부여
> • 조직몰입 향상
> • 조직구성원들의 행동지침 : 사회화 및 일탈행동 통제
> • 조직의 안정성 유지

⑦ **조직문화 구성요소** : 조직문화가 어떻게 구성되는지를 이해하면 조직문화를 구체적으로 이해하는데 도움이 된다. 미국 선진 기업의 성공 사례를 연구한 피터(Peters)와 워터맨(Waterman)의 저서 「In Search of Excellence」에서는 7−S 모형을 통해 조직문화의 구성요소와 이들의 상호작용을 개념화하였다. 이는 세계적 기업인 맥킨지(McKinsey)에 의해서 개발된 것으로 조직문화를 구성하고 있는 '7S'는 공유가치(Shared Value), 리더십 스타일(Style), 구성원(Staff), 시스템(System), 구조(Structure), 전략(Strategy), 관리기술(Skill)을 말한다. '공유가치'는 조직 구성원들의 행동이나 사고를 특정 방향으로 이끌어 가는 원칙이나 기준이다. '리더십 스타일'은 구성원들을 이끌어 나가는 리더의 전반적인 조직관리스타일이다. 조직의 '구성원'은 조직의 인력구성과 구성원들의 능력과 전문성, 가치관과 신념, 욕구와 동기, 지각과 태도 그리고 그들의 행동 패턴 등을 의미하며, '시스템'은 조직 운영의 의사 결정과 일상 운영의 틀이 되는 각종 시스템을 의미한다. '구조'는 조직의 전략을 수행하는데 필요한 틀로서 구성원의 역할과 그들 간의 상호관계를 지배하는 공식요소를, '전략'은 조직의 장기적인 목적과 계획 그리고 이를 달성하기 위한 장기적인 행동지침을, '기술'은 하드웨어는 물론 이를 사용하는 소프트웨어 기술을 포함하는 요소를 의미한다. 이처럼 조직문화는 조직의 체제를 구성하는 다양한 요소들과 밀접한 관계를 가지며 조직의 주된 특성이 된다.

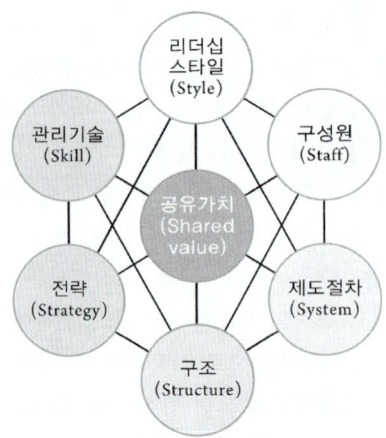

조직체제 안에는 집단이 있다. 집단은 조직구성원들 몇 명이 모여 일정한 상호작용의 체제를 이룰 때에 형성된다. 하나의 대규모 조직은 집단이라는 하위체제로 구분될 수 있다. 직업인들은 자신이 속한 집단에서 소속감을 느끼며, 필요한 정보를 획득하고, 인간관계를 확장하는 등의 요구를 충족할 수 있다. 특히 최근에는 수직적·수평적 장벽을 허물고 보다 자율적인 환경 속에서, 인적자원을 효율적으로 활용하고 내부유연성을 강화하기 위한 조직형태인 팀에 대한 관심이 증가하고 있다.

⑧ 집단의 유형 : 조직 내 집단은 공식적인 집단과 비공식적인 집단으로 구분할 수 있다. 공식적인 집단은 조직의 공식적인 목표를 추구하기 위해 조직에서 의도적으로 만든 집단이다. 따라서 공식적인 집단의 목표나 임무는 비교적 명확하게 규정되어 있으며, 여기에 참여하는 구성원들도 인위적으로 결정되는 경우가 많다. 공식적 집단의 예로는 상설 혹은 임시위원회, 임무수행을 위한 작업팀 등이 있다.

반면에, 비공식적인 집단은 조직구성원들의 요구에 따라 자발적으로 형성된 집단이다. 이는 공식적인 업무수행 이외에 다양한 요구들에 의해 이루어진다. 예를 들어 업무수행능력 향상을 위해 자발적으로 형성된 스터디 모임, 봉사활동 동아리, 각종 친목회 등이 있을 수 있다.

⑨ 집단 간 관계 : 조직 내에는 다양한 집단이 존재하기 때문에 집단 간 경쟁이 발생하기도 한다. 집단간 경쟁이 일어나는 원인은 조직 내의 한정된 자원을 더 많이 가지려고 하거나 서로 상반되는 목표를 추구하기 때문이다. 집단 간 경쟁이 일어나면 집단 내부에서는 응집성이 강화되고 집단의 활동이 더욱 조직화되기도 하지만, 집단 간 경쟁이 과열되면 공통된 목적을 추구하는 조직 내에서 집단 간 갈등은 자원의 낭비, 업무 방해, 비능률 등의 문제를 초래하게 된다. 따라서 직업인들은 집단에 참여하여 소속감을 느끼고 다양한 요구들을 충족하는 것은 바람직하지만, 집단 간 경쟁이 심화되어 조직 전체의 효율성을 저해하는 일이 없도록 관련 집단과 원활한 상호작용을 위해 노력해야 한다.

⑩ 팀의 역할과 성공조건 : 팀은 구성원들이 공동의 목표를 성취하기 위하여 서로 기술을 공유하고 공동으로 책임을 지는 집단이다. 팀은 다른 집단들에 비해 구성원들의 개인적 기여를 강조하고, 개인적 책임뿐만 아니라 상호 공동책임을 중요시하며, 공동목표의 추구를 위해 헌신해야 한다는

의식을 공유한다. 또한 다른 집단과 비교하여 팀에서는 자율성을 가지고 스스로 관리하는 경향이 있다. 따라서 팀은 생산성을 높이고 의사결정을 신속하게 내리며 구성원들의 다양한 창의성향상을 도모하기 위하여 조직되지만, 팀이 성공적으로 운영되기 위해서는 조직 구성원들의 협력의지와 관리자층의 지지가 요구된다.

9 업무이해능력

업무이해능력은 직업인이 자신에게 주어진 업무의 성격과 내용을 알고 그에 필요한 지식, 기술, 행동을 확인하는 능력이다. 조직생활에서 가장 기본이 되는 직업인의 역할은 자신의 업무를 효과적으로 수행하는 것이다. 주어진 업무의 특성을 파악하고 조직 내에서 업무처리 절차를 이해하는 업무이해능력은 업무를 효과적으로 수행하는데 기초가 된다.

조직에서 업무는 상품이나 서비스를 창출하기 위한 생산적인 활동이다. 조직의 목적을 달성하기 위해 중요한 근거가 된다. 조직 내에서 구성원들이 수행하는 업무는 조직의 구조를 결정한다. 직업인은 자신이 속한 조직의 다양한 업무를 통해 조직의 체제를 이해할 수 있으며, 자신에게 주어진 업무의 특성을 파악하여 전체 조직의 체제 내에서 효과적으로 업무를 수행할 수 있다.

① 업무의 종류 : 조직의 목적이나 규모에 따라 업무는 다양하게 구성될 수 있다. 예를 들어, 연구소에는 인사, 회계 관련 업무 외에 연구 개발업무가 있다. 또한, 같은 규모의 조직이라고 하더라도 업무의 종류와 범위가 다를 수 있다. 이처럼 업무의 종류를 세분화할 것인가, 업무의 수를 줄일 것인가의 문제도 조직에 따라 다양하게 결정될 수 있다. 이는 각 조직마다 외부적인 상황이 서로 다르고 오랜 세월에 걸쳐 형성된 특유의 조직문화와 내부권력구조, 그리고 성공여건 내지 조직의 강점과 약점이 서로 다르다는 점에서 그 원인을 찾을 수 있다. 대부분의 조직에서는 총무, 인사, 회계, 생산 등의 업무를 담당하며 각 업무의 예시를 제시하면 다음과 같다.

부서	업무(예)
총무부	주주총회 및 이사회개최 관련 업무, 의전 및 비서업무, 집기비품 및 소모품의 구입과 관리, 사무실 임차 및 관리, 차량 및 통신시설의 운영, 국내외 출장 업무 협조, 복리후생 업무, 법률자문과 소송관리, 사내외 홍보 광고업무
인사부	조직기구의 개편 및 조정, 업무분장 및 조정, 인력수급계획 및 관리, 직무 및 정원의 조정 종합, 노사관리, 평가관리, 상벌관리, 인사발령, 교육체계 수립 및 관리, 임금제도, 복리후생제도 및 지원업무, 복무관리, 퇴직관리
기획부	경영계획 및 전략 수립, 전사기획업무 종합 및 조정, 중장기 사업계획의 종합 및 조정, 경영정보 조사 및 기획보고, 경영진단업무, 종합예산수립 및 실적관리, 단기사업계획 종합 및 조정, 사업계획, 손익추정, 실적관리 및 분석
회계부	회계제도의 유지 및 관리, 재무상태 및 경영실적 보고, 결산 관련 업무, 재무제표 분석 및 보고, 법인세, 부가가치세, 국세 지방세 업무자문 및 지원, 보험가입 및 보상업무, 고정자산 관련 업무
영업부	판매 계획, 판매예산의 편성, 시장조사, 광고 선전, 견적 및 계약, 제조지시서의 발행, 외상매출금의 청구 및 회수, 제품의 재고 조절, 거래처로부터의 불만처리, 제품의 애프터서비스, 판매원가 및 판매가격의 조사 검토

② **업무의 특성** : 조직 내에서 업무는 조직의 목적을 보다 효과적으로 달성하기 위하여 세분화된 것이므로 궁극적으로는 같은 목적을 지향한다. 이처럼 조직의 목적을 달성하기 위하여 업무는 통합되어야 하므로, 업무는 직업인들에게 부여되며 개인이 선호하는 업무를 임의로 선택할 수 있는 재량권이 매우 적다. 또한 업무는 조직 내 다른 업무와 밀접한 관련성을 가지고 있다. 즉, 업무가 독립적으로 이루어지지만 업무 간에는 서열성이 있어서 순차적으로 이루어지기도 하며, 서로 정보를 주고받기도 한다.

한편, 조직이라는 전체로 통합되기 위하여 업무는 다양한 특성을 가지고 있다. 개별업무들은 요구되는 지식, 기술, 도구의 종류가 다르고 이들 간의 다양성도 차이가 있다. 또한 어떤 업무는 구매에서 출고와 같이 일련의 과정을 거치는 반면, 어떤 업무는 상대적으로 독립되어 이루어지기도 한다. 연구, 개발 등과 같은 업무는 자율적이고 재량권이 많은 반면, 조립, 생산 등과 같은 업무는 주어진 절차에 따라 이루어지는 경우도 있다.

> **업무의 특성**
> • 공통된 조직의 목적 지향
> • 다른 업무와의 관계, 독립성
> • 요구되는 지식, 기술, 도구의 다양성
> • 업무수행의 자율성, 재량권

조직에는 다양한 업무가 있으며, 업무에 따라 이를 수행하는 절차나 과정이 다르다. 또한 개인의 선호도에 따라서 효과적인 업무수행 방법이나 노하우가 있다. 그러나 일반적으로 조직에서의 업무는 조직이 정한 규칙과 규정, 시간 등의 제약이 있다. 따라서 업무를 효과적으로 수행하기 위해서는 자신에게 주어진 자원과 제약요건을 확인하고, 이에 따라 구체적인 계획을 수립할 필요가 있다.

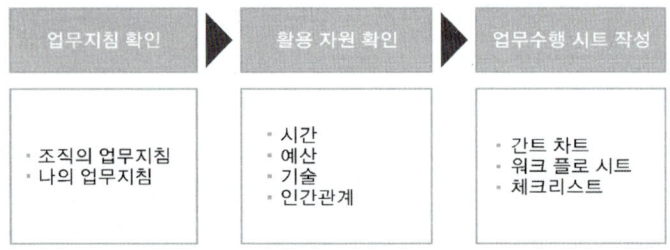

10 업무지침 확인

업무지침은 업무를 수행하는데 안내자 역할을 한다. 특히, 조직의 업무지침은 개인이 임의로 업무를 수행하지 않고 조직의 목적에 부합될 수 있도록 안내한다. 따라서 업무를 수행하는데 있어서 업무와 관련된 지침을 확인하는 것이 첫 단계이다.

한편, 직업인들은 조직의 업무지침을 토대로 개인의 업무지침을 작성할 수 있으며, 이는 업무수행의 준거가 되고 시간을 절약하는데 도움이 된다. 개인의 업무지침을 작성할 때에는 조직의 업무지침, 장단기 목표, 경영전략, 조직구조, 규칙 및 규정 등을 고려하도록 한다. 다만, 조직이나 개인의 업무지침 모두 환경의 변화에 따라 신속하게 수정되지 않으면 오히려 잘못된 결과를 낳을 수 있으므로 3개월에 한번 정도 지속적인 개정이 필요하다.

11 활용자원 확인

업무지침을 수립하면 자신에게 주어진 자원을 확인한다. 업무와 관련된 자원으로는 시간, 예산, 기술 등의 물적 자원과 조직 내·외부에서 공동으로 일을 수행하는 인적자원이 있다. 조직 내에서 이러한 자원들은 무한정으로 주어지는 것이 아니므로, 제한된 조건 하에서 효과적으로 활용할 수밖에 없다. 또한 자신의 업무를 수행하는데 요구되는 지식, 기술이 부족하다면 이를 함양하기 위한 계획을 수립해야 한다.

12 업무수행 시트 작성

활용자원을 확인한 다음 구체적인 업무수행 계획을 수립한다. 여기에는 간트 차트, 워크 플로 시트, 체크리스트 등이 있으며 개인의 경험에 따라 자유롭게 작성할 수 있다. 업무수행 시트를 작성하면, 마지막에 급하게 일을 처리하지 않고 주어진 시간 내에 끝마칠 수 있으며, 세부적인 단계로 구분하여 단계별로 협조를 구해야 할 사항과 처리해야 할 일을 체계적으로 알 수 있고, 문제가 발생할 경우 발생지점을 정확히 파악하여 시간과 비용을 절약할 수 있는 장점이 있다.

① **간트 차트(Gantt chart)** : 간트 차트는 미국의 간트(Henry Laurence Gantt)가 1919년에 창안한 작업진도 도표로, 단계별로 업무를 시작해서 끝나는데 걸리는 시간을 바(bar) 형식으로 표시할 한 것이다. 이는 전체 일정을 한 눈에 볼 수 있고, 단계별로 소요되는 시간과 각 업무활동 사이의 관계를 보여줄 수 있다. 최근에는 마이크로 엑셀 등의 프로그램으로 단계별 시작일과 종료일을 기입하면 쉽게 간트 차트를 만들어 사용할 수 있다.

업무	6월	7월	8월	9월
설계				
자료수집	▬			
기본설계		▬		
타당성 조사 및 실시설계			▬	
시공				
시공			▬	
결과 보고				▬

② **워크 플로 시트(Work flow sheet)** : 워크 플로 시트는 일의 흐름을 동적으로 보여주는데 효과적이다. 특히 워크 플로 시트에 사용하는 도형을 다르게 표현함으로써 주된 작업과 부차적인 작업, 혼자 처리할 수 있는 일과 다른 사람의 협조를 필요로 하는 일, 주의해야 할 일, 컴퓨터와 같은 도구를 사용해서 할 일 등을 구분해서 표현할 수 있다. 예를 들어 다음의 예시에서 사각형은 주된 업무를, 타원은 세부 절차를 , 원은 시작과 종료를 나타낸다. 또한, 각 활동별로 소요시간을 표기하면 더욱 효과적이다.

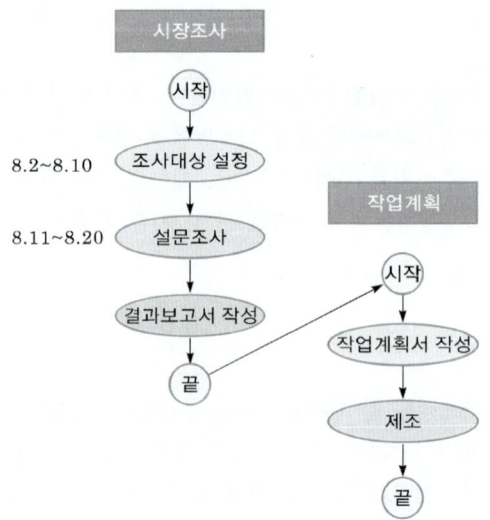

③ 체크리스트(Checklist) : 체크리스트는 업무의 각 단계를 효과적으로 수행했는지를 스스로 점검해볼 수 있는 도구이다. 체크리스트는 시간의 흐름을 표현하는 데에는 한계가 있지만, 업무를 세부적인 활동들로 나누고 각 활동별로 기대되는 수행수준을 달성했는지를 확인하는 데에는 효과적이다.

업무		체크	
		YES	NO
고객관리	고객 대장을 정비하였는가?		
	3개월에 한 번씩 고객 구매 데이터를 분석하였는가?		
	고객의 청구 내용 문의에 정확하게 응대하였는가?		
	고객 데이터를 분석하여 판매 촉진 기획에 활용하였는가?		

업무를 수행하다 보면 아무리 계획을 체계적으로 세웠다고 하더라도 여러 가지 방해요인에 의해 좌절감을 경험하는 경우가 있다. 이러한 방해요인들은 사소해 보이지만 생산성을 방해하는 가장 큰 주범이다. 따라서 업무를 효과적으로 수행하기 위해서는 이러한 방해요인에는 어떤 것이 있는지 알아야 한다. 특히, 방해요인들을 잘 활용하면 오히려 도움이 되는 경우도 있으므로 이를 효과적으로 통제하고 관리할 필요가 있다.

④ 방문, 인터넷, 전화, 메신저 : 다른 사람들의 방문, 인터넷, 전화, 메신저 등은 업무계획과 관계없이 갑자기 찾아오는 경우가 많다. 특히 최근에는 쉴 새 없이 쏟아지는 광고메일들을 정리하고 업무에 도움이 되는 메일을 선별하는 것이 문제가 되고 있다. 그러나 무조건적으로 다른 사람들과 대화를 단절하는 것은 비현실적이며 바람직하지도 않다.

이들을 효과적으로 통제할 수 있는 제1의 원칙은 시간을 정해 놓으라는 것이다. 반드시 모든 메일에 즉각적으로 대답할 필요가 없으며, 걸려오는 모든 전화에 그 시간에 통화할 필요는 없다. 하루 일과 중 메일을 확인하는 시간을 3시간에 10분 단위로 계획하거나, 외부 방문시간을 정하거나, 메신저에 접속하는 시간을 정한다. 또한 각 통화마다 3분 이내 통화원칙을 세우거나, 사적인 전화는 나중에 다시 걸겠다고 한 후 업무 시간 외에 통화하도록 한다.

⑤ 갈등관리 : 조직 내 갈등은 개인적인 갈등이 아니더라도, 집단적 갈등, 타 조직과의 갈등 등이 발생할 수 있다. 이러한 갈등은 업무시간을 지체하게 하고, 정신적인 스트레스를 가져오지만 항상 부정적인 결과만을 초래하는 것은 아니다. 갈등은 새로운 시각에서 문제를 바라보게 하고, 다른 업무에 대한 이해를 증진시켜주며, 조직의 침체를 예방해주기도 한다.

갈등을 효과적으로 관리하기 위해서는 먼저, 갈등상황을 받아들이고 이를 객관적으로 평가해보아야 한다. 갈등을 유발시킨 원인은 무엇인지, 장기적으로 조직에 이익이 될 수 있는 해결책은 무엇인지를 생각해본다. 그리고 갈등을 해결하는데 가장 중요한 것은 대화와 협상으로 의견일치에 초점을 맞추고, 양측에 도움이 될 수 있는 해결방법을 찾는데 주력한다. 한편, 어떤 경우에는 직접적인 해결보다 일단 갈등상황에서 벗어나는 회피전략이 더욱 효과적일 수 있으므로, 갈등의 해결이 중대한 분열을 초래할 가능성이 있을 때에는 충분한 해결시간을 가지고 서서히 접근하도록 한다.

⑥ 스트레스 : 업무 스트레스는 새로운 기술, 과중한 업무, 인간관계, 경력개발 등에 대한 부담으로 발생한다. 과중한 업무 스트레스는 개인뿐만 아니라 조직에도 부정적인 결과를 가져와서 과로나 정신적 불안감을 조성하고 심한 경우 우울증, 심장마비 등 질병에 이르게 한다. 그러나 적정수준의 스트레스는 사람들을 자극하여 개인의 능력을 개선하고 최적의 성과를 내게 해준다.

스트레스를 관리하기 위해서는 시간 관리를 통해 업무과중을 극복하고, 명상과 같은 방법으로 긍정적인 사고방식을 가지며, 신체적 운동을 하거나 전문가의 도움을 받는다. 조직차원에서는 직무를 재설계하거나 역할을 재설정하고 심리적으로 안정을 찾을 수 있도록 학습동아리 활동과 같은 사회적 관계형성을 장려한다.

13 국제감각

국제감각은 직장생활을 하는 동안에 다른 나라의 문화를 이해하고 국제적인 동향을 이해하는 능력이다. 오늘날 21세기 지구촌은 국경을 초월한 개방화, 정보화, 세계화가 이루어지고 있으며, 직업인은 직장생활 중에 국제적인 동향을 고려하고 다른 나라 사람들과 함께 일을 하는 경우가 많아졌다. 따라서 세계화시대에 능력 있는 직업인이 되기 위해서는 국제감각을 길러야 한다.

세계는 이제 3Bs(국경 : Border, 경계 : Boundary, 장벽 : Barrier)가 완화되고 있다. 국제간 물적, 인적자원의 이동이 자유롭게 이루어지며, 통신 산업의 발달로 네트워크가 형성되었다. 이처럼 세계는 하나의 지구촌이라는 말로 표현될 만큼 밀접하게 서로 영향을 주고받으며 살아가고 있다.

① 세계화란

세계화란 활동범위가 세계로 확대되는 것을 의미한다.

개인은 세계화에 따라 자유롭게 다른 나라로 이동을 하고, 다른 나라에서 생산된 상품이나 서비스를 이용한다. 조직은 세계시장에서 경쟁하고 살아남아야 하는 역량을 가져야 한다. 최근에는 다국적 내지 초국적 기업이 등장하여 범지구적 시스템과 네트워크 안에서 기업 활동이 이루어지

는 국제경영이 중요시되고 있다. 또한 세계화는 경제나 산업 등의 측면에서 벗어나 문화, 정치와 다른 영역까지 확대되는 개념으로 이해되고 있다. 구체적으로 세계화에 따른 변화는 어떤 것이 있을까? 먼저 세계적인 경제통합은 가장 큰 변화이다. 20세기에 들어오면서 기업은 새로운 기술을 확보하여 세계적인 주도기업으로 국경을 넘어 확장하게 되었으며, 다국적 기업의 증가에 따라 국가 간의 경제통합은 강화되었다. 최근 우리나라는 다른 나라들과 자유무역협정(Free Trade Agreement : FTA)을 체결하여 국가 간 무역장벽을 없애기 위해 노력하고 있다. 이러한 경제적인 변화는 정치적인 전망이나 산업에 대한 조직들의 태도 변화를 야기하고 있으며, 전 세계적으로 국가에서 운영하거나 관리하던 공기업을 민영화하는 등 새로운 경쟁과 시장 환경이 조성되고 있는 추세이다.

② 국제적 식견과 능력은 왜 필요한 것일까

세계화가 이루어지면 조직은 해외에 직접 투자할 수 있으며, 원자재를 보다 더 싼 가격에 수입할 수 있고, 수송비가 절감되며, 무역장벽이 낮아져 시장이 확대되는 경제적인 이익을 얻을 수 있다. 반면에 그만큼 경쟁이 세계적인 수준에서 치열해지기 때문에 국제적인 감각을 가지고 세계화 대응 전략을 마련해야 한다.

세계화가 진행됨에 따라 조직구성원들도 다양한 문화의 사람들을 만나고 대화하며 거래 혹은 협상해야 할 일들이 증가하고 있다. 조직의 시장이 세계로 확대되는 것에 맞춰 조직구성원들의 의식과 태도, 행동도 세계수준에 이르러야 한다. 그러나 세계 경제포럼(WEF)이 조사한 2006−2007년 국가 경쟁력 순위에서 한국인의 국제감각은 2005년 19위에서 2006년 24위로 5단계나 떨어진 것으로 발표되어 국제적 식견이나 능력이 아직까지 부족한 실정임을 알 수 있다.

국제감각은 단순히 영어만을 잘하는 것을 의미하지 않는다. 65억 인류가 살고 있는 세계를 하나의 공동체로 인식하고, 문화적 배경을 달리하고 있는 다른 나라 사람과의 효과적인 커뮤니케이션을 위해 각 국가의 문화적 특징, 의식, 예절 등 세계 각국의 시장과 다양성에 적응할 수 있는 능력을 말하며, 자신의 업무와 관련하여 국제적인 동향을 파악하고 이를 적용할 수있는 능력을 의미한다.

세계화시대가 도래함에 따라 직업인들은 다른 나라 사람과 함께 일할 기회가 증가되었지만, 다른 나라의 문화를 잘 이해하지 못하면 종종 심각한 결과에 이르는 경우가 있다. 이러한 실수를 막기 위해서는 먼저 다양한 문화에 호의적인 태도를 가져야 한다. 우리나라 문화와 다르다고 해서 나쁘거나 저급한 문화로 여겨서는 안되며 그 나라 고유의 문화를 인정할 수 있어야 한다. 그리고 다른 나라에서 해야할 일과 하지 말아야 할 일, 해도 되는 일과 해서는 안되는 일을 구별하기 위한 노력을 기울여야 한다. 그러나 모든 나라에 공통적으로 적용되는 기준은 없으며, 문화란 글로써 설명할 수 없는 부분도 많이 있기 때문에 외국 문화를 완벽하게 이해하기란 어려운 일이며, 장시간 동안 많은 분야에 걸친 폭넓은 지식이 필요하다.

③ 문화충격 : 문화충격(culture shock)은 한 문화권에 속한 사람이 다른 문화를 접하게 되었을 때 체험하는 충격을 의미한다. 문화는 종종 전체의 90%가 표면 아래 감추어진 빙하에 비유된다. 우리가 눈으로 볼 수 있는 음악, 음식, 예술, 의복, 디자인, 건축, 정치, 종교 등과 같은 문화는 10% 밖에 해당되지 않는 것이다. 따라서 개인이 자란 문화에서 체험된 방식이 아닌 다른 방식을

느끼게 되면 의식적 혹은 무의식적으로 이질적으로 상대 문화를 대하게 되고 불일치, 위화감, 심리적 부적응 상태를 경험하게 된다.

문화충격에 대비하기 위해서 가장 중요한 것은 다른 문화에 대해 개방적인 태도를 견지하는 것이다. 자신이 속한 문화의 기준으로 다른 문화를 평가하지 말고, 자신의 정체성은 유지하되, 새롭고 다른 것을 경험하는데 즐거움을 느끼도록 적극적 자세를 취한다.

④ 이문화 커뮤니케이션이란 : 특히 직업인이 외국인과 함께 일하는 국제 비즈니스에서는 커뮤니케이션이 매우 중요하다. 직업인은 자신이 속한 조직의 목적을 달성하기 위해 외국인을 설득하거나 이해시켜야 한다. 이와 같이 서로 상이한 문화간 커뮤니케이션을 이문화 커뮤니케이션(intercultural communication)이라고 한다. 반면에 국제 커뮤니케이션(international communication)은 국가 간의 커뮤니케이션으로 직업인이 자신의 일을 수행하는 가운데 문화배경을 달리하는 사람과 커뮤니케이션을 하는 것은 이문화 커뮤니케이션에 해당된다.

이문화 커뮤니케이션은 언어적과 비언어적으로 구분된다. 언어적 커뮤니케이션은 의사를 전달할 때 직접적으로 이용되는 것으로 이는 외국어 사용능력과 직결된다. 그러나 국제관계에서는 이러한 언어적 커뮤니케이션 외에 비언어적 커뮤니케이션 때문에 여러 가지 문제를 겪는 경우가 많다. 즉, 아무리 외국어를 유창하게 하는 사람이라고 하더라도 문화적 배경을 잘 모르면 언어에 내포된 의미를 잘못 해석하거나 수용하지 않을 수도 있다.

또한, 대접을 잘하겠다고 한 행동이 오히려 모욕감이나 당혹감을 주는 행동으로 비춰질 수도 있다. 따라서 국제 사회에서 성공적인 업무 성과를 내기 위해서는 외국어활용능력을 키우는 것뿐만 아니라 상대국의 문화적 배경에 입각한 생활양식, 행동규범, 가치관 등을 사전에 이해하기 위한 노력을 지속적으로 해야 한다.

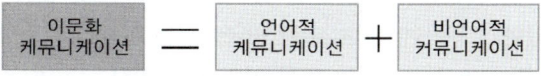

글로벌시대에 성공하려면 국제감각을 길러야 한다. 국제감각은 외국의 문화를 이해하는 것뿐만 아니라 관련 업무의 국제적인 동향을 이해하고 이를 업무에 적용하는 능력이다. 구체적으로는 각종매체(신문, 잡지, 인터넷 등)를 활용하여 국제적인 동향을 파악하는 능력, 조직의 업무와 관련된 국제적인 법규나 규정을 숙지하기, 특정 국가의 관련업무 동향 점검하기, 국제적인 상황변화에 능동적으로 대처하는 능력 등이 요구된다.

⑤ 국제동향 파악 방법 : 국제적인 동향을 파악하기 위해 직업인이 일상생활에서 실천할 수 있는 방법들은 다음과 같다. 국제감각은 하루아침에 길러지는 것이 아니므로, 매일 규칙적으로 실행해서 축적해나가는 것이 중요하다.

• 관련 분야 해외사이트를 방문하여 최신 이슈를 확인한다.
• 매일 신문의 국제면을 읽는다.
• 업무와 관련된 국제잡지를 정기 구독한다.
• 노동부, 한국산업인력공단, 산업자원부, 중소기업청, 상공회의소, 산업별인적자원개발협의체 등의 사이트를 방문해 국제동향을 확인한다.

- 국제학술대회에 참석한다.
- 업무와 관련된 주요 용어의 외국어를 알아둔다.
- 해외서점 사이트를 방문해 최신 서적 목록과 주요 내용을 파악한다.
- 외국인 친구를 사귀고 대화를 자주 나눈다.

⑥ **국제적인 법규나 규정 숙지하기** : 업무와 관련된 국제적인 법규나 규정을 제대로 이해하지 못하면 큰 피해를 입을 수 있다. 국제적인 법규는 국제적으로 통용되는 국제규정 외에 각 나라마다 산업 활동을 규제해 놓은 법이 있다. 예를 들어, 대부분의 나라에서는 광고나 해외투자 등에 대한 법률이 마련되어 있다. 우리나라에서는 합법적인 행동이 다른 나라에서는 불법일 수 있다는 사실을 기억하고, 직업인은 국제적인 업무를 수행하기 전에 국제적인 법규나 규정을 알아보는 노력을 기울여야 한다.

국제사회에서 직업인은 일을 하는 가운데 외국인과 적절한 커뮤니케이션을 하기 위해 노력해야 한다. 외국인들은 여행객들의 실수는 그냥 넘어가기도 하지만, 업무추진 중에 저지르는 실수에는 관대하지 않다. 조직을 대표하여 파견된 사람들이므로 직업인들의 실수는 자칫하면 조직전체의 모습으로 비춰질 수 있으며, 이러한 실수의 결과는 업무성과에 큰 영향을 미친다. 따라서 직업인은 자국문화 중심적으로 행동하지 않고, 다른 나라 문화를 순응하고 관습을 존중해 주어야 한다. 그러나 문화권마다 다른 관습과 행동양식을 가지고 있어서 공통된 기준으로 이해하기는 어렵다. 비즈니스에서 글로벌 경쟁력을 갖추기 위해 알아두어야할 몇 가지 국제매너를 알아보자.

⑦ **인사하는 법** : 요즘 국제적으로 인사를 할 때 악수를 많이 한다. 사람에 따라서 악수를 할 때 친밀감의 표현으로 손을 꽉 잡는 사람도 있고, 예의를 표시하기 위해 손끝만 살짝 잡는 사람도 있다. 그러나 미국에서는 악수할 때 손끝만 잡는 것을 예의에 어긋나는 것으로 생각한다. 따라서 영미권에서 악수는 일어서서, 상대방의 눈이나 얼굴을 보면서, 오른손으로 상대방의 오른손을 잠시 힘주어서 잡았다가 놓아야 한다. 또한 미국에서는 이름이나 호칭을 자신의 마음대로 부르지 않고 어떻게 부를지 먼저 물어보는 것이 예의이며, 인사를 하거나 이야기할 때 너무 다가가서 말하지 않고 상대방의 개인공간(personal space)을 지켜줘야 한다. 아프리카의 경우는 오히려 상대방과 시선을 마주보며 대화하면 실례이므로 코 끝 정도를 보면서 대화하도록 한다. 한편, 러시아와 라틴아메리카에서는 포옹을 주로 하는데, 우리나라 사람들은 포옹을 하거나 입을 맞추는 인사법에 익숙하지 않아 어색해하는 경우가 많다. 그러나 이는 매우 친밀함의 표현이므로 이를 이해하고 자연스럽게 받아주는 것이 좋다.

업무와 관련해서 사람들을 만나면 명함을 많이 주고받는다. 영미권의 명함은 사교용과 업무용으로 나누어지며, 업무용 명함에는 성명, 직장주소, 직위가 표시되어 있다. 업무용 명함은 악수를 한 이후 교환하며, 아랫사람이나 손님이 먼저 꺼내 오른손으로 상대방에게 주고, 받는 사람은 두 손으로 받는 것이 예의이다. 그리고 받은 명함은 한번 보고나서 탁자 위에 보이게 놓은 채로 대화를 하거나, 명함지갑에 넣는다. 명함을 꾸기거나 계속 만지는 것은 예의에 어긋나는 일이다.

⑧ **시간약속 지키기** : 각 문화권에 따라서 시간에 대한 관념이 다르다. 미국인은 시간을 돈과 같이 생각해서 시간엄수를 매우 중요하게 생각하며, 시간을 지키지 않는 사람과는 같이 일을 하려고 하지 않는다. 반면, 라틴아메리카나 동부 유럽, 아랍지역에서는 약속된 시간에 나오는 법이 없

다. 시간 약속은 형식적일뿐이며, 상대방이 당연히 기다려줄 것으로 생각한다. 따라서 이 지역 사람들과 일을 같이 할 때는 인내를 가지고 예의바르게 기다려주는 것이 필요하다.

⑨ **식사예절** : 일을 하다보면 같이 식사를 하게 되는 경우가 있다. 이때 다음과 같은 매너를 지켜야 한다. 먼저 서양요리에서 스프는 소리 내면서 먹지 않으며, 몸쪽의 바깥쪽에서부터 포크나 나이프를 사용한다. 또한 뜨거운 스프는 입으로 불어서 식히지 않고 숟가락으로 저어서 식혀야 한다. 빵은 수프를 먹고 난 후부터 먹으며, 디저트 직전부터 식사가 끝날 때까지 먹을 수 있다. 빵은 칼이나 치아로 자르지 않고 손으로 떼어 먹는다. 생선요리는 뒤집어 먹지 않고, 스테이크는 처음에 다 잘라놓지 않고 잘라 가면서 먹는 것이 좋다.

기술능력은 일상적으로 요구되는 수단, 도구, 조작 등에 관한 기술적인 요소들을 이해하고, 적절한 기술을 선택하며, 적용하는 능력을 의미한다. 직업인이 직장 생활에서 일상적으로 접하는 기술을 이해하고, 효율적인 기술을 선택하여 다양한 상황에 기술을 적용하기 위해서는 기본적인 기술능력의 함양은 필수적이다.

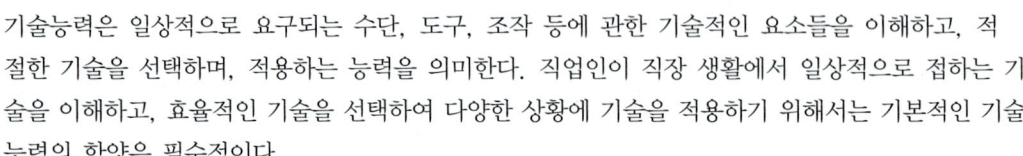

1 기술이란 무엇인가?

기술의 의미는 거대한 산의 정상을 보는 것과 같아서 보는 사람의 관점에 따라 서로 다른 정의를 내릴 수 있다.

몇몇 학자들은 기술을 "물리적인 것뿐만 아니라 사회적인 것으로서 지적인 도구를 특정한 목적에 사용하는 지식체계", "인간이 주위환경에 대한 통제를 확대시키는 데 필요한 지식의 적용" 등으로 정의하였다. 또한 일부 학자들은 보다 구체적인 기술의 개념으로 "제품이나 용역을 생산하는 원료, 생산공정, 생산방법, 자본재 등에 관한 지식의 집합체"라고 정의하기도 하였다.

기술은 노하우(know-how)와 노와이(know-why)로 나눌 수 있으며, know-how란 흔히 특허권을 수반하지 않는 과학자, 엔지니어 등이 가지고 있는 체화된 기술이다. know-why는 어떻게 기술이 성립하고 작용하는가에 관한 원리적 측면에 중심을 둔 개념이다. 이 두 가지 지식은 획득과 전수방법에 차이가 있다. know-how는 경험적이고 반복적인 행위에 의해 얻어지는 것이며, 이러한 성격의 지식을 흔히 technique, 혹은 art라고 부른다. 반면, know-why는 이론적인 지식으로서 과학적인 탐구에 의해 얻어진다.

기술은 원래 know-how의 개념이 강하였으나 시대가 지남에 따라 know-how와 know-why가 결합하게 되었으며, 현대적 기술은 주로 과학을 기반으로 하는 기술(science-based technology)이 되었다.

2 기술의 특징은 무엇일까?

일반적으로 기술에 대한 특징은 다음과 같이 정의될 수 있다. 첫째, 하드웨어나 인간에 의해 만들어진 비자연적인 대상, 혹은 그 이상을 의미한다. 둘째, 기술은 '노하우(know-how)'를 포함한다. 즉, 기술을 설계하고, 생산하고, 사용하기 위해 필요한 정보, 기술, 절차를 갖는데 노하우(know-how)가 필요한 것이다. 셋째, 기술은 하드웨어를 생산하는 과정이다. 넷째, 기술은 인간의 능력을 확장시키기 위한 하드웨어와 그것의 활용을 뜻한다. 다섯째, 기술은 정의 가능한 문제를 해결하기 위해 순서화되고 이해 가능한 노력이다. 이와 같은 기술이 어떻게 형성되는가를 이해하는 것과 사회에 의해 형성되는 방법을 이해하는 것은 두 가지 원칙에 근거한다. 먼저 기술은 사회적 변화의 요인이다. 기술체계는 의사소통의 속도를 증가시켰으며, 이것은 개인으로 하여금 현명한 의사결정을 할 수 있도록 도와준다. 또한, 사회는 기술 개발에 영향을 준다. 사회적, 역사적, 문화적 요인은 기술이 어떻게 활용되는가를 결정한다. 기술은 두 개의 개념으로 구분될 수 있으며, 하나는 모든 직업 세계에서 필요로 하는 기술적 요소들로 이루어지는 광의의 개념이며, 다른 하나는 구체적 직무 수행 능력 형태를 의미하는 협의의 개념이다.

3　기술과 과학은 어떻게 다른가?

'기술'에 대한 사전적 정의는 '과학이론을 실제로 적용하여 자연의 사물을 인간 생활에 유용하도록 가공하는 수단'이다. 그러면 이렇게 기술을 가능하게 하는 '과학'은 '보편적인 진리나 법칙의 발견을 목적으로 한 체계적인 지식'이다. 이러한 정의에 따르면 과학은 인간이 원하는 방식으로 활용하도록 해주는 상호연관적인 지식들임을 알 수 있다. 이런 까닭으로 기술이 과학의 응용이라고 정의하였다.

20세기 중엽 이후 1970년대까지는 기술이 과학의 응용이라는 인식이 지배적이었다. 즉, 과학이라는 지식이 응용되면 기술 인공물(artifacts)을 낳는다고 보는 것이었다. 따라서 기술이 과학의 응용이라고 간주했던 사람들은 과학을 발전시키는 것이 자동적으로 기술 발전을 낳는다고 믿었다. 제 2차 세계대전 동안 미국의 군사 연구를 총괄 지휘했던 바니바 부시(Vannevar Bush)는 1944년에 쓴 『과학, 그 끝없는 개척자(Science, the Endless Frontier)』에서 과학이 기술을 낳고, 기술이 산업을 발전시킨다고 설명했다.

그러나 1970년대 들어서는 "기술도 과학과 마찬가지로 지식이다"라는 시각으로 변화하였다. 과학과 기술의 상호작용은 지식이 사물에 응용되는 것이 아니라, 지식과 지식 사이의 상호작용이라는 것이다. 즉, 기술은 과학과 같이 추상적인 이론보다는 실용성, 효용성, 디자인을 강조하고, 과학은 그 반대로 추상적 이론, 지식을 위한 지식, 본질에 대한 이해를 강조한다고 생각하게 되었다.

4　기술능력이란 무엇인가?

기술능력은 직업에 종사하기 위해 모든 사람들이 필요로 하는 능력이다. 기술능력은 넓은 의미로 확대해 보면 기술교양(technical literacy)이라는 개념으로 사용될 수 있으며, 기술교양의 개념을 보다 구체화시킨 개념으로 볼 수 있다. 일반적으로 기술교양을 지닌 사람들은,
첫째, 기술학의 특성과 역할을 이해한다.
둘째, 기술체계가 설계되고, 사용되고, 통제되어지는 방법을 이해한다.
셋째, 기술과 관련된 이익을 가치화하고 위험을 평가할 수 있다.
넷째, 기술에 의한 윤리적 딜레마에 대해 합리적으로 반응할 수 있다.

즉, 기술교양은 모든 사람들이 광범위한 관점에서 기술의 특성, 기술적 행동, 기술의 힘, 기술의 결과에 대해 어느 정도의 지식을 가지는 것을 의미한다. 본질적으로 그것은 실천적 문제(practical problem)를 해결할 수 있는 생산력, 체계, 환경을 설계하고 개발해야 할 때, 비판적 사고를 갖게 되는 것을 포함한다. 즉 기술교양은 기술을 사용하고 운영하고 이해하는 능력이다.

5 기술능력이 뛰어난 사람은 어떤 사람일까?

기술능력이 뛰어난 사람은 다음과 같은 능력을 보유한 사람을 말한다.
첫째, 실질적 해결을 필요로 하는 문제를 인식한다.
둘째, 인식된 문제를 위해 다양한 해결책을 개발하고 평가한다.
셋째, 실제적 문제를 해결하기 위해 지식이나 기타 자원을 선택, 최적화시키며, 적용한다.
넷째, 주어진 한계 속에서 그리고 제한된 자원을 가지고 일한다.
다섯째, 기술적 해결에 대한 효용성을 평가한다.
여섯째, 여러 상황 속에서 기술의 체계와 도구를 사용하고 배울 수 있다.
그러나 기술능력이 뛰어나다는 것이 반드시 직무에서 요구되는 구체적인 기능을 소유하고 있다는 것만을 의미하지는 않는다. 결국 기술능력을 기르기 위해서는 직무의 구체화 기술을 위한 훈련 프로그램을 통해서가 아니라, 전반적인 직업적, 기술적 프로그램을 통해서 학습되어야 할 것이다. 각 개인은 구체적인 일련의 장비 중 하나를 '수리하는 사람'으로서 전문가가 될 필요는 없다. 다만, 적절한 체계를 선택하는 데 현명한 의사결정을 할 수 있어야 하며, 효과적으로 그것들을 활용할 수 있어야 한다.

6 그렇다면 기술능력은 왜 중요한 것일까?

기술능력은 인간 행위의 혁신을 가져오며, 지식의 생성능력을 포함하고, 문제 해결을 위한 도구를 개발하는 인간의 능력을 확장시킨다. 이와 같은 능력을 향상시키는 것은 기술교양의 향상을 통해 이루어질 수 있다. 기술능력에 대한 광범위한 관점으로서의 기술교양은 기술의 특성, 행동, 결과에 대한 지식을 갖고, 기술을 사용, 운영, 이해하기 위한 능력을 기르는 것이다.
이처럼 기술능력을 기르는 것은 보편적으로 체계를 개발하고 문제를 해결하고 인간적 능력을 확장시키기 위한 지식과 과정의 생성을 포함한다. 이것은 기술적 지식, 기술적 과정, 기술적 조건에 대한 이해를 포함한다. 기술교양을 지닌 사람은 기술적 과정과 혁신에 대해 비판적으로 조사하고 질문한다. 새로운 기술의 창조와 사용에 대한 의사결정은 인간, 사회적/환경적 이슈를 포함한다. 가치는 또한 지적 과정에 영향을 주며, 비판적 판단 능력은 학생의 능력을 증가시키는 기술을 포함한다.

7 기술능력은 반드시 기술관련 직업에만 필요한 것일까?

일반적으로 기술능력은 제조업을 비롯한 기능·기술직 종사자들에게 많이 해당될 것이라고 생각하기 쉽지만, 기술능력은 반드시 기술직 종사자에게만 해당되는 것은 아니라고 보기 때문에 기술능력을 보다 확대하여 이해하는 것이 바람직하다. 즉, 기술능력을 일반적으로 사용되는 기술교양(Technological Literacy)의 개념을 보다 구체화시킨 개념으로 보는 것이 바람직하다.

결국 기술을 사회의 모든 체계에서 필요로 하는 분야라고 이해한다면, 사회 모든 직업인이 지녀야 할 능력으로 이해할 수 있다. 이것은 모든 직업에 종사하는 사람들이 지녀야 할 직업기초능력으로서 기술능력을 지녀야 한다는 것이다.

8 전문 연수원을 통한 기술과정 연수

전문 연수원을 통한 기술과정 연수를 실시할 경우에는 일반적으로 다음과 같은 장점이 있다. 첫째, 연수 시설이 없어 체계적인 교육을 받기 어려운 회사의 경우, 전문적인 교육을 통해 양질의 인재양성 기회를 제공한다. 둘째, 각 분야의 전문가들로 구성하여 이론을 겸한 실무중심의 교육을 실시할 수 있다. 셋째, 다년간에 걸친 연수 분야의 노하우를 가지고 체계적이고 현장과 밀착된 교육이 가능하다. 넷째, 최신 실습장비, 시청각 시설, 전산시설 등 교육에 필요한 각종 부대시설을 활용할 수 있다. 다섯째, 산학협력연수 및 국내외 우수연수기관과 협력한 연수도 가능하다. 여섯째, 연수비가 자체적으로 교육을 하는 것보다 저렴하며, 고용보험환급을 받을 수 있어 교육비 부담이 적다.

9 e-learning을 활용한 기술교육

E-learning을 활용한 기술연수는 일반적으로 다음과 같은 장점이 있다. 첫째, 정해진 시간과 장소에 모여서 학습을 할 필요가 없고 원하는 시간과 장소에서 컴퓨터만 사용가능한 인터넷에 연결되어 있다면 학습이 가능하기 때문에 시간적·공간적으로 독립적이다. 둘째, 원하는 내용을 원하는 순서에 맞게 원하는 시간만큼 학습이 가능하며, 개개인의 요구에 맞게 개별화, 맞춤화가 가능하기 때문에 학습자 스스로가 학습을 조절 및 통제할 수 있다. 셋째, 칠판 판서 및 책이 아니라 비디오, 사진, 텍스트, 소리, 동영상 등 멀티미디어를 이용한 학습이 가능하다. 넷째, 이메일, 토론방, 자료실 등을 통해 의사교환과 상호작용이 자유롭게 이루어질 수 있다. 다섯째, 한번 출판되면 새로운 내용을 반영하기 어려운 책에 비해 업데이트를 통해 새로운 내용을 반영하기 쉽기 때문에 새로운 교육에의 요구나 내용을 신속하게 반영할 수 있어 교육에 소요되는 비용을 절감할 수 있다. 반면에 직접적으로 교수자와 동료들간의 인간적인 접촉이 상대적으로 적고, 중도탈락율이 높으며, 기술교육의 특성상 현장 중심의 실무 교육이 중요함에도 불구하고 현장중심의 교육이 힘든 단점이 있다.

10 상급학교 진학을 통한 기술교육

폴리텍대학, 인력개발원과 같은 실무중심 전문교육기관이나 전문대학, 대학 및 대학원과 같은 상급학교 진학을 통한 교육은 학문적이면서 최신 기술의 흐름을 반영하고 있는 기술교육이 가능하다. 또한 관련 산업체와의 프로젝트 활동이 가능하기 때문에 실무 중심의 기술교육이 가능하다. 그리고 관련분야에서 종사하고 있는 사람들과 함께 교육받기 때문에 인적 네트워크 형성에 도움이 되고, 경쟁을 통하여 학습효과를 향상시킬 수 있는 장점이 있는 반면 e-learning을 통한 교육과 달리 원하는 시간에 학습을 할 수 없고 일정 시간을 할애해야 하며, 학습자 스스로가 학습을 조절하거나 통제할 수 없다는 단점이 있다.

11 OJT를 활용한 기술교육

OJT(On the Job Training)란 조직 안에서 피교육자인 종업원이 직무에 종사하면서 받게 되는 교육 훈련방법이다. 집합교육으로는 기본적·일반적 사항 밖에 훈련시킬 수 없다는 반성에서 나온 것으로 피교육자인 종업원이 '업무수행의 중단되는 일이 없이 업무수행에 필요한 지식·기술·능력·태도를 교육훈련 받는 것'을 말하며, 직장훈련·직장지도·직무상 지도 등이라고도 한다. 모든 관리자·감독자는 업무수행상의 지휘감독자이자 업무수행 과정에서 부하직원의 능력향상을 책임지는 교육자이어야 한다는 생각을 기반으로 한다. 따라서 직장 상사나 선배가 지도·조언을 해주는 형태로 훈련이 행하여지기 때문에, 교육자와 피교육자 사이에 친밀감을 조성하며 시간의 낭비가 적고 조직의 필요에 합치되는 교육훈련을 할 수 있다는 장점이 있다.

그러나 지도자의 높은 자질이 요구되며 교육훈련 내용의 체계화가 어렵다는 등의 단점이 있다. 이에 따라 OJT의 대상은 비교적 기술직을 대상으로 하지만, 관리직이나 전문직에도 점점 적용시켜나가고 있다.

12 지속가능한 발전이란

지속가능한 발전(sustainable development)이라는 개념은 1970년대를 통해 기업과 정부에서 인구와 산업의 발전이 무한히 계속될 수 없다는 문제를 제기하면서 등장했다. 그리고 1987년의 세계경제발전위원회(WCED)의 보고서가 "환경보호와 경제적 발전이 반드시 갈등 관계에 있는 것만은 아니다"라고 하면서 널리 퍼지게 되었다.

지속가능한 발전은 지금 지구촌의 현재와 미래를 포괄하는 개념이다. 따라서 지속가능한 발전은 지금 우리의 현재욕구를 충족시키지만, 동시에 후속 세대의 욕구 충족을 침해하지 않는 발전을 의미한다. 또한, 지속가능한 발전은 경제적 활력, 사회적 평등, 환경의 보존을 동시에 충족시키는 발전을 의미한다. 지속가능한 발전에서 발전은 현재와 미래 세대의 발전과 환경적 요구를 충족하는 방향으로 이루어져야 하며, 그렇기 때문에 환경보호가 발전의 중심적인 요소가 되어야 한다.

지속가능한 발전은 의식주만을 해결하는 상태를 바람직하다고 보지 않는다. 지금 지구의 전 인구가 선진국 수준의 풍요를 누리려면 지구에서 사용 가능한 모든 자원의 세 배 이상을 소모해야 한다. 그런데 만약 그렇게 자원을 소모한다면, 그런 발전은 지속가능한 발전이 아니다. 그렇기 때문에 우리는 지속가능한 발전을 가능케 하는 기술에 대해서 관심을 가져야 한다. 지속가능한 발전을 가능케 하는 기술을 '지속가능한 기술(sustainable technology)'이라고 정의할 수 있다.

13 지속가능한 기술이란

지속가능한 기술 중에는 풍력발전, 조력발전, 태양열 발전처럼 지금의 주된 발전기술과는 상당히 차이를 보이는 기술도 있다. 그렇지만 많은 지속가능한 기술들은 지금 우리가 가진 기술과 그 형태에서 크게 다르지 않다. 더 중요한 것은 그 기술이 디자인될 때 얼마나 더 많이 사회적, 환경적 연관에 중심을 두는 가이다.

지속가능한 기술은① 이용 가능한 자원과 에너지를 고려하고, ② 자원이 사용되고 그것이 재생산되는 비율의 조화를 추구하며, ③ 이러한 자원의 질을 생각하고, ④ 자원이 생산적인 방식으로 사용되는가에 주의를 기울이는 기술이라고할수있다. 즉, 지속가능한 기술은 되도록 태양 에너지와 같이 고갈되지 않는 자연 에너지를 활용하며, 낭비적인 소비 형태를 지양하고, 기술적 효용만이 아닌 환경효용(eco-efficiency)을 추구한다.

14 지속가능한 기술 사례

지속가능한 기술이 기업의 경제적 이익을 높여주는 예들이 있다. 1980년대 중엽에 코닥의 연구자들은 카메라를 들고 다니지 않으면서도 사진을 찍고 싶어 하는 소비자들의 욕구가 전 세계적으로 커지고 있음을 인식하고 일회용 카메라를 개발했다. 그런데 이 카메라의 문제는 환경친화적이지 못하다는 것이었다. 환경운동가들은 코닥의 신제품을 공격하기 시작하였고, 이는 코닥 회사 전체의 이미지에 안 좋은 결과를 가져왔다. 그래서 코닥의 연구자들은 1989년부터 일회용카메라의 주요 부품들을 재디자인하기 시작했다. 코닥 본사의 기술자, 디자이너, 경영인, 환경학자들이 새로운 제품을 디자인했고, 이 과정에서 인화와 현상을 담당하는 매장의 주인들과도 협력했다. 매장의 협력 없이는 환경 친화적인 제품을 만들 수가 없었기 때문이다. 그 결과 코닥은 덜 복잡하고, 재활용이 쉽고, 재사용도 가능한 제품을 만들어내는 데 성공했다. 이렇게 만든 카메라는 공장에서 조립하기도 더 쉬웠다. 이러한 환경 친화적인 재설계는 회사 이미지에도 도움이 되었고, 이 사건 이후 코닥의 시장 점유율은 과거에 비해 더 많이 상승했다. 제품에 사용되는 재료를 줄이고, 유해한 쓰레기를 최소화한 코닥의 일회용 카메라는 코닥사에 큰 이윤을 가져다준 사업 라인이 되었던 것이다. 우리나라의 경우에는 한화그룹이 지속가능한 기술을 개발하고 있는 대표적인 기업이다. 한화그룹은 '한화환경연구소'를 설립하여 사후처리 환경기술과 사전 오염 예방을 위한 청정생산기술 진단 및 컨설팅뿐만 아니라 정부 및 환경단체와도 연대, 환경 성과 평가 등 구체적인 실천 방안들을 연구하였다. 한화는 석유화학, 화약, 기계 등 제조 공정에서부터 미리 친환경 여부를 살피는 청정생산기술을 도입했다. 즉, 사후 처리방식에서 사전평가 방식으로 환경에 대한 고려를 한 단계 높인 것이다.

한화는 지속가능한 기술을 다수 개발했다. 우선 잉크, 도료, 코팅에 쓰이던 유기 용제를 물로 대체한 수용성 수지를 개발했다. 이 신제품은 휘발성 유기화합물의 배출이 없었기 때문에 대기오염 물질을 줄이는 친환경 제품으로 평가받으며, 인쇄성, 전이성, 관택성이 우수하고 휘발분 함량이 낮아 거품 발생이 적기 때문에 작업성이 우수한 특징을 가지고 있다. 또한, 2003년부터는 기존에 소각 처리해야 했던 석유화학 옥탄올 공정을 변경하여 폐수처리로 전환하고 공정 최적화를 통해 화약 제조 공정에 발생하는 총 질소의 양을 원천적으로 감소시키는 공정 혁신을 이룸으로써 연간 4천 톤의 오염 물질 발생량을 줄였으며 60억원의 원가도 절감했다.

15 산업 재해란

산업 재해란 산업 활동 중의 사고로 인해 사망하거나 부상을 당하고, 또는 유해 물질에 의한 중독 등으로 직업성 질환에 걸리거나 신체적 장애를 가져오는 것을 말한다. 우리나라 산업 안전 보건법에서는 근로자가 업무에 관계되는 건설물·설비·원재료·가스·증기·분진 등에 의하거나, 직업

과 관련된 기타 업무에 의하여 사망 또는 부상하거나 질병에 걸리게 되는 것을 산업 재해로 정의하고 있다.

16 산업 재해의 기본적 원인

① 교육적 원인 : 안전 지식의 불충분, 안전 수칙의 오해, 경험이나 훈련의 불충분과 작업관리자의 작업 방법의 교육 불충분, 유해 위험 작업 교육 불충분 등이 있다.
② 기술적 원인 : 건물·기계 장치의 설계 불량, 구조물의 불안정, 재료의 부적합, 생산 공정의 부적당, 점검·정비·보존의 불량 등이 있다.
③ 작업 관리상 원인 : 안전 관리 조직의 결함, 안전 수칙 미지정, 작업 준비 불충분, 인원 배치 및 작업 지시 부적당 등이 있다.

17 산업 재해의 직접적 원인

① 불안전한 행동 : 위험 장소 접근, 안전 장치 기능 제거, 보호 장비의 미착용 및 잘못사용, 운전 중인 기계의 속도 조작, 기계·기구의 잘못된 사용, 위험물 취급 부주의, 불안전한 상태 방치, 불안전한 자세와 동작, 감독 및 연락 잘못 등이 있다.
② 불안전한 상태 : 시설물 자체 결함, 전기 시설물의 누전, 구조물의 불안정, 소방기구의 미확보, 안전 보호 장치결함, 복장·보호구의 결함, 시설물의 배치 및 장소 불량, 작업 환경 결함, 생산 공정의 결함, 경계 표시 설비의 결함 등이 있다.

18 산업 재해가 개인과 기업에 끼치는 영향

① 개인에게 끼치는 영향 : 재해를 당한 본인 및 가족의 정신적·육체적 고통, 일시적 또는 영구적인 노동력 상실, 본인과 가족의 생계에 대한 막대한 손실
② 기업에 끼치는 영향 : 재해를 당한 근로자의 보상 부담, 재해를 당한 노동 인력 결손으로 인한 작업 지연, 재해로 인한 건물, 기계, 기구 등의 파손, 재해로 인한 근로 의욕 침체와 생산성 저하

19 산업 재해의 예방과 대책

산업 재해를 예방하기 위해서는 사고의 원인이 되는 불안전한 행동과 불안전한 상태의 유형을 이해하고, 이들을 잘 분석하여 적절한 대책을 수립해야 한다.
산업 재해의 예방 대책은 다음의 5단계로 이루어진다.

① 안전 관리 조직	경영자는 안전 목표를 설정하고, 안전 관리 책임자를 선정하며, 안전 계획을 수립하고, 이를 시행·감독해야 한다.
⇩	
② 사실의 발견	사고 조사, 안전 점검, 현장 분석, 작업자의 제안 및 여론조사, 관찰 및 보고서 연구 등을 통하여 사실을 발견한다.
⇩	
③ 원인 분석	재해의 발생 장소, 재해 형태, 재해 정도, 관련 인원, 직원 감독의 적절성, 공구 및 장비의 상태 등을 정확히 분석한다.
⇩	
④ 기술 공고화	원인 분석을 토대로 적절한 시정책, 즉 기술적 개선, 인사 조정 및 교체, 교육, 설득, 공학적 조치 등을 선정한다.
⇩	
⑤ 시정책 적용 및 뒤처리 :	안전에 대한 교육 및 훈련 실시, 안전 시설과 장비의 결함 개선, 안전 감독 실시 등의 선정된 시정책을 적용한다.

20 불안전한 행동 방지 및 불안전한 상태 제거를 위한 방법

① 불안전한 행동 방지 방법 : 근로자의 불안전한 행동을 지적할 수 있는 안전 규칙 및 안전 수칙을 제정한다. 근로자 상호간에 불안전한 행동을 지적하여 안전에 대한 이해를 증진시킨다. 정리·정돈, 조명, 환기 등을 잘 수행하여 쾌적한 작업 환경을 조성한다.

② 불안전한 상태를 제거하는 방법 : 각종 기계·설비 등을 안전성이 보장되도록 제작하고, 항상 양호한 상태로 작동되도록 유지 관리를 철저히 해야 한다. 또한 기후, 조명, 소음, 환기, 진동 등의 환경 요인을 잘 관리하여 사고 요인을 미리 제거한다.

21 기술 시스템이란 무엇인가

기술 시스템(technological system)은 현대 기술의 특성을 이해하는 데 있어서 매우 중요한 개념이다. 개별 기술이 네트워크로 결합해서 기술 시스템을 만드는 점은 과학에서는 볼 수 없는 기술의 독특한 특성이기도 하다.

기술이 발전하면서 이전에는 없던 연관이 개별 기술들 사이에서 만들어지고 있다. 보다 명확한 이해를 위해서 산업혁명을 예를 들어 설명하면, 산업혁명 당시 증기기관은 광산에서 더 많은 석탄을 캐내기 위해서(광산 갱도에 고인 물을 더 효율적으로 퍼내기 위해서) 개발되었고 그 용도에 사용되었다. 증기기관이 광산에 응용되면서 석탄 생산이 늘었고, 공장은 수력 대신 석탄과 증기기관을 동력원으로 이용했다. 이제 광산과 도시의 공장을 연결해서 석탄을 수송하기 위한 새로운 운송 기술이 필요해졌으며, 철도는 이러한 필요를 충족시킨 기술이었다. 이렇게 광산 기술, 증기기관, 공장, 운송기술이 발전하면서 서로 밀접히 연결되는 현상이 나타났던 것이다.

비슷한 발전을 철도와 전신의 경우에도 볼 수 있다. 철도와 전신은 서로 독립적으로 발전한 기술이

었지만 곧 서로 통합되기 시작했다. 우선 전신선이 철도를 따라 놓이면서, 철도 운행을 통제하는 일을 담당했다. 이렇게 철도 운행이 효율적으로 통제되면서, 전신은 곧 철도회사의 본부와 지부를 연결해서 상부의 명령이 하부로 효율적으로 전달되게 하는 역할을 했고, 이는 회사의 조직을 훨씬 더 크고 복잡하고, 위계적으로 만들었다. 철도회사는 전신에 더 많은 투자를 하고, 전신 기술을 발전시키는 데 중요한 역할을 담당했다.

이렇게 기술이 연결되어 시스템을 만든다는 점을 파악하고 '기술 시스템'이란 개념을 주장한 사람이 미국의 기술사학자 휴즈(Thomas Hughes)이다. 휴즈는 에디슨의 전력 시스템을 예로 들면서, 에디슨의 전력 시스템이 발전하는 과정을 일반화하여 기술 시스템의 특성을 일반화했다.

기술 시스템은 인공물의 집합체만이 아니라 회사, 투자회사, 법적 제도, 정치, 과학, 자연자원을 모두 포함하는 것이기 때문에, 기술 시스템에는 기술적인 것(the technical)과 사회적인 것(the social)이 결합해서 공존하고 있다. 이러한 의미에서 기술 시스템은 사회기술시스템(sociotechnical system)이라고 불리기도 한다.

22 기술 시스템의 발전 단계

기술 시스템은 다음과 같이 대략 4단계를 거쳐 발전한다.

1단계 : 발명, 개발, 혁신의 단계	기술 시스템이 탄생하고 성장
⇩	
2단계 : 기술 이전의 단계	성공적인 기술이 다른 지역으로 이동
⇩	
3단계 : 기술 경쟁의 단계	기술 시스템 사이의 경쟁
⇩	
4단계 : 기술 공고화 단계	경쟁에서 승리한 기술시스템의 관성화

무엇보다도 중요한 것은 각 단계에서 핵심적인 역할을 하는 사람들이 다르다는 것이다. 첫 번째와 두 번째 단계에서는 시스템을 디자인하고 초기 발전을 추진하는 기술자들의 역할이 중요하다. 에디슨과 같은 기술자들은 발명에도 능하고 동시에 사업에도 능한 사람이었는데, 그래서 이런 기술자들을 "발명가 겸 기업가"라고 부른다. 반면에 기술시스템의 경쟁 단계에서는 기업가들의 역할이 더 중요하게 부상하며, 시스템이 공고해지면 자문 엔지니어와 금융전문가의 역할이 중요해진다.

23 기술 혁신의 특성

1. 기술혁신은 그 과정 자체가 매우 불확실하고 장기간의 시간을 필요로 한다.

새로운 기술을 개발하기 위한 아이디어의 원천이나 신제품에 대한 소비자의 수요, 기술 개발의 결과 등은 예측하기가 어렵다. 따라서 기술 개발의 목표, 일정, 비용 지출, 수익 등에 대한 사전계획을 세우기 어렵다. 기술혁신의 성공이 사전의 의도나 계획보다는 우연에 의해 이루어지는 경우도 많다. 또한 기술 개발에 대한 기업의 투자가 가시적인 성과로 나타나기까지는 비교적 장시간을 필요로 한다.

2. 기술혁신은 지식 집약적인 활동이다.

인간의 개별적인 지능과 창의성, 상호학습을 통해 새로운 지식과 경험은 빠른 속도로 축적되고 학습되지만, 기술개발에 참가한 엔지니어의 지식은 문서화되기 어렵기 때문에 다른 사람들에게 쉽게 전파될 수 없다. 따라서 연구개발에 참가한 연구원과 엔지니어들이 그 기업을 떠나는 경우 기술과 지식의 손실이 크게 발생하여 기술 개발을 지속할 수 없는 경우가 종종 발생한다.

3. 혁신 과정의 불확실성과 모호함은 기업 내에서 많은 논쟁과 갈등을 유발할 수 있다.

기술혁신은 기업의 기존 조직 운영 절차나 제품구성, 생산방식, 나아가 조직의 권력구조자체에도 새로운 변화를 야기함으로써 조직의 이해관계자간의 갈등이 구조적으로 존재하게 된다. 이 과정에서 조직 내에서 이익을 보는 집단과 손해를 보는 집단이 생길 수 있으며, 이들 간에 기술 개발의 대안을 놓고 상호대립하고 충돌하여 갈등을 일으킬 수 있다.

4. 기술혁신은 조직의 경계를 넘다드는 특성을 갖고 있다.

기술혁신은 연구개발 부서 단독으로 수행될 수 없다. 새로운 제품에 관한 아이디어는 마케팅 부서를 통해 고객으로부터 수집될 필요도 있으며, 구매 부서를 통해 원재료나 설비 공급업체로부터 얻어질 수도 있다. 또한 기술을 개발하는 과정에서도 생산부서나 품질관리 담당자 혹은 외부 전문가들의 자문을 필요로 하기도 한다. 그리고 기술혁신은 상호의존성을 갖고 있어서 하나의 기술이 개발되면 그 기술이 다른 기술 개발에 영향을 미칠 수 있다.

24 기술혁신의 과정과 역할

아이디어 단계에서부터 시작하여 상업화 단계에 이르기까지 기술혁신의 전 과정이 성공적으로 수행되기 위해서는 다섯 가지 핵심적인 역할이 혁신에 참여하는 핵심 인력들에 의해 수행되어야 한다. 그 역할은 다음과 같은 아이디어 창안, 챔피언, 프로젝트 관리, 정보 수문장, 후원 등의 역할이다.

기술 혁신 과정	혁신 활동	필요한 자질과 능력
아이디어 창안 (dea generation)	• 아이디어을 창출하고 가능성을 검증 • 일을 수행하는 시로운 방법 고안 • 혁신적인 진보를 위한 탐색	• 각 분양의 전문지식 • 추상화와 개념화 능력 • 새로운 분야의 일을 즐김
침피언 (entrepreneuring or championing)	• 아이디어의 전파 • 혁신을 위한 자원 확보 • 아이디어 실현을 위한 헌신	• 정력적이고 위험을 감수함 • 아이디어의 응용에 관심
프로젝트 관리 (orojecdl leading)	• 리더십 발휘 • 프로젝트의 기획 및 조직 • 프로젝트의 효과적인 진행 감독	• 의사결정 능력 • 업무 수행 방법에 대한 지식
정보 수문자 (gate keeping)	• 조직외부의 정보를 내부 구성원들에게 전달 • 조직 내 정보원 가능	• 높은 수준의 기술적 열량 • 원만한 대인 관계 능력

후원 (sponsoring or ooaching)	• 혁신에 대한 격려와 안내 • 불필요한 제약에서 프로젝트 보호 • 혁신에 대한 자원 획득을 지원	조직의 주요 의사결정에 대한 영 향력

25 실패의 원인과 10가지 교훈

일본에서 '실패학'을 처음으로 제창했던 하타무라 요타로는 실패의 원인을 10가지로 분류 하였다.

> 1. 무지
> 3. 차례 미준수
> 5. 조사, 검토 부족
> 7. 기획 불량
> 9. 조직운영 불량
>
> 2. 부주의
> 4. 오만
> 6. 조건의 변화
> 8. 가치관 불량
> 10. 미지

여기서 보듯이 실패의 원인은 무수히 많은 데, 이중에는 우리가 일을 하는 과정에서 어쩔 수 없이 일어나거나 직면하는 원인이 있는 반면에, 태만이나 고의적 부정처럼 의도적인 행위에 의한 원인도 있다.

그는 또 수많은 실패 사례를 연구한 뒤에 얻어낸 '실패 관련 10가지 교훈'을 다음과 같이 제시하고 있다.

> 1. 성공은 99%의 실패로부터 얻은 교훈과 1%의 영감으로 구성된다.
> 2. 실패는 어떻게든 감추려는 속성이 있다.
> 3. 방치해 놓은 실패는 성장한다.
> 4. 실패의 하인리히 법칙 - 엄청난 실패는 29건의 작은 실패와 300건의 실수를 저지른 뒤에 발생한다.
> 5. 실패는 전달되는 중에 항상 축소한다.
> 6. 실패를 비난, 추궁할수록 더 큰 실패를 낳는다.
> 7. 실패 정보는 모으는 것보다 고르는 것이 더 중요하다.
> 8. 실패에는 필요한 실패와 일어나선 안 될 실패가 있다.
> 9. 실패는 숨길수록 병이되고 드러낼수록 성공한다.
> 10. 좁게 보면 성공인 것이 전체를 보면 실패일 수 있다.

26 기술적 실패 또는 실패한 기술

기술적 실패에는 다양한 유형이 있고, 기술이 실패하는 데에는 다양한 이유가 있다. 실패에 다양한 유형이 있듯이 역으로 기술이 성공하는 데에도 다양한 유형이 있고 다른 이유들이 있다. 혁신적인 기술능력을 가진 사람들은 성공과 실패의 경계를 유동적인 것으로 만들어, 실패의 영역에서 성공의 영역으로 자신의 기술을 이동시킬 줄 안다. 실패 중에는 기술자들이 반드시 겪어야 하는 '에디슨식의 실패'가 있고 아무런 보탬이 되지 않는 실패도 존재한다. 우리의 기술 문화는 지금까지 성공만을 목표로 달려온 경향이 있기 때문에 모든 실패를 다 나쁜 것으로 보는데, 이것을 올바른 태도가 아니다.

이 결과 우리나라에서는 '모든 연구가 성공했다'는 웃지 못 할 상황까지 발생한다. 개개인은 연구개발과 같이 지식을 획득하는 과정에서 항상 실패를 겪는다. 이러한 실패는 용서받을 수 있고, 오히려 바람직한 실패이다. 그렇지만 실패를 은폐하거나 과거의 실패를 반복하는 것은 어떤 의미에서도 바람직하지 않다. 특히 실패를 은폐하다보면 실패가 계속 반복될 수 있고, 이러다보면 실패는 커다란 재앙을 낳기도 한다.

27 전기전자정보공학분야

전기전자정보공학분야에서 유망한 기술로 전망되는 것은 지능형 로봇 분야이다. 지능형 로봇의 장점은 인간과 로봇이 자연스럽게 서로를 인지하고 정서적으로 공감하며 상호 작용할 수 있는 것이다. 이제 로봇은 우리 생활에 도움을 주는 로봇에서 더 나아가 인간과 함께 살아가는 동반자적 역할을 하게 될 것이다.

지능형 로봇은 소득 2만 달러 시대를 선도할 미래 유망산업으로 발전할 것이며, 타 분야에 대한 기술적 파급 효과가 큰 첨단 기술의 복합체이다. 산업적 측면에서 보아 지능형 로봇 분야는 자동차 산업 규모 이상의 성장 잠재력을 가지고 있으며 기술 혁신과 신규투자가 유망한 신산업으로, 국내 로봇 산업은 2020년 국내 시장 규모 100조 원을 달성할 것으로 예측되고 있다. 최근에는 기술혁신과 사회적 패러다임의 변화에 따라 인간 공존, 삶의 질 향상을 이룩하기 위한 새로운 '지능형 로봇'의 개념이 나타나고 있다. 지능형 로봇은 최근 IT기술의 융복합화, 지능화 추세에 따라 점차 네트워크를 통한 로봇의 기능 분산, 가상 공간 내에서의 동작 등 IT와 융합한 '네트워크 기반 로봇'의 개념을 포함하고 있다.

일본이 산업형 로봇 시장을 주도하였다면, IT기술이 접목되는 지능형 로봇은 우리나라가 주도하기 위하여 국가 발전 전략에 따라 국가 성장 동력산업으로 육성하고 있다.

28 기계공학분야

기계공학분야에서는 친환경 자동차 기술이 유망할 것으로 전망된다. 친환경 자동차기술은 CO_2로 인한 환경오염을 방지하고, 화석연료의 고갈에 대비하여 새로운 대체에너지원을 찾고자 하는 기술이다. 친환경 자동차 기술 중 대표적인 것이 하이브리드 기술과 연료전지 기술이다. 2030년경에는 점차 하이브리드나 연료전지 자동차가 전체 시장의 주류를 이루게 될 것이다. 하이브리드 자동차 기술이란 엔진과 전기모터를 상황에 따라 효율적으로 사용하는 기술이다. 출발이나 가속을 하는 큰 힘을 필요로할 때에는 엔진과 모터를 동시에 사용하고 감속시는 모터의 동력이 되는 배터리를 충전하여 출발이나 저속주행에 사용한다. 하이브리드 기술을 사용하면 가솔린 엔진 차량에 비해 50~80%연비를 향상시킬 수 있다는 장점이 된다. 하이브리드 기술이 엔진과 모터를 함께 사용한다면 연료전지 기술은 오직 모터만 사용한다. 모터의 동력은 연료전지의 전기에너지다. 연료전지는 차량에 적재된 수소와 외부 공기를 통해 유입되는 산소를 이용하여 전기에너지를 생성한다. 연료전지의 이용에 따른 배기가스는 수증기뿐이어서 오염물질이 배출되지 않는 혁신신적인 장점이다. 하지만 수소탱크의 적재는 폭발의 위험이 있고 대량생성의 제한성 등으로 인해 약점으로 인식되고 있다.

29 건설환경공학분야

건설환경공학분야에서 유망한 기술로 떠오르고 있는 것은 "지속 가능한 건축 시스템기술"이다. 건축 산업은 총 CO_2 배출량의 36%를 차지하며, 이중 1/3은 건물의 신축과 개 · 보수가 차지하고 있어 이 분야에서의 CO_2 배출량의 저감은 생산업 활동을 위축시키지 않고 효율적으로 CO_2 배출량의 감소를 구현할 수 있는 좋은 방법 중 하나이다. 건축시스템 기술 분야의 CO_2 배출량 저감 기여방안은 첫째, 에너지 소비가 적고, 폐기물 물량이 적은 재료 및 공법의 사용, 둘째, 건축물의 수명을 장수명화하는 내구성 설계, 셋째, 철거 건축물의 재사용 및 재이용이
가능토록 하는 모듈화 및 유닛화 설계 등이다. CO_2 배출량 저감을 위한 "지속 가능한 건축 시스템 기술"이란 장수명화가 가능하도록 건축물의 구조 성능이 향상되고, 리모델링이 용이하며, 건물 해체 시 구조 부재의 재사용이 가능하여 친환경적이고 에너지 절약이 가능한 건축을 구현할 수 있는 건축 시스템 기술이다.

30 화학생명공학분야

우리는 무병장수에 대해 끊임없는 관심을 가져왔고, 앞으로 15−20년 후 인류의 소망인 무병장수 시대가 열릴 것이라는 연구 결과가 주목받고 있다. 2020년 이른바 나노미터(nm : 10억분의 1m) 크기의 '혈관 청소용 나노로봇'이 등장하여 자동차 정비공이 수리하듯이 사람의 몸속 혈관에서 깨끗이 청소하고 손상된 부위를 수리한다. 각 개인의 유전적 특징을 고려한 맞춤 의학 및 신약 개발을 가능하게 하거나 질병을 효과적으로 치료할 수 있다. 스마트 약이라는 '나노 캡슐'은 몸 안을 헤엄치고 다니다가 특정 질병의 바이러스를 만나면 약물을 내보내 물리친다. 이것을 약물 전달 시스템이라고 한다. 기존의 항암제는 암세포뿐만 아니라 정상 세포에 대해서도 강한 독성을 나타내지만 이것은 암세포에만 선택적으로 작용한다. 이 약물을 전달하므로 부작용을 최소화시키고 그 효능과 효과를 극대화시킨다. 2025년경에 등장하는 알약 형태의 '바이오칩'은 가정에서도 손쉽게 의료 서비스를 받을 수 있게 한다. 이 알약을 먹게 되면 그 사람의 건강 상태를 체크해 무선으로 병원에 검사 결과를 전송하게 된다. 장기기 노화되어 더 이상 구실을 못한다고 판단되면, 자신의 줄기세포를 가지고 배양한 새 장기로 대체할 수 있게 된다.

31 기술선택을 위한 의사결정

기술선택이란 기업이 어떤 기술을 외부로부터 도입하거나 자체 개발하여 활용할 것인가를 결정하는 것이다. 기술을 선택하는데 따른 의사결정은 크게 다음과 같은 두 가지방법이 있을 수 있다.
① 상향식 기술선택(bottom up approach) : 기업 전체 차원에서 필요한 기술에 대한 체계적인 분석이나 검토 없이 연구자나 엔지니어들이 자율적으로 기술을 선택하는 것이다. 이러한 방법은 기술 개발 실무를 담당하는 기술자들의 흥미를 유발하고, 그들의 창의적인 아이디어를 활용할 수 있다는 장점이 있다. 반면, 기술자들이 자신의 과학기술 전문 분야에 대한 지식과 흥미만을 고려하여 기술을 선택할 경우, 시장의 고객들이 요구하는 제품이나 서비스를 개발하는데 부적합한 기술이 선택되거나, 경쟁기업과의 경쟁에서 승리할 수 없는 기술이 선택될 수 있는 단점이 있다.

② 하향식 기술선택(top down approach) : 기술경영진과 기술기획담당자들에 의한 체계적인 분석을 통해 기업이 획득해야 하는 대상기술과 목표기술수준을 결정하는 것이다. 이 방법은 먼저 기업이 직면하고 있는 외부환경과 기업의 보유 자원에 대한 분석을 통해 기업의 중장기적인 사업목표를 설정하고, 이를 달성하기 위해 확보해야 하는 핵심고객층과 그들에게 제공하고자 하는 제품과 서비스를 결정해야 한다. 그 다음으로는 사업전략의 성공적인 수행을 위해 필요한 기술들을 열거하고, 각각의 기술에 대한 획득의 우선순위를 결정하는 것이다.

32 기술선택을 위한 절차

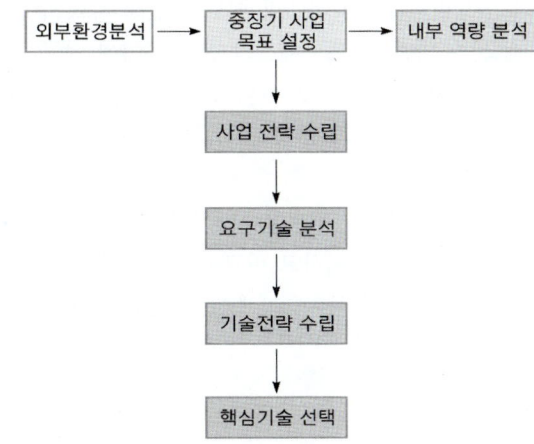

① **외부 환경 분석** : 수요변화 및 경쟁자 변화, 기술 변화 등 분석
② **중장기 사업목표 설정** : 기업의 장기비전, 중장기 매출목표 및 이익목표 설정
③ **내부 역량 분석** : 기술능력, 생산능력, 마케팅/영업능력, 재무능력 등 분석
④ **사업 전략 수립** : 사업 영역결정, 경쟁 우위 확보 방안 수립
⑤ **요구기술 분석** : 제품 설계/디자인 기술, 제품 생산공정, 원재료/부품 제조기술 분석
⑥ **기술전략 수립** : 핵심기술의 선택, 기술 획득 방법 결정

33 기술선택을 위한 우선순위 결정

① 제품의 성능이나 원가에 미치는 영향력이 큰 기술
② 기술을 활용한 제품의 매출과 이익 창출 잠재력이 큰 기술
③ 쉽게 구할 수 없는 기술
④ 기업 간에 모방이 어려운 기술
⑤ 기업이 생산하는 제품 및 서비스에 보다 광범위하게 활용할 수 있는 기술
⑥ 최신 기술로 진부화될 가능성이 적은 기술

34 벤치마킹의 종류

1. 비교대상에 따른 분류

① **내부 벤치마킹** : 같은 기업 내의 다른 지역, 타 부서, 국가 간의 유사한 활용을 비교대상으로 함. 자료 수집이 용이하며 다각화된 우량기업의 경우 효과가 큰 반면 관점이 제한적일 수 있고 편중된 내부 시각에 대한 우려가 있다는 단점이 있음.

② **경쟁적 벤치마킹** : 동일 업종에서 고객을 직접적으로 공유하는 경쟁기업을 대상으로 함. 이 방법은 경영 성과와 관련된 정보 입수가 가능하며, 업무/기술에 대한 비교가 가능한 반면 윤리적인 문제가 발생할 소지가 있으며, 대상의 적대적 태도로 인해 자료 수집이 어렵다는 단점이 있음

③ **비경쟁적 벤치마킹** : 제품, 서비스 및 프로세스의 단위 분야에 있어 가장 우수한 실무를 보이는 비경쟁적 기업 내의 유사 분야를 대상으로 하는 방법임. 이 방법은 혁신적인 아이디어의 창출 가능성은 높은 반면 다른 환경의 사례를 가공하지 않고 적용할 경우 효과를 보지 못할 가능성이 높음

④ **글로벌 벤치마킹** : 프로세스에 있어 최고로 우수한 성과를 보유한 동일업종의 비경쟁적 기업을 대상으로 함. 접근 및 자료 수집이 용이하고 비교 가능한 업무/기술 습득이 상대적으로 용이한 반면, 문화 및 제도적인 차이로 발생되는 효과에 대한 검토가 없을 경우, 잘못된 분석결과의 발생 가능성이 높음

2. 수행 방식에 따른 분류

① **직접적 벤치마킹** : 벤치마킹 대상을 직접 방문하여 수행하는 방법. 이 방법은 필요로 하는 정확한 자료의 입수 및 조사가 가능하며 Contact Point의 확보로 벤치마킹의 이후에도 계속적으로 자료의 입수 및 조사가 가능한 장점이 있는 반면 벤치마킹 수행과 관련된 비용 및 시간이 많이 소요되며 적절한 대상 선정에 한계가 있음.

② **간접적 벤치마킹** : 인터넷 및 문서형태의 자료를 통해서 수행하는 방법임. 이 방법은 벤치마킹 대상의 수에 제한이 없고 다양하며, 비용 또는 시간적 측면에서 상대적으로 많이 절감할 수 있다는 장점이 있는 반면 벤치마킹 결과가 피상적이며 정확한 자료의 확보가 어렵고, 특히 핵심자료의 수집이 상대적으로 어렵다는 단점이 있음.

35 벤치마킹의 주요 단계들

벤치마킹 프로세스 모델은 데밍에 의해 주창된 프로세스 관리를 위한 4단계 발전 절차를 활용하여 구성할 수 있다.

1단계 : 계획단계	계획 단계에서는 기업은 반드시 자사의 핵심 성공요인, 핵심 프로세스, 핵심 역량 등을 파악해야 하고, 벤치마킹 되어야 할 프로세스는 문서화 되어야 하고 특성이 기술되어져야 한다. 그리고 벤치마킹 파트너 선정에 필요한 요구조건도 작성되어야 한다.

⇩

2단계 : 자료 수집 단계	벤치마킹 프로세스의 자료수집 단계에서는 내부 데이터 수집 자료 및 문헌조사, 외부 데이터 수집이 포함된다.

3단계 : 분석단계	벤치마킹 프로세스 모델의 분석단계에서는 데이터 분석, 근본원인 분석(root cause andlysis), 결과 예측, 동안 판단 등의 업무를 수행하여야 한다. 분석단계의 목적은 벤치마킹 수행을 위해 개선 가능한 프로세스 동인들을 확인하기 위한 것이다.

4단계 : 개선단계	개선 단계의 궁극적인 목표는 자사의 핵심 프로세스를 개선함으로써 벤치마킹결과를 현실화 시키자는 것이다. 이 단계에서는 벤치마킹 연구를 통해 얻은 정보를 활용함으로써 향상된 프로세스를 조직에 적용시켜 지속적인 향상을 유도하여야 한다.

36 매뉴얼에는 무엇이 있을까

1. 제품 매뉴얼

① 사용자를 위해 제품의 특징이나 기능 설명, 사용방법과 고장 조치방법, 유지 보수 및 A/S, 폐기까지 제품에 관련된 모든 서비스에 대해 소비자가 알아야할 모든 정보를 제공하는 것.

② 제품 사용자의 유형과 사용 능력을 파악하고 혹시 모를 사용자의 오작동까지 고려하여 만들어져야 함.

③ 제품의 의도된 안전한 사용과 사용 중 해야 할 일 또는 하지 말아야할 일까지 정의해야함.

2. 업무 매뉴얼

① 어떤 일의 진행 방식, 지켜야할 규칙, 관리상의 절차 등을 일관성 있게 여러 사람이 보고 따라할 수 있도록 표준화하여 설명하는 지침서.

② 예를 들면 프랜차이즈 점포의 경우 '편의점 운영 매뉴얼', '제품 진열 매뉴얼', 기업의 경우 '부서 운영 매뉴얼', '품질 경영 매뉴얼' 등이 있음.

③ 올림픽이나 스포츠의 경우 '올림픽 운영 매뉴얼', '경기 운영 매뉴얼'등이 있으며, 재난대비 매뉴얼인 '재난대비 국민행동 매뉴얼' 등도 있음.

37 매뉴얼 작성을 위한 Tip

1. 내용이 정확해야 한다.

① 매뉴얼의 서술은 가능한 한 단순하고 간결해야 하며 비전문가도 쉽게 이해할 수 있어야 한다.

② 매뉴얼 내용 서술에 애매모호한 단어 사용을 금지해야 한다. 매뉴얼 개발자는 제품에 대해 충분한 지식을 습득해야 하며 추측성 기능의 내용 서술은 절대 금물이다. 추측성 기능 설명은 문장을 애매모호하게 만들 뿐만 아니라 사용자에게 사고를 유발시켜 신체적 재산적 손실을 가져다 줄 수도 있다.

2. 사용자가 알기 쉽게 쉬운 문장으로 쓰여야 한다.

① 한 문장은 통상 단 하나의 명령, 또는 밀접하게 관련된 몇 가지 명령만을 포함하여야 한다.

② 의미전달을 명확하게 하기 위해서는 수동태보다는 능동태의 동사를 사용하며, 명령을 사용함에 있어서 약한 형태보다는 단정적으로 표현하고, 추상적 명사보다는 행위동사를 사용한다.

3. 사용자의 심리적 배려가 있어야 한다.

"어디서? 누가? 무엇을? 언제? 어떻게? 왜"라는 사용자의 질문들을 예상하고 사용자에게 답을 제공하여야 한다. 그리고 사용자가 한번 본 후 더 이상 매뉴얼이 필요하지 않도록, 빨리 외울 수 있도록 배려하는 것도 필요하다.

4. 사용자가 찾고자 하는 정보를 쉽게 찾을 수 있어야 한다.

사용자가 필요한 정보를 빨리 찾기 쉽도록 구성해야 한다. 사용자가 원하는 정보를 빠른 시간 내에 찾지 못한다면 어려운 매뉴얼이 된다. 짧고 의미 있는 제목과 비고(note)는 사용자가 원하는 정보의 위치를 파악하는 데 도움이 될 수 있다.

5. 사용하기 쉬어야 한다.

매뉴얼의 내용이 아무리 훌륭하게 만들어 졌다 해도 사용자가 보기 불편하게 크다거나 혹은 작거나, 복잡한 구조의 일부 전자 매뉴얼처럼 접근하기 힘들다면 아무 소용이 없다. 사용이 용이하도록 하는 것은 매뉴얼의 제작형태에 따라 달라진다.

38 지식재산권이란

지식재산권(intellectual property)은 인간의 창조적 활동 또는 경험 등을 통해 창출하거나 발견한 지식·정보·기술이나 표현, 표시 그 밖에 무형적인 것으로서 재산적 가치가 실현될 수 있는 지적 창작물에 부여된 권리를 말한다. 지적 소유권이라고도 한다. 지식재산권의 특징은 다음과 같다.

1. 국가 산업발전 및 경쟁력을 결정짓는 '산업자본'이다.

산업이 발전한 선진국은 지식재산권 특히 산업재산권을 많이 확보하여 타인에게 실시 사용권을 설정하거나 권리자체를 양도하여 판매수입이나 로열티를 받을 수 있게 하고 있다.

2. 눈에 보이지 않는 무형의 재산이다.

지식재산권은 실체가 없는 기술상품으로서 상품과 같이 물체가 아니라 수출·입이 자유로워 국경 이동을 통한 세계적인 상품으로 전파될 수 있다.

3. 지식재산권을 활용한 다국적기업화가 이루어지고 있다.

다국적기업화는 각국 경제의 상호관계를 긴밀하게 하여 기술 제휴 등의 협력을 기반으로 국가간의 장벽을 허물어 세계화를 촉진시키고 있다.

4. 연쇄적인 기술개발을 촉진하는 계기를 마련해 주고 있다.

기술개발 결과에 대해 독점적 권리를 보장해 주고, 특허를 통한 기술개발의 성과가 알려지면서 더 나은 기술개발을 촉진하는 계기를 만들어 주고 있다.

지식재산권은 ①산업분야의 창작물과 관련된 산업재산권(특허권, 실용신안권, 상표권, 디자인권 등)또는 공업소유권, ②문화예술분야의 창작물과 관련된 저작권, ③반도체배치설계나 온라인디지털콘텐츠와 같이 경제, 사회·문화의 변화나 과학기술의 발전에 따라 새로운 분야에서 출현하는 '신지식 재산권'으로 분류한다.

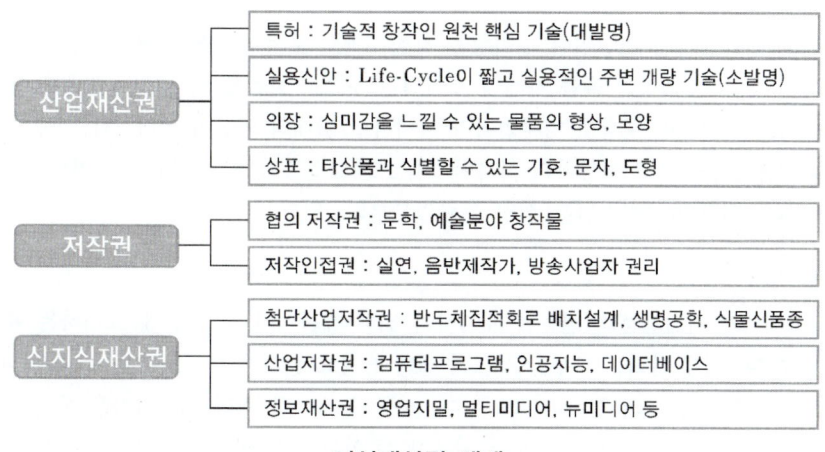

지식재산권 체계

39 산업재산권이란

산업재산권이란 특허권, 실용신안권, 의장권 및 상표권을 총칭하며 산업활동과 관련된 사람의 정신적 창작물(연구결과)이나 창작된 방법에 대해 인정하는 독점적 권리이다. 산업재산권은 새로운 발명과 고안에 대하여 그 창작자에게 일정기간동안 독점 배타적인 권리를 부여하는 대신 이를 일반에게 공개하여야 하며 일정 존속기간이 지나면 이용·실시하도록 함으로써 기술진보와 산업발전을 추구한다.

1. 특허

특허권은 발명한 사람이 자기가 발명한 기술을 독점적으로 사용할 수 있는 권리이다. 발명은 '자연법칙을 이용한 기술적 사상(idea)의 창작으로서 기술 수준이 높은 것'을 말한다. 벨이 전기·전자를 응용하여 처음으로 전화기를 생각해 낸 것과 같은 대발명의 권리를 확보하는 것을 특허라고 할 수 있다. 특허는 설정등록일 후 출원일로부터 20년간 권리를 인정받을 수 있다. 특허제도는 발명을 보호, 장려하고 그 이용을 도모함으로써 기술의 발전을 촉진하여 산업발전에 이바지함을 목적으로 한다. 특허의 요건으로는 ①발명이 성립되어야 하고, ②산업상 이용 가능해야 하며, ③새로운 것으로 진보적인 발명이라야 하며, ④법적으로 특허를 받을 수 없는 사유에 해당되지 않아야 한다.

2. 실용신안

실용신안은 기술적 창작 수준이 소발명 정도인 실용적인 창작(고안)을 보호하기 위한 제도로서 보호 대상은 특허제도와 다소 다르나 전체적으로 특허제도와 유사한 제도이다. 즉, 실용신안은 발명처럼 고도하지 않은 것으로 물품의 형상, 구조 및 조합이 대상이 된다. 실용신안권은 등록일로부터 출원 후 10년이다.

3. 의장

산업재산권법에서 말하는 의장이란 심미성을 가진 고안으로서 물품의 외관에 미적인 감각을 느낄 수 있게 하는 것이다. 의장은 물품 자체에 표현되는 것으로 물품을 떠나서는 존재할 수 없다. 따라서 물품이 다르면 동일한 형상의 디자인이라 하더라도 별개의 의장이 된다. 최근에는 의류나 문구류 등 패션제품은 물론이고 자동차의 디자인까지 소비자의 관심을 끌기위한 디자인 개발에 총력을 기울이고 있다. 의장의 보호기간은 설정 등록일로부터 15년이다.

4. 상표

상표는 제조회사가 자사제품의 신용을 유지하기 위해 제품이나 포장 등에 표시하는 표장으로서의 상호나 마크이다. 현대 사회는 우수한 상표의 선택과 상표 관리가 광고보다 큰 효과를 나타낼 수가 있다. 따라서 상표는 기업의 꽃이라고도 한다. 상표의 배타적 권리보장 기간은 등록 후 10년이다. 기술을 이해하고 선택하였다고 하여 모두 적용할 수 있는 것은 아니며, 모두 자신의 직장에 필요한 것은 아니다. 기술 적용은 물론 선택한 기술을 그대로 활용하는 경우도 있지만, 가공하여 활용할 수도 있기 때문에 그 활용 형태가 매우 다양하다.

기술 적용 형태
- 선택한 기술을 그대로 적용한다.
- 선택한 기술을 그대로 적용하되, 불필요한 기술은 과감히 버리고 적용한다.
- 선택한 기술을 분석하고, 가공하여 활용한다.

우리가 기술을 적용할 때에는 선택한 기술을 어떻게 적용할 것인가에 먼저 초점을 두고 생각해야 한다.
첫째, 선택한 기술을 그대로 적용하는 경우, 시간을 절약할 수 있고 쉽게 받아들여 적용할 수 있으

며, 비용 측면에서도 절감의 효과를 거둘 수 있다. 그러나 선택한 기술이 적합하지 않은 경우, 실패로 돌아갈 수 있는 위험부담이 큰 단점이 있다.

둘째, 선택한 기술을 그대로 적용하되, 불필요한 기술은 과감히 버리고 적용한다. 이 경우 시간을 절약할 수 있고 비용측면에서도 절감의 효과를 누릴 수 있으며, 프로세스의 효율성을 기할 수 있다. 하지만 부적절한 기술을 선택할 경우 실패로 돌아갈 수 있는 위험부담이 있으며, 과감하게 버린 기술이 과연 불필요한가에 대한 문제점이 있을 수 있다.

셋째, 선택한 기술을 분석하고, 가공하여 활용하는 경우, 그대로 받아들여 적용하는 것보다는 시간적인 부담이 있을 수 있지만, 자신의 직장에 대한 여건과 환경 분석 그리고 업무 프로세스의 효율성을 최대화할 수 있는 장점이 있다.

40 기술 적용시 고려 사항

기술 적용에 따른 비용이 많이 드는가? : 아무리 자신의 직장에 적합한 기술임과 동시에 성과를 높일 수 있는 기술이라고 할지라도 기술 적용에 따른 비용이 성과보다 더 많이 든다면 그것은 좋은 기술이라고 할 수 없다. 좋은 기술이란 자신의 직장생활에서 반드시 요구됨과 동시에 업내 용 기술을 이해하고 선택하였다고 하여 모두 적용할 수 있는 것은 아니며, 모두 자신의 직장에 필요한 것은 아니다. 기술 적용은 물론 선택한 기술을 그대로 활용하는 경우도 있지만, 가공하여 활용할 수도 있기 때문에 그 활용 형태가 매우 다양하다.

41 기술 적용 형태

- 선택한 기술을 그대로 적용한다.
- 선택한 기술을 그대로 적용하되, 불필요한 기술은 과감히 버리고 적용한다.
- 선택한 기술을 분석하고, 가공하여 활용한다.
  우리가 기술을 적용할 때에는 선택한 기술을 어떻게 적용할 것인가에 먼저 초점을 두고 생각해야 한다.

첫째, 선택한 기술을 그대로 적용하는 경우, 시간을 절약할 수 있고 쉽게 받아들여 적용할 수 있으며, 비용 측면에서도 절감의 효과를 거둘 수 있다. 그러나 선택한 기술이 적합하지 않은 경우, 실패로 돌아갈 수 있는 위험부담이 큰 단점이 있다.

둘째, 선택한 기술을 그대로 적용하되, 불필요한 기술은 과감히 버리고 적용한다. 이 경우 시간을 절약할 수 있고 비용측면에서도 절감의 효과를 누릴 수 있으며, 프로세스의 효율성을 기할 수 있다. 하지만 부적절한 기술을 선택할 경우 실패로 돌아갈 수 있는 위험부담이 있으며, 과감하게 버린 기술이 과연 불필요한가에 대한 문제점이 있을 수 있다.

셋째, 선택한 기술을 분석하고, 가공하여 활용하는 경우, 그대로 받아들여 적용하는 것보다는 시간적인 부담이 있을 수 있지만, 자신의 직장에 대한 여건과 환경 분석 그리고 업무 프로세스의 효율성을 최대화할 수 있는 장점이 있다.

42 기술 적용시 고려 사항

① 기술 적용에 따른 비용이 많이 드는가?

아무리 자신의 직장에 적합한 기술임과 동시에 성과를 높일 수 있는 기술이라고 할지라도 기술 적용에 따른 비용이 성과보다 더 많이 든다면 그것은 좋은 기술이라고 할 수 없다. 좋은 기술이란 자신의 직장생활에서 반드시 요구됨과 동시에 업무 프로세스의 효율성을 높이고 성과를 향상시키면서 기술을 적용하는 데 요구되는 비용이 합리적이어야 한다.

② 기술의 수명 주기는 어떻게 되는가?

지금 현재 자신의 직장생활에서 요구되는 기술이라 할지라도 단기간에 기술이 진보하거나 변화할 것이라고 예상되는 기술을 적용하는 것은 바람직하지 못하다. 그 기술을 적용하는 데 비용이 드는 것은 물론이다. 그리고 그것을 익숙하게 활용할 수 있도록 적응하는 데에도 일정한 시간이 요구되는데 그 기간 동안에 또 다른 새로운 기술이 등장하게 된다면 현재 활용하고 있는 기술의 가치는 떨어지게 될 것이다. 따라서 현재 자신이, 또는 회사에서 적용하고자 하는 기술의 수명 주기를 고려하는 것은 매우 중요한 일이다.

③ 기술의 전략적 중요도는 어떻게 되는가?

새로운 기술을 선택하여 적용하는데 있어 해당 기술이 얼마나 자신의 직장생활의 성과 향상을 위해 전략적으로 중요한가를 확인하는 활동은 매우 중요한 일이다. 새로운 기술의 도입은 대개의 경우 환경의 변화를 시도하거나 경영혁신을 꾀하기 위해 이루어지는 경우가 많기 때문에 회사의 전략과 얼마나 조합을 이루느냐를 판단하는 것은 매우 중요한 일이다.

④ 잠재적으로 응용 가능성이 있는가?

새롭게 받아들여 활용하고자 하는 기술이 단순한 기술인지, 아니면 가까운 미래에 또 다른 발전된 기술로 응용 가능성이 있는지를 검토하는 것은 매우 중요한 일이다. 기술이라는 것은 보다 발전된 방향으로 변화하고자 하는 특성이 있기 때문에 끊임없이 연구하고 개발해야 한다. 따라서 현재 받아들이고자 하는 기술이 자신의 직장에 대한 특성과 회사의 비전과 전략에 맞추어 응용 가능한가를 고려해보는 것은 매우 중요한 일이다.

43 기술경영자의 능력

기술경영자는 일반적으로는 기술개발이 결과 지향적으로 수행되도록 유도하는 능력을 갖추어야 하고, 기술개발 과제의 세부 사항까지 파악할 수 있도록 치밀해야 하며, 기술개발 과제의 전 과정을 전체적으로 조망할 수 있는 능력을 가져야 한다고 볼 수 있다. 그러나 이러한 능력만으로는 충분하지 못하다. 기술개발은 사람이 중심이 되어 진행되며, 기계적인 관리보다는 조직 및 인간 행동상의 요인들이 더 중요하게 작용하기 때문이다. 기술경영자에게 필요한 능력에 대해 살펴보면 다음과 같이 정리할 수 있다.

- 기술을 기업의 전반적인 전략 목표에 통합시키는 능력
- 빠르고 효과적으로 새로운 기술을 습득하고 기존의 기술에서 탈피하는 능력
- 기술을 효과적으로 평가할 수 있는 능력
- 기술 이전을 효과적으로 할 수 있는 능력
- 새로운 제품개발 시간을 단축할 수 있는 능력
- 크고 복잡하고 서로 다른 분야에 걸쳐 있는 프로젝트를 수행할 수 있는 능력
- 조직 내의 기술 이용을 수행할 수 있는 능력
- 기술 전문 인력을 운용할 수 있는 능력

기술경영자는 기술의 성격 및 이와 관련된 동향, 사업 환경 등을 이해해야 통합적인 문제해결과 함께 기술혁신을 달성할 수 있다. 기술경영자는 기술적인 전문성을 갖추었을 때 비로써 팀원들 간의 대화를 효과적으로 이끌어 낼 수 있다.

반면, 중간급 매니저라고 할 수 있는 기술관리자는 기술경영자와는 조금 다른 능력이 필요하다. 기술관리자에게 요구되는 능력에는 무엇이 있는지 살펴보면 다음과 같다.

- 기술을 운용하거나 문제 해결을 할 수 있는 능력
- 기술직과 의사소통을 할 수 있는 능력
- 혁신적인 환경을 조성할 수 있는 능력
- 기술적, 사업적, 인간적인 능력을 통합할 수 있는 능력
- 시스템적인 관점에서 인식하는 능력
- 공학적 도구나 지원방식에 대한 이해 능력
- 기술이나 추세에 대한 이해 능력
- 기술팀을 통합할 수 있는 능력

그 밖의 중요한 역할은 아니지만 기술적인 능력 외에 추가적으로 요구되는 것은 계획서 작성, 인력 관리, 예산 관리, 일정 관리 등을 포함하는 행정능력이라고 할 수 있는데, 구체적인 능력들은 다음과 같다.

- 다기능적인 프로그램을 계획하고 조직할 수 있는 능력
- 우수한 인력을 유인하고 확보할 수 있는 능력
- 자원을 측정하거나 협상할 수 있는 능력
- 타 조직과 협력할 수 있는 능력
- 업무의 상태, 진행 및 실적을 측정할 수 있는 능력
- 다양한 분야에 걸쳐 있는 업무를 계획할 수 있는 능력
- 정책이나 운영 절차를 이해할 수 있는 능력
- 권한 위임을 효과적으로 할 수 있는 능력
- 의사소통을 효과적으로 할 수 있는 능력

44 네트워크 혁명의 특징

정보통신 네트워크가 전 지구적이기 때문에 네트워크 혁명도 본질적으로 전 지구적이다. 인터넷과 미디어는 전 세계의 정보와 지식을 거대한 하나의 네트로 연결하고 있다. 금융 자본은 밤도 없이 24시간 전 세계를 돌아다니고, 생산과 시장은 범세계적 네트워크의 이점을 쫓아 이동하고 있다. 전 세계의 사람들과 이들의 지식, 활동이 연결되면서 나의 지식과 활동이 지구 반대편에 있는 사람에게 미치는 영향의 범위와 정도가 증대되고, 반대로 지구 저쪽에서 내려진 결정이 내게 영향을 미칠 수 있는 가능성도 커졌다. 이 중에는 내가 예측할 수 있고 내게 도움이 되는 것도 있지만, 그렇지 못한 것도

많다. 범세계적인 상호 영향이 보편화 되면서 사회의 위험과 개인의 불안이 증가한다. 사람과 사람이 연결되는 방식이 혁신적으로 바뀌는 네트워크 혁명의 사회는 연계와 상호의존으로 특징 지워지는 사회이다. 이러한 성숙한 사회에서는 '이타적 개인주의'라는 새로운 공동체 철학의 의미가 부각된다. 원자화된 개인주의나 협동을 배제한 경쟁만으로는 성공을 꿈꾸기 힘들기 때문이다. 네트워크를 풍성하게 만들고 그 열매를 같이 나누는 것이 함께 사는 방식이다. 기업과 기업 사이에, 개인과 공동체 사이에, 노동자와 기업가 사이에 새로운 창조적인 긴장 관계가 만들어지는 것이다.

45 네트워크 혁명의 3가지 법칙

① **무어의 법칙** : 컴퓨터의 반도체 성능이 18개월마다 2배씩 증가한다는 법칙이다. 인텔의 설립자 고든 무어(Gordon Moore)가 처음으로 주장했고, 지금까지도 들어맞고 있다.

② **메트칼피의 법칙** : 네트워크의 가치는 사용자 수의 제곱에 비례한다는 법칙으로, 근거리 통신망 이더넷(ethernet)의 창시자 로버트 메트칼피(Robert Metcalfe)에 의해 주장되었다. 많은 사람이 연결되도록 네트워크를 형성하는 것이 중요하다는 내용이다. 네트워크에 기반한 경제활동을 하는 사람들이 특히 주목해야 할 법칙이다.

③ **카오의 법칙** : 창조성은 네트워크에 접속되어 있는 다양성에 지수함수로 비례한다는 법칙으로 다양한 사고를 가진 사람이 네트워크로 연결되면 그만큼 정보교환이 활발해져 창조성이 증가한다는 내용이다. 법칙경영 컨설턴트 존 카오(John Kao)가 주장한 법칙이다.

46 네트워크 혁명의 역기능

네트워크 혁명은 순기능만이 아니라 역기능도 수반된다. 디지털 격차(digital divide), 정보화에 따른 실업의 문제, 인터넷 게임과 채팅 중독, 범죄 및 반사회적인 사이트의 활성화, 정보기술을 이용한 감시 등이 네트워크 혁명의 대표적인 역기능들이다. 이러한 역기능의 발생 요인은 네트워크가 원격으로 온라인 침투가 용이하고 누구나 접근가능한 개방시스템의 특성에 있다. 그러나 이러한 문제들을 잘 살펴보면, 이러한 문제들이 반드시 인터넷 때문에 생겼다고 보기는 힘들다. 그 전에도 정보 격차, 기술이 야기하는 실업 문제, TV 중독, 범죄자들 간의 네트워크 악용 등이 있었기 때문이다. 문제는 인터넷이 사람들은 연결하고 정보의 유통을 용이하게 함으로써 이러한 역기능이 쉽게 결합되고 증폭되었다는 데 있다. 또한 이러한 역기능은 네트워크의 순기능과도 잘 분리가 되지 않기 때

문에 해결책을 더욱 어렵게 만들고 있다. 예를 들어 나이스(Neis)는 정보의 중앙 집권과 이를 통한 통제와 감시를 용이하게 하지만, 또 행정적인 효율을 높이는 것도 사실이다. 또한 반사회적인 사이트들을 없애겠다고 법률과 단속을 강화하면, 인터넷 곳곳에서 이루어지는 자유로운 의견 교환을 위축시키기 쉽다. 따라서 네트워크의 역기능을 없애는 것은 쉬운 일이 아니며, 이에 대한 심사숙고가 필요하다. 다행히 최근 네트워크 역기능에 대한 대응으로 법적, 제도적 기반을 구축하고 있으며 사회전반에 걸친 정보화 윤리의식을 강화시키고 있고 또한 정보 보호 기술의 발전에 힘입어 암호화 제품이나 시스템 보완관리 제품이 개발되고 관련 산업이 육성되고 있다.

47 4대 핵심 기술의 융합

2020년까지 인간 활동의 향상을 위해 특별히 중요한 융합기술로는 다음 네 가지가 언급되었다.

① 제조, 건설, 교통, 의학, 과학기술 연구에서 사용되는 새로운 범주의 물질, 장치, 시스템.이를 위해서는 나노기술이 무엇보다 중요하며, 정보기술 역시 그 역할이 막중하다. 미래의 산업은 생물학적 과정을 활용하여 신소재를 생산한다. 따라서 재료과학 연구가 수학, 물리학, 화학, 생물학에서 핵심이 된다.

② 나노 규모의 부품과 공정의 시스템을 가진 물질 중에서 가장 복잡한 생물 세포나노기술, 생명공학기술, 정보기술의 융합연구가 중요하다. 정보기술 중에서 가상현실(VR)과 증강현실(AR) 기법은 세포 연구에 큰 도움이 된다.

③ 유비쿼터스 및 글로벌 네트워크 요소를 통합하는 컴퓨터 및 통신시스템의 기본 원리.나노 기술이 컴퓨터 하드웨어의 신속한 향상을 위해 필요하다. 인지과학은 인간에게 가장 효과적으로 정보를 제시하는 방법을 제공한다.

④ **사람의 뇌와 마음의 구조와 기능** : 생명공학기술, 나노기술, 정보기술과 인지과학이 뇌와 마음의 연구에 새로운 기법을 제공한다.

NBIC 융합기술의 상호관계를 다음과 같이 표현하고 있다. "인지과학자가 (무엇인가를) 생각한다면, 나노기술자가 조립하고, 생명공학기술자가 실현하며, 정보기술자가 조정 및 관리한다."

융합기술은 미래사회의 경제·사회적 다양한 수요를 충족시키기 위해 과학, 기술, 문화 등과의 창조적 융합이 강조되는 개념으로 변천되고 있다. 따라서 융합기술의 새로운 정의는 NT, BT, IT 등의 신기술간 또는 이들과 기존 산업·학문 간의 상승적인 결합을 통해 새로운 창조적 가치를 창출함으로써 미래 경제와 사회·문화의 변화를 주도하는 기술이다.

한편 융합기술의 활용목적별 유형은 원천기술창조형, 신산업창출형, 산업고도화형으로 나눌 수 있다.

원천기술창조형은 이종 신기술 또는 신기술과 학문이 결합하여 새로운 기술을 창조하거나 융합기술을 촉진하는 유형이다. 예로서 미래유망 파이오니어사업(교과부), 신기술 융합형 원천기술 개발사업(교과부) 등이 있다.

신산업창출형은 경제·사회·문화적 수요에 따른 신산업·서비스 구현을 위해 이종신기술과 제품/서비스가 결합하는 유형이다. 예로서 휴머노이드 로봇(지경부), u-실버융합(지경부·복지부) 등이 있다.

산업고도화형은 신기술과 기존 전통산업이 결합하여 현재의 시장 수요를 충족시킬 수 있는 산업 및 서비스를 고도화하는 유형이다. 예로서 미래형 자동차(지경부), 유비쿼터스-시티(국토부) 등이 있다.

WRITER PROFILE

고 범 석

약력

- 고려대학교 경제학과 졸업 및 대학원
  현) 고범석 경제학 아카데미 대표강사
  현) 종로국가정보학원 코트라 및 금융권 공기업, 국립외교원 대표강사
  현) 우리경영아카데미 회계사 경제학 및 세무사 재정학 담당
  현) 매일경제신문사 매경테스트 경제학 강사
  현) 능률협회 테셋 강사
  현) 이화여대 공기업 특강 강사
  전) 대우증권특강 강사
  전) 미래경영아카데미 및 웅지경영아카데미 회계사 및 세무사 강의
  전) 한국경제신문 잡투데이 취업전문패널 및 공기업 승진시험 출제위원

- 2010~2015년 서울대, 고려대, 이화여대, 동국대, 숭실대, 전남대, 경북대, 원광대, 경상대, 상지대, 안동대, 등 특강강의

고범석의 **금융상식** 기출 · 예상문제 및 단답형 문제집

초판 발행 2015년 9월 24일

편 저 자 고범석
발 행 처 오스틴북스
인   쇄 새솔문화
조   판 오스틴북스

등록일자 2010년 2월 26일
등록번호 제 396-2010-000009호

주   소 경기도 고양시 일산동구 백석동 1351번지
전   화 070-4123-5716
팩   스 031-902-5716
홈페이지 www.austinbooks.co.kr

정   가 30,000원
ISBN 978-89-94874-82-1